Stadtwerke auf neuen Märkten

Kommunalwirtschaftliche Forschung und Praxis

Herausgegeben von Wolf Gottschalk

Band 6

PETER LANG
Frankfurt am Main · Berlin · Bern · Bruxelles · New York · Oxford · Wien

Andreas Schmidt

Stadtwerke auf neuen Märkten

Gemeinderechtliche Chancen umweltschonender Energiedienstleistungen

PETER LANG
Europäischer Verlag der Wissenschaften

Die Deutsche Bibliothek - CIP-Einheitsaufnahme

Schmidt, Andreas:

Stadtwerke auf neuen Märkten : gemeinderechtliche Chancen umweltschonender Energiedienstleistungen / Andreas Schmidt. - Frankfurt am Main ; Berlin ; Bern ; Bruxelles ; New York ; Oxford ; Wien : Lang, 2002
(Kommunalwirtschaftliche Forschung und Praxis ; Bd. 6)
Zugl.: Münster (Westfalen), Univ., Diss., 2001
ISBN 3-631-38999-X

Gefördert aus Mitteln des Finanz- und Wirtschaftsrats
beim Verband Kommunaler Unternehmen e.V.

D 6
ISSN 1435-8468
ISBN 3-631-38999-X

www.peterlang.de

Vorwort

Rechtssicherheit ist eine entscheidende Voraussetzung, um Stadtwerken den Einstieg in neue Märkte zu ermöglichen. Hier bieten ihnen kerngeschäftsnahe und umweltschonende Energiedienstleistungen zahlreiche Chancen. Daher bestimmt diese Untersuchung den rechtlichen Rahmen für den Schritt von Stadtwerken auf dieses und andere Geschäftsfelder.

Die vorliegende Arbeit entstand im Spannungsfeld zwischen Wissenschaft und Praxis einerseits sowie Ökonomie und Ökologie andererseits. Die vielen Anregungen, die ich von Rechts-, Wirtschafts- und Umweltwissenschaftlern sowie kommunalen Praktikern erhalten habe, ermöglichten mir, diese Gegensätze zusammenzuführen. Deshalb bezweckt diese Untersuchung, sowohl einen Beitrag zur Weiterentwicklung des Gemeindewirtschaftsrechts zu leisten als auch dem Anwender einen hilfreichen Leitfaden an die Hand zu geben.

Als Betreuer und Arbeitgeber hat Prof. Dr. Janbernd Oebbecke (Universität Münster, Kommunalwissenschaftliches Institut) diese Arbeit mit großer Aufmerksamkeit und viel Engagement gefördert. Prof. Dr. Bodo Pieroth (Universität Münster, Institut für Öffentliches Recht und Politik) hat mich angeregt, zu promovieren und auch das Zweitgutachten erstellt. Den energiewirtschaftlichen Teil der Untersuchung betreute Prof. Dr. Peter Hennicke (Präsident des Wuppertal Instituts für Klima, Umwelt und Energie), der auch die entscheidenden Hinweise zur Themenstellung gab. Die Erfahrungen und Kenntnisse aus meiner mehrjährigen Tätigkeit als Rechtsgutachter der Energieabteilung des Wuppertal Instituts haben diese Untersuchung sehr bereichert. Zudem haben mich meine dortigen Kolleginnen und Kollegen auch bei diesem Projekt durch Anregungen, Gespräche und Kritik unterstützt. Bei den zeitraubenden Korrekturen haben mir meine Freunde mit großem Einsatz geholfen, wofür ich ihnen sehr dankbar bin. Schließlich hat Prof. Dr. Wolf Gottschalk (Universität Göttingen) die Veröffentlichung sehr gefördert, indem er diese Untersuchung schnell und unkompliziert in seine Schriftenreihe aufgenommen hat.

Bis zum 1. September 2000 veröffentlichte Gesetzgebung, Literatur und Rechtsprechung habe ich berücksichtigt. Welche Auswirkungen die Liberalisierung des Elektrizitätsmarktes auf kommunale Energieversorgungsunternehmen haben würde (Teil B.II.), mußte ich dagegen zu einem Zeitpunkt prognostizieren, als darüber noch keine Daten vorlagen. Seitdem hat die Wirklichkeit diese Prognosen beispielsweise zur Strompreisentwicklung bestätigt. Daher war es nicht erforderlich, diesen Teil an die schnelle Entwicklung des Elektrizitätsmarktes anzupassen.

Andreas Schmidt

Inhaltsübersicht

Inhaltsverzeichnis

Abkürzungsverzeichnis

A.	Auflage
a.a.O.	am angegebenen Ort
Abl. EG	Amtsblatt der Europäischen Gemeinschaften
a.F.	alte Fassung
AfK	Archiv für Kommunalwissenschaften
AöR	Archiv des öffentlichen Rechts
ASEW	Arbeitsgemeinschaft kommunaler Versorgungsunternehmen zur Förderung rationeller, sparsamer und umweltschonender Energieverwendung und rationeller Wasserverwendung im VKU, Köln
BayVBl.	Bayerische Verwaltungsblätter
Beschl.	Beschluß
BEWAG	Berliner Kraft - und Licht AG
BGBl.	Bundesgesetzblatt
BMWi	Bundesministerium für Wirtschaft
DGO	Deutsche Gemeindeordnung
DÖV	Die öffentliche Verwaltung
DVBl.	Deutsches Verwaltungsblatt
DZWir	Deutsche Zeitschrift für Wirtschaftsrecht
EnBW	Energie Baden-Württemberg AG, Karlsruhe
EnWG	Gesetz über die Elektrizitäts- und Gasversorgung (Energiewirtschaftsgesetz)
EG	Europäische Gemeinschaften
et	Energiewirtschaftliche Tagesfragen
EuR	Europarecht
FAZ	Frankfurter Allgemeine Zeitung
Fn.	Fußnote
GemHH	Gemeindehaushalt
GO	Gemeindeordnung
GO Bay	Gemeindeordnung Bayern
GO Bbg.	Gemeindeordnung Brandenburg
GO BW	Gemeindeordnung Baden-Württemberg
GO Hess	Gemeindeordnung Hessen
GO Nds.	Gemeindeordnung Niedersachsen

GO NW	Gemeindeordnung Nordrhein-Westfalen
GO Sachs	Gemeindeordnung Sachsen
GO Sa-Anh	Gemeindeordnung Sachsen-Anhalt
GO SH	Gemeindeordnung Schleswig-Holstein
GO RP	Gemeindeordnung Rheinland-Pfalz
GWB	Gesetz gegen Wettbewerbsbeschränkungen
GWh	Gigawattstunde (= 1.000.000 kWh)
HEW	Hamburgische Electricitäts-Werke AG
KSVG SL	Saarländisches Kommunalselbstverwaltungsgesetz
KO Thür	Kommunalordnung Thüringen
KV	Kommunalverfassung
KV MV	Kommunalverfassung Mecklenburg-Vorpommern
kW	Kilowatt (= 1000 W)
kWh	Kilowattstunde
LKV	Landes- und Kommunalverwaltung
LT NW	Landtag Nordrhein-Westfalen
Ls.	Leitsatz
MVV	Mannheimer Versorgungs- und Verkehrsgesellschaft AG
MW	Megawatt (= 1000 kW)
m.w.N.	mit weiteren Nachweisen
NdsVBl.	Niedersächsische Verwaltungsblätter
NWVBl.	Nordrhein-Westfälische Verwaltungsblätter
p.a.	per annum (= jährlich)
PJ	Petajoule (= 1 Billiarde Joule)
RGBl.	Reichsgesetzblatt
RdE	Recht der Energiewirtschaft
RWE	Rheinisch-Westfälische Elektrizitätswerke AG, Essen
s.	siehe
S.	Seite
StuGR	Städte- und Gemeinderat
SZ	Süddeutsche Zeitung
UPR	Umwelt- und Planungsrecht
Urt.	Urteil
VDEW	Vereinigung Deutscher Elektrizitätswerke e.V., Frankfurt
VEA	Verband der Energieabnehmer, Hannover
Veag	Vereinigte Energiewerke AG, Berlin
VEW	Vereinigte Elektrizitätswerke Westfalen AG, Dortmund (seit dem Jahr 2000 mit der RWE AG fusioniert)
VIK	Verband der Industriellen Energie- und Kraftwirtschaft e.V., Essen

VKU	Verband kommunaler Unternehmen e.V., Köln
VR	Verwaltungsrundschau
WiVerw	Wirtschaft und Verwaltung
WRP	Wettbewerb in Recht und Praxis
WuW	Wirtschaft und Wettbewerb
ZfE	Zeitschrift für Energiewirtschaft
ZfK	Zeitschrift für Kommunalwirtschaft
ZG	Zeitschrift für Gesetzgebung
ZHR	Zeitschrift für das gesamte Handelsrecht
ZögU	Zeitschrift für öffentliche und gemeinwirtschaftliche Unternehmen
ZUR	Zeitschrift für Umweltrecht

A. Thema und Untersuchungsgang

Die Welt der kommunalen Energieversorgungsunternehmen ist aus den Fugen geraten: Die bisherigen Monopole für die Strom- und Gasversorgung bestehen nicht mehr, Stadtwerke sehen sich mächtigen, zum Teil neu entstandenen Konkurrenten gegenüber und ausländische Unternehmen drängen auf den deutschen Markt. Kommunale Energieversorger verlieren Kunden, Umsätze und Gewinne. Sie reagieren darauf durch Zusammenarbeit, Fusionen und die Beteiligung größerer Partner. Um ihre wegbrechenden Umsätze auszugleichen, dringen einige wagemutige Stadtwerke auf ausländische Märkte wie Ungarn, Polen oder Rußland vor. Viele andere betätigen sich etwa als Telefonanbieter, Altautoverwerter oder Unternehmensberater. Auch ihre Energiesparten bieten neue Dienstleistungen wie das Nutzlichtcontracting, den Kältedirektservice oder den solaren Wärmeservice an, die für die Verbraucher preisgünstig und bequem und für die Umwelt schonend sind. Diese Energiedienstleistungen scheinen Ökologie und Ökonomie zu verbinden, indem die Einsparung von Energie Umweltbelastungen vermindert und gleichzeitig ihren Anbietern Umsätze und Gewinne verschafft.

Bevor kommunale Unternehmen aber neue Dienstleistungen auf den Markt bringen können, müssen sie sich sicher sein, daß dies kommunalrechtlich auch zulässig ist. Daß Stadtwerke Strom, Gas und Wasser verkaufen, ruft keine rechtlichen und politischen Auseinandersetzungen mehr hervor. Dafür sind kommunale Angebote wie die Telekommunikation, das Gebäudemanagement und die Energiedienstleistungen umso umstrittener. So gelten Energiedienstleistungen wie das Beschaffungs- und Energiemanagement, die Infrastrukturplanung, Umsetzung von Energieberatungen, Anlagenwartung und Abrechnung als gemeindewirtschaftsrechtlich bedenklich.[1] Beispielsweise ist schon fraglich, ob ein öffentlicher Zweck Energiedienstleistungen erfordert, wie dies die Kommunalverfassungen der Länder vorschreiben.[2]

Zusätzliche rechtliche Unsicherheiten ergeben sich daraus, daß in den letzten Jahren verschiedene Länder ihre Regelungen gemeindewirtschaftlicher Betätigungen in den Kommunalverfassungen geändert haben.[3] Die Kommunalverfassungen der neuen Bundesländer bestehen erst seit Anfang der neunziger Jahre, so

---

1 *Wirtschaftsministerkonferenz*, Energierechtsreform, S. 25.
2 *Bündnis 90/Die Grünen im Landtag NRW*, Gemeindewirtschaftsrecht, S. 4.
3 So schon 1998 *Ehlers*, DVBl. 1998, S. 497.

daß noch keine umfassenden Erfahrungen vorliegen. Außerdem haben allein 1998/99 Bayern, Baden-Württemberg und Nordrhein-Westfalen ihr Gemeinderecht den geänderten kommunalwirtschaftlichen Gegebenheiten angepaßt und teilweise völlig neue Vorschriften geschaffen.

Diese rechtlichen Unsicherheiten bei der Beurteilung neuer Energiedienstleistungen haben für deren kommunale Anbieter gravierende Konsequenzen. So benötigte zum Beispiel die zuständige Bezirksregierung eineinhalb Jahre, um den Solarservice und den Wärmedirektservice der Stadtwerke München zu genehmigen.[4] Für die Erschließung eines neuen Wettbewerbsmarktes können das eineinhalb Jahre zu viel sein. In Nordrhein-Westfalen werden kommunale Energiehandelsgesellschaften gleichzeitig von der Bezirksregierung Münster genehmigt und von der Bezirksregierung Köln abgelehnt,[5] was den Wettbewerb verzerrt. Auf der anderen Seite scheuen private Konkurrenten mittlerweile weder Dienstaufsichtsbeschwerden noch den Gang vor die Gerichte.[6] Sie veranlaßten, daß inzwischen mancher Schritt kommunaler Unternehmen auf neue Märkte durch Gerichte gestoppt wurde.[7]

Wegen dieser grundlegenden wirtschaftlichen und rechtlichen Änderungen besteht für kommunale Unternehmen gemeindewirtschaftsrechtlich eine völlig neue Lage.[8] Der bayerische Gesetzgeber sprach von einer „tiefgreifenden Umbruchsituation“, die dadurch entstanden sei, daß „bisher monopolistisch strukturierte Versorgungsbereiche (zum Beispiel die Stromversorgung) zunehmend für den Wettbewerb geöffnet“ werden, und sah sich veranlaßt, das kommunale Wirtschaftsrecht grundlegend zu reformieren.[9] Diese gemeinderechtliche Umbruchsituation wird nachfolgend am Beispiel neuer Energiedienstleistungen untersucht.

Die Untersuchung widmet sich zunächst den Auswirkungen der Liberalisierung des Elektrizitätsmarktes auf Stadtwerke und der Frage, ob deren Diversifikation in das Energiedienstleistungsgeschäft eine aussichtsreiche Reaktion darauf darstellt (B.). Danach wird geklärt, ob Energiedienstleistungen die grundgesetzli-

4 ZfK 5/1996, S. 5.

5 *Heinrichs*, zit. in: LT NW, AProt 12/1215, S. 4.

6 So kündigte der Präsident des Nordrhein-Westfälischen Handwerkstages, Hansheinz Hauser, an, die betroffenen privaten Unternehmen und ihre Verbände wollten sich verstärkt durch Klagen gegen die Konkurrenz der gemeindlichen Unternehmen zur Wehr setzen (*Specks*, Rheinische Post v. 18.8.1998).

7 Zuletzt untersagte das Landgericht Düsseldorf, Urt. v. 26.7.2000 - 34 O 15/2000 – der Innovatio GmbH, einer Tochter der Stadtwerke Düsseldorf, Gebäudemanagementdienstleistungen anzubieten und auszuführen. Kläger waren unter anderem Innungsverbände und Handwerksbetriebe des technischen Gebäudemanagements und der Sanitärtechnik.

8 *Ehlers*, DVBl. 1998, S. 497.

9 LT Bay, Drs. 13/10828, S. 17.

chen Vorgaben für kommunale Betätigungen erfüllen (C.). Weiterhin ist darauf einzugehen, welche Anforderungen die jeweilige Kommunalverfassung an wirtschaftliche Betätigungen stellt, welche gemeindewirtschaftsrechtlichen Entwicklungen sich in der jüngsten Vergangenheit abzeichnen und inwieweit sich daraus Besonderheiten für kommunale Energiedienstleistungen ergeben (D.). Darauf aufbauend kann dann geprüft werden, ob Energiedienstleistungen bundesweit nach den Vorschriften der Kommunalverfassungen zulässig sind (E.). Sämtliche Ergebnisse dieser Untersuchung werden abschließend in Leitsätzen zusammengefaßt (F.). Insgesamt kann damit am Beispiel neuer Energiedienstleistungen die gemeinderechtliche These überprüft werden, Stadtwerken sei die Erschließung neuer Geschäftsfelder rechtlich nur schwer möglich[10].

Die Energieeinsparung ist inzwischen Forschungsgegenstand unter anderem des Verfassungs-, Europa- und Umweltrechts.[11] Die vorliegende Arbeit ergänzt dies um eine Untersuchung der kommunalrechtlichen Spielräume und Probleme der Energieeffizienz. Damit schließt sie gleichzeitig eine Lücke in der rechtswissenschaftlichen Literatur zu den neuen Märkten kommunaler Unternehmen und den verschiedenen Feldern gemeindlichen Umweltschutzes.

---

10 So *Wirtschaftsministerkonferenz*, Energierechtsreform, S. 25.

11 Vgl. *Frenz*, Freiwillige Selbstverpflichtungen/Umweltvereinbarungen zur Reduzierung des Energieverbrauchs im Kontext des Gemeinschaftsrechts, EuR 1999, S. 27 ff.; *Schladebach*, Landesgesetzgebung im Recht der Energieeinsparung, RdE 1998, S. 138 ff.; *Schmid*, Strom- und Energiesparmarketing in ihrer Bedeutung für das Umweltrecht; *Schäfer*, Zur effizienten Verwendung von Energie nach der IVU-Richtlinie, in: FS Feldhaus, S. 327 ff.; *Denny/Spangenberger*, Rechtliche Umsetzung energiebezogener Planungsinhalte, UPR 1999, S. 331 ff.; *Baur/Matthey*, Rechtliche Anforderungen an die Vergabe von Energiespar-Contracting-Aufträgen; *Halbach*, Ausgewählte Rechtsfragen des Wärme-Direkt-Service, in: ASEW, Wärme-Direkt-Service; *Caspar*, Klimaschutz und Verfassungsrecht, in: Koch/Caspar, Klimschutz im Recht, S. 367 ff.; *Kusche*, Gesetzgebungs- und Verwaltungskompetenzen der Bundesländer für die Umsetzung einer klimaschutzorientierten Energiepolitik; zu den gemeindlichen Kompetenzen für Maßnahmen des Klimaschutzes am Beispiel der Kraft-Wärme-Koppelung *Koch/Mengel*, DVBl. 2000, S. 953 ff.

B. Kommunale Energieversorgungsunternehmen auf neuen Märkten

Die zunehmende Wirtschaftstätigkeit der Kommunen ist in den vergangenen Jahren unzählige Male beschrieben, häufig beklagt und oft gerechtfertigt worden. Dem soll kein weiterer Beitrag zum Thema „Die kommunale Wirtschaftsbetätigung" hinzugefügt werden. Vielmehr bezweckt die vorliegende Untersuchung, eine konkrete aktuelle Entwicklung in der Kommunalwirtschaft anhand eines bestimmten Gegenstandes zu analysieren.

Der Gegenstand dieser Untersuchung sind die zentralen Wirtschaftsbetriebe der Kommunen: Kommunale Energieversorgungsunternehmen (Energieversorgungsunternehmen). Sie erschließen sich einen neuen Markt von grundlegender ökologischer Bedeutung: Energieeffiziente Dienstleistungen. Die aktuelle Entwicklung ist geprägt durch die Umwälzung eines jahrzehntealten wirtschaftlichen Ordnungssystems: Den Fall der Energieversorgungsmonopole.

Dementsprechend konzentriert sich die Einführung in die kommunale Energiewirtschaft (I.) auf die traditionellen und die neuen Geschäftsbereiche kommunaler Energieversorgungsunternehmen. Im Zentrum der Entwicklung der Rahmenbedingungen für die Tätigkeit kommunaler Energieversorger (II.) steht die Öffnung der Energiemärkte für den Wettbewerb. Danach wird zu fragen sein, welche unternehmerischen Strategieoptionen den kommunalen Energieversorgungsunternehmen als Reaktion auf den ungewohnten Wettbewerb zur Verfügung stehen (III.), wobei die Diversifikationsstrategie (IV.) im Vordergrund stehen wird. Als junges und wachsendes Geschäftsfeld für Diversifikationsstrategien bieten sich schließlich die ökologisch wichtigen energieeffizienten Dienstleistungen an (V.).

I. Die kommunale Energiewirtschaft

Die kommunale Energiewirtschaft ist in einem tiefgreifenden Wandel begriffen. Bevor dieser Wandel anhand der Entwicklung der Rahmenbedingungen kommunaler Energieversorgungsunternehmen im einzelnen untersucht werden kann (II.), ist eine Bestandsaufnahme der Situation dieser Unternehmen angezeigt (I.). Dabei wird, ausgehend von einer begrifflichen Eingrenzung kommunaler Energieversorgungsunternehmen (1.), deren wirtschaftliche Bedeutung (2.) dargestellt. Anschließend stehen, vor allem im Hinblick auf das im weiteren Verlauf näher zu untersuchende neue Geschäftsfeld „energieeffiziente Dienstleistungen“, sowohl die traditionellen (3.) als auch die neuen (4.) Geschäftsfelder kommunaler Energieversorgungsunternehmen im Mittelpunkt.

1. Der Begriff des kommunalen Energieversorgungsunternehmens

Welche Betriebe gehören zum Kreis der kommunalen Energieversorgungsunternehmen?

a) Energieversorgungsunternehmen

Energieversorgungsunternehmen sind gemäß § 2 Abs. 3 EnWG "alle Unternehmen und Betriebe, die andere mit Energie versorgen oder ein Netz für die allgemeine Versorgung betreiben." Dabei wird der Begriff der Energie in § 2 Abs. 1 EnWG beschränkt auf „Elektrizität und Gas, soweit sie zur leitungsgebundenen Energieversorgung verwendet werden“. Demnach sind diejenigen Betriebe keine Energieversorgungsunternehmen, die andere ausschließlich etwa mit Öl, Kohle oder Fernwärme beliefern oder die lediglich ihren Eigenbedarf an Elektrizität oder Gas decken.[12] Neu im Vergleich zu der bisherigen Definition in § 2 Abs. 2 S. 1 EnWG a.F.[13] ist die Aufnahme von Netzbetreibern, also Unternehmen, die "ein Netz für die allgemeine Versorgung betreiben". Allerdings sind derzeit in Deutschland diejenigen Unternehmen, die Strom- und Gasnetze betreiben, regelmäßig zumindest auch als Weiterverteiler dieser Energieformen tätig. Mangels Unternehmen, die sich jenseits von Energieerzeugung und -verteilung ausschließlich mit dem Netzbetrieb beschäftigen, ist die Erweiterung in § 2 Abs. 3 EnWG daher praktisch noch nicht bedeutsam.

b) Kommunales Unternehmen

Wann handelt es sich bei einem solchen Energieversorgungsunternehmen nun um ein öffentliches beziehungsweise kommunales Unternehmen?

Für die Zuordnung eines Unternehmens kann davon ausgegangen werden, wer als dessen Inhaber beziehungsweise Unternehmer anzusehen ist.[14] Unter-

---

12 *Ehlers/Pünder*, in: Achterberg/Püttner, BesVwr, Rn. 28.

13 Gesetz zur Förderung der Energiewirtschaft (Energiewirtschaftsgesetz - EnWG) vom 13.12.1935, RGBl. I, S. 1451.

14 *Püttner*, Öffentliche Unternehmen, S. 25; *Schnaudigel*, Nichtwirtschaftliche Unternehmen, S. 40; *Spannowsky*, ZHR 1996, S. 563.

nehmer ist, wer die Direktionsgewalt in einem Unternehmen innehat.[15] Demnach ist, zum Beispiel bei der Abgrenzung der öffentlichen und der privaten Wirtschaft, ein Unternehmen demjenigen zuzuordnen, der aufgrund der Höhe seiner Beteiligung oder besonderer rechtlicher Regelungen darin die Direktionsgewalt innehat.[16]

Entsprechend handelt es sich um ein kommunales Unternehmen, wenn Kommunen aufgrund der Höhe ihrer Beteiligung oder besonderer rechtlicher Regelungen über die Direktionsgewalt in diesem Unternehmen verfügen.[17]

Unter den kommunalen Unternehmen dominieren zwei Gruppen: Unternehmen in rein kommunaler Hand und Unternehmen, an denen neben Kommunen auch Private beteiligt sind.

Für Unternehmen in rein kommunaler Hand ist die Qualifizierung als kommunales Unternehmen unproblematisch. Bei rechtlich unselbständigen Unternehmen verfügt eine Kommune bereits kraft ihrer Eigentümerstellung über die Direktionsgewalt. Rechtlich unselbständig sind Unternehmen, die in Organisationsformen des Regiebetriebs als Teil der Verwaltung oder als Eigenbetrieb gegenüber dieser organisatorisch verselbständigt sind. In der kommunalen Energiewirtschaft sind in der Rechtsform des Eigenbetriebs überwiegend die kleinen Energieversorger organisiert.[18] Sind an einem Unternehmen mehrere juristische Personen des öffentlichen Rechts, aber keine Privaten beteiligt, so wird von einem gemischt-öffentlichen Unternehmen gesprochen.[19]

Dagegen sind an sogenannten gemischt-wirtschaftlichen Unternehmen neben der öffentlichen Hand auch Private beteiligt.[20] Dies setzt eine privatrechtliche Unternehmensform voraus,[21] weil in der Regel nur diese die Beteiligung Privater ermöglicht, weshalb große Energieversorger der Verbund- und Regionalebene als

---

15 *Püttner*, Öffentliche Unternehmen, S. 25; *Schnaudigel*, Nichtwirtschaftliche Unternehmen, S. 40.

16 *Dickersbach*, WiVerw 1983, S. 191; *Krebs*, Kommunale Elektrizitätsversorgung, S. 33; *Püttner*, Öffentliche Unternehmen, S. 25. Das Tatbestandsmerkmal, daß ein Unternehmer die Direktionsgewalt aufgrund besonderer rechtlicher Regelungen innehat, erfaßt den von *Püttner*, Öffentliche Unternehmen, S. 25 angesprochenen Sachverhalt, daß die öffentliche Hand ein Unternehmen pachtet, dieses Unternehmen also nicht aufgrund der Höhe ihrer Kapitalbeteiligung lenken kann.

17 *Schnaudigel*, Nichtwirtschaftliche Unternehmen, S. 40; *Krebs*, Kommunale Elektrizitätsversorgung, S. 33. Ebenfalls anhand des Kriteriums der kommunalen Beherrschung entscheidet *Grawert*, in: FS Blümel, S. 131, ob gemischwirtschaftliche Beteiligungsunternehmen von Gemeinden an Art. 28 Abs. 2 GG gebunden sind.

18 *Loesch*, in: König, Öffentliche Verwaltung, S. 289.

19 *Loesch*, in: König, Öffentliche Verwaltung, S. 286; *Spannowsky*, ZHR 1996, S. 563.

20 *Pieroth*, NWVBl. 1992, S. 85; *Püttner*, Öffentliche Unternehmen, S. 26; *Loesch*, in: König, Öffentliche Verwaltung, S. 286.

21 *Pieroth*, NWVBl. 1992, S. 85.

Aktiengesellschaften und die restlichen Versorgungsbetriebe häufig als Gesellschaften mit begrenzter Haftung organisiert sind. Den entscheidenden Einfluß auf diese Gesellschaften hat, wer bei einer Aktiengesellschaft über die Mehrheit in der Hauptversammlung[22] und bei einer GmbH über die Mehrheit in der Gesellschafterversammlung[23] verfügt. Ob Kommunen das Direktionsrecht in einer Gesellschaft innehaben, kann daher anhand der Höhe ihrer Beteiligung festgestellt werden.

Dafür liefert § 2 Abs. 3 S. 1 des Finanz- und Personalstatistikgesetzes[24] nähere Anhaltspunkte. Gegenstand dieses Gesetzes ist gemäß § 1 FPStatG die Statistik der öffentlichen Finanzwirtschaft und des Personals im öffentlichen Dienst, wozu gemäß § 2 Abs. 1 FPStatG neben den Gemeinden auch Bund und Länder zählen. Wirtschaftliche Unternehmen in rechtlich selbständiger Form werden gemäß § 2 Abs. 3 S. 1 FPStatG nur dann in dieser Statistik erfaßt, wenn juristische Personen des öffentlichen Rechts unmittelbar oder mittelbar mit mehr als 50 vom Hundert des Nennkapitals oder des Stimmrechts beteiligt sind. Damit ergibt sich aus dieser Norm, daß rechtlich selbständige Unternehmen nur dann zur öffentlichen Finanzwirtschaft im Sinne des § 1 FPStatG zu zählen sind, wenn die öffentliche Hand über eine absolute Kapital- oder Stimmrechtsmehrheit verfügt. Wenn die Beteiligung juristischer Personen des öffentlichen Rechts an einem Unternehmen unter 50 Prozent liegt, ist dieses zwar immer noch gemischtwirtschaftlich, aber zählt mangels einer Mehrheitsbeteiligung nicht mehr zur öffentlichen Wirtschaft, sofern nicht eine sonstige Regelung die kommunale Direktionsgewalt sichert.[25]

---

22 Die Hauptversammlung beschließt gemäß § 133 AktG mit Stimmenmehrheit über die in § 119 Abs. 1 AktG genannten Angelegenheiten, wozu unter anderem die Bestellung der Aufsichtsratsmitglieder, die Verwendung des Bilanzgewinns und Satzungsänderungen gehören.

23 Die Gesellschafter entscheiden über die Angelegenheiten der Gesellschaft gemäß § 48 Abs. 1 GmbHG in der Gesellschafterversammlung und gemäß § 47 Abs. 1 GmbHG mit Stimmenmehrheit.

24 Gesetz über die Statistiken der öffentlichen Finanzen und des Personals im öffentlichen Dienst (Finanz- und Personalstatistikgesetz- FPStatG) v. 21.12.1992, BGBl. I, S. 2119 ff.

25 Den gesetzlichen Ausschluß kommunaler Minderheitsbeteiligungen an Unternehmen fordert *Grawert*, in: FS Blümel, S. 131, da sie den öffentlichen Zweck des Unternehmens und den gemeindliche Einfluß darauf in Frage stellten. Gegen eine Bindung gemischt-wirtschaftlicher Unternehmen an die verfassungsrechtlichen Grundprinzipien *Spannowsky*, ZHR 1996, S. 572 ff.

c) Kommunales Energieversorgungsunternehmen

Faßt man diese Kriterien zusammen, so ist ein kommunales Energieversorgungsunternehmen ein Unternehmen, das gemäß § 2 Abs. 1, 3 EnWG andere leitungsgebunden mit Elektrizität und Gas versorgt oder ein Netz für die allgemeine Versorgung betreibt und an dem Kommunen unmittelbar oder mittelbar mit mehr als 50 Prozent des Nennkapitals oder des Stimmrechts beteiligt sind oder in dem sie aufgrund besonderer rechtlicher Regelungen über die Direktionsgewalt verfügen.[26] Die Energieversorgungsunternehmen der Stadtstaaten werden im folgenden nicht in diese Untersuchung einbezogen, da jeder dieser Stadtstaaten nur über ein Energieversorgungsunternehmen verfügt, die HEW AG und die BEWAG traditionell zu den Verbundunternehmen zählen[27] und schließlich auch die Regelungen der wirtschaftlichen Betätigung von denen der Flächenländer abweichen. Da sich diese Untersuchung auf die Energiewirtschaft konzentriert, können im folgenden die Bezeichnungen Stadtwerke und Kommunalversorger, mit denen allgemein auch kommunale Unternehmen anderer Branchen (zum Beispiel Wasserversorger) bezeichnet werden, inhaltsgleich mit dem Begriff des kommunalen Energieversorgungsunternehmen gebraucht werden.

Im Zuge der Liberalisierung der Energiemärkte lassen sich zwei Entwicklungen beobachten. Zum einen fassen verschiedene Kommunen ihre Energieversorgungsunternehmen zunehmend zusammen. Dabei gehen die kommunalen Unternehmen nicht nur Kooperationen ein, um zum Beispiel in Stromeinkaufsgemeinschaften durch Bündelung ihrer Nachfragemacht Elektrizität günstiger zu beschaffen und ihre Bezugskosten zu verringern. Neben solchen Kooperationen weiterhin unabhängiger Unternehmen häufen sich Fusionen von Stadtwerken, weil die Kommunen glauben, ihre meist kleinen kommunalen Energieversorgungsunternehmen könnten durch die Realisierung von Größenvorteilen besser im Wettbewerb bestehen. Bei solchen Gemeinschaftsstadtwerken handelt es sich so lange um kommunale Unternehmen, wie die unterschiedlichen Kommunen insgesamt mit mehr als 50 Prozent des Nennkapitals oder des Stimmrechts daran beteiligt sind.

Als zweite Entwicklung ist eine zunehmende Beteiligung nicht kommunaler Anteilseigner an kommunalen Energieversorgern zu beobachten. Im Rahmen sogenannter „strategischer Partnerschaften" beteiligen sich Energieversorger der Verbund- und der Regionalebene vermehrt an Stadtwerken. Diese Versorgungs-

---

26 Ohne die Höhe der Beteiligung zu präzisieren *Krebs*, Kommunale Elektrizitätsversorgung, S. 33 in Anlehnung an die Definition öffentlicher Unternehmen bei *Dikkersbach*, WiVerw 1983, S. 191.

27 Aus diesem Grund zählen auch *Traube/Münch*, Elektrizitätswirtschaft, S. 25 die HEW AG und BEWAG nicht zu den kommunalen Energieversorgern.

unternehmen unterscheiden sich unter anderem hinsichtlich ihrer Verteilungsnetze, Kraftwerkskapazitäten, Organisationsform, Kapitalausstattung und anderer Faktoren so grundlegend von den Elektrizitätsversorgern der Gemeinden,[28] daß sie, auch falls im Einzelfall kommunale Gebietskörperschaften eine Mehrheit an diesen Unternehmen halten sollten, nicht in diese Untersuchung örtlicher Energieversorgungsunternehmen einbezogen werden.[29] Energieversorgungsunternehmen der Verbund- und Regionalebene hoffen, durch eine Beteiligung im Rahmen einer „strategischen Partnerschaft" zu verhindern, daß Stadtwerke im Wettbewerb ihren Strom von anderen Vorlieferanten beziehen. Dies zeigt der Begriff der sogenannten „Vertriebspartnerschaft", der verdeutlicht, daß diese „Partnerschaften" unter anderem dazu dienen, Vorlieferanten den Vertrieb von Strom und Gas zu sichern. Im Gegenzug versprechen sich die Stadtwerke, durch einen starken Partner ihre Wettbewerbsposition zu verbessern. Solange eine solche Beteiligung nicht kommunaler „strategischer Partner" 50 Prozent nicht übersteigt, handelt es sich bei Stadtwerken weiterhin um kommunale Unternehmen.

Im liberalisierten Strommarkt treffen diese beiden Entwicklungen zusammen. Gerade große kommunale Unternehmen, die durch die Fusion mehrerer Stadtwerke entstehen, sind für Beteiligungen Dritter attraktiv. So sorgt der Wettbewerb auf den Energiemärkten dafür, daß der bisherige Regelfall seltener wird, wonach ein kommunales Energieversorgungsunternehmen im Eigentum nur einer Kommune steht und auch nur deren Gebiet versorgt. Indem die Beteiligungsverhältnisse an kommunalen Energieversorgern damit immer komplizierter werden, nähern sie sich denen der Energieversorger auf der Verbund- und Regionalebene an.

---

28 Zur Unterscheidung der Verbund-, Regional- und Kommunalunternehmen in der Elektrizitätswirtschaft *Müller*, Elektrizitätswirtschaft, S. 33 f.; *Hennicke u.a.*, Energiewende, S. 70 ff.; sehr übersichtlich das detaillierte Schema des dreistufigen Elektrizitätsmarktes bei *Gröner*, Ordnung, S. 29.

29 Ebenso *Krebs*, Kommunale Elektrizitätsversorgung, S. 33, die Kommunal- von Regional- und Verbundenergieversorgungsunternehmen dadurch abgrenzt, ihr Versorgungsgebiet dürfe maximal ein Gemeinde- oder Kreisgebiet umfassen. Allerdings taugt dieses Kriterium seit der Aufhebung der geschlossenen Versorgungsgebiete durch das Gesetz zur Neuregelung des Energiewirtschaftsrechts nicht mehr, um kommunale Energieversorger von Unternehmen der anderen Versorgungsstufen zu unterscheiden, weil, zumindest nach dem Energiewirtschaftsgesetz, auch die Versorgungsgebiete der Stadtwerke nicht mehr auf bestimmte (Stadt-) Gebiete begrenzt sind.

Eine exakte Erfassung der Anzahl kommunaler Energieversorgungsunternehmen in Deutschland existiert nicht. Die jährliche VDEW-Statistik[30] erfaßt nur Elektrizitätsversorgungsunternehmen, führt also reine Gasversorger nicht auf. Sie schlüsselt die Elektrizitätsversorgungsunternehmen zudem nicht nach Betrieben in öffentlichem oder privatem Eigentum auf. Einen besseren Zugang erlaubt demgegenüber das Mitgliederverzeichnis des VKU, das kommunale Unternehmen aller Branchen aufführt. Der VKU definiert kommunale Unternehmen als Betriebe mit einer kommunalen Mehrheitsbeteiligung, was der hier verwendeten Definition[31] entspricht. Demnach handelt es sich bei Gesellschaften des privaten Rechts ohne die erforderliche 50-prozentige Kapitalbeteiligung von Städten oder Gemeinden nicht um kommunale Energieversorgungsunternehmen. Deshalb werden rund 70 private Energieversorgungsunternehmen, obwohl sie sich auf die Versorgung des Gebietes lediglich einer Gemeinde beschränken, vom VKU-Verzeichnis nicht erfaßt.[32] Sofern im folgenden auf die Anzahl kommunaler Unternehmen Bezug genommen wird, liegt diesen Zahlen das VKU-Mitgliederverzeichnis zugrunde.

Von den 932 VKU-Mitgliedsunternehmen des Jahres 1997 hatten 687 eine Strom- und/oder Gassparte.[33] Gemäß der Definition von Energieversorgungsunternehmen als Elektrizitäts- oder Gasversorger,[34] beläuft sich die Zahl kommunaler Energieversorgungsunternehmen im VKU somit auf 687. Die Gesamtzahl kommunaler Energieversorgungsunternehmen in Deutschland dürfte etwas über den 687 VKU-Mitgliedern liegen, da es sich beim VKU um einen freiwilligen Verband handelt, und solchen Verbänden üblicherweise nicht alle Betriebe angehören, die die Zulassungsvoraussetzungen erfüllen.[35]

Aus der großen Anzahl von Energieversorgungsunternehmen könnte man schließen, die Strom- und Gasversorgung in Deutschland sei pluralistisch strukturiert.[36] Allerdings hält dieser erste Eindruck einer genaueren Untersuchung nicht Stand. So entfallen im Bereich der öffentlichen Elektrizitätsversorgung 86 Prozent der Stromerzeugung und 64 Prozent der Endverteilung auf die Verbundunternehmen einschließlich regionaler Unternehmen, an denen sie wesent-

30 *VDEW*, Die öffentliche Elektrizitätsversorgung, Frankfurt/M.
31 S. S. 37.
32 *Traube/Münch*, Elektrizitätswirtschaft, S. 24.
33 Berechnet nach *VKU*, Mitgliederverzeichnis 1997, Querverbund.
34 S. S. 34.
35 So weist *Cronauge*, Kommunale Unternehmen, Rn. 86 darauf hin, daß nicht alle kommunalen Wasserversorgungsunternehmen Mitglieder des VKU sind.
36 So *Kuhnt*, DVBl. 1996, S. 1084.

lich beteiligt sind.[37] Allein die beiden größten Verbundversorger (RWE und EON)[38] samt ihrer Beteiligungsunternehmen vereinigen 64 Prozent der Erzeugung und 43 Prozent der Endverteilung auf sich.[39] Daher erscheint es treffender, die deutsche Energiewirtschaft als stark konzentriert zu charakterisieren.[40]

Die wirtschaftliche Bedeutung kommunaler Energieversorgungsunternehmen verdeutlichen die Umsatzerlöse, die diese Unternehmen im Geschäftsjahr 1998 in Höhe von 31,8 Mrd. DM im Betriebszweig Strom und in Höhe von 20,6 Mrd. DM im Betriebszweig Gas erzielten.[41] Damit erwirtschafteten sie in den Betriebszweigen Strom und Gas einen Gesamtumsatz von 52,4 Mrd. DM. Die Investitionen kommunaler Energieversorger beliefen sich im gleichen Zeitraum auf 2,8 Mrd. DM in der Stromsparte, 1,7 Mrd. DM in der Gassparte[42] und zusammen 4,5 Mrd. DM. Weiterhin beschäftigten kommunale Unternehmen in der Stromversorgung 26.757 und in der Gasversorgung 12.898 Mitarbeiter.[43] Somit waren in diesen beiden Betriebszweigen insgesamt 39.655, also knapp vierzigtausend Menschen bei kommunalen Energieversorgungsunternehmen beschäftigt.

---

37 *Traube/Münch*, Elektrizitätsversorgung, S. II ff., auf der Basis von *VDEW*, Arbeit und Leistung 1993, weshalb dort noch neun statt der heute fusionsbedingt nur noch sechs Verbundunternehmen aufgeführt werden. Durch Fusionen hat sich in den nur drei Jahren von 1997 bis 2000 die Zahl der Verbundunternehmen um ein Drittel verringert und die Konzentration des deutschen Strommarktes entsprechend zugenommen. Als wesentliche Beteiligungen von Verbundunternehmen an Regionalversorgern wurden von *Traube/Münche* nur Beteiligungen in Höhe mindestens einer Sperrminorität erfaßt.

38 Die Preußen Elektra AG und die Bayernwerke AG fusionierten im Jahr 2000 zur EON AG, so daß nur noch zwei Unternehmen die genannten Anteile an der Stromerzeugung und -verteilung auf sich vereinigen. Durch die Fusion der RWE AG und der VEW AG entfällt auf die neue RWE AG zusätzlich die Stromerzeugung und -verteilung der ehemaligen VEW AG, so daß die deutsche Elektrizitätswirtschaft von nur noch zwei Konzernen dominiert wird.

39 *Traube/Münch*, Elektrizitätsversorgung, S. 21 ff.

40 *Traube/Münch*, Elektrizitätsversorgung, S. 1; *Hennicke/Seifried*, Einsparkraftwerk, S. 234 ff.; *Hennicke u.a.*, Energiewende, S. 71 ff. unter besonderer Berücksichtigung der zunehmenden Konzentration zwischen den fünfziger und achtziger Jahren.

41 *VKU*, Ver- und Entsorgungsunternehmen 1998, Umsatzerlöse.

42 *VKU*, Ver- und Entsorgungsunternehmen 1998, Investitionen.

43 *VKU*, Ver- und Entsorgungsunternehmen 1998, Beschäftigte.

3. *Traditionelle Geschäftsbereiche kommunaler Energieversorgungsunternehmen*

Zu den Branchen, in denen kommunale Energieversorgungsunternehmen bereits seit Jahrzehnten und in großem Umfang tätig sind, gehört, neben dem öffentlichen Personennahverkehr,[44] die Versorgung mit Strom, Gas, Wärme und Wasser. Sie können als traditionelle Geschäftsbereiche kommunaler Betriebe bezeichnet werden. Die große Bedeutung, die dabei dem Strom- und Gasgeschäft zukommt, ergibt sich aus der Zahl der in diesen Märkten tätigen Unternehmen und aus den erwirtschafteten Umsatzerlösen. So betätigen sich 73 Prozent, also fast drei Viertel aller VKU-Mitglieder im Elektrizitäts- und/oder Gasgeschäft.[45] Gleichzeitig tragen die Strom- und Gassparte zu 44,5 Prozent beziehungsweise 28,7 Prozent,[46] insgesamt also 73 Prozent des Gesamtumsatzes der Sparten Strom, Gas, Wärme, Wasser, Verkehr und Sonstige kommunaler Unternehmen bei. Dabei erschließt sich die Ertragskraft des Elektrizitäts- und Gassektors insbesondere dann, wenn man den Umstand berücksichtigt, daß in den Gesamtumsatz auch die Umsätze der Unternehmen einbezogen werden, die weder Strom noch Gas verkaufen. Diese Unternehmen stellen immerhin 26 Prozent der VKU-Mitglieder. Daher sind Elektrizität und Gas die mit Abstand wichtigsten traditionellen Geschäftsfelder kommunaler Energieversorgungsunternehmen.

Die traditionellen Geschäftsfelder kommunaler Betriebe werden weiterhin durch den kommunalen Querverbund geprägt. Darunter ist die Zusammenfassung unterschiedlicher Versorgungssparten in einem Unternehmen zu verstehen.[47] Zunächst ist ein Querverbund der Energiesparten festzustellen: 62 Prozent der kommunalen Energieversorgungsunternehmen betreiben sowohl einen Geschäftsbereich für Strom als auch für Gas.[48] Darüber hinaus treten 77 Prozent der gemeindlichen Energieversorgungsunternehmen auch als Wasserversorger auf und 62 Prozent sind auch im Wärmemarkt tätig.[49] Die Zusammenfassung verschiedener Sparten ist demnach nicht auf die Energieversorgung beschränkt. Insgesamt verkaufen 92 Prozent der kommunalen Energieversorgungsunternehmen

---

44 Wegen erheblicher struktureller Unterschiede und geringer Beziehungen zum Energiegeschäft wird der öffentliche Personennahverkehr in diese Untersuchung nicht einbezogen.

45 Berechnet nach *VKU*, Mitgliederverzeichnis 1999, Querverbund.

46 *VKU*, Ver- und Entsorgungsunternehmen 1998, Umsatzerlöse.

47 *Krebs*, Kommunale Elektrizitätsversorgung, S. 101.

48 Berechnet nach *VKU*, Mitgliederverzeichnis 1999, Querverbund.

49 Berechnet nach *VKU*, Mitgliederverzeichnis 1999, Querverbund; erfaßt wurden Unternehmen, welche die Geschäftsbereiche Strom und/oder Gas (Zur Definition von Energieversorgungsunternehmen s. S. 34) mit den Sparten Wasser und/oder Wärme zusammengefaßt haben.

nicht nur Strom oder Gas, sondern betätigen sich außerdem in den Bereichen Wärme und Wasser.[50] Kommunale Energieversorger, die nicht in der Form des Querverbunds organisiert sind, stellen Ausnahmen von dieser dominierenden Unternehmensform dar.

4. Neue Geschäftsbereiche kommunaler Energieversorgungsunternehmen

Neben den traditionellen Geschäftsbereichen Strom, Gas, Wärme und Wasser sind kommunale Energieversorgungsunternehmen auch in einer Vielzahl weiterer Branchen tätig.[51]

a) Entsorgung

Im Entsorgungsbereich[52] engagierten sich 1999 118 kommunale Energieversorgungsunternehmen.[53] Mithin verfügen 17 Prozent der gemeindlichen Energieversorger über eine Entsorgungssparte. Ursprünglich entwickelte sich die Abfallentsorgung aus der Stadtreinigung, so daß sie zu den ältesten Aufgaben der Gemeinden zählt. Über Jahrzehnte haben Kommunen diese Aufgabe aber mit spezialisierten Eigenbetrieben und Eigengesellschaften wahrgenommen. Kommunale Energieversorger haben die Beseitigung von Abwasser und Abfall daher erheblich später übernommen als die Energie- und Wasserversorgung. Im Vergleich mit diesen traditionellen Versorgungssparten stellt die Entsorgung ein junges Geschäftsfeld kommunaler Energieversorgungsunternehmen dar. Dennoch hat sich die Entsorgungssparte in den zurückliegenden Jahren als fester Bestandteil des kommunalen Querverbundes etabliert, was sich in der hohen Zahl aktiver Unternehmen widerspiegelt.

---

50 Berechnet nach *VKU*, Mitgliederverzeichnis 1999, Querverbund.

51 Zur rechtlichen Bewertung zahlreicher neuer Geschäftsfelder der Kommunen jeweils *Innenministerkonferenz*, Wirtschaftliche Betätigung, S. 51 ff.; *Heinrichs/Schwabedissen*, StuGR 1998, S. 164 ff; *Cronauge*, Kommunale Unternehmen, Rn. 770h; zur Ausweitung der kommunalen Wirtschaftstätigkeit aus wirtschafts- / finanzwissenschaftlicher Sicht *Döring/Wohltmann*, AfK 1999, S. 45 ff.

52 Zur Entsorgung zählen nach der Statistik des VKU neben der Abfall- auch die Abwasserentsorgung (*VKU*, Ver- und Entsorgungsunternehmen, Vereinigung der kommunalen Entsorgungswirtschaft).

53 Berechnet nach *VKU*, Mitgliederverzeichnis 1999, Querverbund.

Die ASEW[54] führte im Januar 1997 eine Mitgliederbefragung zum Thema "Energiedienstleistungen" durch.[55] Auf den Fragebogen antworteten von 214 angeschriebenen Mitgliedsunternehmen 94, was einer Rücklaufquote von 44 Prozent entspricht. Auf die Ergebnisse dieser Umfrage zu Planung, Angebot, Motiven und Umsatzerwartungen kommunaler Energieversorgungsunternehmen für den Geschäftsbereich Energiedienstleistungen wird bei der Darstellung dieses neuen Geschäftsfeldes noch detailliert einzugehen sein.[56] Zusätzlich enthielt der Fragebogen auch eine Rubrik "Weitere Dienstleistungen (außer Energiedienstleistungen)".[57] Hier konnten die kommunalen Energieversorgungsunternehmen zunächst angeben, ob sie in den Bereichen Telekommunikation, Consulting, Kaufmännische Dienstleistungen, Wohnungswasserzähler, Graphische Datenverarbeitung und Entsorgung bereits Dienstleistungen anbieten oder solche Angebote planen. Außerdem konnten zusätzlich angebotene oder geplante Dienstleistungen genannt werden.

Gegenüber der ASEW gaben 18 Prozent der Unternehmen an, als Entsorger tätig zu sein.[58] Zusätzliche 14 Prozent der kommunalen Energieversorgungsunternehmen antworteten, eine Betätigung im Entsorgungssektor zu planen.[59] Demnach ist der Anteil kommunaler Versorgungsunternehmen, die planen, zukünftig als Entsorger aufzutreten, annähernd so groß wie der Anteil kommunaler Energieversorgungsunternehmen, die bereits in der Abfallbranche tätig sind. Dies deutet darauf hin, daß die Entsorgung trotz einer angespannten Lage auf den Abfallmärkten nach wie vor ein attraktiver Markt für kommunale Versorger ist. Daß zwischen 1997 und 1999 15 VKU-Mitglieder der Energiebranche zusätzlich in der Entsorgung tätig geworden sind,[60] spricht ebenfalls für die Attraktivität dieses Marktes.

b) Telekommunikation

Eine feste Etablierung kann für die Telekommunikationssparte angesichts der Neuheit dieses Marktes noch nicht festgestellt werden.[61] Zwar ist die Zahl ge-

---

54 Arbeitsgemeinschaft kommunaler Versorgungsunternehmen zur Förderung rationeller, sparsamer und umweltschonender Energieverwendung und rationeller Wasserverwendung im Verband kommunaler Unternehmen, Köln.
55 *ASEW*, Energiedienstleistungen, S. 6.
56 S. S. 118 ff.
57 *ASEW*, Energiedienstleistungen, S. 11.
58 Berechnet nach *ASEW*, Energiedienstleistungen, S. 29.
59 Berechnet nach *ASEW*, Energiedienstleistungen, S. 29.
60 Berechnet nach *VKU*, Mitgliederverzeichnis 1997, Querverbund.
61 Zu möglichen Vermarktungsstrategien für kommunale Telekommunikationsnetze und den gemeinderechtlichen Voraussetzungen kommunaler Telekommunikations-

meindlicher Unternehmen groß, die sich an diesem rasch entwickelnden Markt beteiligen. Allerdings sind noch keine genauen Zahlen darüber verfügbar, wieviele Energieversorger sich darunter befinden.

Bei der erwähnten ASEW-Umfrage gaben 23 Prozent der Versorgungsunternehmen an, bereits Telekommunikationsdienstleistungen anzubieten.[62] Der Anteil von Betrieben, die Telekommunikationsangebote planen, liegt mit 38 Prozent erheblich über den Planungen für andere Dienstleistungssparten.[63]

Die hohe Attraktivität des Telekommunikationsmarktes für kommunale Energieversorgungsunternehmen läßt sich auch aus zwei weiteren Umständen folgern. Zum einen verfügen Energieversorgungsunternehmen bereits über beachtliche Kommunikationsnetze, mit denen sie die für die Steuerung von Energieanlagen und Leitungsnetzen erforderlichen Informationen übermitteln. Kommunale Energieversorgungsunternehmen können diese örtlichen Netze nutzen, um Kommunikationsdienste anzubieten. Zum anderen verfügen kommunale Energieversorgungsunternehmen inzwischen in mehreren deutschen Großstädten über in der Telekommunikation tätige Tochtergesellschaften, so unter anderem die Stadtwerke Kassel (Netcom Kassel), Köln (NetCologne), Düsseldorf (Isis Multimedianet), Hamburg (HanseNet Telekommunikation), Hannover (Hannoversche Telekommunikations- und Netzgesellschaft), Münster (CityKom Münster), München, Nürnberg und Wolfsburg.[64] Daneben treten einzelne Stadtwerke auch als Mobilfunkanbieter auf.[65] Die Telekommunikation ist ein Markt, auf dem sich eine zunehmende Zahl kommunaler Energieversorgungsunternehmen mit großem finanziellen Engagement betätigt.

Kommunale Energieversorger beschränken sich jedoch nicht auf Telekommunikation, also den Betrieb von Übertragungswegen, Corporate Networks und das Anbieten von Sprachtelefondiensten. Auch im Bereich neuer Informationstechnologien erwirtschaften sie mit Internet-Zugängen,[66] Informationssystemen, PC-Vernetzung,[67] Rechenzentren und Druckdiensten[68] bereits Umsätze.

---

dienstleistungen *te Reh*, Der Städtetag 1997, S. 361; zu den rechtlichen Grenzen kommunaler Telekommunikationsdienstleistungen unter anderem *Pielow*, NWVBl. 1999, 369 ff.

62 Berechnet nach *ASEW*, Energiedienstleistungen, S. 29.

63 Berechnet nach *ASEW*, Energiedienstleistungen, S. 29.

64 ZfK 4/1997, S. 4.

65 ZfK 10/1996, S. 38.

66 Als Internet-Provider sind zum Beispiel Stadtwerke in Kassel (ZfK 7/1996, S. 4), Mannheim (ZfK 9/1996, S. 7) und Weißwasser (ZfK 12/1997, S. 33) tätig.

67 ZfK 4/1997, S. 4.

68 ZfK 6/1997, S. 27.

c) Unternehmensberatung

Ein weiteres neues Geschäftsfeld kommunaler Energieversorgungsunternehmen ist das Consulting. Auf dem Markt der Unternehmensberatung können Versorgungsunternehmen die Erfahrungen vermarkten, die sie bei der bisher überwiegend kostenlos erbrachten Energieberatung erworben haben. So bietet zum Beispiel die Düsseldorfer Consult GmbH technische und betriebswirtschaftliche Unternehmensberatung an. Sie kann dabei für die Beratung der Branchen Energie- und Wasserversorgung, Grundwasser- und Bodensanierung und Umwelttechnik auf das fachliche Know-how zurückgreifen, das die Muttergesellschaft Stadtwerke Düsseldorf im Versorgungsgeschäft erworben hat.[69] Auf diese "tägliche Betriebserfahrung" setzen kommunale Energieversorgungsunternehmen im Wettbewerb mit reinen Beratungsunternehmen, die keine eigenen Betriebserfahrungen vorweisen können. Zielgruppe für Beratungsangebote sind jedoch nicht nur Kunden aus der Privatwirtschaft. Auch andere kommunale Energieversorgungsunternehmen können entgeltlich beraten werden, sofern ihnen zum Beispiel wegen ihrer geringen Unternehmensgröße spezielle energiewirtschaftliche Kenntnisse fehlen. Die Stadtwerke Saarbrücken bieten Beratungen für andere kommunale Energieversorgungsunternehmen an und setzen damit ihr Know-how für eine wirtschaftliche Kooperation zwischen kommunalen Energieversorgern ein.[70] Der Anteil der gemeindlichen Versorgungsbetriebe, die Consultingdienstleistungen anbieten, liegt nach der ASEW-Umfrage bei 17 Prozent.[71] Ebensoviele Unternehmen planen, zukünftig in diesem Geschäftsfeld tätig zu werden.[72]

d) Finanzdienstleistungen

Ebenfalls in der Energieversorgung und Energieberatung wurzelt das Engagement von Energieversorgungsunternehmen im Geschäftsbereich Finanzdienstleistungen.[73] So entstammt die Finanzierung von Kundenanlagen, die Gewährung

69 ZfK 10/1996, S. 24.

70 *Seifried/Stark*, Energiedienstleistungen, S. 47.

71 Berechnet nach *ASEW*, Energiedienstleistungen, S. 29.

72 Berechnet nach *ASEW*, Energiedienstleistungen, S. 29.

73 Den folgenden Angaben liegt die *VDEW*-Befragung aus dem Jahr 1997 zu Dienstleistungen der Mitgliedsunternehmen zugrunde. Die Zahlen beziehen sich daher nicht nur auf kommunale sondern auf alle *VDEW*-Mitgliedsunternehmen. Die in der *VDEW*-Befragung als Finanzdienstleistungen aufgeführten Rabatte und Boni werden dabei nicht berücksichtigt, weil Preisnachlässe als Marketinginstrument in allen Branchen üblich sind.

von Zuschüssen und die Vermittlung zinsgünstiger Darlehen häufig Programmen, mit denen die Nutzung erneuerbarer Energiequellen oder der Einsatz energiesparender Techniken gefördert werden.

Aufgeschlüsselt nach Kundengruppen erbringen Stromversorger am meisten Finanzdienstleistungen für das Gewerbe. Zwölf Prozent der Stromversorger gewähren Gewerbekunden Zuschüsse und 8 Prozent vermitteln ihnen zinsgünstige Kredite.[74] Industriekunden werden von 10 Prozent der Elektrizitätsunternehmen bezuschußt und 6 Prozent der Stromversorger vermitteln dieser Kundengruppe zinsgünstige Darlehen.[75] Haushalte erhalten schließlich von 10 Prozent ihrer Elektrizitätsversorger finanzielle Unterstützung.[76] Dabei werden im Haushaltssektor hauptsächlich Anlagen zur Nutzung erneuerbarer Energiequellen gefördert, wobei das Förderinstrumentarium von Zuschüssen bis zur alleinigen Finanzierung durch den Stromversorger reicht. So bieten nach Angaben der VDEW sogar 3 Prozent der Elektrizitätsversorger an, Solarkollektoren und Photovoltaikanlagen vollständig zu finanzieren.[77] Insgesamt erbringt demnach jedes zehnte Energieversorgungsunternehmen Finanzdienstleistungen für seine Kunden. Diese Dienstleistungen sind zwar kostenintensiv, so daß sie im Rahmen der wettbewerbsbedingten Kostensenkungsprogramme auf den Prüfstand gestellt werden dürften. Jedoch verstärken sie auch die Kundenbindung und bringen einen erheblichen Imagegewinn der Stromversorger mit sich. Daß Finanzdienstleistungen auch ein lukratives Geschäft sein können, zeigen die Umsatzerwartungen und das Angebot kommunaler Energieversorgungsunternehmen im Bereich Contracting, worauf später noch einzugehen sein wird.[78] Es liegen damit Anzeichen dafür vor, daß das neue Geschäftsfeld Finanzdienstleistungen auch für die kommunalen Energieversorgungsunternehmen noch an Bedeutung gewinnen könnte.

---

74 *VDEW*, Dienstleistungen 1997, S. 33. Die folgenden Prozentzahlen bezeichnen den Anteil von Energieversorgungsunternehmen, die die genannten Finanzdienstleistungen nicht nur anbieten, sondern tatsächlich erbringen. Allerdings erhob die *VDEW* keine Daten dazu, in welchem Umfang diese Unternehmen die genannten Dienstleistungen erbringen (zum Beispiel Zahl und durchschnittliche Höhe gewährter Zuschüsse). Daher ist nicht auszuschließen, daß auch Finanzdienstleistungen angegeben wurden, die nur vereinzelt erbracht werden.

75 *VDEW*, Dienstleistungen 1997, S. 31.

76 *VDEW*, Dienstleistungen 1997, S. 27.

77 *VDEW*, Dienstleistungen 1997, S. 27.

78 S. S. 153 ff.

e) Sonstige Dienstleistungen

Neben den genannten Märkten und dem Geschäftsbereich „energieeffiziente Dienstleistungen", der später detailliert untersucht wird,[79] bearbeiten gemeindliche Energieversorger vielfältige Geschäftsfelder. So führen laut der ASEW-Mitgliederbefragung kaufmännische Dienstleistungen die Rubrik "weitere Dienstleistungen (außer Energiedienstleistungen)" an.[80] Kaufmännische Dienstleistungen werden von 38 Prozent der Versorgungsunternehmen erbracht, während 9 Prozent ein solches Angebot planen.[81] Immerhin 12 Prozent der kommunalen Energieversorgungsunternehmen bieten graphische Datenverarbeitung an.[82] Da mit 28 Prozent mehr als doppelt so viele Betriebe zukünftige Aktivitäten in diesem Bereich planen,[83] scheint dieses Geschäftsfeld besonders attraktiv zu sein.

Weitere Dienstleistungen aus der Liste der sonstigen Nennungen[84] geben einen Aufschluß über die große Bandbreite des Angebotes kommunaler Versorgungsunternehmen: Facility Management[85], Freizeit- und Ganzjahresbäder, Regenwassernutzungsanlagen, Grünflächen, Raumreinigung, Kabelfernsehen, Umrüstung von Fahrzeugen auf Erdgas, Öltankentsorgung, Restölabkauf, Elektronikschrottentsorgung, Gerätevermietung (zum Beispiel Hubsteiger), Aus- und Fortbildung, Inkasso, Betriebskostenabrechnung und Laborservice.[86] Ein Teil dieser Dienstleistungen bezieht sich auf Bereiche, die erst in den letzten Jahren als Märkte entstanden: Erdgasfahrzeuge, Elektronikschrottentsorgung, Regenwassernutzungsanlagen und Facility Management. Da diese Dienstleistungen zusätzlich zu den abgefragten Hauptgeschäftsfeldern genannt wurden, dürften sie eher vereinzelt von Versorgungsunternehmen angeboten werden. Dennoch belegen sie, daß kommunale Energieversorger auch außerhalb der bekannten Geschäftsfelder an der Erschließung neu entstehender Märkte beteiligt sind. Dies zeigt sich am Beispiel der MVV Energie AG, dem ersten börsennotierten kommunalen Energieversorger. Dieses Unternehmen ist nicht nur in den Sparten Strom, Erdgas, Fernwärme und Trinkwasser aktiv.[87] Vielmehr wurden nach und nach auch

---

79 S. S. 118 ff.

80 *ASEW*, Energiedienstleistungen, S. 29.

81 Berechnet nach *ASEW*, Energiedienstleistungen, S. 29.

82 Berechnet nach *ASEW*, Energiedienstleistungen, S. 29.

83 Berechnet nach *ASEW*, Energiedienstleistungen, S. 29.

84 *ASEW*, Energiedienstleistungen, S. 29.

85 Facility Management umfaßt die technische, kaufmännische und/oder infrastrukturelle Betreuung und Bewirtschaftung von Immobilien (*Bohr*, Facility Management, S. 6).

86 Zum Engagement von Energieversorgungsunternehmen auf dem Facility Management-Markt s. die empirische Erhebung von *Bohr*, Facility Management, S. 53 ff.

87 Elektrizitätswirtschaft 1999, S. 17.

neue Dienstleistungsgeschäftsfelder erschlossen. Dazu gehören das Management unterschiedlicher Investitions- und Dienstleistungsprojekte, das Facility Management, Erschließungsträgerschaften für Neubaugebiete und Energiedienstleistungen.[88]

Die Statistik des VKU zählt zu den sonstigen Betriebszweigen kommunaler Unternehmen diejenigen außerhalb der klassischen Versorgungssparten Strom, Gas, Wärme, Wasser und Verkehr. Diese sonstigen Betriebszweige decken sich mit denen, die hier als neue Geschäftsfelder bezeichnet werden. In diesen neuen Geschäftsfeldern erzielen kommunale Unternehmen bereits 6,2 Prozent ihrer Umsatzerlöse.[89] Somit steuern sie inzwischen einen nicht unerheblichen Anteil zum Umsatz kommunaler Unternehmen bei. Demnach haben die neuen Geschäftsfelder nach realisiertem und geplantem Engagement sowie den insgesamt erzielten Umsatzerlösen für kommunale Energieversorgungsunternehmen bereits eine spürbare Bedeutung. Weiterhin gehen Energieversorger davon aus, daß sie im Dienstleistungsgeschäft überdurchschnittliche Umsatzzuwächse[90] und Renditen erzielen werden.[91]

II. Entwicklung der Rahmenbedingungen für die Tätigkeit kommunaler Energieversorgungsunternehmen

Welche Bedeutung die Erschließung eines neuen Marktes für ein Unternehmen hat, hängt wesentlich von der Entwicklung der Unternehmensumwelt ab. Deshalb wird nachfolgend die Entwicklung zentraler Rahmenbedingungen für die Tätigkeit kommunaler Energieversorgungsunternehmen nachgezeichnet.[92] Dabei ist vor allem abzuschätzen, welche Auswirkungen diese Rahmenbedingungen in den nächsten Jahren auf die Versorgungsunternehmen haben werden. Bei einer sol-

---

88 Elektrizitätswirtschaft 1999, S. 18 f. Die MVV Energie AG erzielte 1999/2000 mit 49,7 Prozent die stärksten Umsatzzuwächse in ihrer Dienstleistungssparte (Handelsblatt v. 14.8.2000, S. 15).

89 *VKU*, Ver- und Entsorgungsunternehmen, Umsatzerlöse.

90 Handelsblatt v. 14.8.2000, S. 15.

91 *Manfred Remmel*, der Vorstandsvorsitzende der RWE Energie AG, bezeichnet Energiedienstleistungen als besonders attraktiven Markt, weil sich im Dienstleistungsgeschäft überdurchschnittliche Renditen abzeichneten (Handelsblatt v. 3.8.1999, S. 14). Da er den Markt für Energiedienstleistungen auf 180 Mrd. DM im Jahr 2010 schätzt, ist davon auszugehen, daß er a.a.O. mit dem Begriff der „Energiedienstleistungen" diejenigen Angebote bezeichnet, von denen er in Handelsblatt v. 3.8.1999, S. 1 als „energienahen Dienstleistungen" spricht.

92 Zu den technologischen Entwicklungen in der Energiewirtschaft *VDEW*, Strategie-Optionen, S. 18 ff.

chen Beschreibung zukünftiger Entwicklungen bestehen naturgemäß Unsicherheiten.[93] Diese können sich zwar verringern, je mehr Bedingungen einbezogen werden und je mehr sich die Auswirkungen dieser Bedingungen ähneln. Dennoch sind die anschließenden Ausführungen weniger als exakte Prognose denn als Beschreibung wahrscheinlicher Entwicklungen zu verstehen.

1. Strom- und Gasverbrauch

Die Situation kommunaler Energieversorgungsunternehmen in den nächsten Jahren wird wesentlich von der Entwicklung der wirtschaftlichen Rahmenbedingungen für ihre Tätigkeit abhängen.

Dabei steht die Entwicklung der Märkte für Strom und Gas im Vordergrund, da diese zum Kerngeschäft kommunaler Energieversorger zählen. Auch die dominierende wirtschaftliche Bedeutung dieser beiden Sektoren für kommunale Energieversorgungsunternehmen legt nahe, die von Stadtwerken ebenfalls häufig bedienten Märkte für Wärme und Wasser nicht gesondert zu untersuchen.[94]

Um die Entwicklung des Strom und Gasmarktes einzuschätzen, sollen im folgenden Szenarien für die Entwicklung des Energieverbrauchs in Deutschland dargestellt werden. Dafür werden die Szenarien zugrundegelegt, die die Enquete-Kommission "Schutz der Erdatmosphäre" des 12. Deutschen Bundestags nach einer eingehenden Analyse bestehender Prognosen[95] erstellen ließ. Das Referenzszenario (Ref) basiert auf gegenüber der derzeitigen Situation im wesentlichen unveränderten energiepolitischen Rahmenbedingungen.[96] Dagegen hat das Reduktionsszenario (R2V) die Vorgabe, energiebedingte klimatische und nukleare Risiken zu verringern.[97] Daher werden in diesem Ausblick politische Rahmenbedingungen für eine 45-prozentige Kohlendioxid-Einsparung bis 2020[98] und der Ausstieg aus der Kernenergienutzung angenommen.[99] Die Einbeziehung dieses Reduktionsszenarios ermöglicht, die Entwicklung des Absatzmarktes kommunaler Energieversorgungsunternehmen auch für den Fall abzuschätzen, daß in

---

93 Zur Bandbreite verschiedener Szenarien nach der Liberalisierung des Energiemarktes *Wenzl/Winckler-Ruß*, et 1998, S. 150 ff.

94 So erzielten kommunale Versorgungsunternehmen im Geschäftsjahr 1998 44,5 Prozent ihrer Umsatzerlöse mit Strom, 28,7 Prozent mit Gas, aber nur 12 Prozent mit Wasser, 6,2 Prozent mit Wärme, 2,4 mit Verkehrsdienstleistungen und 6,2 mit Sonstigem (*VKU*, Ver- und Entsorgungunternehmen, Umsatzerlöse).

95 S. im einzelnen *Enquetekommission*, Schlußbericht, S. 226 ff.

96 *Enquetekommission*, Studienprogramm, S. 29.

97 *Enquetekommission*, Studienprogramm, S. 30 f.

98 *Enquetekommission*, Studienprogramm, S. 80.

99 *Enquetekommission*, Studienprogramm, S. 31.

Deutschland in den nächsten Jahren eine konsequent ökologische Energiepolitik betrieben wird. Trotz des Ziels der Bundesregierung, den Ausstoß an Klimagasen bis zum Jahr 2005 auf 25 Prozent gegenüber 1990 zu verringern,[100] sind derzeit allerdings keine dem Reduktionsszenario vergleichbaren politischen Vorgaben ersichtlich.

Untersuchungszeitraum beider Szenarien sind die Jahre 1990 bis 2020. In dieser Zeit werden sich voraussichtlich derzeit noch bestehende Unterschiede der Energiewirtschaft in der ehemaligen DDR und BRD, wie der geringe Öl- und hohe Fernwärmeanteil im Raumwärmemarkt der neuen Bundesländer, angleichen. Derzeit sind allerdings die Energiemärkte der alten und neuen Bundesländer noch nicht direkt vergleichbar. Wegen der größeren wirtschaftlichen Bedeutung und der zu beobachtenden Angleichung an ehemals westdeutsche Verhältnisse wird im folgenden die Verbrauchsentwicklung in den alten Bundesländern zugrundegelegt.

Im Referenzszenario steigt die Stromnachfrage von 1341 PJ auf 1574 PJ an,[101] also um jährlich 0,6 Prozent bis 2020. Der Gas-Endenergieverbrauch wächst von 1440 PJ auf 1643 PJ,[102] was einem jährlichen Anstieg von 0,5 Prozent entspricht. Dieser fällt geringer aus als das Wachstum des Endenergieverbrauchs in Westdeutschland von 1980-1990. So stieg in diesem Zeitraum der Stromverbrauch um 1,7 Prozent p.a. und der Gasverbrauch um 1,1 Prozent p.a.[103] Demnach liegt der Verbrauchsanstieg des Referenzszenarios für Elektrizität um 1,1 Prozent und für Gas um 0,6 Prozent unter den tatsächlichen Verbrauchszuwächsen im Zeitraum 1980 bis 1990. Im Vergleich zur bisherigen tatsächlichen Verbrauchsentwicklung beschreibt das Referenzszenario demzufolge ein deutlich verlangsamtes Wachstum, das im Elektrizitätssektor wesentlich schwächer ausfällt als im Gasbereich.

Im Reduktionsszenario steigt der Stromverbrauch von 1341 PJ auf 1471 PJ[104] also um 0,3 Prozent p.a. Dagegen sinkt der Gasbedarf von 1440 PJ auf 1226 PJ[105], das heißt jährlich um 0,6 Prozent. Das im Referenzszenario bereits schwache Wachstum des Strombedarfs fällt also im Reduktionsszenario noch etwas geringer aus. Unterschiede ergeben sich für den Gasverbrauch, der nach dem Referenzszenario um 0,5 Prozent steigen, im Reduktionsszenario dagegen um

---

100 Beschluß der Bundesregierung vom 29.9.1994, BT-Drs. 12/8557, S. 4; Im Jahr 1995 wurde das Kohlendioxid-Minderungsziel der Bundesregierung auf das international gültige Basisjahr 1990 umgestellt.

101 *Enquetekommission*, Studienprogramm, S. 8.

102 *Enquetekommission*, Studienprogramm, S. 8.

103 Berechnung nach *MWMTV NRW*, Energieland NRW 1997, S. 8.

104 *Enquetekommission*, Studienprogramm, S. 56.

105 *Enquetekommission*, Studienprogramm, S. 56.

etwa denselben Betrag fallen soll. Vergleicht man auch das Reduktionsszenario mit dem westdeutschen Endenergieverbrauch von 1980-1990, so werden beim Beschreiten des Reduktionspfades voraussichtlich 1,4 Prozentpunkte weniger Strom und 1,7 Prozentpunkte weniger Gas p.a. verbraucht werden.

Zusammenfassend kann festgehalten werden, daß das Kerngeschäft kommunaler Energieversorgungsunternehmen bei im wesentlichen unveränderten politischen Rahmenbedingungen in den nächsten Jahren voraussichtlich von einem nur noch schwachen Wachstum des Strom- und Gasbedarfs geprägt sein wird. Sofern die politischen Anstrengungen zum Klimaschutz erheblich verstärkt würden, wäre der Gasverbrauch sogar leicht rückläufig. Im Vergleich mit den Endenergieverbräuchen der vergangenen Jahre wird sich nach den zugrundegelegten Szenarien das Nachfragewachstum auf den Hauptmärkten kommunaler Energieversorgungsunternehmen deutlich verlangsamen. In der Versorgungsbranche wird die zukünftige Entwicklung des Energieverbrauchs deshalb häufig als Stagnation charakterisiert.[106]

2. *Liberalisierung der Energiemärkte*

Wesentliche Auswirkungen auf kommunale Unternehmen sind von der Liberalisierung der europäischen und deutschen Energiemärkte zu erwarten. Daher sind zunächst die Änderungen des rechtlichen Ordnungsrahmens der Energieversorgung darzustellen [a)]. Aus ihnen können dann spezifisch für kommunale Energieversorgungsunternehmen mögliche wirtschaftliche Folgen abgeleitet werden [b)].

a) Änderung des rechtlichen Ordnungsrahmens

Zunächst ist auf wesentliche Änderungen des europäischen [aa)] und deutschen [bb)] Ordnungsrahmens der Energiewirtschaft einzugehen.

aa) Elektrizitätsbinnenmarkt-Richtlinie 96/92/EG

Die Europäische Kommission strebt an, die nationalen Märkte der Europäischen Union für den innergemeinschaftlichen Handel zu öffnen und damit grundlegend

---

106 *Grawe/Schulz*, Elektrizitätswirtschaft 1996, S. 1291; *Oesterwind/Pfaffenberger/Hasse*, Energieversorgung, S. 139; *VDEW*, Strategie-Optionen, S. 17; *Weber*, et 1996, S. 411; ZfK 8/1996, S. 6; *Meisner*, in: Forum für Zukunftsenergien, S. 264.

zu reformieren.[107] Die europäische Energiepolitik konzentriert sich zum einen darauf, mit transnationalen Energienetzen die technischen Voraussetzungen für einen grenzüberschreitenden Handel mit Strom und Gas zu schaffen.[108] Zum anderen steht die Öffnung der nationalen Märkte für leitungsgebundene Energien im Zentrum der europäischen Politik. Entsprechend wurde am 19.12.1996 die Elektrizitätsbinnenmarkt-Richtlinie[109] verabschiedet, die gemäß Art. 28 RL 96/92/EG am 19.2.1997 in Kraft trat. Eine Binnenmarktrichtlinie für die Gaswirtschaft wurde am 22.6.1998 ebenfalls verabschiedet.[110] Damit hat die Rechtsetzung der Europäischen Union für den Elektrizitätsmarkt einen zeitlichen Vorsprung gegenüber dem Gasmarkt. Da in Deutschland die Reform des Gasmarktes zudem erheblich langsamer umgesetzt wird als die des Elektrizitätsmarktes, konzentriert sich die folgende Untersuchung auf den Elektrizitätsmarkt.[111]

Die Elektrizitätsbinnenmarkt-Richtlinie bezweckt, einen wettbewerbsorientierten Elektrizitätsmarkt zu verwirklichen.[112] Dieses Ziel soll auf zweierlei Weise erreicht werden: Einerseits werden zwingende Mindestanforderungen aufgestellt, die von allen Mitgliedsstaaten zu erfüllen sind. Andererseits können die Mitgliedsstaaten zwischen verschiedenen Organisationsmodellen auswählen, um ihren Elektrizitätsmarkt wettbewerbsgerecht zu ordnen.

(1) Obligatorische Mindestanforderungen

Die folgenden obligatorischen Mindestanforderungen sind für den deutschen Elektrizitätsmarkt bedeutsam:

---

107 Zu den energiewirtschaftlichen Rechtsakten und Kompetenzen der EU *Ehlers/Pünder*, in: Achterberg/Püttner, Rn. 8.

108 S. die Richtlinie 90/547/EWG des Rates vom 29.10.1990 über den Transit von Elektrizitätslieferungen über große Netze (ABl. Nr. L 313 vom 13.11. 1990, S. 30) und die Entscheidung Nr. 1254/96/EG des Europäischen Parlamentes und des Rates vom 5.6.1996 über Leitlinien betreffend die transeuropäischen Netze im Energiebereich (Abl. Nr. L 161 vom 29.6.1996, S. 147).

109 RL 96/92/EG des Europäischen Parlamentes und des Rates betreffend gemeinsame Vorschriften für den Elektrizitätsbinnenmarkt vom 19.12.1996 (Abl. Nr. L 27 vom 30.1.1997, S. 20).

110 Richtlinie 98/30/EG betreffend gemeinsame Vorschriften für den Erdgasbinnenmarkt v. 22.6.1998 (ABl. L 204, S. 1 ff.).

111 Zu den strukturellen Unterschieden zwischen der Elektrizitäts- und der Gasversorgung s. *Mombaur*, DÖV 1997, S. 576.

112 Abl. EG Nr. L 27, S. 20.

(a) Netzzuggangsregelungen

Zunächst haben die Betreiber ihre Hochspannungsnetze gemäß Art. 7, 8 RL 96/92/EG für andere Marktteilnehmer zu öffnen. Die Netzbetreiber dürfen gemäß Art. 7 Abs. 5 RL 96/92/EG andere Netzbenutzer gegenüber ihren Tochterunternehmen und Aktionären nicht diskriminieren. Dies beinhaltet, daß ein Netzbetreiber Unternehmen, mit denen er gesellschaftsrechtliche Verbindungen aufweist, nicht bevorzugen darf. Auch die technischen Anforderungen an die Anlagen anderer Netzbenutzer dürfen diese gemäß Art. 7 Abs. 2 S. 1 RL 96/92/EG nicht benachteiligen. Das Diskriminierungsverbot erstreckt sich gemäß Art. 8 Abs. 2 S. 1 RL 96/92/EG schließlich auch auf die Anwendung der Bedingungen für die Stromeinspeisung und Leitungsbenutzung. Für das Verteilernetz, also das Mittel- und Niederspannungsnetz,[113] gelten ebenfalls die Grundsätze der Netzöffnung und Nichtdiskriminierung. Die Betreiber von Verteilernetzen haben diese gemäß Art. 11 Abs. 2 RL 96/92/EG zu öffnen und andere Benutzer nicht zu diskriminieren. Die Netzöffnung bewirkt, daß die Stromnetze, die bisher nur das Monopolunternehmen zur Belieferung seiner Kunden verwenden konnte, nun auch anderen Benutzern zur Verfügung stehen. Das können andere Erzeuger, zum Beispiel Betreiber fossiler oder regenerativer Kraftwerke, ebenso sein wie Stromhändler, die den von ihnen gehandelten Strom zu ihren Kunden durchleiten möchten.

(b) Entflechtung von Elektrizitätserzeugung, -verteilung und -netzbetrieb

Um zu verhindern, daß Netzbetreiber, die gegenwärtig aufgrund der vertikalen Integration der Elektrizitätsversorgungsunternehmen regelmäßig auch selbst Strom erzeugen und verkaufen, andere Erzeuger oder Verkäufer behindern, müssen die Erzeugung, der Netzbetrieb und die Verteilung getrennt werden. Diese Entflechtung schafft organisatorische Voraussetzungen, um eine Diskrimierung von Netzbenutzern zu unterbinden. Inhaber von Übertragungsnetzen müssen gemäß Art. 7 Abs. 6 RL 96/92/EG den Netzbetrieb organisatorisch von ihrer Stromerzeugung und -verteilung trennen. Außerdem haben sie gemäß Art. 14 Abs. 3 S. 1 RL 96/92/EG verschiedene Konten für die drei Unternehmensbereiche Erzeugung, Übertragung und Verteilung zu führen. Die Pflicht zur rechnungsmäßigen Entflechtung aus Art. 14 Abs. 3 S. 1 RL 96/92/EG trifft auch die Betreiber des Verteilungsnetzes. Sofern ein Mitgliedsstaat das Alleinabnehmer-

113 Art. 2 Nr. 6 RL 96/92/EG definiert "Verteilung" als den Transport von Elektrizität mit mittlerer oder niedriger Spannung über Verteilernetze zum Zweck der Stromversorgung von Kunden.

system einführt, auf das nachfolgend noch näher einzugehen sein wird, müssen auch Verteilerunternehmen gemäß Art. 15 Abs. 1 RL 96/92/EG den Netzbetrieb und Stromhandel getrennt von ihrer Erzeugungs- und Verteilungstätigkeit verwalten, also organisatorisch trennen.

(c) Parallelleitungsbau

Neben der Netzöffnung ist der Bau von parallelen Leitungen das zweite Mittel, um Wettbewerb in der Elektrizitätswirtschaft zu fördern. Art. 21 RL 96/92/EG verpflichtet die Mitgliedsstaaten, die Voraussetzungen für den Bau von Direktleitungen zu schaffen. Solche Leitungen, die ermöglichen, das Netz des bisherigen Monopolisten zu umgehen, können von Energieversorgungsunternehmen gebaut werden, um zum Beispiel einzelne Großverbraucher zu beliefern. Wegen der hohen Kosten elektrischer Leitungen wird der Bau von Parallelleitungen allerdings nur in Ausnahmefällen wirtschaftlich interessant sein.

(d) Marktöffnungsquoten

Schließlich gibt die Binnenmarktrichtlinie den Mitgliedsstaaten Mindestquoten der Marktöffnung vor. In der ersten Stufe sind gemäß Art. 19 Abs. 1 S. 2 RL 96/92/EG alle Endverbraucher mit einem Jahresverbrauch über 40 GWh zum Wettbewerb zuzulassen. Ab dem Jahr 2000 gilt dies gemäß Art. 19 Abs. 2 RL 96/92/EG für Verbraucher mit einem Jahresverbrauch über 20 GWh und in der dritten Stufe im Jahr 2003 ab 9 GWh Jahresverbrauch. Dadurch sollen im Jahr 2003 die nationalen Elektrizitätsmärkte zu 33 Prozent für den Wettbewerb geöffnet sein.

(2) Fakultative Wettbewerbsmodelle

Im Gegensatz zu diesen zwingenden Vorgaben haben die Mitgliedsstaaten bezüglich der Organisation ihrer Strommärkte einen Entscheidungsspielraum. Die RL 96/92/EG stellt ihnen verschiedene Organisationsmodelle zur Auswahl. Diese Modelle dienen der wettbewerblichen Ordnung einer ganzen Wirtschaftsbranche, wurden jeweils in verschiedenen Varianten vorgesehen und sind entsprechend kompliziert ausgestaltet. Daher sollen im folgenden nur die Modelle dargestellt werden, die der deutsche Gesetzgeber in der Novellierung des Energiewirtschaftsgesetzes (EnWG) aufgegriffen hat.

(a) Verhandelter Netzzugang

Dies ist zunächst der Netzzugang auf Vertragsbasis gemäß Art. 17 Abs. 1 - 3 RL 96/92/EG, der auch als verhandelter Netzzugang oder negotiated third-party-acces bezeichnet wird. Netzzugang meint hier nicht den technischen Anschluß an ein Netz, sondern die Bedingungen, zu denen Dritte das Netz des Betreibers für die Stromübertragung nutzen können. Im Rahmen des verhandelten Netzzugangs muß gemäß Art. 17 Abs. 2 RL 96/92/EG der Netzzugang mit dem jeweiligen Betreiber ausgehandelt werden. Damit sind insbesondere die Entgelte, die der Dritte für die Durchleitung zum Kunden an den Netzbetreiber zu zahlen hat, im Einzelfall frei verhandelbar. Dies unterscheidet den verhandelten Netzzugang vom geregelten Netzzugang. Im System des geregelten Netzzugangs werden gemäß Art. 17 Abs. 4 RL 96/92/EG allgemeingültige Tarife für den Netzzugang festgelegt, die Richtlinie spricht hier von einem Netzzugang "auf der Grundlage veröffentlichter Tarife".

(b) Alleinabnehmersystem

Ein weiteres Organisationsmodell ist das Alleinabnehmersystem mit Ankaufspflicht.[114] Alleinabnehmer ist gemäß Art. 2 Nr. 22 RL 96/92/EG, wer für den einheitlichen Betrieb des Übertragungssystems und/oder die zentralisierte Abnahme und den zentralisierten Verkauf der Elektrizität verantwortlich ist. Der Alleinabnehmer kauft also den gesamten in einem bestimmten Gebiet erzeugten Strom auf und verkauft ihn an alle Kunden in diesem Gebiet weiter. Insoweit entspricht die Stellung des Alleinabnehmers der Stellung, die die deutschen Energieversorgungsunternehmen bisher innerhalb ihrer Gebietsmonopole innehatten. Das Wettbewerbselement liegt hier in der Ankaufspflicht des Art. 18 Abs. 2 RL 96/92/EG. Sie verpflichtet den Alleinabnehmer, auch denjenigen Strom anzukaufen, über den ein Kunde und ein dritter Lieferant einen Vertrag geschlossen haben.[115] Außerdem wird der Alleinabnehmer verpflichtet, den Preisvorteil, den dieser Lieferant dem Kunden einräumt, an den Kunden weiterzugeben. Bei dieser Variante des Alleinabnehmersystems leitet zwar der Lieferant seinen Strom nicht durch das Netz des Alleinabnehmers bis zum Kunden. Aber da der Alleinabnehmer verpflichtet ist, dessen Strom anzukaufen und den

---

114 Zur Ausgestaltung des Alleinabnehmersystems im Energiewirtschaftsgesetz s. S. 59.

115 *VKU*, Der Städtetag 1997, S. 110 auch mit weiteren Details und Beispielen zur Funktionsweise dieses Wettbewerbsmodells.

Kunden zu dessen Vertragsbedingungen zu beliefern, entspricht die Wettbewerbswirkung dem Durchleitungsmodell.[116]

bb) Neuregelung des deutschen Energiewirtschaftsrechts

Der Umsetzung der europäischen Elektrizitätsbinnenmarkt-Richtlinie in deutsches Recht dient das Gesetz zur Neuregelung des Energiewirtschaftsrechts.[117] Es ist als Artikelgesetz ausgestaltet und enthält im wesentlichen zwei Gesetzesänderungen: In Art. 1 eine komplette Novellierung des Energiewirtschaftsgesetzes und in Art. 2 eine Änderung des Gesetzes gegen Wettbewerbsbeschränkungen (GWB).

(1) Änderung des GWB

Mit der Neuregelung des Gesetzes gegen Wettbewerbsbeschränkungen im Jahr 1998[118] entfielen die §§ 103, 103 a und 103 b GWB a.F. Dabei wurde § 103 b GWB a.F., der die Anwendung der §§ 103 und 103 a GWB a.F. auf die Versorgung mit Elektrizität und Gas ausschloß, durch § 131 Abs. 8 GWB ersetzt, wonach die §§ 103, 103 a und 105 GWB a.F. nun ausdrücklich nur noch für die öffentliche Versorgung mit Wasser weitergelten. Damit sind diese Regelungen auf die Elektrizitäts- und Gasversorgung nicht mehr anwendbar. Dies hat Auswirkungen auf die Zulässigkeit von ausschließlichen Konzessionsverträgen und von Gebietsschutzabreden.

(a) Unzulässigkeit ausschließlicher Konzessionsverträge

Konzessionsverträge werden in den §§ 13 Abs. 2 S. 1, 10 Abs. 1 S. 1 EnWG beschrieben als Verträge von Energieversorgungsunternehmen mit Gemeinden über die Nutzung öffentlicher Verkehrswege für Leitungen, die der allgemeinen Energieversorgung von Letztverbrauchern dienen. Ausschließliche Konzessionsverträge räumen das Wegenutzungsrecht nur einem Energieversorgungsunternehmen ein und schließen damit aus, daß andere Unternehmen innerhalb des gemeindlichen Konzessionsgebietes leitungsgebundene Energieversorgung betreiben können. Sie bezwecken damit ein örtliches Versorgungsmonopol eines Energieversorgungsunternehmen.[119] Eine derartige Wettbewerbsbeschränkung wäre ohne

---

116 *Müller/Seidel*, ZögU 1997, S. 116; *VKU*, Der Städtetag 1997, S. 114.

117 Gesetz zur Neuregelung des Energiewirtschaftsrechts v. 24.4.1998, BGBl. I S. 730 f.

118 Gesetz gegen Wettbewerbsbeschränkungen (GWB) i.d.F. der Bekanntmachung vom 26.8.1998, BGBl. I, S. 2546

119 *Immenga/Mestmäcker*, GWB, § 103, Rn. 24.

die Ausnahmevorschrift der §§ 103 Abs. 1 Nr. 2, 1 Abs. 1 S. 2 GWB a.F. bisher kartellrechtlich unzulässig gewesen.[120] Paragraph 103 Abs. 1 Nr. 2 GWB a.F. ermöglichte also die Vereinbarung eines ausschließlichen Gebietsmonopols im Verhältnis zwischen Gemeinde und Energieversorgungsunternehmen. Die Einfügung des § 103 b GWB a.F. führt nun zum Wegfall dieser Ausnahme. Der Abschluß ausschließlicher Konzessionsverträge ist damit gemäß § 1 GWB unzulässig,[121] so daß Kommunen Versorgern kein Monopol zum Leitungsbau und -betrieb mehr einräumen dürfen. Konkurrenten haben deshalb nun ebenfalls die Möglichkeit, nach Abschluß eines Konzessionsvertrages und der Zahlung der Konzessionsabgabe gemeindliche Verkehrswege für den Bau und Betrieb eigener Leitungen zu nutzen. Damit erfüllt die Änderung des GWB die Forderung des Art. 21 Abs. 1 RL 96/92/EG, den Direktleitungsbau zu ermöglichen. Um zu verhindern, daß die Gemeinde den bisherigen Monopolisten, meist die örtlichen Stadtwerke, bei der Konzessionsvergabe bevorzugt, sind die Gemeinden gemäß § 13 Abs. 1 S. 1 EnWG außerdem verpflichtet, ihre Verkehrswege diskriminierungsfrei zur Verfügung zu stellen. Wegen der hohen Kosten des Baus zusätzlicher Stromleitungen dürfte im Regelfall die Zahlung eines Durchleitungsentgeltes an den Betreiber des vorhandenen Netzes günstiger sein.

(b) Unzulässigkeit von Gebietsschutzabreden

Gebietsschutzabreden sind vertragliche Vereinbarungen, mit denen sich Unternehmen verpflichten, nicht im jeweils anderen Versorgungsgebiet tätig zu werden. Gebietsschutzabreden können in Demarkationsverträgen oder in Lieferverträgen geregelt werden.[122] Dabei haben Demarkationsverträge nur den Zweck, die Versorgungsgebiete der Vertragspartner räumlich gegeneinander abzugrenzen, also zu demarkieren. Gemäß § 131 Abs. 8 GWB gelten die bisher in den §§ 103, 103 a und 105 GWB a.F. geregelten Bereichsausnahmen von den Kartellverboten nun nur noch für die öffentliche Versorgung mit Wasser. Damit verstoßen Gebietsschutzabreden in der Strom- und Gasversorgung jetzt gegen das Kartellverbot des § 1 GWB.[123]

120 Zur umstrittenen Frage, ob sich die Zulässigkeit von Konzessionsverträgen nach § 1 GWB oder § 18 GWB beurteilt *Immenga/Mestmäcker*, GWB, § 103 Rn. 23 ff. m.w.N.

121 *Ehlers/Pünder*, in: Achterberg/Püttner, BesVwr, Rn. 46.

122 *Ehlers/Pünder*, in: Achterberg/Püttner, BesVwr, Rn. 59 f.

123 *Ehlers/Pünder*, in: Achterberg/Püttner, BesVwr, Rn. 59 f.

(2) Neuregelung des Energiewirtschaftsgesetzes

Kernstück des Gesetzes zur Neuregelung des Energiewirtschaftsrechts ist das in Art. 1 enthaltene neue Energiewirtschaftsgesetz, das seinen aus dem Jahr 1935 stammenden Vorläufer ablöst. Daß es sich hierbei um eine grundlegende Novellierung handelt, drückt bereits der neue Titel des Energiewirtschaftsgesetzes aus, der jetzt „Gesetz über die Elektrizitäts- und Gasversorgung“[124] lautet, während die Vorgängerregelung noch als „Gesetz zur Förderung der Energiewirtschaft“ betitelt war.

(a) Durchleitungspflicht gemäß § 6 Abs. 1 S. 1 EnWG

Das zentrale Wettbewerbselement der Novellierung des Energiewirtschaftsgesetzes ist die Durchleitungsverpflichtung des § 6 Abs. 1 S. 1 EnWG. Danach ist der Netzbetreiber verpflichtet, einem anderen Unternehmen gegen Entgelt das Versorgungsnetz zur Verfügung zu stellen, damit dieses Elektrizität zum Kunden durchleiten kann. Der Zugang zum Elektrizitätsnetz erfolgt gemäß § 5 EnWG nach dem System des verhandelten Netzzugangs. Der deutsche Gesetzgeber hat damit das Modell des negotiated third-party acces aus Art. 17 RL 96/92/EG übernommen. Danach können Elektrizitätserzeuger mit dem Netzbetreiber die Bedingungen der Durchleitung frei aushandeln.

Die Durchleitungsverpflichtung des Netzbetreibers entfällt nur, wenn ihm die Durchleitung nicht möglich oder nicht zumutbar ist gemäß § 6 Abs. 1 S. 2 EnWG. Dem Schutz der Kraft-Wärme-Koppelung, die hauptsächlich von kommunalen Energieversorgungsunternehmen zur Fern- und Nahwärmeerzeugung eingesetzt wird, dient § 6 Abs. 3 EnWG. Er verpflichtet, im Rahmen der Zumutbarkeit der Durchleitung für den Netzbetreiber zu prüfen, ob die Durchleitung in Kraft-Wärme-Koppelung erzeugten Strom verdrängt. Nach derselben Norm hat ein Netzbetreiber die Möglichkeit, die Durchleitung zu verweigern, auch dann, wenn der durchgeleitete Strom Elektrizität aus regenerativen Erzeugungsanlagen (Wind, Sonne, Wasser und Biomasse) verdrängen würde.

Die Vertragsfreiheit des Netzbetreibers, die Durchleitung abzulehnen, wird ansonsten lediglich durch die allgemeinen wettbewerbsrechtlichen Grenzen beschränkt. Das Verbot des Mißbrauchs einer marktbeherrschenden Stellung in § 19 Abs. 4 GWB und das Behinderungsverbot in § 20 Abs. 1 und Abs. 2 GWB bleiben gemäß § 6 Abs. 1 S. 4 EnWG anwendbar. Ergänzend zur freien Verhandlung des Netzzugangs kann das Bundeswirtschaftsministerium eine Rechts-

124 Gesetz über die Elektrizitäts- und Gasversorgung v. 24.4.1998 (Energiewirtschaftsgesetz - EnWG), BGBl. I, S. 730.

verordnung über die Gestaltung der Durchleitungsverträge und Kriterien zur Bestimmung von Durchleitungsentgelten gemäß § 6 Abs. 2 EnWG erlassen.

(b) Alleinabnehmersystem als Netzzugangsalternative gemäß § 7 EnWG

Eine Alternative zum Organisationsmodell des verhandelten Netzzugangs sieht, ebenso wie die Elektrizitätsbinnenmarkt-Richtlinie, auch § 7 EnWG vor. Nach § 7 Abs. 1 EnWG kann ein Energieversorgungsunternehmen aufgrund einer behördlichen Bewilligung als Alleinabnehmer auftreten. Die Alleinabnehmerstellung sichert dem Energieversorgungsunternehmen weiterhin ein Monopol für die Belieferung von Kunden in einem bestimmten Versorgungsgebiet. Dennoch handelt es sich um ein Wettbewerbsmodell, weil gemäß § 7 Abs. 2 S. 1 EnWG die Letztverbraucher Elektrizität bei anderen Unternehmen als dem Alleinabnehmer kaufen können. In diesem Fall ist der Alleinabnehmer verpflichtet, dem Letztverbraucher Strom zu den Bedingungen zu liefern, die dieser mit dem anderen Lieferanten vereinbart hat. Diese Lieferpflicht wird um die Verpflichtung des Alleinabnehmers aus § 7 Abs. 3 S. 1 EnWG ergänzt, dem Lieferanten den Strom zu dem zwischen Lieferant und Letztverbraucher vereinbarten Preis abzunehmen, wovon der Alleinabnehmer die Durchleitungsgebühren abziehen kann.

Dies würde beispielsweise bedeuten, daß ein Stromerzeuger A dem Kunden K Strom zu einem Preis X anbietet. Sofern dieser Preis X günstiger ist als der Preis Y, den K an den Alleinabnehmer B, also den bisherigen Monopolisten, bezahlt, wird K mit A einen Vertrag abschließen. Der Alleinabnehmer B ist nun verpflichtet, dem A die mit K vereinbarte Elektrizität abzunehmen und an K zu liefern. Entscheidend ist, daß B zu dem Preis X an- und verkaufen muß, der unter seinem eigenen Preis Y liegt. Daß B fremden Strom zu günstigeren Bedingungen weiterverkaufen muß, ist für ihn Anreiz, diese Bedingungen ebenfalls einzuführen, um konkurrenzfähig zu bleiben. Entsprechend wird B versuchen, seinen Preis von Y auf X zu senken, so daß das Angebot des A eine Wettbewerbswirkung entfaltet.

Wirtschaftlich und hinsichtlich der Wettbewerbswirkung entspricht das Alleinabnehmersystem grundsätzlich dem Durchleitungsmodell. Allerdings setzt das Alleinabnehmersystem keine physikalische Durchleitung des Stroms zum Letztverbraucher voraus. Für den Alleinabnehmer, im Regelfall wird dies das bisherige Energieversorgungsunternehmen sein, ist diese Alternative attraktiv, weil ein geschlossenes Versorgungsgebiet erhalten bleibt. Er kann damit weiterhin die wirtschaftlichen und ökologischen Vorteile realisieren, die aus einem gemischten Abnehmerkreis (Haushalte, Kleinverbrauch, Industrie) und der Abstimmung von Angebot und Nachfrage entstehen.[125]

Allerdings ist das Alleinabnehmersystem als Übergangslösung vorgesehen und läuft gemäß § 8 S. 3 EnWG zum 31.12.2005 aus, sofern sich der Gesetzgeber nicht entschließt, diese Netzzugangsalternative zu verlängern. Dennoch haben von den circa 900 deutschen Energieversorgungsunternehmen bis zum 23.3.1999 bereits 203 Anträge auf Bewilligung des Alleinabnehmersystems gemäß § 7 Abs. 1 S. 1 EnWG gestellt.[126] Von diesen 203 Anträgen hatten die Energieaufsichtsbehörden im selben Zeitpunkt bereits 90 Anträge bewilligt.[127] Bei den Antragsstellern handelt es sich mehrheitlich um kleine Energieversorgungsunternehmen.[128] Bemerkenswerterweise scheint das Alleinabnehmermodell für Energieversorgungsunternehmen in den verschiedenen Ländern nicht gleich attraktiv, obwohl das Energiewirtschaftsgesetz bundesweit gilt. So haben die antragstellenden Unternehmen ihren Sitz vor allem in Bayern, Rheinland-Pfalz und Nordrhein-Westfalen.[129]

(c) Entflechtung der Geschäftsbereiche Elektrizitätserzeugung, -übertragung und -verteilung

Schließlich soll auch die Entflechtung der unterschiedlichen Aktivitäten vertikal integrierter Energieversorgungsunternehmen den Wettbewerb im Strommarkt fördern. Ausgangspunkt dieser Neuerung ist die Erkenntnis, daß der Betreiber eines Übertragungsnetzes dieses nutzen kann, um konkurrierende Stromerzeuger oder -verteiler zu benachteiligen. So könnte der Netzinhaber zum Beispiel das Durchleitungsentgelt so hoch bemessen, daß die von ihm erzeugte Elektrizität für den Verbraucher günstiger wäre als der Strom von Konkurrenten. Oder er könnte Kosten der Stromerzeugung als Netzkosten ausgeben und auf die Netzbenutzer überwälzen. Daher müssen Energieversorgungsunternehmen gemäß § 9 Abs. 2 S. 1 EnWG getrennte Konten für die Unternehmensbereiche Erzeugung, Übertragung und Verteilung führen.

(d) Grad der Marktöffnung

Das Energiewirtschaftsgesetz sieht keine Schwellenwerte für den Verbrauch der Abnehmer vor, die zum Wettbewerb zugelassen werden. Somit sind Verbraucher

125 *Müller/Seidel*, ZögU 1997, S. 116 f.
126 *Franke*, Vollzugsprobleme, S. 7.
127 *Franke*, Vollzugsprobleme, S. 7.
128 *Franke*, Vollzugsprobleme, S. 7.
129 *Franke*, Vollzugsprobleme, S. 7.

unabhängig von ihrem Jahresverbrauch zum Wettbewerb zugelassen. Dies bedeutet eine vollständige Öffnung des Strommarktes für den Wettbewerb zumindest in rechtlicher Hinsicht. Die nationale Umsetzung geht damit weit über die Mindestvorgaben der Elektrizitätsbinnenmarkt-Richtlinie hinaus, die über mehrere Jahre hinweg eine stufenweise Marktöffnung für Kunden mit Jahresverbräuchen von über 9 GWh vorschreibt und anstrebt, daß in der Endphase die nationalen Strommärkte zu 33 Prozent für den Wettbewerb geöffnet sind.

b) Wirtschaftliche Folgen des geänderten Ordnungsrahmens

Wird sich die Wirtschaftsstruktur der Energieversorgung so erheblich verändern, wie die Neuregelung der rechtlichen Rahmenbedingungen dies nahelegt? Welche Auswirkungen auf kommunale Versorgungsbetriebe sind von dieser rechtlichen Neuordnung zu erwarten? Wird davon lediglich das Tagesgeschäft kommunaler Energieversorgungsunternehmen betroffen werden oder darüber hinaus auch die Struktur und möglicherweise sogar der Bestand dieser Unternehmen?

Diesen und weiteren Fragen soll für die wichtigsten wirtschaftlichen Einflußgrößen nachgegangen werden, für die Veränderungen zu erwarten sind. So werden die Auswirkungen der Liberalisierung auf den Kundenstamm [aa)], die Strompreise [bb)], die Beschäftigungslage [cc)] in kommunalen Unternehmen und den Konzentrationsgrad der kommunalen Energiewirtschaft [dd)] untersucht. Für die Beschreibung möglicher Entwicklungen kann aufgrund im wesentlichen vergleichbarer Strukturen auf Erfahrungen zurückgegriffen werden, die in den USA, aber auch den EU-Mitgliedsstaaten Großbritannien, Norwegen, Schweden und Finnland bei der Liberalisierung der dortigen Energiemärkte gesammelt wurden.

aa) Kundenstamm kommunaler Energieversorgungsunternehmen

Die Aufhebung der geschlossenen Versorgungsgebiete führt dazu, daß sich Kunden im Gegensatz zu bisher aussuchen können, von wem sie Strom beziehen.

(1) Strompreis als wesentliches Kriterium der Verbraucher für einen Versorgerwechsel

Wegen ihrer hohen Stromrechnung ist diese Wahlmöglichkeit insbesondere für industrielle Großverbraucher und Gewerbekunden interessant. Eine Befragung 450 industrieller Stromkunden durch die Unternehmensberatung Arthur D. Little in Kooperation mit dem VIK ergab, daß für die Wahl des Stromlieferanten die

Höhe des Preises am wichtigsten ist.[130] Zu demselben Ergebnis kommt eine Befragung von über 400 Unternehmen in Deutschland, Frankreich, Italien, Großbritannien und Schweden, die im Auftrag von IBM (Utility and Energy Services Industry Solution Unit) durchgeführt wurde.[131] Im eingesetzten Fragebogen waren Faktoren vorgegeben, nach denen Unternehmen über die Wahl ihres Energieversorgers entscheiden. 97 Prozent der befragten Unternehmen wählten den Preis als wichtigstes Entscheidungskriterium aus, die Servicequalität folgte mit 84 Prozent auf Rang zwei. Die erwähnte Umfrage von Arthur D. Little ermittelt die Höhe des Preises gleichfalls als wichtigstes Kriterium für die Wahl des Stromversorgers.[132] Zusätzlich folgt bereits auf Rang vier mit "Flexibilität der Preisstruktur" eine weitere Eigenschaft des Strompreises. Die Plätze zwei und drei belegen die Versorgungssicherheit und die Stabilität von Spannung und Frequenz. Für die Höhe und Flexibilität des Preises weichen die Erwartungen industrieller Kunden außerdem erheblich stärker vom Angebot der Energieversorgungsunternehmen ab als bei den restlichen sieben der vorgegebenen Auswahlkriterien.[133] Deshalb ist zu erwarten, daß Großverbraucher überwiegend aus Preisgründen ihren bisherigen Stromversorger wechseln werden.

Aber auch konkurrenzfähige Preise und Leistungen werden Energieversorgungsunternehmen nicht vor Kundenverlusten bewahren. Im bisherigen Monopolmarkt waren die Verbraucher gezwungen, ihre Energie vom örtlichen Versorger zu beziehen, gleichgültig, ob sie mit dessen Angebot zufrieden waren oder nicht. Bereits diese erzwungene Kundenbindung dürfte bei freier Versorgerwahl einen nicht unerheblichen Teil der Verbraucher zu anderen Energieversorgungsunternehmen wechseln lassen.

(2) Wechselbereitschaft von Verbrauchern auf ausländischen liberalisierten Strommärkten

Amerikanische Unternehmensberater gehen aufgrund der Erfahrungen in den liberalisierten Märkten Großbritanniens, Skandinaviens und Australiens davon aus, daß bei vollständig freiem Wettbewerb in den USA circa 30 Prozent der Industriekunden, 20 Prozent der Gewerbekunden und 10 Prozent der Haushalte ihr Stromversorgungsunternehmen wechseln werden.[134] Ähnliche Zahlen liegen für den liberalisierten britischen Elektrizitätsmarkt vor. Dort haben 20 Prozent der

130 *Löbbe/Kalny*, VIK-Mitteilungen 2/1997, S. 32.
131 ZfK 11/1997, S. 6.
132 *Löbbe/Kalny*, VIK-Mitteilungen 2/1997, S. 32.
133 *Löbbe/Kalny*, VIK-Mitteilungen 2/1997, S. 33.
134 ZfK 4/1997, S. 5.

Kunden mit einer Leistung über 100 kW sich einen neuen Versorger gesucht.[135] Ruhiger lief die Liberalisierung in Finnland an, wo im ersten Jahr der Marktöffnung bereits 6 Prozent der Verbraucher über 500 kW ihren Stromlieferanten wechselten.[136] Insgesamt lassen diese Erfahrungen auf ausländischen Märkten im Rahmen der Liberalisierung in Deutschland erhebliche Kundenbewegungen erwarten.

(3) Konkurrenz durch ausländische Anbieter

Gerade Großverbraucher sind eine wesentliche Stütze des Geschäftes von Energieversorgungsunternehmen. Das zeigt das Beispiel der Stadtwerke Saarbrücken. Die vier größten Industrieunternehmen verbrauchen zusammen 350 GWh Strom, was 30 Prozent der Erzeugung der Stadtwerke Saarbrücken entspricht.[137] Würden diese Unternehmen zum Beispiel zur nur zehn Kilometer entfernt anbietenden Eléctricité de France wechseln, verlören die Stadtwerke auf einmal 40 Mio. DM Umsatzerlöse jährlich.[138] Außerdem würden 60 MW Kraftwerksleistung frei und müßten als Überkapazität teuer unterhalten oder abgebaut werden.[139]

Dieses Beispiel zeigt, daß der Wettbewerb auf den Energiemärkten zukünftig nicht nur unter deutschen Energieversorgungsunternehmen ausgetragen werden wird. Eine Verschärfung der Konkurrenz unter den Stromerzeugern ist von neuen Akteuren wie ausländischen Anbietern, Independent Power Producers (IPP) und Kunden mit Eigenerzeugung zu erwarten.[140]

Ausländischen Produzenten erleichtern europaweit hohe Überkapazitäten in der Stromerzeugung und die ständig wachsenden transnationalen Elektrizitätsnetze, ihren Strom nach Deutschland zu exportieren. Seine Attraktivität für ausländische Akteure gewinnt der deutsche Elektrizitätsmarkt vor allem durch die im europäischen Vergleich hohen Strompreise.[141] Stromimporte werden z.B aus Frankreich erwartet, wo die Eléctricité de France abgeschriebene Kernkraftwerke betreibt und aus Norwegen, wo ein Überschuß an billigem Wasserkraftstrom er-

---

135 *Bozem/Schulz*, et 1996, S. 131.
136 ZfK 7/1997, S. 13.
137 Handelsblatt v. 23.9.1997, S. B 14.
138 ZfK 11/1996, S. 12; Handelsblatt v. 23.9.1997, S. B 14.
139 Handelsblatt v. 23.9.1997, S. B 14.
140 *Bozem/Schulz*, et 1996, S. 126.
141 Während die Kilowattstunde Strom in Deutschland im Jahr 1996 0,086 US $ kostete, lag der Preis in den Nachbarländern Dänemark (0,073 $), Niederlande (0,071 $) und Frankreich (0,057 $) deutlich darunter (*International Energy Agency*, Energy Prices and Taxes Third Quarter 1998, in: *BMWi*, Energiedaten 1999, S. 52); zu den im einzelnen umstrittenen Maßstäben für internationale Strompreisvergleiche *Müller*, Elektrizitätswirtschaft, S. 369 ff.

zeugt wird. Dabei wird die Konkurrenzfähigkeit ausländischer Anbieter auch davon abhängen, wie sich die Entgelte für Durchleitungen im deutschen Stromnetz langfristig entwickeln werden. Insgesamt wird sich der Wettbewerb auf dem deutschen Elektrizitätsmarkt zunehmend internationalisieren.[142]

(4) Konkurrenz durch Eigenerzeugung der Verbraucher

Bereits bisher hatten insbesondere industrielle und gewerbliche Verbraucher die Option, mit dezentralen Techniken Strom selbst zu erzeugen. Die dezentrale Erzeugung umfaßt verschiedene Arten der Stromproduktion von der eigenen Kleinwasserkraftanlage bis zum Betrieb einer Kraft-Wärme-Koppelungs-Anlage für einen Industriebetrieb durch einen beauftragten Dritten.

Der Trend zur dezentralen Erzeugung beruht auf verschiedenen Gründen.[143] Ihre Attraktivität ist bereits technologisch durch Verbesserungen hauptsächlich im Bereich der Kraft-Wärme-Koppelung und Gaskraftwerke gestiegen. Zudem könnten den Verbrauchern Brennstoffzellen wegen der raschen technologischen Entwicklung mittelfristig als konkurrenzfähige Stromerzeugungstechnik zur Verfügung stehen. Außerdem hatten bisher Energieversorgungsunternehmen aufgrund ihrer Monopolstellung verschiedene vertragliche Möglichkeiten, die Eigenerzeugung von Kunden zum Beispiel durch erhöhte Preise für den benötigten Reststrom zu be- und verhindern. Im Wettbewerb sinken die Chancen, solche Bedingungen durchzusetzen, da es unwahrscheinlich ist, daß alle Konkurrenten ähnliche Bedingungen stellen.

Schließlich werden Industrie- und Gewerbekunden mit dem Auftreten neuer Akteure auf dem Markt leichteren Zugang zu dem Know-how haben, das für die Eigenerzeugung von Strom erforderlich ist. Aus der Sicht der kommunalen Energieversorgungsunternehmen, die regelmäßig das lokale Verteilungsnetz betreiben, bedeuten diese verbesserten Voraussetzungen der dezentralen Erzeugung, daß mit jedem Eigenerzeuger nicht nur der Erlös aus dem Stromverkauf sondern auch das Durchleitungsentgelt entfällt.[144]

(5) Wechselbereitschaft deutscher Industriekunden

Die neuen Stromanbieter treffen auf ein großes Interesse der Kunden. So halten nach der Arthur D. Little-Befragung 65 Prozent der industriellen Kunden eine Stromversorgung ohne wesentliche Beteiligung des bisherigen Lieferanten für

142 *Bozem/Schulz*, et 1996, S. 126.
143 *Bozem/Schulz*, et 1996, S. 125; ZfK 4/1997, S. 5.
144 *Löbbe/Kalny*, VIK-Mitteilungen 2/1997, S. 35.

möglich.[145] Der Sammelbegriff "ohne wesentliche Beteiligung des bisherigen Lieferanten" faßt dabei verschiedene Versorgungsmöglichkeiten zusammen: die Versorgung durch andere deutsche Energieversorgungsunternehmen, ausländische Anbieter oder Independent Power Producers, den Bezug von Stromhändlern und schließlich die Eigenerzeugung. Durch die Kombination dieser Versorgungsalternativen, indem ein Verbraucher zum Beispiel Eigenerzeugung mit dem Bezug des Restbedarfs von einem ausländischen Energieversorgungsunternehmen zusammenfaßt, wird der Wettbewerb noch zusätzlich belebt werden. Auch die genannte Umfrage von IBM unter 400 europäischen Unternehmen[146] ergab eine hohe Wechselbereitschaft: So ziehen 77 Prozent der befragten deutschen Unternehmen in Erwägung, die Geschäftsbeziehungen mit dem bisherigen Energieversorgungsunternehmen zu beenden.[147] Zwar darf aus dieser hohen Bereitschaft zum Wechsel nicht geschlossen werden, daß so viele Verbraucher sich auch tatsächlich einen neuen Versorger suchen werden. Aber selbst wenn nur ein Drittel der wechselbereiten Industriekunden diese Bereitschaft auch in die Tat umsetzen sollte, so wären das nach den beiden Umfragen noch mehr als 21 beziehungsweise 25 Prozent, also über ein Fünftel aller Unternehmen.

(6) Kundenverluste wegen spezifischer Wettbewerbsnachteile kommunaler Energieversorgungsunternehmen

Nun droht im Wettbewerb nicht nur der Verlust von Kunden, sondern es können auch neue Kunden gewonnen werden. Gleichwohl rechnen sowohl die kommunalen Unternehmen selbst als auch externe Fachleute[148] damit, daß die gemeindlichen Versorger Kunden verlieren werden.

(a) Kosten der Stromerzeugung in Kraft-Wärme-Koppelung

Ein wirtschaftlicher Grund für diese Annahme könnte in vergleichsweise hohen Strompreisen derjenigen kommunalen Unternehmen liegen, die Elektrizität in Kraft-Wärme-Koppelung produzieren.[149] Viele kommunale Energieversorgungsunternehmen haben in den letzten Jahren große Summen in den Aufbau von Nah- und Fernwärmenetzen investiert, um in Kraft-Wärme-Koppelung die eingesetzten Brennstoffe besonders effizient auszunutzen und Strom besonders ressourcen-

---

145 *Löbbe/Kalny*, VIK-Mitteilungen 2/1997, S. 35.
146 S. S. 62.
147 ZfK 11/1997, S. 6.
148 *Lindemann/Köster*, DVBl. 1997, S. 530 f.
149 S. im einzelnen die Strompreisvergleiche bei *Müller*, Elektrizitätswirtschaft, S. 366 ff.

und umweltschonend zu produzieren. Diese Investitionen amortisieren sich erst langfristig. So sind Fernwärmeleitungen durchschnittlich drei- bis achtmal teurer als Gasleitungen, weshalb die Fernwärmeversorgung nur da profitabel zu betreiben ist, wo alte Leitungsnetze zur Verfügung stehen, die bereits abgeschrieben sind.[150] Außerdem können deutsche Betreiber von Großkraftwerken, also vor allem Verbundunternehmen, aus abgeschriebenen Altanlagen Strom zu Niedrigpreisen von bis zu 5 Pf/kWh anbieten. Auch ist es möglich, mit neuen Gas- und Dampfturbinenkraftwerken und Kohlekraftwerken auf Importbasis Strom zu Kosten von unter 8 Pf/kWh bereitzustellen.[151] Dagegen betragen die Kosten von Strom aus Kraft-Wärme-Koppelung je nach Anlagentyp und Anwendungsfall zwischen 7 und 24 Pf/kWh, worin die Kosten der teuren Wärmenetze nicht enthalten sind.[152] Deshalb wird in Kraft-Wärme-Koppelung erzeugter Strom sich in einem reinen Preiswettbewerb gegenüber bestimmten Formen der Stromerzeugung in zentralen Großkraftwerken nur schwer behaupten können. Da im Bereich der öffentlichen Stromversorgung überwiegend kommunale Unternehmen Kraft-Wärme-Koppelungsanlagen betreiben und diese obendrein einen beträchtlichen Teil ihres Stroms mit dieser Technik erzeugen, gerät im Preiswettbewerb insbesondere die kommunale Stromerzeugung unter Druck.

(b) Rechtliche Beschränkung kommunaler Unternehmen auf das Gebiet ihrer Trägerkommune

Entscheidende Bedeutung für die negative Prognose könnte jedoch ein rechtlicher Umstand haben. Das bisherige Gebietsmonopol sorgte dafür, daß Energieversorgungsunternehmen alle Verbraucher ihres Versorgungsgebietes belieferten. Demnach können sie jetzt neue Kunden nur außerhalb dieses Gebietes gewinnen. Allerdings dürfen sich Kommunen nach dem bundesweit verbindlichen Art. 28 Abs. 2 S. 1 GG und einigen Gemeindeordnungen der Länder nur zur Erledigung von Angelegenheiten der örtlichen Gemeinschaft betätigen. Diese Festlegung auf Angelegenheiten der örtlichen Gemeinschaft deutet darauf hin, daß auch kommunale Betriebe grundsätzlich auf das Gemeindegebiet beschränkt sind.

Eine solche Beschränkung würde kommunalen Energieversorgungsunternehmen die Erschließung neuer Absatzgebiete unmöglich machen. Da bereits nahezu alle Einwohner und Unternehmen im bisherigen Versorgungsgebiet Stromkunden der Stadtwerke sind, wäre das Wachstum kommunaler Energieversorgungsunternehmen darauf beschränkt, vorhandenen Kunden neue Produkte zu verkaufen.

---

150 *Müller*, Elektrizitätswirtschaft, S. 272 f.
151 *Fischedick/v. Stein*, Zukunftsmärkte, S. 7.
152 *Fischedick/v. Stein*, Zukunftsmärkte, S. 7.

Jedoch wären sie gehindert, den Verlust von Kunden, dem Stadtwerke infolge der Öffnung der Monopolmärkte ausgesetzt sind, durch neue Strom- und Gaskunden außerhalb des Gemeindegebietes auszugleichen. Daraus würden deutliche Einbußen im Stammgeschäft folgen. Bisher haben sich kommunale Energieversorgungsunternehmen wegen der Demarkationsverträge, mit denen benachbarte Energieversorgungsunternehmen ihre Versorgungsgebiete voneinander abgegrenzt haben, nicht außerhalb ihres demarkierten Gebietes betätigt, das sich meist mit dem Stadt- oder Gemeindegebiet deckte. Nun zwingen sie die Erfordernisse des Wettbewerbs, deutliche Kundenverluste in ihrem bisherigen Versorgungsgebiet durch die Gewinnung neuer Kunden außerhalb dieses Versorgungsgebietes auszugleichen. Somit gewinnt die Frage des zulässigen Tätigkeitsgebietes durch die Liberalisierung der Energiemärkte eine entscheidende Bedeutung für die wirtschaftliche Betätigung kommunaler Energieversorger.

Um das zulässige Tätigkeitsgebiet kommunaler Energieversorgungsunternehmen zu bestimmen, sind eine Vielzahl rechtlicher Fragen zu beantworten: Welche Konstellationen gebietsüberschreitender Wirtschaftsbetätigungen können auftreten?[153] Wie weit reicht der Gebietsbezug der Angelegenheiten der örtlichen Gemeinschaft im Sinne von Art. 28 Abs. 2 S. 1 GG in der Strom- und Gasversorgung? Wie ist der Konflikt zu lösen, wenn das Unternehmen einer Gemeinde A auf dem Gebiet einer Gemeinde B tätig wird, deren wirtschaftliche Betätigung ebenfalls durch Art. 28 Abs. 2 S. 1 GG geschützt wird, um deren Stadtwerk Konkurrenz zu machen? [154] Ist bei solchen Konflikten zu beachten, daß kommunale Energieversorgungsunternehmen gemäß § 6 Abs. 1 S. 1 EnWG verpflichtet sind, den Strom auch anderer Stadtwerke durch ihr Netz zu leiten? Sind die Regelungen der Kommunalverfassungen, die eine Gebietsüberschreitung kommunaler Unternehmen zulassen, wenn die berechtigten Interessen betroffener Kommunen gewahrt sind,[155] mit Art. 28 Abs. 2 S. 1 GG vereinbar?[156] Gibt es zusätzliche

153 *Oebbecke*, ZHR 164 (2000), S. 378 ff. prüft die Rechtmäßigkeit von vier Konstellationen gebietsüberschreitender Wirtschaftsbetätigungen: Leistungsbeschaffung und -erstellung, Kommunikation, Kooperation und Leistungserbringung an Gebietsfremde.

154 Nach *Oebbecke*, ZHR 164 (2000), S. 379, 387 verstößt die Stromversorgung für Gebietsfremde als Leistungserbringung außerhalb des Gemeindegebiets gegen die Selbstverwaltungsgarantie der betroffenen Gemeinde.

155 Art. 87 Abs. 2 S. 1 GO Bay; § 107 Abs. 3 GO NW; gemäß § 71 Abs. 1 KO Thür bedürfen wirtschaftliche Unternehmen einer Gemeinde, die nicht auf das Gemeindegebiet beschränkt bleiben, der Genehmigung.

156 Zu den verfassungsrechtlichen Bedenken gegen § 107 Abs. 3 GO NW, der eine kommunalwirtschaftliche Betätigung auch außerhalb der Gemeindegrenzen zuläßt *Ehlers*, NWVBl. 2000, S. 4 ff.; *Löwer*, NWVBl. 2000, S. 243 ff. und *Köhler*, VR 2000, S. 47 ff.

rechtliche Beschränkungen, wenn kommunale Unternehmen außerhalb des Geltungsbereichs ihrer jeweiligen Kommunalverfassung oder sogar im Ausland, also außerhalb des Geltungsbereichs des Grundgesetzes, tätig werden?

Alle diese Rechtsfragen, die die kommunale Gebietsüberschreitung bei der Energieversorgung aufwirft, können im Rahmen dieser Untersuchung energieeffizienter Dienstleistungen nicht behandelt werden. Ihre Beantwortung stellt eine zentrale Voraussetzung für das Überleben kommunaler Energieversorgungsunternehmen im Wettbewerb dar, sofern sich die tatsächliche Entwicklung nicht vollständig über die verfassungs- und gemeinderechtlichen Vorgaben hinwegsetzt, was angesichts der unerwarteten Dynamik des Wettbewerbs und der wirtschaftlichen Bedeutung der Gebietsüberschreitung für die kommunalen Energieversorger inzwischen nicht mehr ausgeschlossen werden kann. Da Art. 28 Abs. 2 S. 1 GG den sachlichen und räumlichen Aufgabenkreis der Gemeinden mit den Angelegenheiten der örtlichen Gemeinschaft festlegt, wird ausführlich untersucht werden, wann Angelegenheiten solche der örtlichen Gemeinschaft sind.[157] Da Umweltschutzaufgaben in besonderem Maße örtliche und überörtliche Bezüge aufweisen, werden Kriterien für die Örtlichkeit von Angelegenheiten an diesem Beispiel entwickelt und anschließend auf die ebenfalls nicht ortsgebundenen energieeffizienten Dienstleistungen angewendet werden. Außerdem ist darauf einzugehen, ob kommunale Unternehmen auf die Erledigung solcher Angelegenheiten der örtlichen Gemeinschaft auch dann festgelegt sind, wenn sie wirtschaftlich tätig werden. Damit entwickelt diese Untersuchung Maßstäbe auch für die Gebietsüberschreitung in der Strom- und Gasversorgung und bei anderen wirtschaftlichen Betätigungen.

(7) Alleinabnehmersystem als Schutz kommunaler Energieversorgungsunternehmen vor Kundenverlusten

Ein Herausbrechen von Kunden aus dem Versorgungsgebiet ist dann nicht möglich, wenn kommunale Energieversorgungsunternehmen gemäß § 7 EnWG als Alleinabnehmer auftreten. Kommunale Energieversorgungsunternehmen bleiben dann zwar alleiniger Versorger eines bestimmten Gebietes,[158] müssen allerdings Kunden zu den Bedingungen versorgen, die der fragliche Kunde mit einem konkurrierenden Versorger ausgehandelt hat. Somit entsteht gleichwohl Wettbewerb zwischen den Versorgern und sie erleiden durch sinkende Preise ebenfalls Umsatzeinbußen in ihrem bisherigen Versorgungsgebiet.

---

157 S. Teil C.I.

158 RL 96/92/EG, Abl. EG Nr. L 27, S. 20.

Als Alleinabnehmer kann nur tätig werden, wer über eine Bewilligung der Energieaufsichtsbehörden gemäß § 7 Abs. 1 EnWG verfügt. Damit hängt es maßgeblich von der Praxis der Bewilligungsbehörden ab, inwieweit kommunale Unternehmen ihre bisherigen Kunden behalten werden. Von den 203 Anträgen auf Bewilligung des Alleinabnehmersystems, die Energieversorgungsunternehmen am 23.3.1999, also elf Monate nach Inkrafttreten des Energiewirtschaftsgesetzes, gestellt hatten, haben die Energieaufsichtsbehörden bereits 90 Anträge bewilligt. Damit scheint die Bewilligungspraxis für Energieversorgungsunternehmen keine Hürde auf dem Weg zum Alleinabnehmerstatus darzustellen.

Jedoch hat der Gesetzgeber das Alleinabnehmersystem nur als Übergangslösung in das Energiewirtschaftsgesetz aufgenommen. So treten die Bewilligungen gemäß § 8 S. 3 EnWG mit Ablauf des Jahres 2005 außer Kraft, sofern sich der Gesetzgeber nicht zu deren Verlängerung entschließt. Daher wird auf längere Perspektive auch die Alleinabnehmerstellung den Kundenverlust kommunaler Energieversorgungsunternehmen nur aufschieben, nicht aber verhindern können.

(8) Ergebnis

Aufgrund des Durchleitungsmodells ist demnach davon auszugehen, daß die kommunalen Energieversorgungsunternehmen einen beträchtlichen Anteil ihrer bisherigen Kunden, möglicherweise um die 20 Prozent, verlieren werden.

Dies würde zu einer erheblichen Verschlechterung der Erlössituation kommunaler Energieversorger führen.[159] Zwar verfügen auch die kommunalen Energieversorgungsunternehmen als bisherige Monopolunternehmen über erhebliche Kostensenkungspotentiale. Es ist nicht ausgeschlossen, daß sie Kostensenkungen in einem Umfang erzielen werden, die mögliche Umsatzeinbußen kompensieren könnten. Allerdings sind die Versorger wegen des Preiswettbewerbs auf dem Strommarkt gezwungen, erzielte Kosteneinsparungen über Preissenkungen direkt an die Kunden weiterzugeben. In welchem Umfang mit einzelnen Industriekunden neben Umsatz auch Gewinn verloren geht, hängt von der Höhe des Deckungsbeitrags der Industriestrompreise ab.[160] Da Energieversorgungsunternehmen die Preise mit Sondervertragskunden auch bisher bereits individuell ausgehandelt haben, kann die Höhe des Deckungsbeitrags und möglicher Gewinneinbußen daher von Kunde zu Kunde schwanken.

159 *Bräuer/Egeln/Werner*, Wettbewerb, S. 116.
160 *Pfaffenberger/Oesterwind*, et 1993, S. 76.

bb) *Strompreise*

Aufgrund der dargestellten Situation ist für kommunale Energieversorgungsunternehmen von großer Bedeutung, in welche Richtung sich im Wettbewerb die Strompreise entwickeln werden (1) und welche Auswirkungen dies auf sie haben wird (2).

(1) Preiswettbewerb

Bereits im vorherigen Abschnitt wurde darauf hingewiesen, daß für gewerbliche und industrielle Kunden der Strompreis das wichtigste Kriterium für die Auswahl eines Stromversorgers ist. Gleichzeitig gibt es für die Stromproduzenten nur geringe Möglichkeiten, die Qualität ihres Produktes zu variieren. Zwar könnte Elektrizität mit einer geringeren Spannungs- beziehungsweise Frequenzstabilität oder einer eingeschränkten zeitlichen Verfügbarkeit, zum Beispiel in Spitzenlastzeiten, zu günstigeren Preisen angeboten werden. Jedoch spielen solche Differenzierungen des Produktes Energie zum Beispiel auf dem liberalisierten britischen Markt nur eine untergeordnete Rolle.[161]

Aus der Kundenperspektive "kommt Strom aus der Steckdose", unterscheidet sich also das Produkt verschiedener Anbieter nicht wesentlich.[162] In den USA etablieren bereits einzelne Anbieter wie Enron[163] und UtiliCorp[164] durch Werbung Marken und beginnen dadurch, ihr Energieangebot zumindest in der Kundenwahrnehmung von dem anderer Versorgungsunternehmen zu unterscheiden. Diese Erfahrungen haben die Stadtwerke Hannover aufgegriffen, die als erstes Versorgungsunternehmen auf dem deutschen Markt verschiedene Energiedienstleistungen unter der Marke „EnerCity" präsentieren.[165] Nicht nur auf Marketing, sondern auf realen Unterschieden in der Erzeugung des Stroms basiert sogenannter grüner Strom, den auch deutsche Versorgungsunternehmen bereits anbieten.[166] Hier bezahlt der Kunde einen erhöhten Preis, damit das Energieversorgungsunternehmen Strom aus erneuerbaren Energiequellen erzeugt oder zukauft. Dies sind zwar erste Ansätze, die eine differenzierte Wahrnehmung des Produk-

---

161 *Bozem/Schulz*, et 1996, S. 131.

162 *Mann/Laker*, in: Simon/Hermann, Kundenzufriedenheit, S. 434; *Löbbe/Braun*, et 1995, S. 366.

163 FAZ v. 14.4.1997, S. 19.

164 *Bozem/Schulz*, et 1996, S. 132.

165 *Meisner*, in: Forum Zukunftsenergien, Innovationen, S. 265 f.

166 ZfK 9/1997, S. 16. Grüne Tarife deutscher, niederländischer und schweizer Energieversorgungsunternehmen vergleicht *Energiestiftung Schleswig-Holstein*, Grüner Tarif.

tes Energie durch die Verbraucher fördern werden. Sie werden aber in den kommenden Jahren den gesamten Strommarkt noch nicht wesentlich beeinflussen. Daher wird in der Öffnungsphase des deutschen Strommarktes der Wettbewerb in erster Linie über den Preis geführt werden.[167]

Nach der VIK-Befragung erwarten 75 Prozent der Industriekunden Preissenkungen in den nächsten drei bis fünf Jahren.[168] Fast die Hälfte dieser Unternehmen geht davon aus, der Strompreis werde um mehr als zehn Prozent sinken.[169]

Auf ausländischen Märkten sind nach der Liberalisierung die Strompreise deutlich gefallen. In Norwegen sank unmittelbar nach der Wettbewerbseinführung 1991 der Strompreis um 10 Prozent.[170] Allerdings sind seitdem auch wieder deutliche, teilweise jedoch saisonal bedingte Steigerungen aufgetreten. In den USA wurde der Elektrizitätsmarkt 1992 in einer ersten Stufe für die Stromdurchleitung zwischen Versorgungsunternehmen geöffnet.[171] Bis 1995 fiel der Strompreis dort für Industriekunden um 3,1 Prozent und stieg für das Gewerbe um 0,9 Prozent und für Privathaushalte um 2,1 Prozent an. Noch stärker sind die Preise in Norwegen gespreizt: Während Haushalte nur bis zu 3 Prozent sparen, kommen den Großverbrauchern Einsparungen bis zu 30 Prozent zugute.[172] Diese Preisentwicklungen deuten darauf hin, daß von der Liberalisierung der Energiemärkte in erster Linie Großkunden profitieren. Bei einer weiteren Marktfreigabe in den USA prognostiziert Andersen Consulting einen Preisrückgang um 10 Prozent aufgrund von Hochrechnungen für 23 Stromversorger, die einen Anteil von 50 Prozent am amerikanischen Strommarkt halten.[173]

In Deutschland sind die Strompreise seit der Liberalisierung des Strommarktes bereits deutlich gefallen. Bis zum 1.5.2000, also zwei Jahre nach Inkrafttreten des neuen Energiewirtschaftsgesetzes, sanken die Preise für Industriekunden, die mit Hochspannungsleitungen versorgt werden, im Vergleich zum Januar 1998 um durchschnittlich 43 Prozent.[174] Für Haushaltskunden reduzierte sich am Markt

---

167 Handelsblatt v. 23.9.1997, S. B 13; ZfK 10/1996, S. 15; ZFK 4/1997, S. 3, 5; *Hartung*, zit. in: ZfK 12/1997, S. 36; *Nandrup*, zit. in: Elektrizitätswirtschaft 1997, S. 568.

168 *Löbbe/Kalny*, VIK-Mitteilungen 2/1997, S. 34.

169 *Löbbe/Kalny*, VIK-Mitteilungen 2/1997, S. 34.

170 *Energiestiftung Schleswig-Holstein*, Liberalisierung, S. 55.

171 *Oesterwind/Pfaffenberger/Hasse*, Energieversorgung, S. 99.

172 ZfK 6/1997, S. 29.

173 ZfK 4/1997, S. 5.

174 Hierbei wurden für verschiedene Abnahmefälle die Preise in Musterverträgen vom Januar 1998 mit den Marktpreisen am 1.5.2000 verglichen, wobei jeweils Nettopreise ohne Mehrwertsteuer und ohne Stromsteuer zugrunde gelegt wurden (VEA/VDEW, Strompreise).

der Kilowattstundenpreis während desselben Zeitraums immerhin noch um 23 Prozent.[175] Die langfristigen Prognosen, daß nach der Liberalisierung des Strommarktes ein scharfer Preiswettbewerb einsetzen und die Preise bis zu 30 Prozent sinken würden,[176] wurden damit zumindest in der ersten Wettbewerbsphase sogar übertroffen.

(2) Auswirkungen auf die kommunale Elektrizitätserzeugung und -verteilung

Sinkende Strompreise werden die Umsätze aller Energieversorgungsunternehmen verringern. In welchem Umfang sich dies auf deren Gewinnmargen auswirkt, hängt stark davon ab, inwieweit sie Kosten reduzieren können. Die Kostensenkungspotentiale kommunaler Energieversorgungsunternehmen unterscheiden sich wesentlich, je nachdem, ob sie Strom selbst erzeugen oder von Vorlieferanten beziehen. Dabei ist zu berücksichtigen, daß ein Großteil der kommunalen Energieversorgungsunternehmen als reine Weiterverteiler tätig sind, also über keine eigenen Elektrizitätserzeugungskapazitäten verfügen. Deshalb ist zwischen den Auswirkungen des Wettbewerbs auf die kommunale Erzeugung [a)] und Verteilung [b)] von Elektrizität zu unterscheiden.

(a) Elektrizitätserzeugung

Zur Stromerzeugung setzen kommunale Energieversorgungsunternehmen im wesentlichen fossil befeuerte Kraftwerke ein. Hier entstehen Kosten unter anderem in den Bereichen Brennstoffeinkauf, Kraftwerkstechnik und Personal.

Die Brennstoffkosten können gesenkt werden, indem preisgünstigere Brennstoffe beschafft werden. Allerdings sind der Brennstoffsubstitution technisch enge Grenzen gesetzt. Entweder erlaubt die Kraftwerkstechnik eine andere Feuerungsart überhaupt nicht oder aber erst nach teuren Umrüstungen, die zudem mit Planungs-, Umbau- und Stillstandszeiten verbunden sind. Ein zweiter Weg, Brennstoffkosten zu senken, liegt darin, die Effizienz der Energieumwandlung zu steigern, so daß weniger Primärenergie eingekauft werden muß. Allerdings sind auch Wirkungsgradverbesserungen in der Regel mit hohen Nachrüstungskosten verbunden. Brennstoffsubstitution oder Effizienzsprünge sind vor allem beim Ersatz von Altanlagen durch neueste Kraftwerkstechnik möglich. Allerdings werden Energieanlagen wegen der hohen Investitionskosten überdurchschnittlich lange genutzt. Gelegenheiten für Kosteneinsparungen durch den Ersatz veralteter Anla-

175 Auch für die Haushaltskunden wurden jeweils Nettopreise ohne Mehrwertsteuer und ohne Stromsteuer zugrunde gelegt (VEA/VDEW, Strompreise).

176 *VDEW*, Strategie-Optionen, S. 18.

gen ergeben sich entsprechend selten. Für eine kurzfristige Reaktion auf das Marktgeschehen eignen sich diese Kostensenkungspotentiale wegen der langen Planungs- und Bauzeiten überdies kaum.

Ein weiterer Kostenfaktor sind die Personalausgaben. Im Bereich der Stromerzeugung werden vergleichsweise wenige Arbeitnehmer beschäftigt. Dem stehen sehr kapitalintensive Erzeugungsanlagen gegenüber, so daß der Anteil der Personalausgaben an den Kosten der Stromerzeugung relativ gering ist. Angesichts des Wettbewerbs setzen zahlreiche Energieversorgungsunternehmen umfangreiche Umstrukturierungsprogramme um, die dennoch regelmäßig einen starken Personalabbau beinhalten.[177] Bei diesem Abbau von Arbeitsplätzen nehmen die Energieversorgungsunternehmen den Erzeugungsbereich nicht aus. Jedoch ist wegen des geringen Anteils der Personalkosten der mögliche Beitrag zur Kostenreduktion von vornherein begrenzt. Diesen beschränkten Kostensenkungspotentialen stehen in Deutschland und Europa große Überkapazitäten in der Stromerzeugung gegenüber. Gleichzeitig wird sich nach der Liberalisierung der Preiswettbewerb verstärken. Daher ist mit einem Verdrängungswettbewerb unter den Stromerzeugern zu rechnen, der kommunale Energieversorgungsunternehmen mit Eigenerzeugung hart treffen dürfte.

(b) Elektrizitätsverteilung

Für die Elektrizitätsverteilung von Stadtwerken stellt sich die Situation wesentlich anders dar. Energieversorger können gemäß Art. 17 Abs. 1 RL 96/92/EG Lieferverträge mit Elektrizitätserzeugern abschließen, sofern sie von den Mitgliedsstaaten dazu zugelassen werden. Das Energiewirtschaftsgesetz differenziert nicht zwischen Weiterverteilern und Endkunden, läßt also alle Stromabnehmer zum Wettbewerb zu. Danach können kommunale Energieversorgungsunternehmen ihren Vorlieferanten frei auswählen.[178] Dies ermöglicht ihnen, vom Preiswettbewerb im Erzeugungssektor zu profitieren und die Bezugskosten deutlich zu reduzieren, indem sie ihren Strom von einem Erzeuger mit günstigeren Preisen kaufen.[179]

---

177 S. S. 74 f.

178 Als Lieferanten stehen den kommunalen Energieversorgungsunternehmen nach der Elektrizitätsbinnenmarkt-Richtlinie die folgenden Unternehmen zur Auswahl: Alle Anbieter im Inland; Anbieter in EU-Mitgliedsstaaten, in denen Verteilerunternehmen voll zum Wettbewerb zugelassen sind und Anbieter in EU-Mitgliedsstaaten, in denen Verteilerunternehmen nicht voll zum Wettbewerb zugelassen sind für die Strommenge, die das Verteilerunternehmen an Kunden liefert, deren Stromverbrauch über den Schwellenwerten der RL liegt (*Mombaur, DÖV* 1997, S. 577).

179 *Pfaffenberger/Oesterwind*, et 1993, S. 75 f.

Allerdings haben die meisten Stadtwerke langfristige Lieferverträge abgeschlossen, an deren Einhaltung die Vorlieferanten unter anderem wegen der vereinbarten Preise auf Vor-Wettbewerbs-Niveau ein hohes Interesse haben. Deshalb sind die Weiterverteiler nicht frei, sich günstigere Stromerzeuger zu suchen. Mittelfristig werden Rechtsprechung und Rechtswissenschaft Möglichkeiten der Vertragsanpassung, Kündigung und ähnliches finden, um dem durch die Öffnung des Elektrizitätsmarktes grundlegend veränderten Vertragsumfeld Rechnung zu tragen. Für einen Stromverteiler sind die Bezugskosten der entscheidende Kostenfaktor. Sie bilden die Untergrenze seines Strompreises, weil er zumindest langfristig nicht billiger verkaufen als einkaufen kann. Dadurch behindern die langfristigen Lieferverträge kommunale Energieversorgungsunternehmen in der Anfangsphase des Wettbewerbs erheblich dabei, auf Preissenkungen der Konkurrenz flexibel zu reagieren. Dies kann sich dann besonders nachteilig auswirken, wenn sich die meisten wechselwilligen Kunden in der ersten Phase der Marktöffnung einen neuen Versorger suchen sollten, wofür Erfahrungen auf anderen liberalisierten Märkten sprechen. Auch wenn das Problem der langfristigen Lieferverträge mittelfristig gelöst werden wird, stellen diese Verträge einen wesentlichen Wettbewerbsnachteil kommunaler Elektrizitätsverteiler dar.

Im Vergleich zu kommunalen Energieversorgungsunternehmen mit Eigenerzeugung haben Stadtwerke, die sich auf die Weiterverteilung von Strom beschränken, dennoch zumindest mittelfristig größere Spielräume, ihre Kosten zu reduzieren. Daher dürften im Zuge der Liberalisierung sinkende Strompreise die Gewinnmargen kommunaler Eigenerzeuger stärker reduzieren als die reiner Weiterverteiler.

cc) Beschäftigungslage in kommunalen Energieversorgungsunternehmen

Die sinkenden Strompreise können in Verbindung mit dem Verlust von Kunden zu deutlichen Einbußen bei den Umsatzerlösen führen. Da einzelne Großverbraucher einen bis zu zweistelligen Anteil an den Einnahmen kommunaler Energieversorgungsunternehmen haben, wird das Abwandern industrieller Verbraucher die Erlöse der Versorger besonders empfindlich treffen. Für amerikanische Energieversorgungsunternehmen mit Erzeugungskapazitäten wird das nach Einschätzung von Andersen Consulting zu einem Rückgang der Gewinnspanne von derzeit 5-8 Prozent auf 1-2 Prozent führen.[180] Die zu erwartenden Umsatz- und Ertragsrückgänge erfordern wesentliche Einsparungen auf der Kostenseite.[181]

---

180 ZfK 4/1996, S. 30.

181 *Energiestiftung Schleswig-Holstein*, Liberalisierung, S. 106; *Bozem/Schulz*, et 1996, S. 132.

Dabei dürfte insbesondere bei den Personalkosten gespart werden. Bei der Wettbewerbseinführung in Norwegen reduzierte Oslo Energi seine Mitarbeiter innerhalb von nur zwei Jahren um 25 Prozent von 2000 auf 1500.[182] Ein Personalabbau in ähnlichem Umfang deutet sich auch in der deutschen Energiewirtschaft an. Bei den Stadtwerken Düsseldorf wurden innerhalb von drei Jahren 22 Prozent der Arbeitsplätze abgebaut, wobei die Personalreduzierung weiter fortgesetzt werden soll.[183] Die Stadtwerke Hannover haben wettbewerbsbedingt bis 1996 bereits 10 Prozent Personal abgebaut und planen bis zum Jahr 2000 eine weitere Reduktion um 10 Prozent.[184] Um das Berliner Verbundunternehmen BEWAG für den Wettbewerb fit zu machen, soll seine Beschäftigtenzahl bis Ende des Jahres 2002 ebenfalls um 20 Prozent gesenkt werden.[185]

dd) Konzentrationsgrad der kommunalen Energiewirtschaft

Schließlich bleibt zu untersuchen, welche Auswirkungen die aufgezeigten wirtschaftlichen Veränderungen für die Existenz einzelner Betriebe und den Konzentrationsgrad der kommunalen Energiewirtschaft insgesamt haben werden.

Wenn nach der Öffnung eines Monopolmarktes Kunden ihre Lieferanten wechseln und die Preise nachgeben, betrifft dies alle Unternehmen. Dennoch ist die Auffassung verbreitet, der Wettbewerb werde insbesondere zur Verdrängung kleinerer Unternehmen führen, zu denen auch die kommunalen Energieversorgungsunternehmen zählen.[186] Daneben wird beobachtet, bereits die Erwartung der Öffnung des Strommarktes habe eine Unternehmenskonzentration bewirkt.[187]

(1) Mögliche Ursachen einer Konzentration zulasten kommunaler Unternehmen

Welches sind nun die Besonderheiten, die nahelegen, die Liberalisierung werde eine Konzentration des deutschen Elektrizitätsmarktes auf Kosten kleiner und insbesondere kommunaler Unternehmen bewirken?

---

182 *Energiestiftung Schleswig-Holstein*, Liberalisierung, S. 56.
183 ZfK 11/1997, S. 5.
184 *Deppe*, nach: *Hennicke/Müller*, Einsparkraftwerk, S. 343.
185 SZ v. 30.10.1997, S. 30.
186 *Energiestiftung Schleswig-Holstein*, Liberalisierung, S. 8; *Hennicke/Seifried*, Einsparkraftwerk, S. 70; *Lindemann/Köster*, DVBl. 1997, S. 530 f.; *Schneider*, StuGR 1996, S. 443; Handelsblatt v. 23.9.97, S. B 8.
187 *Traube/Münch*, Elektrizitätsversorgung, S. 24; *Mombaur, DÖV* 1997, S. 571, 577 f.

(a) Stellung kommunaler Energieversorgungsunternehmen in der Elektrizitätshandelskette

Bei der Elektrizitätsverteilung, die alle kommunalen Stromversorger betreiben, treten die kommunalen Unternehmen als Zwischenhändler auf.

Die deutsche Elektrizitätswirtschaft ist dreistufig aufgebaut aus Verbundunternehmen, Regionalunternehmen und Kommunalunternehmen.[188] Die oberste Stufe bilden die sechs Verbundunternehmen,[189] welche die meisten Großkraftwerke und das deutsche Hochspannungs-Verbundnetz betreiben. Allein diese sechs Verbundunternehmen der alten Bundesländer erzeugen 78 Prozent, also knapp vier Fünftel, des in Deutschland verbrauchten Stroms.[190] Diesen verkaufen sie an die zweite Stufe der Stromwirtschaft: die regionalen Energieversorgungsunternehmen. Die Regionalversorger übernehmen die Stromverteilung im Mittelspannungsnetz und liefern ebenso wie die Verbundunternehmen nur in geringem Umfang Strom an Endverbraucher. Die Regionalversorger stehen über unmittelbare und mittelbare Beteiligungen häufig mehrheitlich im Eigentum der Verbundunternehmen,[191] so daß die zweite elektrizitätswirtschaftliche Stufe mit der ersten gesellschaftsrechtlich weitgehend verbunden ist. Die dritte Stufe bilden schließlich die Stadtwerke, denen hauptsächlich die Aufgabe der Stromverteilung und des Verkaufs im örtlichen Niederspannungsnetz zukommt. Ihr Anteil an der deutschen Stromproduktion ist, ähnlich wie bei den meisten Regionalversorgern, mit 12 Prozent eher gering.[192] Den Strom, den die Stadtwerke ihren Kunden vor Ort verkaufen, bezogen sie vor der Auflösung der Gebietsmonopole immer von dem Regionalversorger, in dessen Versorgungsgebiet sie lagen. Dieser bezog ihn in der Regel wiederum von dem jeweiligen Verbundunternehmen, zu dessen Versorgungsgebiet er gehörte. In geringem Umfang belieferten vor der Wettbewerbseinführung Verbundunternehmen und Regionalversorger auch Endverbraucher, so wie umgekehrt Regionalversorger und Stadtwerke auch in gewissem Maße Strom selbst erzeugten. In erster Linie jedoch galt die stromwirtschaftliche

188 *Müller*, Elektrizitätswirtschaft, S. 33 f.; *Hennicke u.a.*, Energiewende, S. 70 ff.; sehr übersichtlich das detaillierte Schema des dreistufigen Elektrizitätsmarktes bei *Gröner*, Ordnung, S. 29.

189 RWE AG (im Jahr 2000 fusioniert aus RWE AG und VEW AG), EON AG (im Jahr 2000 fusioniert aus PreußenElektra AG und Bayernwerk AG), EnBW AG (früher Badenwerk AG und Elektrizitätsversorgung Schwaben AG), Veag AG, BEWAG und HEW AG.

190 *Müller*, Elektrizitätswirtschaft, S. 34; *Traube/Münch*, Elektrizitätswirtschaft, S. 6.

191 S. im einzelnen die Beteiligungsquoten bei *Traube/Münch*, Elektrizitätswirtschaft, S. 15 f.

192 *Müller*, Elektrizitätswirtschaft, S. 34. Derselbe Anteil ergibt sich bei einer Berechnung nach *Traube/Münch*, Elektrizitätswirtschaft, S. 6.

Arbeitsteilung: Erzeugung und weiträumige Übertragung durch Verbundunternehmen, regionale Verteilung durch Regionalunternehmen und lokale Verteilung durch die Stadtwerke.

Nach der Abschaffung der räumlichen Demarkationen gerät diese Arbeitsteilung ins Wanken. Die Verbundunternehmen dringen nun auch in die Belieferung von Endverbrauchern vor, was bisher Aufgabe der Regionalversorger und vor allem der Stadtwerke war. Sie widmen sich dabei nicht nur dem lukrativen Geschäft mit den bisherigen Sondervertragskunden das heißt den Großverbrauchern zum Beispiel in Industrie und Handel. Vielmehr ist bereits nur 16 Monate nach Inkrafttreten des novellierten Energiewirtschaftsgesetzes der Wettbewerb um die bisherigen Tarifkunden entbrannt. So schnell hat sich der Wettbewerb in keinem anderen Staat, der seine monopolisierte Elektrizitätswirtschaft liberalisiert hat, bis zu den Haushaltskunden durchgesetzt. Die Verbundunternehmen führen den Wettbewerb mit den Stadtwerken um die Haushalts- und Gewerbekunden teilweise unmittelbar wie die EON AG und teilweise mit eigens gegründeten Tochtergesellschaften wie der Yello Strom GmbH der EnBW AG. Auch wenn nun die Verbundunternehmen den kommunalen Energieversorgungsunternehmen bei der Stromverteilung an Endverbraucher Konkurrenz machen, so ist, vor allem angesichts der großen Kraftwerksüberkapazitäten, nicht damit zu rechnen, daß die kommunalen Energieversorgungsunternehmen im Gegenzug verstärkt in den von den Verbundunternehmen dominierten Bereich der Stromerzeugung vorstoßen können. Vielmehr werden die Stadtwerke den Strom, den sie weiterverteilen, auch weiterhin von Vorlieferanten der Verbund- oder Regionalebene beziehen.

Die kommunalen Stromverteiler stehen damit an der zweiten oder dritten, regelmäßig jedoch an der letzten Stelle der Stromhandelskette. Ihre Strompreise enthalten damit die Kosten und Gewinnspannen der vorgelagerten Unternehmen, im Regelfall also des Verbunderzeugers und des Regionalverteilers, ebenso wie die eigene Gewinnmarge. Beliefert dagegen ein Verbundunternehmen wie die RWE Energie AG Endverbraucher direkt, so umgeht es die regionale und lokale Handelsstufe. Es kann damit entweder erheblich günstiger als die Verteilerunternehmen anbieten oder, wenn es ähnliche Preise wie diese verlangt, einen erheblich größeren Gewinn erwirtschaften. Damit sind die Verbundunternehmen in der Preisgestaltung wesentlich flexibler als Stadtwerke, die sich zwar im Wettbewerb einen günstigen Vorlieferanten aussuchen, aber nicht zu dessen Preisen anbieten können, sofern sie noch ihre eigenen Kosten decken wollen. Deswegen ist es für kommunale Energieversorgungsunternehmen sehr schwierig, im Wettbewerb mit den Preisen von Unternehmen der vorgelagerten Versorgungsstufen zu konkurrieren.

Diese Situation ist mit der eines Einzelhändlers vergleichbar, der seine Waren über den Großhändler vom Hersteller bezieht. Beliefert der Hersteller die Kunden nun direkt, so kann er durch die Umgehung der Groß- und Einzelhändler wesentlich billiger anbieten und höhere Gewinne erwirtschaften. Ein Einzelhändler kann seine höheren Preise vor allem mit seinem Service für den Kunden begründen, indem er zum Beispiel aus der Vielzahl von Produkten eine bestimmte Vorauswahl für den Kunden trifft und diesen dann bei seiner Kaufentscheidung auch noch berät. Im Unterschied zu den Energiedienstleistungen ist Strom dagegen, übrigens ebenso wie Gas, ein homogenes Massengut, für dessen Kauf der Preis das mit Abstand wichtigste Kriterium ist und Serviceangebote nur eine untergeordnete Rolle spielen. Im Wettbewerb mit vorgelagerten Stromerzeugern haben Stadtwerke damit grundsätzlich die Position eines Einzelhändlers, der ein Produkt verkauft, das in allen Geschäften nahezu gleich zu bekommen ist, weshalb die Kunden fast ausschließlich nach dem Preis entscheiden, und dem der Hersteller durch Direktverkauf an die Endverbraucher mit wesentlich günstigeren Preisen Konkurrenz macht.

(b) Kosten der Stromerzeugung in Kraft-Wärme-Koppelung

Für kommunale Energieversorgungsunternehmen, die über eine Eigenerzeugung verfügen, sind die unterschiedlichen Stromerzeugungskosten und entsprechende Strompreise zu beachten.[193] Es wurde bereits darauf hingewiesen, daß Stadtwerke aus Gründen einer besseren Primärenergienutzung in den letzten Jahren verstärkt in Kraft-Wärme-Koppelung betriebene Nah- und Fernwärmenetze errichtet haben.[194] Wegen der hohen Anfangsinvestitionen, insbesondere für die Wärmenetze, liegen die Preise des in Kraft-Wärme-Koppelung erzeugten Stroms häufig über denen von Strom aus abgeschriebenen Kraftwerken. Die Nah- und Fernwärmeversorgung setzt dezentrale Strukturen voraus und befindet sich deshalb überwiegend in kommunaler Hand. Demgegenüber stehen Großkraftwerke überwiegend im Eigentum der Verbundunternehmen, so daß sich ein Wettbewerbsnachteil kommunaler Unternehmen ergibt. Der allgemeine Preisnachteil neuer Anbieter, die ihre Vollkosten erwirtschaften müssen, gegenüber etablierten Unternehmen, die mit abgeschriebenen Anlagen kalkulieren können, wird als stromwirtschaftliche Disparität bezeichnet.[195] Diese stromwirtschaftliche Disparität behindert die Konkurrenz der Kraft-Wärme-Koppelung mit Kondensations-

193 Verschiedene Strompreisvergleiche einschließlich der Preise kommunaler Elektrizitätsversorgungsunternehmen faßt *Müller*, Elektrizitätswirtschaft, S. 366 ff. zusammen.

194 S. S. 65.

195 *Hennicke/Seifried*, Einsparkraftwerk, S. 93.

kraftwerken und trifft damit besonders die Stadtwerke mit ihrem vergleichsweise hohen Anteil von Nah- und Fernwärme.[196]

(c) Kapitalausstattung kommunaler Unternehmen

Ein weiterer Wettbewerbsfaktor ist die Kapitalausstattung, die bei Energieversorgungsunternehmen in der Regel mit der Unternehmensgröße zunimmt. Auf welches Eigenkapital allein die beiden größten Verbundunternehmen zurückgreifen können, läßt sich aus deren Jahresergebnissen schließen. Die RWE Energie AG erwirtschaftete im Geschäftsjahr 1996/97 ein Ergebnis vor Steuern in Höhe von 2,05 Mrd. DM.[197] Die ehemalige Preußen Elektra AG verzeichnete im Geschäftsjahr 1996 ein Ergebnis vor Steuern von 1,45 Mrd. DM.[198] Wegen solcher Ergebnisse wurden die Energiebereiche der Großkonzerne als "Ertragsperlen im Energiegeschäft"[199] bezeichnet. Große Energieversorgungsunternehmen können im Preiswettbewerb ihre Kapitalreserven einsetzen, um andere Versorger zu unterbieten.[200] In der ersten Wettbewerbsphase, dem reinen Preiswettbewerb wird Strom derzeit sogar zu Preisen angeboten, die die Kosten der Anbieter nicht mehr decken.[201] Somit entscheidet die Höhe der Rücklagen darüber, wie lange ein Stromverkäufer in diesem Preiswettbewerb mithalten und damit letztlich auch am Markt bestehen kann. Selbst wenn man die unterschiedlichen Unternehmensgrößen berücksichtigt, verfügen die Verbundunternehmen über wesentlich größere Rücklagen als die kommunalen Unternehmen und damit über einen entscheidenden Vorteil im Preiswettbewerb.[202]

Hohe Rücklagen ermöglichen auch, Konkurrenten aufzukaufen. So profitieren Verbundunternehmen davon, daß sie direkt oder über Beteiligungen Kernkraftwerke betreiben. Kernkraftwerksbetreiber haben die Möglichkeit, in ihren Bilanzen steuerfreie Rückstellungen für Stillegung, Rückbau und Entsorgung im Kernenergiebereich zu bilden. Bereits im Jahr 1994 hatten Betreiberunternehmen derartige Rückstellungen in Höhe von 44 Mrd. DM angesammelt.[203] Diese Mittel

196 Zu wettbewerbsbedingten Preisrisiken der Kraft-Wärme-Koppelung s. *Pfaffenberger/Oesterwind*, et 1993, S. 76.
197 et 1997, S. 792.
198 et 1997, S. 493.
199 Handelsblatt v. 24./25.10.1997, S. 19.
200 *Deppe*, in: *Hennicke/Müller*, Einsparkraftwerk, S. 343; *Wieland*, NWVBl. 2000, S. 247.
201 *Hartmann*, zit. in Handelsblatt v. 31.12.1999, S. 22.
202 *Wieland*, NWVBl. 2000, S. 247.
203 *Irrek*, Vorteile, S. 17.

ermöglichen den Kernkraftwerksbetreibern, Unternehmensbeteiligungen sowohl in der Energiewirtschaft als auch in neuen Geschäftsfeldern zu erwerben.[204]

Demgegenüber können kommunale Energieversorgungsunternehmen im direkten Wettbewerb mit größeren Konkurrenten keine entsprechenden Kapitalmengen einsetzen.[205] Dies liegt auch an der schwierigen finanziellen Situation der Eignerkommunen, die in den vergangenen Jahren kein Geld für Kapitalerhöhungen hatten.[206] Dies verhinderte, daß kommunale Unternehmen in ähnlichem Umfang wie andere Energieversorgungsunternehmen Rücklagen bilden konnten.

(d) Fusionen zur Erzielung von Größenvorteilen

Auch der Zwang zu erheblichen Kosteneinsparungen könnte sich konzentrationsfördernd auswirken. So ermöglichen Kooperationen und Unternehmenszusammenschlüsse, Größenvorteile zu erzielen. Der Stromeinkauf ist für Verteilerunternehmen ein entscheidender Kostenfaktor, aber auch die Beschaffung von Brennstoffen oder von technischer Ausrüstung für die Stromerzeugung bietet große Einsparpotentiale. Die Erzielung von Größenvorteilen durch Kooperation oder Fusion bietet sich insbesondere für kleinere Unternehmen an, die solche Vorteile aufgrund ihrer allein eher geringen Verhandlungsmacht nicht erzielen können.[207] Entsprechend erfolgten in Schweden nach der Marktöffnung Zusammenschlüsse und Fusionen von Stadtwerken, um ihre Positition beim Stromeinkauf zu verbessern.[208] Außerdem kann mit Fusionen die eigene Kapitalbasis verbreitert werden. Weiterhin können Unternehmen durch eine Vergrößerung ihres Tätigkeitsgebietes räumlich verstreute Niederlassungen eines Kunden unberührt von Schwierigkeiten bei der Durchleitung beliefern.[209] Auch in Norwegen reagieren kleine Energieversorgungsunternehmen auf die Marktöffnung unter anderem durch die Gründung gemeinsamer Unternehmen.[210]

Schließlich fällt es größeren Unternehmen häufig leichter, neue Geschäftsfelder zu erschließen. Dies dürfte in erster Linie an den erwähnten Möglichkeiten liegen, auf größere eigene Kapitalreserven zurückzugreifen oder die erforderlichen Summen am Kapitalmarkt zu mobilisieren, um die Zutrittsschranken zu ei-

---

204 *Oesterwind/Pfaffenberger/Hasse*, Energieversorgung, S. 142; *Irrek*, Vorteile, S. 22 ff.; Die Zeit v. 8.1.1998, S. 16.

205 *Sturbeck*, FAZ v. 23.4.1999, S. 24.

206 Zum Einfluß der Finanzsituation von Städten und Gemeinden auf die kommunalen Energieversorgungsunternehmen s. S. 85.

207 Handelsblatt v. 23.9.97, S. B 13; ZfK 6/1997, S. 29.

208 *Energiestiftung Schleswig-Holstein*, Liberalisierung, S. 64; ZfK 9/1997, S. 5.

209 ZfK 9/1997, S. 5.

210 *Energiestiftung Schleswig-Holstein*, Liberalisierung, S. 56.

nem neuen Markt zu überwinden. Daher ist zu erwarten, daß Energieversorger auch im Hinblick auf die Erschließung neuer Geschäftsfelder verstärkt Kooperationen und Fusionen eingehen werden.[211]

Falls kommunale Energieversorgungsunternehmen hinsichtlich ihres Betätigungsfeldes auf das jeweilige Gemeindegebiet beschränkt sein sollten,[212] spräche dies ebenfalls dafür, daß diese Unternehmen eher zu den Verlierern von Konzentrationsbewegungen zählen werden.

(2) Konzentrationsbewegungen auf ausländischen liberalisierten Strommärkten

In den Staaten, deren Elektrizitätsmärkte bereits seit längerem für den Wettbewerb geöffnet sind, finden starke Konzentrationsbewegungen statt. In Schweden kauften die beiden größten Stromerzeuger Vattenfall und Sydkraft in der Vorwettbewerbsphase zahlreiche Stadtwerke auf.[213] Auch nach der Marktöffnung im Jahr 1996 war zu beobachten, daß immer mehr kleine Verteilerunternehmen von Stromerzeugern aufgekauft werden.[214] Für Norwegen wird prognostiziert, daß von den 200 Energieversorgungsunternehmen des Jahres 1997 langfristig nur 20 bis 50 überleben werden.[215] Der amerikanische Elektrizitätsmarkt wurde 1992 durch das Bundes-Energiegesetz geöffnet. Amerikanische Schätzungen gehen davon aus, daß die Zahl der Energieversorgungsunternehmen im Privatbesitz in den nächsten zehn Jahren von derzeit 225 auf 50 zurückgeht.[216] In der deutschen Energiewirtschaft besteht die Einschätzung, wonach von den knapp 700 kommunalen Energieversorgungsunternehmen nur 50-150 Unternehmen übrigbleiben werden.[217] Faßt man diese Prognosen zusammen, so ist damit zu rechnen, daß in liberalisierten Elektrizitätsmärkten die Zahl aktiver Unternehmen langfristig um circa drei Viertel abnimmt.

Aufgrund dieser Entwicklungen ist auch in Deutschland mit einer Konzentration vor allem in der kommunalen Energiewirtschaft zu rechnen.[218] In welchem Umfang dies zum Verschwinden kommunaler Energieversorgungsunternehmen führen wird, hängt jedoch auch davon ab, ob sich die Stadtwerke im zunehmen-

---

211 *Energiestiftung Schleswig-Holstein*, Liberalisierung, S. 106.

212 Zur Beschränkung kommunaler Unternehmen auf das Gebiet ihrer Trägerkommune s. S. 66.

213 *Energiestiftung Schleswig-Holstein*, Liberalisierung, S. 64.

214 ZfK 10/1997, S. 24.

215 Stromthemen 12/1997, S. 3.

216 ZfK 4/1996, S. 30.

217 *Bauknecht*, et 1999, S. 563.

218 *VDEW*, Strategie-Optionen, S. 18; FAZ v. 23.4.1999, S. 24; Wieland, NWVBl. 2000, S. 246 f.

den Wettbewerb eher für Kooperationen oder für Fusionen entscheiden werden. Über das Schicksal kommunaler Energieversorgungsunternehmen wird jedoch hauptsächlich entscheiden, ob es ihnen gelingen wird, die durch den Wettbewerb erforderliche strategische Neuausrichtung ihrer Unternehmen schnell durchzuführen.

3. Energiepolitische Rahmenbedingungen

Neben der Absatzentwicklung und der Liberalisierung des Strommarktes beeinflussen auch die kommunalen energiepolitischen Rahmenbedingungen die Geschäftspolitik kommunaler Energieversorgungsunternehmen.

Die Gemeinden üben auf kommunale Unternehmen in ihrer Eigenschaft als Eigner politischen Einfluß aus. Sofern es sich um privatrechtlich organisierte Unternehmen handelt, ist den Gemeinden nach den Gemeindeordnungen ein angemessener Einfluß auf ihre Unternehmen zu sichern.[219] Die entsprechenden Normen sehen vor, daß die Kommune ihren Einfluß im Überwachungsorgan ihres Unternehmens geltend macht. Entsprechend sitzen gemeindliche Vertreter wie Ratsmitglieder, Beigeordnete oder Bürgermeister in Gesellschafterversammlungen und Aufsichtsräten städtischer Gesellschaften. Dadurch wirken kommunale Politiker bei den Entscheidungen der wirtschaftlichen Führungsgremien kommunaler Unternehmen direkt mit. Dabei sind sie nach den Gemeindeordnungen auf die Interessen der Kommune verpflichtet, an Ratsbeschlüsse gebunden und durch Ratsbeschluß abwählbar.[220] Demgegenüber unterliegen Betriebe in ausschließlich privatem Eigentum einem weit schwächeren politischen Einfluß. Sie werden üblicherweise mit politischen Forderungen nur dann konfrontiert, wenn diese in die Form verbindlicher Rechtsnormen gebracht wurden oder von Kunden an das Unternehmen herangetragen werden, wie bei politischen Boykottaufrufen. Für gemeindliche Unternehmen stellen kommunalpolitische Ziele dagegen eine wesentliche Rahmenbedingung dar. Als wichtiges Handlungsfeld kommunaler Energiepolitik hat sich in den letzten Jahren der Klimaschutz etabliert. Dies läßt sich an der Entwicklung des Klima-Bündnisses nachvollziehen.

Das Klima-Bündnis wurde im Jahr 1990 als „Bündnis europäischer Städte mit den indigenen Völkern der Regenwälder zum Schutz der Erdatmosphäre“ ge-

219 Z.B. gemäß § 108 Abs. 1 S. 1 Nr. 6 GO NW.
220 Z.B. gemäß § 113 Abs. 1 GO NW.

gründet.[221] Es bezweckt, auf lokaler Ebene Maßnahmen zum Schutz des Weltklimas zu ergreifen.[222] Jede beitretende Kommune verpflichtet sich auf die Ziele, die im Manifest des Klima-Bündnisses festgelegt sind. Dazu zählt, die Belastung der Atmosphäre zu mindern, indem der Energieverbrauch und der motorisierte Verkehr verringert werden.[223] Dadurch sollen die Kohlendioxid-Emissionen bis zum Jahr 2010 gegenüber dem Basisjahr 1987 halbiert werden.[224] Dieses Klimaschutzziel geht deutlich über die Empfehlungen der Enquete-Kommission Schutz der Erdatmosphäre hinaus, die eine Kohlendioxid-Reduktion um 45 Prozent erst bis in die 20er Jahre des 21. Jahrhunderts[225] und damit für mindestens zehn Jahre später vorsieht. Dem Klima-Bündnis liegt außerdem der Gedanke zugrunde, daß die Bewahrung der tropischen Regenwälder eine wichtige Voraussetzung für ein intaktes Weltklima ist, weil diese Wälder unter anderem atmosphärisches Kohlendioxid binden und ihre Brandrodung zusätzlich große Mengen dieses Klimagases freisetzt. Daher verpflichten sich die Mitgliedskommunen, indigene Völker bei der Erhaltung des tropischen Regenwaldes zu unterstützen und kein Tropenholz zu verwenden.[226]

Die Bedeutung des Klima-Bündnisses für die kommunale Umwelt- und Energiepolitik ergibt sich zunächst aus der großen Zahl von Mitgliedskommunen. Diese stieg von 14 Städten und Gemeinden im Jahr 1992[227] auf europaweit 784 im Jahr 1999 an.[228] In Deutschland waren 1999 über 400 Kommunen Mitglied des Klima-Bündnisses, darunter die größten deutschen Städte Berlin, München, Hamburg, Köln, Frankfurt, Hannover und Leipzig.[229] Bereits im Jahr 1997 lebte bereits über ein Drittel der deutschen Bevölkerung in Klima-Bündnis-Kommunen.[230]

Allerdings bedeutet dies nicht, daß all diese Städte ihre Verpflichtungen auch tatsächlich erfüllen und zum Beispiel die Kohlendioxid-Emissionen auf ihrem Gemeindegebiet bis 2010 um 50 Prozent reduziert haben werden. Vielmehr scheint es auch Kommunen zu geben, denen es nur auf die Öffentlichkeitswir-

---

221 *Klima-Bündnis*, Statusbericht, S. 58. Das im Statusbericht auf S. 60 angegebene Gründungsjahr 1992 bezieht sich auf die Gründung des Vereins *Klima-Bündnis/* Alianza del Clima e.V., der den organisatorischen Rahmen des *Klima-Bündnis*ses bildet.

222 *Klima-Bündnis*, Statusbericht, S. 58.

223 *Klima-Bündnis*, Statusbericht, S. 59.

224 *Klima-Bündnis*, Statusbericht, S. 58.

225 *Enquetekommission*, Schlußbericht, S. 246 f.

226 *Klima-Bündnis*, Statusbericht, S. 59.

227 *Klima-Bündnis*, Statusbericht, S. 60.

228 *Klima-Bündnis*, Mitgliederliste, S. 2.

229 *Klima-Bündnis*, Mitgliederliste, S. 1.

230 *Klima-Bündnis*, Statusbericht, S. 60.

kung eines medienwirksam inszenierten Beitritts zum Klimabündnis und darauf ankommt, zum Beispiel bei kritischen Nachfragen zur kommunalen Umweltpolitik auf ihre Mitgliedschaft verweisen zu können. Wie viele solcher Pro-Forma-Mitglieder das Klimabündnis hat, kann mangels empirischer Daten nicht festgestellt werden. Allerdings belegt bereits die Tatsache, daß sich Kommunalpolitiker von der Mitgliedschaft in einer solchen Organisation Vorteile wie positive Medienpräsenz, Prestige und Wählerstimmen versprechen, daß die Themen Klima- und Tropenwaldschutz, Energieeinsparung und Entwicklungszusammenarbeit inzwischen in der Öffentlichkeit fest verankert sind und entsprechende kommunalpolitische Initiativen positiv bewertet werden.

Viele der im Klimabündnis aktiven Kommunen haben eine Fülle von Maßnahmen ergriffen, um mittels Energieeinsparungen die Kohlendioxid-Emissionen auf dem Gemeindegebiet zu reduzieren: energetische Sanierung öffentlicher Gebäude, Modernisierung von Heizungsanlagen, Förderprogramme für Wärmedämmung im Altbau, Förderung der Errichtung von Niedrigenergiehäusern und der regenerativen Energieerzeugung, um nur einige zu nennen.[231] Zwar läßt sich nur schwer zuordnen, welche dieser Maßnahmen durch die Mitgliedschaft im Klima-Bündnis angestoßen wurden und welche auch ohne sie durchgeführt worden wären. Sie zeigen jedoch, daß viele Kommunen konkrete und wirksame Projekte zum Zweck der Energieeinsparung und des Klimaschutzes durchführen. Zusätzlich stärkt die Mitgliedschaft im Klima-Bündnis die politische Bedeutung der Themen Klimaschutz und Energieeinsparung in den engagierten Gemeinden. So gehen dem Beitrittsbeschluß der kommunalen Gremien häufig kontrovers geführte öffentliche Diskussionen über die verfolgten Ziele und einzugehenden Verpflichtungen voraus, da zu diesen auch finanzielle Beiträge wie der jährliche Mitgliedsbeitrag oder die Förderung von Projekten der indigenen Völker gehören. Auch haben sich in einigen Mitgliedsgemeinden unabhängige Klima-Bündnis-Initiativen gegründet, die Projekte durch ihre eigene ehrenamtliche Arbeit fördern und ihre Kommune hinsichtlich der Erfüllung der eingegangenen Verpflichtungen kritisch begleiten.

Für Energieversorgungsunternehmen kann eine konsequent umgesetzte Mitgliedschaft der Eignerkommune im Klima-Bündnis, ebenso wie andere Formen einer engagierten kommunalen Klimaschutz- oder Energiesparpolitik, zum Beispiel im lokalen Agenda-21-Prozeß, der dem umweltpolitischen Ziel der Nachhaltigkeit verpflichtet ist, Auswirkungen auf drei Ebenen haben.

Zunächst verpflichten sich die Gemeinden, die Belastung der Atmosphäre durch eine Senkung des Energieverbrauchs zu vermindern. Auf kommunaler Ebene ist die Möglichkeit beschränkt, kohlenstoffreiche durch kohlenstoffärmere

231 Zu weiteren Klimaschutz-Maßnahmen s. *Klima-Bündnis*, Statusbericht.

Energieträger zu ersetzen, da dort zum Beispiel kaum Braun- oder Steinkohle eingesetzt wird. Daher lassen sich Kohlendioxid-Reduktionen in erster Linie über entsprechend starke Verbrauchssenkungen erzielen. Sofern Kommunen ihre Klima-Bündnis-Verpflichtungen politisch konsequent umsetzen, haben Energieversorgungsunternehmen daher mittelfristig mit Absatzeinbußen beim Verkauf von Strom und Gas zu rechnen.

Zudem können Energieeinsparungen im dem Umfang, der für die Erfüllung des Kohlendioxid-Reduktionsziels erforderlich ist, nur dann realisiert werden, wenn sich breite Bevölkerungsschichten beteiligen. Deshalb müssen nicht nur wenige Großverbraucher, wie Industriekunden oder die Gemeindeverwaltung selbst, sondern auch die große Zahl der Tarifkunden in Energiesparaktionen einbezogen werden. Die dafür erforderliche Information und Mobilisierung wird zu einem wachsenden Bewußtsein der Bürger für ihren Energieverbrauch und die damit verbundenen Umweltbelastungen führen. Für das Energieversorgungsunternehmen bedeutet dies, daß sein Handeln von den Kunden kritischer wahrgenommen wird. Gleichzeitig wächst mit zunehmendem Umweltbewußtsein aber auch das Nachfragepotential für ökologische Dienstleistungen.

Schließlich erfordert die erstrebte Energieeinsparung, Energieversorgungsunternehmen als zentrale Akteure auch direkt in die kommunale Klimaschutz- und Energiesparpolitik einzubeziehen und gegebenenfalls auch auf umweltpolitische Ziele zu verpflichten. Als Krafwerksbetreiber werden sie den Primärenergieeinsatz und die Emissionen senken müssen, damit die Kommune ihr Reduktionsziel erreichen kann. Als Stromerzeuger mit technischem Know-how, aber überwiegend geringem regenerativen Anteil an der Stromerzeugung kommen sie in Betracht, um größere Projekte zur Nutzung erneuerbarer Energiequellen umzusetzen. Aufgrund ihrer Beratungserfahrung, Ressourcen und teilweise bereits vorhandener Förderprogramme sind kommunale Energieversorgungsunternehmen obendrein der vorrangige Ansprechpartner der Kommunalpolitiker, um breitenwirksame Programme mit dem Ziel durchzuführen, Markthemmnisse bei der Nutzung von Energieeffizienz und regenerativen Energiequellen zu beseitigen.[232]

4. Finanzsituation der Kommunen

Eine zunehmend wichtigere Rahmenbedingung kommunaler Energieversorger ist die finanzielle Situation ihrer Eigner. Die Finanzlage einer Gemeinde beeinflußt gemeindeeigene Versorgungsunternehmen in zweierlei Hinsicht. Zum einen si-

232 *Hennicke/Seifried*, Einsparkraftwerk, S. 83 f.

chern Energieversorgungsunternehmen den Kommunen mit Konzessionsabgaben und Gewinnabführungen wichtige Einnahmequellen [a)]. Zum anderen haben Gemeinden, wie jeder andere Eigentümer auch, die Möglichkeit, Anteile an ihren Unternehmen zu verkaufen [b)].

Die finanzielle Situation der Kommunen war in den letzten Jahren durch steigende Ausgaben bei sinkenden Einnahmen gekennzeichnet. Die gemeindlichen Ausgaben werden vor allem von steigenden Sozialhilfekosten geprägt. So wuchsen die Ausgaben der Gemeinden für Sozialhilfe zwischen 1982 und 1995 um 260 Prozent.[233] Entsprechend stieg der Anteil der Sozialhilfe am Verwaltungshaushalt von 15,5 Prozent (1980) auf 29,4 Prozent (1995) an.[234] Gleichzeitig gehen seit 1993 die Einnahmen aus der Gewerbesteuer und dem Gemeindeanteil an der Einkommensteuer jährlich zurück.[235] Hauptsächlich diese Umstände führten dazu, daß bereits 1995 bundesweit über 40 Prozent der Kommunen ihre Haushalte nicht mehr ausgleichen konnten und Haushaltssicherungskonzepte aufstellen mußten.[236] Diese angespannte Haushaltslage der Kommunen war sogar Anlaß, den haushaltsrechtlichen Begriff der „Unterfinanzierung" zu schaffen.[237] Seit 1997 kann bei den Kommunalfinanzen eine leichte Entspannung festgestellt werden.

Bei einer angespannten Haushaltslage wächst die Bedeutung der Einnahmen, die Gemeinden mit den Konzessionsabgaben und Gewinnabführungen ihrer Energieversorgungsunternehmen erzielen.

a) Konzessionsabgaben und Gewinnabführungen kommunaler Energieversorgungsunternehmen als gemeindliche Einnahmequellen

Konzessionsabgaben sind gemäß § 14 Abs. 1 EnWG Entgelte für das Recht, gemeindliche Straßen und Wege für Energieversorgungsleitungen zu Letztverbrauchern benutzen zu dürfen. Im Durchschnitt tragen die circa 6 Mrd. DM Konzessionsabgaben, die Kommunen bundesweit jährlich einnehmen, 4 Prozent zu den Einnahmen der gemeindlichen Verwaltungshaushalte bei.[238] Die Konzessionsabgabe ist für die verschuldeten Kommunalhaushalte nicht nur eine vom Umfang wichtige sondern auch berechenbare Einnahmequelle, besonders im Vergleich

233 *Schneider*, StuGR 1996, S. 328.
234 *Schneider*, StuGR 1996, S. 328.
235 *Schneider*, StuGR 1996, S. 326.
236 *Schneider*, StuGR 1996, S. 324.
237 *Oebbecke*, Die Verwaltung 1996, S. 325 ff. versteht unter Unterfinanzierung eine Lage der Gemeinde, in der die zur Verfügung stehenden Finanzmittel zur Deckung der notwendigen Ausgaben - des Bedarfs - nicht ausreichen.
238 *Cronauge*, GemHH 1996, S. 198.

mit schwankenden Steuereinnahmen. Vor allem ist die Konzessionsabgabe eine Einnahme, die die Gemeinde ohne eine Zweckbindung ausgeben kann. Neben der Konzessionsabgabe trägt auch die Gewinnabführung der kommunalen Unternehmen an den Gemeindehaushalt nicht unerheblich zur Finanzierung der Gemeinden bei. Deshalb erwarten die Kommunen, daß die Gewinne ihrer Unternehmen zur Konsolidierung des gemeindlichen Haushalts beitragen.[239]

aa) Auswirkungen der Abschaffung ausschließlicher Wegerechte durch § 8 Abs. 1 EnWG auf das Konzessionsabgabeaufkommen

Aufgrund der geschlossenen Versorgungsgebiete gab es bisher je Gemeindegebiet lediglich einen Konzessionär. Nach der Novelle des Energiewirtschaftsgesetzes haben Gemeinden gemäß § 13 Abs. 1 S. 1 EnWG ihre Verkehrswege diskriminierungsfrei, also ohne Benachteiligung einzelner Bewerber, und damit grundsätzlich jedem Energieversorgungsunternehmen, zur Verfügung zu stellen. Die Vergabe eines ausschließlichen Wegerechtes an ein einzelnes Energieversorgungsunternehmen ist damit ebensowenig vereinbar wie mit der Aufhebung der kartellrechtlichen Freistellung für Konzessions- und Demarkationsverträge von Energieversorgungsunternehmen gemäß § 103 b GWB a.F.[240]

Bisher verpflichteten sich Energieversorgungsunternehmen regelmäßig, den Gemeinden für die Benutzung der öffentlichen Straßen und Wege die in der Konzessionsabgabenverordnung vorgesehenen Höchstsätze zu bezahlen.[241] Als Gegenleistung sicherten die Gemeinden dem jeweiligen Konzessionär als doppelte Ausschließlichkeit zu, sowohl die gemeindlichen Straßen und Wege für die Versorgungsleitungen allein benutzen zu dürfen als auch alleine zur Versorgung der Einwohner im Gemeindegebiet berechtigt zu sein. Eine solche Zusicherung ist nach dem Verbot ausschließlicher Konzessionsverträge nicht mehr möglich. Ein Recht zur Ausübung eines Monopols ist wirtschaftlich mehr wert als ein Recht, das mehreren Wettbewerbern zusteht. Wenn Energieversorgungsunternehmen bisher den Höchstsatz der Konzessionsabgabe für ein ausschließliches Wegerecht gezahlt haben, so wäre davon auszugehen, daß sie denselben Betrag zukünftig nicht mehr zahlen werden, wenn ihnen die Gemeinden nur noch ein einfaches Wegerecht zusichern können.[242] Deshalb wäre denkbar, daß in neu ab-

---

239 *Probst*, in: Forum für Zukunftsenergien, Innovationen, S. 162; *Deppe*, in: *Hennikke/Seifried*, Einsparkraftwerk, S. 339; ZfK 8/1997, S. 2; ZfK 10/1997, S. 5.

240 *Cronauge*, GemHH 1996, S. 197.

241 *Cronauge*, GemHH 1996, S. 197.

242 *Cronauge*, GemHH 1996, S. 199.

zuschließenden Konzessionsverträgen geringere Konzessionsabgaben vereinbart werden.[243]

Auch ist sehr ungewiß, ob in einer Gemeinde tatsächlich mehrere Energieversorgungsunternehmen von ihrem Recht Gebrauch machen und sich Konzessionen zum Leitungsbau und -betrieb erteilen lassen werden. Im Regelfall dürfte für einen neuen Anbieter die Durchleitung durch das bestehende Netz der wirtschaftlichere Weg zur Versorgung von Kunden sein. Demnach könnten Gemeinden nicht darauf hoffen, möglicherweise sinkende Einnahmen je Konzession durch die Vergabe mehrerer Konzessionen auszugleichen.[244]

Allerdings sieht bereits § 14 Abs. 3 EnWG vor, daß Konzessionsabgaben in der vertraglich vereinbarten Höhe auch für Energie zu zahlen ist, die mittels Durchleitung an Letztverbraucher im Gemeindegebiet geliefert wird. Die Gemeinde erhält damit Konzessionsabgaben sowohl für die Energie, die der bisherige Konzessionär verkauft als auch für die Energie, die seine Konkurrenten an Kunden im Gemeindegebiet verkaufen. Somit wird das Konzessionsabgabeaufkommen einer Gemeinde nicht dadurch gemindert, daß der bisherige Konzessionär im Wettbewerb Kunden verliert.[245] Wenn aber wegen des Wegfalls der Ausschließlichkeit nicht mehr wie bisher die Höchstsätze sondern niedrigere Konzessionsabgaben je Kilowattstunde Energie vertraglich vereinbart werden sollten, so würde das Abgabeaufkommen unabhängig davon sinken, ob es sich um Energie handelt, die der Konzessionär oder ein durchleitender Dritter verkauft.

Gegen diese Befürchtung der Kommunen hat der Gesetzgeber bei der Novellierung des Energiewirtschaftsgesetzes mit zwei Regelungen Vorkehrungen getroffen.

Zunächst schuf er § 13 Abs. 1 S. 3 EnWG, wonach Gemeinden den Abschluß von Konzessionsverträgen ablehnen können, solange das Elektrizitätsversorgungsunternehmen die Zahlung von Konzessionsabgaben in Höhe der Höchstsätze nach § 14 Abs. 2 EnWG verweigert und eine Einigung über die Höhe der Konzessionsabgaben noch nicht erzielt ist. Diese Regelung sichert, daß Stromversorger den Kommunen trotz des Wegfalls der ausschließlichen Wegerechte weiterhin Konzessionsabgaben nach den Höchstsätzen zahlen, die in der Konzessionsabgaben-Verordnung vorgesehen sind.

243 *Cronauge*, GemHH 1996, S. 198 f.; *Wieland/Hellermann*, DVBl. 1996, S. 401.

244 So aber *Scholtka*, Konzessionsabgabenrecht, S. 205; *Theobald*, AöR 22 (1997), S. 400 f.; *Mombaur, DÖV* 1997, S. 577.

245 *Mombaur, DÖV* 1997, S. 577.

Ebenfalls zeitlich garantiert die Übergangsregelung des § 14 Abs. 4 EnWG die Weiterzahlung der bisherigen Konzessionsabgaben. Danach besteht die Pflicht zur Zahlung der vertraglich vereinbarten Konzessionsabgaben auch nach Ablauf des Konzessionsvertrages für ein Jahr fort, es sei denn, daß zwischenzeitlich eine anderweitige Regelung getroffen wird. Sie sichert den Kommunen die bisher regelmäßig nach den Höchstsätzen vereinbarten Konzessionsabgaben auch nach dem Auslaufen alter Konzessionsverträge.

Deshalb werden die Einnahmen der Städte und Gemeinden aus der Konzessionsabgabe nicht wegen des Wegfalls der ausschließlichen Wegerechte sinken.[246]

bb) *Auswirkungen verstärkter Energieeinsparung auf das Konzessionsabgabeaufkommen*

Langfristig ist lediglich zu berücksichtigen, daß die Konzessionsabgabe gemäß § 14 Abs. 2 S. 2 EnWG, § 2 Abs. 1 Konzessionsabgaben-Verordnung nach den gelieferten Kilowattstunden Strom oder Gas berechnet wird. Entsprechend groß ist der Anreiz für die Gemeinden, ein maximales Konzessionsabgabeaufkommen zu erzielen, indem das jeweilige Stadtwerk möglichst viel Energie verkauft.[247] Energiesparprogramme, die den Energieabsatz der Stadtwerke verringern, werden hierdurch behindert. Sofern Kommunen eine Energiesparpolitik verfolgen, kollidiert dies mit dem Interesse, durch einen möglichst hohen Absatz und eine gleichfalls hohe Durchleitung von Strom und Gas das bisherige Konzessionsabgabeaufkommen möglichst konstant zu halten. Dies verstärkt den bereits bisher bestehenden Bedarf[248] für eine Gesetzesreform, welche die Kommunalfinanzen vom Energieverkauf entkoppelt, erheblich. Allerdings bestehen auch bei der derzeitigen Gesetzeslage Gestaltungsmöglichkeiten, um einerseits Energie zu sparen und andererseits das gemeindliche Konzessionsabgabeaufkommen zu erhalten. So vereinbaren bereits einzelne Gemeinden mit Energieversorgungsunternehmen, die Energiesparprogramme anbieten, erhöhte Konzessionsabgabesätze.[249] Dadurch werden die Einbußen, die entstehen, weil weniger abgabenpflichtige Kilo-

---

246 *Scholtka*, Konzessionsabgabenrecht, S. 204 f.; *Ehlers/Pünder*, in: Achterberg/Püttner, BesVwR, Rn. 51 ff.

247 *Frey*, in: ASEW, Integrierte Ressourcen-Planung, S. 228. Schon Anfang der achtziger Jahre stellten *Hennicke u.a.*, Energiewende, S. 26 ff. fest, daß die gemeindlichen Fürsorgeausgaben seit dem Ende der siebziger Jahre stark angestiegen sind und das daraus folgende Interesse der Kommunen an hohen Konzessionsabgaben und Gewinnabführungen ein wesentlicher Anreiz für eine expansive Geschäftspolitik kommunaler Energieversorgungsunternehmen sei.

248 *Hennicke*, in: Feser/Hauff, Kommunale Umweltpolitik, S. 72.

249 *Becker/Herppich*, ZfE 1992, S. 40.

wattstunden Strom verkauft werden, durch einen höheren Abgabensatz je verkaufter Kilowattstunde ausgeglichen.

b) Verkauf kommunaler Stadtwerkebeteiligungen

Die zunehmende Finanznot der Gemeinden spiegelt sich schließlich auch im Verkauf von Beteiligungen an kommunalen Energieversorgungsunternehmen wieder.[250] Häufig ist der Verkauf des städtischen "Tafelsilbers" eine der letzten Möglichkeiten, den Finanzhaushalt auszugleichen.[251] Die Verkäufe städtischer Beteiligungen an den Stadtwerken Hannover, Bremen und Leipzig sowie an den bisher von den Stadtstaaten Hamburg und Berlin beherrschten Verbundunternehmen HEW und BEWAG sind nur besonders spektakuläre Beispiele für diese Entwicklung. Käufer der Anteile sind häufig Vorlieferanten, insbesondere Verbundunternehmen. Eine Kommune, die ihr Stadtwerk vollständig privatisiert, zieht sich damit aus der Energiewirtschaft zurück. Sofern das Stadtwerk von anderen Energieversorgungsunternehmen übernommen wird, fördert dies die Konzentration in der Energiewirtschaft. Somit könnte die kommunale Finanznot, die sich bereits vor der Wettbewerbseinführung auf dem Strommarkt in Anteils- und Unternehmensverkäufen zeigte, nun die wettbewerbsbedingte Tendenz zum Rückzug von Kommunen aus ihren Stadtwerken und zum Verschwinden kommunaler Energieversorgungsunternehmen weiter verstärken.

Daß die Beteiligung von Vorversorgern die wirtschaftliche Selbständigkeit von Verteilerunternehmen beeinflußt, läßt sich aus dem erheblich geringeren Anteil der Eigenerzeugung bei denjenigen Energieversorgungsunternehmen schließen, an denen Vorversorger gesellschaftsrechtlich beteiligt sind. So liegt bei Regionalversorgern ohne oder mit nur geringer Beteiligung von Verbundunternehmen der Anteil der Stromerzeugung an der Stromabgabe bei 57 Prozent.[252] Dagegen weisen die Regionalverteiler, an denen Verbundunternehmen wesentlich beteiligt sind, eine Eigenerzeugungsquote von lediglich 4 Prozent auf.[253] Dabei kann die Eigenerzeugung für kommunale Energieversorgungsunternehmen wirtschaftlich interessant sein, weil zum Beispiel der Bezug teuren Spitzenlaststroms vom Vorlieferanten durch entsprechendes Spitzenlastmanagement vermieden werden kann. Große Energieversorgungsunternehmen stehen jedoch nicht nur bei der Stromerzeugung in Konkurrenz zu ihren Beteiligungsunternehmen.[254] Sie

---

250 *Bozem/Schulz*, et 1996, S. 125.
251 *Hennerkes*, Der Städtetag 1997, S. 500; *Schneider*, StuGR 1996, S. 324.
252 *Traube/Münch*, Elektrizitätswirtschaft, S. 16.
253 *Traube/Münch*, Elektrizitätswirtschaft, S. 17.
254 Zum Einfluß gesellschaftsrechtlich beteiligter Vorlieferanten auf die Geschäftspolitik von Stadtwerken s. *Kruse*, Wechselwirkungen 6/1996, S. 49 f.

bieten auch in denselben Geschäftsfeldern wie diese, zum Beispiel der Abfallentsorgung und Telekommunikation, Dienstleistungen an. Daher erscheint es nicht ausgeschlossen, daß die Beteiligung von Vorversorgern an kommunalen Unternehmen deren wirtschaftliche Freiheit nicht nur bei der Erzeugung von Strom sondern auch im neuen Dienstleistungsgeschäft negativ beeinflußt. So entbehrt das Bild, vermeintlich schwachen Stadtwerken, die unter die Bettdecke ihrer Vorversorger kröchen, könne dort leicht die Luft ausgehen,[255] nicht einer gewissen tatsächlichen Grundlage.

5. *Kundenwünsche*

Schließlich sind Energieversorgungsunternehmen auch mit einem Wandel der Wünsche ihrer Kunden konfrontiert.

Das Energie- und Umweltbewußtsein[256] nimmt in der Bevölkerung seit längerem zu.[257] Der anhaltend hohe Energieverbrauch und dessen möglichst kostengünstige Bedienung werden als eine der stärksten Bedrohungen der Umwelt wahrgenommen.[258] Dies hat zwar noch nicht dazu geführt, daß man die "Ökologie als Selbstläufer der Energiepolitik"[259] bezeichnen könnte. Allerdings rechnet auch die Energiewirtschaft damit, daß trotz der Liberalisierung des Elektrizitätsmarktes Politik und Verbraucher anhaltend hohe Anforderungen an den Umwelt- und Klimaschutz sowie die Ressourcenschonung durch Energieversorgungsunternehmen stellen werden.[260] Auch hat das zunehmende Umweltbewußtsein beispielsweise den Energieträgermarkt bereits deutlich beeinflußt. So wird der Wettbewerb zwischen den Energieträgern im Haushaltssektor bereits stark unter Umweltgesichtspunkten geführt.[261] Dies zeigt sich etwa an der Verdrängung von Öl durch das umweltfreundlichere Erdgas im Raumwärmemarkt.

---

255 *Hennerkes*, Der Städtetag 1997, S. 502.

256 Vgl. zu den Determinanten des Energiesparverhaltens, *Löbbe*, Marktdynamik, S. 83 ff.

257 *Weidmann*, Elektrizitätswirtschaft 1996, S. 382; *Werbeck*, ZögU 1995 , S. 42.

258 *Prognos*, Energiereport II, S. 2.

259 *Löbbe*, Marktdynamik, S. 282.

260 *VDEW*, Strategie-Optionen, S. 17; *Hartung*, Energie Spektrum 1995, S. 11. Nach *Innenministerkonferenz*, Wirtschaftliche Betätigung, S. 18 erwarten die Kunden aufgrund ihres Verständnisses des Umwelt- und Ressourcenschutzes von ihren Stadtwerken neben der Versorgung vor allem einen Beitrag zur Energie- und Wassereinsparung.

261 *Mann/Laker*, in: Simon/Hermann, Kundenzufriedenheit, S. 437. *Jänig*, Neue Produkte, in: Öko-Institut, Wettbewerb, S. 13 beurteilt die Qualität der Dienstleistung

Daneben wünschen Energieverbraucher, wie die Verbraucher in anderen Branchen auch,[262] zunehmend umfassende Problemlösungen statt einzelner Produkte oder lediglich punktueller Dienstleistungen.[263] Entsprechend wirbt die aus VEW AG und RWE AG fusionierte neue RWE AG mit dem Slogan „die eine Hand, aus der alles kommt“ für ihr Unternehmenskonzept „One Group - Multi Utilities“[264] und verbildlicht dies mit dem Logo einer hellen Hand auf dunklem Untergrund.[265] Bisher lieferten Energieversorgungsunternehmen Energieträger (zum Beispiel Gas), die ihre Kunden mit eigenen Wandlergeräten (zum Beispiel Heizungsanlage) in den von ihnen gewünschten Nutzen (Wärme) umwandelten. Immer mehr Kunden möchten die Energieumwandlung jedoch nicht mehr selbst vornehmen.[266] Ihre Motive dafür sind vielfältig. Für Haushaltskunden dürfte im Vordergrund stehen, daß es zeitaufwendig und lästig ist, sich mit Betrieb, Wartung und Erneuerung etwa einer Heizungsanlage zu beschäftigen. Diese Kunden stellen steigende Komfortansprüche an ihre Versorger.[267] Auch Gewerbe- und Industrieverbraucher möchten sich weniger mit Energiefragen beschäftigen müssen. Im Rahmen der VIK-Befragung industrieller Stromkunden konnten sich 64 Prozent der Befragten eine Fremdvergabe von energiebezogenen Dienstleistungen, die bisher im Betrieb erbracht wurden, vorstellen.[268] Die Unternehmen erhoffen sich davon Kosteneinsparungen, positive Liquiditätseffekte und eine Konzentration auf die eigenen Kernkompetenzen.[269] Daher nimmt auf den Energiemärkten die Nachfrage nach umfassenden Dienstleistungen deutlich zu.[270] Folglich ist für die Kunden im Wettbewerb neben dem Preis auch die Dienstleistungsqualität wichtig.[271]

Seitens der Elektrizitätswirtschaft wird diesen beiden Kundenwünschen große Bedeutung beigemessen: Neben dem Wettbewerb und der Entkopplung des Energieverbrauchs vom Wirtschaftswachstum seien das gestiegene Energie- und

---

neben Service und Kundenbetreuung im Vergleich zum Preis als ausschlaggebend für die mittel- und langfristige Kundenbindung.

262 *Pepels*, Marketing, S. 19.

263 *VDEW*, Strategie-Optionen, S. 9; *Minter*, in: Bullinger, Dienstleistungen, S. 635; *Cronauge*, in: Rehn/Cronauge, GO NW, § 107 S. 18 f.

264 „Eine Gruppe – Mehrere Versorgungsunternehmen.“

265 Handelsblatt v. 22.8.2000, S. 21 f.

266 *Oesterwind/Pfaffenberger/Hasse*, Energieversorgung, S. 144.

267 *Oesterwind/Pfaffenberger/Hasse*, Energieversorgung, S. 144.

268 *Löbbe/Kalny*, VIK-Mitteilungen 2/1997, S. 35.

269 *Löbbe/Kalny*, VIK-Mitteilungen 2/1997, S. 35.

270 *Oesterwind/Pfaffenberger/Hasse*, Energieversorgung, S. 146; *Minter*, in: Bullinger, Dienstleistungen, S. 637; *Hartung*, Energie Spektrum 1995, S. 12.

271 *Mann/Laker*, in: Simon/Hermann, Kundenzufriedenheit, S. 440; *Cronauge*, in: Rehn/Cronauge, GO NW, § 107, S. 18.

Umweltbewußtsein und die zunehmende Dienstleistungsorientierung die prägenden Faktoren für die Veränderungen auf den Energiemärkten.[272] Dabei wird der zunehmende Wettbewerb die Dienstleistungsorientierung der Energieversorger nochmals verstärken. Zunächst ist damit zu rechnen, daß die Kundenorientierung der Versorgungsunternehmen zunimmt und damit die Kundenwünsche ein höheres Gewicht als bisher erhalten werden.[273] Zudem können Energieversorgungsunternehmen mit umfassenden Dienstleistungen ihre jeweils von Konkurrenzangeboten kaum unterscheidbaren Waren Strom und Gas im Wettbewerb abheben.[274]

Insofern sind die Voraussetzungen für einen Wettbewerb um die Qualität von Dienstleistungen auf den Energiemärkten bereits gegeben. Wegen des gestiegenen Umweltbewußtseins wird ein Teil der Verbraucher die Qualität von Energiedienstleistungen an Eigenschaften wie Energieeffizienz, Ressourcenschonung, Risikoarmut und Klimaverträglichkeit messen. In welchem Umfang sich neben dem Preiswettbewerb auch ein Qualitätswettbewerb entwickeln wird, hängt jedoch wesentlich davon ab, ob die Kunden ihren Worten auch Taten folgen lassen und bereit sind, für die ökologische Qualität von Energiedienstleistungen einen angemessenen Preis zu bezahlen.

6. Zusammenfassung

Wie entwickeln sich nun die wesentlichen Rahmenbedingungen kommunaler Energieversorgungsunternehmen in einer Gesamtschau?

Das Wachstum der Endenergienachfrage und damit des Strom- und Gasabsatzes wird sich voraussichtlich verlangsamen. Tiefgreifende Umwälzungen wird die Liberalisierung des deutschen Strommarktes bewirken. Viele bisherige Abnehmer werden den Lieferanten wechseln, was kommunale Unternehmen aus rechtlichen Gründen wahrscheinlich nicht durch Akquisition außerhalb ihres bisherigen Versorgungsgebietes ausgleichen werden können. Das Auftreten neuer Akteure wird den einsetzenden Preiswettbewerb verstärken, weshalb Preissenkungen sehr wahrscheinlich sind. Absatzverluste und Erlösrückgänge werden die Stromversorger unter Rationalisierungsdruck setzen, demzufolge ist mit einem deutlichen Arbeitsplatzabbau zu rechnen. Zusätzlich werden in erster Linie kleinere Unternehmen versuchen, durch Größenvorteile Kosten zu senken. Daraus folgende Zusammenschlüsse und Übernahmen von Unternehmen werden die be-

272 *Grawe/Schulz*, Elektrizitätswirtschaft 1996, S. 1292.
273 *Löbbe/Braun*, et 1995, S. 365 f.
274 *Löbbe/Braun*, et 1995, S. 366.

stehende Konzentration der deutschen Energiewirtschaft weiter verstärken, wovon voraussichtlich kommunale Energieversorger am stärksten betroffen sein werden. Soweit die Kommunen ihre Klimaschutzpolitik weiter ausbauen werden, könnte sich der Energieabsatz ihrer Versorgungsunternehmen zusätzlich abschwächen. In vielen Kommunen treten Politik und Kunden vermehrt mit der Forderung einer konsequent umweltverträglichen Unternehmenspolitik an ihre Energieversorger heran. Schließlich erwarten Gemeinden mit angespannter Finanzlage hohe Gewinnabführungen und Konzessionsabgaben der Stadtwerke zur Haushaltskonsolidierung.

Diese Rahmenbedingungen lassen sich nach ihrer zeitlichen Wirksamkeit und Intensität in zwei Gruppen unterscheiden.

Der 29.4.1998, an dem das neue Energiewirtschaftsgesetz in Kraft trat, stellt für die Stromversorger einen tiefgreifenden Einschnitt in ihrer Geschäftstätigkeit dar, auf den sich viele Unternehmen nicht frühzeitig genug eingestellt haben. Die bisherigen Monopolunternehmen stehen nun im Wettbewerb um Kunden. Die genannten Auswirkungen dieser Marktöffnung werden Kundenstamm, Erlöse, Ergebnisse und Mitarbeiterzahlen kommunaler Energieversorgungsunternehmen so wesentlich beeinflussen, daß eine Gefährdung der Existenz kommunaler Energieversorgungsunternehmen nicht ausgeschlossen werden kann. Ohne ein Konzept für den Wettbewerb wird es für die Stadtwerke in den kommenden Jahren kaum noch möglich sein, am Markt zu bestehen. Deshalb erfordert die Liberalisierung des Strom- und Gasmarktes tiefgreifende Änderungen ihrer Unternehmenspolitik.

Im Gegensatz dazu handelt es sich bei der sich abschwächenden Absatzentwicklung für Strom und Gas, der verstärkten kommunalen Klimaschutzpolitik und der gemeindlichen Finanznot um seit längerem zu beobachtende, kontinuierlich fortschreitende und eher kleinschrittige Veränderungen von Rahmenbedingungen. Die Einführung von Wettbewerb auf den Energiemärkten verlangt von Energieversorgungsunternehmen eine strategische Neuausrichtung, um erfolgreich am Markt tätig zu sein.[275] Im Rahmen dieser strategischen Neuausrichtung haben Energieversorgungsunternehmen die Möglichkeit, auch auf diese langfristigen Entwicklungen zu reagieren. Letztendlich bieten die derzeitigen Entwicklungen den Stadtwerken die große Chance, die eigenen Stärken und Schwächen zu analysieren und dem Wettbewerb mit einer neu ausgerichteten Unternehmensstrategie zu begegnen.

---

275 *VDEW*, Strategie-Optionen, S. 8.

III. Strategieoptionen kommunaler Energieversorgungsunternehmen im Wettbewerb

Zwar stand Elektrizität bisher auf dem Wärmemarkt in Konkurrenz zu Heizöl, Erdgas und anderen Energieträgern und Elektrizitätsversorger damit im Wettbewerb mit deren Anbietern, wobei Energieversorgungsunternehmen allerdings auch nur einen geringen Teil ihrer Elektrizität zur Raumwärmeerzeugung abgeben. Auf den Märkten für Kraft, Licht und Kommunikation ist Strom jedoch konkurrenzlos und wegen der geschlossenen Versorgungsgebiete fand ein Wettbewerb zwischen verschiedenen Energieversorgungsunternehmen bisher nicht statt. Somit setzt die Liberalisierung des Elektrizitätsmarktes die Energieversorgungsunternehmen erstmals einem Wettbewerb aus, dessen Intensität mit dem in anderen Branchen vergleichbar ist.[276]

Entsprechend müssen Energieversorgungsunternehmen bestimmte Grundanforderungen erfüllen, die für jedes Unternehmen im Wettbewerb gelten. Dazu gehört vor allem, Kosten zu senken, um Produkte konkurrenzfähig anbieten zu können, und die Kundenorientierung zu erhöhen, um bisherige Kunden zu halten und neue zu gewinnen. Beides bedeutet für ehemalige Monopolunternehmen eine erhebliche Umstellung. Kostensenkungen können unter anderem erreicht werden, indem man Arbeitsabläufe strafft und das Unternehmen reorganisiert, den Einkauf optimiert und Controllinginstrumente einsetzt.[277] Eine verstärkte Kundenorientierung umfaßt vor allem, Märkte zu erforschen und nach Kundengruppen zu segmentieren, sowie Produkte und Preise zu differenzieren, um den Verbrauchern Angebote zu unterbreiten, die ihren Bedürfnissen möglichst weitgehend entsprechen.[278]

Kommunale Energieversorgungsunternehmen sind damit konfrontiert, daß sich die Rahmenbedingungen ihrer Wirtschaftstätigkeit tiefgreifend wandeln. "Insgesamt ist ... davon auszugehen, daß die Grundpfeiler der bisherigen Unternehmenspolitik der Energieversorgungsunternehmen allmählich wegbrechen werden."[279] Beschränken sich die Stadtwerke auf business as usual, so sind gravierende Einbußen in allen Unternehmensbereichen absehbar. Angesichts dieser Umwälzungen, die die Liberalisierung des Elektrizitätsmarktes bewirkt, reicht eine Anpassung an den Wettbewerb durch eine Steigerung der Wettbewerbsfähigkeit und Kundenorientierung daher nicht aus, damit Energieversorgungsunternehmen auch weiterhin erfolgreich am Markt tätig sein können. Deshalb müssen

276 *VDEW*, Strategie-Optionen, S. 26.
277 *VDEW*, Strategie-Optionen, S. 26.
278 *VDEW*, Strategie-Optionen, S. 27.
279 *Energiestiftung Schleswig-Holstein*, Liberalisierung, S. 107.

sich die Energieversorgungsunternehmen strategisch neu ausrichten, das heißt ihre Produkte und Märkte neu bestimmen.[280]

Die Rahmenbedingungen kommunaler Energieversorgungsunternehmen werden unter anderem von schwächeren Zuwächsen beim Energieverbrauch, Strompreissenkungen bis zu 30 Prozent und dem Verlust bisheriger Kunden geprägt.[281] Wollen die Gemeinden diese Einbußen nicht hinnehmen,[282] so müssen ihre Stadtwerke angesichts des Wettbewerbs auf den Energiemärkten auf Wachstumsstrategien zurückzugreifen. Im folgenden sollen zunächst die Wachstumsstrategien vorgestellt werden, die nach *Ansoffs* Systematisierung jedem Unternehmen zur Verfügung stehen (1.). Anschließend ist zur Unterscheidung dieser Strategien näher auf deren einzelne Bestandteile einzugehen (2.). Im Mittelpunkt steht schließlich die Frage, welche wirtschaftlichen Aussichten diese Wachstumsstrategien für kommunale Energieversorgungsunternehmen unter den derzeitigen Rahmenbedingungen haben (3.).

1. Wachstumsstrategien nach Ansoff

Wachstumsstrategien von Unternehmen werden überwiegend nach der von *Ansoff*[283] in den fünfziger Jahren entwickelten Produkt-Markt-Matrix systematisiert.[284] *Ansoff* geht dabei von den Produkten und Märkten von Unternehmen aus und unterscheidet jeweils danach, ob Produkt und Markt für ein Unternehmen bekannt oder neu sind. Darauf, wie man verschiedene Produkte und Märkte von Unternehmen bestimmen und unterscheiden kann, wird noch näher einzugehen sein.[285] Die Kombination dieser Elemente ergibt vier Arten des unternehmerischen Wachstums:

1. Die Marktdurchdringung, bei der das Unternehmen eine Absatzsteigerung derzeitiger Produkte auf gegenwärtig bedienten Märkten anstrebt,

---

280 *VDEW*, Strategie-Optionen, S. 25.

281 S. S. 93 ff.

282 Angesichts der Risiken des liberalisierten Strom- und Gasmarktes haben Gemeinden unter anderem auch die Möglichkeit, ihre Stadtwerke aus dem Verkauf dieser Energieträger zurückziehen und auf den Betrieb des örtlichen Verteilungsnetzes zu beschränken. Zu dieser und anderen Strategieoptionen von Energieversorgungsunternehmen im Wettbewerb s. *VDEW*, Strategieoptionen.

283 *Ansoff*, Harvard Business Review, Vol. 35, No. 5, S. 114.

284 *Preißner/Engel*, Marketing, S. 273; *Pepels*, Marketing, S. 716; *Hahn*, Betriebswirtschaftslehre, S. 567; *Jakobs*, Erfolgsfaktoren, S. 7; *Intat*, Vergleich, S. 15; *VDEW*, Strategie-Optionen, S. 30; *Bühner*, Strategie, S. 23; *Kirschner*, WRP 1989, S. 73.

285 S. S. 97 ff.

2. die Marktentwicklung, bei der das Unternehmen eine Absatzsteigerung derzeitiger Produkte auf neuen Märkten anstrebt,
3. die Produktentwicklung, bei der das Unternehmen eine Absatzsteigerung neuer Produkte auf gegenwärtig bedienten Märkten anstrebt und
4. die Diversifikation, bei der das Unternehmen eine Absatzsteigerung durch neue Produkte auf neuen Märkten anstrebt.

Somit stehen einem Unternehmen, um Wachstum zu erzielen, vier Strategien zur Auswahl: Marktdurchdringung, Marktentwicklung, Produktentwicklung und Diversifikation.

2. *Bestandteile der Wachstumsstrategien nach Ansoff*

Diese Unternehmensstrategien kombinieren in unterschiedlicher Weise die Bestandteile Produkt, Markt und deren „Neusein". Daher sollen diese Elemente im folgenden derart konkretisiert werden, daß einzelne Angebote und Unternehmenskonzepte kommunaler Energieversorgungsunternehmen als Marktdurchdringung, Marktentwicklung, Produktentwicklung oder Diversifikation qualifiziert werden können.

a) Produkt

Aus der Absatzperspektive eines Unternehmens ist ein Produkt ein Marktgegenstand.[286] Objekt des Marktes sind nicht nur körperliche Gegenstände. Außer körperlichen Gegenständen, den sogenannten Sachleistungen, werden auch Dienstleistungen als Produkte bezeichnet.[287] Häufig setzt sich ein Produkt sowohl aus einer Sachleistung als auch aus Dienstleistungen zusammen.[288] So schließen zum Beispiel sehr viele Produkte eine Garantie des Herstellers für Mängel ein. Angesichts solcher unkörperlichen Komponenten griffe eine Produktdefinition zu kurz, die sich auf chemische, physikalische oder technische Produkteigenschaften beschränkt. Entsprechend rückt die Funktion in den Mittelpunkt, die ein Produkt für den potentiellen Kunden erfüllt. Erfüllung von Funktionen[289] oder Ansprüchen,[290] Nutzenstiftung[291] und Befriedigung von Bedürfnissen[292] sind dabei nur

---

286 *Schneider*, Betriebswirtschaftslehre, S. 383.
287 *Weber*, Industriebetriebslehre, S. 119.
288 *Schneider*, Betriebswirtschaftslehre, S. 383; *Nieschlag/Dichtl/Hörschgen*, Marketing, S. 153; *Pepels*, Marketing, S. 19.
289 *Bierter*, in: Bullinger, Dienstleistungen, S. 557 f.; *Haedrich*, Produktpolitik, S. 105.
290 *Nieschlag/Dichtl/Hörschgen*, Marketing, S. 155.

unterschiedliche Bezeichnungen für diese Produktfunktion. Die Funktion für den Kunden ist somit das geeignetste Merkmal, um zu definieren, was ein Produkt ist.

Unter einem Produkt ist demnach eine Zusammenfassung von Eigenschaften zu verstehen, die dem potentiellen Verwender einen bestimmten Nutzen schafft.[293]

b) Markt

Um den Markt eines Unternehmens zu bestimmen, kann auf Kriterien zurückgegriffen werden, mit denen im Wettbewerbsrecht der relevante Markt eines Unternehmens eingegrenzt wird.[294]

Im Wettbewerbsrecht ist die Bestimmung des relevanten Marktes eines Unternehmens erforderlich, um zu untersuchen, ob es auf diesem Markt marktbeherrschend ist.[295] Im Falle einer solchen Marktbeherrschung unterliegt das Unternehmen dem Mißbrauchsverbot (§ 19 Abs. 1 GWB) sowie dem Diskriminierungs- und Behinderungsverbot (§ 20 Abs. 1 GWB). Außerdem haben die Wettbewerbsbehörden Unternehmenszusammenschlüsse, von denen die Begründung oder Verstärkung einer marktbeherrschenden Stellung zu erwarten ist, grundsätzlich zu untersagen (§ 36 Abs. 1 GWB). Der für die Marktbeherrschung relevante Markt setzt sich aus einem angebotsbezogenen Element, dem sachlich relevanten Markt, und einem raumbezogenen Element, dem räumlich relevanten Markt, zusammen.

aa) Sachlich relevanter Markt

Der sachlich relevante Markt eines Anbieters wird aus der Perspektive der Abnehmer bestimmt.[296] Als Kriterium dient dabei die funktionelle Austauschbarkeit des Produktes.[297] Dies bedeutet, daß ein Markt sich aus allen Produkten zusam-

---

291 *Corsten*, Produktionswirtschaft, S. 109; *Nieschlag/Dichtl/Hörschgen*, Marketing, S. 155.

292 *Kotler/Bliemel*, Marketing Management, S. 8; *Lehmann*, Diversifikation, S. 25.

293 In Anlehnung an *Corsten*, Produktionswirtschaft, S. 109.

294 *Löbler*, Diversifikation, S. 12.

295 *Bechtold*, GWB, § 22, Rn. 2.

296 *Paschke/Kersten*, in: Glasse, Frankfurter Kommentar, § 22, Rn. 65; zum sachlich relevanten Markt für Energieversorgungsunternehmen *Weise*, Der sachlich relevante Markt für Energieversorgungsunternehmen.

297 *Immenga/Mestmäcker*, GWB, § 22, Rn. 24; *Bechtold*, GWB, § 22, Rn. 5; *Paschke/Kersten*, in: Glasse, Frankfurter Kommentar, § 22, Rn. 64; *Nieschlag/Dichtl/Hörschgen*, Marketing, S. 39 f.; *Haedrich/Tomczak*, Produktpolitik, S. 175; *Löbler*, Diversifikation, S. 15 f.

mensetzt, die für den Abnehmer funktionell austauschbar sind. Was funktionell austauschbar ist, beurteilt sich in erster Linie nach dem Verwendungszweck.[298] Privathaushalte verwenden zum Beispiel Erdgas zu dem Zweck, einen Wohnraum zu beheizen. Zu diesem Zweck kann auch Heizöl eingesetzt werden, so daß für Haushalte Erdgas und Heizöl grundsätzlich austauschbar sind.[299] Deshalb ist der relevante Markt für den Gaslieferanten nicht der Gas-, sondern der Wärmemarkt.[300] Dem Verwendungszweck, für den verschiedene Energieträger eingesetzt werden, folgt zum Beispiel auch die Einteilung des Nutzenergiemarktes in Hauptmärkte für Wärme, Kraft, Licht und Kommunikation.[301] Somit ist für die Bestimmung des relevanten Marktes ebenso wie bei der Definition des Produktes der Bedarf des Abnehmers entscheidend. Dem liegt die Einsicht zugrunde, daß aus der Sicht des Kunden sich die Austauschbarkeit beziehungsweise Ähnlichkeit von Produkten nicht nach deren physikalisch-technischen Eigenschaften richtet, sondern nach ihrer Eignung, den Bedarf des Kunden zu befriedigen.[302] Entsprechend wird auch vom sogenannten Bedarfsmarktkonzept gesprochen, mit dem der sachlich relevante Markt ermittelt wird.[303]

bb) Räumlich relevanter Markt

Der räumlich relevante Markt soll im Zusammenhang dieser Untersuchung bestimmt werden, um zu ermitteln, ob Unternehmen räumlich diversifizieren, das heißt ob eine fragliche Geschäftsaktivität von der bisherigen Tätigkeit geographisch abweicht. Im Wettbewerbsrecht wird der räumlich relevante Markt gemäß dem Absatzgebiet eines Unternehmens festgelegt.[304] Da für die räumliche Diversifikation die Wettbewerbsbeziehungen des fraglichen Unternehmens zu anderen Unternehmen keine Bedeutung haben, brauchen wettbewerbsrechtliche Einwände

---

298 *Immenga/Mestmäcker*, GWB, § 22, Rn. 29; *Paschke/Kersten*, in: Glasse, Frankfurter Kommentar, § 22, Rn. 64; *Bechtold*, GWB, § 22, Rn. 5; *Haedrich/Tomczak*, Produktpolitik, S. 175; *Nieschlag/Dichtl/Hörschgen*, Marketing, S. 40.

299 *Paschke/Kersten*, in: Glasse, Frankfurter Kommentar, § 22, Rn. 102.

300 *Ebel*, Kartellrecht, § 22, Rn. 7.

301 *Löbbe*, Marktdynamik, S. 24, 64 f.; *Hennicke u.a.*, Energiewende, S. 61 f.

302 *Jung*, Allgemeine Betriebswirtschaftslehre, S. 537; *Löbler*, Diversifikation, S. 13 f.; *Nieschlag/Dichtl/Hörschgen*, Marketing, S. 39.

303 *Immenga/Mestmäcker*, GWB, § 22, Rn. 24; *Paschke/Kersten*, in: Glasse, Frankfurter Kommentar, § 22, Rn. 63; *Bechtold*, GWB, § 22, Rn. 5.

304 OLG Hamburg, Urt. v. 6.3.1986 - 3U 257/84 -,WuW/E OLG, S. 3886 ff.; *Ebel*, Kartellrecht, § 22, Rn. 9; BGH, Beschl. v. 23.10.1979 - KVR 3/78 -, WuW/E BGH, S. 1655/1656 ff. (Gebiete, in die das fragliche Unternehmen im wesentlichen liefert.); a.A. *Paschke/Kersten*, in: Frankfurter Kommentar, § 22, Rn. 75 m.w.N.; differenzierend *Bechtold*, GWB, § 22, Rn. 12.

gegen das Kriterium des Absatzgebietes[305] vorliegend nicht berücksichtigt zu werden. Deshalb ist der räumlich relevante Markt anhand des bisherigen Absatzgebietes des fraglichen Unternehmens zu bestimmen.

Bei Zusammenfassung der Kriterien des sachlich und räumlich relevanten Marktes umfaßt der Markt eines fraglichen Unternehmens das Gebiet, auf dem es Produkte anbietet, die für den Verwendungszweck des Abnehmers austauschbar sind.

c) "Neue" Produkte und Märkte

Als letzter Bestandteil der unterschiedlichen Wachstumsstrategien bleibt zu klären, wann Märkte und Produkte "neu" sind. Bei empirischen Befragungen entscheidet in der Regel der Unternehmer darüber, was er als Diversifikationsprojekt ansieht und ob er mit dieser Bewertung seine Produkte oder Märkte gleichzeitig als neu beurteilt.[306] Auch im wirtschaftswissenschaftlichen Schrifttum findet das Kriterium des Neu-Seins kaum Beachtung.

Ob ein Unternehmen räumlich ein neues Absatzgebiet bearbeitet, läßt sich durch einen einfachen Vergleich des bisherigen und des gegenwärtigen Geschäftsgebiets feststellen. Dagegen ist für die Neuheit eines Produktes oder des sachlich relevanten Marktes zunächst davon auszugehen, daß die Wachstumsstrategien für das jeweilige Unternehmen festzustellen sind. Wenn sich ein Unternehmer überlegt, wie sein Unternehmen wachsen könnte, so interessiert ihn nur, was für dieses neu wäre und damit zu dessen Wachstum beitragen würde. Somit wäre zum Beispiel kaufmännisches oder technisches Facility-Management für ein Energieversorgungsunternehmen ein neues Produkt, auch wenn andere Anbieter mit dieser Dienstleistung schon seit längerem auf dem entsprechenden Markt präsent sind.[307]

Die Anschlußfrage, aus wessen Perspektive die Neuheit eines Produktes oder Marktes zu beurteilen ist, ist unter Rückgriff auf die Ausführungen zur Produktdefinition und zum sachlich relevanten Markt zu beantworten. Wenn ein Produkt durch den Nutzen für den potentiellen Verwender bestimmt wird,[308] so ist ein Produkt dann neu, wenn es aus dessen Perspektive[309] einen neuen Nutzen erbringt. Berücksichtigt man, daß jeweils für ein bestimmtes Unternehmen festzustellen ist, ob ein Produkt oder Markt neu sind, so kann man allerdings dabei

---

305 *Paschke/Kersten*, in: Glasse, Frankfurter Kommentar, § 22, Rn. 75 m.w.N.

306 *Jakobs*, Erfolgsfaktoren, S. 262 f.; *Intat*, Diversifikation, S. 178.

307 Vgl. *Hahn*, Betriebswirtschaftslehre, S. 567.

308 S. S. 98.

309 *Haedrich/Tomczak*, Produktpolitik, S. 152; a.A. *Bühner*, Strategie, S. 21 f.; *Pepels*, Marketing, S. 717.

nicht auf jeden beliebigen Verwender zurückgreifen. Würde ein Anbieter erstmals etwa in Grönland aktiv werden, so wäre aus Sicht der Grönländer jedes seiner Produkte neu, auch wenn dieser Anbieter sie anderswo schon lange vertreibt. Damit würden auch solche Produkte aus Sicht der Verbraucher auf einem räumlich neuen Markt automatisch „neue“ Produkte darstellen, obwohl nach den genannten Wachstumsstrategien neue Produkt und neue Märkte zu unterscheiden sind. Daher ist die Neuheit von Produkten aus der Sicht von Verwendern zu bestimmen, die bereits das Angebot des jeweiligen Unternehmens kennen. Hat also etwa ein Unternehmer zu entscheiden, ob eine Produktidee für sein Unternehmen wirklich ein neues Produkt darstellt, so muß er sich überlegen, ob dieses Produkt möglichen Käufern einen anderen Nutzen bieten würde als die bisherigen Produkte seines Unternehmens.

Der sachlich relevante Markt setzt sich aus allen Produkten zusammen, die für den Abnehmer funktionell austauschbar sind. Daher ist ebenfalls aus der Abnehmer- beziehungsweise Nutzersicht zu bestimmen, ob ein Markt für ein Unternehmen neu ist, wobei auch hier zu unterstellen ist, daß der Nutzer die bisherige Angebotspalette des Unternehmens kennt.

3. *Wachstumsstrategien im Energiemarkt*

Im Elektrizitätsmarkt können grundsätzlich alle Unternehmen auf die Wachstumsstrategien Marktdurchdringung und -entwicklung, Produktentwicklung und Diversifikation zurückgreifen, unabhängig, ob es sich um Verbund-, Regional- oder Kommunalversorger handelt. Gleichwohl hat die Untersuchung der Rahmenbedingungen kommunaler Energieversorgungsunternehmen so wesentliche Unterschiede zwischen diesen Marktstufen ergeben, daß strategische Konzepte auf Energieversorgungsunternehmen anderer Marktstufen nicht unbesehen übertragen werden können. Deshalb wird auf die unterschiedlichen Wachstumsstrategien im folgenden jeweils nur aus der Sicht kommunaler Energieversorgungsunternehmen eingegangen werden.

Die Tätigkeiten von Energieversorgungsunternehmen unterscheiden sich, je nachdem, ob sie Elektrizität erzeugen, in Netzen übertragen und verteilen oder an Endverbraucher vermarkten. Bei der Elektrizitätserzeugung mit circa 13 GW Kraftwerksüberkapazität in Deutschland und der Vermarktung an die Endkunden ist die Wettbewerbssituation wesentlich schwieriger als beim Netzbetrieb, wo der Betreiber des jeweiligen Netzes von allen Unternehmen, denen der Bau konkurrierender Leitungen zu teuer ist, Durchleitungsentgelte verlangen kann. Im Wettbewerb werden sich diese unterschiedlichen Tätigkeiten zu selbständigen Teilmärkten für Elektrizitätserzeugung, -transport/-verteilung und -vermarktung entwickeln, die von den Energieversorgungsunternehmen jeweils eigenständige Strategien verlangen.[310] Daß ein Stadtwerk zum Beispiel seine Stromverteilung räumlich ausweitet, indem es als Betreiber zusätzliche Ortsnetze anderer Stadtwerke übernimmt, bedeutet nicht, daß es zusätzlich sinnvoll ist, in diesen neuen Netzen auch Stromerzeugungsanlagen zu betreiben.

Kommunale Energieversorgungsunternehmen sind in der Stromerzeugung, -verteilung und -vermarktung aktiv. Über eigene Erzeugungsanlagen verfügen zwar nicht alle Stadtwerke, dafür betreiben aber sämtliche Stadtwerke ein örtliches Verteilungsnetz und nutzen dieses, um Strom an Endkunden zu vermarkten. Deshalb ist für kommunale Energieversorgungsunternehmen von besonderer Bedeutung, welche Möglichkeiten der Markdurchdringung, Markterweiterung, Produktentwicklung und Diversifikation ihnen für die Verteilung und Vermarktung von Strom zur Verfügung stehen.

a) Marktdurchdringung

Die Marktdurchdringung zeichnet sich dadurch aus, daß ein Unternehmen eine Absatzsteigerung derzeitiger Produkte auf gegenwärtig bedienten Märkten anstrebt.[311]

Das derzeitige Produkt von Elektrizitätsversorgungsunternehmen ist Elektrizität. Zu den gegenwärtigen sachlichen Märkten dieser Betriebe gehören unter anderem die Märkte für Wärme (Raumwärme und Warmwasser), Kraft, Licht und Kommunikation. In räumlicher Hinsicht erstrecken sich ihre Märkte zum Zeitpunkt der Liberalisierung des Strommarktes auf die bisherigen Versorgungsgebiete. Bei kommunalen Unternehmen ist dies im Regelfall das Stadtgebiet der Trägerkommune. Wenn ein kommunales Energieversorgungsunternehmen sich für die Marktdurchdringung entscheidet, so strebt es also an, seinen Stromabsatz auf dem Gebiet seiner Trägerkommune unter anderem auf den Märkten für Wärme, Kraft, Licht und Kommunikation zu erhöhen.

Um dieses Ziel zu erreichen, kann es entweder Elektrizitätsanwendungen steigern oder zusätzliche Kunden gewinnen.[312]

Angesichts der weitgehenden Sättigung zum Beispiel der Haushalte mit Elektrogeräten für Haushalt, Unterhaltungselektronik und Kommunikation dürfte es kaum noch möglich sein, völlig neue Anwendungsmöglichkeiten für Elektrizität zu erschließen. Jedoch können auch andere Energieträger verdrängt werden, worauf zum Beispiel das seit Beginn der neunziger Jahre zunehmende Marketing

---

310 *VDEW*, Strategie-Optionen, S. 29.
311 S. S. 96.
312 *VDEW*, Strategie-Optionen, S. 38.

von Energieversorgungsunternehmen für elektrische Wärmepumpen zurückzuführen sein dürfte. Diese Wärmepumpen verdrängen Heizungssysteme, die mit Heizöl oder Gas betrieben werden.

Zum Kundenkreis von Stadtwerken zählten bisher sämtliche Kunden auf dem Gemeindegebiet. Eine Ausnahme bildeten die wenigen Eigenerzeuger, also zum Beispiel Gewerbebetriebe, die ihren Strom mit einer Wasserturbine oder einem Blockheizkraftwerk selbst erzeugten. Innerhalb des Gemeindegebietes kann ein Stadtwerk daher nur den bisher kleinen Kreis von Eigenerzeugern hinzugewinnen.

Da der Endenergieverbrauch in den nächsten Jahren voraussichtlich nur noch schwach ansteigen wird,[313] stößt eine Absatzsteigerung von Strom und Gas an die Grenzen der Aufnahmebereitschaft des Marktes. Somit dürften kommunale Energieversorgungsunternehmen mit einer Marktdurchdringungsstrategie ihren Absatz kaum noch merklich steigern können. Eine Steigerung des Energieverbrauchs ist obendrein mit einer vorausschauenden Energiepolitik, die unter anderem auf die langfristige Verfügbarkeit der endlichen fossilen Energieträger und vor allem auf die Belastungsgrenze der Atmosphäre mit Kohlendioxid achtet, nicht zu vereinbaren, so daß die Marktdurchdringung keine langfristige Strategieoption für Versorgungsbetriebe darstellt.

b) Marktentwicklung

Marktentwicklung betreibt ein Unternehmen, wenn es den Absatz seiner bisherigen Produkte auf neuen Märkten zu steigern sucht.[314]

Ein neuer sachlicher Markt für Strom wäre ein Verwendungszweck, der sich, wie Wärme, Kälte, Kraft, Licht und Kommunikation mit Strom erfüllen läßt, für den aber bisher noch kein Strom eingesetzt wird. Im Unterschied zur Marktdurchdringung müßte hier nicht nur eine neue Anwendung innerhalb desselben sachlichen Marktes, zum Beispiel elektrische Wärmepumpen zur Raumwärmeerzeugung, erschlossen werden, sondern ein völlig neuer Verwendungszweck, vergleichbar der Raumwärme oder Klimatisierung. Daß dies gelingen könnte, scheint, im Gegensatz zur Entwicklung einzelner neuer Produkte oder Dienstleistungen für die bisherigen Märkte, angesichts fast eines Jahrhunderts erfolgreichen Strommarketings wenig wahrscheinlich.

Dagegen bietet die Aufhebung der Gebietsmonopole für die Erschließung neuer räumlicher Märkte beste Ausgangsbedingungen. Mit dem Wegfall der Demarkationen können Stadtwerke nun grundsätzlich auch das Gemeindegebiet

---

313 S. S. 49 ff.
314 S. S. 97.

überschreiten und neue Stromkunden außerhalb ihres bisherigen räumlichen Marktes gewinnen. Theoretisch steht ihnen dafür der regionale, bundesweite und sogar internationale Markt zur Verfügung. Dies ermöglicht den kommunalen Energieversorgungsunternehmen, den Verlust von Kunden durch das Tätigwerden gebietsfremder Unternehmen innerhalb ihres Gemeindegebietes auszugleichen. Dabei können sie außerhalb ihrer bisherigen Versorgungsgrenzen sich entweder auf bestimmte Zielgruppen konzentrieren, etwa auf Unternehmen mit mehreren Niederlassungen, oder versuchen, alle Verbrauchergruppen gleichermaßen anzusprechen.[315]

Durch die Liberalisierung wird der Kuchen des deutschen Strommarktes neu verteilt. Allerdings wird der Verbrauch von Kunden innerhalb und außerhalb des bisherigen Versorgungsgebiets voraussichtlich nur noch langsam wachsen, während gleichzeitig die Preise nachgeben werden. Damit dürfte der Gesamtumsatz im Strommarkt sinken. Der Strommarkt-Kuchen wird deshalb zwar in neue Stükke geschnitten und neu verteilt, aber nicht insgesamt wachsen. Kurz- und mittelfristig ist es damit zwar auch für die kommunalen Energieversorgungsunternehmen entscheidend, wie groß das Stück ist, das sie sich bei der Neuverteilung herausschneiden können. Wenn aber der gesamte Kuchen nicht größer werden wird, so sind langfristig die Chancen einer räumlichen Ausdehnung auf dem deutschen Markt begrenzt.[316]

Vor allem stoßen kommunale Unternehmen, nicht nur der Elektrizitätsbranche, auf verfassungs- und gemeinderechtliche Grenzen, wenn sie sich gebietsüberschreitend betätigen wollen. So sind Kommunen gemäß Art. 28 Abs. 2 S. 1 GG berechtigt, alle Angelegenheiten der örtlichen Gemeinschaft in eigener Verantwortung zu erledigen. Diese Beschränkung der Kommunen auf die Erledigung von Angelegenheiten der örtlichen Gemeinschaft gilt auch für die wirtschaftliche Betätigung. Außerdem verpflichtet sie die kommunalen Unternehmen, ihre Produkte und Dienstleistungen für Gemeindeeinwohner und damit im Regelfall innerhalb des Gebietes ihrer Trägerkommune zu erbringen.[317]

Aus diesen Gründen stellt die Expansion kommunaler Unternehmen hinsichtlich der räumlichen Märkte außerhalb ihres jeweiligen Gemeindegebietes zwar kurz- und mittelfristig wirtschaftlich eine attraktive Strategie dar. Allerdings stößt die Markterweiterung angesichts der noch nicht abschließend geklärten verfassungs- und gemeinderechtlichen Probleme der gebietsüberschreitenden Betätigung kommunaler Unternehmen auf erhebliche rechtliche Hürden.

---

315 *VDEW*, Strategie-Optionen, S. 38.

316 *Hartung*, Energie Spektrum 1995, S. 10.

317 Zur Beschränkung kommunaler Unternehmen auf die Wahrnehmung von Angelegenheiten der örtlichen Gemeinschaft im Sinne von Art. 28 Abs. 2 S. 1 GG s. S. 66.

c) *Produktentwicklung*

Im Gegensatz zur Marktdurchdringung und Marktentwicklung zeichnen sich die Strategien der Produktentwicklung und Diversifikation dadurch aus, daß ein Unternehmen seinen Absatz mit neuen Produkten zu erhöhen sucht. Bei der Produktentwicklung tut es dies auf einem Markt, den es schon gegenwärtig bedient.[318]

Der gegenwärtig bediente Markt von kommunalen Elektrizitätsversorgungsunternehmen erstreckt sich bei räumlicher Betrachtung auf das Gebiet ihrer Trägerkommune. In sachlicher Hinsicht zählen dazu die Märkte für Wärme, Kraft, Licht und Kommunikation. Die Art und Zahl neuer Produkte auf diesen Märkten sind grundsätzlich unbeschränkt, da sie im Hinblick auf die Bedürfnisse der unterschiedlichen Kundengruppen zu entwickeln sind und deren Bedürfnisse sich im Laufe der Zeit wandeln.[319] Beispiele für neue Produkte sind unter anderem die Wärmebedarfsberechnung, eine Dienstleistung die bisher eher Ingenieurbüros als Energieversorger angeboten haben, und die Bereitstellung erneuerbarer Energien. Dabei handelt es sich etwa bei grünem Strom aus erneuerbaren Energiequellen im Vergleich mit konventionell, das heißt fossil oder atomar, erzeugtem Strom um ein neues Produkt, da sich der Nutzen, den Strom beim Verbraucher erfüllt, nicht darauf beschränkt, nur einen Raum zu beleuchten. Zum Nutzen, den Verbraucher aus einer Stromlieferung ziehen, kann auch die Genugtuung darüber gehören, daß sie mit ihrem Stromverbrauch nur eine vergleichsweise geringe Umweltbelastung verursachen und umweltverträglichen Elektrizitätserzeugungstechnologien zur Durchsetzung in der Stromerzeugung verhelfen.

d) *Diversifikation*

Bei der Wachstumsstrategie „Diversifikation" tritt zum neuen Produkt, und damit zur Produktentwicklung, zusätzlich ein neuer Markt. Die Absatzsteigerung wird dabei durch das Angebot neuer Produkte auf neuen Märkten erstrebt.[320]

In räumlicher Hinsicht stellt für kommunale Energieversorgungsunternehmen, wie bei der Markterweiterung, das Gebiet außerhalb der Grenzen ihrer Trägerkommune einen neuen Markt dar. Ein sachlich neuer Markt liegt vor, wenn die fraglichen Produkte aus Verbrauchersicht nicht mehr miteinander austauschbar sind. So findet das Angebot zum Beispiel eines örtlichen Telefonanschlusses

---

318 S. S. 97.

319 *Hartung*, Energie Spektrum 1995, S. 12 beurteilt die Produktentwicklung für kommunale Energieversorgungsunternehmen als besonders interessante Strategie neben der Diversifikation, die ebenfalls neue Produkte voraussetzt.

320 S. S. 97.

durch ein Stadtwerk auf einem anderen Markt als die Stromlieferung statt, weil ein Verbraucher nicht beide Produkte einsetzen oder gegeneinander austauschen kann, um damit zu kommunizieren. Neben der Telekommunikation zählen unter anderem auch Gebäudeleittechnik, Sicherheitsdienste, Facility Management und Consulting zu den neuen Märkten von Energieversorgungsunternehmen.[321] Auf welchen neuen Märkten kommunale Energieversorgungsunternehmen im einzelnen bereits tätig sind und wieviele kommunale Energieversorgungsunternehmen bereits den Schritt auf diese neuen Märkte gewagt haben, wird später noch genauer zu untersuchen sein.[322]

Bereits die genannten Märkte zeigen, daß Diversifikationen von Energieversorgungsunternehmen einen unterschiedlich starken Bezug zu deren bisherigem Kerngeschäft aufweisen. Die Telekommunikation setzt wie die Stromverteilung den Betrieb von Leitungsnetzen voraus. Für die Gebäudeleittechnik werden dieselben Techniken benutzt, die Energieversorgungsunternehmen auch zur Steuerung ihrer Kraftwerke und Netze einsetzen. Ein wichtiger Bestandteil des technischen Facility Managements ist die Ver- oder Entsorgung der Gebäude mit Energie, Wasser, Kommunikationsinfrastruktur, Abwasser und Abfall, die größere kommunale Querverbundunternehmen aus einer Hand anbieten können. Als Unternehmensberater können Energieversorgungsunternehmen schließlich ihre technische und betriebswirtschaftliche Erfahrung zum Beispiel mit dem Bau und Betrieb technischer Anlagen vermarkten.

Diese Betätigungen belegen, daß kommunale Energieversorgungsunternehmen in sachlicher Hinsicht bereits auf verschiedenen neuen Märkten tätig sind. Außerdem vereinen viele kommunale Energieversorgungsunternehmen im kommunalen Querverbund bereits seit Jahrzehnten ein Engagement in den Branchen Strom-, Gas- und Wasserversorgung, das nicht selten noch durch die Abfallentsorgung ergänzt wird. Somit sind kommunale Energieversorgungsunternehmen bereits auf verschiedenen sachlichen Märkten aktiv.

Zudem überschreiten diese Betriebe, vor allem bei den neuen Betätigungen, auch bisher schon gelegentlich die Grenze ihres Stadtgebietes und werden damit auch auf neuen räumlichen Märkten aktiv. Nach dem Fall der Gebietsmonopole sind alle Elektrizitätsverkäufer, sofern sie nicht einen empfindlichen Umsatzrückgang erleiden wollen, gezwungen, den Verlust von Kunden innerhalb ihres bisherigen Versorgungsgebietes auszugleichen, indem sie neue Kunden außerhalb ihres bisherigen Versorgungsgebietes dazugewinnen. Selbst für kommunale Energieversorgungsunternehmen, die sich grundsätzlich weiterhin auf das Gebiet ihrer Trägerkommune beschränken, wird sich die Frage stellen, ob sie im Einzel-

321 *VDEW*, Strategie-Optionen, S. 39.
322 S. S. 116.

fall auch gebietsüberschreitend tätig werden, um zum Beispiel sämtliche Niederlassungen oder Filialen eines Unternehmens beliefern zu können, das seinen Hauptsitz in ihrer Kommune hat. Eine grundsätzliche Festlegung kommunaler Unternehmen auf das klar abgegrenzte Gebiet ihrer Trägerkommune dürfte im unternehmerischen Alltag mit der Flexibilität, die der Wettbewerb auch in räumlicher Hinsicht erfordert, nur schwer zu vereinbaren sein. So ist davon auszugehen, daß die Liberalisierung des Elektrizitätsmarktes die räumliche Expansion kommunaler Energieversorgungsunternehmen erheblich beschleunigen wird. Auf Auslandsmärkten sind einzelne kommunale Energieversorgungsunternehmen schon seit längerem aktiv. Wegen des mittelfristigen Wachstums des transnationalen Stromhandels und der zunehmenden internationalen Wirtschaftsbeziehungen auch mittelständischer Unternehmen dürfte schließlich auch das Auslandsengagement zumindest größerer kommunaler Energieversorgungsunternehmen zunehmen.

Diese Erschließung neuer räumlicher Märkte einerseits sowie die Entwicklung neuer Produkte und neuer sachlicher Märkte andererseits entspricht der Wachstumsstrategie der Diversifikation. Angesichts der geänderten Rahmenbedingungen kommunaler Energieversorgungsunternehmen kommt daher der Diversifikation als Unternehmensstrategie eine besondere Bedeutung zu. So stellt auch die VDEW fest, daß eine Diversifikationsstrategie inzwischen wohl von allen größeren Elektrizitätsunternehmen betrieben wird oder schon eingeleitet wurde.[323]

IV. Die Diversifikation als Wettbewerbsstrategie kommunaler Energieversorgungsunternehmen

Sich näher mit der Diversifikation als Wettbewerbsstrategie kommunaler Energieversorgungsunternehmen auseinanderzusetzen, erfordert zunächst einen kurzen Rückgriff auf den Diversifikationsbegriff (1.). Anschließend folgt ein knapper Überblick über die Bedeutung der Diversifikation für deutsche Unternehmen (2.), bevor auf die Ziele eingegangen wird, die Unternehmen mit einer Diversifikationsstrategie verfolgen (3.). Im Mittelpunkt wird abschließend eine Quantifizierung der Diversifikation kommunaler Energieversorgungsunternehmen auf ihren traditionellen und neuen Märkten stehen (4.).

323 *VDEW*, Strategie-Optionen, S. 39; Für kommunale Energieversorgungsunternehmen beurteilt *Hartung*, Energie Spektrum 1995, S. 12 neben der Produktentwicklung vor allem die Diversifikation in das Consulting- und Energiedienstleistungsgeschäft als aussichtsreich.

1. Der Diversifikationsbegriff

Diversifikation bedeutet, inhaltsgleich mit "Diversifizierung", nach allgemeinem Sprachgebrauch "Veränderung".[324] Einzug in die Wirtschaftswissenschaft hielt dieser Begriff Mitte der 50er Jahre in den USA, als er benutzt wurde, um die gezielte Ausweitung des Produktangebotes von Unternehmen zu bezeichnen.[325] Obwohl sich die wirtschaftswissenschaftliche Forschung seither eingehend mit der Diversifikation beschäftigt, ist ein einheitliches Begriffsverständnis nicht erkennbar.[326]

Jedoch wird überwiegend auf die beschriebene Systematisierung von Wachstumsstrategien anhand der Bekanntheit/Neuheit von Produkt und Markt zurückgegriffen, wonach eine Diversifikation vorliegt, wenn ein Unternehmen neue Produkte auf neuen Märkten anbietet.[327] Vorstehend wurden die Grundelemente der Wachstumsstrategien nach *Ansoff* präzisiert. Danach bedeutet Diversifikation die Ausdehnung der Unternehmenstätigkeit auf Produkte und Märkte,[328] wobei die Neuheit der Produkte und sachlichen Märkte aus der Sicht potentieller Abnehmer, die der räumlichen Märkte dagegen aus der Sicht des Unternehmens zu bestimmen ist.

Diversifikation ist ein Prozeß der Unternehmensausdehnung. Der aus diesem Prozeß folgende Zustand der Produkt- und Marktvielfalt von Unternehmen wird nachfolgend als Diversifikationsgrad oder Diversifiziertheit bezeichnet.[329] Ein Unternehmen ist folglich diversifiziert, wenn es aus der Sicht potentieller Abnehmer unterschiedliche Produkte auf unterschiedlichen Märkten anbietet. In welchem Umfang kommunale Energieversorgungsunternehmen tatsächlich diversifiziert sind, wird später anhand ihrer traditionellen und neuen Geschäftsfelder untersucht werden.[330]

---

324 Duden, Fremdwörterbuch, S. 194.

325 *Bartels*, Diversifizierung, S. 15.

326 *Schüle*, Diversifikation, S. 8; *Lehmann*, Diversifikation, S. 18, jeweils mit ausführlichen Übersichten; vgl. außerdem die abweichenden Definitionen bei *Jakobs*, Erfolgsfaktoren, S. 6 f.; *Bühner*, Strategie, S. 23; *Intat*, Diversifikation, S. 15; *Lehmann*, Diversifikation, S. 24.

327 *Preißner/Engel*, Marketing, S. 273; *Pepels*, Marketing, S. 716; *Hahn*, Betriebswirtschaftslehre, S. 567; *Jakobs*, Erfolgsfaktoren, S. 7; *Intat*, Vergleich, S. 15; *VDEW*, Strategie-Optionen, S. 30. Von einem weiten Diversifikationsbegriff, der Marktentwicklung, Produktentwicklung und Diversifikation im engeren Sinne umfaßt, gehen *Bühner*, Strategie, S. 23 und *Kirschner*, WRP 1989, S. 73 aus.

328 *Schüle*, Diversifikation, S. 8; *Bühner*, Strategie, S. 23.

329 So auch *Schüle*, Diversifikation, S. 13 m.w.N.

330 S. S. 115 ff.

2. *Die Bedeutung der Diversifikation für deutsche Unternehmen*

Von den Wachstumsstrategien Marktdurchdringung, Marktentwicklung, Produktentwicklung und Diversifikation entscheiden sich deutsche Unternehmen eher selten für eine Diversifikation.[331] Sie bieten häufiger entweder neue Produkte auf ihrem angestammten Markt an (Produktentwicklung)[332] oder erschließen einen neuen Markt mit bereits bisher gelieferten Produkten (Marktentwicklung).[333] Wahrscheinlich liegt dies, wie in anderen Ländern auch, daran, daß die Diversifikation die aufwendigste der genannten Wachstumsstrategien ist, indem sie nicht nur eine Produktinnovation sondern darüber hinausgehend die Erschließung eines neuen Marktes verlangt. Eine solche Markterschließung verursacht höhere Kosten zum Beispiel für Marketing als Maßnahmen im bisherigen Absatzgebiet (Produktentwicklung, Marktdurchdringung), weil der Anbieter durch Öffentlichkeitsarbeit erst Bekanntheit erlangen muß und neue Kunden geworben werden müssen.[334]

Überdies hat sich in Deutschland die Bedeutung der Diversifikation in den vergangenen dreißig Jahren gewandelt. In den siebziger und achtziger Jahren nahm die Diversifikation insbesondere durch Unternehmenskäufe deutlich zu.[335] Seitdem wird eine deutliche Zurückhaltung gegenüber neuen Geschäftsfeldern festgestellt.[336] Dementsprechend besinnen sich viele Unternehmen wieder auf ihr Kerngeschäft und machen frühere Diversifikationen rückgängig.[337] Sofern Aufgaben, die nicht zum Kerngeschäft gehören, beibehalten werden, vergibt man sie im Rahmen des Outsourcing zunehmend an externe Anbieter.

3. *Diversifikationsziele*

Als betriebswirtschaftliche Strategie dient die Diversifikation der Erreichung von Unternehmenszielen. Diese Ziele resultieren aus den unterschiedlichen Ansprüchen, die Eigentümer, Management, Mitarbeiter, Fremdkapitalgeber, Lieferanten,

---

331 *Schüle*, Diversifikation, S. 19 f; *Bühner*, Strategie, S. 23 weist darauf hin, daß amerikanische Unternehmen häufiger diversifizieren als deutsche.

332 *Haedrich/Tomczak*, Produktpolitik, S. 153.

333 *Bühner*, Strategie, S. 23 verwendet deshalb einen weiten Diversifikationsbegriff, der Marktentwicklung, Produktentwicklung und Diversifikation im engeren Sinne umfaßt; ebenso *Kirschner*, WRP 1989, S. 73.

334 *VDEW*, Strategie-Optionen, S. 44.

335 *Preißner/Engel*, Marketing, S. 274; *Schüle*, Diversifikation, S. 20; für den Handel *Kirschner*, WRP 1989, S. 73 f.

336 *Preißner/Engel*, Marketing, S. 274.

337 *Hahn*, Betriebswirtschaftslehre, S. 569.

Kunden, konkurrierende Unternehmen, Staat und Gesellschaft an das Unternehmen stellen.[338] Die nachfolgend unter a) bis g) dargestellten Diversifikationsziele werden häufig verfolgt und sind auch für Expansionsentscheidungen kommunaler Energieversorgungsunternehmen von Bedeutung. Welche dieser Motive kommunale Energieversorgungsunternehmen zur Ausweitung ihrer Geschäftstätigkeit bewegen, wird später am Beispiel des Geschäftsbereiches „energieeffiziente Dienstleistungen" dargestellt werden.[339]

Aus der Fülle möglicher Unternehmensziele werden nachfolgend nur einige aufgeführt. Eine Hierarchie, die zum Beispiel nach der Häufigkeit der Nennung in der wissenschaftlichen Literatur[340] oder durch Manager[341] gewichtet, ist damit jedoch nicht verbunden. Dies trägt auch dem Umstand Rechnung, daß es zwischen verschiedenen Diversifikationszielen zu Überschneidungen kommt.[342] Insbesondere läßt sich kaum zwischen Haupt- und Nebenzielen unterscheiden.[343] Beispielsweise kann die Erzielung von Wettbewerbsvorteilen ebenso als Hauptziel wie als Mittel anderer Ziele, zum Beispiel der Gewinnsteigerung oder des Wachstums bewertet werden.[344]

Die Zuordnung einzelner Unternehmensziele zu bestimmten Diversifikationsformen ist schließlich für eine konkrete Diversifikationsentscheidung nur beschränkt hilfreich. Zwar wird in der Literatur festgestellt, bestimmte Diversifikationsformen seien zur Erreichung einzelner Ziele besonders geeignet. So könnten mit verwandter Diversifikation[345] beziehungsweise Produktdiversifikation[346] in erster Linie Synergiepotentiale erschlossen werden. Zur Minderung von Nachfrage- oder Ertragsrisiken biete sich die unverwandte Diversifikation an.[347] Dabei ist jedoch zu beachten, daß die konkrete Entscheidung eines Unternehmens über die Produkt- oder Markterweiterung eine Vielzahl von Zielen berücksichtigen muß. Da diese oftmals von Unternehmen zu Unternehmen unterschiedlich gewichtet werden und häufig sogar miteinander kollidieren, hat im konkreten Fall eine einfache Zuordnung eines Unternehmensziels zu einer Diversifikationsform nur eine

---

338 *Haedrich/Tomczak*, Produktpolitik, S. 66; *Intat*, Diversifikation, S. 38 f. Zusammenstellung der verschiedenen Anspruchsgruppen bei *Ulrich/Fluri*, Management, S. 63.
339 S. S. 127 ff.
340 *Schüle*, Diversifikation, S. 14 f.
341 *Intat*, Diversifikation, S. 56 f.
342 *Jakobs*, Erfolgsfaktoren, S. 13.
343 *Löbbe*, Marktdynamik, S. 99; *Bartels*, Diversifizierung, S. 52.
344 *Schüle*, Diversifikation, S. 18.
345 *Schüle*, Diversifikation, S. 15.
346 *Intat*, Diversifikation, S. 122; *Bühner*, Strategie, S. 258.
347 *Schneider*, Betriebswirtschaftslehre, S. 425; *Schüle*, Diversifikation, S. 15; *Nieschlag/Dichtl/Hörschgen*, Marketing, S. 283.

geringe Aussagekraft. Insbesondere kann aus der Art der Unternehmensexpansion nicht auf die damit verfolgten Ziele geschlossen werden.[348]

a) Wachstum

Entsprechend der Charakterisierung der Diversifikation als Wachstumsstrategie wird das Streben nach Wachstum in der wissenschaftlichen Literatur häufig als Diversifikationsziel genannt.[349] So expandieren Unternehmen häufig dann, wenn in ihren angestammten Märkten Sättigung,[350] Konzentration des Angebotes und intensiver Wettbewerb herrscht[351] und in der Folge die Renditen sinken. Bietet der Markt selbst keine Wachstumsaussichten und kann auch keine Kapitalbeteiligung oder Übernahme von Konkurrenten erfolgen, so ist Expansion nur dann möglich, wenn neue Produkte angeboten, neue Kunden gewonnen und neue Absatzgebiete erschlossen werden.

b) Risikosenkung

Auch die Senkung des Unternehmensrisikos gehört zu den Diversifikationszielen.[352] So wird davon ausgegangen, ein Unternehmen, das in mehreren Geschäftsbereichen tätig ist, könne Nachfrage- und Ertragsschwankungen eines Bereichs besser ausgleichen als ein ausschließlich auf diesen Bereich spezialisiertes Unternehmen.[353] Daher entscheiden sich viele Unternehmen, die von saisonalen[354] oder konjunkturellen Schwankungen betroffen sind, für Diversifikationsstrategien.[355] Gegenläufige Trends sollen sich dadurch ähnlich wie in einem breit gestreuten Wertpapierportfolio ausgleichen. Die Risikominderung wird dabei umso größer erachtet, je stärker die Absatz- und Gewinnerwartungen des neuen und des angestammten Geschäftsbereichs negativ korrelieren.[356] Allerdings nehmen mit zunehmender Entfernung der Geschäftsfelder die für die neue Betäti-

348 *Schüle*, Diversifikation, S. 15.

349 *Bartels*, Diversifizierung, S. 53 ff.; *Hahn*, Betriebswirtschaftslehre, S. 568; *Bühner*, Strategie, S. 258; *Schüle*, Diversifikation, S. 18; *Jakobs*, Erfolgsfaktoren, S. 13 m.w.N.

350 *Bühner*, Strategie, S. 258.

351 *Kirschner*, WRP 1989, S 74; *Jakobs*, Erfolgsfaktoren, S. 13.

352 *Schüle*, Diversifikation, S. 16; *Jakobs*, Erfolgsfaktoren, S. 15; *Bartels*, Diversifizierung, S. 57 ff.; *Bühner*, Strategie, S. 285.

353 *Bühner*, Strategie, S. 285; zum Ausgleich von Beschaffungsrisiken s. *Kirschner*, WRP 1989, S. 74.

354 *Korndörfer*, Betriebswirtschaftslehre, S. 248.

355 *Jakobs*, Erfolgsfaktoren, S. 15 m.w.N.

356 *Jakobs*, Erfolgsfaktoren, S. 16.

gung nutzbaren Kompetenzen des Unternehmens ab.[357] Dadurch steigt die diversifikationsbedingte Gefahr unternehmerischer Mißerfolge.[358] Entsprechend führt jeder neue Geschäftsbereich dazu, daß das Gesamtrisiko zunimmt, gleichzeitig verteilt sich durch eine Diversifikation das Gesamtrisiko aber auch auf mehr Geschäftsbereiche.[359] Damit stehen einem diversifizierenden Unternehmen zwei gegenläufige Strategien des Risikomanagements zur Verfügung: Ein Tätigwerden in möglichst verwandten Geschäftsfeldern zur Risikobegrenzung und die Erschließung möglichst entfernter Geschäftsfelder mit dem Ziel der Risikostreuung.

c) Synergienutzung

Vor allem von Unternehmerseite werden die Synergievorteile hervorgehoben, die mit einer Diversifikation erzielt werden können.[360] Nach allgemeinem Sprachgebrauch bedeutet Synergie das Zusammenwirken mehrer Faktoren, die sich gegenseitig verstärken.[361] Dieses Zusammenwirkten läßt sich anschaulich als "2+2=5-Effekt" beschreiben.[362] Im wirtschaftlichen Sinn liegt Synergie vor, wenn die Herstellung eines diversifizierten Produktprogrammes innerhalb eines Unternehmens vorteilhafter ist als die getrennte Produktion.[363] Synergievorteile sind unter anderem in den Bereichen Beschaffung,[364] Forschung und Entwicklung,[365] Finanzierung,[366] Produktion, Vertrieb[367] und Management[368] möglich. So können bereits vorhandene Forschungsergebnisse für ein neues Produkt ebenso genutzt werden wie Markenzeichen, Produktionsanlagen, Lager und Vertriebswege. Insoweit bezweckt die Erzielung von Synergien, Unternehmensressourcen wirksamer auszulasten.[369] Kommunale Energieversorgungsunternehmen, die neben der Gas- auch über eine Wassersparte verfügen, erzielen Synergievorteile zum Bei-

357 *Preißner/Engel*, Marketing, S. 274.
358 *Kitching*, Mergers, S. 91
359 *Hahn*, Betriebswirtschaftslehre, S. 568.
360 *Jakobs*, Erfolgsfaktoren, S. 21.
361 Duden, Fremdwörterbuch, S. 743.
362 *Ansoff*, Management-Strategie, S. 97; *Kitching*, Mergers, S. 92; *Bühner*, Strategie, S. 26.
363 *Schüle*, Diversifikation, S. 15; *Bühner*, Strategie, S. 34.
364 *Kirschner*, WRP 1989, S. 75.
365 *Preißner/Engel*, Marketing, S. 274.
366 *Kirschner*, WRP 1989, S. 75.
367 *Bühner*, Strategie, S. 258; *Hahn*, Betriebswirtschaftslehre, S. 568; *Kitching*, Mergers, S. 92.
368 *Ansoff*, Management-Strategie, S. 101; *Preißner/Engel*, Marketing, S. 274; *Kirschner*, WRP 1989, S. 75.
369 *Korndörfer*, Betriebswirtschaftslehre, S. 248; *Hahn*, Betriebswirtschaftslehre, S. 568; *Jakobs*, Erfolgsfaktoren, S. 21.

spiel durch die gemeinsame Verlegung von Gas- und Wasserrohren.[370] Die Zusammenfassung der Planungs-, Bau- und Unterhaltungsaktivitäten der Bereiche Gas und Wasser ermöglicht eine Projektbeschleunigung um bis zu 40 Prozent und Kostensenkungen von fast 30 Prozent.[371] Synergien zum Beispiel zwischen der Abwasserentsorgung und Telekommunikation lassen sich bei der robotergestützten Verlegung von Telekommunikationsleitungen in Abwasserkanälen erzielen, die teure Bauarbeiten zur unterirdischen Leitungsverlegung überflüssig macht.

Zwischen welchen Unternehmensbereichen Synergien auftreten können, kann relativ einfach angegeben werden. Dagegen ist es schon schwieriger, den Umfang dieser Synergiepotentiale genau festzustellen.[372] Deren praktische Realisierung erfordert schließlich einen hohen Arbeitszeit- und Kostenaufwand, um die erforderlichen Änderungen in der Unternehmensorganisation durchzusetzen,[373] was ein Haupthindernis bei der Durchführung von Fusionen darstellt.

d) Wettbewerbsfähigkeit

Mit einer Diversifikation können Unternehmen weiterhin das Ziel verfolgen, ihre Wettbewerbsfähigkeit zu stärken.[374] Dabei kann der Betrieb seine Wettbewerbsposition zum einen dadurch verbessern, daß er mit im bisherigen Geschäft erworbenen Stärken auf dem neuen Markt Vorteile gegenüber Konkurrenten erzielt, also gleichsam seine bisherigen Stärken auf den neuen Markt exportiert. So können Energieversorgungsunternehmen auf dem Telekommunikationsmarkt gegenüber Wettbewerbern ihre Fähigkeit ausspielen, komplizierte technische Versorgungsnetze zuverlässig zu betreiben. Ein Unternehmen kann seine Wettbewerbsfähigkeit zum anderen aber auch in umgekehrter Richtung stärken. So kann es seine Wettbewerbsposition im angestammten Geschäftsbereich ausbauen, indem es im neuen Markt Fertigkeiten erwirbt,[375] diese also in das Stammgeschäft importiert. Dies ist der Fall, wenn Energieversorgungsunternehmen im Telekommunikationsmarkt ihre Kundenorientierung erhöhen und dies auf ihr Strom- und Gasgeschäft übertragen, wo die bisherige Monopolsituation eine vergleichsweise schwache Kundenorientierung verlangte.

---

370 ZfK 11/1996, S. 8, 27.
371 ZfK, 11/1996, S. 8.
372 *Schüle*, Diversifikation, S. 15.
373 *Hahn*, Betriebswirtschaftslehre, S. 568.
374 *Jakobs*, Erfolgsfaktoren, S. 20; *Schüle*, Diversifikation, S. 15.
375 *Jakobs*, Erfolgsfaktoren, S. 20.

e) Gewinnsteigerung

Das Diversifikationsziel Gewinnsteigerung kann dann erreicht werden, wenn das neue Geschäftsfeld ertragskräftiger ist als das bisherige[376] oder wenn Kostenvorteile zum Beispiel durch Synergien erzielt werden.

f) Private Managementinteressen

Neben wirtschaftlichen Motiven können auch nichtwirtschaftliche Ziele mit einer Diversifikation verfolgt werden. Beispielsweise untersucht die betriebswirtschaftliche Forschung private Managementinteressen.[377] Das Streben nach persönlicher Sicherheit, Ansehen[378] und Macht[379] sind mögliche nichtwirtschaftliche Motive einer Unternehmensleitung, eine Expansion ihres Betriebes zu betreiben. So liegt es zum Beispiel nahe, daß umsatzabhängig bezahlte Manager mit einer Diversifikation ein Umsatzwachstum anstreben, um ihre Vergütung zu erhöhen.[380] Dies kann mit den Interessen der Kapitaleigner an Gewinnmaximierung kollidieren, falls das Umsatzwachstum nicht in gewinnstarken Geschäftsfeldern erzielt wird.

g) Beschäftigungssicherung

Angesichts der enormen Probleme, welche die anhaltend hohe Arbeitslosigkeit in der deutschen Gesellschaft verursacht, kommt den Beschäftigungszielen besondere Bedeutung zu. Diversifikation kann einen Beschäftigungsausgleich für Mitarbeiter schaffen, indem sie Nachfrageschwankungen und deren negative Folgen für die Beschäftigung im Unternehmen ausgleicht.[381] Demnach ist Diversifikation auch eine personalpolitische Strategie zur Arbeitsplatzsicherung.[382] Außer zum Ausgleich konjunktureller Risiken scheint sie auch als Reaktion auf strukturelle Veränderungen geeignet. So können Arbeitskräfte, die im angestammten Geschäftsbereich wegen struktureller Schwierigkeiten des Unternehmens nicht weiterbeschäftigt werden können, in einem neuen Geschäftsfeld dauerhaft eingesetzt werden. Je mehr sich die Geschäftsfelder ähneln, umso eher dürfte die Qualifika-

---

376 *Schüle*, Diversifikation, S. 15.
377 *Bühner*, Strategie, S. 259.
378 *Bühner*, Strategie, S. 259.
379 *Bühner*, Strategie, S. 259; *Schüle*, Diversifikation, S. 17 m.w.N.
380 *Schüle*, Diversifikation, S. 17.
381 *Jakobs*, Erfolgsfaktoren, S. 23; *Bühner*, Strategie, S. 259.
382 *Jakobs*, Erfolgsfaktoren, S. 23; *Bühner*, Strategie, S. 259.

tion der Mitarbeiter den Anforderungen ihrer neuen Tätigkeit entsprechen, was erleichtert, sie in dem neuen Geschäftsbereich zu beschäftigen.

Als personalpolitische Strategie steht die Diversifikation im Gegensatz zur Anpassung der Beschäftigtenzahlen an Nachfrageschwankungen, die zum Beispiel mit konjunkturbedingten Kündigungen verfolgt wird. Angesichts hoher Einstellungs-, Anlern- und sogenannter „Abbaukosten" (Abfindungen, arbeitsgerichtliche Prozesse) stellt die Diversifikation auch in wirtschaftlicher Hinsicht eine wichtige Alternative zu Anpassungsstrategien dar.[383] Gleichzeitig weist die Einordnung der Beschäftigungssicherung als ethisches[384] beziehungsweise soziales[385] Diversifikationsziel daraufhin, daß Unternehmen Verantwortung nicht nur für die wirtschaftliche Entwicklung des Betriebes sondern auch unmittelbar für die Beschäftigung der Arbeitnehmer tragen.

4. Stand der Diversifikation kommunaler Energieversorgungsunternehmen

Welchen Stellenwert hat nun die Wachstumsstrategie der Diversifikation für kommunale Energieversorgungsunternehmen? Diese Frage kann anhand der traditionellen [a)] und neuen [b)] Geschäftsfelder der Stadtwerke beantwortet werden, soweit diese bereits empirisch erfaßt sind.

a) Diversifiziertheit kommunaler Energieversorgungsunternehmen in ihren traditionellen Geschäftsbereichen

In welchem Umfang kommunale Energieversorgungsunternehmen diversifiziert sind, kann anhand des VKU-Mitgliederverzeichnisses festgestellt werden, das aufführt, wieviele kommunale Energieversorgungsunternehmen jeweils über die Sparten Strom, Gas, Wasser und Fern-/Nahwärme verfügen. Hiernach haben 62 Prozent der Energieversorgungsunternehmen die Sparten Strom und Gas zusammengefaßt. Insgesamt 430 kommunale Energieversorger und damit ebenfalls 62 % bieten Fern-/Nahwärme neben Strom und/oder Gas an. Diese hohe Zahl kommunaler Anbieter verdeutlicht, wieviele Kommunen in den vergangenen zwei Jahrzehnten in die Wärmeversorgung eingestiegen sind. Da sie jedoch überwiegend kleinere Nahwärmeinseln aufgebaut haben, während die Gasversorgung sehr stark ausgeweitet wurde, hält die Fern-/Nahwärme im Vergleich mit Öl und Gas dennoch nur einen kleinen Anteil des Wärmemarktes. Schließlich liefern

383 *Bühner*, Strategie, S. 259 f.
384 *Jakobs*, Erfolgsfaktoren, S. 23.
385 *Bühner*, Strategie, S. 259.

77 Prozent der kommunalen Energieversorgungsunternehmen neben Strom und/oder Gas auch Wasser.[386] Insgesamt verkaufen somit 92 Prozent der kommunalen Energieversorgungsunternehmen nicht nur Strom und/oder Gas sondern zusätzlich noch Wasser und/oder Fern-/Nahwärme.[387]

Diversifiziertheit bezeichnet die Produkt- und Marktvielfalt eines Unternehmens aus der Sicht potentieller Abnehmer.[388] Aus der Abnehmerperspektive unterscheiden sich die Märkte für Strom, Gas, Wasser und Fern-/Nahwärme, da diese Produkte für den jeweiligen Verwendungszweck nicht funktionell austauschbar sind. Somit bieten die kommunalen Querverbund-Energieversorgungsunternehmen auf unterschiedlichen Märkten die vier genannten Produkte an. Da 92 Prozent die genannten Produkte mindestens auf zwei dieser Märkte anbieten, sind entsprechend viele kommunale Energieversorgungsunternehmen diversifiziert. Mithin liegt die Quote diversifizierter Energieversorgungsunternehmen auf der kommunalen Ebene bei 92 Prozent.

Diese Unternehmen verfügen über Erfahrungen, verschiedene Geschäftsbereiche innerhalb eines Betriebes zu führen, was zum Beispiel die eingesetzten Technologien oder die berufliche Qualifikation der Mitarbeiter betrifft. Die Gewinne kommunaler Querverbundunternehmen belegen, daß sie das parallele Geschäft in verschiedenen Sparten mit Erfolg betreiben. Allerdings reicht die Tradition des kommunalen Querverbundes bis in das Ende des 19. Jahrhunderts zurück. Die meisten kommunalen Energieversorgungsunternehmen sind seit Jahrzehnten im Querverbund tätig. Vor allem aber handelte es sich bei den Sparten Elektrizität, Gas und Wasser bis vor kurzem sämtlich um Monopolmärkte. Daher verfügen kommunale Energieversorgungsunternehmen über vergleichsweise geringe Wettbewerbserfahrungen. Die hohe Zahl diversifizierter Unternehmen gibt also nur sehr begrenzt Aufschluß über deren Erfolgschancen bei der Diversifikation in neue Wettbewerbsmärkte.

b) Diversifikationen kommunaler Energieversorgungsunternehmen in neue Märkte

Wie die ASEW-Umfrage „Energiedienstleistungen“ unter anderem ergeben hat, betätigen sich kommunale Energieversorgungsunternehmen in den neuen Geschäftsfeldern Entsorgung, Telekommunikation, Unternehmensberatung und kaufmännische Dienstleistungen, um nur die, gemessen an der Zahl aktiver Un-

---

386 S. S. 41.

387 S. S. 41 auch zur Nichtberücksichtigung der Sparte öffentlicher Personennahverkehr.

388 S. S. 108.

ternehmen, wichtigsten zu nennen. Diese Märkte wurden entweder in den letzten Jahren erschlossen, wie die Entsorgung, oder sind erst in jüngster Vergangenheit zum Gegenstand verstärkter unternehmerischer Aktivitäten geworden wie die Telekommunikation. Die Untersuchung der traditionellen Geschäftsbereiche ergab, daß kommunale Energieversorgungsunternehmen bereits seit Jahrzehnten mit unterschiedlichen Produkten auf verschiedenen Märkten tätig sind. Das Engagement in den neuen Geschäftsbereichen zeigt nun, daß gemeindliche Versorger auch mit dem Erschließen neuer Wettbewerbsmärkte bereits Erfahrungen sammeln konnten.

Vergleicht man die genannten neuen Märkte miteinander, so sind am meisten kommunale Energieversorgungsunternehmen in der Entsorgung tätig. Dennoch betätigen sich selbst in dieser Branche nur 15 Prozent aller kommunalen Energieversorgungsunternehmen. Dies kontrastiert scharf mit dem Anteil derjenigen kommunalen Energieversorgungsunternehmen, die mindestens auf zwei traditionellen Märkten präsent und damit diversifiziert sind, der bei 92 Prozent liegt. Demnach verfügen sehr viele Versorgungsunternehmen zwar aufgrund des kommunalen Querverbundes über eine Tradition, mehrere Märkte zu bedienen. Gleichzeitig liegt der Anteil von Betrieben, die darüber hinaus diversifizieren und auch gegenwärtig neue Märkte erschließen, nur bei circa einem Sechstel dieser Querverbundunternehmen. Die Tatsache, daß ein Großteil der kommunalen Energieversorgungsunternehmen mehrere Geschäftsbereiche innerhalb eines Unternehmens vereint, erlaubt also keinen Rückschluß darauf, daß eine entsprechende Zahl dieser Unternehmen auch gegenwärtig auf neuen Märkten tätig wird. Die Diversifiziertheit kommunaler Energieversorgungsunternehmen taugt demnach nicht als Indikator für Diversifikationen dieser Unternehmen.

Schließlich scheint es sich bei den kommunalen Energieversorgungsunternehmen, die in neue Märkte diversifizieren, überwiegend um die großen Stadtwerke zu handeln. Die kommunalen Energieversorgungsunternehmen der Großstädte verfügen über die unternehmerischen Voraussetzungen und insbesondere das Kapital, um Marktzutrittsschranken neuer Geschäftsbereiche zu überwinden. So sind zum Beispiel viele der kommunalen Telekommunikationsunternehmen Töchter großstädtischer Energieversorgungsunternehmen. Demgegenüber sind Diversifikationen kleiner Energieversorger in der Öffentlichkeit wesentlich schwächer wahrnehmbar. Dies könnte auf eine aktivere Öffentlichkeitsarbeit großer Stadtwerke, wie der Mannheimer Verkehrs- und Versorgungsbetriebe, zurückzuführen sein. Es könnte aber auch daran liegen, daß kleine und mittlere Betriebe tatsächlich in geringerem Umfang diversifizieren als die Gruppe der großen kommunalen Energieversorgungsunternehmen.

V. Energieeffiziente Dienstleistungen als neues Geschäftsfeld kommunaler Energieversorgungsunternehmen

Im folgenden Kapitel wird untersucht, inwieweit die bisherigen Ergebnisse zur Diversifikation als Wettbewerbsstrategie kommunaler Energieversorgungsunternehmen auch auf das neue Geschäftsfeld „energieeffiziente Dienstleistungen" zutreffen.

Da in der Energiewirtschaft eine Vielzahl von Dienstleistungen angeboten werden, die einen Bezug zum Produkt Energie aufweisen, ist dieses Angebot zunächst anhand der wichtigsten Grundbegriffe zu strukturieren (1). Die Motive kommunaler Energieversorgungsunternehmen für Energieeffizienz-Angebote können anschließend Aufschluß darüber geben, inwiefern die dargestellten Veränderungen der Rahmenbedingungen kommunaler Energieversorgungsunternehmen diese tatsächlich zur Erschließung eines neuen Geschäftsfeldes bewegen (2). Anschließend wird zu bestimmen sein, welche Wettbewerbsposition kommunale Energieversorgungsunternehmen auf dem Markt energieeffizienter Dienstleistungen im Vergleich zu ihren Konkurrenten haben (3). Aus der Sicht von Unternehmen, die mit dem Energieverkauf Geld verdienen, interessiert besonders, inwiefern energiesparende Dienstleistungen ein wirtschaftlich attraktives neues Geschäftsfeld sind (4). Für die Einschätzung dieses neuen Geschäftsfeldes und seine rechtliche Beurteilung ist schließlich von Bedeutung, welche neuen energieeffizienten Dienstleistungen kommunale Energieversorgungsunternehmen im einzelnen bereits anbieten (4).

1. Grundbegriffe

Kaum ein anderer Ausdruck hat in der Versorgungswirtschaft während der vergangenen Jahre einen ähnlich steilen Aufstieg erlebt wie der Begriff der Energiedienstleistung. Viele Betriebe mutierten in Geschäftsberichten und Werbeprospekten innerhalb kurzer Zeit von „Energie*versorgungs*unternehmen" zu "Energie*dienstleistungs*unternehmen".[389] Da „Versorgung" einen technokratischen Beiklang hat und die Kunden in die Nähe von „Versorgungsempfängern" rückt, erstaunt es nicht, daß sich nun auch die Energiebranche den Dienstleistungsbegriff aneignet, wo die sogenannte „Dienstleistungsorientierung" mit den neuen Steuerungsmodellen inzwischen sogar schon Einzug in die Kommunalver-

389 Zur Diskrepanz zwischen der häufigen Verwendung des Begriffes Energiedienstleistung durch Energieversorgungsunternehmen und deren tatsächlicher Geschäftspolitik s. *Seifried/Stark*, Energiedienstleistungen, S. 7 f.

waltungen hält. Was unterscheidet nun Energiedienstleistungen von anderen Dienstleistungen im Energiegeschäft?

a) *Energiedienstleistungen*

Energiedienstleistungen beruhen auf der Erkenntnis, daß Kunden kein Interesse an Energieträgern wie Öl, Strom oder Gas sondern an wohltemperierten Räumen, hellen Arbeitsplätzen oder gekühlten Lebensmitteln haben.[390] Energie dient, ebenso wie andere Produkte auch, schließlich der Bedürfnisbefriedigung beim Kunden, der Erbringung eines Nutzens.[391] Die Bezeichnung der Nachfrage nach Endenergieträgern als "abgeleitete Nachfrage"[392] verdeutlicht, daß sich die Nachfrage der Kunden letztlich auf die Befriedigung ihrer Bedürfnisse zum Beispiel die gekühlten Lebensmittel richtet.[393] Energieträger sind nur Zwischenprodukte, mit deren Hilfe dieses Bedürfnis befriedigt und der gewünschte Nutzen herbeigeführt wird.[394] Diese Nutzenorientierung liegt auch dem wirtschaftswissenschaftlichen Konzept des vollkommenen Marktes zugrunde, wonach die Nachfrage in einem vollkommenen Markt durch ein maximales Streben des Käufers nach einem Nutzen gekennzeichnet wird,[395] nicht jedoch durch ein Streben nach den Produkten selbst. Den gewünschten Nutzen (zum Beispiel gekühlte Lebensmittel) kann ein Energieträger erst mittels eines Anwendungsgerätes (Kühlschrank) erbringen, das die Endenergie (Elektrizität) in die benötigte Nutzenergie (Kälte) umwandelt. Bei Betonung dieses technischen Aspektes kann man Energiedienstleistungen als Paket aus Umwandlungstechnologien und Energieträgern[396] bezeichnen beziehungsweise als Dienstleistungen, die unter Einsatz von Endenergieträgern in Wandlergeräten bereitgestellt werden.[397]

---

390 *Becker/Herppich*, ZfE 1992, S. 33; *Weidmann*, Elektrizitätswirtschaft 1996, S. 382; *Wirl*, Energiesparmaßnahmen, S. 10; *Cadosch*, Marktstrategien, S. 212; *Hartung*, Energie Spektrum 1995, S. 14; *Mann/Laker*, in: Simon/Hermann, Kundenzufriedenheit, S. 434.

391 *Bierter*, in: Bullinger, Dienstleistungen, S. 557; *Grawe/Schulz*, Elektrizitätswirtschaft 1996, S. 1294; *Hartung*, Energie Spektrum 1995, S. 14 spricht von Energiedienstleistungen als Problemlösungen für den Kunden und von Energieversorgungsunternehmen als Problemlösungsspezialisten.

392 *Hensing/Pfaffenberger/Ströbele*, Energiewirtschaft, S. 15; Gabler, Wirtschaftslexikon, S. 1113.

393 *Werbeck*, ZögU 1995, S. 60.

394 *Hennicke/Seifried*, Einsparkraftwerk, S. 78.

395 *Jung*, Betriebswirtschaftslehre, S. 535.

396 *Hensing/Pfaffenberger/Ströbele*, Energiewirtschaft, S. 14; *Seifried/Stark*, Energiedienstleistungen, S. 16.

397 Gabler, Wirtschaftslexikon, S. 1113.

Die Ausrichtung auf den Kundennutzen hat aber eine mehr als nur technische Konsequenz: Wenn eine Nachfrage nicht nach einem Endenergieträger sondern nach einem bestimmten Kundennutzen besteht, verschiebt sich auch das Angebot und damit der Markt.[398] Wirtschaftliches Ziel ist dann, Energiedienstleistungen bei gegebenen Preisen für Kapital, Energie usw. so günstig wie möglich zu produzieren.[399] Aufgabe des Marktes ist damit nicht mehr, Energieträger sondern Energiedienstleistungen zu gesamtgesellschaftlich minimalen Kosten bereitzustellen. Dieses Ziel kann erreicht werden, wenn Energiedienstleistungen mit geringerem Energieeinsatz bereitgestellt werden, indem zum Beispiel ein Anbieter (unter anderem Stadtwerk) Nutzwärme statt Gas liefert und diese Wärme dank effizienterer Technik energiesparender erzeugt als dies der Nutzer (Gebäudebesitzer) bisher in seiner Gasheizung getan hat. Daß Energieverbraucher nicht alle wirtschaftlichen Energiesparmaßnahmen auch durchführen, liegt an typischen Hemmnissen, wie mangelndem Wissen um Energieverbräuche und Energiekosten, einem unzureichenden Überblick über Einsparmaßnahmen und –techniken, fehlendem Kapital, der Erwartung einer sehr kurzen Kapitalrückflußdauer und der Überbewertung des Investitionsrisikos.[400] Energiedienstleister kennen die Einsparpotentiale bei verschiedenen Verbrauchergruppen, können aus den Einsparmaßnahmen die beste auswählen und bieten oder vermitteln die passenden Finanzierungen. Somit können sie Energieeinsparungen realisieren, die Verbraucher aufgrund von Hemmnissen nicht oder nicht so wirksam durchgeführt hätten.

Die Einbeziehung von Einsparpotentialen bei der Umwandlung und der Nutzung von Energie ermöglicht, erhebliche marktwirtschaftliche Gewinne zu erzielen, weil die Einsparkosten je Kilowattstunde Energie häufig unter den Angebotskosten je Kilowattstunde Energie liegen. In diesen Fällen ist es günstiger, Energie einzusparen, als sie zu erzeugen und zum Verbraucher zu transportieren. Durch die Einsparung, die mit Energiedienstleistungen erzielt wird, sinkt die gesellschaftliche Energiekostenrechnung und die Allokation von Kapital im Energiesektor wird optimiert.[401] So führt eine Optimierung der Energiedienstleistungen an einzelnen oder allen Stellen des Prozesses der Energieerzeugung, -umwandlung und -nutzung insgesamt zu geringeren Kosten, als wenn Energieversorgung und -nutzung getrennt optimiert würden.[402]

---

398 *Hennicke/Seifried*, Einsparkraftwerk, S. 79 ff.

399 *Wirl*, Energiesparmaßnahmen, S. 11.

400 *VDEW*, Contracting, S. 7; zu diesen und weiteren Hemmnissen s. Übersicht bei *Freund*, Einsparcontracting, S. 2; *Jochem*, et 1996, S. 480 f.; ausführlich *Hennicke/Seifried*, Einsparkraftwerk, S. 84 f.

401 *Hennicke/Seifried*, Einsparkraftwerk, S. 79 ff.

402 *Bräuer/Egeln/Werner*, Wettbewerb, S. 88.

Dieser wirtschaftliche Vorteil korrespondiert mit einem ökologischen: Die Realisierung von Einsparpotentialen verringert mit dem Energieeinsatz auch die Umweltbelastungen aus Förderung, Umwandlung und Verbrauch von Energie. Wenn man diese Minimierung von Umweltbelastungen betont, läßt sich die Optimierung von Energiedienstleistungen dadurch beschreiben, daß die gleiche Funktion, das heißt der gleiche Nutzen, mit möglichst geringem energetischen und stofflichen Aufwand erfüllt wird.[403] Der wirtschaftliche Anreiz für den Anbieter, seinen Gewinn zu steigern, indem er den Energieeinsatz und damit die Energiekosten für die Bereitstellung der Energiedienstleistung verringert, wirkt damit gleichzeitig als Anreiz zur Verringerung energiebedingter Umweltbelastungen. Bei erhöhtem Nutzen für den Verbraucher erweitern sich durch die Einbeziehung von Energieumwandlung und -verbrauch in den Markt für Energiedienstleistungen seine Wahlmöglichkeiten um Angebote, die sowohl für die Wirtschaft als auch für die Umwelt günstiger sind als die bisherigen. Diese wirtschaftliche und ökologische Optimierung ist ein zentraler Bestandteil von Energiedienstleistungen. Energiedienstleistungen sind damit ein wichtiges marktwirtschaftliches Instrument des Umweltschutzes im Energiesektor.

Diese verschiedenen Aspekte lassen sich in einer Definition von Energiedienstleistungen zusammenfassen: Eine Energiedienstleistung ist der physische Nutzen, der durch Energieeinsatz in Anwendungsgeräten entsteht.[404]

Demzufolge zählen zu den Energiedienstleistungen zum Beispiel wohltemperierte Räume, helle Arbeitsplätze, gekühlte Lebensmittel und Kraftunterstützung in Produktion, Verkehr sowie Kommunikation.[405]

Abweichend von der genannten Definition wird der Begriff der Energiedienstleistung teilweise auch auf den Energieverkauf und sonstige energiebezogene Dienstleistungen[406] ausgedehnt.[407] Indem hier weiterhin der Verkauf von Energieträgern als Bezugspunkt gewählt wird, rückt die Orientierung am Kundennutzen, zum Beispiel dem wohltemperierten Raum, wieder in den Hintergrund, obwohl sie den grundlegenden Fortschritt des Energiedienstleistungskonzeptes darstellt. Damit legt eine solche Definition nahe, Energiedienstleistungen

---

403 *Bierter*, in: Bullinger, Dienstleistungen, S. 562.

404 *Seifried/Stark*, Energiedienstleistungen, S. 16; Gabler, Wirtschaftslexikon, S. 1113; *Hennicke/Seifried*, Einsparkraftwerk, S. 348; *Hennicke u.a.*, Protokoll, S. 2; *Thomas u.a.*, Least-Cost Energy Services, insert 2; *Swisher/Jannuzzi/Redlinger*, Integrated Resource Planning, S. 208; vgl. *Löbbe*, Marktdynamik, S. 25. *Helle*, Energieverwendung, S. 30 bezeichnet ebenfalls das eigentliche Ziel des Energieeinsatzes wie die Beleuchtung eines Raumes als Energiedienstleistung.

405 *Seifried/Stark*, Energiedienstleistungen, S. 16; *Swisher/Jannuzzi/Redlinger*, Integrated Resource Planning, S. 208; *Hennicke/Seifried*, Einsparkraftwerk, S. 348.

406 S. dazu näher S. 123.

407 *Bozem/Schulz*, et 1996, S. 127 für die Aufgaben von Energiedienstleistern.

seien eine bloße Kombination von Energie (-verkauf) und (energiebezogenen) Dienstleistungen, quasi um Dienstleistungen "angereicherte Kilowattstunden"[408] oder "Strom-Dienstleistungen"[409].[410] Indem dadurch viele auch bisher schon erbrachte Dienstleistungen wie die Energieberatung und Verbrauchsabrechnung als Energiedienstleistung gelten würden,[411] würde der Umfang des Energiedienstleistungsbegriffs zudem derart erweitert, daß er nicht nur den Bezug auf den energiebedingten Nutzen des Verbrauchers sondern auch seine Handhabbarkeit und Unterscheidbarkeit verlöre.

b) Energieeffizienz und energieeffiziente Dienstleistungen

Die Verbrauchsberatung ist eine Dienstleistung, die der Energieeinsparung und Energieeffizienz dient. Dennoch stellt sie keine Energiedienstleistung im genannten Sinne dar, da sie keine Energieanwendung beinhaltet.

Vielmehr handelt es sich bei Dienstleistungen, die die Energieeffizienz steigern, um energieeffiziente Dienstleistungen.[412]

Dabei versteht man unter Energieeffizienz die Verringerung der benötigten Energiemenge, um eine bestimmte Menge Energiedienstleistungen bereitzustellen.[413] Damit umfaßt Energieeffizienz nicht nur eine effiziente Energieerzeugung oder -umwandlung, sondern bezieht auch den Energiebedarf auf der Nutzer- das heißt Verbraucherseite mit ein.

Indem sie die für die Energiedienstleistung „angenehm temperierter Raum" benötigte Energiemenge verringert, ist damit zum Beispiel auch eine Verbesserung der Gebäudedämmung eine energieeffiziente Dienstleistung. Energiedienstleistungen, also der Nutzen, welcher durch Energieeinsatz in Anwendungsgeräten entsteht,[414] setzen zwar definitorisch keine Erhöhung der Energieeffizienz voraus. Gleichwohl setzen sie, wie bereits bei den Energiedienstleistungen beschrieben,[415] einen starken wirtschaftlichen Anreiz, daß ihr Anbieter die Energieeffizienzpotentiale bei ihrer Bereitstellung erschließt, um seinen Gewinn zu erhöhen. Dadurch steigern auch Energiedienstleistungen die Energieeffizienz, so daß sie

408 *Mann/Laker*, in: Simon/Hermann, Kundenzufriedenheit, S. 439.

409 *Mann/Laker*, in: Simon/Hermann, Kundenzufriedenheit, S. 437.

410 In Abgrenzung von solchen Kombinationen aus Energieverkauf und Zusatzdienstleistungen bezeichnen *Thomas u.a.*, Least-Cost Energy Services, insert 2 die physikalischen Energiedienstleistungen auch als „*(Genuine)* Energy Services [Hervorhebung des Verfassers]".

411 So *Bozem/Schulz*, et 1996, S. 127.

412 *Thomas u.a.*, Least-Cost Energy Services, Insert 2.

413 *Thomas u.a.*, Least-Cost Energy Services, Insert 2.

414 S. S. 121.

415 S. S. 120.

zu den energieeffizienten Dienstleistungen gehören. Folglich zählen zu den Energiedienstleistungen nur diejenigen energieeffizienten Dienstleistungen, die durch einen Energieeinsatz in Anwendungsgeräten einen Nutzen erzeugen. Dagegen sind energieeffiziente Dienstleistungen, die keine Energie in Anwendungsgeräten einsetzen, keine Energiedienstleistungen.

c) Energiebezogene Dienstleistungen

Bei allen sonstigen Leistungen, die im Zusammenhang mit Erzeugung, Verteilung, Verkauf und Nutzung von Energie stehen, ohne der Energieeffizienz zu dienen, handelt es sich um energiebezogene Dienstleistungen.[416] Hierzu zählen zum Beispiel (Elektrizitäts-) Systemdienstleistungen, etwa die Frequenz und die Spannung im Stromnetz konstant zu halten. Unter den Begriff der energiebezogenen Dienstleistungen fallen mit der Zählerwartung, der spartenübergreifenden Abrechnung und den Inkassodiensten auch Angebote, welche die Energieversorgungsunternehmen derzeit ausbauen.

Insgesamt kann man sich die drei genannten Dienstleistungsarten als Teilmengen vorstellen, die jeweils von einem Kreis umfaßt werden. Die energiebezogenen Dienstleistungen beinhalten alle Angebote im Zusammenhang mit Erzeugung, Verteilung, Verkauf und Nutzung von Energie. Sie bilden damit die umfassendste Dienstleistungsart und den äußersten Kreis. Energieeffizient sind nur diejenigen energiebezogenen Dienstleistungen, welche die Energieeffizienz steigern. Demnach bilden sie eine Teilmenge der energiebezogenen Dienstleistungen und den mittleren Kreis. Zu den Energiedienstleistungen zählen schließlich nur die energieeffizienten Dienstleistungen, die einen Energieeinsatz in Anwendungsgeräten voraussetzen, so daß sie die letzte Teilmenge der drei Dienstleistungsformen darstellen und bildlich dargestellt, vom innersten Kreis umfaßt werden. Dabei werden sie ganz vom größeren Kreis der energieeffizienten Dienstleistungen umschlossen, der wiederum vollständig vom Kreis der energiebezogenen Dienstleistungen umfaßt wird.

---

416 *Thomas u.a.*, Least-Cost Energy Services, Insert 2; *Arbeitskreis Energiepolitik*, Energierechtsreform, S. 26 spricht von „Dienstleistungen auf...energiebezogenen Geschäftsfeldern", zu denen er unter anderem Komplettangebote zur Anlagenwartung und Nutzung sowie die Energieberatung einschließlich der Umsetzungsmaßnahmen zählt. *Bozem/Schulz*, et 1996, S. 131 bezeichnen einige Dienstleistungen als "energiebezogene Produkte". *Becker/Herppich*, ZfE 1992, S. 36 sprechen von "Dienstleistungen im Umfeld der Energiebereitstellung".

d) Energiedienstleistungsunternehmen und Energy Service Company

Die Bezeichnung Energiedienstleistungsunternehmen bleibt, ausgehend vom Begriff der Energiedienstleistung, im folgenden solchen Unternehmen vorbehalten, die Energiedienstleistungen erbringen.[417] Dagegen handelt es sich nicht bereits dann schon um ein Energiedienstleistungsunternehmen, wenn ein Unternehmen im Energieverkauf tätig ist oder sonstige, das heißt nicht der Energieeffizienz dienende, energiebezogene Dienstleistungen erbringt.[418] Nur so lassen sich Energiedienstleistungsunternehmen von Energieversorgungsunternehmen und anderen Dienstleistern unterscheiden.

Der Begriff der Energy Service Company bezeichnet schließlich einen Typ von Unternehmen, der sich bereits Anfang der neunziger Jahre im liberalisierten amerikanischen Energiemarkt herausgebildet hat. Als Energy Service Company bezeichnet man diejenigen Unternehmen, die energiebezogene Dienstleistungen anbieten, im Privateigentum stehen und nicht staatlich reguliert sind.[419] Wegen des Ausschlusses nicht regulierter Unternehmen zählen zu den Energy Service Companies keine Unternehmen, die Energieversorgungsnetze betreiben. Da deutsche Energieversorgungsunternehmen regelmäßig Versorgungsnetze betreiben, stellen sie keine Energy Service Companies dar. Dagegen handelt es sich etwa bei privaten Contracting-Anbietern um Energy Service Companies.

e) Contracting und Nutzenergieservice

Energiedienstleistungen werden häufig in der Form des Contracting und des Nutzenergieservice angeboten.

---

417 So *Thomas u.a.*, Least-Cost Energy Services, Insert 2 für ihre Definition der Energy Service Utilities (ESU).

418 So aber *Bozem/Schulz*, et 1996, S. 127. Auch nach *VDEW*, Strategie-Optionen, S. 8 sollen sich „Energie-Dienstleistungsunternehmen" im wesentlichen durch ihre Marktorientierung von den technisch geprägten „Energieversorgern" unterscheiden.

419 *Thomas u.a.*, Least-Cost Energy Services, Insert 2; a.A. *Bozem/Schulz*, et 1996, S. 127, die zu den Energiedienstleistungsunternehmen auch Energieverkäufer und Anbieter nicht energieeffizienter energiebezogener Dienstleistungen zählen; zu Energy Service Companies in der liberalisierten amerikanischen Energiewirtschaft *Weinberger*, et 1996, S. 576; *Becker/Herppich*, ZfE 1992, S. 36.

aa) Contracting

Contracting umfaßt die Planung, Vorfinanzierung und Durchführung von Energiesparmaßnahmen durch ein externes Unternehmen.[420] Dabei weist die englische Bezeichnung "Contracting" lediglich darauf hin, daß die Durchführung der Maßnahme eine individuelle vertragliche Vereinbarung zwischen dem Energieverbraucher und dem Contractor erfordert. Contracting bezweckt, die Hemmnisse zu überwinden, die Energieverbraucher davon abhalten, wirtschaftliche Einsparpotentiale auszuschöpfen.

Innerhalb des Contractings werden das Anlagen- und das Einsparcontracting unterschieden. Das Anlagen-Contracting dient der Finanzierung von effizienten Energieerzeugungstechnologien auf der Angebotsseite.[421] Dazu zählen Blockheizkraftwerke oder andere Anlagen der Kraft-Wärme-Koppelung. Dagegen zielt das Einspar- oder sogenannte Performance-Contracting auf Energiesparmaßnahmen bei der Bereitstellung von Energiedienstleistungen in der Regel durch die Umwandlung von End- in Nutzenergie auf der Nachfrageseite.[422] Außerdem refinanziert der Nutzer beim Einspar-Contracting die Energiesparmaßnahme durch die Energieeinsparung.[423] So ist Gegenstand des Wärmedämmcontractings, den Wärmebedarf durch eine verbesserte Gebäudedämmung zu reduzieren, anstatt sich darauf zu beschränken, den unverändert hohen Wärmebedarf lediglich mit einer effizienteren Heizungsanlage zu decken.

Diese Bezeichnungen sind zunächst verwirrend, weil beide Arten des Contractings regelmäßig Anlagen betreffen: Das Anlagencontracting hat Energieerzeugungs- und das Einsparcontracting Energienutzungsanlagen zum Gegenstand. Außerdem bezwecken beide Contractingformen eine Energieeinsparung: Das Anlagencontracting spart bei der Energiebereitstellung und das Einsparcontracting bei der Energienutzung. Deswegen liegt der entscheidende Unterschied dieser beiden Contracting-Arten darin, daß der Dienstleister Effizienzmaßnahmen im Rahmen des Anlagen-Contractings bei der Energiebereitstellung und im Rahmen des Einspar-Contractings bei der Energienutzung erbringt.[424]

---

420 *Kristof*, StuGR 1995, S. 298; *Hennicke*, Einsparkraftwerk, S. 348; vgl. *VDEW*, Contracting, S. 7.
421 *Kristof*, StuGR 1995, S. 298.
422 *Kristof*, StuGR 1995, S. 298.
423 *VDEW*, Contracting, S. 8; *Freund*, Einspar-Contracting, S. 5.
424 *Kristof*, StuGR 1995, S. 298.

bb) Nutzenergieservice

Der Grundgedanke des Nutzenergieservices deckt sich mit dem der Energiedienstleistungen: Dem Verbraucher wird statt eines Energieträgers (Strom, Gas, Öl) Nutzenergie (Wärme, Kälte, Kraft, Licht) geliefert. Da das Energieversorgungsunternehmen die Energieumwandlung vom Verbraucher übernimmt, kann es die Nutzenergie, vor allem durch die Reduzierung von Umwandlungsverlusten, möglichst kostengünstig und umweltschonend bereitstellen. Dem Verbraucher wird entsprechend nicht mehr zum Beispiel die gelieferte elektrische Leistung in Kilowattstunden in Rechnung gestellt, sondern die Nutzenergie (Wärme, Kälte, Kraft, Licht).[425]

(1) Wärmeservice

Beim Wärmeservice, oft auch als Wärme-Direkt-Service bezeichnet, erzeugt das Energieversorgungsunternehmen die Wärme in einer Heizungsanlage, die im Gebäude des Verbrauchers steht. Der Unterschied zur bisherigen Wärmeerzeugung in einer Zentral- oder Etagenheizung liegt darin, daß nicht mehr der Gebäude- oder Wohnungsbesitzer sondern ein Dienstleister die Heizungsanlage betreibt und damit für die Brennstoffbeschaffung, Energieumwandlung und Wartung zuständig ist.

Vom Wärmeservice unterscheidet sich der solare Wärmeservice dadurch, daß Solarkollektoren eingesetzt werden, um mit Sonnenenergie statt fossilen Energieträgern Raumwärme oder Warmwasser zu erzeugen.

(2) Kälteservice

Beim Kälteservice betreibt ein Dienstleister Kälteanlagen, während dies bisher ebenfalls die Verbraucher selbst getan haben. Hier werden statt elektrisch betriebener Klimaanlagen meist Adsorptions-Kälteanlagen eingesetzt, die Wärme in Kälte umwandeln. Häufig wird die benötigte Wärme in dezentraler Kraft-Wärme-Koppelung erzeugt, so daß die Wärme, die in Kondensationskraftwerken als Abwärme lediglich die Atmosphäre oder Flüsse aufheizen würde, vor Ort im Sommer zur Kühlung verwendet werden kann. Der Kälteservice deckt den zunehmenden Klimatisierungsbedarf in Gebäuden von Verwaltungen, Unternehmen oder Kliniken.

---

425 Vgl. *VDEW*, Strategie-Optionen, S. 45.

(3) Nutzlichtservice

Das Grundprinzip des Nutzenergie-Service ist schließlich auch auf die Beleuchtung übertragen worden. Der Nutzlichtservice umfaßt das Angebot der Energiedienstleistung „helle Räume“, indem ein Dienstleister alte Beleuchtungsanlagen des Verbrauchers durch moderne und effiziente ersetzt.

cc) Abgrenzung von Contracting und Nutzenergieservice

Nutzenergieservice und Contracting weisen zwar Überschneidungsbereiche auf. Allerdings bestehen auch wesentliche Unterschiede: Beim Contracting ist die Einspartechnik der zentrale Vertragsgegenstand. Diese Technik geht nach Vertragsablauf in das Eigentum des Energieverbrauchers über. Auch kann als Anbieter jedes Unternehmen auftreten, das Energiesparmaßnahmen plant, finanziert und durchführt. Es muß sich hierbei nicht um Energieversorgungsunternehmen handeln. Sofern zum Beispiel effizientere Beleuchtungstechnik Gegenstand des Contractings ist, kann sie von einem Lampenhersteller installiert und betrieben werden. Ebenso kann Wärmedämmcontracting von Handwerksbetrieben des Innenausbaus oder der Fassadengestaltung angeboten werden.

Im Gegensatz zum Contracting ist im Rahmen des Nutzenergieservice der Hauptgegenstand des Vertrages die Energielieferung. Wegen dieser Energielieferung kommen als Anbieter aufgrund ihres Know-hows hauptsächlich Energieversorgungsunternehmen und Energy Service Companies in Betracht. Außerdem steht beim Nutzenergieservice die Energieumwandlungsanlage in der Regel im Eigentum des Energieversorgungsunternehmens und verbleibt dort auch nach Vertragsablauf.

2. Motive kommunaler Energieversorgungsunternehmen für das Angebot energieeffizienter Dienstleistungen

Die vorliegende Untersuchung konzentriert sich auf kommunale Unternehmen als Anbieter von Energiedienstleistungen. An ihren Motiven für das Angebot von Energiedienstleistungen läßt sich ablesen, in welchem Umfang kommunale Energieversorgungsunternehmen bei dieser neuen Wirtschaftstätigkeit durch betriebswirtschaftliche oder gesellschaftspolitische Zielsetzungen bestimmt werden.

Empirische Daten über die Beweggründe kommunaler Energieversorgungsunternehmen für Energiedienstleistungsangebote liefert die bereits vorgestellte ASEW-Umfrage, bei der kommunale Energieversorgungsunternehmen zum

Thema „Energiedienstleistungen“ befragt wurden.[426] In dieser Befragung konnten die Unternehmen aus den folgenden vorgegebenen Motiven auswählen: Erhaltung und Erweiterung des Marktes, zusätzliche Deckungsbeiträge erwirtschaften, stärkerer Wettbewerbsdruck, Anforderungen der Kunden, Image-Verbesserung, IRP-Gedanke, Umwelt- und Ressourcenschutz, politische Vorgaben und langfristige Kundenbindung.

Das Motiv "IRP-Gedanke" war ohne die Erläuterung angegeben, daß IRP für die integrierte Ressourcenplanung steht. Integrierte Ressourcenplanung ist ein energiewirtschaftliches Planungsinstrument, das für die Bereitstellung von Energiedienstleistungen die Ressourcen sowohl auf der Angebotsseite (Energiebereitstellung) als auch auf der Nachfrageseite (Energieeinsparung) einbezieht.[427] Die Integrierte Ressourcenplanung überschneidet sich inhaltlich mit dem Least-Cost-Planning. Die Abkürzung IRP sagte den Anwortenden wohl überwiegend nichts, so daß dieser Punkt häufig nicht ausgefüllt wurde.[428] Das Motiv „IRP-Gedanke“ wird vorliegend daher nicht ausgewertet.

Zusätzlich zur Auswahl ihrer Motive sollten die kommunalen Energieversorgungsunternehmen die Stärke ihrer Motivation mit den Rubriken hoch, mittel oder niedrig bewerten.[429]

Den ersten Platz der Motive für das Angebot von Energiedienstleistungen belegt die Erhaltung und Erweiterung des Marktes.[430] Daß die kommunalen Energieversorgungsunternehmen die Markterhaltung und Markterweiterung als wichtigstes Motiv für ihr Angebot neuer Dienstleistungen ansehen, verdeutlicht zunächst, daß sie angesichts sich stark ändernder Rahmenbedingungen für die Energiewirtschaft der strategischen Neuausrichtung ihrer Unternehmen eine vorrangige Bedeutung zumessen. Daß sie dabei neben der Erhaltung ihres bisherigen Marktes auch dessen Erweiterung auf Rang Eins der Motive für ihr Energiedienstleistungsangebot setzen, zeigt außerdem, daß die kommunalen Energieversorger bei ihrer strategischen Neuausrichtung gezielt auf die dargestellten Wachstumsstrategien zurückgreifen. Da sowohl die Marktentwicklung als auch die Diversifikation die Erschließung neuer Märkte beinhaltet, belegt diese Nennung schließlich, daß die Stadtwerke trotz des damit verbundenen Aufwands diese beiden Wachstumsstrategien derzeit tatsächlich einsetzen.

Als zweitwichtigstes Motiv geben die befragten Energieversorgungsunternehmen eine langfristige Kundenbindung durch Energiedienstleistungen an.[431]

---

426 S. S. 43.
427 *Hennicke/Seifried*, Einsparkraftwerk, S. 77.
428 *ASEW*, Energiedienstleistungen, S. 8.
429 *ASEW*, Energiedienstleistungen, S. 10.
430 *ASEW*, Energiedienstleistungen, S. 12.
431 *ASEW*, Energiedienstleistungen, S. 12.

Die große Bedeutung, die der Kundenbindung zugemessen wird, läßt sich mit der Einführung von Wettbewerb auf den Energiemärkten erklären, die zu Kundenverlusten kommunaler Energieversorgungsunternehmen führt, wobei in erster Linie der Verlust großer Gewerbekunden den Energieabsatz plötzlich und drastisch verringern kann. Kunden langfristig zu binden, ist aber auch erforderlich, um Stromerzeugung und Strombezug vorausschauend zu planen, abzustimmen und wechselseitig zu optimieren.

Auf die Kundenbindung folgt mit großem Abstand eine Gruppe von fünf weiteren Gründen für Energiedienstleistungen: Image-Verbesserung, Anforderungen der Kunden, stärkerer Wettbewerbsdruck, Umwelt- und Ressourcenschutz und zusätzliche Deckungsbeiträge.[432] Diese Abfolge spiegelt zwar eine abnehmende Wichtigkeit dieser Motive wieder, allerdings unterscheiden sich die Bewertungen innerhalb dieser Motivgruppe jeweils kaum.

Das Motiv Image-Verbesserung weist auf die Gefahr hin, daß Energieversorger "grüne" Energiedienstleistungen lediglich dazu benutzen, ihr Ansehen in der Öffentlichkeit zu verbessern.[433] Jedoch dürften Dienstleistungen, die überwiegend der Außendarstellung des Unternehmens dienen, wegen mangelnder Kunden- und Nutzenorientierung kaum in der Lage sein, den Anforderungen kritischer Kunden zu genügen und die Zufriedenheit der Kunden so zu steigern, daß sich diese im Wettbewerb langfristig an das Unternehmen binden.[434] Erst diese Voraussetzungen ermöglichen jedoch den Energieversorgungsunternehmen, ihren Markt dauerhaft zu erweitern. Somit wird die Gefahr des Mißbrauchs von Energiedienstleistungen als Public-Relations-Instrument durch konkurrierende Motive begrenzt, die den Energiedienstleistungsunternehmen teilweise wichtiger sind als die Kundenbindung, die bei dieser Umfrage deutlich vor der Image-Verbesserung rangiert.

Der stärkere Wettbewerbsdruck ist das nächste wichtige Motiv für Energiedienstleistungen. Seine Nennung belegt, daß angesichts wettbewerbsbedingt sinkenden Absatzes und nachgebender Preise kommunaler Energieversorgungsunternehmen der Geschäftsbereich Energiedienstleistungen für kommunale Energieversorgungsunternehmen nicht nur theoretisch attraktiv ist. Vielmehr motiviert der zunehmende Wettbewerbsdruck kommunale Energieversorgungsunternehmen tatsächlich, in den Geschäftsbereich Energiedienstleistungen zu diversifizieren. Interessant ist die Nennung des Umwelt- und Ressourcenschutzes noch vor dem materiellen Motiv zusätzlicher Deckungsbeiträge.

---

432 *ASEW*, Energiedienstleistungen, S. 12.
433 Vgl. *Seifried/Stark*, Energiedienstleistungen, S. 108.
434 *Hennicke/Seifried*, Einsparkraftwerk, S. 199.

Mit einigem Abstand zu dieser Motivgruppe wurden politische Vorgaben genannt.[435] Sie nehmen den letzten Rang der vorgeschlagenen Motive für das Angebot von Energiedienstleistungen ein. Angesichts des rechtlich normierten Einflusses der Kommunalpolitik auf kommunale Unternehmen[436] erstaunt diese geringe Bedeutung politischer Vorgaben für das Energiedienstleistungsangebot kommunaler Energieversorgungsunternehmen zunächst.

Sie könnte darauf zurückzuführen sein, daß finanzielle Anreizprogramme zur Energieeinsparung von dieser Umfrage nicht erfaßt wurden.[437] Mit solchen Anreizprogrammen wird zum Beispiel die Anschaffung besonders energiesparender Haushaltsgeräte (unter anderem Kühlschränke, Waschmaschinen, Geschirrspüler), der Ersatz von Glühbirnen durch Energiesparlampen oder der Austausch von Elektroherden durch primärenergiesparende Gasherde gefördert.[438] Da die Energieversorgungsunternehmen hierbei den Verbrauchern einen finanziellen Anreiz zur Energieeinsparung geben, zum Beispiel Zuschüsse oder sogar die kostenlose Installation wie bei Energiesparlampen, führen kommunale Energieversorgungsunternehmen solche Programme meist auf den politischen Wunsch ihrer Eignerkommune durch.

Stattdessen konzentrierte sich die ASEW-Umfrage auf individuell vereinbarte und direkt vom Kunden bezahlte Energiedienstleistungen.[439] Solche Energiedienstleistungen werden weit häufiger auch von privaten Unternehmen angeboten als Anreizprogramme. Für das Angebot der von der ASEW abgefragten Energiedienstleistungen könnte sich die aus Unternehmenssicht eher geringe Bedeutung politischer Vorgaben auch daraus erklären, daß Politiker in der Regel eher davon absehen dürften, die Geschäftstätigkeit kommunaler Unternehmen auf Wettbewerbsmärkten bis ins Produktangebot hinein zu bestimmen.

Der Umstand, daß politische Vorgaben das schwächste Motiv kommunaler Energieversorgungsunternehmen sind und die sonstigen Motive nicht spezifisch nur für kommunale Unternehmen gelten, legt nahe, daß die Befragungsergebnisse zu den Motiven kommunaler Unternehmen im wesentlichen auf nicht-kommunale Energieversorgungsunternehmen übertragbar sind, die ebenfalls Energiedienstleistungen anbieten. Schließlich stehen politische Vorgaben auf Rang Acht möglicher Motive, während die Anforderungen der Kunden den vierten Platz einnehmen. Dieser Abstand ist ein starkes Indiz, daß kommunale Unternehmen sich bei ihrem Dienstleistungsangebot bereits in der Vor-Wettbewerbsphase weit stärker an den Kunden und damit am Markt ausrichten als an politischen Einflüssen.

---

435 *ASEW*, Energiedienstleistungen, S. 12.

436 S. S. 82 f.

437 *Thomas u.a.*, Integrated Resource Planning, S. 48.

438 Zu solchen umlagefinanzierten Energiesparprogrammen s. S. 140 f.

439 *Thomas u.a.*, Integrated Resource Planning, S. 48.

3. *Die Wettbewerbssituation kommunaler Energieversorgungsunternehmen im Markt energieeffizienter Dienstleistungen*

Auf dem Markt für energieeffiziente Dienstleistungen sind neben Energieversorgungsunternehmen bereits viele andere Unternehmen aktiv[440] wie Ingenieurbüros, Gerätehersteller der Branchen Gebäudeautomation, Steuerungs- und Regelungstechnik, Contractingfirmen und Energieagenturen. Zunehmend dringen auch neue Anbieter in diesen Markt ein. Beispielsweise arbeitet das Sanitär- Heizungs- und Klimatechnikhandwerk an Projekten, Energiedienstleistungs- und Wärmelieferungsgesellschaften zu gründen, die von mehreren Handwerksbetrieben getragen werden und in Ergänzung zu den einzelnen Betrieben Dienstleistungen erbringen sollen.[441] Ein Indiz für die Attraktivität des deutschen Energieeffizienz-Marktes ist auch die Präsenz ausländischer Unternehmen. Große Anbieter von Einsparcontracting in Deutschland sind Honeywell, Johnson Controls, Landis & Staefa und LTG.[442] Davon handelt es sich bei Honeywell, Johnson Controls und Landis & Staefa (in den USA: Landis & Gyr) um führende US-amerikanische Energy Service Company, die bereits große Teile des dortigen Marktes kontrollieren.[443]

Ein kommunales Energieversorgungsunternehmen wird deshalb nur in diesen Markt eintreten, wenn es aufgrund seiner voraussichtlichen Wettbewerbsposition davon ausgehen kann, wirtschaftlich erfolgreich zu sein. Daher soll nachfolgend die Wettbewerbsposition kommunaler Energieversorgungsunternehmen auf dem Markt für energieeffiziente Dienstleistungen bestimmt werden.

Die Frage der Wettbewerbsfähigkeit kommunaler Energieversorgungsunternehmen stellt sich verschärft, seitdem deren Hauptmärkte ab 1998 liberalisiert und die bisherigen Monopole für die örtlichen Strom- und Gasversorgungsgebiete aufgehoben wurden. Bis zu diesem Zeitpunkt befanden sich kommunale Energieversorgungsunternehmen lediglich auf dem Wärmemarkt in Konkurrenz zu Heizölanbietern. Umso stärker müssen sich sämtliche Energieversorgungsunternehmen seit der übergangslosen Öffnung des Strommarktes damit auseinandersetzen, ihre Wettbewerbsfähigkeit zu steigern.

---

440 *Weber*, et 1996, S. 412.

441 *Minter*, in: Bullinger, Dienstleistungen, S. 643 f.

442 *Freund*, Einspar-Contracting, S. 14.

443 *Weinberger*, et 1996, S. 576 f.

a) Wettbewerbsnachteile kommunaler Energieversorgungsunternehmen

Daß Energieversorgungsunternehmen in der Strom- und Gasversorgung jahrzehntelang als Gebietsmonopolisten tätig waren, hat ihnen nicht nur Monopolrenditen eingebracht. Vielmehr weisen sie gegenüber denjenigen Konkurrenten Wettbewerbsnachteile auf, die nicht als Monopolisten tätig waren. Zu diesen Wettbewerbsnachteilen zählen unter anderem die Kostenstruktur, die geringe Flexibilität und Kundenorientierung sowie das Dienstrecht kommunaler Energieversorgungsunternehmen.

aa) Kostenstruktur

Wenn Anbieter nicht im Wettbewerb stehen, so können sie am Markt höhere Preise für ihre Produkte erzielen und sind einem geringeren Kostendruck ausgesetzt als auf Wettbewerbsmärkten. Dies führt dazu, daß Monopolisten höhere Kosten aufweisen als vergleichbare Unternehmen. So konnten die Energieversorgungsunternehmen etwa große Kraftwerksreserven aufbauen, weil ihnen die Preisaufsichtsbehörden gestatteten, die dafür erforderlichen Investitionen auf die Strompreise aufzuschlagen. Entsprechend haben die Energieversorgungsunternehmen bereits vor der Liberalisierung des Strommarktes umfangreiche Kostensenkungsprogramme eingeleitet. Dies führte unter anderem zu einem starken Abbau von Arbeitsplätzen. Einzelne vor allem kleinere kommunale Unternehmen haben vergleichsweise spät begonnen, ihre Kosten auf Wettbewerbsniveau zu senken. Aufgrund der Erfahrungen bei den Verbundunternehmen, die innerhalb von 3-4 Jahren innerhalb ihrer Stromsparten Kosten in Milliardenhöhe eingespart haben, kann jedoch davon ausgegangen werden, daß auch die kleineren Energieversorgungsunternehmen wegen der starken Preiskonkurrenz bald ihre Kostenstruktur dem Wettbewerb angepaßt haben werden, so daß diese dann keinen Wettbewerbsnachteil mehr darstellt.

bb) Geringe Flexibilität

Monopolmärkte ändern sich kaum und bieten Unternehmen damit ein sehr stabiles Umfeld: Es gibt keine Wettbewerber, auf deren Strategien man reagieren müßte, der Absatz und die Preise ändern sich kaum. So konnten Energieversorgungsunternehmen Kernkraftwerke vor allem deswegen bauen, weil sie den Stromabsatz und die Strompreise langfristig vorhersagen und deshalb damit rechnen konnten, die extrem hohen Baukosten während des jahrzehntelangen Betriebs zu erwirtschaften. So führt die Stabilität von Monopolmärkten zu einer abnehmenden Flexibilität der Monopolisten, die sich sowohl in den Unternehmensstrukturen als auch der Mentalität der Mitarbeiter verfestigt. Entsprechend haben viele Energieversorgungsunternehmen angesichts der Öffnung des Strommarktes ihre internen Strukturen umorganisiert, um die erforderliche Flexibilität wiederherzustellen. Da Unternehmensstrukturen und -mentalitäten sich allerdings nur langsam ändern, werden Energieversorgungsunternehmen auf absehbare Zeit noch eine geringere Flexibilität aufweisen als Konkurrenten, die sich schon immer in Wettbewerbsmärkten bewegen mußten.

cc) Ungenügende Kundenorientierung

Mit der Stabilität der Monopolmärkte geht eine geringe Kundenorientierung der Monopolisten einher: Wenn Kunden nicht zu Wettbewerbern wechseln können, besteht nur ein geringer Anreiz, den Kunden wie einen König zu behandeln. Aus der Sicht der Verbraucher stellt die ungenügende Kundenorientierung den größten Nachteil von Energieversorgungsunternehmen dar. So verbinden sie auch mit ihrem Stadtwerk häufig einen schlechten Service, der sich in unverständlichen Rechnungen, unfreundlichen Mitarbeiter, langen Wartezeiten und schwerfälligen Entscheidungsprozessen äußert. Deshalb haben auch die kommunalen Energieversorgungsunternehmen bei der Liberalisierung des Strommarktes neben Kostensenkungs- vor allem Kundenorientierungsprogramme gestartet. Allerdings ist auch die Kundenorientierung weitgehend von der Einstellung der Mitarbeiter abhängig und daher auch entsprechend langsam zu ändern.

dd) Öffentliches Dienstrecht

Zu den hohen Personalkosten, der geringen Flexibilität und der ungenügenden Kundenorientierung kommunaler Energieversorgungsunternehmen hat beigetragen, daß in vielen Stadtwerken auf die Mitarbeiter das öffentliche Dienstrecht anwendbar war und teilweise noch ist. Die Tarife des öffentlichen Dienstes sicherten vielen Mitarbeitern eine bessere Bezahlung als in privaten Betrieben zumindest außerhalb der Energiebranche. Gleichzeitig besteht bei öffentlichen Arbeitgebern ein erheblich geringeres Kündigungsrisiko und unter der Geltung des öffentlichen Dienstrechts können finanzielle und andere Anreize für besonders erfolgreiche Mitarbeiter nur schwer gewährt werden. Dies bewirkte bei manchen Mitarbeitern kommunaler Energieversorgungsunternehmen ähnlich wie in Verwaltungen eine gegenüber privaten Unternehmen deutlich geringere Leistungsbereitschaft. Dabei ist jedoch auch zu berücksichtigen, daß die öffentliche Hand eine arbeitsmarktpolitische Funktion erfüllt, indem sie in gewissem Umfang Personen eine Erwerbstätigkeit ermöglicht, die etwa aus sozialen oder persönlichen Gründen bei der herrschenden Arbeitslosigkeit in privaten Unternehmen keine

Anstellung fänden. Insgesamt nimmt die Bedeutung des öffentliches Dienstrechts bereits dadurch ab, daß die Kommunen bei Umwandlungen kommunaler Unternehmen schon aus Kostengründen darauf achten, seine Anwendung weitestgehend zu beschränken.

ee) Größe

Bei der Untersuchung der Auswirkungen der Liberalisierung des Strommarktes auf die kommunalen Unternehmen wurde festgestellt, daß Stadtwerke im Vergleich zu den Verbund- und Regionalversorgern eine geringere Unternehmensgröße, Kapitalausstattung und Nachfragemacht aufweisen. Dies gilt auch, sofern Energieversorgungsunternehmen der Verbund- und Regionalebene im Markt energieeffizienter Dienstleistungen auftreten. Ähnliche größenbedingte Wettbewerbsverhältnisse bestehen auch zwischen den großen überregionalen Anbietern energieeffizienter Dienstleistungen etwa Honeywell, Johnson Controls, Landis & Staefa und LTG einerseits und den entsprechenden Geschäftsbereichen kommunaler Energieversorgungsunternehmen andererseits. Dagegen zählen Stadtwerke gerade in kleinen und mittleren Gemeinden häufig zu den größten Unternehmen und können ihre größenbedingten Wettbewerbsvorteile gegenüber kleineren örtlichen Anbietern wie Beratungsbüros und Handwerksbetrieben realisieren.

b) Wettbewerbsvorteile kommunaler Energieversorgungsunternehmen

Auf dem Markt der energieeffizienten Dienstleistungen werden kommunalen Energieversorgungsunternehmen allerdings auch eine Reihe von Wettbewerbsvorteilen gegenüber ihren Konkurrenten zugeschrieben. Dazu gehören in erster Linie:

- Know-how in der leitungsgebundenen Energieversorgung, Wasserversorgung und der thermischen Abfallverwertung,[444]
- bisheriges Engagement für Ressourcenschonung und Emissionsminderung,[445]
- Glaubwürdigkeit,
- Querverbund,[446]
- Kundennähe,[447]

---

444 *Hartung*, Energie Spektrum 1995, S. 12; *Hennicke/Seifried*, Einsparkraftwerk, S. 198 umschreiben dies als das spezifische Know-how kommunaler Energieversorgungsunternehmen, das diese für das Consulting und Energiemanagement einsetzen können.

445 *Hartung*, Energie Spektrum 1995, S. 14.

446 *Cronenberg*, RdE 1998, S. 89.

447 *Cronenberg*, RdE 1998, S. 89.

- Bürgernähe,
- Demokratiefähigkeit,
- Unverwechselbarkeit und
- Ortsnähe/Dezentralität.[448]

Diese Vorteile werden im folgenden eingehend dargestellt.

aa) Versorgungs-Know-how

Kommunale Unternehmen verfügen über Strom- und Wärmeerzeugungsanlagen sowie Leitungsnetze zur Verteilung von Elektrizität, Gas und Wasser einschließlich der erforderlichen Steuerungstechnik. Da sie diese technischen Anlagen planen, errichten, betreiben und unterhalten, verfügen Sie über Betreiber-Know-how,[449] das ihnen einen Wettbewerbsvorsprung gegenüber reinen Beratungsunternehmen verschafft.[450] Entsprechend sind bereits viele kommunale Energieversorgungsunternehmen im Consulting tätig.[451]

bb) Kommunaler Querverbund

Zwar ist nicht jedes Stadtwerk gleichzeitig in allen traditionellen Sparten Elektrizität, Gas, Fern-/Nahwärme, Wasser und Abfall aktiv, dennoch liegt der Anteil der Betriebe, die mindestens zwei dieser Bereiche abdecken, bei 92 Prozent.[452] Damit betreiben neun von zehn kommunalen Energieversorgungsunternehmen den kommunalen Querverbund. Sie verfügen über ein breiteres Know-how als Anbieter nur einer Sparte und erzielen zwischen ihren verschiedenen Geschäftsbereichen Synergievorteile. Vor allem aber sind sie in der Lage, den Kundenwunsch nach Problemlösungen aus einer Hand[453] zu befriedigen.[454]

---

448 *Hennicke*, Wa(h)re Energiedienstleistung, S. 114 f. faßt sämtliche der zuvor aufgezählten Wettbewerbsvorteile zusammen.

449 Die planerischen Kompetenzen von Stadtwerken betont *Cronenberg*, RdE 1998, S. 89.

450 *Hartung*, Energie Spektrum 1995, S. 12; *Hennicke/Seifried*, Einsparkraftwerk, S. 198 umschreiben dies als das spezifische Know-how kommunaler Energieversorgungsunternehmen, das diese für das Consulting und Energiemanagement einsetzen können.

451 S. S. 45.

452 S. S. 41 f.

453 S. S. 92.

454 *Cronenberg*, RdE 1998, S. 89; *Hennicke*, Wa(h)re Energiedienstleistung, S. 115.

cc) Bisheriges Engagement für Ressourcenschonung und Klimaschutz

Für Emissionsminderung, Ressourcenschonung und Klimaschutz haben sich unter den Energieversorgungsunternehmen vor allem kommunale Betriebe eingesetzt.[455] Darauf deutet bereits die Zahl der durchgeführten Pilotprojekte und Förderprogramme hin; bei den Verbund- und Regionalversorgern gibt es keine Organisation, in der Betriebe in Umweltfragen zusammenarbeiten, wie die kommunalen Unternehmen in der ASEW. Vor allem aber waren es seit den siebziger Jahren immer wieder kommunale Unternehmen wie die Stadtwerke Rottweil, Bremen, Freiburg, Saarbrücken und Hannover, die durch weitreichende und konsequente Umweltschutzkonzepte eine Vorreiterrolle in der Energiebranche übernommen haben. Auch diese Aktivitäten sichern kommunalen Energieversorgungsunternehmen einen Wissens- und Erfahrungsvorsprung vor weniger aktiven Unternehmen. Wenn Kunden bisher ein Energieversorgungsunternehmen als konsequent dem Umweltschutz verpflichtet wahrgenommen haben, so erleichtert das auch dessen Schritt in den Markt der Energieeinsparung. Langfristig im Umweltschutz engagierte kommunale Energieversorgungsunternehmen verfügen damit im Geschäft mit energieeffizienten Dienstleistungen über einen Bonus an ökologischer Glaubwürdigkeit.[456]

Allerdings sind auf dem Markt für energieeffiziente Dienstleistungen auch zahlreiche, vor allem kleinere (Beratungs-) Unternehmen tätig, die sich ebenfalls seit langem auf diesen Bereich des Umweltschutzes konzentriert haben. Gegenüber diesen Wettbewerbern dürften selbst im Umweltschutz ausgewiesene Energieversorgungsunternehmen keinen Vorsprung an ökologischer Glaubwürdigkeit aufweisen.

dd) Unverwechselbarkeit

In Umweltschutzfragen besonders glaubwürdige Unternehmen haben damit die Möglichkeit, Energiedienstleistungen als Marktenprodukte zu gestalten und damit in den Augen der Verbraucher Unverwechselbarkeit zu erlangen.[457] Eine solche Unverwechselbarkeit ist im Energiegeschäft besonders wichtig, da die reinen Energieträger Strom und Gas homogene Produkte sind und ihre Anbieter sich in der Wahrnehmung der Verbraucher allein durch das Produkt nicht unterscheiden können.[458] Daß kommunale Unternehmen durch ihre Energiedienstleistungen be-

---

455 *Wirtschaftsministerkonferenz*, Energierechtsreform, S. 34; *Hartung*, Energie Spektrum 1995, S. 14.

456 *Hennicke*, Wa(h)re Energiedienstleistung, S. 114 f.

457 *Hennicke*, Wa(h)re Energiedienstleistung, S. 115.

458 S. S. 70 f.

reits den Wettbewerbsvorteil der Unverwechselbarkeit erlangt haben, ist derzeit erst in wenigen Fällen erkennbar. Die Unverwechselbarkeit kann damit in der Zukunft einen Wettbewerbsvorteil gegenüber anderen Energieversorgungsunternehmen darstellen, während in der Vergangenheit besonders aktive kommunale Energieversorgungsunternehmen von der ihr zugrundeliegenden ökologischen Glaubwürdigkeit bereits jetzt profitieren können.

ee) Kundennähe

Die weiterhin genannten Wettbewerbsvorteile Kundennähe, Bürgernähe, Demokratiefähigkeit und Dezentralität beruhen letztlich alle darauf, daß ein Stadtwerk ein kommunales Unternehmen ist.

Wegen des Monopols auf den Strommärkten zählten in Städten mit Stadtwerk bis 1998 alle Elektrizitätsverbraucher zu deren Kunden. Erst nach der Aufhebung der Gebietsmonopole konnten sich die Gemeindeeinwohner einen anderen Strom- und Gaslieferanten als ihr Stadtwerk suchen. Im Vergleich zu Konkurrenten verfüg(t)en Stadtwerke deshalb zu allen Einwohnern einer Gemeinde bereits über eine Kundenbeziehung. Dies verschafft ihnen einen Bekanntheitsvorteil und die Verfügbarkeit wichtiger Daten fast aller Kunden. Hierzu zählen nicht nur Adressen und andere persönliche Angaben, sondern vor allem Daten über den Energieverbrauch und dessen bisherige Entwicklung bei jedem Kunden. Daher braucht ein Stadtwerk etwa nur seine Datenbestände auf Kunden mit besonders hohem Energieverbrauch hin durchzugehen, um ihnen Angebote energieeffizienter Dienstleistungen zu unterbreiten. Während andere Anbieter Bekanntheit in der Regel durch Marketing erst teuer erwerben und Kunden gewinnen müssen, haben Stadtwerke bereits den wichtigen Erstkontakt zum Energieverbraucher. Allerdings sind naturgemäß nicht alle Kunden eines Monopolisten mit dessen Leistungen auch zufrieden. Deshalb dürfte ein Teil der Kunden von ihrem Stadtwerk keine Leistungen mehr in Anspruch nehmen wollen, weil die bisherige Geschäftsbeziehung eine zwangsweise war. Wie hoch dieser Anteil ist, läßt sich selbst aus dem Prozentsatz der Kunden, die sich einen neuen Stromanbieter gesucht haben, nicht unmittelbar ablesen. So dürften darunter auch viele sein, die wegen eines besseren Angebots den Stromlieferanten gewechselt haben, die aber durchaus auch wieder mit ihrem Stadtwerk ins Geschäft kommen würden, sei es bei Strom, energieeffizienten Dienstleistungen oder anderen Produkten, wenn dieses ein besseres Angebot als die Konkurrenten unterbreitet.

ff) Bürgernähe / Demokratiefähigkeit

Als kommunales Unternehmen nimmt ein Stadtwerk Angelegenheiten der örtlichen Gemeinschaft wahr.[459] Deshalb wird es von dem Gemeinderat und damit gemäß der indirekten Demokratie letztlich von den Gemeindeeinwohnern gesteuert und kontrolliert. Dies begründet umgekehrt für das kommunale Energieversorgungsunternehmen eine besondere Verantwortlichkeit gegenüber den Gemeindeeinwohnern. Kommunale Unternehmen verfügen damit über größere Demokratiefähigkeit und Bürgernähe als Unternehmen im Eigentum Privater.[460] Die Bürger sind also nicht Kunden, sondern auch Lenker ihres Stadtwerks. Diese Nähe zum Volk als dem demokratischen Entscheidungsorgan verdeutlicht der Begriff der Bürgernähe. Er hat damit, obwohl die Bürger gleichzeitig auch die Kunden des Stadtwerks sind, eine andere Bedeutung als die „Kundennähe".

Dabei verdeutlichen die Begriffe potentielle Bürgernähe und Fähigkeit zur Demokratie, daß nicht alle kommunalen Unternehmen diese Wettbewerbschancen bisher genutzt haben. Dies kann zum einen am fehlenden Wettbewerb zu Monopolzeiten gelegen haben. Auch führen kommunale Unternehmen aus verschiedenen Gründen häufig ein stark von den politischen Entscheidungsorganen und entsprechend auch von den Bürgern unabhängiges Eigenleben.

Einen Wettbewerbsvorteil begründet die Demokratiefähigkeit und potentielle Bürgernähe der Stadtwerke, wenn durch die Mitwirkung der Bürger an der Entscheidungsfindung die Wünsche der Kunden gegenüber Privatunternehmen in zusätzlichen Entscheidungsverfahren einfließen, frühzeitiger berücksichtigt werden und dadurch insgesamt eine stärkere Bedeutung erlangen. Vor allem fördert die Bürgernähe die Identifikation der Bürger mit „ihrem" Stadtwerk und verstärkt dadurch die Kundenbindung.[461] Gleichzeitig kann sich ein bürgernahes Unternehmen etwa als „Unternehmen in der Region für die Region" gegenüber überregionalen Mitbewerbern deutlich abgrenzen, wobei an die Örtlichkeit der Stadtwerke angeknüpft werden kann, die in der Wahrnehmung der Verbraucher stark verankert ist. Weiterhin schafft eine frühzeitige Bürgerbeteiligung eine größere Akzeptanz für nur schwer durchzusetzende Projekte in der Energieversorgung. Nicht zuletzt ermöglicht der Austausch und die Auseinandersetzung mit den Bürgern den Stadtwerken, den Wandel vom Versorger zum Dienstleister in der Unternehmensorganisation und der Mentalität der Mitarbeiter schneller und langfristig wirksamer zu gestalten.

---

459 Dazu eingehend S. 160 ff.
460 *Hennicke*, Wa(h)re Energiedienstleistung, S. 115.
461 *Hennicke*, Wa(h)re Energiedienstleistung, S. 115.

gg) Dezentralität

Auch die Dezentralität der Stadtwerke beruht darauf, daß Stadtwerke örtliche Unternehmen sind. In der Energieversorgung ist auf der technischen Ebene eine Tendenz zu Anlagen erkennbar, die nicht wie die großen Atomkraft- und Kohlekraftwerke an wenigen Standorten zentralisiert sind: Photovoltaikanlagen auf Dächern von Firmen und Wohnhäusern, Wind-, Wasserkraft- und Biogasanlagen, die örtliche Potentiale erneuerbarer Energien nutzen, Blockheizkraftwerke, die einzelne Gebäudekomplexe bis hinunter zum Mehrfamilienhaus versorgen, und Brennstoffzellen, die derzeit ebenfalls in der Leistungsklasse von Blockheizkraftwerken entwickelt werden. Ebenso wie die erneuerbaren Energiequellen ist auch die Energieeinsparung nur dezentral nutzbar: Während Strom in Großkraftwerken erzeugt werden kann, muß man Energieeinsparungen bei jedem einzelnen Verbraucher erschließen. Als örtliches Unternehmen sind Stadtwerke nicht nur wegen ihrer Ortskenntnis hierzu besser geeignet als überörtliche Unternehmen. Für kleinere Stadtwerke kann sich auch die Erschließung dezentraler Potentiale oder Marktlücken lohnen, die für größere Unternehmen nicht rentabel wäre. Weiterhin verfügen Stadtwerke über geschäftliche und gesellschaftliche Beziehungen zu Partnern vor Ort zum Handwerk, zu Bürgerinitiativen oder zu Bankinstituten, welche ebenfalls ein Interesse daran haben, örtliche Wirtschafts- und Umweltpotentiale zu erschließen.

Insgesamt erweisen sich damit der Querverbund, die Bürgernähe und die Dezentralität/Ortsnähe als wichtigste Wettbewerbsvorteile kommunaler Energieversorgungsunternehmen auf dem Markt für energieeffiziente Dienstleistungen.[462]

4. Wirtschaftlichkeit energieeffizienter Dienstleistungen für kommunale Energieversorgungsunternehmen

Für die Unternehmensleitung, die über eine Diversifikation zu entscheiden hat, steht im Vordergrund, ob das fragliche neue Geschäftsfeld profitabel ist. Aus der Perspektive kommunaler Energieversorgungsunternehmen soll dieser Frage nachfolgend für das Geschäftsfeld energieeffiziente Dienstleistungen nachgegangen werden.

Für die Untersuchung der Wirtschaftlichkeit energieeffizienter Dienstleistungen ist zunächst zu berücksichtigen, daß Energieeinsparmaßnahmen entweder durch eine individuell vereinbarte Vergütung oder durch eine, im einzelnen unterschiedlich ausgestaltbare, Umlage auf den Energiepreis finanziert werden kön-

462 *Hennicke*, Wa(h)re Energiedienstleistung, S. 114.

nen [a)]. Weiterhin darf nicht übersehen werden, daß Energieversorgungsunternehmen bisher am Verkauf der Energie verdienen, wohingegen sie Energie einsparen, wenn sie energieeffiziente Dienstleistungen erbringen und als Energiedienstleistungsunternehmen tätig werden. Deshalb ist auf das Verhältnis dieser anscheinend widersprüchlichen Zielsetzungen einzugehen [b)]. Aufschluß über die Wirtschaftlichkeit des neuen Geschäftsfeldes „energieeffiziente Dienstleistungen" geben die Umsatzerwartungen der Anbieter, die abschließend untersucht werden [c)].

a) Individuell vergütete und umlagefinanzierte energieeffiziente Dienstleistungen

Ob es für ein Unternehmen wirtschaftlich erscheint, eine Dienstleistung zu erbringen, wird unter anderem von den Umsatzerwartungen bestimmt, das heißt von der Menge, in der sie erbracht werden kann, und von dem Preis, der für sie erzielt werden kann. Bei energieeffizienten Dienstleistungen können sich Menge und Preis deutlich unterscheiden, je nachdem, ob diese Dienstleistungen individuell vergütet oder umlagefinanziert werden.

Bei der individuellen Vergütung von energieeffizienten Dienstleistungen vereinbart der Nachfrager mit dem Anbieter eine bestimmte Vergütung und leistet diese unmittelbar an diesen Anbieter.

Demgegenüber erhält der Anbieter bei der Umlagefinanzierung vom Nachfrager unmittelbar keine Vergütung. Stattdessen finanziert der Anbieter, in der Regel ein Energieversorgungsunternehmen, seine energieeffizienten Dienstleistungen über einen geringen Aufschlag (Umlage), den die Energiekunden auf ihre Energiepreise zahlen. Um diesen Aufschlag zu erheben, gibt es verschiedene wirtschaftliche Modelle. Auf einem Monopolmarkt kann es sich, wie bisher praktiziert, um eine leichte Preiserhöhung handeln, die von der Preisaufsicht genehmigt wird. Dagegen können nach Abschaffung der Gebietsmonopole die Kosten einer Einsparaktion nicht mehr auf alle Verbraucher eines geschlossenen Versorgungsgebietes umgelegt werden, weil das betreffende Energieversorgungsunternehmen nicht mehr alle Verbraucher eines bestimmten Gebietes versorgt. Stattdessen kommt zur Finanzierung von Energieeinsparprogrammen zum Beispiel ein Aufschlag auf die Durchleitungsentgelte oder eine staatliche Energiespar-Abgabe auf den Strompreis in Betracht.

aa) Das Grundprinzip umlagefinanzierter Energiesparprogramme

Umlagefinanzierte Energiesparprogramme zeichnen sich dadurch aus, daß eine standardisierte Dienstleistung für eine große Zahl von Kunden erbracht und von der begünstigten Kundengruppe mit einem leicht erhöhten Energiepreis bezahlt wird. Solche Programme bieten sich vor allem an, um bei einer großen Anzahl von Verbrauchern wegen der Standardisierung der Dienstleistung zu relativ geringen Kosten Energiesparpotentiale zu erschließen.

Von umlagefinanzierten Energiesparprogrammen profitieren die Verbraucher, indem ihre Energierechnung sinkt, weil die leicht erhöhten Energiepreise durch den gesunkenen Energieverbrauch ausgeglichen werden. Für die beteiligten Energieversorgungsunternehmen rechnen sich umlagefinanzierte Einsparprogramme, weil sie deren Kosten einschließlich einem angemessenen Gewinn auf die Energiepreise umlegen können. Die Volkswirtschaft profitiert, weil die Kosten der Energieeinsparung unter denen der Energieerzeugung liegen. Und nicht zuletzt gewinnt auch die Umwelt, weil die erheblichen Belastungen durch die Energieerzeugung verringert werden. Inwiefern umlagefinanzierte Energiesparprogramme unter den Bedingungen liberalisierter Energiemärkte (zum Beispiel verstärkter Preiswettbewerb, Wegfall der Preisaufsicht im Tarifkundensektor, veränderte Abnehmerstruktur) noch effektiv einzusetzen ist oder wie neue Programme daran angepaßt werden müssen, kann noch nicht abschließend beurteilt werden. Dies wird sich allerdings am besten ermitteln lassen, indem Energieversorgungsunternehmen LCP-Programme auch unter den neuen Rahmenbedingungen entwickeln und durchführen.

Schließlich weisen umlagefinanzierte Einsparprogramme eine Reihe von organisatorischen, wirtschaftlichen, wettbewerblichen und (energiepreisaufsichts-)rechtlichen Besonderheiten auf. Wegen dieser Komplexität der Umlagefinanzierung soll im folgenden bei der Untersuchung der Wirtschaftlichkeit und der rechtlichen Zulässigkeit von energieeffizienten Dienstleistungen nicht gesondert auf diese Finanzierungsform eingegangen werden.

bb) Die Aktion „Helles NRW" als Beispiel eines umlagefinanzierten Energiesparprogramms

Ein Beispiel für ein umlagefinanziertes Energiesparprogramm ist die Aktion "Helles NRW", das bisher wohl größte und vor allem flächendeckende einzelne Energiesparprogramm in Deutschland. 1996/97 verteilten 79 nordrhein-westfälische Energieversorgungsunternehmen insgesamt rund 500.000 Energiesparlampen an ihre Kunden. Die Kunden wurden durch dieses Energiesparprogramm außerdem angeregt, weitere 900.000 Energiesparlampen zu kaufen. Insgesamt werden damit aufgrund der Aktion „Helles NRW" 1,4 Mio. zusätzliche Energiesparlampen in nordrhein-westfälischen Haushalten eingesetzt. Detaillierte Untersuchungen haben gezeigt, daß dadurch 553 GWh Strom eingespart werden konnten und eine Emissionsminderung von rund 408.000 t Kohlendioxid erzielt wurde.[463]

Die Kosten betrugen insgesamt 16,4 Mio. DM für die Konzeption, Vermarktung, Abwicklung und Evaluation des Programms, sowie vor allem für die verbilligt oder sogar kostenlos abgegebenen Energiesparlampen. Die eingesparte Strommenge zu erzeugen und den Kunden bereitzustellen, hätte 50 Mio. DM gekostet.[464] Pro eingesparte kWh Strom ergeben sich damit Einsparkosten von nur 3,2 Pf., während die Erzeugungskosten der beteiligten Energieversorgungsunternehmen bei durchschnittlich 11 Pf./kWh lagen.[465] Die Durchführung des Programms „Helles NRW" beweist damit, daß die Energiedienstleistung „Beleuchtung" sehr viel günstiger durch Energiesparlampen als durch Glühlampen bereitgestellt werden kann. Dies zeigen Kostenvergleiche sowohl aus einer betriebswirtschaftlichen Perspektive für die beteiligten Energieversorgungsunternehmen als auch aus volkswirtschaftlicher und gesellschaftlicher Sicht.[466] Damit wurde in Deutschland erstmals auf der Ebene eines Landes die Erfahrung aus vielen anderen LCP-Programmen belegt, daß es häufig erheblich günstiger ist, Energie einzusparen, als dieselbe Menge Energie zu erzeugen und bereitzustellen.

b) Energieverkauf und Energieeinsparung als gegensätzliche Ziele von Energieversorgungsunternehmen

Energieversorgungsunternehmen verkaufen Strom, Gas, Nah- und Fernwärme. Mit energieeffizienten Dienstleistungen wird diese Energie eingespart. Handeln Energieversorgungsunternehmen wirtschaftlich widersprüchlich, wenn sie als Energiedienstleister tätig werden? Der Widerspruch zwischen Energieverkauf und Energieeinsparung für Energieversorgungsunternehmen, wird nachfolgend für die Gewinnerzielung [aa)], die Unabhängigkeit von der Substitutionskonkurrenz [bb)] und sonstige Unternehmensziele [cc)] ermittelt.

aa) Gewinnerzielung

Zunächst fragt sich, wie in einem Wirtschaftssystem, in dem Gewinne üblicherweise mit einem Wachstum von Produktion und damit auch des Verbrauchs erzielt werden, mit dem Einsparen von Energie Geld verdient werden kann?

---

463 *MWMTV NRW,* Evaluation, S. 67 ff.
464 *MWMTV NRW,* Evaluation, S. 76 f.
465 *MWMTV NRW,* Evaluation, S. 76 f.
466 *MWMTV NRW,* Evaluation, S. 76 f.

Der Schlüssel für die Antwort auf diese Frage liegt bei der Energierechnung des Kunden. Spart der Kunde Energie, so sinkt seine Energierechnung. Erschließt der Verbraucher seine Einsparpotentiale selbst und wechselt zum Beispiel alte Neonröhren gegen rationelle Energiesparlampen aus, so kommt ihm die gesamte Energiekostenersparnis zugute. Realisiert dagegen ein Dritter die Einsparungen, so teilen sich Verbraucher und Dritter die eingesparten Energiekosten in einem angemessenen Verhältnis. Eine derartige Einbeziehung von Dienstleistern im Wege des Contracting oder Nutzenergie-Service bietet sich an, um Hemmnisse bei der Erschließung von Einsparpotentialen etwa Informationsdefizite der Verbraucher zu überwinden. Für einen Dritten ist eine Einsparung wirtschaftlich, wenn seine Beteiligung an der Kostenersparnis den Einsatz an Kapital und Arbeit, mit dem er die Energie- und Kostenersparnis bewirkt hat, angemessen vergütet. Somit entscheidet aus der Sicht des Dritten über die Wirtschaftlichkeit der Einsparmaßnahme die Differenz zwischen deren Erlös und Kosten. Dies gilt grundsätzlich auch dann, wenn es sich bei dem Dritten um ein Energiedienstleistungsunternehmen handelt. Folglich bieten energieeffiziente Dienstleistungen einem Energiedienstleistungsunternehmen zunächst dieselben Umsatzchancen wie anderen Dienstleistern auch.

Allerdings drängt sich die Frage auf, warum Unternehmen, die am Verkauf von Energie verdienen, anfangen sollten, die von ihnen selber gelieferte Energie einzusparen. Energieversorgungsunternehmen, die energieeffiziente Dienstleistungen erbringen, könnten sich den Ast, auf dem sie sitzen, selbst absägen.

Diesem Einwand ist zu entgegnen, daß Energieversorgungsunternehmen nicht alle Energieträger überall anbieten. Deshalb bestehen Konstellationen, in denen kommunale Energieversorgungsunternehmen energieeffiziente Dienstleistungen ohne entgangene Erlöse erbringen können.[467] Hier lassen sich zwei Fälle unterscheiden: die Verdrängung nicht selbst angebotener Energieträger im eigenen Versorgungsgebiet und die Verdrängung von Energieträgern außerhalb des eigenen Versorgungsgebietes.

Im eigenen Versorgungsgebiet kann ein Energieversorgungsunternehmen mit energieeffizienten Dienstleistungen nichtleitungsgebundene Energieträger verdrängen, die es zumeist nicht selbst anbietet.[468] Eine solche Substitution liegt beispielsweise vor, wenn ein Energieversorgungsunternehmen durch die Lieferung von Nutzwärme Heizöl zum Betrieb einer Heizungsanlage verdrängt. Da bisher ein Brennstoffhändler das Heizöl lieferte, substituiert diese Nutzwärme keinen Energieträger aus dem Angebot des Energieversorgungsunternehmens. Das

467 S. die Übersicht bei *Hennicke/Seifried*, Einsparkraftwerk, S. 203.
468 *Hennicke*, in: Feser, Kommunale Umweltpolitik, S. 71.

Energieversorgungsunternehmen kann die Nutzwärme mit eigenem Erdgas oder mit regenerativen Energiequellen erzeugen.

Der Energieabsatz eines Energieversorgungsunternehmen wird auch dann nicht gemindert, wenn energieeffiziente Dienstleistungen für Kunden außerhalb des eigenen Versorgungsgebietes erbracht werden.[469] Da das Energieversorgungsunternehmen hier (noch) keine Energieträger verkauft, kann es energieeffiziente Dienstleistungen anbieten, ohne den eigenen Absatz zu beeinträchtigen, auch wenn dadurch Strom, Gas oder Fernwärme substituiert werden. Damit können kommunale Energieversorgungsunternehmen, ohne daß ihnen Erlöse entgehen, außerhalb des eigenen Versorgungsgebietes ein erheblich breiteres Angebot an energieeffizienten Dienstleistungen vermarkten als auf ihrem bisherigen Markt. Die Expansion auf räumlich neue Märkte kommt allerdings als Strategieoption nur unter der Voraussetzung in Betracht, daß rechtlich zulässige Formen einer wirtschaftlichen Betätigung kommunaler Unternehmen außerhalb ihres Gemeindegebietes bestehen, das heißt die Gebietsüberschreitung kommunaler Unternehmen insbesondere mit Art. 28 Abs. 2 S. 1 GG vereinbar ist.[470]

Schließlich besteht langfristig eine der Strategieoptionen von Energieversorgungsunternehmen im Wettbewerb darin, sich auf den Netzbetrieb und Einnahmen aus Durchleitungsgebühren zu konzentrieren. Ein Netzbetreiber, der weder mit Energie handelt, noch Endenergie erzeugt, könnte ohne entgegenstehendes Absatzinteresse Einspardienstleistungen erbringen. Bei den derzeitigen Verhältnissen ist jedoch überwiegend davon auszugehen, daß ein Energieversorgungsunternehmen, das energieeffiziente Dienstleistungen erbringt, diejenige Energie einspart, die es bisher selbst lieferte. In diesem Fall wird sein Energieabsatz sinken.

Daher muß ein Energieversorgungsunternehmen betriebswirtschaftlich den Erlös aus dem Energieverkauf berücksichtigen, den es durch Einsparmaßnahmen verliert.[471] Eine Berücksichtigung allein des Erlöses reicht jedoch nicht aus. So erzielt ein Energieversorgungsunternehmen etwa mit dem Verkauf von Strom zu Spitzenlastzeiten einen Erlös. Weil aber Spitzenlaststrom in der Erzeugung sehr teuer ist, kann dessen Verkauf unter Wettbewerbsbedingungen verlustbringend sein. Demnach müssen auch die durch die Einsparung vermiedenen Kosten in die Wirtschaftlichkeitsbetrachtung einfließen. Wenn durch Einsparungen der Energieabsatz eines Energieversorgungsunternehmen sinkt, verursacht dies also zwar meistens, aber nicht immer einen Verlust.

---

469 *Hennicke*, in: Feser, Kommunale Umweltpolitik, S. 71.

470 Zur Begrenzung kommunaler Unternehmen auf das Gebiet ihrer Trägerkommune durch Art. 28 Abs. 2 S. 1 GG s. S. 66.

471 *Wirl*, Energiesparmaßnahmen, S. 72; vgl. zum Parallelproblem bei IRP-Programmen *Hennicke/Seifried*, Einsparkraftwerk, S. 137.

Sofern ein Energieversorgungsunternehmen durch eine Energiesparmaßnahme seinen Absatz verringert und die nicht abgesetzte Menge gewinnbringend hätte verkaufen können, verliert das Energieversorgungsunternehmen einen positiven Deckungsbeitrag aus dem Energieverkauf.[472] Bei einer isolierten Betrachtung dieser Bedingungen liegt für ein Energieversorgungsunternehmen wegen dieses verlorenen Deckungsbeitrags die Wirtschaftlichkeitsgrenze eines konkreten Einsparvorhabens höher als für andere Dienstleister wie Ingenieurbüros, die keine Energie verkaufen. Um dennoch mit solchen Mitbewerbern konkurrieren zu können, beziehen zum Beispiel die Stadtwerke Hannover die entgehenden Deckungsbeiträge nicht in die Wirtschaftlichkeitsrechnung von Contractingprojekten ein.[473] Aber selbst wenn entgehende Deckungsbeiträge aus dem Energieverkauf einbezogen werden, bedeutet dies nicht, daß das Projekt für das Energiedienstleistungsunternehmen deshalb bereits unwirtschaftlich wäre. Zunächst können entgehende Deckungsbeiträge durch andere Kostenstrukuren und Synergieeffekte teilweise ausgeglichen werden, zum Beispiel durch eine langfristige Kundenbindung von Energieverbrauchern.[474] Außerdem müssen die Deckungsbeiträge aus dem Energieverkauf und der Durchführung der Einsparmaßnahme verglichen werden. Übersteigt der Deckungsbeitrag aus der Einspardienstleistung den aus dem Energieverkauf, so ist die Einsparung betriebswirtschaftlich wiederum sinnvoll.

bb) Unabhängigkeit von der Substitutionskonkurrenz

Die wirtschaftliche Attraktivität des Marktes für energieeffiziente Dienstleistungen wird auch durch die Wettbewerbssituation auf den Energiemärkten bestimmt. Dabei hat der Zusammenhang von Energieverkauf und Energieeinsparung nicht nur für die soeben dargestellten Gewinnaussichten, sondern auch für die Wettbewerbsposition der Energieversorgungsunternehmen große Bedeutung.

Produkte stehen auf verschiedenen Märkten zueinander in Konkurrenz. Ein anschauliches Beispiel dafür sind die Naßrasierer der Firma Gilette.[475] Sie konkurrieren mit Fabrikaten beispielsweise der Firmen Wilkinson und Bic. Gleichzeitig steht Gilette auf dem Rasierermarkt auch mit Herstellern von elektrischen Trockenrasierern etwa Philips oder Braun im Wettbewerb. Substitutionskonkurrenz besteht zwischen verschiedenartigen Produkten, die vom Kunden wechsel-

---

472 Zur Frage, ob Energieeinsparungen unterbleiben, wenn Energieversorgungsunternehmen sie nicht vornehmen s. S. 145.

473 *Hagenberg*, in: ASEW, Integrierte Ressourcen-Planung, S. 153 f.

474 *Hagenberg*, in: ASEW, Integrierte Ressourcen-Planung, S. 154.

475 *Preißner/Engel*, Marketing, S. 275.

seitig ersetzt werden können,[476] da sie beim Kunden denselben Nutzen herbeiführen. Im gegebenen Beispiel stehen Naß- und Elektrorasierer in Substitutionskonkurrenz. Als sich Elektrogeräte immer stärker gegenüber Naßrasierern durchsetzten, ging der Umsatz von Gilette stark zurück. So entschloß sich die Unternehmensleitung in den sechziger Jahren, die Rasierapparatesparte von Braun zu übernehmen.[477] Gilette war nun auf beiden Märkten präsent und von der Substitutionskonkurrenz zwischen Naß- und Elektrorasierern unabhängig, da die Gewinne aus dem zunehmenden Elektrorasierergeschäft nun dem eigenen Unternehmen zuflossen. Inzwischen hat Gilette sein Angebot zusätzlich auf den Markt für (Rasier-) Kosmetika ausgedehnt.

Eine derartige Substitutionskonkurrenz besteht auch auf den Energiemärkten. Beispielsweise konkurrieren auf dem Raumwärmemarkt verschiedene Energieträger, vor allem Erdgas, das Energieversorgungsunternehmen verkaufen, und Heizöl anderer Anbieter.[478] Erdgas steht auf dem Raumwärmemarkt aber ebenso mit Effizienztechniken im Wettbewerb. Jede neue Technik zur effizienteren Energieumwandlung, etwa ein Gas-Brennwertkessel, reduziert den Energiebedarf auf dem Raumwärmemarkt. Gleiches gilt aber auch für Dienstleistungen wie eine bessere Gebäudeisolierung, die den Nutzenergiebedarf verringern. Energieeffiziente Techniken und Dienstleistungen ersetzen und verdrängen dadurch Energieträger.

Volkswirtschaftlich läßt sich diese Konkurrenzbeziehung als Substitution von Energie durch Kapital,[479] in der Form von Effizienztechniken, und durch Arbeit, zum Beispiel in der Form von Einspar-Know-how und Energiesparverhaltensweisen, beschreiben.[480] Substitutionsbewegungen zwischen Energieträgern und Effizienztechniken können Energieversorgungsunternehmen frühzeitiger erkennen, wenn sie nicht nur isoliert den Energieträgermarkt beobachten. Demnach ist es auch im Hinblick auf Konkurrenzbeziehungen vorteilhaft, wenn Energieversorgungsunternehmen ihre strategische Planung am Kundennutzen, und damit am Markt für energieeffiziente Dienstleistungen, ausrichten.

Auf dem Markt für energieeffiziente Dienstleistungen sind neben Energieversorgungsunternehmen bereits viele andere Unternehmen aktiv.[481] In dem Maße, wie diese Anbieter einen immer größeren Teil der wirtschaftlichen Einsparpotentiale erschließen, verdrängen sie Energieträger und reduzieren den Umsatz von

---

476 *Preißner/Engel*, Marketing, S. 275.
477 *Preißner/Engel*, Marketing, S. 275.
478 *Löbbe*, Marktdynamik, S. 65 ff.
479 *Hensing/Pfaffenberger/Ströbele*, Energiewirtschaft, S. 15.
480 *Hennicke/Seifried*, Einsparkraftwerk, S. 219; *Hartung*, in: ASEW, Integrierte Ressourcen-Planung, S. 263.
481 S. S. 131.

Energieversorgungsunternehmen. Durch die Aktivitäten anderer Unternehmen sind Energieversorgungsunternehmen damit bereits von der Substitutionskonkurrenz zwischen Energie und Energieeinsparung betroffen.[482] Demnach ist es erforderlich, daß sie die substitutionsbedingte Unsicherheit der Einnahmen aus dem Energieverkauf in den Wirtschaftlichkeitsvergleich zwischen Energieverkauf und energieeffizienten Dienstleistungen einbeziehen.[483] Entsprechend verfolgen die Städtischen Werke Kassel das Ziel, durch energieeffiziente Dienstleistungen diejenigen Margen zu erhalten, die sie verlieren würden, wenn die Einsparungen ohne ihre Mitwirkung durch Konkurrenten realisiert würden.[484] Mittel- und langfristig ist es wahrscheindlich, daß die Energiepreise wegen der Ressourcenverknappung und der Internalisierung externer (Umwelt-) Kosten steigen. Dies könnte die Verdrängung von Energie durch Energiespartechnik und -Know-how wesentlich beschleunigen. Allerdings sorgt trotz Einführung der Ökosteuer und des Erneuerbare-Energien-Gesetzes der Preiswettbewerb auf dem Elektrizitätsmarkt kurzfristig für stark sinkende Strompreise.

Energieversorgungsunternehmen, die dem Verlust von Marktanteilen lediglich zusehen, verlieren ihre Gestaltungsmöglichkeiten. Vor allem sichert ihnen das Abwarten nicht den bisherigen Energieabsatz, da verschiedene Konkurrenten die Substitution vorantreiben.[485] Den Energiebedarf durch neue Anwendungen in einem Ausmaß zu steigern, das die Einsparungen überkompensiert, erscheint aussichtslos. Stattdessen bietet sich an, daß Energieversorgungsunternehmen mit Energiedienstleistungen und energieeffizienten Dienstleistungen kerngeschäftsnah neue Umsätze erschließen. Dafür stehen ihnen, um auf das genannte Beispiel zurückzugreifen, alle Möglichkeiten von der Eigenentwicklung elektrischer Rasierapparate bis zum Kauf eines Elektrorasiererherstellers zur Verfügung. Energieversorgungsunternehmen würden durch Aktivitäten auf allen Teilbereichen des Gesamtmarktes für energieeffiziente Dienstleistungen von der Substitutionskonkurrenz unabhängig. Damit erweist sich die Diversifikation von Energieversorgungsunternehmen in den Energieeffizienz-Bereich auch als Instrument der Risikokontrolle.[486]

---

482 *Weber*, et 1996, S. 411.

483 *Hennicke/Seifried*, Einsparkraftwerk, S. 198.

484 *Frey*, in: ASEW, Integrierte Ressourcen-Planung, S. 232.

485 *Schlusche*, in: Forum für Zukunftsenergien, Innovationen, S. 268; *Weber*, et 1996, S. 411; *Frey*, in: ASEW, Integrierte Ressourcen-Planung, S. 233; *Jänig*, Neue Instrumente, in: Öko-Institut, Wettbewerb, S. 11; *ASEW*, Argumente, S. 10.

486 *Bräuer/Egeln/Werner*, Wettbewerb, S. 93.

cc) Sonstige Unternehmensziele

Schließlich können energieeffiziente Dienstleistungen betriebswirtschaftlich auch deshalb sinnvoll sein, weil sie auch weiteren als den soeben untersuchten Unternehmenszielen dienen. Solche Unternehmensziele werden zwar mittelbar in der Regel ebenfalls dem Hauptziel Gewinnerzielung dienen, dennoch können sie bereits unmittelbar eine besondere Bedeutung entfalten.

So vertiefen energieeffiziente Dienstleistungen die Bindung des Kunden an das Energieversorgungsunternehmen. Die Kundenbindung wird durch die zunehmende Konkurrenz auf den Energiemärkten eine zentrale Bedeutung vor allem im Bereich der bisherigen Sondervertragskunden erlangen.[487] So können sogar energieeffiziente Dienstleistungen, die ein Energieversorgungsunternehmen vergünstigt oder gratis erbringt, als Instrument der Kundenbindung betriebswirtschaftlich rentabel sein.[488]

Außerdem ist der Umweltschutz ein Thema, dem die Öffentlichkeit nach wie vor eine große Bedeutung einräumt.[489] Energieeffiziente Dienstleistungen, die Klima und Ressourcen schonen, haben daher eine beträchtliche Imagewirkung für Energieversorgungsunternehmen. Diese Imageverbesserung ist für Energieversorgungsunternehmen geldwert und sollte daher in die Wirtschaftlichkeitsberechnungen für energieeffiziente Dienstleistungen einbezogen werden,[490] auch wenn sie, wie dargestellt, als Hauptgrund für ein solches Angebot nicht taugt.

487 Nach der ersten Phase des Wettbewerbs im Elektrizitätsmarkt haben sich die Energieversorgungsunternehmen aus Kostengründen darauf zurückbesonnen, mit Dienstleistungen und Kundenbindungsprogrammen bisherige Kunden zu halten, anstatt neue zu gewinnen (*Bozem*, zit. in: Handelsblatt v. 30.8.2000, S. 16).

488 *Hagenberg*, Integrierte Ressourcenplanung, in: Öko-Institut, Wettbewerb, S. 3.

489 So bereiten die Umweltprobleme nach einer Umfrage des Emnid-Instituts für den International Environment Monitor 79 Prozent der Deutschen „sehr große" oder „ziemlich große" Sorgen. Weitere 71 Prozent der Deutschen stimmten der Forderung zu „dem Umweltschutz sollte Vorrang eingeräumt werden, auch auf die Gefahr hin, daß das Wirtschaftswachstum dadurch verlangsamt wird." (FR v. 14.5.1997).

490 *Hagenberg*, Integrierte Ressourcenplanung, in: Öko-Institut, Wettbewerb, S. 2; Imagewirkung und Kundenbindung als betriebswirtschaftliche Vorteile von Energiedienstleistungen betont auch *Jänig*, Neue Produkte, in: Öko-Institut, Wettbewerb, S. 11.

dd) Nachfrage nach von Energieversorgungsunternehmen erbrachten energieeffizienten Dienstleistungen

Aufgrund des dargestellten Zielkonflikts stehen Energieverbraucher vor der allgemeinen Frage, ob der Anbieter eines bestimmten Produktes ein genügend unabhängiger Berater ist, um Hilfen zur Einsparung gerade dieses Produktes zu geben.

Für den Anbieter spricht seine größere Sachkunde hinsichtlich des Produkts, denn wer ein Produkt verkauft, kennt sich damit im Regelfall auch besonders gut aus. So wird Energieversorgungsunternehmen von ihren Verbrauchern eine hohe Kompetenz in Energiefragen zugesprochen.[491] Zudem stehen Energieversorgungsunternehmen mit vielen Energieverbrauchern bereits seit vielen Jahren in Geschäftsbeziehungen, was die Durchführung energieeffizienter Dienstleistungen vor allem dann erleichtert, wenn diese einen hohen Beratungsanteil beinhalten. Bei der großen Anzahl von Energieberatungen, die zumindest die kommunalen Energieversorgungsunternehmen bereits seit längerem erbringen, dürfte es schließlich auch häufig vorkommen, daß ein Kunde das Stadtwerk als Energiemanager bevorzugt, weil er bereits dessen Energieberatung in Anspruch genommen hat und damit zufrieden war. Das stärkste Argument gegen den aufgezeigten Zielkonflikt ist daher das Wissen der Verbraucher, daß Energieversorgungsunternehmen dieselben Energieeinsparungen erzielen wie andere vom Energieverkauf unabhängigere Konkurrenten. Diesen Ruf müssen sich die als Energieverkäufer etablierten Energieversorgungsunternehmen allerdings härter erarbeiten als andere Anbieter energieeffizienter Dienstleistungen.

ee) Maßnahmen kommunaler Energieversorgungsunternehmen zur Verringerung des Zielkonflikts

Schließlich können Energieversorgungsunternehmen auch selber Maßnahmen treffen, die den Zielkonflikt zwischen Energieverkauf und Energieeinsparung verringern.

In den USA konzentrieren sich Energieversorgungsunternehmen derzeit auf die Entwicklung vermarktbarer energieeffizienter Dienstleistungen,[492] die vom Verbraucher unmittelbar zu bezahlen sind, während man in den achtziger Jahren stark auf umlagefinanzierte LCP-Programme gesetzt hatte. Eine konsequente Diversifikation haben bereits über 40 amerikanische Energieversorgungsunterneh-

491 *Löbbe/Kalny*, VIK-Mitteilungen 2/97, S. 32 f.

492 *Grawe/Schulz*, Elektrizitätswirtschaft 1996, S. 1295.

men durchgeführt, die über Energy Service Companies verfügen.[493] Diese Energy Service Companies bieten Effizienzdienstleistungen an, um den Rückgang von Marktanteilen im Versorgungsgeschäft der Energieversorgungsunternehmen auszugleichen.[494] Die Energy Service Company wird dabei häufig als selbständige Gesellschaft unter dem Dach einer Energie-Holding geführt, der neben der Energy Service Company auch die bisherige Versorgungsgesellschaft angehört.[495] Diese Organisationsform ermöglicht, daß sich das neue Standbein des Energieversorgungsunternehmens entsprechend der Nachfrage nach energieeffizienten Dienstleistungen entwickeln kann, ohne durch die Absatzinteressen der Versorgungsgesellschaft behindert zu werden.[496]

Als organisatorische Mindestlösung für eine Trennung von Energieverkauf und -einsparung bietet sich die getrennte Buchführung an, die § 9 Abs. 2 EnWG deutschen Energieversorgungsunternehmen bereits für die Bereiche Elektrizitätserzeugung, -übertragung und -verteilung vorschreibt. Eine gewisse organisatorische Entflechtung schreibt § 4 Abs. 4 EnWG vor, nach dem Energieversorgungsunternehmen das Übertragungsnetz als eigene und von den übrigen Tätigkeiten getrennte Betriebsabteilung zu führen haben. Dadurch soll verhindert werden, daß Energieversorgungsunternehmen ihre Herrschaft über das Stromnetz nutzen, um konkurrierende Stromverkäufer zu behindern. Aber selbst eine getrennte Betriebsabteilung „Energiedienstleistungen“, die sämtliche Energiesparaktivitäten bündelt, könnte nicht verhindern, daß zum Beispiel die Unternehmensleitung des Energieversorgungsunternehmens bestimmte Energiesparprojekte behindert, um den Energieabsatz nicht zu verringern. Angesichts der fortschreitenden Substitution von Energie durch Arbeit das heißt Einspartechniken und -Know-how erscheint es langfristig sinnvoll, daß Energieversorgungsunternehmen alle Energiesparaktivitäten in einem wirtschaftlich, organisatorisch und rechtlich selbständigen Energiedienstleistungsunternehmen bündeln, das mit der Versorgungssparte des Energieversorgungsunternehmens konkurriert.[497] Als Muttergesellschaft käme dafür ein kommunales Energieunternehmen in Frage, dessen Versorgungssparte auf die Tochter Energieversorgungsunternehmen auszulagern wäre. Die Energieversorgung und die Energiedienstleistungen könnten aber auch unmittelbar in einem Stadtwerke-Konzern, der möglichst viele wirtschaftliche Betätigungen bündelt, eingegliedert werden.[498] Durch selbständige Energieversorgungs- und Energiedienstleistungsunternehmen ermöglicht ein

493 *Weinberger*, et 1996, S. 576.
494 *Weinberger*, et 1996, S. 576.
495 *Weinberger*, et 1996, S. 576.
496 *Weinberger*, et 1996, S. 577.
497 Näher dazu S. 150 f.
498 *Hennerkes*, Der Städtetag 1997, S. 501.

Energieversorgungsunternehmen nicht nur organisatorisch, an den gegenläufigen Tätigkeiten Energieverkauf und Energieeinsparung insgesamt maximal zu verdienen. Vor allem verdeutlicht es durch die Selbständigkeit des Energiedienstleistungsunternehmens auch potentiellen Kunden die größtmögliche Unabhängigkeit von möglichen Absatzinteressen des Energieversorgungsunternehmens.

In Deutschland steht die Gründung selbständiger Energiedienstleistungsgesellschaften von Energieversorgungsunternehmen erst am Anfang. Die MKW Energie Service GmbH, eine Tochter der Main-Kraftwerke-AG befaßt sich mit der Wärmelieferung sowie Betriebsüberwachung und Steuerung von Heiz- und Klimazentralen unter anderem der öffentlichen Hand.[499] Unter den kommunalen Energieversorgungsunternehmen gibt es ebenfalls erste Beispiele selbständiger Tochtergesellschaften, die energieeffiziente Dienstleistungen anbieten. In Hagen haben die Stadtwerke zusammen mit dem örtlich tätigen privaten Elektrizitätsversorger Elektromark 1998 die Energiedienstleistungsgesellschaft Hagen gegründet, die unter anderem energieeffiziente Dienstleistungen für die Stadt Hagen erbringt.[500] Die Stadtwerke Hannover AG betreibt zusammen mit der Stadt Langenhagen eine selbständige Tochtergesellschaft, die Energiedienstleistungen anbietet.[501] Um ein Unternehmen in kommunaler, wenn auch nicht städtischer, Trägerschaft handelt es sich schließlich auch beim EnergieDienstleistungsZentrum GmbH des Rheingau-Taunus-Kreises, das für die Energiebewirtschaftung aller kreiseigenen Liegenschaften zuständig ist.[502] Durch solche selbständigen Energiedienstleistungsunternehmensgesellschaften setzen Energieversorgungsunternehmen die Unabhängigkeit von der Substitutionskonkurrenz zwischen Energieverkauf und Energieeinsparung unternehmensorganisatorisch konsequent in die Praxis um.

c) *Umsatzerwartungen kommunaler Energieversorgungsunternehmen für Energiedienstleistungen*

Nachdem die wirtschaftliche Attraktivität von energieeffizienten Dienstleistungen hinsichtlich verschiedener Unternehmensziele untersucht wurde, soll sie abschließend anhand der Einschätzung der fraglichen Anbieter, der Energieversorgungsunternehmen selbst, bestimmt werden. Dafür ist auf die Einschätzung der Unternehmen zurückzugreifen, da für den neuen Energieeffizienz-Markt noch keine Umsatzstatistiken oder vergleichbare Erhebungen vorliegen und zudem

499 ZfK 12/1996, S. 9.
500 *Kristof/Merten/Nanning*, Kommunales Intracting, S. 11.
501 *Thomas et al.*, Energy Services, S. 9.
502 *Kristof/Merten/Nanning*, Kommunales Intracting, S. 28.

Betriebe über Umsätze häufig keine Auskünfte erteilen. Daher werden im folgenden die Umsatzerwartungen kommunaler Energieversorgungsunternehmen herangezogen, um zu ermitteln, wie Versorgungsunternehmen die wirtschaftliche Attraktivität des neuen Geschäftsfeldes energieeffiziente Dienstleistungen beurteilen.

Detaillierte Angaben zu den Umsatzerwartungen, die kommunale Energieversorgungsunternehmen an Energiedienstleistungen stellen, können der bereits erwähnten ASEW-Befragung[503] entnommen werden. Der Fragebogen stellte den Energieversorgungsunternehmen dreizehn „Energiedienstleistungen" zur Auswahl: Wärmeservice, solarer Wärmeservice, Kälteservice, Heizungsanlagencontracting, Nutzlichtcontracting, Wärmedämmcontracting, allgemeine Contractingleistungen, Straßenbeleuchtung, Beratung, Energiemanagement, Thermographie, Stromtankstelle und Erdgastankstelle.

Zunächst reduziert sich dieses Dienstleistungsangebot etwas, sofern man die hier verwendete Energiedienstleistungsdefinition[504] zugrunde legt und unter Energiedienstleistungen den physischen Nutzen versteht, der durch Energieeinsatz in Anwendungsgeräten entsteht.

Der Betrieb von Erdgas- und Stromtankstellen stellt danach keine Energiedienstleistung dar, da der Energieeinsatz im Fahrzeugmotor und der Kundennutzen Mobilität nicht Bestandteil dieser Dienstleistungen ist. Stattdessen werden auch an Erdgas- und Solarstromtankstellen lediglich Energieträger verkauft, auch wenn für diese Energieträger im Vergleich zu Benzin und Diesel gewisse ökologische Vorteile sprechen mögen. Auch um energieeffiziente Dienstleistungen handelt es sich beim Betrieb solcher Tankstellen nicht, weil die Abgabe der Energieträger an den Kunden die Energieeffizienz der Mobilität im jeweiligen Fahrzeug nicht steigert. Deshalb wird der Betrieb von Erdgas- und Solartankstellen nachfolgend nicht mehr berücksichtigt.

Bei den sonstigen Angeboten kommunaler Energieversorgungsunternehmen handelt es sich überwiegend um Energiedienstleistungen wie beim Wärmeservice, Solaren Wärmeservice, Kälteservice, der Straßenbeleuchtung, dem Nutzlicht-, Heizungsanlagen- und allgemeinen Contracting. Die übrigen von der ASEW als „Energiedienstleistungen" im Fragebogen aufgeführten Produkte beinhalten keinen Einsatz von Energie in Anwendungsgeräten und stellen damit keine Energiedienstleistungen im Sinne dieser Untersuchung dar. Da sie gleichwohl die Energieeffizienz steigern, handelt es sich beim Wärmedämmcontracting und Energiemanagement sowie bei der Thermografie und (Energiespar-) Beratung um energieeffiziente Dienstleistungen. Da Energiedienstleistungen zu den

503 S. S. 43.
504 S. S. 121.

energieeffizienten Dienstleistungen zählen, weil auch sie die Energieeffizienz erhöhen,[505] erfaßt die ASEW-Umfrage somit entgegen ihrem Titel hauptsächlich energieeffiziente Dienstleistungen.

Die im Fragebogen aufgezählten, und als energieeffizient zu qualifizierenden, Dienstleistungen konnten von den kommunalen Energieversorgungsunternehmen mit folgenden Bewertungen versehen werden: sehr gute Umsatzerwartung, gute Umsatzerwartung, weder Gewinne noch Verluste, Umsatzeinbußen erwartet, große Umsatzeinbußen erwartet.[506] Der folgenden Rangfolge liegt der Anteil von Unternehmen zugrunde, die von der jeweiligen energieeffizienten Dienstleistung gute und sehr gute Umsätze erwarten:[507]

1. Wärmeservice (97 Prozent),
2. Heizungsanlagencontracting (97 Prozent),
3. Kälteservice (91 Prozent),
4. allgemeine Contractingleistungen (80 Prozent),
5. Straßenbeleuchtung (59 Prozent),
6. Energiemanagement (53 Prozent),
7. Nutzlichtcontracting (50 Prozent),
8. Wärmedämmcontracting (50 Prozent),
9. Thermografie (50 Prozent),
10. Beratung (30 Prozent) und
11. solarer Wärmeservice (19 Prozent).

An diesem Befragungsergebnis sticht zunächst der Anteil von energieeffizienten Dienstleistungen ins Auge, für die eine sehr hohe Anzahl von Unternehmen gute und sehr gute Umsätze erwartet. So erzielt mehr als ein Viertel der Dienstleistungen Positivwerte bei über 80 Prozent der Unternehmen. Den Dienstleistungen auf den Plätzen eins bis drei werden sogar von über 90 Prozent der Energieversorgungsunternehmen positive Umsätze vorhergesagt.

Mit Abstand am wenigsten Unternehmen erwarten vom Solaren Wärmeservice gute oder sehr gute Umsätze. Hier gehen nur knapp 19 Prozent der Befragten von positiven Umsätzen aus. Im letzten Drittel des Feldes, wenn auch mit deutlichem Abstand zum Solaren Wärmeservice, liegen auch Wärmedämmcontracting, Thermografie und Beratung. Die schwächeren Umsatzerwartungen für diese Dienstleistungen könnten darauf beruhen, daß sie allesamt keine Energielieferung umfassen und damit für die Energieversorgungsunternehmen der wichtige Umsatzträger der Strom- oder Gaslieferung entfällt.

---

505 S. S. 122.

506 *ASEW*, Energiedienstleistungen, S. 14.

507 Berechnet nach *ASEW*, Energiedienstleistungen, S. 15 ff.

Insgesamt rechnen für neun der elf energieeffizienten Dienstleistungen jeweils mindestens 50 Prozent der Befragten mit guten oder sehr guten Umsätzen.

Schließlich kann auch ein durchschnittlicher Anteil der kommunalen Energieversorgungsunternehmen ermittelt werden, der von diesen energieeffizienten Dienstleistungen eine positive Umsatzentwicklung erwartet. Danach beurteilen 61 Prozent der befragten Energieversorgungsunternehmen die Umsatzerwartungen für die genannten energieeffizienten Dienstleistungen als gut oder sehr gut und schätzen damit die Umsatzerwartungen auf dem Energieeffizienz-Markt positiv ein. Auch außerhalb der ASEW-Umfrage werden die Märkte für Energiedienstleistungen von kommunalen Energieversorgungsunternehmen als ausgesprochene Zukunftsmärkte bezeichnet, auf denen mittel- bis langfristig mit einem bedeutenden und lukrativen Geschäft zu rechnen ist.[508]

5. *Angebot energieeffizienter Dienstleistungen durch kommunale Energieversorgungsunternehmen*

Ob diese positiven Umsatzerwartungen für energieeffiziente Dienstleistungen auch in der praktischen Geschäftspolitik kommunaler Energieversorgungsunternehmen ihren Niederschlag finden, läßt sich am Energieeffizienz-Angebot dieser Unternehmen ablesen. Die ASEW-Umfrage hat auch ermittelt, wieviele kommunale Energieversorgungsunternehmen die genannten energieeffizienten Dienstleistungen anbieten.

Zwar kann man an der Zahl von Unternehmen, die eine bestimmte Dienstleistung anbieten, weder ablesen, in welchem Umfang diese Unternehmen die fragliche Dienstleistung erbringen, noch, welchen Anteil diese Dienstleistung an der gesamten Geschäftstätigkeit dieser Unternehmen, zum Beispiel gemessen am Gesamtumsatz, hat. Jedoch ermöglichen die Zahlen von Unternehmen, die bestimmte energieeffiziente Dienstleistungen erbringen, eine Aussage darüber, in welchem Umfang sich energieeffiziente Dienstleistungen im Angebot kommunaler Unternehmen bereits etabliert haben.

Danach ergab die ASEW-Umfrage die folgende Rangliste des Angebotes energieeffizienter Dienstleistungen:

1. Wärmeservice (85 Prozent),
2. Beratung (81 Prozent),
3. Heizungsanlagencontracting (61 Prozent),
4. Straßenbeleuchtung (52 Prozent),

508 So *Roland Hartung*, der Sprecher der kommunalen MVV Energie AG, in Energie Spektrum 1995, S. 12.

5. solarer Wärmeservice (45 Prozent),
6. Kälteservice (45 Prozent),
7. Energiemanagement (41 Prozent),
8. allgemeine Contractingleistungen (41 Prozent),
9. Nutzlichtcontracting (33 Prozent),
10. Wärmedämmcontracting (14 Prozent) und
11. Thermografie (12 Prozent).

Bei diesen Ergebnissen überrascht zunächst der hohe Anteil von 45 Prozent der Unternehmen, die ihren Kunden den Solaren Wärmeservice anbieten. Dies gilt vor allem, da mit 19 Prozent für diese Energiedienstleistung am wenigsten Unternehmen gute Umsätze erwarten.[509] Auch im Marketing kommunaler Energieversorgungsunternehmen taucht der solare Wärmeservice nicht so häufig auf, daß man vermuten würde, fast die Hälfte der Befragten bietet diese Dienstleistung an. Vorstellbar wäre, daß Energieversorgungsunternehmen diesen Service auf politischen Druck ihrer Eigner trotz schlechter Gewinnmargen anbieten. Allerdings bewerteten die kommunalen Energieversorgungsunternehmen politische Vorgaben bei der ASEW-Umfrage als unwichtigstes aller neun abgefragten Motive,[510] so daß ein politisch motiviertes Angebot des Solaren Wärmeservice eher unwahrscheinlich ist. Die ASEW geht davon aus, daß die kommunalen Energieversorgungsunternehmen die Frage nach ihrem Angebot des Solaren Wärmeservice teilweise mißverstanden und zum Solaren Wärmeservice zum Beispiel auch finanzielle Förderprogramme für Solaranlagen gezählt haben.[511]

Aus der Rücklaufquote der Umfrage von 44 Prozent[512] ergibt sich, daß diese energieeffizienten Dienstleistungen im Umfang der genannten Prozentzahlen von fast der Hälfte aller ASEW-Mitglieder angeboten werden. Insgesamt werden energieeffiziente Dienstleistungen demnach von einer großen Anzahl derjenigen kommunalen Unternehmen angeboten, die sich der sparsamen und umweltschonenden Energieverwendung besonders verpflichtet fühlen und dies unter anderem durch ihre ASEW-Mitgliedschaft ausdrücken. Somit ist ein großer Teil dieser Energieversorgungsunternehmen bereits auf dem Markt für energieeffiziente Dienstleistungen aktiv. Dies belegt, daß sich das Bekenntnis dieser Unternehmen zum Umweltschutz nicht auf die Verbandsmitgliedschaft und die Öffentlichkeitsarbeit beschränkt, sondern auch ihre Produktpalette konkret beeinflußt.

Aber wie sieht es mit denjenigen Unternehmen aus, die ihr Umweltbewußtsein nicht mit einer Mitgliedschaft in einer speziellen Organisation dokumentie-

---

509 Vgl. S. 154.
510 *ASEW*, Energiedienstleistungen, S. 12.
511 *ASEW*, Energiedienstleistungen, S. 17.
512 *ASEW*, Energiedienstleistungen, S. 6.

ren? Welche Bedeutung hat das Angebot ökologischer energieeffizienter Dienstleistungen innerhalb der gesamten Gruppe kommunaler Energieversorgungsunternehmen?

Die befragten 214 ASEW-Mitgliedsunternehmen[513] repräsentieren 31 Prozent der 687 im VKU organisierten Energieversorgungsunternehmen.[514] Damit hat für fast ein Drittel aller kommunalen Energieversorgungsunternehmen der Umweltschutz eine wichtige Bedeutung, sofern man dies an der Mitgliedschaft in einer Arbeitsgemeinschaft mißt, deren Ziel - der Name ist Programm -[515] die Förderung der rationellen, sparsamen und umweltschonenden Energieverwendung ist. Von diesen Unternehmen haben sich 94 durch Rücksendung des Fragebogens an der Umfrage beteiligt.[516] Bezogen auf die 687 kommunalen Energieversorgungsunternehmen sind dies 14 Prozent. Somit bieten bereits 14 Prozent aller kommunalen Energieversorger die genannten energieeffizienten Dienstleistungen in dem angegebenen Umfang an.

Wieviele der von der ASEW befragten Unternehmen überhaupt energieeffiziente Dienstleistungen erbringen, wurde zwar nicht erhoben. Allerdings bieten von den 94 kommunalen Energieversorgern, die sich an dieser Umfrage beteiligt haben, allein 85 Prozent die Energiedienstleistung Wärmeservice an. Somit führen 80 kommunale Energieversorgungsunternehmen die am häufigsten angebotene Energiedienstleistung in ihrer Produktpalette. Dies sind 11,6 Prozent aller 687 kommunalen Energieversorgungsunternehmen. Dabei kann davon ausgegangen werden, daß es auch Unternehmen gibt, die zwar energieeffiziente Dienstleistungen, nicht aber den Wärmedirektservice, also ausschließlich andere energieeffiziente Dienstleistungen als den Wärmedirektservice anbieten. Aller Erfahrung nach dürfte die Gruppe der Anbieter von energieeffizienten Dienstleistungen damit größer sein als die Zahl der Unternehmen, die die verbreitetste energieeffiziente Dienstleistung anbieten. Daher dürfte es sich bei den 11,6 Prozent aller kommunalen Energieversorgungsunternehmen um einen Mindestwert handeln. Insgesamt nimmt aus der Gruppe aller kommunalen Energieversorgungsunternehmen damit bereits ein beachtlicher Anteil zwischen 11,6 Prozent (Anbieter des Wärmeservice) und 14 Prozent (Zahl an der Umfrage beteiligter ASEW-Mitglieder) mit eigenen Angeboten an der Erschließung des Energieeffizienz-Marktes teil.

Auf dem Energieeffizienz-Markt werden neben der Lieferung von Nutzenergien wie Wärme, Kälte und Licht die unterschiedlichsten Contractingformen an-

---

513 *ASEW*, Energiedienstleistungen, S. 6.

514 Zur Gesamtzahl kommunaler Energieversorgungsunternehmen s. S. 39.

515 ASEW steht für Arbeitsgemeinschaft kommunaler Versorgungsunternehmen zur Förderung rationeller, sparsamer und umweltschonender Energieverwendung und rationeller Wasserverwendung im VKU, Köln.

516 *ASEW*, Energiedienstleistungen, S. 6.

geboten. Insgesamt belegen diese Aktivitäten der verschiedenen Anbieter, daß, unabhängig von dessen Entwicklungsstand, ein Markt für energieeffiziente Dienstleistungen bereits besteht.[517] Energieeffiziente Dienstleistungen wurden in den vergangenen Jahren entwickelt und haben sich im Angebot kommunaler Energieversorgungsunternehmen damit bereits etabliert. Die verstärkte Orientierung am Kundennutzen, eine Schlüsselqualifikation für den wirtschaftlichen Erfolg der ehemaligen Monopolunternehmen im Wettbewerb, ermöglicht den Energieversorgungsunternehmen zukünftig, im Kontakt mit den Kunden zusätzliche neue Dienstleistungen zu entwickeln, die den Bedürfnissen der Verbraucher, zum Beispiel an einer Senkung ihrer Energierechnung, verstärktem Umweltschutz und erhöhtem Komfort, noch besser entsprechen.[518]

---

517 *Brück*, in: Brandenburgische Energiespar-Agentur, Weichenstellung, S. 154; *Oesterwind/Pfaffenberger/Hasse*, Energieversorgung, S. 144; *Grawe/Schulz*, Elektrizitätswirtschaft 1996, S. 1296.

518 *Löbbe/Braun*, 1995, S. 367; *Weber*, et 1996, S. 412.

C. Der verfassungsrechtliche Rahmen für die Erbringung kommunaler energieeffizienter Dienstleistungen

Energieeffiziente Dienstleistungen werden erst seit wenigen Jahren angeboten, sind also für Anbieter und Verbraucher ein neuer Markt. Wenn kommunale Unternehmen energieeffiziente Dienstleistungen anbieten und erbringen, werden diese nachfolgend auch als kommunale energieeffiziente Dienstleistungen bezeichnet. Da bisher noch keine Untersuchungen oder Gerichtsurteile dazu vorliegen, inwieweit es rechtlich zulässig ist, wenn kommunale Unternehmen energieeffiziente Dienstleistungen anbieten, soll zunächst darauf eingegangen werden, ob solche Angebote von der Selbstverwaltungsgarantie des Art. 28 Abs. 2 S. 1 GG erfaßt werden (I.), bevor ihre Vereinbarkeit mit den Grundrechten konkurrierender Privater zu prüfen ist (II.).

I. Energieeffiziente Dienstleistungen als Selbstverwaltungsangelegenheiten gemäß Art. 28 Abs. 2 S. 1 GG

Zunächst ist zu untersuchen, ob Art. 28 Abs. 2 S. 1 GG eine ausreichende rechtliche Grundlage für Wirtschaftsbetätigungen von Kommunen darstellt (1.). Anschließend ist zu klären, wann eine Aufgabe eine Angelegenheit der örtlichen Gemeinschaft im Sinne von Art. 28 Abs. 2 S. 1 GG darstellt. Dafür sind sowohl klassische Argumentationsmuster (2.) als auch eine neuere Konzeption im Bereich der sogenannten kommunalen Außenpolitik (3.) zu untersuchen. Auf dem Hintergrund der Definition der Angelegenheiten der örtlichen Gemeinschaft kann dann geklärt werden, ob Art. 28 Abs. 2 S. 1 GG eine Kompetenzgrenze für kommunalwirtschaftliche Betätigungen darstellt (4.). Danach wird am Beispiel von Umweltschutzaufgaben untersucht werden, wann Probleme mit örtlichen und überörtlichen Bezügen Angelegenheiten der örtlichen Gemeinschaft darstellen (5.). Kommunale energieeffiziente Dienstleistungen werden schließlich von der Selbstverwaltungsgarantie des Art. 28 Abs. 2 S. 1 GG erfaßt, wenn es sich bei ihnen um Angelegenheiten der örtlichen Gemeinschaft handelt (6.) und der Gesetzgeber den Gemeinden die Zuständigkeit für diese Angelegenheiten nicht entzogen hat (7.).

1. *Art. 28 Abs. 2 S. 1 GG als Rechtsgrundlage kommunaler Wirtschaftsbetätigungen*

Gemäß Art. 28 Abs. 2 S. 1 GG muß den Gemeinden "das Recht gewährleistet sein, alle Angelegenheiten der örtlichen Gemeinschaft im Rahmen der Gesetze in eigener Verantwortung zu regeln". Indem die Gemeinden für die Regelung und Wahrnehmung[519] aller Angelegenheit der örtlichen Gemeinschaft zuständig sind, schützt die Selbstverwaltungsgarantie die Allzuständigkeit der Gemeinden. Die gemeindliche Allzuständigkeit umfaßt die Befugnis, sich aller Angelegenheiten der örtlichen Gemeinschaft, die nicht durch Gesetz bereits anderen Trägern öffentlicher Verwaltung übertragen sind, ohne besonderen Kompetenztitel anzunehmen.[520] Zu diesen Angelegenheiten gehören auch neu entstehende Aufgaben, so daß Art. 28 Abs. 2 S. 1 GG den Kommunen auch das Recht einräumt, sich neuer Aufgaben anzunehmen. Dieses Recht wird auch als gemeindliches Zugriffs-, Aufgabenfindungsrecht[521] oder Recht der Spontaneität[522] bezeichnet.[523] Damit ist Art. 28 Abs. 2 S. 1 GG die zentrale verfassungsrechtliche Zuständigkeitsnorm für Gemeinden.[524]

Gelegentlich wird vertreten, Art. 28 Abs. 2 S. 1 GG enthalte zwar ein staatsorganisatorisches Aufgabenverteilungsprinzip im Verhältnis von Gemeinden,

---

519 Eine reine Regelungs- also Normsetzungsbefugnis wäre unvollständig, weil sie die Kommunen nicht berechtigen würde, ihre Regelungen auch selbst auszuführen und auch in Bereichen, die keiner Rechtsetzung bedürfen, tätig zu werden. Daher ist unumstritten, daß Art. 28 Abs. 2 S. 1 GG Kommunen berechtigt, in jeder zulässigen Handlungsform tätig zu werden (*Pieroth*, in: Jarras/Pieroth, GG, Art. 28, Rn. 16; *Stern*, in: Bonner Kommentar, Art. 28, Rn. 96; *Löwer*, in: v. Münch/Kunig, GG, Art. 28, Rn. 82; *Nierhaus*, in: Sachs, GG, Art. 28, Rn. 45). Übersicht über die Verben, die in den Landesverfassungen statt des in Art. 28 Abs. 2 S. 1 GG verwendeten "regeln" benützt werden, bei *Schmidt-Jortzig*, Kommunalrecht, Rn. 479.

520 BVerfG, Beschl. v. 23.11.1988 - 2 BvR 1619, 1628/83 - (Rastede), BVerfGE 79, 127/146, Ls. 2; OVG Münster, Urt. v. 19.1.1995 - 15 A 569/91 -, OVGE MüLü 44, 234/235; *Erichsen*, Kommunalrecht, S. 49; *Nierhaus*, in: Sachs, GG, Art. 28, Rn. 42; *Löwer*, in: v. Münch/Kunig, GG, Art. 28, Rn. 49; *Schmidt-Aßmann*, in: FS Sendler, S. 130.

521 *Nierhaus*, in: Sachs, GG, Art. 28, Rn. 42.

522 *Stern*, in: Bonner Kommentar, Art. 28, Rn. 87; *Erichsen*, Kommunalrecht, S. 49; *Moraing*, Kommunalwirtschaftliche Betätigung, S. 39.

523 Die Entwicklungsoffenheit der Allzuständigkeit betont *Oebbecke*, in: Kommunale Selbstverwaltung, S. 55 f.

524 *Schmidt-Jortzig*, Kommunalrecht, Rn. 461; *ders.*, DÖV 1989, S. 142. Die Funktion des Art. 28 Abs. 2 S. 1 GG als Zuständigkeitsnorm betonen außerdem OVG Münster, Urt. v. 19.1.1995 - A 569/91 -, OVGE MüLü 44, 234/235; *Nierhaus*, in: Sachs, GG, Art. 28, Rn. 32; *Waechter*, Kommunalrecht, Rn. 143; *Gern*, Kommunalrecht, Rn. 231; a.A. *Löwer*, Energieversorgung, S. 218.

Bund und Ländern. Die Zuordnung der Aufgaben zwischen Verwaltungsträgern setze aber voraus, daß die fragliche Aufgabe überhaupt eine öffentliche Aufgabe, also nicht Privaten vorbehalten sei.[525] Das Aufgabenverteilungsprinzip sage aber noch nichts darüber aus, ob eine konkrete Aufgabe überhaupt staatlichen Rechtsträgern zur Wahrnehmung zugewiesen sei.[526] Nur eine Zuweisungsnorm rechtfertige die Wahrnehmung einer Aufgabe durch den Staat gegenüber Privaten. Daraus wird geschlossen, daß eine Aufgabe durch eine Norm außerhalb des Art. 28 Abs. 2 GG dem Staat zugewiesen werden muß, um eine öffentliche Angelegenheit und damit möglicherweise eine Angelegenheit der örtlichen Gemeinschaft sein zu können.

Sofern sich eine Gemeinde wirtschaftlich betätige, könnten die Regelungen über die Zulässigkeit wirtschaftlicher Betätigung in den Gemeindeordnungen diese Funktion erfüllen.[527] Eine wirtschaftliche Betätigung wäre nach dieser Annahme nur dann verfassungsrechtlich zulässig, wenn sie den gemeindewirtschaftsrechtlichen Vorschriften genüge,[528] also im wesentlichen einem öffentlichen Zweck und den Subsidiaritätsklauseln entspräche sowie zur gemeindlichen Leistungsfähigkeit angemessen sei.

Eine solche Überlegung geht davon aus, daß Art. 28 Abs. 2 GG keine Aussagen über die Aufgabenverteilung zwischen Staat und Bürger trifft und somit auch den Gemeinden keine Aufgaben als öffentlich zuweisen kann. Nach Wortlaut und systematischer Stellung in der Verfassung regele diese Norm lediglich das Verhältnis zwischen Gemeinden beziehungsweise Gemeindeverbänden und den Gesetzgebern in Bund und Ländern.[529] Daher betreffe Art. 28 Abs. 2 GG nicht das Verhältnis zwischen dem Bürger und den Gemeinden als Teil des Staates.[530]

Selbst wenn Art. 28 Abs. 2 GG den Gemeinden keine Aufgaben im Verhältnis zu Privaten zuweisen sollte, bedeutet dies jedoch nicht, daß damit Zuweisungnormen außerhalb des Art. 28 Abs. 2 GG erfüllt sein müssen, damit Ge-

---

525 *Löwer*, Energieversorgung, S. 217 ff.

526 *Löwer*, Energieversorgung, S. 217 ff.; *Lecheler*, NVwZ 1995, S. 10.

527 *Dreier*, in: Dreier, GG, Art. 28, Rn. 139; *Löwer*, Energieversorgung, S. 217 ff.; *Lecheler*, NVwZ 1995, S. 10.

528 *Lecheler*, NVwZ 1995, S. 10; *Löwer*, Energieversorgung, S. 225 f.; 234.

529 *Löwer*, Energieversorgung, S. 218; *Lecheler*, NVwZ 1995, S. 10 unter Berufung auf *Ossenbühl*, DÖV 1992, S. 8, der jedoch im Gegensatz zu *Lecheler* nicht von einem generellen Vorrang der Wirtschaftstätigkeit Privater ausgeht, sondern ausdrücklich feststellt, staatliche Zuständigkeiten und der Freiheitsbereich Privater würden durch die Grundrechte abgegrenzt.

530 *Löwer*, Energieversorgung, S. 218; *Schmidt-Aßmann*, in: FS Sendler, S. 131; *Lecheler*, NVwZ 1995, S. 10; a.A. *Hermes*, Der Staat 31 (1992), S. 294; Gegen eine Unterscheidung der Rechtsfolgen von Art. 28 Abs. 2 GG für den innerstaatlichen Bereich und das Verhältnis zum Bürger *Notthoff*, DZWir 1995, S. 150.

meinden als Verwaltungsträger berechtigt sind, sich einer (wirtschaftlichen) Aufgabe anzunehmen.

Die Abgrenzung des Freiheitsbereichs der Bürger von dem Handlungsfeld des Staates[531] ist Aufgabe der Grundrechte. Sie sind Abwehrrechte des Einzelnen gegen den Staat. Jedes Grundrecht schützt einen bestimmten Lebensbereich der Bürger vor staatlicher Einwirkung. Nach dem Grundsatz des Gesetzesvorbehalts bedürfen Eingriffe des Staates in Grundrechte einer gesetzlichen Rechtsgrundlage. Der Staat darf demnach Angelegenheiten, die grundrechtlich geschützt und damit dem Bürger zugewiesen sind, nur unter der Voraussetzung einer gesetzlichen, parlamentarisch legitimierten Ermächtigung wahrnehmen.[532] Dies bedeutet umgekehrt, daß der Staat Angelegenheiten, die in den Schutzbereich eines konkreten Grundrechtes nicht eingreifen, ohne eine solche, gegenüber Privaten wirkende besondere Rechtsgrundlage, an sich ziehen und erledigen kann.[533]

Demgegenüber gründet die These, die Gemeinden bedürften neben Art. 28 Abs. 2 S. 1 GG einer gegenüber den Bürgern wirkenden kompetenziellen Rechtfertigung, auf der Annahme, wirtschaftliche Betätigungen seien grundsätzlich "ein der Grundrechtsinitiative überlassener Tätigkeitsbereich".[534] Damit tritt an die Stelle der Prüfung, ob eine wirtschaftliche Betätigung des Staates Grundrechte Privater unzulässig beeinträchtigt, die Zuordnung ganzer Wirtschaftsbereiche zum privaten Sektor.[535] Obendrein wird dadurch die Prüfung, ob eine Beeinträchtigung überhaupt vorliegt, und ob diese dann gegebenenfalls rechtswidrig ist, übersprungen beziehungsweise vorweggenommen. Jedoch lassen sich aus den Grundrechten über den Einzelfall hinaus keine allgemeinen Aussagen dergestalt ableiten, bestimmte Wirtschaftsbereiche, wie die Energieversorgung, oder sogar die wirtschaftliche Betätigung insgesamt sei einer wie auch immer gearteten Grundrechtsinitiative Privater vorbehalten.[536] Auch enthalten die weiteren Regelungen des Grundgesetzes keine Aussagen über eine bestimmte Wirtschaftsverfassung, weshalb das Grundgesetz auch als wirtschaftspolitisch neutral bezeichnet wird.[537] Diese wirtschaftspolitische Neutralität bedeutet, daß es einen Vor-

531 Staat wird in diesem Zusammenhang als Gesamtheit der Verwaltungsträger einschließlich der Kommunen und nicht als Gegensatz zur kommunalen Verwaltung verstanden.

532 *Schmidt-Aßmann*, in: FS Sendler, S. 131 m.w.N.

533 *Hermes*, Der Staat 31 (1992), S. 292. Für die staatliche Wirtschaftsbetätigung lehnt *Dickersbach*, WuV 1983, S. 200 f. das grundsätzliche Erfordernis eines Vorbehaltsgesetzes ab.

534 *Löwer*, Energieversorgung, S. 176.

535 *Hermes*, Der Staat 31 (1992), S. 294.

536 *Püttner*, Öffentliche Unternehmen, S. 94 f.

537 BVerfG, Urt. v. 1.3.1979 - 1 BvR 532, 533/77, 419/78 und 1 BvL 21/78 - (Mitbestimmung), BVerfGE 50, 290/336 f. (st. Rspr.); BVerwG, Urt. v. 22.2.1972 - I C

rang der staatlichen Wirtschaftsbetätigung ebensowenig gibt wie eine allgemeine Zuordnung der Wirtschaftsbetätigung zum privaten Sektor.[538]

Zusammenfassend kann demnach festgestellt werden, daß eine bestimmte Angelegenheit dem Zugriff des Staates nur dann entzogen ist, wenn ihre Wahrnehmung Grundrechte verletzen würde. Greift die Aufgabenwahrnehmung dagegen nicht in Grundrechte ein, so ist für die wirtschaftliche Betätigung durch eine Gemeinde keine besondere Rechtsgrundlage erforderlich.[539] Somit bedarf eine Gemeinde für wirtschaftliche Betätigungen grundsätzlich keiner besonderen Rechtsgrundlage, die ihr diese Aufgabe zuweist, außerhalb des Art. 28 Abs. 2 S. 1 GG.[540]

2. *Argumentationsmuster zur Bestimmung von Angelegenheiten der örtlichen Gemeinschaft im Sinne von Art. 28 Abs. 2 S. 1 GG*

Wie soeben dargelegt, ist Artikel 28 Abs. 2 S. 1 GG die verfassungsrechtliche Kompetenznorm der Gemeinden. Daher verfügt eine Gemeinde über die Verbandskompetenz für die Erbringung energieeffizienter Dienstleistungen, wenn es sich bei der Erbringung dieser Dienstleistungen um eine Angelegenheit der örtlichen Gemeinschaft handelt und der Gesetzgeber diese Angelegenheit den Gemeinden nicht entzogen hat.

Für die Bestimmung der Angelegenheiten der örtlichen Gemeinschaft im Sinne von Art. 28 Abs. 2 S. 1 GG werden in Rechtsprechung und Literatur drei klassische Argumentationsmuster gebraucht: eine Definition, die in ihrer jetzigen Form auf die Rastede-Entscheidung des Bundesverfassungsgerichts zurückgeht, das Merkmal der geschichtlichen Entwicklung und der Begriff der Daseinsvorsorge. Mit der Bezeichnung dieser drei Argumentationsmuster als klassisch soll keine Aussage über ihre Qualität getroffen, sondern lediglich verdeutlicht wer-

---

24.69 - (Kommunales Bestattungsunternehmen), BVerwGE 39, 329/336; *Badura*, in: Schmidt-Aßmann, Besonderes Verwaltungsrecht, Rn. 19; *Püttner*, Öffentliche Unternehmen, S. 94.

538 *Reidt*, in: Jarras, Wirtschaftsverwaltungsrecht, § 12, Rn. 30; *Dickersbach*, WuV 1983, S. 198; *Katz*, in: Kunze u.a., GO BW, § 102, Rn. 13.

539 VerfGH RP, Urt. v. 28.3.2000 - VGH N 12/98 -, DVBl. 2000, S. 993; *Schmidt-Aßmann*, in: FS Fabricius, S. 261 f.; *Ronellenfitsch*, HbStaR, S. 1194; *Hellermann*, Daseinsvorsorge, S. 240 f.; *Wieland/Hellermann*, Selbstverwaltungsrecht, S. 30.

540 VerfGH RP, Urt. v. 28.3.2000 - VGH N 12/98 -, DVBl. 2000, S. 993; *Hellermann/Wieland*, in: Kommunale Unternehmen, S. 14 f.; *Dickersbach*, WuV 1983, S. 198; zur Vereinbarkeit kommunaler energieeffizienter Dienstleistungen mit den Grundrechten s. S. 246 ff.

den, daß diese Argumentationen in ihrem jeweiligen Kern bereits seit Jahrzehnten in Rechtsprechung und Rechtswissenschaft etabliert sind.

a) Inhalt und dogmatische Funktion der klassischen Argumentationsmuster

Welchen Inhalt weisen die drei klassischen Argumentationsmuster nun auf und welche dogmatische Funktion erfüllen sie?

aa) Definition des Bundesverfassungsgerichts

Das Bundesverfassungsgericht definiert Angelegenheiten der örtlichen Gemeinschaft seit der Rastede-Entscheidung des Jahres 1986 als "diejenigen Bedürfnisse und Interessen, die in der örtlichen Gemeinschaft wurzeln oder auf sie einen spezifischen Bezug haben, die also den Gemeindeeinwohnern gerade als solchen gemeinsam sind, indem sie das Zusammenleben und -wohnen der Menschen in der Gemeinde betreffen"[541]. Andere Gerichte[542] und die rechtswissenschaftliche Literatur[543] haben diese Definition der Angelegenheiten der örtlichen Gemeinschaft weitgehend übernommen.

Das Bundesverfassungsgericht stellt mit dieser Definition fest, daß die Bedürfnisse und Interessen der Einwohner die Angelegenheiten der örtlichen Gemeinschaft darstellen. Ein dringendes Bedürfnis der Einwohner könnte zum Beispiel an der ständigen Verfügbarkeit von Elektrizität, also der Versorgungssicherheit bestehen, die die jederzeitige Nahrungszubereitung ebenso wie den Betrieb lebensnotwendiger medizinischer Geräte ermöglicht. Betreibt eine Gemeinde nun aus diesem Grund ein Energieversorgungsunternehmen, so wäre die Versorgungssicherheit der Zweck, den sie mit der Wahrnehmung der Aufgabe „Energieversorgung" erfüllt. Nach der Definition des Bundesverfassungsgerichts wäre die Versorgungssicherheit, sofern es sich dabei gerade um ein Interesse der Einwohner handelt, die Angelegenheit der örtlichen Gemeinschaft. Dagegen wäre nicht zu prüfen, ob die Aufgabe "Betrieb eines Energieversorgungsunterneh-

---

541 BVerfG, Beschl. v. 23.11.1988 - 2 BvR 1619, 1628/83 - (Rastede), BVerfGE 79, 127/151f., Ls. 4

542 BVerwG, Urt. v. 11.2.1993 - 4 C 18.91 -, BVerwGE 92, 56/62; Urt. v. 14.12.1990 - 7 C 37.89 - BVerwGE 87, 228/231; OVG Münster, Urt. v. 19.1.1995 - 15 A 569/91 - OVGE MüLü 44, 234/236; VGH Kassel, Beschl. v. 12.2.1996 - 6 N 3392/94 -, NVwZ 1996, 481/482; VGH München, Urt. v. 27.5.1992 - 4 B 91.190 -, BayVBl. 1992, 628/630.

543 *Nierhaus*, in: Sachs, GG, Art. 28, Rn. 40; *Dreier*, in: Dreier, GG, Art. 28, Rn. 103; *Löwer*, in: v. Münch/Kunig, GG, Art. 28, Rn. 45; *Erichsen*, Kommunalrecht, S. 366 f.; *Gern*, Kommunalrecht, Rn. 58; *Innenministerkonferenz*, Wirtschaftliche Betätigung, S. 37 f.

mens", also das Mittel zur Erreichung der Versorgungssicherheit, eine örtliche Angelegenheit darstellt. Indem das Bundesverfassungsgericht die Angelegenheiten der örtlichen Gemeinschaft als Bedürfnisse und Interessen definiert, gibt es also als Objekt, dessen Ortsbezug zu prüfen ist, nicht mehr die fragliche Aufgabe vor, sondern die mit ihr verfolgten Zwecke. Damit wandelt sich die Prüfung örtlicher Angelegenheiten von einer Aufgaben- beziehungsweise Mittelprüfung zu einer Interessen- beziehungsweise Zweckprüfung.

Diesem Wandel des Prüfungsojekts vom Mittel zum Zweck würde es entsprechen, nicht mehr zu formulieren, die fragliche Aufgabe müsse eine örtliche Angelegenheit *sein*, sondern sie müsse örtlichen Angelegenheiten *dienen* oder solche Angelegenheiten wahrnehmen. Dann wäre auch sprachlich klargestellt, daß im Rahmen des Art. 28 Abs. 2 S. 1 GG nicht der Ortsbezug zum Beispiel der Aufgabe „Betrieb eines kommunalen Energieversorgungsunternehmen", sondern der Ortsbezug des Zwecks Versorgungssicherheit und der weiteren mit dieser Aufgabe verfolgten Zwecke zu prüfen ist.

bb) Geschichtliche Entwicklung kommunaler Aufgaben

Für die Prüfung, ob eine Angelegenheit in der örtlichen Gemeinschaft wurzelt oder auf sie einen spezifischen Bezug hat, kommt nach der Rechtsprechung und Lehre außerdem der geschichtlichen Entwicklung kommunaler Aufgaben eine zentrale Bedeutung zu.

So ist zunächst für die Frage, ob überhaupt eine Angelegenheit eine solche der örtlichen Gemeinschaft darstellt, die geschichtliche Entwicklung heranzuziehen.[544]

Auch bei der Bestimmung der Angelegenheiten, die zum sogenannten Kernbereich der Selbstverwaltung gehören, sei der aktuelle Bestand gemeindlicher Aufgaben und dessen geschichtliche Entwicklung zu berücksichtigen[545] beziehungsweise "der geschichtlichen Entwicklung und den verschiedenen historischen Erscheinungsformen der Selbstverwaltung Rechnung zu tragen".[546] Der

544 *Pieroth*, in: Jarras/Pieroth, GG, Art. 28, Rn. 12; *Löwer*, in: v. Münch/Kunig, GG, Art. 28, Rn. 45; *Hellermann*, Daseinsvorsorge, S. 144 f.; *Erichsen*, Kommunalrecht, S. 366 f.; *Schmidt-Jortzig*, Kommunalrecht, Rn. 490; *Gern*, Kommunalrecht, Rn. 58; *Innenministerkonferenz*, Wirtschaftliche Betätigung, S. 37 f.

545 *Schmidt-Aßmann*, in: FS Fabricius, S. 257; *Löwer*, in: v. Münch/Kunig, GG, Art. 28, Rn. 45; *ders.*, Energieversorgung, S. 227.

546 *Stern*, Staatsrecht I, S. 416 f.; *Pieroth*, in Jarras/Pieroth, GG, Art. 28, Rn. 21. Teilweise wird die geschichtliche Entwicklung zur Bestimmung des Kernbereichs der Selbstverwaltungsgarantie herangezogen (BVerfG, Beschl. v. 26.10.1994 - 2 BvR 445/91 -, BVerfGE 91, 228/236 f.; BVerfG, Beschl. v. 23.11.1988 - 2 BvR 1619, 1628/83 - (Rastede), BVerfGE 79, 127/118; st. Rspr. seit BVerfG, Beschl. v.

sogenannte Kernbereich der Selbstverwaltung sei ein Bereich, der von Art. 28 Abs. 2 S. 1 GG in besonderem Maße gegen Eingriffe, insbesondere den Entzug durch den Gesetzgeber geschützt sei.[547] Artikel 28 Abs. 2 S. 1 GG garantiert den Gemeinden die Selbstverwaltung nur für Angelegenheiten der örtlichen Gemeinschaft. Zum sogenannten Kernbereich der Selbstverwaltung können daher nur Angelegenheiten der örtlichen Gemeinschaft gehören, so daß die sogenannten Kernbereichsangelegenheiten eine Teilmenge der Angelegenheiten der örtlichen Gemeinschaft bildet. Da die Kernbereichsangelegenheiten anhand der geschichtlichen Entwicklung bestimmt werden und diese gleichzeitig zwangsläufig Angelegenheiten der örtlichen Gemeinschaft sind, handelt es sich bei der geschichtlichen Entwicklung um ein Kriterium zur Bestimmung von Angelegenheiten der örtlichen Gemeinschaft im Sinne von Art. 28 Abs. 2 S. 1 GG.

Das Kriterium der geschichtlichen Entwicklung kommunaler Aufgaben wird häufig neben der Rastede-Definition des Bundesverfassungsgerichts verwendet.[548] Auf das genaue Verhältnis dieser beiden Kriterien zur Bestimmung von Angelegenheiten der örtlichen Gemeinschaft im Sinne von Art. 28 Abs. 2 S. 1 GG wird noch genauer einzugehen sein.[549] Allerdings legt das kommunalrechtliche Schrifttum, dadurch, daß die Zulässigkeit bestimmter kommunaler Wirtschaftsbetätigungen, wie der Energieversorgung und der Telekommunikation untersucht wird, nahe, daß bei Prüfung des Art. 28 Abs. 2 S. 1 GG das Tatbestandsmerkmal „Angelegenheiten der örtlichen Gemeinschaft“ zwar überwiegend in Übereinstimmung mit dem Bundesverfassungsgericht definiert wird. Bei der Subsumtion scheint diese Definition jedoch keine Rolle mehr zu spielen, sondern wird durch eine hauptsächlich geschichtliche Argumentation ersetzt.

29.4.1958 - 2 BvL 25/56 -, BVerfGE 7, 358/364; *Stern*, Staatsrecht I, S. 416 f.; *ders.*, in: Bonner Kommentar, Art. 28, Rn. 124; *Schmidt-Aßmann*, in: FS Fabricius, S. 257. Da aber auch Kernbereichsangelegenheiten örtliche Angelegenheiten sein müssen, bedeutet dies nicht, daß dieses Kriterium auf die Festlegung örtlicher Angelegenheiten des Kernbereichs beschränkt wird. So greift beispielsweise *Stern*, in: Bonner Kommentar, Art. 28, Rn. 87 f. zur Bestimmung aller örtlicher Angelegenheiten auf seine historisch begründete Kernbereichsdefinition zurück.

547 BVerfG, Beschl. v. 23.11.1988 - 2 BvR 1619, 1628/83 - (Rastede), BVerfGE 79, 127/143 ff.; *Nierhaus*, in: Sachs, GG, Art. 28, Rn. 49 ff.; *Schmidt-Aßmann*, in: FS Fabricius, S. 257.

548 *Löwer*, in: v. Münch/Kunig, GG, Art. 28, Rn. 45; *Erichsen*, Kommunalrecht, S. 366 f.; *Pieroth*, in: Jarras/Pieroth, GG, Art. 28, Rn. 12; *Gern*, Kommunalrecht, Rn. 58 ff.; *Innenministerkonferenz*, Wirtschaftliche Betätigung, S. 37 f.

549 S. S. 178 ff.

cc) Daseinsvorsorge

Sich mit kommunaler Wirtschaft und kommunalem Recht zu beschäftigen, ohne auf das Schlagwort der sogenannten Daseinsvorsorge zu stoßen, ist nahezu unmöglich.[550]

Der Begriff der sogenannten Daseinsvorsorge erfüllt die unterschiedlichsten rechtlichen Funktionen.[551] Er dient als Sammelbegriff für die Versorgung mit Energie, Wasser, Transportleistungen und anderen lebenswichtigen Gütern. Außerdem soll die sogenannte Daseinsvorsorge eine öffentliche Aufgabe darstellen.[552] Deshalb wird die Daseinsvorsorge auch als öffentlicher Zweck im Sinne des Gemeindewirtschaftsrechts genannt[553]. Schließlich soll sie die Vereinbarkeit kommunalwirtschaftlicher Betätigungen mit Art. 28 Abs. 2 S. 1 GG begründen[554]. Im vorliegenden Zusammenhang interessiert ausschließlich diese letztgenannte Wirkung, die der sogenannten Daseinsvorsorge zugemessen wird.[555]

---

550 Aus dem Schrifttum s. etwa *Hellermann*, Örtliche Daseinsvorsorge und gemeindliche Selbstverwaltung; *Röper*, Parlamentarische Kontrolle privatisierter öffentlicher Daseinsvorsorge, Der Staat 1998, S. 249 ff.; *Eumann*, Organisationsrechtliche Probleme kommunaler Daseinsvorsorge in den Vereinigten Staaten von Amerika; *Hill*, In welchen Grenzen ist kommunalwirtschaftliche Betätigung Daseinsvorsorge?, BB 1997, S. 425 ff.; *Tettinger*, Maastricht II - Vertragsergänzung zur Sicherung der Daseinsvorsorge in Europa, DVBl. 1997, S. 341 ff.; *Kumanoff/Schwarzkopf*, Erfüllung von Aufgaben der kommunalen Daseinsvorsorge durch sogenannte Kooperationsgesellschaften, SächsVBl. 1994, S. 249 ff.; *Cronauge*, Wasserversorgung als Bestandteil gemeindlicher Daseinsvorsorge, StuGR 1990, S. 344 ff.

551 Auf die verschiedenen Rechtsfolgen, die an den Begriff der sogenannten Daseinsvorsorge geknüpft werden, geht *Löwer*, Energieversorgung, S. 121 ff. ausführlich ein.

552 Nach BVerfG, Beschl. v. 16.5.1989 - 1 BvR 705/88 - (HEW), NJW 1990, S. 1783 ist eine juristische Person des Privatrechts, die gesetzlich zugewiesene Aufgaben der Daseinsvorsorge und damit öffentliche Aufgaben wahrnehme, nicht grundrechtsfähig. Lt. OVG Lüneburg, Beschl. v. 4.9.1992 - 1 M 146/92 -, OVGE MüLü 43, 311/312 dient eine gemeindliche Schutzhütte der Daseinsvorsorge und folglich hoheitlichen Aufgaben. Nach *Cronauge*, StuGR 1990, 346 ist die Wasserversorgung eine gemeindliche Pflichtaufgabe, da sie der Daseinsvorsorge diene.

553 Gem. OLG Hamm, Urt. v. 23.9.1997 - 4 U 99/97 - (Gelsengrün), JZ 1998, 576/577 umschreibt der dringende öffentliche Zweck im Sinne von § 107 Abs. 1 GO NW vor allem die Daseinsvorsorge. OLG Hamm, Beschl. v. 9.7.1980 - 5 Ws 28/80 -, DVBl. 1980, S. 228/228 f. stellt fest, die Tätigkeit der Westdeutschen Landesbank sei Daseinsvorsorge und erfülle damit Aufgaben der öffentlichen Verwaltung. Lt. *Kumanoff/Schwarzkopf*, SächsVBl. 1994, S. 249 f. ist die Daseinsvorsorge ein öffentlicher Zweck im Sinne des § 97 Abs. 1 Nr. 1 GO Sachs.

554 Zuletzt VerfGH RP, Urt. v. 28.3.2000 – VGH N 12/98, DVBl. 2000, S. 992; Nach BVerwG, Urt. v. 15.12.1994 - 7 C 57.93 -, BVerwGE 97, 240/243 f. dient eine

Den Begriff der Daseinsvorsorge hat der Verwaltungsrechtler *Ernst Forsthoff* von *Karl Jaspers* übernommen[556] und für die Leistungsverwaltung ausgeformt: "Alles, was von seiten der Verwaltung geschieht, um die Allgemeinheit oder nach objektiven Merkmalen bestimmte Personenkreise in den Genuß nützlicher Leistungen zu versetzen, ist Daseinsvorsorge."[557] Sofern der Begriff der Daseinsvorsorge im neueren Schrifttum, das ihn benützt, überhaupt definiert und subsumiert wird, findet *Forsthoffs* Definition Anwendung.[558] Gelegentlich wird die Daseinsvorsorge auch neu definiert als "die Versorgung der Einwohner der Gemeinde mit den unterschiedlichsten, der Bedürfnisbefriedigung dienenden Leistungen"[559].

Neben dem geschichtlichen Befund ist die sogenannte Daseinsvorsorge das zweite Argumentationsmuster, mit dem herkömmlicherweise begründet wird, eine bestimmte Wirtschaftstätigkeit von Kommunen sei mit Art. 28 Abs. 2 S. 1 GG vereinbar. Bei der Daseinsvorsorge soll es sich um eine Angelegenheit der örtlichen Gemeinschaft im Sinne der Selbstverwaltungsgarantie handeln; überwiegend wird die Daseinsvorsorge sogar dem sogenannten Kernbereich der Selbstverwaltungsgarantie zugeordnet.[560] So zeige sich in der Daseinsvorsorge ein typusbestimmendes Erscheinungsbild der Selbstverwaltung, das substantiell nie aufgegeben worden sei.[561] Da es sich bei den Kernbereichsangelegenheiten um Angelegenheiten der örtlichen Gemeinschaft im Sinne von Art. 28 Abs. 2

Gaststätte nicht der Daseinsvorsorge und erfüllt deshalb keine Aufgaben kommunaler Selbstverwaltung im Sinne des Art. 28 Abs. 2 GG.

555 Zu den übrigen Rechtsfolgen der sogenannten Daseinsvorsorge s. außer den drei vorstehenden Fußnoten auch BVerfG, Urt. v. 10 12.1974 - 2 BvK 1/73; 2 BvR 902/73 -, BVerfGE 38, 258/270 f., wo von "Daseinssorge" gesprochen wird; *Landesregierung NRW*, Eildienst LKT 1998, S. 398 (die Beteiligung der GEW Köln an dem Meßgerätehersteller Metrona diene nicht der Daseinsvorsorge) und *Landesregierung NRW*, LT-Drs. 12/3161, S. 3 (die Beteiligung der Stadtwerke Düsseldorf an dem Facility Management-Anbieter Innovatio GmbH diene nicht der Daseinsvorsorge), jeweils mit der Rechtsfolge der Rechtswidrigkeit der Beteiligung; *Heinrichs/Schwabedissen*, StuGR 1998, S. 161; *Friauf*, et 1997, S. 768; *Schmidt-Aßmann*, Kommunalrecht, Rn. 118; *Wieland/Hellermann*, Selbstverwaltungsrecht, S. 24 f.; zur Bedeutung des Topos Daseinsvorsorge in der energiewirtschaftlichen Diskussion der achtziger Jahre *Löwer*, Energieversorgung, S. 9 ff.

556 *Ipsen*, AöR 97 (1972), S. 416.

557 *Forsthoff*, Verwaltungsrecht, S. 370.

558 *Cronauge*, Kommunale Unternehmen, Rn. 35; *ders.*, StuGR 1990, S. 345.

559 *Erichsen*, Kommunalrecht, S. 373.

560 *Stern*, in: Bonner Kommentar, Art. 28, Rn. 88; *Erichsen*, Kommunalrecht, S. 373; *Tettinger*, NWVBl. 1989, S. 2; *Cronauge*, StuGR 1990, S. 345; so wohl auch *Wieland/Hellermann*, Selbstverwaltungsrecht, S. 24 f.; *Treziak*, Rechtsformen, S. 147.

561 *Stern*, in: Bonner Kommentar, Art. 28, Rn. 88.

S. 1 GG handelt, wird mit der sogenannten Daseinsvorsorge, ebenso wie mit dem Kriterium der geschichtlichen Entwicklung,[562] bestimmt, ob eine bestimmte Angelegenheit eine solche der örtlichen Gemeinschaft darstellt. Sofern die Zugehörigkeit der Daseinsvorsorge zur gemeindlichen Selbstverwaltung geschichtlich begründet wird, wie bei der Argumentation, sie gehöre traditionell zu deren Kernbereich,[563] werden die beiden herkömmlichen Argumentationsmuster kumulativ gebraucht, was die Gefahr einer Häufung von Schwächen dieser beiden Argumentation in sich birgt.

Rechtliche Konsequenz der Qualifizierung der Daseinsvorsorge als Angelegenheit der örtlichen Gemeinschaft im Sinne von 28 Abs. 2 S. 1 GG wäre zunächst, daß die Kommunen zur Daseinsvorsorge befugt wären. Diese Befugnis erstreckte sich auf einzelne wirtschaftliche Betätigungen, die zur Daseinsvorsorge zählen, wie die Elektrizitätsverteilung, die Energieversorgung insgesamt (Erzeugung und -verteilung von Elektrizität und [Fern-, Nah-] Wärme, Gasverteilung) oder das Sparkassenwesen.[564] Vereinzelt wird sogar der Betrieb sämtlicher kommunaler Unternehmen, also der gesamten kommunalen Wirtschaft, kraft Daseinsvorsorge für mit Art. 28 Abs. 2 S. 1 GG vereinbar erachtet.[565] Sofern man die sogenannte Daseinsvorsorge als dem Kernbereich der Selbstverwaltungsgarantie zugehörig erachtet, wären außerdem Eingriffe anderer Hoheitsträger, insbesondere des Bundes- oder Landesgesetzgebers, in Materien der Daseinsvorsorge nur verfassungsgemäß, wenn sie den Anforderungen des Art. 28 Abs. 2 S. 1 GG an Kernbereichseingriffe genügten.

---

562 S. S. 165.

563 *Stern*, in: Bonner Kommentar, Art. 28, Rn. 88. *Cronauge*, StuGR 1990, S. 345 begründet die Zugehörigkeit der Wasserversorgung zum Kernbereich der Selbstverwaltungsgarantie mit dem Argument, die Wasserversorgung sei Bestandteil der Daseinsvorsorge, welche wiederum kraft geschichtlicher Entwicklung eine Angelegenheit der örtlichen Gemeinschaft sei. Auch das OLG Hamm, Urt. v. 23.9.1997 - 4 U 99/97 - (Gelsengrün), JZ 1998, 576/577 begründet die Zugehörigkeit der Daseinsvorsorge zum gemeindlichen Aufgabenbereich geschichtlich, indem es feststellt, mit Betätigungen, die einem dringenden öffentlichen Zweck im Sinne von § 107 Abs. 1 S. 1 GO NW a.F. dienen, seien "vor allem Dienstleistungen im Rahmen der Daseinsvorsorge gemeint, die *immer schon* zum Aufgabenbereich einer Gemeinde *gehört haben*, wie etwa Verkehrsbetriebe [Hervorhebung des Verf.]".

564 So *Tettinger*, NWVBl. 1989, S. 2 (Elektrizitätsverteilung); *Cronauge*, Kommunale Unternehmen, Rn. 568 (Energieversorgung); VerfG Brandenburg, Urt. v. 19.5.1994 - 9/93 -,DVBl. 1994, 857/858 m.w.N. (Sparkassenwesen); wohl auch *Treziak*, Rechtsformen, S. 147 (Energieversorgung).

565 *Püttner*, HbStaR, S. 1192.

b) *Auswirkungen der klassischen Argumentationsmuster auf die Örtlichkeit energieeffizienter Dienstleistungen gemäß Art. 28 Abs. 2 S. 1 GG*

Für die Frage, ob es sich bei energieeffizienten Dienstleistungen um Angelegenheiten der örtlichen Gemeinschaft handelt, ist auf die drei genannten Argumentationsmuster nur dann einzugehen, wenn mit ihnen voraussichtlich unterschiedliche Ergebnisse erzielt werden.

aa) Definition des Bundesverfassungsgerichts

Gemäß dieser Definition wäre zu prüfen, ob energieeffziente Dienstleistungen Bedürfnisse und Interessen erfüllen, die in der örtlichen Gemeinschaft wurzeln oder auf sie einen spezifischen Bezug haben, indem sie das Zusammenleben und -wohnen der Menschen in der Gemeinde betreffen. Energieeffiziente Dienstleistungen sind Dienstleistungen, die eine Energieeinsparung bezwecken.[566] Vorbehaltlich einer genaueren Prüfung ist nicht auszuschließen, daß die Energieeinsparung und mögliche Folgezwecke wie Umwelt- und Ressourcenschutz Interessen sind, welche das Zusammeleben der Menschen in der Gemeinde betreffen und deshalb einen spezifischen Bezug zur örtlichen Gemeinschaft aufweisen. Da energieeffiziente Dienstleistungen diesen Interessen dienen, könnten sie eine Angelegenheit der örtlichen Gemeinschaft wahrnehmen.

bb) Geschichtliche Entwicklung kommunaler Aufgaben

Berücksichtigt man den aktuellen Bestand gemeindlicher Aufgaben, so ist festzustellen, daß bereits mindestens 80 kommunale Energieversorgungsunternehmen energieeffiziente Dienstleistungen anbieten. Dies entspricht einem Anteil von über 11,6 Prozent aller 687 kommunalen Energieversorgungsunternehmen. Diese energiesparenden Angebote sind in den letzten Jahren, auch durch die wirtschafts- und umweltwissenschaftliche Unterstützung von Forschungseinrichtungen, entwickelt und von den Anbietern übernommen worden. Anfangs boten lediglich einige Vorreiter wie die Stadtwerke Freiburg, Saarbrücken oder Hannover solche Dienstleistungen an, während sich der Kreis der kommunalen Anbieter inzwischen bereits auf mindestens 11,6 Prozent aller kommunalen Energieversorgungsunternehmen erweitert hat. Daher kann davon gesprochen werden, daß sich die energieeffizienten Dienstleistungen inzwischen zu einer Aufgabe kommunaler Unternehmen und damit auch der Kommunen entwickelt haben.

---

566 S. S. 123.

Allerdings dürfte sich kaum begründen lassen, daß es sich hierbei schon um eine "geschichtliche" Entwicklung handelt oder daß energieeffiziente Dienstleistungen zu den "historischen Erscheinungsformen der Selbstverwaltung" zählen. Zwar gibt es keine Kriterien dafür, ab welchem Zeitraum davon auszugehen ist, daß eine Entwicklung eine geschichtliche ist. Jedoch wird zum Beispiel für die Bestimmung, ob die Elektrizitätsversorgung sich geschichtlich zu einer kommunalen Aufgabe entwickelt hat, bis zu den Anfängen der Elektrizitätsversorgung im 19. Jahrhundert zurückgegangen.[567] Daher kann davon ausgegangen werden, daß ein Zeitraum von einigen Jahren noch nicht ausreicht, um die geschichtliche Entwicklung einer Aufgabe als örtlich oder nicht-örtlich zu belegen. Für Aufgaben, die sich erst in der jüngsten Vergangenheit entwickelt haben, kann ihre Entwicklung nicht in die Geschichte zurückverfolgt werden, so daß keine empirische Grundlage für deren geschichtliche Beurteilung besteht. Damit ist das Kriterium der geschichtlichen Entwicklung grundsätzlich ungeeignet, die Örtlichkeit neuer Aufgaben, die von Kommunen aufgegriffen werden, festzustellen. Bei den energieeffizienten Dienstleistungen handelt es sich um eine solche neue Aufgabe, so daß sie anhand der geschichtlichen Entwicklung nicht beurteilt werden könnten.

cc) Daseinsvorsorge

Nach diesen beiden Definitionen dienen energieeffiziente Dienstleistungen der Daseinsvorsorge und auch Angelegenheiten der örtlichen Gemeinschaft, wenn sie die Allgemeinheit in den Genuß nützlicher Leistungen versetzen beziehungsweise der Bedürfnisbefriedigung dienen. Energieeffiziente Dienstleistungen bezwecken eine Energieeinsparung. Indem die Einsparung von Energie Ressourcen und die Umwelt schont, ist sie für die Allgemeinheit nützlich. Deshalb versetzen energieeffiziente Dienstleistungen die Allgemeinheit in den Genuß nützlicher Leistungen. Gleichermaßen kann man davon ausgehen, daß an der Schonung der fossilen Brennstoffvorräte und der Minderung der durch den Energieverbrauch verursachten Emissionen ein Bedürfnis der Allgemeinheit besteht. Somit wären energieeffiziente Dienstleistungen nach beiden Definitionen der Daseinsvorsorge Angelegenheiten der örtlichen Gemeinschaft im Sinne von Art. 28 Abs. 2 S. 1 GG. Daher braucht hier nicht näher darauf eingegangen zu werden, ob zwischen Leistungen, die für die Allgemeinheit nützlich sind, und Leistungen, die der Bedürfnisbefriedigung dienen, überhaupt ein inhaltlicher Unterschied besteht.

567 BVerwG, Urt. v. 18.5.1995 - 7 C 58.94 -, RdE 1995, 240/241; *Löwer*, Energieversorgung, S. 35 f.; *Hennicke u.a.*, Energiewende, S. 177 f.

dd) Ergebnis

Bei Zugrundelegung der Definition des Bundesverfassungsgerichts ist nicht auszuschließen, daß energieeffiziente Dienstleistungen Angelegenheiten der örtlichen Gemeinschaft im Sinne von Art. 28 Abs. 2 S. 1 GG erfüllen. Auch wenn man auf die sogenannte Daseinsvorsorge zurückgreift, dürfte es sich bei diesem Angebot um örtliche Angelegenheiten handeln. Dagegen erweist sich das Kriterium der geschichtlichen Entwicklung als ungeeignet für die Beurteilung neuer Angelegenheiten wie energieeffizienter Dienstleistungen, da diese noch keine hinreichend historische Entwicklung aufweisen können.

Daher ist zu untersuchen, nach welchem der klassischen Argumentationsmuster letztlich zu bestimmen ist, ob eine fragliche Aufgabe eine Angelegenheit der örtlichen Gemeinschaft im Sinne von Art. 28 Abs. 2 S. 1 GG darstellt.

c) Überprüfung der klassischen Argumentationsmuster

Für diese Entscheidung sind die genannten Begründungsschemata methodisch und rechtsdogmatisch einer eingehenden Prüfung zu unterziehen.

aa) Definition des Bundesverfassungsgerichts

In seiner für die kommunale Selbstverwaltungsgarantie grundlegenden Rastede-Entscheidung führt das Bundesverfassungsgericht zum Begriff der Angelegenheiten der örtlichen Gemeinschaft[568] aus: “Angelegenheiten der örtlichen Gemeinschaft im Sinne von Art. 28 Abs. 2 S. 1 GG sind diejenigen Bedürfnisse und Interessen, die in der örtlichen Gemeinschaft wurzeln oder auf sie einen spezifischen Bezug haben, die also den Gemeindeeinwohnern gerade als solchen gemeinsam sind, indem sie das Zusammenleben und -wohnen der Menschen in der Gemeinde betreffen; auf die Verwaltungskraft der Gemeinde kommt es hierfür nicht an.”[569]

---

568 Im folgenden wird aus Gründen der sprachlichen Vereinfachung die Wendung „Angelegenheiten der örtlichen Gemeinschaft“ gelegentlich durch die Kurzformel „örtliche Angelegenheiten“ ersetzt. Eine inhaltliche Unterscheidung, etwa durch Ausklammerung des sozialen Elements („Gemeinschaft“) im Sinne eines ausschließlich räumlichen Bezugs („örtlich“), ist damit jedoch nicht verbunden.

569 BVerfG, Beschl. v. 23.11.1988 - 2 BvR 1619, 1628/83 - (Rastede), BVerfGE 79, 127/Ls. 4. Der Wortlaut der Entscheidungsbegründung auf S. 151 f. weicht geringfügig von diesem Leitsatz ab, indem die fraglichen Bedürfnisse und Interessen das “Zusammenleben und -wohnen der Menschen in der *(politischen)* Gemeinde betreffen [Hervorhebung des Verf.]” müssen.

(1) Fortentwicklung der bisherigen Rechtsprechung

Hiermit knüpft das Bundesverfassungsgericht an seine bisherige Rechtsprechung an, in der es örtliche Angelegenheiten als Angelegenheiten definierte, "die in der örtlichen Gemeinschaft wurzeln oder auf die örtliche Gemeinschaft einen spezifischen Bezug haben und von dieser örtlichen Gemeinschaft eigenverantwortlich und selbständig bewältigt werden können"[570].

Mit der Rastede-Entscheidung weicht das Bundesverfassungsgericht in zwei Punkten von dieser bisherigen Definition örtlicher Angelegenheiten ab:

Zum einen führt es aus, wann Angelegenheiten in der örtlichen Gemeinschaft wurzeln oder auf sie einen spezifischen Bezug haben. Dazu fügt es die Anforderung ein, daß die fraglichen Interessen "den Gemeindeeinwohnern gerade als solchen gemeinsam sind, indem sie das Zusammenleben und -wohnen der Menschen in der Gemeinde betreffen"[571]. Vor der Rastede-Entscheidung wurde vom Bundesverfassungsgericht, ebensowenig wie von den übrigen Gerichten, die diese Definition benutzten, nicht definiert, wann Angelegenheiten in der örtlichen Gemeinschaft wurzeln oder auf sie einen spezifischen Bezug haben. Daß Angelegenheiten in der örtlichen Gemeinschaft wurzeln oder auf sie einen, wie auch immer zu bestimmenden spezifischen Bezug haben, umschreibt letztlich die Angelegenheiten der örtlichen Gemeinschaft im Sinne von Art. 28 Abs. 2 S. 1 GG nur sprachlich, ohne präzise Kriterien dafür zu liefern, wann dieses Tatbestandsmerkmal erfüllt sein soll. Deswegen wurde die ursprüngliche Definition auch als Leerformel kritisiert,[572] die dann mit verschiedenen Sachkriterien, wie der geschichtlichen Entwicklung oder der Leistungsfähigkeit der Gemeinde „angefüllt" wurde. Da diese Kriterien im Wortlaut der Definition nicht enthalten waren, bestanden erhebliche Interpretationsspielräume und entsprechende rechtliche Unsicherheiten. Die Erweiterung dieser hergebrachten Definition um das Sachkriterium, daß die fragliche Angelegenheit den Gemeindeeinwohnern als solchen gemeinsam sein muß, indem sie ihr Zusammenleben in der Gemeinde betrifft, stellt insofern einen erheblichen Fortschritt dar, als damit die örtliche Radizierung und der spezifische Ortsbezuges um ein bestimmbares inhaltliches Kriterium ergänzt werden.

---

570 BVerfG, Urt. v. 24.7.1979 - 2 BvK 1/78 -, BVerfGE 52, 98/120; Beschl. v. 17.1.1979 - 2 BvL 6/76 -, BVerfGE 50, 195/201; Urt. v. 30.7.1958 - 2 BvG 1/58 -, BVerfGE 8, 122/134.

571 BVerfG, Beschl. v. 23.11.1988 - 2 BvR 1619, 1628/83 - (Rastede), BVerfGE 79, 127/151 f., Ls. 4.

572 *v. Mutius*, in: FS v. Unruh, S. 236.

Zum anderen stellt es im 4. Leitsatz der Rastede-Entscheidung ausdrücklich fest: "auf die Verwaltungskraft der Gemeinde kommt es hierfür nicht an"[573]. Damit distanziert sich das Bundesverfassungsgericht zumindest verbal deutlich von seiner bisherigen Rechtsprechung, nach der Angelegenheiten der örtlichen Gemeinschaft nur solche Aufgaben waren, die von der "örtlichen Gemeinschaft eigenverantwortlich und selbständig bewältigt werden können"[574]. Allerdings merkt das Gericht in der Begründung der Rastede-Entscheidung an: "Die Prüfung, ob und inwieweit die fragliche Aufgabe sich als Angelegenheit der örtlichen Gemeinschaft darstellt, muß differenziert nach der Größe der betroffenen Gemeinden vorgenommen werden; sie hat anhand von Sachkriterien unter Orientierung an den Anforderungen zu erfolgen, die an eine ordnungsgemäße Aufgabenerfüllung zu stellen sind."[575] Somit hält das Bundesverfassungsgericht zur Bestimmung örtlicher Angelegenheiten an den Kriterien der Gemeindegröße und den Anforderungen einer ordnungsgemäßen Aufgabenerfüllung fest. Allerdings ist die Größe einer Gemeinde eine wichtige Voraussetzung ihrer Leistungsfähigkeit, und ob diese Gemeinde eine Aufgabe ordnungsgemäß erfüllen kann, hängt ebenfalls wesentlich von ihrer Verwaltungskraft[576] ab. Daher deutet einiges darauf hin, daß im Rahmen der Örtlichkeit von Aufgaben auch weiterhin die gemeindliche Leistungsfähigkeit zu berücksichtigen ist.[577]

(2) Sprachliche Vereinfachung der Definition des Bundesverfassungsgerichts

Die Definition des Bundesverfassungsgerichts umfaßt mehrere Nebensätze und erscheint sprachlich etwas umständlich: „Angelegenheiten der örtlichen Gemeinschaft im Sinne von Art. 28 Abs. 2 S. 1 GG sind diejenigen Bedürfnisse und Interessen, die in der örtlichen Gemeinschaft wurzeln oder auf sie einen spezifischen Bezug haben, die also den Gemeindeeinwohnern gerade als solchen ge-

---

573 BVerfG, Beschl. v. 23.11.1988 - 2 BvR 1619, 1628/83 - (Rastede), BVerfGE 79, 127/151 f., Ls. 4.

574 BVerfG, Urt. v. 30.7.1958 - 2 BvG 1/58 -, BVerfGE 8, 122/134; BVerwG, Urt. v. 4.8.1983 - 7 C 2.81 -, BVerwGE 67, 321/324; Urt. v. 27.1.1984 - 8 C 128.81 -, BVerwG, DVBl. 1984, 679/680.

575 BVerfG, Beschl. v. 23.11.1988 - 2 BvR 1619, 1628/83 - (Rastede), BVerfGE 79, 127/153.

576 Zur Unterscheidung von Leistungsfähigkeit und Verwaltungskraft *Oebbecke*, Gemeindeverbandsrecht, Rn. 144 f.

577 *Erichsen*, Kommunalrecht, S. 59 f., 367 f.; *Albrecht*, ZUR 1995, S. 236; *Meyer*, Der Landkreis 1993, S. 124; i.Erg. auch *Püttner*, in: HbStaR, S. 1178; Nachweise zur Berücksichtigung der Leistungsfähigkeit vor der Rastede-Entscheidung bei *Schoch*, VerwArch 81, S. 34 (Fn. 107); zur Leistungsfähigkeit als Abgrenzungsmerkmal der Gemeinde- und Kreisaufgaben krit. *Oebbecke*, Gemeindeverbandsrecht, Rn. 144 ff.

meinsam sind, indem sie das Zusammenleben und -wohnen der Menschen in der Gemeinde betreffen.“

Ein Bedürfnis ist ein Interesse, das sich durch eine gewisse Notwendigkeit auszeichnet, mit der es befriedigt werden muß. Folglich umfaßt der Begriff des Interesses auch Bedürfnisse, so daß zur Vermeidung einer sprachlichen Doppelung im folgenden nur noch von den „Interessen der Einwohner“ gesprochen werden soll.

Die Worte „die also“, die dabei den ersten und zweiten Nebensatz verbindet, bedeuten, daß die Interessen, die den Gemeindeeinwohnern gerade als solchen gemeinsam sind, in der örtlichen Gemeinschaft wurzeln oder auf sie einen spezifischen Bezug haben. Teilen also Gemeindeeinwohner Interessen miteinander, so ist das Kriterium, daß diese Interessen in der örtlichen Gemeinschaft wurzeln oder auf sie einen spezifischen Bezug haben, erfüllt. In gleicher Weise verknüpft die Konjunktion „indem“ den zweiten und dritten Nebensatz. Denn wenn Interessen den Gemeindeeinwohnern gerade als solchen gemeinsam sind, indem sie das Zusammenleben und -wohnen der Menschen in der Gemeinde betreffen, dann folgt daraus, daß diejenigen Interessen, die das Zusammenleben und -wohnen der Menschen in der Gemeinde betreffen, immer auch den Gemeindeeinwohnern gerade als solchen gemeinsam sind.

Abstrahiert man diesen Wortlaut, so sind Angelegenheiten der örtlichen Gemeinschaft diejenigen Interessen, die das Kriterium A (Verwurzelung in der örtlichen Gemeinschaft oder spezifischer Bezug auf diese) erfüllen, was gegeben ist, wenn sie dem Kriterium B (den Gemeindeeinwohnern gerade als solchen gemeinsam) genügen, was schließlich der Fall ist, wenn sie das Kriterium C (betreffen des Zusammenlebens und -wohnens in der Gemeinde) erfüllen. Wenn nun das Kriterium C erfüllt ist, so ist auch den anderen Kriterien genüge getan, weshalb sie nicht mehr geprüft zu werden brauchen. Und wenn, anderenfalls, das Kriterium C nicht erfüllt ist, so liegen, aufgrund der logischen Verknüpfung durch die gewählten Konjunktionen, auch die anderen Kriterien nicht vor, weshalb diese ebenfalls nicht mehr zu prüfen sind. Demzufolge sind die Kriterien A und B entbehrlich und das entscheidende, und deshalb auch als einziges zu prüfende, Tatbestandsmerkmal der Definition ist, daß die Interessen der Einwohner das Zusammenleben und -wohnen in der Gemeinde betreffen.

Daß das Bundesverfassungsgericht dennoch die dargestellte sprachliche Form gewählt hat, könnte daran liegen, daß man die etablierten und allgemein anerkannten Merkmale der örtlichen Verwurzelung und des spezifisch örtlichen Bezuges nicht aufgeben wollte. Das neue Kriterium der Interessen, die das Zusammenleben und -wohnen der Menschen in der Gemeinde betreffen, wurde damit sprachlich und logisch an die bisherige Tradition des Art. 28 Abs. 2 S. 1 GG angeknüpft. Dem inhaltlich eher vagen Kriterium, daß die Interessen den Gemeindeeinwohnern *gerade als solchen* gemeinsam sein müssen, käme danach nur eine Verbindungsfunktion zu.[578]

Um den Gedanken- und Lesefluß zu erleichtern, wird die Definition des Bundesverfassungsgerichts daher im folgenden in einer vereinfachten Form wiedergeben, ohne daß damit, wie dargestellt, eine inhaltliche Abweichung verbunden ist: „Angelegenheiten der örtlichen Gemeinschaft im Sinne von Art. 28 Abs. 2 S. 1 GG sind diejenigen ... Interessen, die ... das Zusammenleben und -wohnen der Menschen in der Gemeinde betreffen."

(3) Ähnliche Definitionsversuche

Andere Gerichte[579] und die rechtswissenschaftliche Literatur[580] haben die Definition örtlicher Angelegenheiten, die das Bundesverfassungsgericht in der Rastede-Entscheidung gegeben hat, aufgegriffen. Nach der Rastede-Entscheidung[581] wurden nur noch gelegentlich Versuche einer Neudefinition der örtlichen Angelegenheiten unternommen.

Eine im Wortlaut deutlich von der Rastede-Formel abweichende Definition hat Schmidt-Jortzig entwickelt. Er definiert Angelegenheiten der örtlichen Gemeinschaft als "diejenigen Vorhaben, deren bestmögliche Verwirklichung den Menschen in einem geschlossenen Siedlungsraum für ihre gemeinsamen Lebensbedürfnisse von konkretem Interesse sind"[582]. Vergleicht man diese Definition mit der des Bundesverfassungsgerichts aus der Rastede-Entscheidung, so lassen

578 Auf dieses Verbindungsglied verzichtet bereits VerfGH RP, Urt. v. 28.3.2000 - VGH N 12/98 -, DVBl. 2000, S. 992: „Bedürfnisse und Interessen, die in der örtlichen Gemeinschaft wurzeln, weil sie das Zusammenleben in der Gemeinde und so die Gemeindeeinwohner in ihrer Gesamtheit betreffen."

579 BVerwG, Urt. v. 11.2.1993 - 4 C 18.91 -, BVerwGE 92, 56/62; Urt. v. 14.12.1990 - 7 C 37.89 -, BVerwGE 87, 228/231; OVG Münster, Urt. v. 19.1.1995 - 15 A 569/91 - OVGE MüLü 44, 234/236; VGH Kassel, Beschl. v. 12.2.1996 - 6 N 3392/94 -, NVwZ 1996, 481/482; VGH München, Urt. v. 27.5.1992 - 4 B 91.190 -, BayVBl. 1992, 628/630.

580 *Nierhaus*, in: Sachs, GG, Art. 28, Rn. 40; *Dreier*, in: Dreier, GG, Art. 28, Rn. 103; *Löwer*, in: v. Münch/Kunig, GG, Art. 28, Rn. 45; *Erichsen*, Kommunalrecht, S. 366 f.; *Gern*, Kommunalrecht, Rn. 58.; *Pieroth*, in: Jarras/Pieroth, GG, Art. 28, Rn. 12 definiert, wie das VG Berlin, Urt. v. 29.4.1994 - VG 30 A 603.93 -, RdE 1995, 158/159, die Angelegenheiten der örtlichen Gemeinschaft ohne die Ergänzung des Bundesverfassungsgerichts aus der Rastede-Entscheidung.

581 Zu den verschiedenen Definitionen, die in den achtziger Jahren vor der Rastede-Entscheidung entwickelt wurden, *Schoch*, VerwArch 81, S. 31.

582 *Schmidt-Jortzig*, DÖV 1993, S. 974 in Weiterentwicklung der Definition aus *ders.*, Kommunalrecht, Rn. 477.

sich jedoch fast alle Elemente der beiden Begriffsbestimmungen einander inhaltlich zuordnen.

Schmidt-Jortzig ersetzt zunächst den Begriff der "Angelegenheiten" durch "Vorhaben". Diese müssen für die "Lebensbedürfnisse" der Menschen "von konkretem Interesse" sein, so daß er ebenso wie das Bundesverfassungsgericht die "Bedürfnisse und Interessen" der Menschen in den Mittelpunkt seiner Definition stellt. Träger dieser Lebensbedürfnisse sind die "Menschen in einem geschlossenen Siedlungsraum". Dies wirft nicht nur die Frage auf, welcher Siedlungsraum gemeint ist und wann ein Siedlungsraum geschlossen ist. Da Art. 28 Abs. 2 GG mit den örtlichen Angelegenheiten den Aufgabenbereich der Gemeinden beschreibt, erscheint es auch überzeugender, mit dem Bundesverfassungsgericht auf die "Menschen in der Gemeinde" abzustellen. Weiterhin soll das Vorhaben für die "gemeinsamen Lebensbedürfnisse" dieser Menschen von konkretem Interesse sein. Das Bundesverfassungsgericht spricht von Interessen, die "den Gemeindeeinwohnern ... gemeinsam sind". Lediglich der Forderung, die "bestmögliche Verwirklichung" der Vorhaben müsse für die Menschen von Interesse sein, läßt sich keine direkte Entsprechung in der Rastede-Formel zuordnen.

Damit erweist sich diese Definition der Angelegenheiten der örtlichen Gemeinschaft trotz ihrer abweichenden Formulierung inhaltlich als weitgehend identisch mit der Rastede-Formel des Bundesverfassungsgerichts. Eine größere begriffliche Präzision erreicht sie dabei allerdings nicht. Schließlich bleibt der geografische Bezug der Angelegenheiten durch Anknüpfung an den "geschlossenen Siedlungsraum" im Vergleich zur Rastede-Formel unklar. Im Vergleich mit dieser bietet der Ansatz von Schmidt-Jortzig mithin keine Vorteile.[583]

bb) Geschichtliche Entwicklung örtlicher Aufgaben

Einer kritischen Untersuchung soll im folgenden auch das Kriterium der geschichtlichen Entwicklung von Angelegenheiten der örtlichen Gemeinschaft unterzogen werden.

---

583 Gleiches gilt für die Umschreibung durch *Albrecht*, ZUR 1995, S. 235, deren Wortlaut mit *Schmidt-Jortzigs* Definition weitestgehend übereinstimmt. Nach *Albrechts* Inhaltsbestimmung setzt das Tatbestandsmerkmal der Angelegenheiten der örtlichen Gemeinschaft "voraus, daß aus der räumlichen Verbindung der Menschen in dem abgrenzbarenn Siedlungsraum der Gemeinde gemeinsame Lebensbedürfnissse, Interessen und Probleme entstehen; es also Aufgaben gibt, an deren bestmöglicher Erfüllung gerade die Einwohner einer Gemeinde ein gemeinsames Interesse haben".

(1) Unklare Bedeutung des Kriteriums der geschichtlichen Entwicklung

Es wurde bereits gezeigt, daß die geschichtliche Entwicklung überwiegend neben der Rastede-Formel des Bundesverfassungsgerichts als zusätzliches Kriterium eingesetzt wird, um Angelegenheiten der örtlichen Gemeinschaft im Sinne von Art. 28 Abs. 2 S. 1 GG zu bestimmen. Allerdings herrscht dabei keine Einigkeit über die genaue Bedeutung dieses Kriteriums.

Stellt man sich eine Skala vor, die das argumentative Gewicht der geschichtlichen Entwicklung anzeigt, so beginnen die Aussagen am unteren Ende der Skala damit, die geschichtliche Entwicklung habe eine Indizfunktion, wenn Zweifel an der Örtlichkeit einer Angelegenheit bestehen.[584] Daß der geschichtlichen Entwicklung nur eine Indizfunktion zukommen dürfe, wird teilweise ausdrücklich mit Bedenken gegen dieses Kriterium begründet.[585]

Höher auf dieser Bedeutungs-Skala wird die historische Entwicklung angesiedelt, wenn sie gleichberechtigt mit soziologischen und geographischen Kriterien die Rastede-Formel des Bundesverfassungsgerichts ausfüllen soll, wonach Angelegenheiten der örtlichen Gemeinschaft diejenigen Interessen sind, die das Zusammenleben und -wohnen der Menschen in der Gemeinde betreffen.[586] Ebenfalls der Konkretisierung der Rastede-Formel dient die Tradition, wenn sie zusammen mit der sachlichen Angemessenheit der Aufgabenerfüllung durch die Gemeinden zu berücksichtigen sein soll.[587] Gelegentlich wird sogar offengelassen, welche weiteren Kriterien neben der geschichtlichen Entwicklung für die Prüfung von Angelegenheiten der örtlichen Gemeinschaft heranzuziehen sind.[588]

Im oberen Bereich der Skala bewegen sich Aussagen, wonach es sich bei der geschichtlichen Entwicklung um ein "wichtiges Hilfsmittel" für die Prüfung örtlicher Angelegenheiten handele[589] oder ihr bei dieser Prüfung eine "wesentliche Rolle" zukomme.[590] Das obere Ende der Meßlatte scheint schließlich das Bundesverfassungsgericht zu markieren, wenn es für die Bestimmung von Kernbe-

---

584 *Gern*, Kommunalrecht, Rn. 60.

585 *Albrecht*, ZUR 1995, S. 237; *Britz*, Örtliche Energieversorgung, S. 69 f.

586 *Erichsen*, Kommunalrecht, S. 366 f.

587 *Pieroth*, in: Jarras/Pieroth, GG, Art. 28, Rn. 12; *Hellermann*, Daseinsvorsorge, S. 144 f. begründet die Örtlichkeit kommunaler Daseinsvorsorgebetätigungen neben der geschichtlichen Entwicklung auch unter Berücksichtigung des heutigen kommunalen Aufgabenbestandes.

588 *Innenministerkonferenz*, Wirtschaftliche Betätigung, S. 37 f.: "Im übrigen ist unbestritten, daß für die Einordnung als Angelegenheit der örtlichen Gemeinschaft *auch* an die für das Bild der Gemeinde typusbestimmende faktische Entwicklung anzuknüpfen ist [Hervorhebung des Verf.]."

589 *Löwer*, in: v. Münch/Kunig, GG, Art. 28, Rn. 45; *ders.* Energieversorgung, S. 227.

590 *Schmidt-Jortzig*, Kommunalrecht, Rn. 490.

reichsangelegenheiten[591] feststellt, der geschichtlichen Entwicklung sei "in besonderer Weise"[592] oder "vor allem"[593] Rechnung zu tragen[594] und damit die geschichtliche Entwicklung als vorrangiges Kriterium für Angelegenheiten der örtlichen Gemeinschaft bewertet.

Damit kann festgehalten werden, daß die geschichtliche Entwicklung überwiegend zur Feststellung eingesetzt wird, ob die Rastede-Definition des Bundesverfassungsgerichts erfüllt ist. Allerdings wird dieses Kriterium dabei unterschiedlich gewichtet. Deshalb bleibt offen, inwieweit von der historischen Wahrnehmung einer Aufgabe durch Kommunen auf die Erfüllung des Tatbestandsmerkmals „Angelegenheiten der örtlichen Gemeinschaft" geschlossen werden kann oder muß. Da Definitionen so formuliert sein müssen, daß eine Ja-/Nein-Entscheidung getroffen werden kann, könnten diese Unsicherheiten auch der Grund dafür sein, daß es, soweit ersichtlich, keine Definition der Angelegenheiten der örtlichen Gemeinschaft gibt, die das Merkmal der geschichtlichen Entwicklung beinhaltet.

Die geschichtliche Argumentation zur Begründung der Örtlichkeit von Angelegenheiten hat sich in Zeiten weit vor der Rastede-Entscheidung des Bundesverfassungsgerichts im Jahre 1988 etabliert. Erst in dieser Entscheidung wurde die bisherige Definition höchstrichterlich um Kriterien dafür ergänzt, wann Angelegenheiten in der örtlichen Gemeinschaft wurzeln oder auf sie einen spezifischen Bezug haben. Dies sei der Fall, wenn die Interessen den Gemeindeeinwohnern gerade als solchen gemeinsam sind, indem sie das Zusammenleben und -wohnen der Menschen in der Gemeinde betreffen.[595] Wegen dieser zeitlichen Überlappung ist nicht auszuschließen, daß gleichsam aus Gewohnheit weiterhin mittels einer geschichtlichen Betrachtung geprüft wird, ob Angelegenheiten in der örtlichen Gemeinschaft wurzeln, anstatt sich nun darauf zu konzentrieren, die gemeinsamen Bedürfnisse und Interessen der Gemeindeeinwohner herauszuarbeiten. Zumindest steht die geschichtliche Argumentation dogmatisch weitgehend

591 Zu den Kernbereichsangelegenheiten der Selbstverwaltungsgarantie als Teilmenge der Angelegenheiten der örtlichen Gemeinschaft s. S. 165.

592 BVerfG, Beschl. v. 26.10.1994 - 2 BvR 445/91 -, BVerfGE 91, 228/238; Beschl. v. 23.11.1988 - 2 BvR 1619, 1628/83 - (Rastede), BVerfGE 79, 127/146.

593 BVerfG, Beschl. v. 23.6.1987 - 2 BvR 826/83 -, BVerfGE 76, 107/118.

594 Dagegen noch zurückhaltender BVerfG, Beschl. v. 12.7.1960 - 2 BvR 373, 442/60 -, BVerfGE 11, 266/274: "Einigkeit besteht nur darüber, daß ... der geschichtlichen Entwicklung und den verschiedenen historischen Erscheinungsformen der Selbstverwaltung *in einem gewissen Ausmaß* Rechnung getragen werden muß [Hervorhebung des Verf.]".

595 BVerfG, Beschl. v. 23.11.1988 - 2 BvR 1619, 1628/83 - (Rastede), BVerfGE 79, 127/151 f., Ls. 4.

unverbunden neben der allgemein verbreiteten Rastede-Definition örtlicher Angelegenheiten.

(2) Methodische Einwände gegen das Kriterium der geschichtlichen Entwicklung

Das Kriterium des traditionellen Aufgabenbestandes ist auch methodisch nicht unproblematisch, was sich am Beispiel der Qualifizierung der Elektrizitätserzeugung als örtliche Angelegenheit gut darstellen läßt.

(a) Das Beispiel der Örtlichkeit der Elektrizitätserzeugung

Innerhalb der geschichtlichen Entwicklung gab es starke Wanderungsbewegungen von Aufgaben im Verhältnis zwischen den Kommunen und der überkommunalen Ebene, insbesondere den Kreisen.[596] Solchen Wanderungsbewegungen war und ist auch die Elektrizitätserzeugung unterworfen.[597]

Im 19 Jahrhundert begannen Kommunen, ihren Einwohnern neben Gas auch Elektrizität zu liefern.[598] Zu Beginn des 20. Jahrhunderts schlossen dann viele kommunale Elektrizitätswerke ihre Versorgungsgebiete zusammen. Dadurch entstanden die großen Energiekonzerne wie im Ruhrgebiet die RWE AG und die als Gegengewicht dazu von Kommunen gegründete VEW AG.[599] In der Weimarer Republik konzentrierte sich die Stromerzeugung weiter auf überörtlicher Ebene.[600] Gleichzeitig behielten aber auch einige Städte ihre Kraftwerke.[601] Diese Struktur blieb dann im Laufe der folgenden Jahrzehnte im großen und ganzen unverändert. Seit den achtziger Jahren läßt sich wieder eine Zunahme der örtli-

---

596 *Schmidt-Jortzig*, Kommunalrecht, Rn. 491 ff.

597 Ausführlich zur Geschichte der Elektrizitätsversorgung auf der Ebene der Kommunen, Regionen und des Verbundnetzes *Löwer*, Energieversorgung, S. 35 ff., der letztlich verneint, daß die Elektrizitätsversorgung traditionell eine Angelegenheit der örtlichen Gemeinschaft sei (Energieversorgung, S. 106 ff.).

598 Zu den Gründen für den Betrieb kommunaler Energieversorgungsunternehmen *Hennicke u.a.*, Energiewende, S. 177 f.; *Löwer*, Energieversorgung, S. 35 f. sieht den Strombedarf der städtischen Straßenbahnen als Ursache für die Gründung der ersten kommunalen Elektrizitätswerke ab circa 1880.

599 *Hennicke u.a.*, Energiewende, S. 127 ff. zur Entstehung der Verbundwirtschaft und a.a.O., S. 187 ff. zum Aufstieg der RWE AG. Die Entstehung und Entkommunalisierung der VEW AG stellen *Berlo/Murschall*, Kommunale Einflußmöglichkeiten, S. 28 ff. dar. Zur historischen Entwicklung gemischtwirtschaftlicher Energieversorgungsunternehmen *Kermel*, Steuerungsmöglichkeiten, S. 24 ff.

600 *Löwer*, Energieversorgung, S. 53 ff.; *Hennicke u.a.*, Energiewende, S. 85 ff.

601 *Löwer*, Energieversorgung, S. 53 ff.

chen Elektrizitätserzeugung verzeichnen, die stark von technischen Fortschritten bei der dezentralen Kraft-Wärme-Koppelung und der regenerativen Energieerzeugung begünstigt wird.[602]

Die Frage, ob es sich bei der gemeindlichen Energieversorgung um eine örtliche Angelegenheit im Sinne von Art. 28 Abs. 2 S. 1 GG handelt, wird in energiepolitischen Diskussionen immer wieder aktuell.[603] Im Grunde geht es hierbei jeweils um Rechtsfragen, die den wirtschaftlichen Einfluß der Verbund- und Regionalversorger einerseits und der kommunalen Energieversorgungsunternehmen andererseits betreffen. So spielte seit den achtziger Jahren die Örtlichkeit der Energieversorgung in der Diskussion um die Rekommunalisierung der Energieversorgung[604] eine zentrale Rolle, die sich insbesondere durch die Neugründung von kommunalen Versorgungsunternehmen in den neuen Bundesländern nach der Vereinigung verstärkt hat.[605] Auch bei der Auseinandersetzung um die Verfassungsmäßigkeit der EnWG-Novelle des Jahres 1998 war die Örtlichkeit der gemeindlichen Stromversorgung eine der zentralen Fragen.[606]

Dabei wird sowohl von den Befürwortern als auch den Gegnern der Annahme, die Elektrizitätserzeugung sei eine Angelegenheit der örtlichen Gemeinschaft, mit der geschichtlichen Entwicklung argumentiert. Die Befürworter vertreten, die Stromversorgung sei eine örtliche Angelegenheit, weil zuerst die Kommunen Elektrizitätswerke betrieben hätten und es seit dieser Zeit ununter-

---

602 *Schmidt-Aßmann*, Kommunalrecht, Rn. 16; *Albrecht*, ZUR 1995, S. 235; *Krebs*, Kommunale Elektrizitätsversorgung, S. 47 f. stellt für die dezentrale Kraft-Wärme-Koppelung einen der Entörtlichung der Stromerzeugung entgegenlaufenden Wanderungsprozeß fest. Auch *Britz*, Örtliche Energieversorgung, S. 69 f. weist auf ein verbreitetes Bestreben hin, die Kommunen verstärkt in die Energieerzeugung einzubeziehen, um die Energieversorgung zu dezentralisieren.

603 *Tettinger*, NWVBl. 1989, S. 2 (Fn. 11) belegt, in diesem Streitpunkt sei seit Beginn der siebziger Jahre kaum mehr eine argumentative Bewegung feststellbar.

604 Zur Rekommunalisierung der Energieversorgung *Berlo/Murschall*, Kommunale Einflußmöglichkeiten, S. 111 ff. und speziell zu Stromnetzübernahmen durch Kommunen S. 276 ff.

605 Zum Aufbau kommunaler Energieversorgungsunternehmen in den neuen Bundesländern nach der Wiedervereinigung *Cronauge*, Kommunale Unternehmen, Rn. 580 ff.; zur Rückübertragung von Vermögensanteilen an einem Elektrizitätsversorgungsunternehmen, das aus einem ehemals volkseigenen Betrieb hervorgegangen ist an einen Kreis BVerwG, Urt. v. 18.5.1995 - 7 C 58.94 -, RdE 1995, S. 240 ff.; vorgehend VG Berlin, Urt. v. 29.4.1994 - VG 30 A 603.93 -, RdE 1995, S. 158 ff.

606 In direkter Auseinandersetzung *Friauf*, et 1997, S. 765 ff. (Gutachten im Auftrag rheinischer Stadtwerke) für und *Ossenbühl*, et 1997, S. 773 ff. (Gutachten im Auftrag der Arbeitsgemeinschaft regionaler Energieversorgungsunternehmen, der Deutschen Verbundgesellschaft und des RWE) gegen den Schutz der gemeindlichen Stromversorgung durch Art. 28 Abs. 2 S. 1 GG.

brochen Gemeinden mit eigener Elektrizitätserzeugung gegeben habe.[607] Dagegen wird eingewandt, daß seit nunmehr einigen Jahrzehnten die Elektrizitätsversorgung so stark bei den nicht-kommunalen Energieversorgungsunternehmen konzentriert sei, daß von einer örtlichen Aufgabe nicht mehr gesprochen werden könne.[608] So lassen sich scheinbar beide Auffassungen mit der vorstehend zusammengefaßten geschichtlichen Entwicklung der kommunalen Elektrizitätsversorgung begründen.

(b) Beliebige Bestimmbarkeit des geschichtlichen Untersuchungszeitraums

Diese Auseinandersetzung verdeutlicht eine methodische Unsicherheit der geschichtlichen Beurteilung kommunaler Aufgaben: Die Auswahl und Gewichtung des Untersuchungszeitraums entscheidet über das Ergebnis.[609] Wer die Entstehung der Stromversorgung, an der die Kommunen einen wesentlichen Anteil hatten, und die Stadtwerkegründungen der achtziger und neunziger Jahre betont, wird wahrscheinlich die Energieversorgung eher als kommunale Angelegenheit betrachten als derjenige, der maßgeblich auf die Zeit der Konzentration seit den zwanziger Jahren dieses Jahrhunderts abstellt. Mit Hilfe des Kriteriums der geschichtlichen Entwicklung lassen sich also jedenfalls bei der Frage der Entwicklung des kommunalen Aufgabenbestands entgegengesetzte Ergebnisse erzielen, indem man bestimmte Zeiträume entweder ausblendet oder besonders betont. Sofern man gemeindliche Aufgaben historisch bestimmt, darf man dies zumindest nicht an bestimmten Zeitpunkten in der Vergangenheit abbrechen.[610]

Auf dieses Problem hat das Bundesverfassungsgericht schon in seiner Fluglärm-Entscheidung hingewiesen.[611] In diesem Verfahren sah es sich mit widersprüchlichen Bewertungen der geschichtlichen Entwicklung der Bauleitpla-

---

607 *Püttner*, RdE 1992, S. 98; *Krebs*, Kommunale Elektrizitätsversorgung, S. 47; *Friauf*, et 1997, S. 766 mit dem Urteil über die Gegenauffassung, die gemeindliche Energieversorgung werde nicht insgesamt durch Art. 28 Abs. 2 S. 1 GG geschützt: "Diese Konzeption erweist sich als unhistorisch."

608 Jeweils mit Bereichen, die ausnahmsweise zu den Angelegenheiten der örtlichen Gemeinschaft gehören sollen: *Notthoff*, DZWir 1995, S. 152 f. (Energieversorgung in industriellen Ballungszentren); *Löwer*, Energieversorgung, S. 228 ff. (Energieverteilung in Großstädten); *Tettinger*, NWVBl. 1989, S. 2 (Energieverteilung); BVerwGE, , Urt. v. 18.5.1995 - 7 C 58.94 -, RdE 1995, 240/241; noch einschränkender *Ossenbühl*, et 1997, S. 775 f.: Eine Entörtlichung der Energieversorgung machten schon *Stern/Püttner*, Gemeindewirtschaft, S. 143 im Jahr 1965 geltend.

609 *Haaß*, Gemeindliche Umweltpolitik, S. 96 f.

610 *Oebbecke*, in: FS Hoppe, S. 241 f.

611 BVerfG, Beschl. v. 7.10.1980 - 2 BvR 584 u.a./76 -, BVerfGE 56, 298/312 f.

nung konfrontiert.[612] So wurde einerseits gegen deren Örtlichkeit vorgebracht, sie sei bis zum Ende des zweiten Weltkriegs durchweg als polizeirechtliche Aufgabe des Staates angesehen worden. Andererseits wurde die Örtlichkeit der Bauleitplanung mit der zentralen Bedeutung begründet, die sie jedenfalls seit dem Ende des zweiten Weltkriegs für die Kommunen habe. In der glücklichen Lage des Bundesverfassungsgerichts, solche abweichenden Deutungen als nicht entscheidungserheblich vernachlässigen zu können, befindet sich jedoch nicht jeder Rechtsanwender.

(c) Untersuchungsaufwand

Außerdem wird die Beurteilung fraglicher örtlicher Angelegenheiten wesentlich von der Genauigkeit beeinflußt, mit der die geschichtliche Entwicklung untersucht wird. So wird kritisiert, bei der Prüfung, ob eine Aufgabe historisch zu den örtlichen Angelegenheiten gehöre, sei häufig eine globale "Einleitungshistorie" anzutreffen,[613] das heißt sehr allgemeine geschichtliche Feststellungen, mit der die rechtlichen Erwägungen eher eingeleitet als begründet werden. Eine solche "Einleitungshistorie" dürfte kaum in der Lage sein, den tatsächlichen geschichtlichen Befund kommunaler Aufgaben zutreffend wiederzugeben, weil dieser, wie das Beispiel der Energieversorgung zeigt, häufig auf komplexen und teilweise sogar gegenläufigen Entwicklungen beruht.

Diese Entwicklungen über den geforderten langen Zeitraum nachzuvollziehen, bedeutet gleichzeitig, einen erheblichen Begründungsaufwand treiben zu müssen, selbst wenn die fragliche kommunale Aufgabe wirtschaftshistorisch genügend erforscht ist.[614] Dies schränkt die Praktikabilität des geschichtlichen Kriteriums für Verwaltung, Anwaltschaft und Rechtsprechung stark ein. So handelt es sich bei der Tradition der gemeindlichen Aufgabenwahrnehmung um ein Kriterium, das, weil es einen für die Rechtsanwender in der Regel kaum zu leistenden Aufwand erfordert, bei einer oberflächlicheren Handhabung dazu neigt, wenig verläßliche Ergebnisse zu liefern.[615] Da in der kommunalwirtschaftsrechtli-

612 BVerfG, Beschl. v. 7.10.1980 - 2 BvR 584 u.a./76 -, BVerfGE 56, 298/312 f.

613 *Löwer*, Energieversorgung, S. 228.

614 So betonen *Stern/Püttner*, Gemeindewirtschaft, S. 150 f., die geschichtliche Entwicklung könne nur dann zur Bestimmung von Angelegenheiten der örtlichen Gemeinschaft herangezogen werden, wenn der geschichtliche Weg der fraglichen Angelegenheit mit Sorgfalt nachgezeichnet werde.

615 *Britz*, Örtliche Energieversorgung, S. 69 f. stellt daher fest, "daß die 'Tradition' ein wenig eindeutiges und deshalb unzulängliches Kriterium sei". *Schulz*, BayVBl. 1997, S. 519 weist am Beispiel der Abgrenzung wirtschaftlicher und nichtwirtschaftlicher kommunaler Betätigungen darauf hin, daß der "Rückgriff auf die Historie" zwar Definitionbemühungen sparen möge, aber methodisch problematisch sei

chen Diskussion gründliche historische Untersuchungen eher die Ausnahme bilden, dient das Kriterium der Tradition als einfache Begründung wirtschaftlich oder politisch gewünschter Positionen.

Formulierungen des Inhalts, es seien nur diejenigen Betätigungen "garantiert, die nach einem historisch nachzuweisenden Erfahrungssatz das Bild der deutschen Gemeinde prägten, also nicht die zufällig akzidentiellen, sondern die typisch essentiellen"[616], verstärken diese Bedenken gegen die Handhabbarkeit des Kriteriums des geschichtlichen Befundes örtlicher Angelegenheiten.

(d) Gefahr der Ausbildung eines Status-Quo gemeindlicher Aufgaben

Sofern die jüngste Vergangenheit aus der Untersuchung ausgeklammert wird, weil diese statistisch oder historisch noch nicht oder noch nicht genügend erfaßt ist, besteht außerdem die Gefahr, daß ein Bestand örtlicher Angelegenheiten etabliert wird, welcher der Wirklichkeit in der Gegenwart nicht mehr entspricht. Das Bundesverfassungsgericht[617] und ihm nachfolgend das Schrifttum[618] lehnt wegen der Wanderungsbewegungen von Angelegenheiten zwischen der örtlichen und der überörtlichen Ebene die Existenz eines bestimmten Katalogs von Kernbereichsangelegenheiten ab. Die Feststellung, es gelinge im Kernbereich der Selbstverwaltungsgarantie nicht, "einen realanalytisch gewonnenen ... gegenständlichen Aufgabenbestand zu benennen"[619] belegt die Unzulänglichkeit der geschichtlichen Bestimmung örtlicher Aufgaben im gesamten Bereich der Selbstverwaltungsgarantie.

---

und zu ungereimten Ergebnissen führe. *Haaß*, Gemeindliche Umweltpolitik, S. 95 lehnt die geschichtliche Bestimmung von Angelegenheiten der örtlichen Gemeinschaft ab, da dieses Kriterium zu widersprüchlichen Ergebnissen für die Abfallentsorgung, die Abwasserbeseitigung und den Immissionsschutz führe.

616 *Stern*, in: Bonner Kommentar, Art. 28, Rn. 123; aufgegriffen von *Löwer*, in: v. Münch/Kunig, GG, Art. 28, Rn. 46; fast wortgleich *Stern/Püttner*, Gemeindewirtschaft, S. 151.

617 BVerfG, Beschl. v. 23.11.1988 - 2 BvR 1619, 1628/83 - (Rastede), BVerfGE 79, 127/146, Ls. 2.

618 *Löwer*, in: v. Münch/Kunig, GG Art. 28, Rn. 46; *Schmidt-Aßmann*, in: FS Sendler, S. 129 f.

619 *Löwer*, in: v. Münch/Kunig, GG Art. 28, Rn. 46; noch deutlicher a.a.O, Rn. 49: "Da kein geschützter Aufgabenkatalog benennbar ist"; *Nierhaus*, in: Sachs, GG, Art. 28, Rn. 51 bezeichnet den Kernbereich der Selbstverwaltungsgarantie als "definiens indefinibilis". Dagegen geht *Püttner*, Öffentliche Unternehmen, S. 161, davon aus, die Angelegenheiten der örtlichen Gemeinschaft ließen "sich im Hinblick auf die Anknüpfung an die örtliche Sphäre und die Tradition *noch einigermaßen zuverlässig*...ermitteln [Hervorhebung des Verf.]."

(e) Zusammenfassung

So läßt sich hinsichtlich dieser methodischen Schwächen Ossenbühls Feststellung zur geschichtlichen Bestimmung der Örtlichkeit der Stromversorgung durchaus auch auf andere Aufgaben verallgemeinern: "Es dürfte schwer sein, angesichts der überkommenen Aufgabenverteilung auf Kommunen und Privatwirtschaft, die überdies aufgrund der technischen und wirtschaftlichen Entwicklung gravierende Veränderungen erfahren hat, aus entwicklungsgeschichtlicher Sicht relativ eindeutige Aufgabenzuordnungen vorzunehmen und einen gesicherten typischen ... Bestand an kommunalen Agenden im Bereich der Stromversorgung auszumachen."[620]

(3) Ungeeignetheit für die Beurteilung neu entstehender Aufgaben

Die Berücksichtigung der geschichtlichen Entwicklung für die Prüfung von Angelegenheiten der örtlichen Gemeinschaft wirft auch das Problem auf, wie sich die Örtlichkeit von Angelegenheiten feststellen läßt, die neu entstehen oder gerade erst entstanden sind.

In den letzten Jahren entwickelte sich eine Vielzahl neuer Bereiche, in denen Gemeinden wirtschaftlich tätig werden können und manche von ihnen auch schon tätig sind.[621] Ein Grund hierfür sind technologische oder wirtschaftliche Innovationen, die es ihnen erlauben, bisher unbekannte Produkte und Dienstleistungen anzubieten. Kommunen werden hier auf Märkten tätig, die sich erst entwickeln. Daß kommunale Unternehmen heute etwa grafische Datenverarbeitung anbieten, wurde durch Fortschritte in der Hard- und Softwareentwicklung ermöglicht. Dagegen geht ihr Engagement im Facility Management[622] auf den Wunsch von Kunden zurück, sämtliche Dienstleistungen für ihre Immobilien aus einer Hand zu erhalten. Kommunen treten aber auch in Märkte ein, die bereits entwickelt sind. So erbringen kommunale Unternehmen Telekommunikationsdienstleistungen, seit am 1.1.1998 das Telefonmonopol der Deutschen Telekom AG fiel. Gleichzeitig zeigt das Beispiel der Abfallentsorgung, daß sich Kommunen auch in der Vergangenheit neuen Aufgaben gegenübergesehen haben. Schließlich entstehen neue Betätigungsfelder nicht nur in der Wirtschaft sondern etwa auch in den Bereichen Soziales und Kultur.

Lassen sich nun solche neuen Aufgaben mit dem Kriterium der geschichtlichen Entwicklung der kommunalen Selbstverwaltung als örtlich oder überörtlich

620 *Ossenbühl*, Energierechtsreform, S. 775.
621 S. S. 42.
622 S. S 47.

beurteilen? Die Antwort ist einfach: Eine Angelegenheit, die es in der Vergangenheit nicht gab, konnte in der Vergangenheit weder von Kommunen noch von sonstigen öffentlichen oder privaten Akteuren erledigt werden. Folglich kann der geschichtlichen Entwicklung zu solchen Angelegenheiten keine Aussage entnommen werden. Auch eine Verkürzung des historischen Untersuchungszeitraums hilft hier nicht weiter. Wenn sich beispielsweise der Markt für Facility Management erst seit kurzem entwickelt und bundesweit erst wenige Anbieter tätig sind, darunter bisher kaum kommunale Unternehmen,[623] so fehlt bereits eine ausreichend breite Datenbasis, um empirisch festzustellen, ob Facility Management eine örtliche Angelegenheit darstellt. Damit versagt die geschichtliche Bestimmung örtlicher Angelegenheiten bei einer der wichtigsten Funktionen von Tatbestandsmerkmalen, nämlich neue Sachverhalte zu erfassen und deren rechtliche Beurteilung zu ermöglichen. Der Nutzen eines Kriteriums, das lediglich bereits bekannte Sachverhalte erfaßt und selbst dort noch mit erheblichen methodischen Schwächen belastet ist, erscheint insgesamt fraglich. Hinzu kommt, daß die Allzuständigkeit gemäß Art. 28 Abs. 2 S. 1 GG gerade auch die Offenheit des gemeindlichen Aufgabenbereiches sicherstellen und es dadurch dem Staat insgesamt ermöglichen soll, neue Probleme schnell aufzugreifen.[624] So haben sich in der Vergangenheit zahlreiche neue Themen gerade auch des Umweltschutzes auf dem Weg über die örtliche Ebene als staatliche Aufgaben etabliert.[625] Würde man die Örtlichkeit neuer Aufgaben ausschließlich nach dem Kriterium der Tradition bestimmen, könnte Art. 28 Abs. 2 S. 1 GG diese wichtige gesamtstaatliche Funktion nicht mehr gewährleisten.

Deshalb kann auch der Aussage nicht zugestimmt werden, die historische Betrachtung trage "nicht konservierende, sondern dynamische Züge"[626]. Denn wie soll eine Methode, die diejenigen gemeindlichen Aufgaben ausdrücklich außer Acht läßt, die "nicht einer gesicherten Erfahrung ... ihr Dasein verdanken",[627] dynamisch, das heißt nicht erst mit einer Verzögerung von mindestens ein bis zwei Jahrzehnten, beurteilen, ob es sich bei einer neuen gemeindlichen Aufgabe um eine örtliche Angelegenheit im Sinne von Art. 28 Abs. 2 S. 1 GG handelt? Eine zeitliche Verzögerung im genannten Umfang wird auch schon dadurch vorgegeben, daß eine empirische Untersuchung auf statistisches Zahlenmaterial angewiesen ist, jedoch die statistische Erfassung voraussetzt, daß sich das entsprechende Phänomen in einem gewissen Umfang gesellschaftlich verbreitet und durchgesetzt hat.

---

623 Vgl. *Bohr*, Facility Management, S. 95, 129 ff.
624 *Oebbecke*, in: Kommunale Selbstverwaltung, S. 55 f.
625 *Oebbecke*, in: Kommunale Selbstverwaltung, S. 55 f.
626 *Stern/Püttner*, Gemeindewirtschaft, S. 151.
627 *Stern/Püttner*, Gemeindewirtschaft, S. 151.

Daher eignet sich das Kriterium der geschichtlichen Entwicklung der kommunalen Selbstverwaltung nicht, um festzustellen, ob neu entstehende Aufgaben Angelegenheiten der örtlichen Gemeinschaft im Sinne von Art. 28 Abs. 2 S. 1 sind.

(4) Fraglichkeit des Schlusses von der geschichtlich begründeten Örtlichkeit der gesamten kommunalen Wirtschaftsbetätigung auf die geschichtlich begründete Örtlichkeit einer bestimmten kommunalen Wirtschaftsbetätigung

Am Beispiel der gemeindlichen Energieversorgung konnte bereits gezeigt werden, wie mittels eines geschichtlichen empirischen Befundes begründet wird, eine bestimmte Aufgabe sei eine örtliche Angelegenheit im Sinne von Art. 28 Abs. 2 S. 1 GG.[628] Entsprechend kann davon ausgegangen werden, daß auch in anderen Bereichen, in denen sich Kommunen schon seit Jahrzehnten betätigen, wie der Wasserversorgung oder dem Straßenbahn- und Omnibusverkehr, mit der geschichtlichen Entwicklung begründet wird, daß es sich bei diesen Aufgaben um Angelegenheiten der örtlichen Gemeinschaft handelt.

Daneben dient der geschichtliche Befund auch zur Begründung, die wirtschaftliche Betätigung der Kommunen werde insgesamt von Art. 28 Abs. 2 S. 1 GG geschützt.

In ihren Ursprüngen reicht die Wirtschaftstätigkeit der Städte und Gemeinden bis ins Mittelalter zurück.[629] Eine wesentliche Ausweitung und ihre heutige Ausprägung hat sie im 19. und der ersten Hälfte des 20. Jahrhunderts erfahren.[630] Auch heute noch sind Kommunen in vielen dieser Branchen, zum Beispiel Nahverkehr, Wohnungswirtschaft, Energie- und Wasserversorgung, am Markt tätig. Daraus wird geschlossen, die Wirtschaftstätigkeit sei für die kommunale Selbstverwaltung "typusprägend".[631] Entsprechend werde sie von Art. 28 Abs. 2 S. 1 GG erfaßt.[632]

Gegenstand der geschichtlichen Untersuchung ist hier nicht mehr, wie vorstehend beschrieben, eine einzelne wirtschaftliche Betätigung, wie die Stromversor-

628 S. S. 180.

629 *Stern/Püttner*, Gemeindewirtschaft, S. 11 ff.

630 *Stern/Püttner*, Gemeindewirtschaft, S. 13.

631 *Moraing*, Anlage, S. 9; *Stern/Püttner*, Gemeindewirtschaft, S. 161 f.

632 *Wieland/Hellermann*, Selbstverwaltungsrecht, S. 21 ff.; *Moraing*, Anlage, S. 9; *Heinrichs/Schwabedissen*, StuGR 1998, S. 161 gehen sogar davon aus, die Kommunen seien "durch den tatsächlich historisch gewachsenen Aufgabenbestand ... *verfassungsrechtlich aufgerufen*, kommunale Unternehmen und Einrichtungen umfassendster Natur zu errichten und zu betreiben [Hervorhebung des Verf.]"; nahezu wortgleich *Cronauge*, GemHH 1998, S. 133.

gung, sondern die allgemeine Befugnis der Gemeinden, sich wirtschaftlich zu betätigen. Aufgrund eines geschichtlichen Befundes wird die kommunale Wirtschaftstätigkeit insgesamt als von Art. 28 Abs. 2 S. 1 GG geschützt erklärt. So habe der Verfassungsgeber eine entfaltete Wirtschaftstätigkeit der Gemeinden vorgefunden und in die Selbstverwaltungsgarantie übernommen.[633] Eingriffe des Gesetzgebers in die kommunale Wirtschaftstätigkeit wären demnach nur unter den Voraussetzungen des Art. 28 Abs. 2 S. 1 GG zulässig.[634]

Neben einem Schutz gegen Eingriffe von Bund und Ländern wäre es naheliegend, mit dem Schutz der Gemeindewirtschaft durch Art. 28 Abs. 2 S. 1 GG zu begründen, dadurch seien auch einzelne wirtschaftliche Aktivitäten mit Art. 28 Abs. 2 S. 1 GG vereinbar. Ein solcher Schluß von der Zulässigkeit der Gemeindewirtschaft im allgemeinen auf die Zulässigkeit einer besonderen wirtschaftlichen Betätigung bietet sich insbesondere für neue wirtschaftliche Betätigungen von Gemeinden an. So können sich die Kommunen für neue Geschäftsfelder, wie das Energiemanagement, insbesondere nicht darauf berufen, sie gehörten zum traditionellen Bestand örtlicher Angelegenheiten. Auch wenn die Verfassungsmäßigkeit neuer wirtschaftlicher Betätigungen gegenwärtig kaum offen damit begründet wird, sie seien eine Form der wirtschaftlichen Betätigung von Kommunen, die wiederum ein traditioneller Teil der gemeindlichen Selbstverwaltung sei, so ist es nicht unwahrscheinlich, daß eine solche Argumentation verstärkt bemüht werden wird, wenn zum Beispiel einzelne Stadtwerke durch die zunehmende Konkurrenz auf den Energiemärkten in ihrer Existenz bedroht werden. In diese Richtung weist die Argumentation anläßlich der Novellierung des Energiewirtschaftsgesetzes, die Liberalisierung werde die gemeindliche Wirtschaftsbetätigung, die durch Art. 28 Abs. 2 GG garantiert sei, in ihrem Bestand gefährden, daß als Ausgleich die Expansion von Stadtwerken in neue Geschäftsfelder rechtlich erleichtert werden müsse.

Jedoch stehen dem Schluß von der Zulässigkeit der Gemeindewirtschaft als Ganzes auf die Zulässigkeit einer bestimmten wirtschaftlichen Betätigung, also vom Allgemeinen auf das Besondere, erhebliche Bedenken entgegen.

Zunächst besteht die Gefahr, daß Wirtschaftsbetätigungen, die nicht Angelegenheiten der örtlichen Gemeinschaft dienen, dennoch als mit Art. 28 Abs. 2 S. 1 GG vereinbar beurteilt werden. Würde man die Vereinbarkeit, um beim genannten Beispiel zu bleiben, des Energiemanagements mit der Selbstverwaltungsgarantie prüfen, so wäre das Energiemanagement direkt unter das Tatbestandsmerkmal Angelegenheit der örtlichen Gemeinschaft zu subsumieren. Da-

633 *Innenministerkonferenz*, Wirtschaftliche Betätigung, S. 19; *Moraing*, Anlage, S. 9.

634 *Moraing*, Anlage, S. 9 ff. folgert daraus die Verfassungswidrigkeit der Subsidiaritätsklauseln in den Gemeindeordnungen der Länder.

gegen scheint der genannte logische Schluß schon richtig, wenn die Energieversorgung eine wirtschaftliche Betätigung einer Gemeinde ist. Denn wenn kommunale Wirtschaftsbetätigungen gemäß Art. 28 Abs. 2 S. 1 GG zulässig sind, dann ist auch das Energiemanagement zulässig, sofern es eine wirtschaftliche Betätigung einer Kommune ist.

Dabei gerät allerdings aus dem Blick, daß eine bestimmte Aufgabe nur dann durch Art. 28 Abs. 2 S. 1 GG geschützt wird, wenn sie in der örtlichen Gemeinschaft wurzelt oder auf sie einen besonderen Bezug hat. Bei der Prüfung der Gemeindewirtschaft insgesamt wird dies stillschweigend vorausgesetzt. Deshalb spielt der Ortsbezug im Rahmen des Schlusses auf die konkrete Betätigung keine Rolle mehr. Diese Argumentation lenkt damit davon ab, daß zum Beispiel die Energieversorgung nur dann gemäß Art. 28 Abs. 2 S. 1 GG zulässig ist, wenn sie eine örtliche Angelegenheit und nicht bereits dann, wenn sie eine Angelegenheit ist, die ein Ort wahrnimmt. Daß dies ein nicht unerheblicher sachlicher Unterschied ist, wird deutlich, wenn man sich vergegenwärtigt, daß das Bundesverfassungsgericht Angelegenheiten der örtlichen Gemeinschaft als diejenigen Interessen definiert, die "den Gemeindeeinwohnern gerade als solchen gemeinsam sind, indem sie das Zusammenleben und -wohnen der Menschein in der Gemeinde betreffen"[635]. Denn nicht jede Wirtschaftsbetätigung betrifft bereits deshalb das Zusammenleben und -wohnen von Menschen in der Gemeinde, weil eine Gemeinde sie aufgreift oder ausübt.[636]

Sofern die Zugehörigkeit der Gemeindewirtschaft zur Selbstverwaltung geschichtlich begründet wird, sprechen schließlich außer den bereits oben genannten[637] weitere methodische Erwägungen gegen eine solche Argumentation. Das allgemeine Postulat, die Selbstverwaltungsgarantie schütze die Gemeindewirtschaft, wird damit begründet, daß die Gemeinden in der Vergangenheit einzelne Formen wirtschaftlicher Betätigung ausgeübt haben. Aber kann man daraus, daß die Gemeinden zum Beispiel berechtigt sind, Energieversorgungsunternehmen, Häfen und Messegesellschaften zu betreiben auch schließen, daß sie gemäß Art. 28 Abs. 2 S. 1 GG auch Telekommunikationsunternehmen betreiben dürfen, nur weil dies ebenfalls als gemeindlichen Wirtschaftstätigkeit zu qualifizieren wäre?

Hier läßt die auf einige traditionelle kommunale Branchen begrenzte empirische Basis der Grundannahme fraglich erscheinen, ob aus ihr tatsächlich Schlüsse für Aktivitäten auch in anderen Wirtschaftszweigen gezogen werden können.

---

635 BVerfG, Beschl. v. 23.11.1988 - 2 BvR 1619, 1628/83 - (Rastede), BVerfGE 79, 127/Ls. 4.

636 Dazu näher S. 215 f.

637 S. S. 180 ff.

Wenn schon die geschichtliche Entwicklung ausschlaggebend für Angelegenheiten der örtlichen Gemeinschaft sein soll, so müßte konsequenterweise auch geprüft werden, ob die fragliche neue Betätigung traditionell eine gemeindliche Aufgabe ist.[638] Allerdings konnte gezeigt werden, daß das Kriterium der geschichtlichen Entwicklung für die Beurteilung neuer Aufgaben ungeeignet ist. Deshalb liegt es nahe, einen argumentativen Umweg zu wählen und mittels des geschichtlichen Befundes zunächst die Örtlichkeit der gesamten Gemeindewirtschaft zu belegen, um anschließend zu folgern, auch neue wirtschaftliche Betätigungen müßten verfassungsrechtlich zulässig sein, schließlich seien es ja Formen kommunaler Wirtschaftstätigkeit.

Wegen ihrer begrenzten empirischen Basis erlaubt die geschichtlich begründete Argumentation, kommunale Wirtschaftsbetätigungen würden insgesamt von der Selbstverwaltungsgarantie erfaßt, daher wohl keine Schlüsse auf die Vereinbarkeit einzelner kommunaler Witschaftsbetätigungen mit Art. 28 Abs. 2 S. 1 GG.[639] Insbesondere erübrigt sie nicht die jeweilige Prüfung, ob die fragliche wirtschaftliche Aktivität einen spezifischen Ortsbezug aufweist. Daher soll der mögliche Schutz der kommunalwirtschaftlichen Betätigung als Ganzes durch die Selbstverwaltungsgarantie für die Frage, ob energieeffiziente Dienstleistungen eine örtliche Angelegenheit im Sinne von Art. 28 Abs. 2 S. 1 GG darstellen, im folgenden nicht berücksichtigt werden.

(5) Ergebnis

In dieser Untersuchung steht die rechtliche Zulässigkeit energieeffizienter Dienstleistungen und damit einer neuen Aufgabe kommunaler Energieversorgungsunternehmen in Frage. Da das Kriterium der geschichtlichen Entwicklung des kommunalen Aufgabenbestandes sich für die Beurteilung neuer Aufgaben der

---

638 *Stern/Püttner*, Gemeindewirtschaft, S. 150 f. weisen darauf hin, man könne "trotz allem geschichtlich Gewachsenes als Grundlage der Auslegung des Art. 28 Abs. 2 GG verwenden, aber offenbar nur in der Form, daß jeweils *im Einzelfall*, also für jede einzelne Materie, der Weg *nachgezeichnet werden muß*, den die betreffende Angelegenheit in der Entwicklung der Selbstverwaltung genommen hat ... was zum Gemeindedasein gehört und was seinen Wesenskern ausmacht, also typusbestimmend ist, muß auf den einzelnen Gebieten, dem Sozialwesen, der Polizei, dem Schul- und Kulturwesen, den öffentlichen Einrichtungen und der Wirtschaftsbetätigung jeweils *mit Sorgfalt* nach Entwicklung und heutigen Tendenzen ermittelt werden [Hervorhebung des Verf.]".

639 So stellen *Wieland/Hellermann*, Selbstverwaltungsrecht, S. 24 fest, der Frage der Entörtlichung gemeindlicher Betätigungsfelder sei jeweils im einzelnen nachzugehen, obwohl sie bejahen, daß die wirtschaftliche Betätigung insgesamt zum gemeindlichen Selbstverwaltungsbereich gehört.

Gemeinden als ungeeignet erwiesen hat, kann darauf im folgenden nicht zurückgegriffen werden. Jedoch bestehen, wie dargelegt, auch sonst vielfältige Bedenken dagegen, für die Bestimmung von Angelegenheiten der örtlichen Gemeinschaft im Sinne von Art. 28 Abs. 2 S. 1 GG die geschichtliche Entwicklung weiterhin zu berücksichtigen.

cc) Daseinsvorsorge

Neben dem geschichtlichen Befund ist die sogenannte Daseinsvorsorge das zweite Argumentationsmuster, mit dem traditionell begründet wird, bestimmte kommunalwirtschaftliche Betätigungen seien mit Art. 28 Abs. 2 S. 1 GG vereinbar. Obgleich sich die sogenannte Daseinsvorsorge in Kommunalrecht und Kommunalpolitik noch einer weiten Verbreitung erfreut,[640] ist dieses gedankliche Konzept schon seit Jahrzehnten einer starken Kritik ausgesetzt.[641]

(1) Nationalsozialistische Bezüge in Forsthoffs grundlegender Konzeption

Forsthoff entwickelte das gedankliche Konzept der Daseinsvorsorge in seiner Schrift "Die Verwaltung als Leistungsträger" im Jahr 1938. Danach trage der Staat eine Verantwortung für die Daseinsvorsorge, die als Daseinsverantwortung bezeichnet wird.[642] Diese Daseinsverantwortung des Staates folge aus der "bis zur Minimalisierung gehende(n) Verengung des beherrschten Lebensraumes".[643] Der beherrschte Lebensraum eines Menschen sei "der Hof, der Acker, der ihm gehört, das Haus, in dem er lebt". Durch die Verengung dieses "beherrschten Lebensraumes" sei den Menschen die Möglichkeit genommen, sich mit den zum Leben benötigten Gütern selbst zu versorgen, weshalb der Staat zur Daseinsvorsorge verpflichtet sei.[644] Die nach seiner Einschätzung große Bedeutung der Daseinsvorsorge auch für die rechtliche Dogmatik begründet *Forsthoff* folgendermaßen: "Denn es ist gerade eine entscheidende Folgewirkung der massentümlichen Lebensformen und der Beengtheit des völkischen Lebensraums, daß die Da-

640 S. S. 167.

641 *Stern/Püttner*, Gemeindewirtschaft, S. 162; *Schnaudigel*, Nichtwirtschaftliche Unternehmen, S. 135 kritisiert die Unbestimmtheit der Daseinsvorsorge; mit Hinweisen auf das ältere Schrifttum *Hill*, BB 1997, S. 427; *Hidien*, Konkretisierung, S. 127; *Albrecht*, ZUR 1995, S. 237; *Löwer*, Energieversorgung, S. 139; *Gröner*, Ordnung, S. 119 ff.

642 *Forsthoff* prägte dafür den Begriff der Daseinsverantwortung (*Forsthoff*, Verwaltung, S. 6).

643 *Forsthoff*, Verwaltung, S. 4 ff.

644 *Forsthoff*, Verwaltung, S. 4 ff.

seinsvorsorge, der Kampf ganzer Völker (nicht um imperialistischer Ziele, sondern) um die Lebensbehauptung des Volkes selbst sowohl wie jedes einzelnen Volksgenossen als solche zu dem eigentlichen Politikum geworden ist."[645] Damit entwickelte *Forsthoff* die Daseinsvorsorge auf der Grundlage des nationalsozialistischen Konzepts vom völkischen Lebensraum.[646]

Allerdings ist dies nicht die einzige Überschneidung des Konzepts der Daseinsvorsorge mit nationalsozialistischem Gedankengut.[647] *Forsthoff* beschreibt zunächst eine historische Entwicklung von der individuellen Daseinsvorsorge im sogenannten beherrschten Lebensraum, über Versuche kollektiver Daseinsvorsorge im Kapitalismus des 19. Jahrhunderts bis hin zur politischen Daseinssicherung durch den Nationalsozialismus, der endlich "die Daseinsverantwortung der Träger der politischen Gewalt (Staat und Partei) herstellte"[648]. Auch die Übernahme der Verantwortung, die die "freie Wirtschaft" bisher "nach liberaler Wirtschaftsauffassung" für die Daseinsvorsorge trug, durch den Staat sei Teil dieser geschichtlichen Entwicklung zum Nationalsozialismus.[649] Weiterhin bewirke die "Notwendigkeit, die Organisation der Daseinsvorsorge in die Hand zu bekommen", daß eine "Revolution nur noch als Machtübernahme, das heißt in legalen Formen, möglich" ist.[650] Welche Auswirkungen dies unter anderem auf die Legalität der "nationalsozialistischen Revolution" habe, beschreibt *Forsthoff* ausführlich.[651] Schließlich habe sich auch die rechtsstaatliche Dogmatik "zunächst einmal darüber schlüssig zu machen [!], wie und unter welchen Bedingungen die Menschen ihr einfaches, kreatürliches Dasein führen und dann erst zu fragen, was die Menschen mit diesem Dasein beginnen, welche Anforderungen an Freiheit, Ordnung, Wohlfahrt usw. sie stellen"[652]. Ausgehend von diesem angeblichen "einfachen, kreatürlichen Dasein" der Menschen kann *Forsthoff* schließlich feststellen: "Die Grundrechte gehören der Geschichte an."[653]

---

645 *Forsthoff*, Verwaltung, S. 12.

646 Mit der Forderung, mehr Lebensraum für das deutsche Volk zu schaffen, wurden im zweiten Weltkrieg unter anderem die Invasion der Wehrmacht in Osteuropa und Gewalttaten gegen die dort lebenden Völker gerechtfertigt. Noch 1958 begründete *Forsthoff* die Daseinsvorsorge ausdrücklich mit "der Schrumpfung des beherrschten Lebensraums" und definierte Daseinsvorsorge als das, "was für die Daseinsermöglichung des modernen Menschen ohne Lebensraum erforderlich ist" (*Forsthoff*, Daseinsvorsorge, S. 6 f.).

647 *Löwer*, Energieversorgung, S. 111 ff.

648 *Forsthoff*, Verwaltung, S. 6.

649 *Forsthoff*, Verwaltung, S. 10 f.

650 *Forsthoff*, Verwaltung, S. 8 ff.

651 *Forsthoff*, Verwaltung, S. 8 ff.

652 *Forsthoff*, Verwaltung, S. 8.

653 *Forsthoff*, Verwaltung, S. 2.

Bereits diese Beispiele verdeutlichen, in welchem Umfang *Forsthoffs* Konzept der Daseinsvorsorge auf einem nationalsozialistischen Menschenbild, Staats-, Wirtschafts- und Rechtsverständnis basiert. Was vom Rechtsinstitut der Daseinsvorsorge übrig bleibt, wenn man es von diesen nationalsozialistischen Anteilen befreien würde, kann hier nicht im einzelnen untersucht werden. Allerdings ergeben sich danach erhebliche Zweifel, ob das Konzept der Daseinsvorsorge mit der Geltung der Grundrechte und dem sozialen Rechtsstaat des Grundgesetzes vereinbar ist.[654]

(2) Inhaltliche Unbestimmtheit

Im Zentrum der Kritik des Schrifttums an der sogenannten Daseinsvorsorge steht die fehlende Bestimmtheit und der mangelnde Rechtscharakter dieses Begriffs.[655]

Als Regelbeispiele kommunaler Daseinsvorsorge gelten die Energie-, Wasser- und Verkehrsversorgung.[656] Welche sonstigen Leistungen zur sogenannten Daseinsvorsorge gehören sollen, ist dagegen unklar.

---

654 *Forsthoff* selbst hat im Jahr 1958 die beiden zentralen Kapitel seiner grundlegenden Schrift zur Daseinsvorsorge ("Die Verwaltung als Leistungsträger") unter dem Titel "Rechtsfragen der leistenden Verwaltung" neu veröffentlicht. Dort ist der Wortlaut von 1938 einschließlich der oben zitierten Passagen unverändert (!) neu abgedruckt. In der Einleitung aktualisiert *Forsthoff* zwar sein Modell der Daseinsvorsorge. Dessen nationalsozialistische Bezüge bleiben dabei allerdings, und für die ersten beiden Nachkriegsjahrzehnte durchaus typisch, ebenso unberücksichtigt wie das Grundgesetz nur am Rande erwähnt wird. Dementsprechend wird der Lehre von der Daseinsvorsorge im Schrifttum bescheinigt, sie sei "zumindest schillernd, wenn nicht sogar autoritär-reaktionärer Interpretation zugänglich." (*Hennicke u.a.*, Energiewende, S. 243). Nach *Löwer*, Energieversorgung, S. 112 f. verbot es sich unter dem Grundgesetz, sämtliche Elemente dieses Begriffs wieder aufzugreifen. Außerdem sei fraglich, ob nicht *Forsthoff* bei der Weiterentwicklung der Daseinsvorsorge (vgl. zuletzt *ders.*, Verwaltungsrecht, S. 368 ff.) die Wandlung vom totalitären zum demokratischen Staat unberücksichtigt gelassen habe (*Löwer*, Energieversorgung, S. 117).

655 *Stern/Püttner*, Gemeindewirtschaft, S. 162; *Schnaudigel*, Nichtwirtschaftliche Unternehmen, S. 135 kritisiert die Unbestimmtheit der Daseinsvorsorge; mit Hinweisen auf das ältere Schrifttum *Hill*, BB 1997, S. 427; *Hidien*, Öffentliche Zwecksetzung, S. 127; *Albrecht*, ZUR 1995, S. 237; *Löwer*, Energieversorgung, S. 139; *Gröner*, Ordnung, S. 119 ff.

656 *Forsthoff*, Daseinsvorsorge, S. 14; BVerfG, Beschl. v. 16.5.1989 - 1 BvR 705/88 - (HEW), NJW 1990, S. 1783; *Püttner*, HbStaR, S. 1192; BVerwG, Urt. v. 18.5.1995 - 7 C 58.94 -, RdE 1995, S. 240; *Stober*, Kommunalrecht, S. 165 f., kritisiert gleichzeitig die "Ausuferung des Begriffs der Daseinsvorsorge". Nach BVerfG, Urt. v. 10.12.1974 - 2 BvK 1/73; 2 BvR 902/73 -, BVerfGE 38, 258/270 f. zählen zum

Forsthoff definierte die Daseinsvorsorge als "alles, was von seiten der Verwaltung geschieht, um die Allgemeinheit oder nach objektiven Merkmalen bestimmte Personenkreise in den Genuß nützlicher Leistungen zu setzen"[657]. Danach handelt es sich, etwas knapper gefaßt, bei der sogenannten Daseinsvorsorge um alle für die Allgemeinheit nützlichen Leistungen der Verwaltung. Im Gegensatz zu den Leistungen, die für die Allgemeinheit notwendig beziehungsweise nützlich seien, gehöre die Befriedigung von Luxusbedürfnissen nicht zur Daseinsvorsorge. Allerdings ging bereits *Forsthoff* selbst davon aus, es sei eine schwierige Frage, notwendige Bedürfnisse von Luxusbedürfnissen zu unterscheiden.[658] Unabhängig davon, ob es überhaupt möglich ist, eine solche Grenze genau zu ziehen, lassen sich kaum noch Leistungen denken, deren Erfüllung für den Bürger im Sinne von *Forsthoffs* Definition nicht nützlich wäre.[659] Auch im neueren Schrifttum wird festgestellt, Daseinsvorsorge könne "daher nicht nur Sicherung der notwendigsten und der höheren Grundbedingungen für die menschliche Zivilisation sein"[660], ohne diese "Grundbedingungen" von den übrigen Lebensbedingungen der Menschen abzugrenzen. Damit erweist sich die Voraussetzung der Daseinsvorsorge, "nur" die nützlichen Leistungen zu erfassen, als grundsätzlich unbeschränkt.[661]

Nicht nur der Daseinsvorsorgebegriff, wie *Forsthoff* ihn prägte, ist unbestimmt. Dieses Problem teilt er auch mit der Definition der Daseinsvorsorge als "die Versorgung der Einwohner der Gemeinde mit den unterschiedlichsten, der Bedürfnisbefriedigung dienenden Leistungen"[662]. Danach ist Daseinsvorsorge die Befriedigung der Bedürfnisse von Gemeindeeinwohnern durch Leistungen. Die Bedürfnisse von Menschen können materieller und ideeller Art sein, so daß eine unbegrenzte Zahl von Bedürfnissen vorstellbar ist. Daß die Bedürfnisse der Menschen auch in der Wirklichkeit so vielgestaltig sind, zeigt schon die unüberschaubare Zahl von Produkten und Dienstleistungen, die die Wirtschaft in den Industrienationen den Verbrauchern zur Befriedigung allein ihrer materiellen Interessen anbietet. Wenn die sogenannte Daseinsvorsorge alle Leistungen zur Befriedigung dieser Bedürfnisse umfassen soll, so mag dies zwar begrifflich eine

---

Bereich der "Daseinssorge" [!] auch die örtliche "Infrastruktur" wie Krankenhäuser, Altenheime und Kindergärten.

657 *Forsthoff*, Verwaltungsrecht, S. 370.

658 *Forsthoff*, Verwaltung, S. 6; *ders.*, Verwaltungsrecht, S. 370.

659 *Hidien*, Öffentliche Zwecksetzung, S. 127.

660 *Kumanoff/Schwarzkopf*, SächsVBl. 1994, S. 249.

661 Entsprechend stellen *Kumanoff/Schwarzkopf*, SächsVBl. 1994, S. 249 fest, es würden immer neue Bereiche der sogenannten Daseinsvorsorge geschaffen.

662 *Erichsen*, Kommunalrecht, S. 373.

Definition darstellen. Eine Abgrenzungsfunktion kann eine solche Definition jedoch nicht erfüllen.

Bei der Prüfung, ob eine bestimmte Angelegenheit eine solche der örtlichen Gemeinschaft im Sinne von Art. 28 Abs. 2 S. 1 GG darstellt, wird die sogenannte Daseinsvorsorge in der Regel weder definiert noch subsumiert. So reicht die Feststellung aus, zum Beispiel die Elektrizitätsversorgung gehöre zur Daseinsvorsorge, um zu begründen, daß eine Gemeinde gemäß Art. 28 Abs. 2 S. 1 GG ein kommunales Energieversorgungsunternehmen betreiben dürfe.[663] Dies könnte daran liegen, daß die sogenannte Daseinsvorsorge ein eingeführter Rechtsbegriff ist, mit dem seit den dreißiger Jahren Generationen von Juristen umgegangen sind. Möglicherweise folgt diese Umgehung der juristischen Argumentationsschritte Definition und Subsumtion aber auch aus dem Umstand, daß die sogenannte Daseinsvorsorge nicht subsumtionstauglich definiert werden kann.

Die Aufgabe von Kompetenznormen ist es, den Zuständigkeitsbereich eines Hoheitsträgers zu begrenzen. Daher ist ein nicht begrenzbarer Begriff zur Begründung von Kompetenzen ungeeignet. Gerade diese Funktion kommt jedoch der sogenannten Daseinsvorsorge zu, wenn bestimmte wirtschaftliche Betätigungen örtliche Angelegenheiten im Sinne von Art. 28 Abs. 2 S. 1 GG sein sollen, weil sie der Daseinsvorsorge dienen. Sofern man der Daseinsvorsorge eine kompetenzbegründende Wirkung beimißt, führt ihre begriffliche Unbegrenztheit zu einer Unbegrenztheit der staatlichen Aufgaben. Deshalb ist gegen die sogenannte Daseinsvorsorge häufig eingewandt worden, sie fördere einen totalitären Staat.[664] Dies ist auf die prägnante Formel gebracht worden, der omnikompetente Staat sei immer auch der omnipotente Staat.[665]

Deshalb ist die Daseinsvorsorge ungeeignet, staatliche Kompetenzen[666] und damit auch die Örtlichkeit von Angelegenheiten im Sinne von Art. 28 Abs. 2 S. 1 GG[667] zu begründen. Entsprechend wird der sogenannten Daseinsvorsorge die Qualität eines Rechtsbegriffs abgesprochen.[668] So "verbleibt es bei dem Be-

---

663 Vgl. *Tettinger*, NWVBl. 1989, S. 2.

664 *Löwer*, Energieversorgung, S. 136 (Fn. 97) m.w.N.

665 *Löwer*, Energieversorgung, S. 136.

666 *Hidien*, Öffentliche Zwecksetzung, S. 127; *Notthoff*, DZWir 1995, S. 138 m.w.N.

667 *Krebs*, Kommunale Elektrizitätsversorgung, S. 41; *Albrecht*, ZUR 1995, S. 237; ebenfalls krit. *Stober*, Kommunalrecht, S. 166.

668 *Schnaudigel*, Nichtwirtschaftliche Unternehmen, S. 135; *Hidien*, Öffentliche Zwecksetzung, S. 127; *Dickersbach*, WiVerw 1983, S. 204; *Otting*, Neues Steuerungsmodell, S. 110; *Albrecht*, ZUR 1995, S. 237; *Löwer*, Energieversorgung, S. 139 (Fn. 111) m.w.N., der im übrigen nachweist, auch *Forsthoff* habe die Daseinsvorsorge eher verwaltungswissenschaftlich als verwaltungsrechtlich begründet (Energieversorgung, S. 110 ff.). Im Ergebnis auch *Hellermann*, Daseinsvorsorge, S. 152 und S. 272, der feststellt, der Begriff der Daseinsvorsorge sei aus sich heraus nicht

griff der Daseinsvorsorge bei einem politischen Leitziel, allenfalls bei einem soziologischen Begriff, nicht aber handelt es sich um einen Rechtsbegriff mit konkreten Rechtsfolgen, etwa für die Zulässigkeit kommunalwirtschftlicher Betätigung. Ob es sich um eine Betätigung im Rahmen der sogenannten Daseinsvorsorge handelt, ist daher insofern irrelevant".[669] Konsequenterweise sollte darauf verzichtet werden, die (verfassungs-) rechtliche Zulässigkeit wirtschaftlicher Betätigungen von Kommunen mit der Argumentationsfigur der Daseinsvorsorge zu begründen.

d) Ergebnis

Hinsichtlich der Argumentationsmuster, mit denen herkömmlicherweise die Zugehörigkeit wirtschaftlicher Betätigungen zu den Angelegenheiten der örtlichen Gemeinschaft im Sinne von Art. 28 Abs. 2 S. 1 GG geprüft wird, konnte gezeigt werden, daß die geschichtliche Entwicklung des kommunalen Aufgabenbestandes als Kriterium für neue kommunale Aufgaben untauglich ist und auch gegen ihre Anwendung auf ältere Sachmaterien zahlreiche methodische Bedenken sprechen. Die sogenannte Daseinsvorsorge hat sich, auch unabhängig von ihrem nationalsozialistischen Entstehungshintergrund, wegen ihrer Unbestimmtheit als Abgrenzungsmerkmal für kommunale Aufgaben ebenfalls als ungeeignet erwiesen. Daher können diese beiden hergebrachten Argumentationsmuster für die Prüfung, ob die Aktivitäten von Kommunen auf neuen wirtschaftlichen Geschäftsfeldern Angelegenheiten der örtlichen Gemeinschaft im Sinne von Art. 28 Abs. 2 S. 1 GG darstellen, nicht herangezogen werden. Als Kriterium für diese Prüfung kommt von den untersuchten klassischen Argumentationsmustern daher nur die Definition örtlicher Angelegenheiten in Betracht, die das Bundesverfassungsgericht in seiner Rastede-Entscheidung gegeben hat.

---

in der Lage, staatliche und privatwirtschaftliche Funktionen zu unterscheiden und könne deshalb nicht die Einbeziehung von Aufgaben etwa der Energieversorgung in den Bereich der Verwaltungstätigkeit begründen.

669 *Hill*, BB 1997, S. 427; gegen die Begründung des rechtlichen Schutzes der Gemeindewirtschaft mit "der schillernden "Daseinsvorsorge"" schon *Stern/Püttner*, Gemeindewirtschaft, S. 162 im Jahr 1965. Auf der Basis einer sozialwissenschaftlichen Analyse lehnt *Gröner*, Ordnung, S. 119 ff. das Konzept der Daseinsvorsorge ab.

3. *Angelegenheiten der örtlichen Gemeinschaft im Sinne von Art. 28 Abs. 2 S. 1 GG nach den Konzeptionen zur sogenannten kommunalen Außenpolitik*

Zur Bestimmung der Örtlichkeit von Angelegenheiten im Sinne von Art. 28 Abs. 2 S. 1 GG sind für die sogenannte kommunale Außenpolitik Kriterien entwickelt worden, die von den dargestellten klassischen Argumentationsmustern abweichen.

In Auseinandersetzung mit der internationalen Zusammenarbeit von Kommunen und der sogenannten kommunalen Außenpolitik hat sich ein neues Verständnis von Angelegenheiten der örtlichen Gemeinschaft entwickelt.[670] Zu diesem Themenkomplex gehören so unterschiedliche Sachverhalte wie kommunale Städtepartnerschaften, die grenznachbarschaftliche Zusammenarbeit von Kommunen und die kommunale Entwicklungszusammenarbeit.[671] Diese Aufgaben weisen sowohl örtliche als auch, wegen der Einbeziehung von Kommunen im Ausland, überörtliche Bezüge auf.

Die Neubestimmung der örtlichen Angelegenheiten in diesen Sachgebieten geht vom demokratischen Element beziehungsweise der Bürgerschaftlichkeit[672] der Selbstverwaltung aus. Eine zentrale Funktion der Selbstverwaltung liegt nicht nur auf örtlicher Ebene darin, Bürger für die Wahrnehmung ihrer eigenen Angelegenheiten zu mobilisieren und an den Entscheidungen, die sie betreffen, zu beteiligen. Das Interesse der Bürger, in örtlichen Fragen unmittelbar mitzuwirken und zu entscheiden, ist so groß, daß in den letzten Jahren Mitwirkungsrechte der Bürger in den Städten und Gemeinden erweitert wurden, indem zum Beispiel die Direktwahl der Bürgermeister auf weitere Bundesländer ausgedehnt und Bürgerbegehren und -entscheide eingeführt wurden.[673]

Deshalb habe eine Angelegenheit einen örtlichen Bezug, wenn die örtliche Gemeinschaft sie als die ihrige ansehe und sich zu eigen mache.[674] Es sei das Engagement der Büger, welches die Örtlichkeit einer Aufgabe begründe.[675] Daß

---

670 *v. Schwanenflügel*, Entwicklungszusammenarbeit, S. 219; *Bomhard*, Immissionsschutz, S. 14 f.

671 Grundlegend *Heberlein*, Kommunale Außenpolitik als Rechtsproblem, Köln 1989; zur Entwicklungszusammenarbeit *v. Schwanenflügel*, Entwicklungszusammenarbeit als Aufgabe der Gemeinden und Kreise, Berlin 1992.

672 *Bomhard*, Immissionsschutz, S. 19; zum Begriff der Bürgerschaftlichkeit *Oebbecke*, Kommunale Selbstverwaltung, S. 42 f.

673 *Oebbecke*, Selbstverwaltung, S. 44 f.; zur Ausweitung der Bürgermitwirkung in der am 17.10.1994 in Kraft getretenen Gemeindeordnung Nordrhein-Westfalen *Oebbecke*, DÖV 1995, S. 705 f.

674 *v. Schwanenflügel*, Kommunale Entwicklungszusammenarbeit, S. 220.

675 *v. Schwanenflügel*, Kommunale Entwicklungszusammenarbeit, S. 221; *Heberlein*, Die Verwaltung (26) 1993, S. 217; *Bomhard*, Immissionsschutz, S. 18 f.

Kommunalpolitiker und Verwaltungsfachleute eine bestimmte Aufgabe ergriffen, stelle dagegen den Ortsbezug zum Beispiel einer Städtepartnerschaft allerdings noch nicht her. Vielmehr werde die Zuständigkeit von Rat und Verwaltung erst dadurch begründet, daß die Beteiligung der Bürger die Aufgabe zu einer Angelegenheit der örtlichen Gemeinschaft im Sinne von Art. 28 Abs. 2 S. 1 GG mache.[676] Schließlich entfalte das Engagement der Bürger seine kompetenzbegründende Wirkung selbst dann, wenn die fragliche Aufgabe ansonsten keinen spezifischen Bezug auf die konkrete örtliche Gemeinschaft aufweise.[677]

Vereinzelt wird dieses Kriterium sogar in neue Definitionen der örtlichen Angelegenheiten im Sinne von Art. 28 Abs. 2 S. 1 GG einbezogen: Angelegenheiten der örtlichen Gemeinschaft seien „alle diejenigen Aufgaben, deren Wahrnehmung in ihrer objektiven Zielsetzung einen konkreten Bezug auf das Gemeindegebiet oder die Gemeindeeinwohner aufweist, wobei sich dieser Bezug sowohl aus primär territorialen als auch aus den verwaltungsorganisatorischen oder politisch-demokratischen Funktionen kommunaler Selbstverwaltung ergeben kann".[678] In dieser Definition stellt die politisch-demokratische neben der sogenannten territorialen und der verwaltungsorganisatorischen Funktion der Selbstverwaltung eine hinreichende Bedingung für die Örtlichkeit dar, reicht also alleine aus, um eine Angelegenheit zu einer solchen der örtlichen Gemeinschaft zu machen.

Eine solches bürgerschaftliches Selbstverwaltungsverständnis könnte sich im Rahmen einer Wortlautinterpretation darauf berufen, daß angesichts von Individualisierungstendenzen in modernen Gesellschaften eine örtliche Gemeinschaft im Sinne von Art. 28 Abs. 2 S. 1 GG heute noch am ehesten bei einem gemeinsamen Engagement für eine bestimmte Angelegenheit entsteht. Es knüpft außerdem zutreffend daran an, daß die örtliche Selbstverwaltung ein starkes demokratisches Element enthält. So stellt auch das Bundesverfassungsgericht fest, daß der Verfassungsgeber mit der Schaffung des Art. 28 Abs. 2 S. 1 GG nach der Zentralisierung politischer Entscheidungen im Nationalsozialismus die Gemeinden als Keimzelle der Demokratie und das Selbstbestimmungsrecht der Bürger stärken wollte.[679]

---

676 *Heberlein*, Die Verwaltung (26) 1993, S. 216 f.

677 *Heberlein*, Die Verwaltung (26) 1993, S. 217; nach *Bomhard*, Immissionsschutz, S. 18 kann „sich der „spezifisch örtliche Bezug" allein aus der Einbindung der Gemeindebürger in das öffentliche Leben ergeben - unabhängig davon, welcher sachliche Lebensbereich betroffen ist".

678 *Bomhard*, Immissionsschutz, S. 21.

679 BVerfG, Beschl. v. 23.11.1988 - 2 BvR 1619, 1628/83 - (Rastede), BVerfGE 79, 127/149 f.

Allerdings steht die Selbstverwaltungsgarantie nicht nur in systematischem Zusammenhang mit dem Demokratiegebot, sondern stellt auch eine Ausprägung des grundgesetzlichen Bundesstaates dar.[680] Die Kommunen sind verfassungsrechtlich Bestandteil der Länder und als solcher Teil des deutschen Bundesstaates. Dieser Bundesstaat ist durch eine vertikale Gewaltenteilung zwischen Bund, Ländern und Gemeinden gekennzeichnet und die Kommunen sind in diese vertikale Gewaltenteilung eingebunden.[681] Wenn Bund, Länder und Gemeinden dieselben Aufgaben wahrnähmen, würden Mehrfacharbeit sowie gerichtliche und außergerichtliche Auseinandersetzungen der Verwaltungsträger um Zuständigkeiten verhindern, daß der Staat seine Aufgaben erfüllt.[682] Deswegen erfordert eine bundesstaatliche Organisation, die Zuständigkeiten der verschiedenen staatlichen Ebenen grundsätzlich abzugrenzen. Im Verhältnis zwischen Bund und Ländern erfüllt die Grundnorm des Art. 30 GG zusammen mit Art. 70 ff. GG für die Gesetzgebung und zusammen mit Art. 30, 83 ff. für die Verwaltung diese Funktion. Im Verhältnis zu den übergeordneten Ebenen Bund und Land ist es Art. 28 Abs. 2 S. 1 GG, der die Aufgaben der Gemeinden festlegt. Wenn nun die Selbstverwaltungsgarantie unter anderem die Funktion hat, die gemeindlichen Aufgaben von denen des Bundes und der Länder zu trennen, so können Angelegenheiten der örtlichen Gemeinschaft im Sinne dieser Norm nicht gleichzeitig Aufgaben des Bundes oder eines Landes sein. Deswegen beinhaltet die Aussage, eine Angelegenheit sei eine solche der örtlichen Gemeinschaft zugleich ins Negative gewendet, die Feststellung, diese Aufgabe falle nicht in die Zuständigkeit von Bund und Ländern. Angelegenheiten sind damit grundsätzlich entweder der örtlichen oder der überörtlichen Ebene zuzuordnen.

Wenn eine Angelegenheit eine solche der örtlichen Gemeinschaft sein soll, sofern Bürger sich engagieren und sich diese Aufgabe zu eigen machen, dann wäre örtlich, was Bürger aufgreifen. Gemeindeeinwohner hätten die Gabe des antiken König Midas: Was sie anfaßten, würde zwar nicht zu Gold, aber immerhin zu einer örtlichen Aufgabe. Eine solche Interpretation kann der soeben dargestellten abgrenzenden und zuweisenden Funktion einer Kompetenznorm aber nicht gerecht werden. Zwar wäre diese Auslegung für Kommunen ähnlich attraktiv wie die Verwandlung von Staub in Gold, weil sie sich die Zuständigkeit für Aufgaben einfach dadurch selbst schaffen könnten, daß ihre Einwohner diese Aufgaben aufgriffen. Im Ergebnis hieße dies aber, eine juristische Person könnte sich ihre

680 *v. Mutius*, in: FS v. Unruh, S. 243 f.
681 *v. Mutius*, in: FS v. Unruh, S. 240.
682 Zu Zuständigkeitskonkurrenzen zwischen Bund und Ländern eingehend *Oebbecke*, in: FS Stree/Wessels, S. 1130 ff.

Zuständigkeiten allein dadurch erweitern, daß ihre Mitglieder Aufgaben an sich zögen.

Wenn die Wahrnehmung einer Aufgabe durch einen Hoheitsträger dessen Zuständigkeit für diese Aufgabe begründete, so stellte dies die Funktion von Zuständigkeiten auf den Kopf. Eine Kompetenz wäre nicht mehr Rechtmäßigkeitsvoraussetzung für die Wahrnehmung, sondern die Wahrnehmung wäre Voraussetzung für die Kompetenz. Die Wahrnehmung einer bestimmten Aufgabe zur Tatbestandsvoraussetzung der Norm zu machen, nach der die Rechtmäßigkeit gerade dieser Aufgabenwahrnehmung zu beurteilen ist, wäre ein logischer Zirkelschluß.

Damit einher ginge auch ein Verlust an Rechtssicherheit, weil die Rechtsanwender nicht mehr feststellen könnten, wer für eine bestimmte Aufgabe zuständig ist, bevor sie diese aufgriffen. Vor allem aber führte eine Definition, nach der Angelegenheiten der örtlichen Gemeinschaft diejenigen Angelegenheiten wären, welche die Einwohner aufgreifen, zu Kompetenzüberschneidungen und -konflikten, welche die Kompetenzordnung des Grundgesetzes gerade zu verhindern sucht. Kompetenzkonflikte ergäben sich immer dann, wenn die Bürger Themen aufgriffen, die Bund und Ländern zur Wahrnehmung zugeordnet sind.

Besonders konfliktträchtige Felder sind zum Beispiel die Außen- und Verteidigungspolitik. Angesichts der Vielzahl von internationalen Städtepartnerschaften und Projekten der Entwicklungszusammenarbeit liegt es weiterhin nahe, daß Bürger, die sich mit Entwicklungshilfeprojekten in einem bestimmten Land befassen, wegen des engen Sachzusammenhangs auch zu Fragen der Wirtschafts- und Sozialpolitik der dortigen Regierung Stellung nehmen und der Gemeinderat einen entsprechenden Beschluß faßt. Dies provozierte Konflikte mit Art. 32 Abs. 1 GG, wonach die Pflege der Beziehungen zu auswärtigen Staaten Sache des Bundes ist.[683] Ein Beispiel, daß solche Kompetenzkonflikte zwischen dem Bund und Gemeinden tatsächlich auftreten und so kontrovers verlaufen können, daß sie eine gerichtliche Klärung erfordern, sind die zahlreichen Beschlüsse, in denen sich deutsche Gemeinden in den achtziger Jahren zur atomwaffenfreien Zone erklärten. Das Bundesverwaltungsgericht hat dazu entschieden, daß sich solche Beschlüsse nur bei einem konkreten Ortsbezug, zum Beispiel einer möglichen Stationierung von Nuklearwaffen auf dem Gebiet der beschließenden Ge-

---

683 Krit. zur verfassungspolitischen Reaktion von Bund und Ländern auf die kommunale Entwicklungszusammenarbeit *Oebbecke*, in: Huhn/Witt, Föderalismus, S. 198 f.

meinde, mit einer örtlichen Angelegenheit befassen und von der Verbandskompetenz der Gemeinde erfaßt werden.[684]

Solche Kompetenzkonflikte verdeutlichen, daß die Selbstverwaltungsgarantie in einem Spannungsverhältnis zwischen Demokratiegebot und Föderalismus steht. Eine rein bürgerschaftliche und demokratiebezogene Definition der Angelegenheiten der örtlichen Gemeinschaft läßt die bundesstaatlichen Anforderungen an dieses Tatbestandsmerkmal unberücksichtigt. Die genannten Beispiele zeigen zwar, daß eine trennscharfe und vollständig überschneidungsfreie Bestimmung der Angelegenheiten der örtlichen Gemeinschaft nicht immer möglich ist.[685] Allerdings stellt sich dieses Problem auch bei der Definition von Tatbestandsmerkmalen anderer Kompetenznormen: Je allgemeiner die Tatbestandsmerkmale von Kompetenznormen gefaßt sind, umso eher überschneiden sich diese Normen und umso leichter entstehen Kompetenzkonflikte. Gerade dies macht es erforderlich, bei der Bestimmung der Angelegenheiten der örtlichen Gemeinschaft im Sinne von Art. 28 Abs. 2 S. 1 GG die Zuständigkeiten von Bund und Ländern zu berücksichtigen. Deswegen ist für die Örtlichkeit von Angelegenheiten weiterhin ein Ortsbezug erforderlich, der über die Wahrnehmung solcher Angelegenheiten durch Gemeindeeinwohner hinausgeht.

Selbst wenn man von diesem verwaltungsorganisatorischen Defizit des bürgerschaftlichen Selbstverwaltungsverständnisses absieht, wäre noch zu begründen, wie nach einem Selbstverwaltungsverständnis, welches das Bürgerengagement als Grund der Örtlichkeit von Angelegenheiten ansieht, Kommunen zum Betrieb wirtschaftlicher Unternehmen berechtigt sein könnten.

So werde die Zuständigkeit von Rat und Verwaltung erst dadurch begründet, daß die Beteiligung der Bürger eine Aufgabe zu einer Angelegenheit der örtlichen Gemeinschaft im Sinne von Art. 28 Abs. 2 S. 1 GG mache. Daß Kommunalpolitiker und Verwaltungsfachleute eine bestimmte Aufgabe ergriffen, stelle dagegen deren Ortsbezug ausdrücklich noch nicht her.[686] Nun zeichnen sich kommunale Unternehmen dadurch aus, daß Wirtschaftsfachleute in organisatorisch verselbständigten Einheiten Produkte und Dienstleistungen herstellen und vertreiben. Im Rahmen der Kontrollgremien, zum Beispiel des Aufsichtsrates,

---

684 BVerwG, Urt. v. 14.12.1990 - 7 C 37.89 -, BVerwGE 87, 228/233 ff.; Zur kommunalaufsichtlichen Behandlung kommunaler Stellungnahmen zu rüstungspolitischen Fragen *Oebbecke*, in: Huhn/Witt, Föderalismus, S. 198.

685 *Bomhard*, Immissionsschutz, S. 17.

686 Nach *Heberlein*, Die Verwaltung (26) 1993, S. 216 f. reicht für die Örtlichkeit einer kommunalen Städtepartnerschaft eine sogenannte "Ratsherrenpartnerschaft" ebensowenig aus wie eine reine Verwaltungshilfe bei der kommunalen Entwicklungszusammenarbeit. Stattdessen müßten sich die Bürger und zum Beispiel deren Vereine an dem jeweiligen Projekt selbst beteiligen.

sind auch Kommunalpolitiker und Verwaltungsfachleute in diesen Betrieben tätig. Bürger, die keine politischen Mandate ausüben, aber eine bestimmte Aufgabe durch ihr gemeinsames Engagement aufgreifen könnten, sind dagegen in kommunalen Unternehmen regelmäßig nicht vertreten. So ist auch kaum vorstellbar, warum und wie eine Gruppe von Bürgern die Aufgabe der Wasserversorgung oder Telekommunikation aufgreifen sollte oder könnte. Ein derartiges Bürgerengagement soll jedoch gerade die Voraussetzung dafür sein, daß es sich bei einer Angelegenheit um eine solche der örtlichen Gemeinschaft im Sinne von Art. 28 Abs. 2 S. 1 GG handelt und sich dann auch Kommunalpolitiker, Verwaltungsfachleute und möglicherweise auch Beschäftigte kommunaler Unternehmen dieser Aufgabe annehmen dürften. Deshalb scheint das für den Bereich der sogenannten kommunalen Außenpolitik entwickelte Kriterium des Bürgerengagements auf die kommunalwirtschaftliche Betätigung nicht übertragbar zu sein. Würde man die Örtlichkeit von Angelegenheiten ausschließlich anhand dieses Kriteriums bestimmen, so ist nicht ersichtlich, wie Kommunen gemäß Art. 28 Abs. 2 S. 1 GG befugt sein könnten, wirtschaftliche Unternehmen zu betreiben.

Entsprechend bleibt im Rahmen des Art. 28 Abs. 2 S. 1 GG festzustellen, ob die Einwohner an einer Angelegenheit ein Interesse gerade aufgrund ihres Zusammenlebens in der Gemeinde haben. Die damit nicht selten verbundene Mühe der Differenzierung zwischen örtlichen und überörtlichen Interessen stellt angesichts der funktionierenden dezentralen Ordnung des Bundesstaates einen angemessenen Aufwand dar.

4. *Art. 28 Abs. 2 S. 1 GG als Kompetenzgrenze kommunaler Wirtschaftsbetätigungen*

Aus Art. 28 Abs. 2 S. 1 GG könnte sich eine Beschränkung gemeindlicher Wirtschaftsbetätigungen ergeben. Für die Verwaltungstätigkeit der Kommunen stellt diese Norm eine Zuständigkeitsregelung dar.[687] Danach darf sich eine Kommune verwaltend nur betätigen, wenn sie gemäß Art. 28 Abs. 2 S. 1 GG Angelegenheiten der örtlichen Gemeinschaft wahrnimmt. Indem Kommunen danach nur Einwohnerinteressen wahrnehmen dürfen, beschränkt dieses Tatbestandsmerkmal Kommunen nicht bei jeder Verwaltungstätigkeit auf die Grenzen ihres Gemeindegebiets, weil es Einwohnerinteressen gibt, die das Gemeindegebiet über-

687 OVG Münster, Urt. v. 19.1.1995, A 569/91, OVGE MüLü 44, 234/235; *Nierhaus*, in: Sachs, GG, Art. 28, Rn. 32; *Schmidt-Jortzig*, Kommunalrecht, Rn. 461; *ders.*, DÖV 1989, S. 142; *Waechter*, Kommunalrecht, Rn. 143; *Gern*, Kommunalrecht, Rn. 231; *Oebbecke*, ZHR 164 (2000), S. 385 f.; *Hellermann*, Daseinsvorsorge, S. 155; a.A. *Löwer*, Energieversorgung, S. 218.

schreiten wie das Interesse an einer Busverbindung zur Nachbarkommune.[688] Allerdings erfordert es dadurch, daß die Interessen den Einwohnern aufgrund ihres Zusammenlebens und -wohnens gemeinsam sein müssen, immer einen zumindest mittelbaren Bezug zum Gemeindegebiet. Ohne einen solchen Ortsbezug dürfte man die Angelegenheiten der örtlichen Gemeinschaft kaum bestimmen können, selbst wenn man der Definition des Bundesverfassungsgerichts nicht folgt. Ein Gebietsüberschreitung ohne einen Ortsbezug könnte höchstens durch den Zweck der Einnahmeerzielung und die ihm dienenden Wirtschaftlichkeitsziele wie Kapazitätsauslastung, Steigerung der Rentabilität und Marktmacht gerechtfertigt werden.[689] Allerdings stellt die Einnahmererzielung nach ganz überwiegender Auffassung keinen öffentlichen Zweck und damit auch keine Angelegenheit der örtlichen Gemeinschaft dar.[690] Räumlich unbeschränkt könnten Kommunen sich daher nur dann wirtschaftlich betätigen, wenn diese Betätigung nicht als (Selbst-) Verwaltungstätigkeit zu beurteilen wäre und damit nicht der Bindung an die grundgesetzliche Kompetenzordnung unterläge.

Entsprechend wird argumentiert, die wirtschaftliche Betätigung von Kommunen sei nicht verwaltend sondern privatwirtschaftlich und deshalb nicht an die Kompetenznorm des Art. 28 Abs. 2 S. 1 GG gebunden.[691] Allein mit dem Hinweis, kommunale Unternehmen stünden im Wettbewerb, in dem eine Zuständigkeitsabgrenzung gemäß Art. 28 Abs. 2 S. 1 GG nicht erforderlich sei,[692] wird man kommunales Wirtschaftshandeln nicht der Privatwirtschaft zuordenen können. Denn auch gemeindliche Betätigungen in Wettbewerbsmärkten nehmen in der Regel öffentliche Zwecke wahr, etwa ein flächendeckendes Angebot auch in ländlichen Räumen. Wenn Hoheitsträger diese Zwecke und damit öffentliche Aufgaben wahrnehmen, kann dies eine Zuständigkeitsabgrenzung erforderlich

---

688 *Oebbecke*, ZHR 164 (2000), S. 378, 386 ordnet Verkehrsbetätigungen der Fallgruppe der Kommunikation zu, die die Herstellung und Aufrechterhaltung von Verbindungen mit dem geografischen Umfeld umfasse und mit Art. 28 Abs. 2 S. 1 GG vereinbar sei.

689 *Oebbecke*, ZHR 164 (2000), S. 383.

690 *Ehlers*, DVBl. 1998, S. 499; *Püttner*, Öffentliche Unternehmen, S. 131; *Schmidt-Jortzig*, HkWP, S. 58; *Erichsen*, Kommunalrecht, S. 280; *Innenministerkonferenz*, Wirtschaftliche Betätigung, S. 23; *Pielow*, NWVBl. 1999, S. 377; *Oebbecke*, ZHR 164 (2000), S. 382 f.; zweifelnd *Moraing*, WiVerw 1998, S. 252; a.A. *Otting*, Neues Steuerungsmodell, S. 200 ff.

691 *Hellermann*, Daseinsvorsorge, S. 152; *Hellermann/Wieland*, in: Schiller/Dickhut, Kommunen, S. 16 f.; *Wieland*, NWVBl. 2000, S. 248; *Moraing*, WiVerw 1998, S. 243 ff.

692 *Moraing*, GemHH 1998, S. 227 f.; *ders.*, WiVerw 1998, S. 244 f.; Dieses Argument spreche nach *Schulz*, BayVBl. 1998, S. 452 dagegen, die Rechtsprechung zur interkommunalen Geltung von Art. 28 Abs. 2 S. 1 GG auf die wirtschaftliche Betätigung von Kommunen anzuwenden.

machen. Die Zuordnung des wirtschaftlichen Handelns von Hoheitsträgern entweder zur Verwaltung oder zur Privatwirtschaft ist nicht problemlos möglich.[693] Die bestehenden Besonderheiten veranschaulichen schon die beiden Begriffsbestandteile der öffentlichen beziehungsweise kommunalen Wirtschaft. Insbesondere Formen der Aufgabenerfüllung, die sich zwischen der klassischen Hoheitsverwaltung und der privaten Wirtschaftsbetätigung entwickelt und sich durch die Organisations- und Aufgabenprivatisierungen der letzten Jahre stark verbreitet haben, können nur schwer eindeutig zugeordnet werden.[694] Daraus könnte man schließen, die wirtschaftliche Betätigung und der mit ihr verfolgte Zweck müßten unterschiedlich beurteilt werden. Die Betätigung sei wirtschaftlich und unterliege nur den allgemeinen wirtschaftsrechtlichen Bindungen.[695] Andererseits sei diese wirtschaftliche Betätigung nur deshalb von Art. 28 Abs. 2 S. 1 GG geschützt, weil sie ein Mittel zur Wahrnehmung von Selbstverwaltungsangelegenheiten sei.[696] So liege die eigentliche Selbstverwaltungsbetätigung in der kommunalen Steuerung der wirtschaftlichen Betätigung im örtlichen Gemeinwohlinteresse.[697] Zudem gebiete der Schutz der Selbstverwaltungsgarantie auch eine möglichst effektive wirtschaftliche Betätigung, weil nur diese den öffentlichen Zweck bestmöglich erfülle, womit Wettbewerbsbeschränkungen kommunaler Unternehmen allerdings nicht zu vereinbaren seien.[698]

Greift man diese Differenzierung zwischen dem Mittel der Wirtschaftsbetätigung und dem Zweck der Erfüllung von Selbstverwaltungsangelegenheiten auf, so kann davon ausgegangen werden, daß die wirtschaftliche Betätigung der Kommunen nur deshalb von Art. 28 Abs. 2 S. 1 GG geschützt wird, um Gemeinden zu ermöglichen, damit Selbstverwaltungsangelegenheiten wahrzunehmen. Dadurch wird aber die wirtschaftliche Betätigung der Kommunen auch nur in dem Umfang geschützt, soweit sie Selbstverwaltungsangelegenheiten wahrnehmen.[699] Selbstverwaltungsangelegenheiten der Gemeinden sind gemäß Art. 28 Abs. 2 S. 1 GG nur Angelegenheiten der örtlichen Gemeinschaft, auch wenn man diese als örtliche Gemeinwohlinteressen oder öffentliche Zwecke bezeichnet. Würde man die wirtschaftliche Betätigung von Kommunen nur den allgemeinen wirtschaftsrechtlichen Bindungen unterwerfen, so könnten sie sich betätigen, ohne Angelegenheiten der örtlichen Gemeinschaft zu erfüllen, obwohl Art. 28 Abs. 2 S. 1 GG wirtschaftliche Betätigungen nur deshalb schützt, damit Kommu-

693 *Hellermann*, Daseinsvorsorge, S. 146 ff.
694 *Hellermann*, Daseinsvorsorge, S. 149 f.
695 *Hellermann*, Daseinsvorsorge, S. 152.
696 *Hellermann*, Daseinsvorsorge, S. 152 f.
697 *Hellermann*, Daseinsvorsorge, S. 152 f.
698 *Hellermann*, Daseinsvorsorge, S. 157 f.
699 *Hellermann*, Daseinsvorsorge, S. 320.

nen Selbstverwaltungsangelegenheiten wahrnehmen. Ein gemeindliches Unternehmen würde etwa dann keine örtlichen Angelegenheiten wahrnehmen, wenn es im Ausland Leistungen für dort Ansässige erbringt, weil die Einwohner der Heimatgemeinde an diesen Leistungen kein gemeinsames Interesse haben. Liegt aber der Grund für den verfassungsrechtlichen Schutz wirtschaftlicher Betätigungen in der Erfüllung örtlicher Angelegenheiten, so bleibt die entscheidende Frage offen, zu welchem Zweck und mit welcher Legitimation sich Kommunen in dem Bereich betätigen, in dem sie solche Angelegenheiten nicht mehr wahrnehmen. Daß selbst die Einnahmeerzielung hierfür nicht herangezogen werden kann, wurde bereits festgestellt. Außerdem wird die demokratische Legitimation einer gemeindlichen Betätigung über die Einwohner vermittelt und weist also auch einen Gebietsbezug auf.[700] Die demokratische Legitimation einer gemeindewirtschaftlichen Betätigung ohne Gebietsbezug wäre fraglich,[701] selbst wenn man die Einnahmeerzielung als Angelegenheit der örtlichen Gemeinschaft anerkennen würde. Daß die wirtschaftliche Betätigung nur Mittel der Selbstverwaltung sein soll, dabei aber Selbstverwaltungszwecke nicht zu verwirklichen braucht, ist widersprüchlich.

Weiterhin wird argumentiert, die wirtschaftliche Betätigung dürfe nicht an die Verwaltungskompetenzen gebunden sein, weil nur eine wettbewerbsgerechte und damit räumlich unbeschränkte Betätigung zur Erreichung der mit ihr verfolgten Gemeinwohlzwecke tauge.[702] Mit der hier genannten Bindung der Gemeinde an die Verwaltungskompetenz kann nur die Bindung an die Wahrnehmung von Angelegenheiten der örtlichen Gemeinschaft gemeint sein, weil Art. 28 Abs. 2 S. 1 GG nur damit den gemeindlichen Aufgabenkreis beschreibt. Auch bei den erwähnten „Gemeinwohlzwecken", die Gemeinden verfolgen, handelt es sich in aller Regel um Angelegenheiten der örtlichen Gemeinschaft. Damit bedeutet das genannte Argument letztlich, daß die wirtschaftliche Betätigung nicht an Angelegenheiten der örtlichen Gemeinschaft gebunden werden dürfe, weil nur eine wettbewerbsgerechte und damit räumlich unbeschränkte Betätigung zur Erreichung der mit ihr verfolgten Angelegenheiten der örtlichen Gemeinschaft tauge. Daß eine wettbewerbsgerechte wirtschaftliche Betätigung eine effektivere wirtschaftliche Betätigung sein kann, mag unmittelbar einleuchten. Möglichst unbeschränkte und wettbewerbliche kommunale Wirtschaftsbetätigungen bergen aber auch größere wirtschaftliche Risiken und damit die Gefahr, daß wegen eines geschäftlichen Mißerfolges der verfolgte Zweck nicht nur weniger effektiv sondern gar nicht erreicht wird. Daß eine wirtschaftliche Betätigung ihren Zweck umso

700 *Oebbecke*, ZHR 164 (2000), S. 388.
701 *Oebbecke*, ZHR 164 (2000), S. 388.
702 *Hellermann*, Daseinsvorsorge, S. 157.

besser erfüllt, je weniger man sie auf diesen Zweck hin ausrichtet, ist schon logisch fragwürdig. Zudem verfolgen kommunalwirtschaftliche Unternehmen häufig eigene Ziele, die sich mit denen der Gemeinde oder ihres Rates nicht dekken.[703] Schließlich würde man mit der Gleichsetzung von wettbewerbsgerechter = effektiver = zweckverwirklichender Wirtschaftsbetätigung Art. 28 Abs. 2 S. 1 GG so auslegen, daß er ein Verbot enthielte, kommunale Unternehmen im Wettbewerb schlechter als private zu stellen, weil sie nur mit einer wettbewerbsgerechten Betätigung ihre Selbstverwaltungsziele erreichen können.[704] Ob eine solche Auslegung mit der Selbstverwaltungsgarantie noch zu vereinbaren wäre, erscheint sehr fraglich. Selbst wenn der Verfassungsgeber garantiert, daß Kommunen wirtschaftliche Unternehmen unterhalten dürfen, so bedeutet dies noch nicht, daß er damit auch deren Gleichbehandlung mit privaten Unternehmen vorschreibt.

Letztlich bleibt damit die Aufspaltung der kommunalwirtschaftlichen Betätigung in ein rein privatwirtschaftlich zu beurteilendes Mittel und in den mit ihm verfolgten Verwaltungszweck die Antwort schuldig, warum das Mittel in einem wesentlich weiteren Umfang rechtlich zulässig sein soll als der mit ihm verfolgte Zweck.

Außerdem soll etwa das Engagement der Kommunen in der Energieversorgung als örtliche Angelegenheit dem Schutz des Art. 28 Abs. 2 S. 1 GG unterfallen, gleichzeitig aber einen privatwirtschaftlichen Charakter haben und deshalb nicht an die Kompetenzgrenzen des Art. 28 Abs. 2 S. 1 GG gebunden sein. [705] Entweder ist die örtliche Energieversorgung eine Angelegenheit der örtlichen Gemeinschaft. Dann wird sie von der Selbstverwaltungsgarantie sowohl geschützt als auch begrenzt. Oder sie ist keine solche Angelegenheit und damit weder an Kompetenzgrenzen gebunden noch verfassungsrechtlich geschützt. Aber selbst unter der Annahme, daß wirtschaftliche Betätigungen keine örtlichen Angelegenheiten darstellen und deswegen nicht an die Kompetenzgrenzen des Art. 28 Abs. 2 S. 1 GG gebunden sind, kann nicht gleichzeitig begründet werden, daß sie den Schutz dieser Norm genießen, da dies unbestrittenermaßen voraussetzt, daß es sich bei ihnen um örtliche Angelegenheiten handelt. Somit ist es selbst unter den gegebenen Annahmen widersprüchlich, wirtschaftliche Betäti-

703 Deshalb hat etwa der nordrhein-westfälischen Gesetzgeber in den letzten Jahren die gemeindlichen Steuerungsrechte der GO NW gegenüber den Kommunalunternehmen erweitert und zahlreiche Großstädte haben Steuerungs- und Beteiligungsverwaltungen (kommunales Beteiligungsmanagement) für ihre Unternehmen auf- und ausgebaut.

704 Nach *Moraing*, GemHH 1998, S. 226 ergebe sich aus der Selbstverwaltungsgarantie ein Postulat der Chancengleichheit kommunaler und privater Unternehmen.

705 *Hellermann*, Daseinsvorsorge, S. 272 f., 315.

gungen durch Art. 28 Abs. 2 S. 1 GG als geschützt, aber gleichzeitig nicht an dessen Kompetenzgrenzen gebunden zu sehen.[706] Somit führt die Aufspaltung kommunaler Wirtschaftsbetätigungen in einen öffentlichen Selbstverwaltungszweck und eine rein privatwirtschaftlich zu beurteilende Betätigung auch bei ihrer praktischen Anwendung nicht zu überzeugenden Ergebnissen. Vielmehr stellt die Wahrnehmung öffentlicher Zwecke auch mit dem Mittel der wirtschaftlichen Betätigung eine verwaltende Tätigkeit dar.[707] Somit sind Kommunen auf die Wahrnehmung von Angelegenheiten der örtlichen Gemeinschaft beschränkt, auch wenn sie sich wirtschaftlich betätigen.[708]

5. *Die Bestimmung der Örtlichkeit von Angelegenheiten anhand der Definition des Bundesverfassungsgerichts*

Nach der Definition des Bundesverfassungsgerichts sind Angelegenheiten der örtlichen Gemeinschaft im Sinne von Art. 28 Abs. 2 S. 1 GG diejenigen Interessen, die das Zusammenleben und -wohnen der Menschen in der Gemeinde betreffen.[709] Energieeffiziente Dienstleistungen anzubieten, wäre demnach eine Angelegenheit einer bestimmten Gemeinde, wenn deren Einwohner Bedürfnisse oder Interessen an diesen Dienstleistungen hätten, die ihr Zusammenleben und -wohnen in der Gemeinde betreffen. Ob Einwohner solche Interessen an der Erbringung energieeffizienter Dienstleistungen haben, wird später im einzelnen zu prüfen sein.[710] Zuvor ist jedoch nach den Kriterien zu fragen, anhand derer bestimmt werden kann, wann Interessen gerade das Zusammenleben von Menschen

706 *Oebbecke*, ZHR 164 (2000), S. 190, Fn. 77.

707 *Erichsen*, Kommunalrecht, S. 272 ff.; *Püttner*, Öffentliche Unternehmen, S. 162 f.; *Ehlers*, NWVBl. 2000, S. 5; *ders.*, DVBl. 1998, S. 504; *Grawert*, in: FS Blümel, S. 129; *Oebbecke*, ZHR 164 (2000), S. 386 f.; *ders.*, Kommunale Selbstverwaltung, S. 60; zur Bindung gemischt-wirtschaftlicher Unternehmen an die verfassungsrechtlichen Fundamentalprinzipien *Spannowsky*, ZHR 1996, S. 572 ff.; a.A. *Hellermann*, Daseinsvorsorge, S. 157; *Moraing*, WiVerw 1998, S. 245 ff.

708 *Erichsen*, Kommunalrecht, S. 272 ff.; *Püttner*, Öffentliche Unternehmen, S. 162 f.; *Ehlers*, NWVBl. 2000, S. 5; *ders.*, DVBl. 1998, S. 504; *Oebbecke*, ZHR 164 (2000), S. 386 f.; für kommunale Energieversorgungsunternehmen *Ehlers/Pünder*, in: Achterberg/Püttner, BewVwR, Rn. 32; prägnant Burmeister, HkWP, S. 42: „Kommunale Verwaltungserfüllung, einschließlich daseinsvorsorgerischer Wirtschaftsbetätigung, vollzieht sich nicht im Wettbewerb mehrerer Verwaltungseinrichtungen untereinenander, sondern im geordneten Nebeneinander streng abgegrenzter Zuständigkeitsbereiche"; a.A. *Hellermann*, Daseinsvorsorge, S. 157; *Wieland*, NWVBl. 2000, S. 248; *Moraing*, WiVerw 1998, S. 245 ff.

709 S. S. 176.

710 S. S. 219 ff.

in einer bestimmten Gemeinde betreffen. Da die Steigerung der Energieeffizienz in engem Zusammenhang mit Fragen des Umweltschutzes zum Beispiel des Klimaschutzes, der Ressourcenschonung und des Immissionsschutzes steht, sollen die Kriterien für die Örtlichkeit von Einwohnerinteressen am Beispiel des Umweltschutzes untersucht werden.

Dabei ist zunächst darauf einzugehen, wie bei Umweltproblemen örtliche und überörtliche Bezüge zusammentreffen [a)]. Nachfolgend sind die Kriterien zur Bestimmung der Örtlichkeit von Angelegenheiten zu sichten [b)]. Hierbei wird eine umfassende Entscheidungsmatrix zur Örtlichkeit von Angelegenheiten im Sinne von Art. 28 Abs. 2 S. 1 GG im Mittelpunkt stehen [aa)], bevor schließlich Aufgaben anhand der Örtlichkeit ihrer Problemursache und Problemauswirkungen systematisiert und jeweils auf ein möglicherweise aus diesen Gründen bestehendes Einwohnerinteresse im Sinne der Definition des Bundesverfassungsgerichts untersucht werden [bb)].

a) Das Zusammentreffen örtlicher und überörtlicher Bezüge bei Umweltproblemen

Probleme des Umweltschutzes umfassen regelmäßig örtliche und überörtliche Auswirkungen, weil Umweltbelastungen nicht an Ortsgrenzen haltmachen. Die meisten Luftschadstoffe verursachen Umweltschäden sowohl bei ihrer Freisetzung vor Ort wie auch bei ihrer späteren weiträumigen Verbreitung. So greifen zum Beispiel die Schwefeldioxidemissionen aus Mitteleuropa als sogenannter saurer Regen zunächst Pflanzen und Fassaden in der direkten Umgebung zum Beispiel eines Braunkohlekraftwerks an, tragen aber, wie in den achtziger Jahren festgestellt, auch wesentlich zur Versauerung von Seen in Skandinavien bei. Auch schadstoffbelastete Abwässer, deren Beseitigung traditionell zu den Angelegenheiten der örtlichen Gemeinschaft zählt, belasten sowohl örtliche Gewässer als auch die Flüsse und Meere, in die sie münden. Selbst die Umweltbelastung von Böden, wie Nitratanreicherungen durch landwirtschaftliche Düngung oder die Kontaminierung ehemaliger Tankstellengelände mit organischen Verbindungen, die zunächst auf bestimmte Grundstücke beschränkt erscheinen mag, breitet sich durch die Auswaschung von Schadstoffen in das Grundwasser nicht selten auch über Ortsgrenzen hinaus aus.

Jedoch breiten sich nicht nur Umweltbelastungen, die innerhalb von Gemeindegrenzen verursacht werden, über das jeweilige Gemeindegebiet hinaus aus. Im gleichen Maße werden Gemeindeeinwohner auch von Umweltauswirkungen betroffen, die außerhalb des Gemeindegebiets verursacht werden.[711] Wählt man al-

711 *Haaß*, Gemeindliche Umweltpolitik, S. 95 f.

so die Gemeinde als räumlichen Bezugspunkt, so weisen grundsätzlich sowohl die Emissionen, die von einer Gemeinde ausgehen, als auch die Immissionen, die auf eine Gemeinde einwirken, örtliche und überörtliche Bezüge auf.

Die Notwendigkeit zur Abgrenzung der örtlichen und überörtlichen Angelegenheiten ergibt sich aus dem Bundesstaatsprinzip, denn was Aufgabe der Gemeinden ist, kann nicht gleichzeitig Aufgabe von Bund und Ländern sein.[712] Auf eine Abgrenzung örtlicher und überörtlicher Angelegenheiten kann nicht verzichtet werden kann, weil das Kriterium der Örtlichkeit (Angelegenheiten der *örtlichen* Gemeinschaft) die Verbandskompetenz der Gemeinden von den Zuständigkeiten anderer Hoheitsträger unterscheidet[713] und damit eine zentrale Funktion der gesamtstaatlichen Aufgabenverteilung wahrnimmt.[714]

Das Bundesverfassungsgericht definiert die Angelegenheiten der örtlichen Gemeinschaft im Sinne von Art. 28 Abs. 2 S. 1 GG als diejenigen Bedürfnisse und Interessen, die in der örtlichen Gemeinschaft wurzeln oder auf sie einen spezifischen Bezug haben, die also den Gemeindeeinwohnern gerade als solchen gemeinsam sind, indem sie das Zusammenleben und -wohnen der Menschen in der Gemeinde betreffen.[715] Daß diese Definition zur Feststellung der Örtlichkeit von Angelegenheiten geeignet sei, wird besonders von Untersuchungen zu kommunalen Zuständigkeiten für Aufgaben des Umweltschutzes bestritten.[716]

Insofern diese Kritik nicht berücksichtigt, daß das Bundesverfassungsgericht die bisherige Definition um das Tatbestandsmerkmal des gemeinsamen Einwohnerinteresses ergänzt hat,[717] verfehlt sie bereits ihr Angriffsobjekt. Allerdings wird auch eingewandt, sowohl Umweltbeeinträchtigungen, die auf dem Gemeindegebiet entstehen, als auch von außerhalb herangetragene würden die Gemeindeeinwohner „gerade als solche betreffen".[718] Auch hätten die meisten Felder gemeindlicher Umweltpolitik Auswirkungen zumindest auch außerhalb des Gemeindegebiets.[719] Aus diesem Umstand, daß Umweltprobleme regelmäßig örtliche und überörtliche Bezüge aufweisen, zu folgern, das Kriterium eines Interesses von Einwohnern aufgrund ihres Zusammenlebens sei ungeeignet, um die Örtlichkeit von Umweltschutzaufgaben festzustellen, erscheint dagegen vorschnell. Aufgrund des regelmäßigen Zusammentreffens von örtlichen und überörtlichen Bezügen bei Umweltproblemen eignet sich der Umweltschutz vielmehr beson-

712 S. S. 199.
713 *v. Mutius*, in: FS v. Unruh, S. 261.
714 S. S. 199.
715 S. S. 164.
716 *Haaß*, Gemeindliche Umweltpolitik, S. 95; *Bomhard*, Immissionsschutz, S. 16.
717 So *Bomhard*, Immissionsschutz, S. 16.
718 *Haaß*, Gemeindliche Umweltpolitik, S. 95.
719 *Haaß*, Gemeindliche Umweltpolitik, S. 95.

ders gut, um herauszufinden, wann Interessen den Menschen gerade aufgrund ihres Zusammenlebens und -wohnens in der Gemeinde gemeinsam sind und wann diese Interessen damit eine Angelegenheit der örtlichen Gemeinschaft im Sinne von Art. 28 Abs. 2 S. 1 GG darstellen.

b) Kriterien zur Ergänzung der Definition von Angelegenheiten der örtlichen Gemeinschaft durch das Bundesverfassungsgericht

Die örtliche Gemeinschaft, von der Art. 28 Abs. 2 S. 1 GG spricht, enthält ein personales und ein räumliches Element.[720] Der Begriff der Gemeinschaft bezeichnet eine Gruppe von Personen, das heißt eine soziale Einheit und stellt damit das personale Element dar. Gleichzeitig wird diese Gemeinschaft durch das Adjektiv „örtlich" eingegrenzt und enthält mit diesem Verweis auf das Orts- oder Gemeindegebiet auch eine räumliche Komponente.[721] Diese beiden Elemente zusammen begründen die Örtlichkeit von Angelegenheiten. Die Definition des Bundesverfassungsgerichts fordert, daß die fragliche Angelegenheit das „Zusammenleben und -wohnen der Menschen in der Gemeinde" betrifft und greift mit dem Zusammenleben und -wohnen das personale und mit der Gemeinde, die als Gebietskörperschaft durch ihr Gebiet konstituiert wird, das räumliche Element auf.

Die Angelegenheiten, die durch diese beiden Elemente als örtlich gekennzeichnet werden, werden durch das Bundesverfassungsgericht als Interessen der Einwohner bestimmt. Die Verwirklichung von Interessen und damit auch der örtlichen Angelegenheiten umfaßt verschiedene Stufen: die Ursache eines Problems, die Problemformulierung, die Planung der Problemlösung, die Problemlösung (= Aufgabendurchführung), die rechtlichen, ökonomischen, sozialen und politischen Auswirkungen der Problemlösung und die Problemlösungs- das heißt Aufgabenkontrolle.[722] In diesem Zusammenhang können die Begriffe Interesse, Aufgabe und Problem inhaltsgleich gebraucht werden.

aa) Entscheidungsmatrix für die Örtlichkeit von Angelegenheiten

In den achtziger Jahren wurde vorgeschlagen, diese Stufen der Interessenverwirklichung beziehungsweise Problemlösung zusammen mit den genannten und weiteren Elementen, die die örtliche Gemeinschaft ausmachen, in einer Matrix

---

720 *v. Mutius*, in: FS v. Unruh, S. 245; *Bomhard*, Immissionsschutz, S. 17 ff.

721 *Oebbecke*, ZHR 164 (2000), S. 386; *v. Mutius*, in: FS v. Unruh, S. 245; *Bomhard*, Immissionsschutz, S. 18.

722 *v. Mutius*, in: FS v. Unruh, S. 246.

zusammenzufassen. Diese sollte die Entscheidung ermöglichen, ob es sich bei der Verwirklichung eines Interesses um eine Angelegenheit der örtlichen Gemeinschaft im Sinne von Art. 28 Abs. 2 S. 1 GG handelt.[723] Die Kriterien beziehungsweise Gründe der Örtlichkeit (unter anderem Siedlungsraum und Nachbarschaftverbund, also räumliches und personales Element der örtlichen Gemeinschaft, Objektnähe und Bürgernähe) sollten in den Zeilen der Matrix untereinander aufgeführt werden.[724] Weiterhin wurde vorgeschlagen, die Angelegenheiten, deren Örtlichkeit zu bestimmen ist (Problemursache, -auswirkungen, -lösung unter anderem) in den Spalten der Matrix nebeneinander aufzulisten.[725] An diesem Vorschlag besticht, daß er nahezu sämtliche Kriterien aufgreift, die damals in verschiedenen Definitionen der Angelegenheiten der örtlichen Gemeinschaft im Sinne von Art. 28 Abs. 2 S. 1 GG benutzt oder diskutiert wurden und diese in zwei Gruppen zusammenfaßt. Leider ist es bis heute nicht gelungen, diese Matrix als Entscheidungsinstrument handhabbar zu machen, eine Aufgabe, für deren Lösung sich inzwischen das Instrumentarium der Rechtsinformatik anbietet. Bisher ist die Stärke dieses Vorschlags, seine vollständige Erfassung möglicher Entscheidungsmerkmale für die Örtlichkeit von Angelegenheiten, allerdings auch seine Schwäche.

Trotz dieser Umsetzungsschwierigkeiten der Matrix lenkt das ihr zugrundeliegende Verständnis der Problemlösung als Ablauf[726] den Blick darauf, aus welchen Gründen Einwohner ein gemeinsames Interesse an der Lösung eines Problems haben können: So können Einwohner ein gemeinsames Interesse an einem Problem haben, weil sie entweder dessen *Ursache* sind oder aber, weil die Problembeseitigung positive *Auswirkungen* für sie haben würde. Außerdem verdeutlicht die Unterscheidung der Handlungen Problemformulierung, Planung der Problemlösung, Problemlösung und Aufgabenkontrolle, daß Kommunen auf verschiedenen Stufen der Problemlösung aktiv werden und örtliche Angelegenheiten wahrnehmen können. Beipielsweise kann eine Kommune das Problem „Sicherstellung der örtlichen Energieversorgung für alle Bürger zu gleichen Preisen“ dadurch lösen, daß sie ein Energieversorgungskonzept entwickelt (Planung der Problemlösung), mit der Durchführung der Energieversorgung ein privates Unternehmen beauftragt und dieses bei dessen Energieversorgungstätigkeit überwacht (Aufgabenkontrolle). Sie kann aber auch ein eigenes kommunales Energieversorgungsunternehmen gründen und damit die Aufgabe der Energieversorgung selbst durchführen (Problemlösung). Dies verdeutlicht, auf welch unter-

723 *v. Mutius*, in: FS v. Unruh, S. 246.
724 *v. Mutius*, in: FS v. Unruh, S. 246.
725 *v. Mutius*, in: FS v. Unruh, S. 246.
726 *v. Mutius*, in: FS v. Unruh, S. 246.

schiedlichen Stufen des Problemlösungsprozesses Kommunen örtliche Interessen beziehungsweise Angelegenheiten wahrnehmen können.

bb) Ursache und Auswirkungen eines Problems als Gründe eines gemeinsamen Interesses der Gemeindeeinwohner im Sinne der Definition örtlicher Angelegenheiten des Bundesverfassungsgerichts

Aus dieser Matrix zur Bestimmung von Angelegenheiten der örtlichen Gemeinschaft im Sinne von Art. 28 Abs. 2 S. 1 GG kommen die Elemente „Ursache des Problems" und „Auswirkungen des Problems" in Betracht, um im Sinne der Definition des Bundesverfassungsgerichts zu begründen, ein Interesse sei Gemeindeeinwohnern gemeinsam, weil es ihr Zusammenleben und -wohnen in der Gemeinde betreffe: Gemeindeeinwohner können ein Interesse an der Lösung eines bestimmten Problems haben, weil die Ursache dieses Problems in der örtlichen Gemeinschaft liegt oder weil seine Auswirkungen das Zusammenleben und -wohnen der Menschen in der Gemeinde betreffen.

Anhand dieser beiden Elemente können Probleme mit örtlichen und überörtlichen Bezügen in vier Kategorien unterteilt werden: Probleme mit örtlicher Ursache und rein örtlichen Auswirkungen, solche mit überörtlichen Ursachen und überörtlichen Auswirkungen, Probleme mit überörtlichen Ursachen und örtlichen Auswirkungen und schließlich diejenigen mit örtlichen Ursachen und überörtlichen Auswirkungen.

(1) Probleme mit örtlicher Ursache und rein örtlichen Auswirkungen

Die Beurteilung der ersten beiden Kategorien bereitet keine Schwierigkeiten. Die Örtlichkeit von Problemen, deren Ursache auf dem Gemeindegebiet liegt und deren Auswirkungen sich auf dieses Gemeindegebiet beschränken, ist unproblematisch. Entsprechend wird davon ausgegangen, daß es sich zum Beispiel bei der Abfallbeseitigung wegen des im Wortsinne örtlichen *Anfalls* des *Abfalls* um eine Angelegenheit der örtlichen Gemeinschaft handelt.[727]

(2) Probleme mit überörtlicher Ursache und überörtlichen Auswirkungen

Keiner näheren Begründung bedarf auch die Überörtlichkeit von Problemen, deren Ursachen und Auswirkungen ausschließlich außerhalb des Gebiets der fraglichen Kommune liegen.

---

727 *Haaß*, Gemeindliche Umweltpolitik, S. 95.

(3) Probleme mit überörtlicher Ursache und örtlichen Auswirkungen

Zur dritten Kategorie zählen Angelegenheiten, deren Ursache zwar außerhalb des Gebiets einer bestimmten Kommune liegt, deren Folgen aber das Gebiet dieser Kommune betreffen.

Da die Auswirkungen solcher Probleme die Einwohner dieser Kommune betreffen, könnten sie ein Interesse an deren Lösung haben. Würde die betreffende Gemeinde eine solche Angelegenheit wahrnehmen, so müßte sie zur Lösung dieses Problems auf dem Hoheitsgebiet einer anderen Kommune tätig werden. Allerdings schützt Art. 28 Abs. 2 S. 1 GG jede Kommune bei der Wahrnehmung von Angelegenheiten der örtlichen Gemeinschaft und gilt somit auch interkommunal im Verhältnis zwischen verschiedenen Städten und Gemeinden.[728] Würde eine Kommune A auf dem Gebiet einer Kommune B tätig werden, um dort die Ursache eines Problems zu beseitigen, das die Kommune A beeinträchtigt, so würde dies in die Selbstverwaltungsgarantie der Gemeinde B aus Art. 28 Abs. 2 S. 1 GG eingreifen. Wenn die Einwohner einer Gemeinde nur deshalb ein Interesse an der Lösung eines Umweltproblems haben, weil dieses Auswirkungen auf ihre örtliche Gemeinschaft hat, so reicht dies daher nicht aus, um die Kompetenz ihrer Gemeinde für diese Angelegenheit zu begründen. Liegt dagegen die Problemursache auf dem Gemeindegebiet von A, so kann die Gemeinde diese beseitigen, ohne das Selbsverwaltungsrecht anderer Kommunen zu beeinträchtigen. Demzufolge muß das fragliche Problem aus Sicht einer bestimmten Gemeinde nicht nur örtliche Auswirkungen, sondern auch eine örtliche Ursache aufweisen.[729]

Daher setzt ein Interesse, das die Örtlichkeit einer Angelegenheit im Sinne der Definition des Bundesverfassungsgerichts begründet, bei Umweltschutzproblemen und -aufgaben voraus, daß sowohl deren Ursache als auch, zumindest teilweise, deren Auswirkungen das Gebiet der betreffenden Kommune betreffen. Die Umweltschutzprobleme der dritten Kategorie, mit zwar örtlichen Auswirkungen aber aus Sicht der fraglichen Gemeinde überörtlichen Ursachen, zählen daher mangels eines gemeinsamen Einwohnerinteresses nicht zu den Angelegenheiten der örtlichen Gemeinschaft im Sinne der Definition des Bundesverfassungsgerichts.

---

728 *Nierhaus*, in: Sachs, GG, Art. 28, Rn. 34; *Löwer*, in: v. Münch/Kunig, GG, Art. 28, Rn. 40, 54; *Innenministerkonferenz*, Wirtschaftliche Betätigung, S. 31 f.

729 *Bomhard*, Immissionsschutz, S. 20.

(4) Probleme mit örtlichen Ursachen und überörtlichen Auswirkungen

Die vierte Kategorie von Problemen umfaßt schließlich diejenigen mit örtlichen Ursachen und überörtlichen Auswirkungen. In Abgrenzung zur ersten Gruppe, welche die Angelegenheiten mit örtlichen Ursachen und rein örtlichen Auswirkungen vereint, könnte man meinen, hierzu zählten nur Angelegenheiten mit ausschließlich überörtlichen Auswirkungen. Hingegen ist jedoch nur schwer vorstellbar, daß zum Beispiel Luftschadstoffe, die auf dem Gebiet einer bestimmten Kommune entstehen, sich dann auch auf das Gebiet anderer Kommunen ausbreiten und dort negative Auswirkungen haben, auf ihrem Weg von der Emissionsquelle in die Region nicht auch die Ursprungskommune beeinträchtigen. Vielmehr ist davon auszugehen, daß Umweltprobleme mit aus Sicht der fraglichen Kommune örtlichen Ursachen neben überörtlichen Auswirkungen auch negative örtliche Folgen haben. Daher umfaßt die vierte Kategorie der ökologischen Probleme solche mit örtlichen Ursachen und in der Regel zusätzlich zu örtlichen Folgen auftretenden überörtlichen Auswirkungen.

(a) Örtliche und überörtliche Auswirkungen von Problemen

Für die Umweltbelastungen einer Industrienation sind nicht nur Gewerbetreibende verantwortlich, die zum Beispiel einen chemischen Betrieb mit hohem Abwasseraufkommen oder ein Kraftwerk betreiben, das große Mengen Luftschadstoffe emittiert. Vielmehr rückt immer mehr die Umweltbelastung in den Vordergrund, die jeder einzelne Verbraucher verursacht, indem zum Beispiel die Wohnflächen, die beheizt werden müssen, pro Person stetig wachsen, oder der PKW-Bestand und die jährlichen Kilometerlaufleistungen je PKW zunehmen. Da das ganze Bundesgebiet sich aus Gemeindegebieten zusammensetzt und jeder Bundesbürger gleichzeitig Gemeindeeinwohner ist, werden die Umweltprobleme Deutschlands von Gemeindeeinwohnern auf dem Gebiet ihrer Gemeinden veursacht. Zugespitzt formuliert entsteht jedes Umweltproblem vor Ort. Weiterhin haben die meisten Umweltprobleme nicht nur in ihrer Entstehungsgemeinde sondern auch regional, national und häufig sogar international Auswirkungen. Dies verdeutlicht, daß die Örtlichkeit der Problemursache und der Umstand, daß das Umweltproblem neben überörtlichen auch örtliche Auswirkungen aufweist, noch nicht ausreicht, um im Rahmen einer gesamtstaatlichen Aufgabenteilung die Kompetenzen von Bund, Ländern und Gemeinden abzugrenzen und dabei insbesondere auch den Aufgabenbereich jeder Kommune gegen Eingriffe anderer Gemeinden zu schützen.

Beispielsweise werden bei circa der Hälfte aller PKW-Fahrten weniger als fünf Kilometer zurückgelegt, so daß die Fahrer also meistens das Gebiet ihrer

Gemeinde nicht verlassen. Wenn nun im Sommer Einwohner innerhalb ihrer Gemeinde Auto fahren und die weiträumige Verteilung der Stickoxide dazu führt, daß die Belastung mit bodennahem Ozon regelmäßig nicht nur in einer Gemeinde, sondern häufig einer ganzen Region die Grenzwerte überschreitet, stellen dann Fahrverbote Angelegenheiten der örtlichen Gemeinschaft im Sinne von Art. 28 Abs. 2 S. 1 GG dar oder fallen sie in die Kompetenz des Bundes oder jeweiligen Landes? Immerhin entsteht ein großer Teil der Stickoxide im örtlichen Verkehr, so daß aus Sicht einer Gemeinde die Umweltbelastung eine örtliche Ursache hat, und die daraus folgende Ozonbelastung betrifft neben anderen Kommunen in der Region ja auch die fragliche Gemeinde.

(b) Das Kriterium der unterschiedlichen Betroffenheit von Gemeindeeinwohnern und Allgemeinheit

Nach der ausführlichen Definition des Bundesverfassungsgerichts sind Angelegenheiten der örtlichen Gemeinschaft diejenigen Interessen, die in der örtlichen Gemeinschaft wurzeln oder auf sie einen spezifischen Bezug haben, die also den Gemeindeeinwohnern gerade als solchen gemeinsam sind, indem sie das Zusammenleben und -wohnen der Menschen in der Gemeinde betreffen.[730] Indem das Bundesverfassungsgericht fordert, daß ein Interesse den Gemeindeeinwohnern gerade als solchen gemeinsam sein muß, grenzt es Einwohnerinteressen gegen allgemeine Staatsbürgerinteressen ab. Auch mit den übrigen Bürgern der Bundesrepublik haben die Einwohner einer Gemeinde gemeinsame Interessen. Hierzu zählt zum Beispiel das Interesse an Preisstabilität oder an sicheren Renten, das Einwohner einer Gemeinde mit den Einwohnern anderer Gemeinden teilen, weil sie Bürger desselben Staates sind. Örtliche Angelegenheiten sind dagegen nur die Interessen, die den Menschen gerade als Gemeindeeinwohnern, letztlich also „aufgrund ihres Zusammenlebens und -wohnens in der Gemeinde“ gemeinsam sind.

Diese Frage der Abgrenzung örtlicher und überörtlicher Angelegenheiten kann letztlich anhand des Kriteriums entschieden werden, ob die Einwohner einer fraglichen Gemeinde von einem bestimmten Problem anders betroffen werden als die Einwohner anderer Gemeinden, also die Allgemeinheit der Bürger.[731] So hat das Bundesverfassungsgericht zur Problematik von Volksbefragungen zur atomaren Wiederbewaffnung der Bundesrepublik Deutschland entschieden, daß Gemeinden keine Angelegenheiten der örtlichen Gemeinschaft im Sinne von Art. 28 Abs. 2 S. 1 GG mehr wahrnehmen, wenn sie zu einem Problem Stellung nehmen,

730 S. S. 164.
731 *v. Mutius*, in: FS v. Unruh, S. 262.

welches die Gemeinde „nicht als einzelne Gemeinde besonders trifft, sondern der Allgemeinheit - ihr [der Gemeinde, d.Verf.] nur so wie allen Gemeinden - eine Last aufbürdet".[732] Die Formulierung, daß das Problem die einzelne Gemeinde *besonders* trifft, entspricht der ausführlichen Definition örtlicher Angelegenheiten durch das Bundesverfassungsgericht insofern, als diese verlangt, daß die Einwohner *gerade als solche* betroffen werden müssen. Dies ist, wie das Bundesverfassungsgericht ausführt, der Fall, wenn das fragliche Problem eine einzelne Gemeinde anders als die Allgemeinheit, das heißt nicht wie alle Gemeinden berührt.[733] Werden dagegen alle Gemeinden gleichermaßen belastet, so betrifft die Angelegenheit nur die Allgemeinheit. In diesem Fall weist das Problem zwar auch örtliche Bezüge auf. Weil sich aber diese örtlichen Bezüge mit denen zu anderen Orten decken, überwiegen die überörtlichen Bezüge, so daß eine überörtliche Angelegenheit vorliegt.

Da in der Bundesrepublik Deutschland weitgehend Rechts- und Wirtschaftseinheit besteht und die Lebensverhältnisse entsprechend angeglichen sind, dürften sich nur sehr selten in Gemeinden Probleme stellen, die in anderen Gemeinden noch nicht aufgetreten sind. Im Regelfall wird daher ein Problem eine Gemeinde nur dadurch anders betreffen als andere Gemeinden, daß es sich im Umfang, mit dem es vor Ort auftritt, unterscheidet. Im Beispiel des Ozon-Alarms wäre dies der Fall, wenn sich die Ozon-Belastungen in einer Gemeinde zum Beispiel wegen klimatischer Besonderheiten von denen in anderen Kommunen unterscheiden.

(c) Spezifischer Ortsbezug auch bei identischen Problemlösungen verschiedener Gemeinden

Daß das fragliche Problem die Einwohner einer bestimmten Gemeinde anders betreffen muß als die Einwohner anderer Gemeinden, um eine Angelegenheit mit überörtlichen Bezügen als eine der jeweiligen örtlichen Gemeinschaft zu qualifizieren, bedeutet jedoch nicht, daß sich auch die Maßnahmen dieser Gemeinden zur Problemlösung unterscheiden müssen. So hindert der Umstand, daß nahezu sämtliche Gemeinden an der schleswig-holsteinischen Nord- und Ostseeküste inhaltsgleiche Satzungen zur Besteuerung von Zweitwohnungen erlassen haben, nicht, daß es sich bei der Zweitwohnungsteuer um eine örtliche Verbrauchs- und Aufwandsteuer im Sinne von Art. 105 Abs. 2 a GG handelt, deren Örtlichkeit ebenfalls für die Elemente Lebenssachverhalt und Auswirkungen bestimmt

732 BVerfG, Urt. v. 30.7.1958 - 2 BvG 1/58 -, BVerfGE 8, 122/134, Ls. 3.
733 BVerfG, Urt. v. 30.7.1958 - 2 BvG 1/58 -, BVerfGE 8, 122/134, Ls. 3.

wird,[734] was der Problemursache und den Problemauswirkungen im vorliegenden Zusammenhang entspricht. Das Erfordernis, daß die Problemursache in der fraglichen Gemeinde von der in anderen Gemeinden abweichen muß, verwehrt den Gemeinden also nicht, dieses Problem mit identischen Mitteln zu bekämpfen. Dies veranschaulicht auch die vorgestellte Matrix zur Bestimmung der Örtlichkeit von Angelegenheiten im Sinne von Art. 28 Abs. 2 S. 1 GG, die ebenfalls die Problemursache (Aufgabe) und die Problemlösung (Aufgabenerledigung) unterscheidet.[735] Entsprechend kann aus der gebietsübergreifenden Gleichheit gemeindlicher Maßnahmen, mit denen ein bestimmtes Problem gelöst werden soll, nicht geschlossen werden, dieses Problem, oder in den Worten des Art. 28 Abs. 2 S. 1 GG eine bestimmte Angelegenheit, sei überörtlich.[736]

(d) Die Leistungserbringung für Einwohner als Kriterium der Örtlichkeit von gemeindlichen Betätigungen

Im Bereich der wirtschaftlichen Betätigung wird nicht selten argumentiert, das Angebot von Produkten oder Dienstleistungen sei eine Angelegenheit einer bestimmten örtlichen Gemeinschaft im Sinne von Art. 28 Abs. 2 S. 1 GG bereits dann, wenn diese für die Einwohner dieser Gemeinde erbracht werden.[737] Dies bedeutet aber zunächst einmal nur, daß das kommunale Unternehmen Verbraucher beliefert. Ob diese Verbraucher gerade als Gemeindeeinwohner betroffen werden, also ein gemeinsames Interesse an der Leistungserbringung gerade aufgrund ihres Zusammenlebens und -wohnens in der Gemeinde haben, oder nur allgemein, das heißt gleich wie Einwohner anderer Gemeinden auch und folglich nur als Staatsbürger betroffen werden, ist damit jedoch noch nicht festgestellt. Somit ist das Kriterium der Leistungserbringung für die Einwohner einer bestimmten Kommune nicht geeignet, um festzustellen, ob diese Kommune damit Angelegenheiten der örtlichen Gemeinschaft im Sinne der Definition des Bundesverfassungsgerichts wahrnimmt.[738]

(e) Ergebnis

Die Ergebnisse, die für Angelegenheiten des Umweltschutzes vorstehend erarbeitet wurden, können wie folgt zusammengefaßt werden: Im Sinne der Defini-

---

734 BVerwG, Beschl. v. 26.10.1989 - 8 B 36/89 -, NVwZ 1990, 568.
735 S. S. 210.
736 *Bomhard*, Immissionsschutz, S. 21.
737 S. S. 263.
738 *Innenministerkonferenz*, Wirtschaftliche Betätigung, S. 31; *Bomhard*, Immissionsschutz, S. 18.

tion örtlicher Angelegenheiten durch das Bundesverfassungsgericht betreffen Interessen das Zusammenleben und -wohnen der Menschen in einer Gemeinde dann, wenn das fragliche Problem, an dessen Lösung das Interesse besteht, auf dem Gebiet dieser Gemeinde entstanden ist und deren Einwohner anders, zum Beispiel dem Umfang nach, als die Einwohner anderer Gemeinden betrifft.

Damit handelt es sich bei einem Interesse von Einwohnern dann um eine Angelegenheit der örtlichen Gemeinschaft, wenn es einen doppelten Ortsbezug aufweist: Erstens muß das Problem seine Ursache auf dem Gemeindegebiet haben und zweitens müssen seine Auswirkungen Einwohner der fraglichen Gemeinde betreffen, also ebenfalls auf dem Gemeindegebiet eintreten. Letzteres schließt nicht aus, daß dieses Problem auch außerhalb des fraglichen Gemeindegebiets Folgen hervorruft.

Dabei bezeichnet der Begriff des Problems nicht nur Situationen, die sich durch besondere Schwierigkeiten auszeichnen. Im Hinblick auf das Einwohnerinteresse als zentralen Bestandteil der Definition des Bundesverfassungsgerichts erfaßt der Begriff Problem vielmehr jeden Zustand, an dem Menschen ein Interesse haben können, und damit letztlich jede Aufgabe, die sich Menschen stellt.[739]

(5) Ergebnis

Da die Elemente der Problemursache und Problemauswirkungen gleichermaßen auch bei Aufgaben außerhalb des Umweltschutzes vorhanden sind, kann davon ausgegangen werden, daß die gefundenen Ergebnisse auf Aufgaben anderer Art übertragbar sind. Sie ermöglichen eine Zuordnung von Angelegenheiten nicht nur in den besonders schwierig zu entscheidenden Fällen, in denen eine Aufgabe Bezüge sowohl innerhalb als auch außerhalb des Gebiets einer bestimmten Gemeinde aufweist, sondern in allen vier dargestellten Kategorien, zum Beispiel auch dann, wenn die Problemursache und die Problemauswirkungen überörtlich sind.

Angelegenheiten der örtlichen Gemeinschaft im Sinne von Art. 28 Abs. 2 S. 1 GG sind damit diejenigen Interessen, die das Zusammenleben und -wohnen der Menschen in der Gemeinde betreffen, indem das fragliche Problem, an dessen Lösung das Interesse besteht, auf dem Gebiet dieser Gemeinde entstanden ist und deren Einwohner anders als die Einwohner anderer Gemeinden betrifft.

739 Problem und Aufgabe bei der Bestimmung von Angelegenheiten der örtlichen Gemeinschaft im Sinne von Art. 28 Abs. 2 S. 1 GG ebenfalls gleichsetzend *v. Mutius*, in: FS v. Unruh, S. 246.

6. Die Steigerung der Energieeffizienz und energieeffiziente Dienstleistungen als Angelegenheiten der örtlichen Gemeinschaft im Sinne von Art. 28 Abs. 2 S. 1 GG

Die Energieumwandlung und -nutzung effizienter zu gestalten, ist neben Verhaltensänderungen die zweite Möglichkeit, Energie einzusparen. Die Erhöhung der Energieeffizienz ist damit zentrales Element einer Politik, um die großen Umweltbelastungen und volkswirtschaftlichen Kosten der Energienutzung auf ein zukunftsfähiges Maß zu verringern. Da Energieeffizienzpotentiale am besten vor Ort erschlossen werden können, stellt sich als zentrale rechtliche Frage, ob die Steigerung der Energieeffizienz eine Angelegenheit der örtlichen Gemeinschaft im Sinne von Art. 28 Abs. 2 S. 1 GG darstellt. Ist die Energieeffizienzsteigerung eine örtliche Aufgabe, so darf sie von Kommunen mit den Instrumenten, die ihnen zur Verfügung stehen, wahrgenommen werden.

Sollte die Steigerung der Energieeffizienz eine Angelegenheit der örtlichen Gemeinschaft sein, so gilt dies auch für energieeffiziente Dienstleistungen, da sie als diejenigen Dienstleistungen definiert wurden, die eine Steigerung der Energieeffizienz bezwecken.[740] Die Zulässigkeit energieeffizienter Dienstleistungen wird daher vom Untersuchungsgegenstand Steigerung der Energieeffizienz ebenfalls erfaßt.

a) Die Bedeutung des Staatsziels Umweltschutz aus Art. 20 a GG für die Bestimmung von Angelegenheiten der örtlichen Gemeinschaft im Sinne von Art. 28 Abs. 2 S. 1 GG

Bei den Angelegenheiten der örtlichen Gemeinschaft handelt es sich um einen unbestimmten Rechtsbegriff. Deshalb umschreiben die örtlichen Angelegenheiten keinen Status Quo gemeindlicher Aufgaben, sondern ermöglichen eine Anpassung des gemeindlichen Aufgabenbestandes an die sich im Laufe der Zeit ändernden gesellschaftlichen Verhältnisse.[741] Zu diesen gesellschaftlichen Entwicklungen, für die die Selbstverwaltungsgarantie im Rahmen methodengerechter Verfassungsinterpretation offen ist, gehört auch das gestiegene Umweltbewußtsein.[742]

---

740 Zur Definition energieeffizienter Dienstleistungen s. S. 122.

741 BVerfG, Beschl. v. 23.11.1988 - 2 BvR 1619, 1628/83 - (Rastede), BVerfGE 79, 127/146, Ls. 2; *Löwer*, in: v. Münch, GG, Art. 28, Rn. 46; *Schmidt-Aßmann*, in: FS Sendler, S. 129 f.

742 *Hermes*, Der Staat 31 (1992), S. 297; so wohl auch *Schmidt-Aßmann*, in: FS Sendler, S. 121.

Für die Auslegung unbestimmter Rechtsbegriffe im Grundgesetz sind im Rahmen der Gesetzessystematik andere Verfassungsnormen heranzuziehen. Da eine Steigerung der Energieeffizienz neben volkswirtschaftlichen Vorteilen, wie einer Senkung der Energieimporte und der volkswirtschaftlichen Energierechnung, in erster Linie ökologische Zwecke verfolgt, könnte Art. 20 a GG eine entscheidende Bedeutung für die Frage zukommen, ob der Umweltschutz zu den Angelegenheiten der örtlichen Gemeinschaft im Sinne von Art. 28 Abs. 2 S. 1 GG zählt.

Im Zuge der Verfassungsreform des Jahres 1994 wurde das Staatsziel Umweltschutz als Art. 20 a GG in die Verfassung eingefügt. Diese Norm lautet: "Der Staat schützt auch in Verantwortung für die künftigen Generationen die natürlichen Lebensgrundlagen im Rahmen der verfassungsmäßigen Ordnung durch die Gesetzgebung und nach Maßgabe von Gesetz und Recht durch die vollziehende Gewalt und die Rechtsprechung." Das Schutzobjekt dieser Norm sind die "natürlichen Lebensgrundlagen", ein Synonym für die natürliche Umwelt des Menschen.[743] Allerdings steht die Pflicht, die natürlichen Lebensgrundlagen zu schützen, unter dem Vorbehalt der verfassungsmäßigen Ordnung beziehungsweise von Gesetz und Recht, so daß dem Umweltschutz kein genereller Vorrang vor anderen Gütern eingeräumt wird, die ebenfalls rechtlich geschützt sind.[744] Durch die Normierung als Verfassungsgut erhält der Umweltschutz jedoch in Abwägung mit einfach- und untergesetzlichen Rechtsgütern ein größeres Gewicht.

Adressat des Art. 20 a GG ist "der Staat". Dazu zählen nicht nur Bund und Länder, sondern auch die Gemeinden als Hoheitsträger.[745] Damit richtet sich der Schutzauftrag des Art. 20 a GG auch an die Gemeinden, woraus man schließen könnte, der gesamte Umweltschutz sei, mindestens auch, eine Angelegenheit der örtlichen Gemeinschaft.

Allerdings umfaßt die Gesamtaufgabe des Umweltschutzes nicht nur örtliche Aufgaben, wie den Lärmschutz, dessen Örtlichkeit daraus folgt, daß sich Lärm im Umkreis seiner Quelle nur begrenzt räumlich ausbreiten kann,[746] sondern auch Angelegenheiten ohne Ortsbezug, zum Beispiel den Strahlenschutz. Da Art. 28 Abs. 2 S. 1 GG das Selbstverwaltungsrecht der Gemeinden auf Angelegenheiten der örtlichen Gemeinschaft beschränkt, sind die Kommunen, außer im Fall einer

743 *Murswiek*, in: Sachs, GG, Art. 20 a, Rn. 27; *Schulze-Fielitz*, in: Dreier, GG, Art. 20 a, Rn. 28; *Caspar*, in: Koch/Caspar, Klimaschutz im Recht, S. 372 ff. mit Darstellung des hinter dem Formelkompromiß der "natürlichen Lebensgrundlagen" stehenden Streits zwischen anthropozentrischem und ökozentrischem Umweltbegriff.

744 *Caspar*, in: Koch/Caspar, Klimaschutz im Recht, S. 387.

745 *Schulze-Fielitz*, in: Dreier, GG, Art. 20 a, Rn. 51; *Murswiek*, in: Sachs, GG, Art. 20 a, Rn. 57.

746 *Bomhard*, Immissionsschutz, S. 1.

gesetzlichen Zuweisung, nicht berechtigt, solche rein überörtlichen Aufgaben des Umweltschutzes wahrzunehmen. Außerdem weist Art. 20 a GG die Aufgabe des Umweltschutzes allgemein dem Staat zu, so daß neben den Gemeinden auch die anderen staatlichen Hoheitsträger auf das Staatsziel Umweltschutz verpflichtet werden. Damit läßt sich aus Art. 20 a GG nicht ableiten, der Umweltschutz stelle insgesamt eine Angelegenheit der örtlichen Gemeinschaft dar.

So kann Art. 20 a GG nicht herangezogen werden, um festzustellen, welche Hoheitsträger oder Behörden innerstaatlich für bestimmte Aufgaben des Umweltschutzes zuständig sind.[747] An der grundgesetzlichen Kompetenzordnung ändert diese Norm nichts.[748]

Allerdings spricht Art. 20 a GG, da er den Umweltschutz keinem Hoheitsträger als ausschließliche Aufgabe zuweist, auch nicht dagegen, daß es sich bei bestimmten Teilaufgaben des Umweltschutzes mit örtlichem Bezug um Angelegenheiten der örtlichen Gemeinschaft im Sinne von Art. 28 Abs. 2 S. 1 GG handelt. So ist anerkannt, daß es sich bei der örtlichen Abfallvermeidung,[749] Abfallentsorgung,[750] Abwasserbeseitigung, Grünflächen-, Umwelt- und Landschaftsplanung[751] sowie beim örtlichen Immissions-[752] und Naturschutz sowie der Umweltberatung auf diesen Sachgebieten[753] um Angelegenheiten der örtlichen Gemeinschaft handelt.[754]

---

747 Nach *Albrecht*, ZUR 1995, S. 239 kann aus Art. 20 a GG nicht gefolgert werden, eine umweltschonende Stromerzeugung sei insgesamt eine Angelegenheit der örtlichen Gemeinschaft. *Iro*, Stromerzeugungsanlagen, S. 101 f. beurteilt es als Verstoß gegen die gesetzliche Kompetenzordnung des Immissionsschutzes, wenn Energieaufsichtsbehörden unter Berufung auf Art. 20 a GG im Rahmen ihrer Investitionsaufsicht über Energieanlagen gemäß § 4 Abs. 2 S. 2 EnWG a.F. Umweltschutzgesichtspunkte berücksichtigen.

748 *Murswiek*, in: Sachs, GG, Art. 20 a, Rn. 57.

749 *Haaß*, Gemeindliche Umweltpolitik, S. 161.

750 *Haaß*, Gemeindliche Umweltpolitik, S. 95 f.

751 *Haaß*, Gemeindliche Umweltpolitik, S. 263; Auf die Möglichkeiten, Einschränkungen der gemeindlichen Planungshoheit durch eine möglichst frühzeitige gemeindliche Planung zu begegnen, weist *Dippel*, Kommunen, S. 32 hin.

752 *Bomhard*, Immissionsschutz, S. 22, die, nach ausführlicher Auseinandersetzung mit dem Begriff der örtlichen Angelegenheiten (a.a.O., S. 14 ff.), die gemeindliche Zuständigkeit für den Immissionsschutz ohne Begründung feststellt, aber ihr die an früherer Stelle festgestellte gemeinsame Zuständigkeit der Gemeinden und des Staates für die „Gemeinschaftsaufgabe Umweltschutz" (a.a.O., S. 5 f.) zugrunde zu legen scheint.

753 *Haaß*, Gemeindliche Umweltpolitik, S. 264.

754 *Schröer*, Kommunaler Umweltschutz, S. 7 ff.

b) Die Steigerung der Energieeffizienz als Angelegenheit der örtlichen Gemeinschaft im Sinne von Art. 28 Abs. 2 S. 1 GG

Ob die Steigerung der Energieeffizienz eine Angelegenheit der örtlichen Gemeinschaft im Sinne vonArt. 28 Abs. 2 S. 1 GG darstellt, ist zunächst anhand des Kriteriums zu untersuchen, ob an dieser Aufgabe Interessen von Einwohnern gerade wegen ihres Zusammenlebens in der Gemeinde bestehen [aa)]. Zur Kontrolle des dabei gefundenen Ergebnisses wird im Anschluß daran gefragt werden, ob die Aufgabe der Effizienzsteigerung sich in den vergangenen Jahren zu einem Bestandteil der örtlichen Energieversorgung entwickelt hat und daher ihrerseits eine Angelegenheit der örtlichen Gemeinschaft darstellt [bb)].

aa) Mögliche einwohnerspezifische Interessen an der Steigerung der Energieeffizienz

Die Erhöhung der Energieeffizienz ist nach den bisherigen Untersuchungsergebnissen dann eine Angelegenheit der örtlichen Gemeinschaft, wenn sie denjenigen Interessen zuzurechnen ist, die das Zusammenleben und -wohnen der Menschen in der Gemeinde betreffen, indem das fragliche Problem, an dessen Lösung das Interesse besteht, auf dem Gebiet dieser Gemeinde entstanden ist und deren Einwohner anders als die Einwohner anderer Gemeinden betrifft.[755]

(1) Klimaschutz

Als zentrale Auswirkung des Energieverbrauchs steht derzeit die Belastung der Atmosphäre mit Treibhausgasen und der daraus resultierende Treibhauseffekt im Vordergrund der umweltpolitischen Diskussion. Als Treibhausgase wirken unter anderem Kohlendioxid (Kohlendioxid), Methan (CH_4), Distickstoffdioxid (N_20), halogenierte Kohlenwasserstoffe (zum Beispiel FCKW und HFCKW).[756] Dabei verursachen die Kohlendioxidemissionen allein mehr als die Hälfte des anthropogenen Treibhauseffekts.[757] Dies liegt vor allem an der großen Menge von Kohlendioxid, die jährlich durch die Verbrennung fossiler Energieträger und die Brandrodung der tropischen Regenwälder freigesetzt wird. Die Nutzung fossiler

---

755 S. S. 218.

756 *International Panel on Climate Change*, Zusammenfassungen, S. 10.

757 *Enquetekommission*, Zukunft für die Erde, S. 75; Nach dem *International Panel on Climate Change* liegt der direkte Strahlungsantrieb von Kohlendioxid bei 1,56 W/m2, von CH_4 bei 0,47 W/m2, von N_2O bei 0,14 Wm/2 und von FCKW sowie HFCKW zusammen bei 0,25 Wm/2 (*International Panel on Climate Change*, Zusammenfassungen, S. 25).

Energieträger trägt mit ihren Kohlendioxid- und Methanemissionen zu etwa 50 Prozent zum anthropogenen Treibhauseffekt bei.[758] Dies zeigt, daß ein Großteil der Kohlendioxid-Emissionen bei der Energieerzeugung und -nutzung entsteht. Die energiebedingten Kohlendioxid-Emissionen betrugen 1997 allein in Deutschland 894 Mio. t[759] und weltweit 24,191 Mrd. t.[760]

Nach dem Intergovernmental Panel on Climate Change (IPCC), dem von der UNO einberufenen internationalen Expertengremiums zur Beurteilung des Klimawandels, ist die mittlere globale Lufttemperatur seit dem Ende des 19. Jahrhunderts um rund 0,3 bis 0,6 ° C angestiegen.[761] Im selben Zeitraum stieg der Meeresspiegel um 10 bis 25 cm. Beide Entwicklungen sind mit hoher Wahrscheinlichkeit einem menschlichen Einfluß auf das globale Klima zuzuschreiben.[762] Der International Panel on Climate Change hat in verschiedenen Szenariorechnungen die zukünftigen Emissionen von Treibhausgasen und deren Auswirkungen auf das Weltklima berechnet. Danach wird sich die globale mittlere Temperatur bis zum Jahr 2100 um 2 ° C gegenüber 1990 erhöhen.[763] Eine solche Erwärmung wäre stärker als alle Temperatursteigerungen in den letzten 10.000 Jahren.[764] Außerdem können regionale Temperaturänderungen deutlich von diesem globalen Mittelwert abweichen,[765] was auch entsprechend verstärkte Klimaänderungen nach sich ziehen würde. So seien regionale Klimaänderungen, wie eine Zunahme von Niederschlägen in den nördlichen Breiten, bereits offensichtlich.[766] Aufgrund der globalen Erderwärmung wird der Meeresspiegel voraussichtlich um rund 50 cm bis zum Jahr 2100 ansteigen unter anderem durch das Abschmelzen von Gletschern und Eismassen.[767] Selbst in den nachfolgenden Jahrhunderten wird der Meeresspiegel wahrscheinlich in ähnlichem Tempo ansteigen.[768] Wenn sich der Meeresspiegel in diesem Maß erhöht, würden tiefgelegene Landstriche zum Beispiel in Bangladesch und einigen pazifischen Inselstaaten überflutet. Außerdem wird aufgrund der Klimaänderungen befürchtet, daß extreme Wetterereignisse wie Orkane und Starkniederschläge, häufiger auftreten.[769]

---

758 *Enquetekommission*, Zukunft für die Erde, S. 75.
759 *BMWi*, Energiedaten 1999, S. 26.
760 *BMWi*, Energiedaten 1999, S. 29.
761 *International Panel on Climate Change*, Zusammenfassungen, S. 5.
762 *International Panel on Climate Change*, Zusammenfassungen, S. 5.
763 *International Panel on Climate Change*, Zusammenfassungen, S. 6.
764 *International Panel on Climate Change*, Zusammenfassungen, S. 6.
765 *International Panel on Climate Change*, Zusammenfassungen, S. 6.
766 *International Panel on Climate Change*, Zusammenfassungen, S. 6.
767 *International Panel on Climate Change*, Zusammenfassungen, S. 6.
768 *International Panel on Climate Change*, Zusammenfassungen, S. 6.
769 *BINE*, Klima und Energie, S. 2.

Angelegenheiten der örtlichen Gemeinschaft im Sinne von Art. 28 Abs. 2 S. 1 GG sind diejenigen Interessen, die das Zusammenleben und -wohnen der Menschen in der Gemeinde betreffen, indem das fragliche Problem, an dessen Lösung das Interesse besteht, auf dem Gebiet dieser Gemeinde entstanden ist und deren Einwohner anders als die Einwohner anderer Gemeinden betrifft.[770]

Ein solches Interesse könnte zunächst bestehen, weil das Problem auf dem Gebiet bestimmter Gemeinden entstanden ist. Die prognostizierte Erderwärmung geht hauptsächlich auf das Kohlendioxid zurück, das bei der Verbrennung kohlenstoffhaltiger Energieträger freigesetzt wird.[771] Der Anteil der Gemeinden am Kohlendioxid-Ausstoß, der sich aus den Emissionen zum Beispiel des Verkehrs, der Raumheizungen und der Stromerzeugung zusammensetzt, unterscheidet sich aber von Gemeinde zu Gemeinde nicht. Dies beruht darauf, daß der Energieverbrauch der Einwohner zwischen den Kommunen nicht nennenswert abweicht, weil innerhalb der verschiedenen Bevölkerungsgruppen der Lebensstil weitgehend angeglichen ist. Somit liegt ein besonderer örtlicher Verursachungsbeitrag nicht vor.

Ein Interesse an der Verringerung des Kohlendioxid-Ausstoßes, das das Zusammenleben in einer bestimmten Gemeinde betrifft, setzt weiterhin voraus, daß die vorhergesagten Auswirkungen des Klimawandels die Einwohner bestimmter Gemeinden anders als die anderer Gemeinden betreffen. Allerdings würden Stürme, Trockenperioden oder der Anstieg des Meeresspiegels in ganzen Regionen oder sogar Klimazonen wie tiefliegenden Küstenstreifen in Bangladesch oder großräumigen landwirtschaftlichen Anbaugebieten auftreten. Die voraussichtlichen Auswirkungen des globalen Treibhauseffekts werden also eine bestimmte Gemeinde in demselben Maß betreffen wie viele andere Kommunen in derselben Region, Klimazone oder demselben Staat auch.

Diese gleiche regionale Betroffenheit bedeutet aber nicht, daß die Folgen der Klimaänderungen auch global annähernd gleich verteilt sind. Während die Industriestaaten für circa 80 Prozent der globalen Kohlendioxid-Emissionen verantwortlich sind, werden voraussichtlich vor allem ärmere Länder von Dürren, Sturmfluten, Orkanen und dem Anstieg des Meeresspiegels betroffen sein, weil diese Länder in Zonen mit extremerem Klima liegen (Afrika) oder gegenüber Naturkatastrophen besonders anfällig sind, wie die tiefliegenden und bevölkerungsreichen Küstenregionen Bangladeschs und der Philippinen für Überschwemmungen.[772]

---

770 S. S. 218.
771 *BINE*, Klima und Energie, S. 3.
772 *BUND/Misereor*, Zukunftsfähiges Deutschland, S. 126 ff.

Da einzelne Kommunen weder besondere lokale Verursachungsbeiträge zum Treibhauseffekt liefern noch deren Einwohner von den Auswirkungen dieses Problems anders betroffen werden als die anderer deutschen Kommunen, liegen damit Interessen am Klimaschutz aufgrund des Zusammenlebens in bestimmten Gemeinden nicht vor. Danach handelt es sich beim Klimaschutz also nicht um eine Angelegenheit der örtlichen Gemeinschaft.[773]

(2) Ressourcenschonung

Gleiches dürfte auch für ein Ziel gelten, das mit dem Klimaschutz in engem Zusammenhang steht: die Schonung der endlichen Energieressourcen.

Da auch für das Schrumpfen der weltweiten Vorräte an Kohle, Erdöl und Erdgas der Energieverbrauch verantwortlich ist, gilt für ein mögliches Interesse an der Ressourcenschonung, das Einwohner aufgrund ihres Zusammenlebens in der Gemeinde teilen könnten, dasselbe wie für den Klimaschutz. Die Einwohner verschiedener Kommunen sind am Verbrauch der fossilen Energieträger in demselben Maße beteiligt; Unterschiede dürften auch hier höchstens zwischen einzelnen Staatengruppen oder Staaten bestehen. Zusätzlich werden die Folgen einer zukünftigen Ressourcenknappheit wie Preissteigerungen und das Fehlen der Energieträger als Rohstoffe zum Beispiel für die chemische Produktion, weltweit eintreten, weil auch die Märkte für diese Energieträger (zum Beispiel Rohöl) globalisiert sind, und damit die Einwohner verschiedener Kommunen ebenfalls unterschiedslos betreffen. Damit besteht an der Schonung der weltweiten Energieressourcen aus denselben Gründen wie am Schutz des globalen Klimas kein Interesse, das Einwohner von Gemeinden gerade aufgrund ihres Zusammenlebens teilen würden. So haben zwar Gemeindeeinwohner ein Interesse an Klimaschutz und Ressourcenschonung. Aber dieses Interesse teilen sie gleichermaßen mit anderen Einwohnern derselben Gemeinde wie mit den Bürgern, die in anderen Gemeinden leben, so daß der besondere Bezug ihrer örtlichen Gemeinschaft fehlt.

---

773 Im Erg. ebenso *Kraft*, DVBl. 1998, S. 1048; a.A. *Koch/Mengel*, DVBl. 2000, S. 956 f., die die Örtlichkeit des Klimaschutzes außerhalb der Bauleitplanung damit begründen, daß die Gemeinde die „ebenenspezifischen Problemlösungsbeiträge" zu solchen Aufgaben liefern „darf und muß", die nur von vielen Akteueren gemeinsam bewältigt werden können. Ob „ebenenspezifische Problemlösungsbeiträge" der Gemeinden jedoch *rechtlich* zulässig sind, entscheidet sich nicht danach, wieviele Akteure *politisch* zur Bewältigung des Klimaschutzes erforderlich sind, sondern ob der Klimaschutz zu den Angelegenheiten der örtlichen Gemeinschaft im Sinne von Art. 28 Abs. 2 S. 1 GG zählt.

(3) Immissionsschutz

Die Steigerung der Energieeffizienz senkt durch die Verringerung des Primärenergieverbrauchs nicht nur den Ausstoß des Klimagases Kohlendioxid sondern auch den Ausstoß von Luftschadstoffen wie Schwefeldioxid, Stickoxid, Ruß, Staub und vielen anderen.

(a) Örtliche Immissionen der Wärmeerzeugung

Ein Drittel des Endenergiebedarfs in Deutschland (35 Prozent) wird für die Erzeugung von Raumwärme verbraucht.[774] Damit ist die Raumwärme die Energieanwendung mit dem höchsten Anteil am Endenergiebedarf.[775] In den privaten Haushalten entfallen sogar circa 80 Prozent des Endenergieverbrauchs auf die Bereitstellung von Raumwärme.[776] Um Gebäude zu beheizen und Wasser zu erwärmen, werden überwiegend mit Öl oder Gas befeuerte Zentral- oder Etagenheizungen beziehungsweise Warmwasserbereiter eingesetzt, so daß die Luftschadstoffe dort entstehen, wo die Wärme verbraucht wird. Dasselbe gilt auch für den Einsatz von Kohle, die sich überwiegend nur noch im Wärmemarkt der neuen Bundesländer behauptet. Der Entstehungsort von Umweltbelastungen aus der Stromherstellung braucht wegen des vergleichsweise geringen Stromeinsatzes bei der Wärmebereitstellung an dieser Stelle noch nicht bestimmt zu werden.[777] Fern- oder Nahwärme wird zwar in der Regel nicht in dem Gebäude erzeugt, in dem sie verbraucht wird. Allerdings sind die Leitungsverluste von Wärmeverteilungsnetzen so hoch, daß Wärmenetze nur bis max. 30 km Ausdehnung betrieben werden können. So treten Netzverluste zwischen 5 Prozent in Nahwärmenetzen und 15 bis 20 Prozent in Fernwärmenetzen mit hohem Altanlagenteil auf.[778] Wegen dieser Leitungsverluste befinden sich Nahwärmezentralen in der Nachbarschaft und Fernwärmeheizwerke in der Regel noch innerhalb derselben Kommune wie der Verbraucher.

---

774 *Enquetekommission*, Energieeinsparung, S. 115.

775 *Enquetekommission*, Energieeinsparung, S. 115.

776 *Hennicke/Seifried*, Einsparkraftwerk, S. 257.

777 S. dazu S. 227 f. Bei der herkömmlichen Stromerzeugung in Kondensationskraftwerken wird nur circa ein Drittel der eingesetzten Primärenergie in Elektrizität umgewandelt, während circa zwei Drittel als Abwärme in der Regel ungenutzt in die Umwelt abgegeben werden. Deshalb sollte aus wirtschaftlichen und ökologischen Gründen Strom im Wärmemarkt möglichst weitgehend zum Beispiel durch Nahwärme ersetzt werden.

778 *Enquetekommission*, Zukunft für die Erde, S. 366.

Sofern man auf dem Gebiet einer Gemeinde den Einsatz von Öl, Gas, Fernwärme und Kohle zur Wärmeerzeugung verringert, sinken damit die Emissionen vor Ort. Im Raumwärmesektor besteht damit ein unmittelbarer räumlicher Zusammenhang zwischen einer Steigerung der Energieeffizienz und der Senkung der energiebedingten Umweltbelastungen.

Den Emissionen, die auf dem Gebiet einer Gemeinde entstehen, sind die Bürger vor Ort direkt ausgesetzt. Verbraucht zum Beispiel jemand viel Öl in seiner Zentralheizung, so quillt eine entsprechende Menge Abgase aus seinem Schornstein und beeinträchtigt zum Beispiel als Smog die Nachbarschaft. Die Einwohner haben deshalb aufgrund ihres Zusammenwohnens ein Interesse an der Verringerung zumindest derjenigen Emissionen, die auf dem Gebiet ihrer Gemeinde entstehen. Da bei der Wärmebereitstellung nahezu sämtliche Emissionen in räumlicher Nähe zum Verbraucher entstehen, besteht ein spezifisches Interesse der örtlichen Gemeinschaft an der Steigerung der Energieeffizienz im Wärmemarkt.[779]

(b) Örtliche Immissionen der Stromerzeugung

Neben der Erzeugung von Wärme ist die Stromproduktion der zweite Bereich des leitungsgebundenen Energiesystems, in dem große Mengen Energie verbraucht und viel Emissionen freigesetzt werden.

(aa) Stromerzeugung aus fossilen Energieträgern

Der Strommarkt unterscheidet sich vom Wärmemarkt zunächst dadurch, daß Strom über weite Strecken mit geringeren Verlusten übertragen werden kann. Die Leitungsverluste Stromnetz betragen circa 5 Prozent in den alten Bundesländern und circa 10 Prozent in den neuen Bundesländern.[780] Deswegen kann Strom dort produziert werden, wo die eingesetzten Energieträger zur Verfügung stehen, zum Beispiel Braunkohle in den Abbaugebieten des Rheinlandes und der Lausitz oder Importkohle in der Nähe der See- und Binnenhäfen, um dann im Hochspannungsnetz der Verbundunternehmen zum Verbraucher zu gelangen.

---

779 Ein öffentliches Interesse der Gemeinden an der Reduktion von Emissionen aus dem sogenannten „Hausbrand“ von Einzelfeuerungsanlagen, das sogar einen Anschluß- und Benutzungszwang an die Fernwärmeversorgung rechtfertigt, begründet *Bomhard*, Immissionsschutz, S. 214.

780 *Enquetekommission*, Zukunft für die Erde, S. 366.

Der Anteil kommunaler Unternehmen an der Stromerzeugung beträgt in Deutschland 12 Prozent.[781] Auf der Ortsebene bietet sich der Vorteil, Strom in Kraft-Wärme-Koppelung erzeugen und die bei der Stromerzeugung anfallende Wärme in Nah- und Fernwärmenetze einspeisen zu können. Als Kraft-Wärme-Koppelungs-Anlagen können, abgesehen von Brennstoffzellen, all diejenigen Kraftwerke eingesetzt werden, die chemische Energie in einem Kraft-Wärme-Prozeß in elektrische Energie umwandeln. Dazu zählen Blockheizkraftwerke, Gasturbinen-Heizkraftwerke und Dampfturbinen-Heizkraftwerke.[782] Im Jahr 1998 waren in Deutschland über 5000 Blockheizkraftwerke installiert, die circa 5 Prozent der gesamten Stromerzeugungskapazität stellten.[783]

Die verschiedenen Kraft-Wärme-Koppelungs-Techniken erzielen Gesamtnutzungsgrade von 75-95 Prozent.[784] Dagegen nutzen konventionelle Kondensationskraftwerke nur circa ein Drittel der eingesetzten Primärenergie zur Stromherstellung, während der Rest als Abwärme ungenutzt an die Umwelt abgegeben wird.[785] Selbst modernste Gas- und Dampfturbinenkraftwerke erreichen Wirkungsgrade nur knapp über 50 Prozent.[786] Durch die effiziente Nutzung der eingesetzten Brennstoffe trägt die Kraft-Wärme-Koppelung damit wesentlich zur Emissionsminderung bei. Verschiedene Studien gehen davon aus, daß bei einer Realisierung des technisch/wirtschaftlichen Potentials für die Kraft-Wärme-Koppelung 17-73 Mio. t Kohlendioxid allein im Bereich der industriellen Wärmeerzeugung eingespart werden können.[787] Da diese Senkung des Kohlendioxid-Ausstoßes auf der besseren Ausnutzung der eingesetzten Brennstoffe beruht, werden durch Kraft-Wärme-Koppelung auch die übrigen, einschließlich der spezifisch örtlich wirkenden, Emissionen in ähnlichem Umfang verringert.

Da das Versorgungsgebiet kommunaler Energieversorgungsunternehmen bis 1998 auf das Gebiet der jeweiligen Trägerkommune(n) beschränkt war, übersteigt die Stromproduktion von Stadtwerken den örtlichen Stromverbrauch gewöhnlich nicht. In der Regel decken kommunale Energieversorgungsunternehmen nur einen Teil des örtlichen Bedarfs mit eigenerzeugter Energie. Sofern sie nicht von vornherein ausschließlich den Strom weiterverteilen, den regionale oder Verbundversorger erzeugen, kaufen sie ihren Restbedarf von diesen Unternehmen zu. Den Strom, den kommunale Energieversorgungsunternehmen selbst

---

781 *Müller*, Elektrizitätswirtschaft, S. 34. Derselbe Anteil ergibt sich bei einer Berechnung nach *Traube/Münch*, Elektrizitätswirtschaft, S. 6.

782 *Fischedick/v. Stein*, Zukunftsmärkte, S. 1.

783 *BINE*, Blockheizkraftwerke, S. 4.

784 *Fischedick/v. Stein*, Zukunftsmärkte, S. 2.

785 *Müller*, Elektrizitätswirtschaft, S. 239.

786 *Müller*, Elektrizitätswirtschaft, S. 244 f.

787 *Fischedick/v. Stein*, Zukunftsmärkte, S. 16 f.

erzeugen, produzieren sie also regelmäßig in Kraftwerken auf dem Gebiet ihrer Trägerkommune.

Die Einwohner einer Gemeinde haben, ebenso wie auf dem Wärmemarkt,[788] ein gemeinsames Interesse an der Verringerung zumindest der Emissionen, die ihr Gemeindegebiet und damit ihr Zusammenleben in der Gemeinde beeinträchtigen. Da kommunale Energieversorgungsunternehmen ihren eigenerzeugten Strom regelmäßig auf dem Gebiet ihrer Trägerkommune erzeugen, verringern sich die dort entstehenden Emissionen, wenn die Abnehmer dieses Stroms ihren Verbrauch senken. Damit haben die Einwohner einer Gemeinde ein gemeinsames Interesse an der Steigerung der Effizienz im Strommarkt, um die Emissionen, die kommunale Energieversorgungsunternehmen auf dem Gemeindegebiet produzieren, zu verringern.[789]

(bb) Regenerative Stromerzeugung

Der entscheidende Vorteil der Stromerzeugung aus regenerativen Energiequellen liegt darin, daß sie während ihres Betriebs weder die Luft mit Schadstoffen noch das Klima belasten und auch kein Risiko einer atomaren Katastrophe verursachen. Sofern vergleichsweise geringe Umweltauswirkungen des Betriebs regenerativer Stromerzeugungsanlagen überhaupt auftreten, betreffen sie hauptsächlich die Nachbarschaft solcher Anlagen, was zum Beispiel die Auseinandersetzung um die Genehmigung von Windkraftanlagen zeigt. So sind deren Wind- und Generatorgeräusche nur im näheren Umkreis der Anlagen zu hören. Lichtreflexe der Rotoren, die bei bestimmten Sonnenständen auftreten und als sogenannter Disco-Effekt bezeichnet werden, können auch nur den räumlichen Umkreis der Anlagen beeinträchtigen, in dem man Reflektionen optisch wahrnehmen kann. Daher ergibt sich in der Regel gerade aus der räumlichen Nähe zu solchen Anlagen ein Interesse, deren im Einzelfall möglicherweise beeinträchtigende Emissionen zu vermeiden.

So haben die Einwohner einer Gemeinde ein gemeinsames Interesse an der Erhöhung der Effizienz bei der Stromnutzung auch dann, wenn sie Emissionen regenerativer Stromerzeugunsanlagen auf dem Gemeindegebiet vermeiden wollen.

Nach alldem besteht auf dem Strommarkt ebenso wie auf dem Wärmemarkt ein Interesse der Einwohner an der Erhöhung der Energieeffizienz, um die aus

---

788 S. S. 227.

789 Darauf deutet auch die von *Knoll*, ZögU 1983, S. 179 durchgeführte Analyse des Auftrags kommunaler Energieversorgungsunternehmen hin, wonach die Vermeidung von Emissionen ein Bestandteil dieses Auftrags ist.

unterschiedlichen Anlagenarten auf dem Gemeindegebiet entstehenden Emissionen zu verringern. Dabei ergibt sich dieses Interesse aus dem unmittelbaren Zusammenhang zwischen der örtlichen Entstehung von Emissionen und der dortigen Beeinträchtigung der Einwohner.

bb) Die Steigerung der Energieeffizienz als Teil der örtlichen Aufgabe Energieversorgung

Daß die Steigerung der Energieeffizienz eine Angelegenheit der örtlichen Gemeinschaft im Sinne von Art. 28 Abs. 2 S. 1 GG darstellt, ergibt sich also bereits aus dem Interesse an der Vermeidung örtlicher Immissionen, das den Einwohnern gerade aufgrund ihres Zusammenlebens in der Gemeinde gemeinsam ist.

Aber nicht nur nach der Definition des Bundesverfassungsgerichts könnte es sich bei der Erhöhung der Energieeffizienz um eine Angelegenheit der örtlichen Gemeinschaft handeln. Die Effizienzsteigerung im Energiemarkt gehört möglicherweise auch dann zu den Selbstverwaltungsangelegenheiten, wenn man mit der überwiegenden Auffassung in Rechtsprechung und Literatur den Kreis örtlicher Angelegenheiten im wesentlichen anhand der geschichtlichen Entwicklung bestimmt.[790]

Zwar eignet sich die geschichtliche Entwicklung nicht, um die Örtlichkeit neuer Aufgaben zu bestimmen. Jedoch wird dieses Kriterium in der Regel herangezogen, um zu begründen, die Energieversorgung sei eine örtliche beziehungsweise überörtliche Aufgabe.[791] Da es sich bei der Energieversorgung um eine Aufgabe handelt, die bereits seit dem 19. Jahrhundert wahrgenommen wird, kann sie der örtlichen oder überörtlichen Ebene grundsätzlich anhand der geschichtlichen Entwicklung zugeordnet werden.[792] Wenn nun die Energieversorgung eine Angelegenheit der örtlichen Gemeinschaft darstellt und außerdem die Aufgabe einer Steigerung der Energieeffizienz beinhaltet, dann zählt auch die Steigerung der Energieeffizienz zu den Angelegenheiten der örtlichen Gemeinschaft.

(1) Energieversorgung als Angelegenheit der örtlichen Gemeinschaft im Sinne von Art. 28 Abs. 2 S. 1 GG

Die Aufgabe der leitungsgebundenen Energieversorgung setzt sich bei genauerer Betrachtung aus drei unterschiedlichen Tätigkeiten zusammen: auf der Ortsebene

---

790 Zu diesem Kriterium und seinem Verhältnis zur Definition des Bundesverfassungsgerichts s. S. 165.
791 S. S. 180.
792 Zu den methodischen Bedenken gegen dieses Kriterium s. S. 180 ff.

sind die Energieerzeugung,[793] die Energieverteilung[794] und der Netzbetrieb zu unterscheiden. Die Frage der Örtlichkeit der Energieversorgung wird nur für die zwei Bereiche Energieerzeugung und Energieverteilung diskutiert,[795] was daran liegt, daß die Energieversorgungsunternehmen, die Energie übertragen oder verteilen, bisher auch regelmäßig die Eigentümer der dafür erforderlichen Netze waren und somit Netzbetrieb und Übertragung/Verteilung zusammenfielen. Außerdem konzentriert sich die Diskussion weitgehend auf den Strommarkt.

(a) Elektrizitätsverteilung

Über die Örtlichkeit der Elektrizitätsverteilung herrscht weitgehend Einigkeit.[796] So nutzen Energieversorgungsunternehmen für ihr Verteilungsnetz örtlichen Grund und Boden, womit in mehrfacher Hinsicht Ortsbezüge begründet werden. Zunächst ist das Stromverteilungsnetz mit dem Grund und Boden verbunden und damit ortsfest. Weil für die Rohre und Trassen weitgehend öffentliche Straßen und Wege genutzt werden, bedarf der Netzbetrieb weiterhin einer Konzessionierung durch die Gemeinde. Außerdem deckte sich wegen der Demarkationsverträge, mit denen die örtlichen Energieversorgungsunternehmen untereinander ihre Versorgungsgebiete abgrenzten, das Verteilungsnetz regelmäßig mit dem Gemeindegebiet. Ein Ortsbezug ergibt sich außerdem daraus, daß die Energieversorgung eng mit der gemeindlichen Planung der Bebauung und der Verkehrswege verknüpft ist, die unter dem Stichwort der Planungshoheit ebenfalls zu den Selbstverwaltungsangelegenheiten zählt.

(b) Elektrizitätserzeugung

Um festzustellen, ob es sich bei der Elektrizitätserzeugung um eine Angelegenheit der örtlichen Gemeinschaft handelt, wird im wesentlichen auf die geschichtliche Entwicklung zurückgegriffen.

---

793 Im Gasmarkt tritt an die Stelle der Erzeugung die Förderung des Energieträgers aus den natürlichen Vorkommen.

794 Bei Strom wird als Übertragung der Transport im nationalen Hoch- und regionalen Mittelspannungsnetz bezeichnet, wohingegen man unter der Stromverteilung die Belieferung von Endverbrauchern im örtlichen Niederspannungsnetz versteht.

795 Zwischen der Energieerzeugung und -verteilung unterscheiden BVerwG, Urt. v. 18.5.1995 - 7 C 58.94 -, RdE 1995, S. 240 f.; VG Berlin, Urt. v. 29.4.1994 - VG 30 A 603.93 -, RdE 1995, S. 159 f.; *Löwer*, Energieversorgung, S. 228 ff. und *Tettinger*, NWVBl. 1989, S. 2, die jeweils nur die Energieverteilung als örtliche Angelegenheit beurteilen; aber auch zum Beispiel *Hermes*, Der Staat 31 (1992), S. 297 ff.

796 BVerwG, Urt. v. 18.5.1995 - 7 C 58.94 -, RdE 1995, S. 241; *Tettinger*, NWVBl. 1989, S. 2; *Hermes*, Der Staat 31 (1992), S. 297 f.

Bei einer solchen geschichtlichen Betrachtung könnte gegen einen Ortsbezug der Stromerzeugung sprechen, daß seit mehreren Jahrzehnten Elektrizität überwiegend in Großkraftwerken auf überörtlicher Ebene produziert wird.[797] So übersteigt zum Beispiel die Leistung von Kernkraftwerken, die bis zu 1400 MW beträgt,[798] den Strombedarf einzelner Städte bei weitem. Auch entfallen 88 Prozent der öffentlichen Stromerzeugung in Deutschland auf die Verbund- und Regionalunternehmen.[799]

Allerdings greift eine geschichtliche Betrachtung zu kurz, die aus dem fraglichen Untersuchungszeitraum nur einzelne Abschnitte herausgreift.[800] So ist aus einer historischen Perspektive zunächst zu beachten, daß die Anfänge der Stromerzeugung in den achtziger Jahren des vorigen Jahrhunderts liegen. Damals begannen Städte, Elektrizität zu erzeugen, um unter anderem den Verbrauch ihrer Straßenbahnen decken zu können.[801] Bei der sich rasch ausbreitenden Elektrifizierung dominierten städtische Unternehmen. Erst in der Zeit der Weimarer Republik begannen überörtliche Unternehmen, allerdings oft unter mehrheitlicher kommunaler Kapitalbeteiligung, die Stromerzeugung in großen Kohlekraftwerken zu zentralisieren.[802] Aber auch in den folgenden Jahrzehnten erzeugten Städte und Gemeinden weiterhin Strom,[803] was ein relativ konstanter Anteil an der öffentlichen Elektrizitätserzeugung belegt.

Lenkt man weiterhin den Blick auf die jüngere Geschichte, so ist in den vergangenen 20 Jahren eine deutliche Zunahme dezentraler Stromerzeugungstechniken festzustellen.[804]

Blockheizkraftwerke stellen eine typische dezentrale Erzeugungstechnik dar, weil die von ihnen zusätzlich zur Elektrizität produzierte Wärme wegen der Leitungsverluste wirtschaftlich sinnvoll nur in einem begrenzten Umkreis verteilt

---

797 Im wesentlichen unter Rückgriff auf dieses Argument die Örtlichkeit der Stromerzeugung ablehnend *Notthoff*, DZWir 1995, S. 152 f.; *Löwer*, Energieversorgung, S. 228 ff.; *Tettinger*, NWVBl. 1989, S. 2.

798 Jeweils 1440 MW (brutto) leisten die beiden stärksten deutschen Kernkraftwerke: Brokdorf, seit 1986 in Betrieb, und Isar I, seit 1988 in Betrieb (*BMWi*, Energiedaten 1999, S. 42).

799 *Müller*, Elektrizitätswirtschaft, S. 34; Berechnung nach *Traube/Münch*, Elektrizitätswirtschaft, S. 6.

800 S. dazu S. 182.

801 *Löwer*, Energieversorgung, S. 35 f.

802 *Hennicke u.a.*, Energiewende, S. 85 ff.; *Löwer*, Energieversorgung, S. 53 ff.

803 *Löwer*, Energieversorgung, S. 53 ff.

804 *Albrecht*, ZUR 1995, S. 235; *Krebs*, Kommunale Elektrizitätsversorgung, S. 47 f.; Dezentralisierungstendenzen feststellend auch *Britz*, Örtliche Energieversorgung, S. 69 f.

werden kann.[805] Entsprechend müssen Blockheizkraftwerke auf den örtlichen Wärmebedarf ausgeleget werden. Inzwischen werden Blockheizkraftwerke mit immer geringeren Leistungen angeboten und auch in Gebäuden mit einem nur geringen Strom- und Wärmebedarf eingesetzt. Damit kann neben Krankenhäusern, Schulen, Verwaltungsgebäuden und Wohngebieten, in denen üblicherweise genügend Wärme verbraucht wird, jetzt selbst in Mehrfamilienhäusern eine selbständige Erzeugung von Strom und Wärme betrieben werden. Die Zahl installierter Blockheizkraftwerke hat sich zwischen 1990 und 1998 von 1400 auf über 5000 erhöht.[806] Auch die Stromerzeugung aus Kraft-Wärme-Koppelung stieg in den alten Bundesländern von 13813 GWh (1990) auf 16871 (1995) GWh an.[807] So stellen Blockheizkraftwerke bereits circa 5 Prozent der deutschen Stromerzeugungskapazität.[808]

Auch die Zunahme des Anteils von Regenerativstrom an der gesamten Stromerzeugung belegt eine Dezentralisierung der Elektrizitätserzeugung. So beträgt der Anteil der erneuerbaren Energiequellen Wind, Wasser, Sonne und Biomasse an der deutschen Stromerzeugung inzwischen 4,5 Prozent.[809] Mit Photovoltaik-, Windkraft-, Kleinwasserkraft- und Biomasseanlagen werden örtlich vorhandene Potentiale erneuerbarer Energiequellen genützt. Die Erschließung und Bündelung möglichst vieler dieser örtlichen Potentiale ermöglicht, einen wesentlichen Teil der Stromerzeugung aus erneuerbaren Energiequellen zu bestreiten. In dem Maße, in dem der Energieverbrauch durch Energieeinsparung und eine Erhöhung der Energieeffizienz sinkt, kommt den erneuerbaren Energiequellen eine steigende Bedeutung bei der Deckung dieses Bedarfes zu.

Betrachtet man nicht nur isolierte Phasen der geschichtlichen Entwicklung, so zeigt sich somit, daß die Stromerzeugung nicht nur in der Anfangsphase eine örtliche Aufgabe war, sondern dies durch die Jahrzehnte hindurch blieb und auch nach den aktuellen Entwicklungen noch ist.

Damit zählt neben der Energieverteilung auch die Energieerzeugung zu den örtlichen Aufgaben. Die Energieversorgung stellt daher insgesamt eine Angelegenheit der örtlichen Gemeinschaft im Sinne von Art. 28 Abs. 2 S. 1 GG dar.[810]

---

805 Zu den Leitungsverlusten in Nah- und Fernwärmenetzen s. S. 226; den Ortsbezug der Stromerzeugung in Kraft-Wärme-Koppelung betonend *Hermes*, Der Staat 31 (1992), S. 298 f.

806 *BINE*, Blockheizkraftwerke, S. 4.

807 *VDEW*, Elektrizitätswirtschaft 1996, S. 54.

808 *BINE*, Blockheizkraftwerke, S. 4.

809 *MWMTV NRW*, Energieland NRW 1997, S. 23.

810 BVerwG, Urt. v. 18.5.1995 - 7 C 58.94 -, RdE 1995, S. 241, wonach zumindest die Entscheidung über die Durchführung der örtlichen Stromversorgung zu den Angelegenheiten der örtlichen Gemeinschaft zählt; *Püttner*, RdE 1992, S. 98; *Krebs*, Kommunale Elektrizitätsversorgung, S. 47; *Hermes*, Der Staat 31 (1992), S. 299;

(2) Steigerung der Energieeffizienz als Bestandteil der Energieversorgung

Wie soeben dargestellt, handelt es sich bei der Energieversorgung um eine Angelegenheit der örtlichen Gemeinschaft im Sinne von Art. 28 Abs. 2 S. 1 GG. Stellt die Steigerung der Energieeffizienz nun einen Bestandteil dieser Gesamtaufgabe dar, so zählt sie dadurch ebenfalls zu den örtlichen Angelegenheiten.

(a) Rationelle Energienutzung als Energiequelle

Mit vorhandener Technik könnten 35-45 Prozent des deutschen Stromverbrauchs eingespart werden.[811] Dieses technische Einsparpotential[812] verdeutlicht, daß Stromeinsparung und rationelle Energienutzung die wichtigste Energiequelle industrialisierter Wirtschaftssysteme darstellen. Das wirtschaftliche Einsparpotential[813] liegt bei durchschnittlich 29 Prozent des Stromverbrauchs[814] und damit noch circa einem Drittel des gesamten deutschen Stromverbrauchs. Da beim wirtschaftlichen Einsparpotential die Kosten der Energieeinsparung die des Energieverbrauchs unterschreiten, ist dessen Erschließung volkswirtschaftlich sinnvoll.

Aus einer betriebswirtschaftlichen Perspektive gibt es für Energieversorgungsunternehmen eine große Zahl von Verbesserungen der Energieeffizienz, die wirtschaftlich sinnvoll sind, was zum Beispiel die ständige Erhöhung des Wirkungsgrades neuer Kraftwerke zeigt, wodurch die Kraftwerksbetreiber ihre Brennstoffkosten reduzieren. Auch die Verringerung von Transformations- und Leitungsverlusten im Stromnetz ermöglicht Energieversorgungsunternehmen, dieselbe Energiemenge mit einem geringeren Primärenergieeinsatz bereitzustellen. In betriebswirtschaftlicher Hinsicht hat ein Energieversorgungsunternehmen, wie jedes andere Unternehmen auch, ein Interesse daran, seine Abläufe möglichst effizient zu gestalten, also einen bestimmten Output mit möglichst geringem Input zu erzielen. Damit ist Energieeffizienz, soweit sie die Energieerzeugung,

---

a.A. *Notthoff*, DZWir 1995, S. 152 f.; differenzierend *Löwer*, Energieversorgung, S. 228 ff.; *Tettinger*, NWVBl. 1989, S. 2.

811 *Enquetekommission*, Zukunft für die Erde, S. 416.

812 Das technische Potential berücksichtigt die heute eingesetzten/bekannten Techniken und erreichten Wirkungsgrade und stellt den jeweiligen Stand der Technik dar (*Enquetekommission*, Zukunft für die Erde, S. 255 f.).

813 Das wirtschaftliche Potential beschränkt das technische Potential auf den Anteil, der unter Einbeziehung aller ökonomischen Randbedingungen gegenüber dem jeweils konkurrierenden System wirtschaftliche Vorteile aufweist (*Enquetekommission*, Zukunft für die Erde, S. 256).

814 *Hennicke/Seifried*, Einsparkraftwerk, S. 179.

-umwandlung und -leitung durch ein Energieversorgungsunternehmen betrifft, von jeher ein Bestandteil der Energieversorgung.

Somit bleibt in energiewirtschaftlicher Hinsicht nur noch zu untersuchen, ob die Energieversorgung auch die Steigerung der Energieeffizienz beim Energieanwender, dem Endverbraucher, umfaßt.

Auch Energieeinsparungen beim Kunden sind für Energieversorgungsunternehmen, die bisher noch in erster Linie am Verkauf von Energie verdienen, nicht selten lukrativ. Eine Energieeinsparung lohnt sich für ein Versorgungsunternehmen immer dann, wenn die Kosten der Einsparung unter den Kosten einer Ausweitung der Energieerzeugung liegen. Steigt der Stromverbrauch an, so kann es für den Energieversorger günstiger sein, Energiesparlampen zu verschenken und damit den Verbrauch konstant zu halten, als ein neues Kraftwerk zu bauen, um den gestiegenen Bedarf zu befriedigen. Für manches Verteilerunternehmen lohnt es sich, den Stromverbrauch zu Spitzenzeiten verringern, indem es zum Beispiel den Ersatz von Stromherden durch Gasherde finanziell fördert, da es für Spitzenlaststrom besonders hohe Preise an seinen Vorlieferaten zahlen muß.

Auf diesen Erfahrungen baut das Konzept des Least-Cost-Planning auf. Least-Cost-Planning bezeichnet ein regulatorisches und planerisches Konzept für die leitungsgebundene Energiewirtschaft, das Energieversorgungsunternehmen verpflichtet, vor einer Ausweitung ihres Angebotes beim Energiekunden alle Maßnahmen der Energieeinsparung zu realisieren, deren Kosten unter den Kosten der Bereitstellung von Energie liegen.[815] Bei der Durchführung des Least-Cost-Planning werden die Kosten je zusätzlich zu erzeugender Kilowattstunde Strom mit den Kosten je einzusparender Kilowattstunde Strom verglichen.[816] Da bei der Realisierung solcher Programme und anderer Effizienz- und Einsparmaßnahmen Kraftwerkskapazität durch Energieeinspartechnik und -Know-how ersetzt wird, wurden dafür die Begriffe Negawatts, in Anlehnung an Megawatts,[817] und Einsparkraftwerk[818] geprägt. Das Konzept des Least-Cost-Planning hat insbesondere in den achtziger Jahren in den USA weite Verbreitung gefunden. In Deutschland führten im Jahr 1997 circa 200 Energieversorgungsunternehmen ungefähr 500 Energiedienstleistungs-Aktivitäten durch, darunter die meisten im Rahmen von Least-Cost-Planning-Programmen.[819] Ob der Grundgedanke des Least-Cost-Planning auch wettbewerblichen Energiemärkten angepaßt und damit in

---

815 *Hennicke/Seifried*, Einsparkraftwerk, S. 78.

816 Näher hierzu *Hennicke/Seifried*, Einsparkraftwerk, S. 106 ff.

817 *Hennicke/Seifried*, Einsparkraftwerk, S. 75 f.

818 Grundlegend *Hennicke/Seifried*, Das Einsparkraftwerk, Eingesparte Energie neu nutzen, Basel 1996.

819 *Thomas/Barthel*, Energy Services, present situation, S. 34 auf der Basis von *VDEW*, Dienstleistungen 1997.

Deutschland auch nach der Öffnung des Strom- und Gasmarktes weiterhin angewendet werden kann, bleibt abzuwarten.

Zumindest zeigt das Least-Cost-Planning, daß es sich für Energieversorgungsunternehmen nicht lohnt, die Wirtschaftlichkeit seiner Stromerzeugung und seines Strombezugs isoliert von Einsparoptionen bei seinen Kunden zu betrachten. Daß der Energiebedarf und die Energieerzeugung zwei Seiten derselben Medaille "Energieversorgung" darstellen, verdeutlicht auch der energiewirtschaftliche Begriff Demand-Side-Management, der Maßnahmen von Versorgungsunternehmen zur Beeinflußung des Energiebedarfs (energy demand) bezeichnet. Es macht grundsätzlich keinen Unterschied, ob ein Unternehmen die Energieversorgung gewährleistet, indem es Energie produziert oder indem es diese Produktion dadurch vermeidet, daß es den Energiebedarf senkt. Deshalb stellen die Energieerzeugung und die Steigerung der Energieeffizienz grundsätzlich gleichberechtigte Optionen der Energieversorgung dar.

In energiewirtschaftlicher Hinsicht gehört daher die Steigerung der Energieeffizienz sowohl beim Energieversorgungsunternehmen als auch beim Verbraucher zur Gesamtaufgabe der Energieversorgung.

(b) Rationeller und sparsamer Umgang mit Energie als Zweck des Energiewirtschaftsgesetzes gemäß §§ 1, 2 Abs. 4 EnWG

Daß die Erhöhung der Energieeffizienz ein Bestandteil der Aufgabe Energieversorgung ist, könnte sich auch aus den Regelungen des Energiewirtschaftsgesetzes ergeben.

Zweck dieses Gesetzes ist gemäß § 1 EnWG "eine möglichst sichere, preisgünstige und umweltverträgliche leitungsgebundene Versorgung mit Elektrizität und Gas im Interesse der Allgemeinheit". Während die Sicherheit und Preisgünstigkeit der Versorgung bereits zu den Zielen des Energiewirtschaftsgesetzes i.d.F. v. 1935 gehörten, wurde die Umweltverträglichkeit erst 1998 ausdrücklich aufgenommen. "Umweltverträglichkeit bedeutet," gemäß der Begriffsbestimmung in § 2 Abs. 4 EnWG, "daß die Energieversorgung den Erfordernissen eines rationellen und sparsamen Umgangs mit Energie genügt, eine schonende und dauerhafte Nutzung von Ressourcen gewährleistet ist und die Umwelt möglichst wenig belastet wird". Damit präzisiert § 2 Abs. 4 EnWG, daß die Energieversorgung unter anderem dann im Sinne von § 1 EnWG umweltverträglich ist, wenn sie den Erfordernissen eines rationellen und sparsamen Umgangs mit Energie genügt. Wann diesem "Erfordernis genügt wird" und mit Energie hinreichend rationell und sparsam umgegangen wird, dürfte angesichts dieser allgemeinen Formulierung schwierig festzustellen sein. Vorliegend interessiert jedoch, *daß* §§ 1, 2 Abs. 4 EnWG einen rationellen und sparsamen Umgang mit Energie als Ziel der

Energieversorgung festschreibt. Noch vor dem EnWG war dieses Ziel bereits 1989 in die Bundestarifordnung Elektrizität aufgenommen worden, deren § 1 bestimmt, daß die Versorgungstarife von Energieversorgungsunternehmen den Erfordernissen einer rationellen und sparsamen Verwendung von Elektrizität genügen müssen.

Die Begriffe „rationelle Energieverwendung“ und „Energieeffizienz“ werden in der energiewirtschaftlichen Diskussion synonym gebraucht, so daß man das Ziel der §§ 1, 2 Abs. 4 EnWG auch als möglichst energieeffiziente Energieversorgung beschreiben könnte. Damit ist die Steigerung der Energieeffizienz in der Energieversorgung ein Ziel des Energiewirtschaftsgesetzes.

Demzufolge ist die durch Auslegung gewonnene Aussage, daß die Steigerung der Energieeffizienz ein Bestandteil der Energieversorgung ist, nunmehr auch ausdrücklich im Energiewirtschaftsgesetz normiert.

In Bezug auf die Örtlichkeit der Aufgabe Energieeffizienzsteigerung ist somit festzuhalten, daß die Energieversorgung, die zu den Selbstverwaltungsangelegenheiten zählt, die Steigerung der Energieeffizienz umfaßt. Damit stellt die Effizienzsteigerung im Energiemarkt nicht nur dann eine Angelegenheit der örtlichen Gemeinschaft im Sinne von Art. 28 Abs. 2 S. 1 GG dar, wenn man mit dem Bundesverfassungsgericht nach den einwohnerspezifischen Interessen fragt, sondern auch dann, wenn man mit der überwiegenden Auffassung in Rechtsprechung und Literatur den Kreis örtlicher Angelegenheiten anhand der geschichtlichen Entwicklung bestimmt.

(c) Energieeffiziente Dienstleistungen als Teil der örtlichen Aufgabe Energieversorgung

Wenn nun die Energieeffizienzsteigerung Bestandteil der örtlichen Angelegenheit Energieversorgung ist, so spricht dies dafür, daß auch die energieeffizienten Dienstleistungen zur Energieversorgung und damit nach traditioneller Argumentation zu den Angelegenheiten der örtlichen Gemeinschaft im Sinne des Art. 28 Abs. 2 S. 1 GG zählen.

Gegen diesen Schluß könnte allerdings die Definition der Energieversorgung in § 2 Abs. 1 und 3 EnWG sprechen. Danach ist Energieversorgung nur die leitungsgebundene Versorgung anderer mit Elektrizität und Gas oder der Betrieb eines Netzes zur allgemeinen Versorgung. Energieeffiziente Dienstleistungen sind dagegen diejenigen Dienstleistungen, die eine Steigerung der Energieeffizienz bezwecken.[820] Ob diejenigen Dienstleistungen, die eine Energieeffizienzsteigerung bezwecken, auch immer eine leitungsgebundene Versorgung von Ver-

---

820 S. S. 123.

brauchern mit Elektrizität und Gas beinhalten und somit im Sinne des § 2 Abs. 1 und 3 EnWG zur Energieversorgung zählen, erscheint fraglich.[821] Dies braucht jedoch an dieser Stelle nur dann geklärt werden, wenn die Energieversorgung im Rahmen des Art. 28 Abs. 2 S. 1 GG genauso wie in § 2 Abs. 1 und 3 EnWG zu definieren ist.

Zwar bietet sich ein Rückgriff auf § 2 Abs. 1 und 3 EnWG zunächst an, da er eine Legaldefinition der Energieversorgung zur Verfügung stellt. Allerdings hat der Gesetzgeber die Energieversorgung in § 2 Abs. 1 und 3 EnWG definiert, um festzulegen, auf welche Tätigkeiten die Normen des Energiewirtschaftsgesetzes anwendbar sein sollen. Diese Normen regeln unter anderem Anforderungen an den Energieversorger, seine Energieanlagen, -versorgung und -bevorratung (§§ 3, 4, 16, 17 EnWG). Im Schwerpunkt normiert das Energiewirtschaftsgesetz weiterhin den Wettbewerb ermöglichende Netzzugangsregelungen (§§ 5-8 EnWG) sowie die Voraussetzungen und Bedingungen der allgemeinen Versorgung (§§ 10, 11 EnWG). Damit dienen diese Regelungen der Gewerbeaufsicht, der Wettbewerbssicherung und der Sicherstellung der Versorgung auch dort, wo kein Wettbewerb stattfindet. Indem § 2 Abs. 1 und 3 EnWG festlegt, auf welche Tätigkeiten diese Vorschriften anwendbar sind, verfolgt er ein anderes Regelungsziel als Art. 28 Abs. 2 S. 1 GG, der den Kommunen die Selbstverwaltung garantiert. So kann aus dem Umstand, daß der Gesetzgeber für bestimmte energiewirtschaftliche Tätigkeiten besondere Anforderungen fordert, nicht geschlossen werden, daß auch nur diese Tätigkeiten zum Kreis der durch Art. 28 Abs. 2 S. 1 GG geschützten kommunalen Betätigungen gehören sollen. Vielmehr wird inzwischen selbst die Energieberatung zu den traditionell mit der örtlichen Energieversorgung vorhandenen Dienstleistungen gezählt,[822] obwohl diese energieeffiziente Dienstleistung mangels einer Strom- und Gaslieferung keine leitungsgebundene Energieversorgung im Sinne des § 2 Abs. 1 und 3 EnWG darstellt.

Wegen dieser unterschiedlichen Zwecke ist Energieversorgung im Rahmen des Art. 28 Abs. 2 S. 1 GG nicht gemäß § 2 Abs. 1 und 3 EnWG zu definieren. Folglich widerspricht die energiewirtschaftsgesetzliche Definition der Energieversorgung nicht dem Befund, daß die Energieeffizienz sich inzwischen zu einem Bestandteil der Energieversorgung im Rahmen des Art. 28 Abs. 2 S. 1 GG entwickelt hat. Deshalb stellen auch die diesem Ziel dienenden energieeffizienten Dienstleistungen eine Angelegenheit der örtlichen Gemeinschaft im Sinne von Art. 28 Abs. 2 S. 1 GG dar.

Danach sind die Gemeinden für die Steigerung der Energieeffizienz und die Erbringung der entsprechenden Dienstleistungen zuständig, sofern ihnen der Ge-

821 Zur Energieversorgung als Bestandteil von Energiedienstleistungen s. S. 349.
822 LT NW, Drs. 12/3947, S. 94 f.

setzgeber durch das Energieeinsparungsgesetz diese Zuständigkeit nicht entzogen hat.

7. *Entzug der örtlichen Angelegenheit Steigerung der Energieeffizienz durch das Energieeinsparungsgesetz*

Kommunen fördern die Energieeffizienz und Energieeinsparung mit einer Vielzahl von Maßnahmen, die von Förderprogrammen für besonders sparsame Haushaltsgeräte bis zur Ausweisung von Wohngebieten in Niedrig-Energie-Bauweise reichen. Kommunale Energieversorgungsunternehmen erbringen vielfältige energieeffiziente Dienstleistungen.[823] Unternehmen, die ihre Umwandlung vom Energieversorgungsunternehmen zum Energiedienstleistungsunternehmen schon besonders weit vorangetrieben haben, führen die Energieeinsparung, zusammen mit Umweltschutz und Ressourcenschonung, bereits als Unternehmensziel in ihren Gesellschaftsverträgen auf. Gleichzeitig ist die Energieeinsparung auch das Ziel verschiedener Gesetze und Verordnungen des Bundes und der Länder, wobei das Energieeinsparungsgesetz des Bundes eine besondere Bedeutung hat.[824] Dies wirft die Frage auf, ob der Gesetzgeber damit den Gemeinden die Kompetenz für die örtliche Angelegenheit „Steigerung der Energieeffizienz“ entzogen hat und falls ja, ob er sie, auch im Hinblick auf die Selbstverwaltungsgarantie in Art. 28 Abs. 2 S. 1 GG, verfassungsmäßig entzogen hat.

a) *Die Regelungen des Energieeinsparungsgesetzes*

Der Bund hat bereits im Jahr 1976 ein Energieeinsparungsgesetz (EnEG) erlassen.[825] Dieses enthält in § 1 EnEG Anforderungen an den Wärmeschutz von Bauten. Außerdem regelt das EnEG den Einbau und Betrieb von Heizungs-,

---

823 S. S. 154.

824 Gesetz zur Einsparung von Energie in Gebäuden v. 22.7.1976, BGBl. I, S. 1873, geändert durch Gesetz v. 20.6.1980, BGBl. I, S. 701. Aus dem Kreis der Länder sind in Berlin [§ 5 ff. Berl. Energiegesetz v. 2.10.1990 (GVBl., S. 2144)], Bremen (§§ 3 ff. Bremisches Energiegesetz v. 17.9.1991 (GBl., S. 325)] und Hamburg [§§ 3 ff. Hamburger Klimaschutzgesetz v. 25.6.1997 (GVBl., S. 264)] Gesetze in Kraft, die energiesparrechtliche Normen enthalten. Da der Gegenstand dieser Untersuchung nur die Flächenstaaten und deren Kommunalverfassungen umfaßt, ist auf diese Energiespargesetze nicht einzugehen.

825 Gesetz zur Einsparung von Energie in Gebäuden v. 22.7.1976, BGBl. I, S. 1873, geändert durch Gesetz v. 20.6.1980, BGBl. I, S. 701.

Brauchwasser- und Raumluftanlagen (zum Beispiel Klimaanlagen).[826] In § 2 Abs. 1 EnEG werden Pflichten für Entwurf, Auswahl und Aufstellung von Heizungen, Warmwasserbereitern, Klima- und anderen Anlagen in Gebäuden aufgestellt. Den Betrieb und die Instandhaltung dieser Anlagen regelt § 3 Abs. 1 EnEG. Sofern Heizungs- und Brauchwasseranlagen gemeinschaftlich betrieben werden, zum Beispiel in Mietshäusern, enthält § 3 a EnEG auch Vorschriften über die Verteilung der Betriebskosten.[827] Die Details der Anforderungen an den Wärmeschutz sowie den Betrieb und die Errichtung haustechnischer Anlagen werden von verschiedenen, auf der Grundlage des Energieeinsparungsgesetzes erlassene Verordnungen geregelt: Wärmeschutzverordnung,[828] Heizungsanlagenverordnung samt Verordnung zur Umsetzung der Heizkesselwirkungsgrad-Richtlinie[829] und Heizkostenabrechnungsverordnung.[830] Die restlichen Vorschriften des Energieeinsparungsgesetzes betreffen gemeinsame Voraussetzungen für diese Rechtsverordnungen (§ 5 EnEG), Regelungen für besondere Gebäude, zum Beispiel Lagerhallen, die nicht beheizt werden müssen, und bestehende Gebäude, also den Altbaubestand, (§ 4 EnEG) und schließlich Durchführungsbestimmungen (§§ 6-11 EnEG).

---

826 S. §§ 2, 3 EnEG und die Verordnung über energiesparende Anforderungen an heizungstechnische Anlagen und Brauchwasseranlagen (Heizungsanlagen-Verordnung - HeizAnlV-) i.d.F. der Bekanntmachung v. 4.5.1998 (BGBl. I, S. 851). Die Heizungsanlagen-Verordnung wird ergänzt durch die Verordnung zur Umsetzung der Heizkesselwirkungsgrad-Richtlinie v. 28.4.1998 (BGBl. I, S. 796), die die Heizkesselwirkungsgrad-Richtlinie 92/42/EWG v. 21.5.1992 (ABL EG Nr. L 167, S. 17), geänd. durch Art. 12 der RL 93/68/EWG v 22.7.1993 (ABL EG Nr. L 220, S. 1), in deutsches Recht umsetzt.

827 Die HeizkostenV dient der Energieeinsparung, indem die Energiekosten dem jeweiligen Verbraucher zugerechnet werden und dieser dadurch einen Anreiz hat, durch sein Nutzungsverhalten Energie einzusparen.

828 Verordnung über einen energiesparenden Wärmeschutz bei Gebäuden (Wärmeschutzverordnung - WärmeschutzV) v. 16.8.1994 (BGBl. I, S. 2121).

829 Verordnung über energiesparende Anforderungen an heizungstechnische Anlagen und Brauchwasseranlagen (Heizungsanlagen-Verordnung - HeizAnlV -) i.d.F. der Bekanntmachung v. 4.5.1998 (BGBl. I, S. 851) und Verordnung zur Umsetzung der Heizkesselwirkungsgrad-Richtlinie v. 28.4.1998 (BGBl. I, S. 796).

830 Verordnung über die verbrauchsabhängige Abrechung der Heiz- und Warmwasserkosten (Verordnung über Heizkostenabrechnung - HeizkostenV) i.d.F. der Bekanntmachung v. 20.1.1989 (BGBl. I, S. 115).

b) Übertragbarkeit der Entscheidung des Bundesverfassungsgerichts zur kommunalen Verpackungsteuer auf den Entzug örtlicher Angelegenheiten durch den Gesetzgeber

Ein Konflikt zwischen einer kommunalen Maßnahme und einem zeitlich vorgehenden Bundesgesetz, die dasselbe Sachgebiet betrafen, war auch Gegenstand des Bundesverfassungsgerichts-Urteils zur kommunalen Verpackungsteuer.[831] Die Stadt Kassel hatte auf der Grundlage einer Satzung eine Verpackungsteuer auf nicht wiederverwendbare Verpackungen und Geschirrteile erhoben. Das Bundesverfassungsgericht entschied, daß diese kommunale Verbrauchsteuer die Berufsfreiheit betroffener Gewerbetreibender aus Art. 12 Abs. 1 GG verletze, weil sie gegen das Kooperationsgebot des Abfallgesetzes verstoße und deshalb nicht mit dem aus dem Rechtsstaatsprinzip des Art. 20 Abs. 3 GG folgenden Gebot der Widerspruchsfreiheit der Rechtsordnung vereinbar sei.[832]

Allerdings beruhte der vom Bundesverfassungsgericht festgestellte Konflikt nicht auf der möglichen Überschneidung von Kompetenzen des Bundes und der Kommune. Das Gericht beurteilte vielmehr die kommunale Kompetenz zur Erhebung örtlicher Verbrauchsteuern aus § 105 Abs. 2 a GG für die Erhebung der Lenkungsabgabe als ausreichend, eine zusätzliche Sachzuständigkeit der Kommune sei nicht erforderlich.[833] Damit gibt die Entscheidung keinen Aufschluß über Kompetenznormen der Kommunen im Verhältnis zu solchen des Bundes und der Länder. Stattdessen wurde ein Konflikt der Lenkungswirkung der kommunalen Verpackungsteuer mit dem Kooperationsgebot des Bundesabfallgesetzes angenommen.[834] Deshalb beanspruchen die in dieser Entscheidung aufgestellten Grundsätze Geltung in erster Linie für Konflikte, die zwischen Abgaben, die eine Lenkungswirkung in einem bestimmten Sachgebiet entfalten, und Regelungen dieses Sachgebiets bestehen.[835] Solche Übergriffe kommunaler Lenkungsabgaben in Sachmaterien, für die Gesetzgebungskompetenzen des Bundes oder der Länder existieren, stehen vorliegend jedoch nicht in Frage.

---

831 BVerfG, Urt. v. 7.5.1998 - 2 BvR 1991/95, 2004/95 -, BVerfGE 98, 106 ff.; vorgehend BVerwG, Beschl. v. 19.8.1994 - BVerwG 8 N 1.93 -, BVerwGE 96, 272 ff.; vorgehend VGH Kassel, Beschl. v. 15.12.1992 - 5 N 1202/92 -, KStZ 1993, S. 147 ff.

832 BVerfG, Urt. v. 7.5.1998 - 2 BvR 1991/95, 2004/95 -, BVerfGE 98, 106/123 ff.

833 BVerfG, Urt. v. 7.5.1998 - 2 BvR 1991/95, 2004/95 -, BVerfGE 98, 106/123 ff.

834 BVerfG, Urt. v. 7.5.1998 - 2 BvR 1991/95, 2004/95 -, BVerfGE 98, 106/125 ff.; zur parallelen Problematik des Konflikts der Lenkungswirkung von Abfallabgaben der Länder mit dem bundesimmissionsschutzrechtlichen Kooperationsprinzip BVerfG, Urt. v. 7.5.1998 - 2 BvR 1876/91 u.a. - BVerfGE 98, 83 ff.

835 *Schmid/Diederichsen*, JZ 1999, S. 38.

c) *Das Energieeinsparungsgesetz als abschließender Regelungskomplex*

Somit bleibt zu fragen, ob der Bund mit dem Energieeinsparungsgesetz den Kommunen die Zuständigkeit für die Steigerung der Energieeffizienz entzogen hat. Ein Gesetz schließt die Zuständigkeit eines anderen Hoheitsträgers für ein Sachgebiet dann aus, wenn der Gesetzgeber dieses abschließend regelt.[836] Dies bedeutet gleichzeitig, daß einer Kommune die Kompetenz für eine wirtschaftliche Betätigung fehlt, wenn eine Regelung des Bundes oder eines Landes den von der Gemeinde verfolgten Zweck abschließend regelt.[837] Dementsprechend wären Kommunen nicht für die Steigerung der Energieeffizienz zuständig, wenn das Energieeinsparungsgesetz diesen Zweck abschließend regeln würde.

aa) *Begrenzung einer möglichen Sperrwirkung auf den Regelungsgegenstand*

Zunächst ist davon auszugehen, daß die Sperrwirkung eines Gesetzes nur soweit reichen kann wie sein Regelungsgegenstand. Mit anderen Worten kann ein Gesetz nur soweit abschließend sein, wie es Regelungen trifft. Den Regelungsgegenstand des Energieeinsparungsgesetzes verdeutlicht die Langfassung seines Titels: „Gesetz zur Einsparung von Energie in Gebäuden". Daraus ergibt sich, daß dieses Gesetz sich darauf beschränkt, die Energieeinsparung in Gebäuden zu regeln. Damit sind die Kommunen von vornherein befugt, Maßnahmen zu treffen, die die Energieeffizienz außerhalb des Gebäudesektors betreffen. Allerdings sind die größten Energieverbrauchsposten, wie die Raumheizung und -kühlung, gebäudebezogen, so daß den Kommunen außerhalb des Regelungsbereichs des Energieeinsparungsgesetzes eher geringe Möglichkeiten für energieffizientes Handeln verblieben.

---

836 So sind beispielsweise gemäß Art. 72 Abs. 1 GG die Länder nicht zur konkurrierenden Gesetzgebung befugt, soweit der Bund von seinem Gesetzgebungsrecht Gebrauch gemacht hat. Ein solches kompetenzsperrendes Gebrauchmachen durch den Bundesgesetzgeber setzt eine abschließende materielle Regelung der Sachmaterie voraus (*Stettner*, in: Dreier, GG, Art. 72, Rn. 26; BVerfG, Beschl. v. 9.10.1984 - 2 BvL 10/82 -, BVerfGE 67, 299/328). Näher zum Ausschluß der Gesetzgebungskompetenz der Länder durch eine abschließende Bundesregelung gemäß Art. 72 Abs. 1 GG *Stern*, Staatrecht II, S. 594 f.

837 *Kluth*, Grenzen, S. 40 f.; *Püttner*, Öffentliche Unternehmen, S. 162 f. weist darauf hin, daß die Konkurrenz wirtschaftlicher Unternehmen verschiedener Hoheitsträger nur dort ausgeschlossen sei, wo einzelnen Hoheitsträgern die wirtschaftliche Betätigung kraft Gesetzes versperrt ist.

bb) Ordnungsrechtlicher Charakter des Energieeinsparungsgesetzes

So bleibt für die kommunale Zuständigkeit zu prüfen, ob der Bund den Bereich der Energieeinsparung in Gebäuden abschließend geregelt und damit den Kommunen ihre Zuständigkeit für diese Materie entzogen hat.

Die Regelungen des Energieeinsparungsgesetzes enthalten Gebote an Architekten, Handwerker, Installateure und nicht zuletzt die Betreiber der energieverbrauchenden Anlagen in Gebäuden. Gemäß § 1 Abs. 1 EnEG ist der Wärmeschutz von Gebäuden so zu entwerfen und auszuführen, daß vermeidbare Energieverluste unterbleiben. Paragraph 2 Abs. 1 EnEG schreibt vor, daß die Personen, die mit Entwurf, Auswahl und Ausführung haustechnischer Anlagen betraut sind, dafür Sorge tragen, daß nicht mehr Energie verbraucht wird, als zu bestimmungsgemäßen Nutzung erforderlich ist. Schließlich enthält auch § 3 Abs. 1 EnEG eine Handlungspflicht, indem er vorschreibt, daß durch Instandhaltung und Betrieb dieser Anlagen dafür Sorge zu tragen ist, nicht mehr Energie zu verbrauchen, als zur bestimmungsgemäßen Nutzung erforderlich ist. Damit stellen sämtliche Normen des Energieeinsparungsgesetzes, die sich an die Bürger richten, Gebote auf, wonach jeweils bestimmte Erfordernisse der Energieeinsparung zu erfüllen sind. Andere Instrumente, zum Beispiel Fördermaßnahmen, setzt das Gesetz dagegen nicht ein. Dementsprechend hat das Energieeinsparungsgesetz insgesamt einen ordnungsrechtlichen Charakter.

Dagegen handelt es sich um eine wirtschaftliche Betätigung, wenn Kommunen die Energieeffizienz im Gebäudesektor durch das Angebot energieeffizienter Dienstleistungen steigern wollen. Die Kommunen verfolgen ihr Ziel hierbei nicht durch Rechtsnormen, die Ge- oder Verbote an die Bürger richten, sondern, indem sie diesen wirtschaftliche Leistungen anbieten, die dem Zweck der Energieeinsparung verfolgen. Deshalb stellt die wirtschaftliche Betätigung ein grundlegend anderes Instrument staatlichen Handelns als das Ordnungsrecht dar.

Der Umstand, daß es sich bei sämtlichen Normen des Energieeinsparungsgesetzes, die Rechtswirkungen außerhalb der Verwaltung entfalten, um Gebote handelt, spricht somit dagegen, daß dieses Gesetz als abschließende Regelung im Bereich der wirtschaftlichen Betätigung Maßnahmen anderer Hoheitsträger untersagt.

cc) Die Regelungen der §§ 1 Abs. 3, 2 Abs. 4 und 3 Abs. 3 EnEG

Das Energieeinsparungsgesetz regelt den Wärmeschutz von Gebäuden sowie die Errichtung und den Betrieb der wichtigsten Gebäudeinstallationen, das heißt heizungs-, raumlufttechnische und Brauchwasseranlagen. Die Heizung und Klimatisierung von Gebäuden sowie die Warmwassererzeugung benötigen einen Großteil der im Gebäudesektor verbrauchten Energie. Indem das Energieeinsparungsgesetz die wichtigsten Einsparpotentiale des Gebäudebereichs erfaßt, erweckt es den Anschein einer umfassenden und damit abschließenden Regelung des Sachgebiets „Energieeinsparung in Gebäuden“.

Allerdings bestimmen die §§ 1 Abs. 3, 2 Abs. 4 und 3 Abs. 3 EnEG wortgleich für den jeweiligen Regelungsbereich: “Soweit andere Rechtsvorschriften höhere Anforderungen ... stellen, bleiben sie unberührt.” Andere Rechtsvorschriften im Sinne dieser Vorschriften, die höhere Anforderungen zum Beispiel an den baulichen Wärmeschutz stellen, können von Bund, Ländern oder Kommunen erlassen worden sein.[838] Damit ergibt sich aus dem Wortlaut der genannten Vorschriften, daß in deren Regelungsbereich konkurrierende Vorschriften zulässig sind. Dies gilt nicht nur für weitere Vorschriften des Bundes, der das Energieeinspargesetz erlassen hat, sondern auch für andere Normgeber wie Landesgesetzgeber und Kommunen. Damit handelt es sich nach dem Wortlaut der §§ 1 Abs. 3, 2 Abs. 4 und 3 Abs. 3 EnEG bei diesen Vorschriften nicht um abschließende Regelungen.

Berücksichtigt man weiterhin, daß es sich bei den §§ 4-11 EnEG nur um Ausnahmen von den §§ 1-3 sowie Durchführungsvorschriften handelt, so enthält das Energieeinsparungsgesetz für jedes Sachgebiet, in dem es Anforderungen an die Verringerung von Energieverlusten stellt, eine Regelung, nach der andere Rechtsvorschriften mit höheren Anforderungen unberührt bleiben. Paragraph 1 Abs. 3 EnEG sieht dies für den Wärmeschutz der Gebäude, § 2 Abs. 4 EnEG für die Errichtung der heizungs-, raumlufttechnischen sowie Brauchwasseranlagen und § 3 Abs. 4 EnEG für deren Betrieb vor. Damit lassen die genannten Vorschriften abweichende Normen in sämtlichen geregelten Sachbereichen des Energieeinsparungsgesetzes zu, was stark gegen einen abschließenden Charakter dieses Gesetzes spricht.

dd) Zweck des Energieeinsparungsgesetzes

Der Zweck des gesamten Regelungszusammenhangs Energieeinsparungsgesetz ergibt sich nicht nur aus dessen Titel. In § 1 Abs. 1 EnEG wird ausgeführt, daß der Wärmeschutz von Gebäuden bestimmten Anforderungen genügen soll, “um Energie zu sparen”. Die §§ 2 Abs. 1, 3 Abs. 1 EnEG schreiben jeweils vor, es sei dafür Sorge zu tragen, daß in den beschriebenen Anlagen “nicht mehr Energie verbraucht wird, als zur bestimmungsgemäßen Nutzung erforderlich ist”. Schließlich spricht auch § 4 Abs. 1 EnEG vom “Zweck des Gesetzes, vermeidbare Energieverluste zu verhindern”. Auch die Einsparbemühungen der Länder und

---

838 *Kusche*, Energiepolitik, S. 109.

Kommunen sind darauf gerichtet, Energieverluste zu minimieren, um dadurch die Abhängigkeit von Energieimporten zu verringern, die fossilen Energieressourcen zu erhalten und vor allem Umweltschäden, die die Energienutzung verursacht, vorzubeugen. Dies verdeutlicht beispielsweise die Einbeziehung der Energiesparvorschriften in das Hamburgische Klimaschutzgesetz.[839] Daher würde es dem Zweck des Energieeinsparungsgesetzes zuwiderlaufen, wenn dieses Gesetz Maßnahmen anderer Hoheitsträger unterbinden würde, die ebenfalls auf die Energieeinsparung zielen.

Vor allem lassen die §§ 1 Abs. 3, 2 Abs. 4 und 3 Abs. 3 EnEG ausdrücklich diejenigen Rechtsvorschriften unberührt, die höhere Anforderungen an die Energieeinsparung stellen. Indem diese Regelungen des Energieeinsparungsgesetzes davon ausgehen, daß andernorts höhere Anforderungen geregelt sind oder sein können, qualifizieren sie die Pflichten des EnEG als Mindestanforderungen.[840] Da die genannten Normen des EnEG die Geltung anderer Vorschriften, die höhere Anforderungen normieren, nicht beeinträchtigen, hat der Bundesgesetzgeber Maßnahmen, die anstreben, den Zweck des Energieeinsparungsgesetzes über das geregelte Mindestmaß hinaus zu erreichen, ausdrücklich zugelassen.

ee) Ergebnis

Insbesondere angesichts der Konkurrenzregelungen in § 1 Abs. 3, § 2 Abs. 4 und § 3 Abs. 3 EnEG und des Zwecks des Energieeinsparungsgesetzes normiert dieser Regelungszusammenhang die Energieeinsparung in Gebäuden daher nicht abschließend.[841] Nicht nur den Ländern verbleibt dadurch Raum für Maßnahmen der Energieeinsparung, wie den Erlaß weitergehender Rechtsnormen.[842] Auch die Gemeinden bleiben zuständig, die Steigerung der Energieeffizienz weiterhin als örtliche Angelegenheit wahrzunehmen.

---

839 Hamburger Klimaschutzgesetz v. 25.6.1997 (GVBl., S. 264).

840 *Kusche*, Energiepolitik, S. 108 ff.

841 *Bomhard*, Immissionsschutz, S. 227 verneint, daß das EnEG eine abschließende Regelung des Bundes im Bereich der Energiewirtschaft darstellt.

842 Hierzu näher *Kusche*, Energiepolitik, S. 112; *Bomhard*, Immissionsschutz, S. 226 f. zu den kommunalverfassungsrechtlichen Ermächtigungen zum Erlaß eines gemeindlichen Anschluß- und Benutzungszwangs an Energieversorgungseinrichtungen.

II. Vereinbarkeit kommunaler energieeffizienter Dienstleistungen mit den Grundrechten konkurrierender Privater

Um verfassungsrechtlich zulässig zu sein, muß das Angebot energieeffizienter Dienstleistungen von Kommunen nicht nur mit Art. 28 Abs. 2 S. 1 GG sondern auch mit den Grundrechten privater Konkurrenten vereinbar sein. Diese kommunale Wirtschaftsbetätigung könnte die Berufsfreiheit konkurrierender Privater aus Art. 12 Abs. 1 GG (1.) und deren Eigentumsfreiheit aus Art. 14 Abs. 1 S. 1 GG verletzen (2.).

1. Vereinbarkeit des kommunalen Angebotes energieeffizienter Dienstleistungen mit der Berufsfreiheit konkurrierender Privater aus Art. 12 Abs. 1 GG

Private Anbieter energieeffizienter Dienstleistungen könnten durch die Konkurrenz kommunaler Unternehmen in ihrer Berufsfreiheit aus Art. 12 Abs. 1 GG verletzt werden.

Als privatwirtschaftliche Anbieter treten auf dem Energieeffizienzmarkt die unterschiedlichsten Unternehmen auf, die überwiegend als juristische Personen des privaten Rechts, zum Beispiel als GmbH oder AG organisiert sind. Hinsichtlich der Berufsfreiheit des Art. 12 Abs. 1 GG sind solche Unternehmen gemäß Art. 19 Abs. 3 GG grundrechtsberechtigt.[843] Diese Grundrechtsberechtigung setzt allerdings voraus, daß es sich um inländische juristische Personen handelt, das Unternehmen also sein tatsächliches Aktionszentrum im Geltungsbereich des Grundgesetzes hat.[844]

a) „Anbieter energieeffizienter Dienstleistungen“ als Beruf im Sinne des Art. 12 Abs. 1 GG

Art. 12 Abs. 1 GG schützt die Freiheit der Berufswahl und der Berufsausübung. Private Unternehmer, die energiesparende Dienstleistungen erbringen, werden von diesem Grundrecht geschützt, wenn es sich bei der Erbringung energieeffizienter Dienstleistungen um einen Beruf im Sinne von Art. 12 Abs. 1 GG handelt.

Dienstleistungen, die auf eine Erhöhung der Energieeffizienz zielen, werden inzwischen von Unternehmen verschiedener Branchen erbracht: Ingenieurbüros, Hersteller energiesparender Geräte, Facility-Manager, Energieagenturen, Energieversorgungsunternehmen und viele andere. Für Energieversorgungsunterneh-

843 *Tettinger*, in: Sachs, GG, Art. 12, Rn. 22 f.
844 *Pieroth/Schlink*, Grundrechte, Rn. 161.

men hat sich inzwischen die Bezeichnung "Energiedienstleistungsunternehmen" sogar weitgehend durchgesetzt. Allerdings wird dieser Begriff in der Energiewirtschaft überwiegend gebraucht, um die nach der Öffnung der Energiemärkte verstärkt erforderliche Dienstleistungsorientierung der Energieversorgungsunternehmen zu verdeutlichen. Demgegenüber tritt in den Hintergrund, daß die Bezeichnung "Energiedienstleistungsunternehmen" aus einem Energiedienstleistungsbegriff entwickelt wurde, dessen Schwerpunkt auf der Umweltschonung und volkswirtschaftlichen Kosteneffizienz liegt.[845] Trotz dieser inzwischen verbreiteten Umdeklarierung von Energieversorgungsunternehmen in Energiedienstleistungsunternehmen, läßt sich mithin noch nicht von einem Berufsbild „Energieeffizienzdienstleister“ oder „Energiesparunternehmer“ sprechen.

Jedoch schützt Art. 12 Abs. 1 GG nicht nur Tätigkeiten, die sich einem feststehenden Berufsbild zuordnen lassen,[846] so daß dies unproblematisch ist. Vielmehr ist Beruf im Sinne des Art. 12 Abs. 1 GG jede auf Dauer angelegte, der Schaffung und Erhaltung einer Lebensgrundlage dienende Tätigkeit.[847] Die privaten Anbieter energieeffizienter Dienstleistungen, zum Beispiel Planungs- und Ingenieurbüros, Gerätehersteller und Handwerksbetriebe sind im Energieeffizienzgeschäft tätig, um mit den Gewinnen ihre wirtschaftliche Existenzgrundlage zu sichern. Schon wegen des erforderlichen technischen und wirtschaftlichen Know-hows, dem Erfordernis, neuen Kunden erfolgreich durchgeführte Referenzprojekte vorweisen zu können und den sonstigen Marktzutrittsschranken sind diese Betriebe regelmäßig auch auf längere Dauer angelegt.

Deshalb handelt es sich bei der Erbringung energieeffizienter Dienstleistungen um einen Beruf im Sinne von Art. 12 Abs. 1 GG.

b) Öffentliche Wettbewerbsteilnahme als Eingriff in die Berufsfreiheit privater Konkurrenten

Wenn kommunale Unternehmen energieeffiziente Dienstleistungen erbringen, kann dies private Anbieter nur dann in ihrem durch Art. 12 Abs. 1 GG geschützten Beruf verletzen, wenn dieses Angebot einen Eingriff in die Berufsfreiheit darstellt.

Nach klassischem Verständnis stellte ein staatliches Verhalten einen Eingriff dar, wenn es sich um einen finalen und unmittelbar wirkenden Rechtsakt handelt, der mit Befehl und Zwang angeordnet oder durchgesetzt wird.[848] Die wirtschaft-

845 Zu den verschiedenen Bedeutungen des Energiedienstleistungsbegriffs s. S. 122.
846 *Pieroth/Schlink*, Grundrechte, Rn. 876; *Tettinger*, in: Sachs, GG, Art. 12, Rn. 27.
847 *Tettinger*, in: Sachs, GG, Art. 12, Rn. 29; *Wieland*, in: Dreier, GG, Art. 12, Rn. 50.
848 *Pieroth/Schlink*, Grundrechte, Rn. 256; *Bleckmann/Eckhoff*, DVBl. 1988, S. 373 f. Nach *Gallwas*, faktische Eingriffe, S. 12 und *Albers*, DVBl. 1996, S. 233 kenn-

liche Betätigung der öffentlichen Hand erfüllt diese Kriterien nicht, da die wirtschaftliche Beeinträchtigung der Konkurrenten erst durch die Entscheidung der Verbraucher, somit mittelbar und außerdem ohne hoheitliche Anordnung oder Durchsetzung erfolgt. Jedoch hat sich in den vergangenen Jahrzehnten allgemein die Erkenntnis durchgesetzt, daß auch Folgen staatlichen Handelns, die zum Beispiel nicht beabsichtigt oder nur mittelbar eintreten, die Grundrechte in einer Weise beeinträchtigen können, die klassischen Eingriffen vergleichbar ist und daher als sogenannte faktische oder mittelbare Eingriffe darstellen.[849] Mithin scheidet die Erbringung energieeffizienter Dienstleistungen als Eingriff nicht bereits deswegen aus, weil sie die Voraussetzungen des klassischen Eingriffsbegriffs nicht erfüllt.

Die Qualifizierung faktischer Beeinträchtigungen als möglicherweise grundrechtsrelevant bezieht eine große Zahl staatlicher Handlungen zusätzlich in den Kreis derjenigen Maßnahmen mit ein, die an den Grundrechten zu messen sein könnten. Dies macht es erforderlich, die unbeachtlichen Beeinträchtigungen von den beachtlichen, also grundrechtsrelevanten, abzugrenzen. Für diese Abgrenzung ist zunächst von dem jeweiligen Grundrecht und dem Ausmaß auszugehen, in dem es Freiheit gewährt. Da Schutzbereich und Eingriff aufeinander bezogen sind,[850] ist der Eingriff anhand des jeweiligen Schutzbereichs zu bestimmen.[851] Außerdem ist zu berücksichtigen, mit welcher Stärke beziehungsweise Intensität das staatliche Verhalten die fragliche Freiheit beeinträchtigt. So müssen mittelbare Auswirkungen mindestens von einigem Gewicht sein, um einen Eingriff in die Berufsfreiheit darzustellen.[852]

---

zeichnet die staatliche Regelung den klassischen Eingriff. *Roth*, Faktische Eingriffe, S. 29 ff. geht demgegenüber davon aus, der sogenannte klassische Eingriff sei von der modernen Dogmatik nachträglich aus früher alternativ gebrauchten Kriterien konstruiert worden.

849 Grundlegend *Gallwas*, Faktische Beeinträchtigungen; jeweils mit umfangreichen Nachweisen *Roth*, Faktische Eingriffe, S. 33; *Albers*, DVBl. 1996, S. 233.

850 *Pieroth/Schlink*, Grundrechte, Rn. 254.

851 *Albers*, DVBl. 1996, S. 236.

852 BVerwG, Urt. v. 17.1.1991 - 1 C 5.88 -, BVerwGE 89, 281/283; BVerwG, Urt. v. 18.10.1990 - 3 C 2.88 -, (Glykol) BVerwGE 87, 37/43 f.; *Jarras*, in: Jarras/Pieroth, GG, Art. 12, Rn. 12; *Wieland*, in: Dreier, GG, Art. 12, Rn. 82; *Pieroth/Schlink*, Grundrechte, Rn. 889; *Hoffmann-Becking*, in: FS Wolff, S. 457; BVerfG, Urt. v. 3.11.1982 - 1 BvL 4/78-, BVerfGE 61, 291/308 bejaht einen Eingriff in Art. 12 Abs. 1 GG auch ohne eine berufsregelnde Tendez, wenn er infolge seiner tatsächlichen Auswirkungen geeignet ist, die Berufsfreiheit zu beeinträchtigen. Nach *Tettinger*, in: Sachs, GG, Art. 12, Rn. 72 muß ein mittelbarer Eingriff "aufgrund seiner *spürbaren* tatsächlichen *Auswirkungen* geeignet sein, den Schutzbereich des Art. 12 .. *erheblich* zu beeinträchtigen [Hervorhebung des Verf.]". Einen umfassenden Überblick über die in Rechtsprechung und Wissenschaft allge-

aa) Schutz vor Wettbewerb durch die Berufsfreiheit

Für die Frage, ob die staatliche Wettbewerbsteilnahme in die Berufsfreiheit privater Konkurrenten eingreift, ist zunächst davon auszugehen, daß der Schutzbereich des Art. 12 Abs. 1 GG die Berufsfreiheit einer unbegrenzten Zahl von Bürgern gewährleistet.[853] Indem diese ihre Berufe wählen und ausüben, treten sie zwangsläufig miteinander in Wettbewerb. Damit geht Art. 12 Abs. 1 GG nicht nur davon aus, daß verschiedene Personen beim Gebrauch ihrer Berufsfreiheit in Wettbewerb treten. Vielmehr schützt er das Recht des einzelnen, durch die Wahl und die Ausübung eines Berufs mit anderen Personen, die in demselben Beruf tätig sind, in Wettbewerb zu treten. Wenn die Berufsfreiheit einen einzelnen berechtigt, in Wettbewerb mit anderen zu treten, so bedeutet dies im Umkehrschluß, daß die Berufsfreiheit etablierte Anbieter nicht vor den Auswirkungen des Wettbewerbs durch diese Person schützt.[854]

Juristische Personen des öffentlichen Rechts sind nicht grundrechtsberechtigt, da sie gemäß Art. 1 Abs. 3 GG an die Grundrechte gebunden und damit Adressat der grundrechtlichen Unterlassungspflichten sind. Sie genießen daher nicht die Berufsfreiheit des Art. 12 Abs. 1 GG. Wenn die wirtschaftliche Betätigung des Staates nicht durch die Berufsfreiheit geschützt wird, so könnte man daraus folgern, diese Betätigung greife in die Berufsfreiheit konkurrierender Privater ein.[855] Allerdings verkennt diese Auffassung die dogmatische Unterscheidung zwischen Schutzbereich und Eingriff, indem sie von der fehlenden Einbeziehung staatlicher Hoheitsträger in den persönlichen Schutzbereich des Art. 12 Abs. 1 GG auf einen Eingriff in die Berufsfreiheit der betroffenen Konkurrenten schließen.

---

mein, das heißt unabhängig vom jeweils zu prüfenden Grundrecht, benutzten Kriterien, mit denen faktische Eingriffe von unbeachtlichen Beeinträchtigungen abgegrenzt werden, gibt *Roth*, Faktische Eingriffe, S. 33 ff.

853 *Püttner*, Öffentliche Unternehmen, S. 96 f.

854 OVG NW, Urt. v. 22.9.1982 - 4 A 989/81 -, NVwZ 1984, 522/524; *Püttner*, Öffentliche Unternehmen, S. 97; *Jarras*, in: Jarras/Pieroth, GG, Art. 12, Rn. 15; *Otting*, Neues Steuerungsmodell, S. 156 f.; prägnant *Pieroth/Schlink*, Grundrechte, Rn. 880: "Mit dieser *Freiheit zum Wettbewerb* ist die Vorstellung einer Freiheit von Konkurrenz unverträglich"; i.Erg. auch VerfGH RP, Urt. v. 28.3.2000 - VGH 12/98 -, DVBl. 2000, S. 993.

855 So *Krebs*, Kommunale Elektrizitätsversorgung, S. 65 f.; an die Grundrechtsbindung des Staates anknüpfend *Hoffmann-Becking*, in: FS Wolff, S. 456.

bb) Grundrechtseingriff kraft Intensität der Beeinträchtigung

Ob ein staatliches Verhalten einen Eingriff in die Berufsfreiheit darstellt, beurteilt sich auch nach der Stärke, mit der dieses Verhalten die geschützte Freiheit der Bürger beeinträchtigt.[856] Wenn ein Einzelner oder ein Unternehmen eine bestimmte berufliche Betätigung aufnimmt, so verschärft dies den Wettbewerbsdruck, dem die anderen Marktteilnehmer ausgesetzt sind.[857] Im Regelfall führt dieser Markteintritt zu Umsatzeinbußen, oder, in einem wachsenden Markt, zu geringeren Umsatzzuwächsen bei den Konkurrenten. Diese faktischen Auswirkungen des Auftretens eines neuen Wettbewerbers sind Folgen seines Verhaltens, nicht aber seiner Rechtsnatur. Sie unterscheiden sich zunächst bei einem Unternehmen eines öffentlich-rechtlichen und eines privatrechtlichen Trägers grundsätzlich nicht.[858] Daß die Berufsfreiheit vor den negativen Auswirkungen des Marktzutritts privater Konkurrenten nicht schützt, wurde bereits festgestellt.[859] Wenn nun über einen Eingriff nach der Intensität der negativen Auswirkungen zu entscheiden ist und diese bei einem öffentlichen Unternehmen im Regelfall nicht höher liegt als bei einem privaten Unternehmen, gegen das die Berufsfreiheit nicht schützt, dann könnte dies dafür sprechen, die Beeinträchtigung sei nicht grundrechtsrelvant, weil ihre Intensität im Rahmen des von der Berufsfreiheit Gebilligten liegt.[860] Die Rechtsprechung begründet häufig mit der entsprechenden Feststellung, die öffentliche Wettbewerbsteilnahme vermindere lediglich die Erwerbschancen anderer Unternehmen, daß eine Verletzung der Berufsfreiheit ausgeschlossen sei.[861] Jedoch kann aus dem Umstand, daß keine *Verletzung* eines Grundrechts vorliegt, nicht geschlossen werden, es liege damit auch schon kein *Eingriff* vor, weil ein Grundrecht unter anderem dann nicht verletzt ist, wenn ein Eingriff zwar vorliegt, aber verfassungsrechtlich gerechtfertigt ist.

---

856 *Kluth*, Grenzen, S. 65 geht dagegen davon aus, die staatliche Wettbewerbsteilnahme sei wegen der "in der Wettbewerbsteilnahme liegende[n] Aufgabenverstaatlichung" nicht mit dem Auftreten eines neuen privaten Anbieters vergleichbar.

857 VGH Kassel, Beschl. v. 17.1.1996 - 6 TG 4316/95 -, DÖV 1996, 476/477.

858 *Püttner*, Öffentliche Unternehmen, S. 97.

859 S. S. 249.

860 *Püttner*, Öffentliche Unternehmen, S. 97 stellt darauf ab, daß sich das öffentliche Unternehmen "im Verhältnis zu den Mitbewerbern nicht anders darstellt als ein weiterer privater Mitbewerber auch".

861 OVG NW, Urt. v. 22.9.1982 - 4 A 989/81 -, NVwZ 1984, 522/524; VGH Kassel, Beschl. v. 17.1.1996 - 6 TG 431/95 -, DÖV 1996, 476/477; BVerwG Urt. v. 22.2.1972 - I C 24.69 - (Kommunales Bestattungsunternehmen), BVerwGE 39, 329/337; BVerwG, Beschl. v. 21.3.1995 - 1 B 211/94 -, NJW 1995, 2938/2939 spricht von einer "weitgehend systemimmanenten Verschärfung des marktwirtschaftlichen Konkurrenzdrucks".

cc) Grundrechtseingriff kraft Ausübung eines Monopols

Einen Grundrechtseingriff von besonderer Intensität stellt die staatliche Errichtung eines Monopols dar, da dadurch andere Unternehmen als der Monopolist von der Grundrechtsausübung ausgeschlossen werden.[862] Entsprechend könnte die Wirtschaftsbetätigung eines öffentlichen Unternehmens einen Eingriff in Grundrechte privater potentieller Konkurrenten darstellen, wenn sie auf der Einräumung eines Monopols beruht.[863] Da kommunale Energieversorgungsunternehmen bisher die örtliche Elektrizitätsverteilung als Monopolisten betrieben haben, könnte auch ihr Angebot energieeffizienter Dienstleistungen kraft einer Monopolstellung in die Berufsfreiheit von Konkurrenten eingreifen. Hierfür bestehen zwei Möglichkeiten:

Zunächst könnten die Energieversorgungsunternehmen auf dem Markt energieeffizienter Dienstleistungen über ein Monopol verfügen. Allerdings ergibt bereits ein Blick auf die Vielfalt der Anbieter energieeffizienter Dienstleistungen, die von Ingenieurbüros bis hin zu Geräteherstellern reicht, daß kommunale Energieversorgungsunternehmen für die Erbringung energieeffizienter Dienstleistungen kein Monopol innehaben.

Das Angebot energieeffizienter Dienstleistungen könnte aber auch dann eine grundrechtsrelevante Beeinträchtigung darstellen, wenn kommunale Energieversorgungsunternehmen auf einem anderen Markt über ein Monopol verfügen und ihr Vordringen auf den neuen Markt der Energieeffizienz mit den Gewinnen dieser Monopoltätigkeit quersubventionieren. In diesem Falle könnte die Inhaberschaft eines kraft Gesetzes, also hoheitlich eingeräumten Monopols, auf dem alten Markt einen spezifisch öffentlichen Wettbewerbsvorteil für die Betätigung im neuen Markt darstellen.

Vor dem Inkrafttreten des novellierten Energiewirtschaftsgesetzes im April 1998 waren Kommunen berechtigt, Konzessionen für die öffentlichen Straßen und Wege zu vergeben, die ausschließlich ein Unternehmen zum Bau und Betrieb von Energieversorgungsleitungen berechtigten. Dementsprechend verfügten

---

862 *Gubelt*, in: v. Münch/Kunig, GG, Art. 12, Rn. 72; *Pieroth/Schlink*, Grundrechte, Rn. 895; *Hoffmann-Becking*, in: FS-Wolff, S. 455.

863 VerfGH RP, Urt. v. 28.3.2000 - VGH 12/98 -, DVBl. 2000, S. 993; VGH Mannheim, Urt. v. 15.8.1994 - 1 S 1613/93 -, NJW 1995, S. 274; *Krebs*, Kommunale Elektrizitätsversorgung, S. 66; BVerwG, Beschl. v. 21.3.1995 - 1 B 211/94 -, NJW 1995, 2938/2939 sieht im Auftreten eines neuen Konkurrenten, der durch eine hoheitliche Maßnahme eine Monopolstellung erlangt, einen Eingriff in die Eigentumsfreiheit aus Art. 14 Abs. 1 GG; ebenso BVerwG, Urt. v. 22.2.1972 - I C 24.69 - (Kommunales Bestattungsunternehmen), BVerwGE 39, 329/337 und VGH Kassel, Beschl. v. 17.1.1996 - 6 TG 4316/95 -, DÖV 1996, 476/477.

mögliche Konkurrenten nicht über das Recht, auf dem Gemeindegebiet Energieverteilungsnetze zu betreiben, so daß sie von der leitungsgebundenen Energieversorgung ausgeschlossen waren. Damit vergaben die Kommunen ein Monopol für die Energieversorgung auf ihrem Gemeindegebiet, das in Städten, die über ein eigenes Stadtwerk vefügten, dieses Unternehmen ausübte.

Bei der Novellierung des Energiewirtschaftsgesetzes wurde § 13 Abs. 1 S. 1 EnWG eingefügt, der die Gemeinden verpflichtet, ihre öffentlichen Verkehrswege für die Verlegung und den Betrieb von Energieversorgungsleitungen diskriminierungsfrei durch Vertrag zur Verfügung zu stellen. Dabei schließt die Regelung, daß Kommunen niemanden diskriminieren dürfen, wenn sie ihre Straßen und Wege für Energieversorgungsleitungen zur Verfügung stellen, aus, daß ein Unternehmen zur ausschließlichen Benutzung berechtigt wird, weil in diesem Fall die Kommunen rechtlich gehindert wären, ihre Verkehrswege überhaupt, das heißt unabhängig von möglicherweise diskrimierenden Benutzungsbedingungen, noch einem anderen Bewerber zur Verfügung zu stellen. Damit schließt § 13 Abs. 1 S. 1 EnWG aus, daß Kommunen Monopole für Leitungsbau und -betrieb vergeben. Zudem sind die Betreiber von Elektrizitätsversorgungsnetzen gemäß § 6 Abs. 1 S. 1 EnWG verpflichtet, ihr Versorgungsnetz auch anderen Anbietern für Stromdurchleitungen zur Verfügung zu stellen. Damit steht es gleichzeitig allen Verbrauchern offen, sich von einem anderen Anbieter als dem Betreiber des örtlichen Verteilernetzes beliefern zu lassen. Seit dem Inkrafttreten des neuen Energiewirtschaftsgesetzes am 29.4.1998 haben Energieversorgungsunternehmen folglich für die Elektrizitätsverteilung in ihrem bisherigen Versorgungsgebiet rechtlich kein Monopol mehr inne. Deswegen verfügen die kommunalen Energieversorgungsunternehmen auch im Bereich der Energieversorgung nicht (mehr) über ein hoheitlich verliehenes Monopol.

Nach alldem stellt das Angebot energieeffizienter Dienstleistungen durch kommunale Energieversorgungsunternehmen unter dem Gesichtspunkt der Inhaberschaft eines Monopols keinen Eingriff in die Berufsfreiheit privater Konkurrenten aus Art. 12 Abs. 1 S. 1 GG dar.

dd) Grundrechtseingriff kraft spezifischer Wettbewerbsvorteile der Kommunen

Daß öffentliche Unternehmen, wenn sie sich wettbewerbsgemäß verhalten, im Normalfall ihre privaten Konkurrenten nicht stärker belasten als dies ein privater Wettbewerber auch tun würde, heißt jedoch nicht, daß dies immer gilt.

So kann die Verwaltung, wenn sie Bürgern Auskünfte erteilt, ausschließlich oder in besonderer Weise auf das öffentliche Unternehmen hinweisen. Öffentliche Unternehmen können den Zugriff auf Informationen haben, die ihr Träger bei Verwaltungstätigkeiten exklusiv erlangt hat, und diese dann auch verwenden.

Auch kann ein Hoheitsträger unter Rückgriff auf den Steuerhaushalt Konkurrenten seines Unternehmens mit Dumpingpreisen unterbieten und aus dem Markt drängen.[864]

Diese und zahlreiche andere Situationen[865] zeichnen sich dadurch aus, daß die öffentliche Hand auf Wettbewerbsvorteile zurückgreift, die nur sie nutzen kann, die also spezifisch staatlich sind.[866]

Zwar sind die typischen Fälle, in denen sich die öffentliche Hand wettbewerblich bedenklich verhält, wie die Verwendung amtlich erlangter Informationen für wirtschaftliche Zwecke, die einseitige Empfehlung öffentlicher Unternehmen durch öffentliche Stellen oder die Preisunterbietung mittels zweckentfremdeter öffentlicher Mittel regelmäßig sittenwidrig im Sinne von § 1 UWG.[867] Für rechtswidrige Vorteile staatlicher oder kommunaler Unternehmen bei der Vergabe öffentlicher Aufträge stehen zusätzlich zum UWG die Institute des Vergaberechts zur Verfügung.[868] Die Fälle, in denen ein öffentliches Unternehmen Wettbewerber stärker belastet als dies ein vergleichbarer privater Betrieb tun könnte, lassen sich somit in der Regel einfachgesetzlich lösen.[869] Daraus könnte man schließen, die Qualifizierung solcher Fälle als Grundrechtseingriff und der dadurch eröffnete grundrechtliche Schutz der Wettbewerber sei entbehrlich.[870]

Jedoch liegt die Aufgabe der Grundrechte gerade darin, auf verfassungsrechtlicher Ebene Maßstäbe für das staatliche Handeln festzulegen. So kann nicht ausgeschlossen werden, daß der Gesetzgeber das Wettbewerbsrecht dergestalt ändert, daß die Ausnutzung von spezifischen Vorteilen der öffentlichen Hand nicht mehr wettbewerbswidrig wäre. Würde man die staatliche Wettbewerbsteilnahme nicht als Eingriff qualifizieren, so müßte eine solche Änderung den Mindeststandards der Grundrechte nicht genügen. Weil die Grundrechte gemäß Art. 1

---

864 *Ehlers*, Verwaltung in Privatrechtsform, S. 101.

865 Ausführlich *Kluth*, Wettbewerbsteilnahme, S. 96 ff.; *Otting*, Neues Steuerungsmodell, S. 232 ff.

866 BVerwG, Beschl. v. 21.3.1995 - 1 B 211/94 -, NJW 1995, 2938/2939; *Wieland*, in: Dreier, GG, Art. 12, Rn. 83; *Otting*, Neues Steuerungsmodell, S. 158.

867 *Otting*, Neues Steuerungsmodell, S. 262 ff.; *Kluth*, Grenzen, S. 101.

868 *Otting*, Neues Steuerungsmodell, S. 274 ff.; BVerwG Urt. v. 22.2.1972 - I C 24.69 - (Kommunales Bestattungsunternehmen), BVerwGE 39, 329/337 sieht § 1 UWG in Fällen der "unzulässige[n] Verquickung hoheitlicher Befugnisse mit der Erwerbswirtschaft" als einschlägig an.

869 BVerwG Urt. v. 22.2.1972 - I C 24.69 - (Kommunales Bestattungsunternehmen), BVerwGE 39, 329/337; BVerwG, Beschl. v. 21.3.1995 - 1 B 211/94 -, NJW 1995, 2938/2939 stellt fest, es folge weitgehend bereits aus den einfachgesetzlichen Regeln des Wettbewerbsrechts, daß die Wettbewerbsfreiheit eines Privatunternehmers durch die Konkurrenz eines gemeindlichen Betriebs nicht unzumutbar eingeschränkt werden dürfe.

870 *Otting*, Neues Steuerungsmodell, S. 159.

Abs. 3 GG auch die Gesetzgebung binden und dieser damit die verbindlichen Maßstäbe vorgeben, ist es weiterhin grundsätzlich unzulässig, zur Auslegung von Verfassungsnormen das einfache Recht heranzuziehen. Sonst könnte der Gesetzgeber durch seine Regelungen die Maßstäbe beeinflussen, die ihm selbst von Verfassungs wegen vorgegeben sind. Wenn § 1 UWG, das Vergaberecht und andere einfachgesetzliche Regelungen die Fälle erfassen, in denen öffentliche Unternehmen spezifische Wettbewerbsvorteile ausnützen, so kann nach dem soeben Gesagten daraus nicht geschlossen werden, solche Verhaltensweisen stellten keinen Eingriff in die Wettbewerbsfreiheit privater Konkurrenten dar.

Vielmehr erfordern die spezifischen Wettbewerbsvorteile der öffentlichen Hand, deren Teilnahme am wirtschaftlichen Wettbewerb auch an den Grundrechten zu messen und damit als Eingriff in die Berufsfreiheit zu qualifizieren.[871] In den Fällen, in denen die öffentliche Hand auf spezifisch öffentliche Wettbewerbsvorteile zurückgreift, beeinträchtigt sie die Wettbewerbsfreiheit ihrer Konkurrenten stärker, als dies private Konkurrenten könnten. Damit liegt ein Grundrechtseingriff auch dann vor, wenn man zur Bestimmung der Grundrechtsrelevanz das Kriterium der Intensität einer Beeinträchtigung heranzieht.

c) *Verfassungsrechtliche Rechtfertigung des Eingriffs in die Berufsfreiheit durch die öffentliche Wettbewerbsteilnahme*

Der Eingriff in die Berufsfreiheit konkurrierender Privater aus Art. 12 Abs. 1 GG, den die öffentliche Teilnahme am wirtschaftlichen Wettbewerb darstellt, soweit sie spezifische Wettbewerbsvorteile ausnutzt, ist verfassungsrechtlich gerechtfertigt, wenn er den verfassungsrechtlichen Anforderungen an Eingriffe in Art. 12 Abs. 1 GG genügt. Dies erfordert zunächst, daß die Wettbewerbsteilnahme auf einer verfassungsgemäßen Ermächtigungsgrundlage beruht.

Als Ermächtigungsgrundlage für Grundrechtseingriffe kommt Art. 28 Abs. 2 S. 1 GG nicht in Betracht.[872] So regelt die Selbstverwaltungsgarantie, gleichgültig ob man sie als Kompetenznorm oder als staatsorganisatorisches Aufgaben-

---

871 BVerwG, Beschl. v. 21.3.1995 - 1 B 211/94 -, NJW 1995, 2938/2939; *Ehlers*, Verwaltung in Privatrechtsform, S. 101; *Kluth*, Wettbewerbsteilnahme, S. 104; *Jarras*, in: Jarras/Pieroth, GG, Art. 12, Rn. 16 verneint einen Eingriff in die Berufsfreiheit, solange „das Unternehmen keinen unangemessenen Wettbewerbsvorteil genießt". Einen Grundrechtseingriff und damit das Erfordernis einer gesetzlichen Ermächtigungsgrundlage verneinen *Püttner*, Öffentliche Unternehmen, S. 123; *Ronellenfitsch*, HbStaR, S. 1194 und *Wieland/Hellermann*, Selbstverwaltungsrecht, S. 30.

872 *Pieroth*, in: Jarras/Pieroth, GG, Art. 28, Rn. 10; *Schmidt-Aßmann*, in: FS Fabricius, S. 261; *Wieland/Hellermann*, Selbstverwaltungsrecht, S. 27 ff.; *Dreier*, in: ders., GG, Art. 28, Rn. 100.

verteilungsprinzip versteht, nicht das Verhältnis zwischen Staat und Bürger[873] und kann somit auch Gemeinden nicht zu Eingriffen in Grundrechte der Bürger ermächtigen. Auch enthält Art. 28 Abs. 2 S. 1 GG keine Voraussetzungen dafür, wann ein Grundrechtseingriff zulässig ist und genügt demzufolge den Anforderungen des Gesetzesvorbehalts nicht. In den jeweiligen gemeinderechtlichen Normen, die regeln, wann sich eine Kommune wirtschaftlich betätigen darf, finden sich dagegen solche Voraussetzungen. Diese gemeindewirtschaftsrechtlichen Zulässigkeitsnormen enthalten, in der Nachfolge des § 67 Abs. 1 DGO (1935), im wesentlichen die Tatbestandsmerkmale des öffentlichen Zwecks, der Angemessenheit zum voraussichtlichen Bedarf sowie der gemeindlichen Leistungsfähigkeit und der Subsidiaritätsklauseln. Damit gibt der Gesetzgeber konkrete Voraussetzungen vor, bei deren Erfüllung sich Kommunen wirtschaftlich betätigen und dadurch auch in die Berufsfreiheit von Konkurrenten eingreifen dürfen. Diese Voraussetzungen genügen den verfassungsrechtlichen Anforderungen an die Regelung von Grundrechtseingriffen. Somit stellen die gemeindewirtschaftsrechtlichen Zulässigkeitsklauseln verfassungsgemäße Ermächtigungsgrundlagen dar.[874] Eingriffe in die Berufsfreiheit privater Konkurrenten durch kommunalwirtschaftliche Betätigungen, die mit diesen Ermächtigungsgrundlagen übereinstimmen und dem Übermaßverbot genügen, sind demnach verfassungsrechtlich gerechtfertigt.[875] Damit verletzt die öffentliche Wirtschaftsbetätigung private Wettbewerber nicht in ihrem Grundrecht aus Art. 12 Abs. 1 GG.[876]

Folglich ist es mit der Berufsfreiheit privater Konkurrenten vereinbar, wenn kommunale Energieversorgungsunternehmen energieeffiziente Dienstleistungen in Übereinstimmung mit den Zulässigkeitsvoraussetzungen der Gemeindeordnungen für wirtschaftliche Betätigungen erbringen. Ob die Erbringung dieser

---

873 *Löwer*, Energieversorgung, S. 218; *Schmidt-Aßmann*, in: FS Sendler, S. 131; *Lecheler*, NVwZ 1995, S. 10; a.A. *Hermes*, Der Staat 31 (1992), S. 294; Gegen eine Unterscheidung der Rechtsfolgen von Art. 28 Abs. 2 GG für den innerstaatlichen Bereich und das Verhältnis zum Bürger *Notthoff*, DZWir 1995, S. 150.

874 *Erichsen*, Kommunalrecht, S. 278; *Löwer*, Energieversorgung, S. 225; Zur Vereinbarkeit des Art. 89 GO Bay a.F. mit Art. 28 Abs. 2 S. 1 GG kritisch *Widtmann/Grasser*, GO Bay, Rn. 2 a; Die Vereinbarkeit der Subsidiaritätsklauseln mit der Selbstverwaltungsgarantie ablehnend *Wieland/Hellermann*, Selbstverwaltungsrecht, S. 63 f.

875 *Schmidt-Aßmann*, in: FS Frabricius, S. 262; *Tettinger*, in: Sachs, GG, Art. 28, Rn. 73; i. Erg. auch *Lecheler*, NVwZ 1995, S. 10.

876 OVG NW, Urt. v. 22.9.1982 - 4 A 989/81 -, NVwZ 1984, 522/524; BVerwG, Beschl. v. 21.3.1995 - 1 B 211/94 -, NJW 1995, 2938/2939; *Otting*, Neues Steuerungsmodell, S. 159; *Jarras*, in: Jarras/Pieroth, GG, Art. 12, Rn. 16 und *Wieland*, in: Dreier, GG, Art. 12, Rn. 83 unter der Einschränkung, daß das staatliche Unternehmen keinen unangemessenen Wettbewerbsvorteil genießt.

neuen Dienstleistungen die genannten Zulässigkeitsvoraussetzungen erfüllt, wird in Teil E. ausführlich zu prüfen sein.

2. *Vereinbarkeit des kommunalen Angebotes energieeffizienter Dienstleistungen mit der Eigentumsfreiheit konkurrierender Privater aus Art. 14 Abs. 1 S. 1 GG*

Weiterhin könnte die Wettbewerbsteilnahme kommunaler Unternehmen deren private Konkurrenten in ihrer Eigentumsfreiheit aus Art. 14 Abs. 1 S. 1 GG verletzen. Eigentum im Sinne von Art. 14 Abs. 1 S. 1 GG sind die vom Gesetzgeber gewährten vermögenswerten Rechte.[877] Daß die Wettbewerbsteilnahme öffentlicher Unternehmen den Bestand oder die Nutzung einzelner vermögenswerter Rechte privater Konkurrenten beeinträchtigt, ist nicht ersichtlich.

Weiterhin soll die Eigentumsfreiheit auch das Recht am eingerichteten und ausgeübten Gewerbebetrieb schützen,[878] das die Sach- und Rechtsgesamtheit des Gewerbebetriebs umfasse.[879] Allerdings werde auch bezüglich des Rechts am eingerichteten und ausgeübten Gewerbebetriebs nur dessen konkreter, einfachrechtlich abgesicherter Bestand geschützt. Durch Normen des einfachen Rechts nicht geschützte Marktstellungen, Geschäftsbeziehungen, Umsatz- und Gewinnchancen und andere Erwerbsmöglichkeiten sollen dagegen nicht erfaßt werden.[880] Die Ausgrenzung dieser sogenannten Erwerbschancen wird häufig mit der Formel umschrieben, das Recht am eingerichteten und ausgeübten Gewerbebetrieb schütze, wie die Eigentumsgarantie insgesamt, das Erworbene, nicht aber den Erwerb.[881]

---

877 BVerfG, Beschl. v. 26.5.1993 - 1 BvR 208/93 -, NJW 1993, 2035; *Jarras*, in: Jarras/Pieroth, GG, Art. 14, Rn. 7; *Bryde*, in: v. Münch/Kunig, GG, Art. 14, Rn. 11.

878 *Wendt*, in: Sachs, GG (2.A.), Art. 14, Rn. 47.

879 BVerwG, Urt. v. 22.4.1994 - 8 C 29.92 -, BVerwGE 95, 341/348; *Jarras*, in: Jarras/Pieroth, GG, Art. 14, Rn. 10. Nach *Wendt*, in: Sachs, GG, Art. 14, Rn. 10 wird "über den Bestand des Unternehmens hinaus dessen *gesamte funktionswesentliche Tätigkeit* [Hervorhebung des Verf.]" geschützt. Insgesamt ablehnend *Wieland*, in: Dreier, GG, Art. 13, Rn. 44.

880 BVerfG, Urt. v. 6.10.1987 - 1 BvR 1086, 1468, 1623/82 - (Arbeitnehmerüberlassung), BVerfGE 77, 84/118; BVerwG, Urt. v. 22.4.1994 - 8 C 29.92 -, BVerwGE 95, 341/349; *Jarras*, in: Jarras/Pieroth, GG, Art. 14, Rn. 19, 23; a.A. *Wendt*, in: Sachs, GG, Art. 14, Rn. 48; eher ablehnend *Bryde*, in: v. Münch/Kunig, GG, Art. 14, Rn. 21.

881 BVerwG, Urt. v. 22.4.1994 - 8 C 29.92 -, BVerwGE 95, 341/349; *Jarras*, in: Jarras/Pieroth, GG, Art. 14, Rn. 10; *Bryde*, in: v. Münch/Kunig, GG, Art. 14, Rn. 21.

Das Auftreten eines neuen Wettbewerbers verringert im Regelfall den Kundenstamm, die Marktanteile und die Umsätze der Konkurrenten oder bremst zumindest deren Wachstum. Diese wirtschaftlichen Einflußgrößen eines Unternehmens werden regelmäßig rechtlich nicht geschützt, denn Rechtsnormen, die einem Unternehmen zum Beispiel einen bestimmten Marktanteil sichern, sind mit einem wettbewerblichen Wirtschaftssystem nicht vereinbar. Damit stellen die wirtschaftlichen Faktoren, die von Wettbewerbern negativ beeinflußt werden, sogenannte Erwerbschancen dar, die vom Recht am eingerichteten und ausgeübten Gewerbebetrieb nicht geschützt werden. Darüber hinaus könnte eine monopolisierte oder monopolähnliche wirtschaftliche Betätigung öffentlicher Unternehmen möglicherweise den Bestand privater Wettbewerber gefährden oder beeinträchtigen und damit in deren Recht am eingerichteten und ausgeübten Gewerbebetrieb eingreifen.[882] Allerdings wurde bereits im Rahmen der Prüfung der Wettbewerbsfreiheit aus Art. 12 Abs. 1 S. 1 GG gezeigt, daß kommunale Unternehmen auf dem Markt für energieeffiziente Dienstleistungen weder rechtlich noch faktisch über ein Monopol oder eine ähnliche Wettbewerbsstellung verfügen.

Damit schützt die Eigentumsfreiheit des Art. 14 Abs. 1 S. 1 GG nicht gegen eine Wettbewerbsteilnahme öffentlicher Unternehmen.[883] Folglich ist festzuhalten, daß das Angebot energieeffizienter Dienstleistungen durch kommunale Unternehmen keine Grundrechte privater Wettbewerber verletzt, soweit es mit den gemeinderechtlichen Ermächtigungsgrundlagen für wirtschaftliche Betätigungen vereinbar ist. Welche Voraussetzungen diese Regelungen im einzelnen aufstellen, ist Gegenstand des folgenden Teils. Ob die neuen energieeffizienten Dienstleistungen diese Voraussetzungen erfüllen, wird anschließend zu prüfen sein.

---

882 So stellt das BVerwG, Beschl. v. 21.3.1995 - 1 B 211/94 -, NJW 1995, 2938/2939 fest, Art. 14 GG schütze “nicht vor dem Auftreten eines neuen, auch in öffentlicher Trägerschaft stehenden Konkurrenten, es sei denn, daß dieser durch eine behördliche Maßnahme eine unerlaubte Monopolstellung erlangt”; Ebenso VGH Kassel, Beschl. v. 17.1.1996 - 6 TG 4316/95 -, DÖV 1996, 476/477 und *Gern*, Kommunalrecht, Rn. 731.

883 BVerwG, Beschl. v. 21.3.1995 - 1 B 211/94 -, NJW 1995, 2338/2339; VGH Kassel, Beschl. v. 17.1.1996 - 6 TG 4316/95 -, DÖV 1996, 476/477; *Gern*, Kommunalrecht, Rn. 731; a.A. *Wendt*, in: Sachs, GG, Art. 14, Rn. 51.

D. Der gemeinderechtliche Rahmen der Diversifikation kommunaler Energieversorgungsunternehmen

Die Normen zur Zulässigkeit kommunalwirtschaftlicher Betätigungen in den Kommunalverfassungen der Länder gehen auf § 67 Abs. 1 Deutsche Gemeindeordnung (DGO 1935)[884] zurück:

„Die Gemeinde darf wirtschaftliche Unternehmen nur errichten oder wesentlich erweitern, wenn

1. der öffentliche Zweck das Unternehmen rechtfertigt,
2. das Unternehmen nach Art und Umfang in einem angemessenen Verhältnis zu der Leistungsfähigkeit der Gemeinde und zum voraussichtlichen Bedarf steht,
3. der Zweck nicht besser und wirtschaftlicher durch einen anderen erfüllt wird oder erfüllt werden kann."

Diese Regelung wurde in die Kommunalverfassungen der Länder übernommen, die nach dem Ende des zweiten Weltkriegs erlassen wurden. Daher finden sich die als Schrankentrias bezeichneten gemeindewirtschaftsrechtlichen Voraussetzungen des öffentlichen Zwecks, der Angemessenheit zum Bedarf und zur gemeindlichen Leistungsfähigkeit sowie der Subsidiaritätsklausel auch heute noch in den Kommunalverfassungen der meisten Länder.

In Teil E. wird geprüft werden, ob ausgewählte energiebezogene Dienstleistungen mit diesen Voraussetzungen kommunalwirtschaftlicher Betätigungen vereinbar sind. Dazu muß zunächst bestimmt werden, wann eine Kommune sich wirtschaftlich betätigt (I.). Für das Tatbestandsmerkmal „Angelegenheiten der örtlichen Gemeinschaft" kann anschließend (II.) auf die Ergebnisse der verfassungsrechtlichen Prüfung des vorangegangenen Teils zurückgegriffen werden. Nachfolgend wird dargestellt werden, wie die weiteren Tatbestandsmerkmale des öffentlichen Zwecks (III.), der Angemessenheit zum Bedarf und zur gemeindlichen Leistungsfähigkeit (IV.) sowie die Subsidiaritätsklauseln (V.) gegenwärtig in den Kommunalverfassungen der Länder ausgestaltet sind. Dafür brauchen die Regelungen der Stadtstaaten nicht berücksichtigt zu werden, weil die HEW AG und die BEWAG als deren Energieversorgungsunternehmen traditionell zu den Verbund- aber nicht zu den kommunalen Unternehmen gezählt werden. Deshalb werden jeweils die Kommunalverfassungen aller deutschen Flächenländer untersucht.

---

884 RGBl. 1935 I, S. 38.

I. Wirtschaftliche Betätigung

Manche Kommunalverfassungen knüpfen die genannten Voraussetzungen an die wirtschaftliche Betätigung,[885] die überwiegende Mehrheit dagegen an die Errichtung, wesentliche Erweiterung und Übernahme von wirtschaftlichen Unternehmen oder die Beteiligung an ihnen.[886] Wesentliche Unterschiede ergeben sich aus diesen abweichenden Begriffen nicht.[887] Lediglich die bayerische Gemeindeordnung unterscheidet nicht mehr zwischen wirtschaftlichen und nichtwirtschaftlichen Unternehmen, indem jedes Unternehmen außerhalb der allgemeinen Verwaltung die Voraussetzungen der Schrankentrias erfüllen muß.[888]

Wirtschaftliche Betätigungen sind diejenigen Tätigkeiten einer Gemeinde, die auch von einem Privaten mit der Absicht der Gewinnerzielung betrieben werden könnten.[889] Unter Verwendung desselben Kriteriums sind wirtschaftliche Unternehmen solche, die auch von einem Privatunternehmer mit Gewinnerzielungsabsicht betrieben werden könnten.[890] Da der Begriff des Unternehmens üblicher-

885 Vgl. § 107 Abs. 1 S. 1 GO NW; § 100 Abs. 2 GO Bbg.

886 Vgl. § 102 Abs. 1 GO BW; § 121 Abs. 1 GO He; § 85 Abs. 1 GO RP; § 108 Abs. 1 KSVG SL; § 101 Abs. 1 GO SH; § 97 Abs. 1 S. 1 GO Sachs; § 116 Abs. 1 GO SA. Der Wortlaut des § 71 Abs. 1 KO Thür weicht leicht von den genannten Normen ab, indem davon gesprochen wird, das Unternehmen zu „gründen", anstatt es zu „errichten". Auch § 68 Abs. 1 KV MV knüpft an das wirtschaftliche Unternehmen an, verzichtet aber auf die Nennung einzelner unternehmensbezogener Handlungen: „Wirtschaftliche Unternehmen der Gemeinde sind nur zulässig, wenn" sie die sogenannte Schrankentrias erfüllen. § 108 Abs. 1 GO Nds nennt sowohl die wirtschaftliche Betätigung in S. 1 als auch die Errichtung, Übernahme und wesentliche Erweiterung eines Unternehmens in S. 2.

887 *Cronauge*, in: Rehn/Cronauge, GO NW, § 107, S. 10.

888 Vgl. Art. 87 Abs. 1 S. 1, 86 BayGO.

889 *Schmidt-Aßmann, in: ders.*, Besonderes Verwaltungsrecht, Rn. 118; *Tettinger*, NWVBl. 1989, S. 8; a.A. *Erichsen*, Kommunalrecht, S. 269, der ähnlich dem Wettbewerbsrecht unter wirtschaftlicher Betätigung „jede auf die Beteiligung am Wirtschaftsverkehr gerichtete Vorkehrung von gewisser Dauer" versteht.

890 *Waechter*, Kommunalrecht, Rn. 600; *Schmid*, in: Faiss u.a., Wirtschaftsrecht, Rn. 879; Ebenfalls auf die Möglichkeit des Betriebs durch Private abstellend *Gern*, Kommunalrecht, Rn. 725. A.A. *Schmidt-Jortzig*, HkWP, S. 53 ff.; *ders.*, Kommunalrecht, Rn. 664 f. der die Gewinnerzielungsabsicht durch die Kriterien der Wertschöpfung, Fremdbedarfsdeckung und kaufmännischen Geschäftsführung ersetzen will, die teilweise noch durch zusätzliche Merkmale konkretisiert werden. *Erichsen*, Kommunalrecht, S. 269 beschreibt wirtschaftliche Unternehmen in Anlehnung an seine Definition der wirtschaftlichen Betätigung (s. Fn. 889) als Personen- und Sachgesamtheiten von gewisser Dauer, die auf die Beteiligung am Wirtschaftsverkehr gerichtet sind. Eine Übersicht weiterer Definitionen wirtschaftlicher Unternehmen gibt *Schnaudigel*, Nichtwirtschaftliche Unternehmen, S. 122 ff.

weise für Wirtschaftsbetriebe verwendet wird, werden im folgenden wirtschaftliche Einrichtungen als Unternehmen und nichtwirtschaftliche Einrichtungen als Einrichtungen bezeichnet. Diese Unterscheidung von (wirtschaftlichen) Unternehmen und (nichtwirtschaftlichen) Einrichtungen liegt auch der niedersächsischen[891] und nordrhein-westfälischen[892] Gemeindeordnung zugrunde.

Auf das Kriterium der Gewinnerzielungsabsicht eines Privaten[893] aus der vorläufigen Ausführungsanweisung zu § 67 DGO (1935) wurde und wird zurückgegriffen, weil bis in die neunziger Jahre keine Kommunalverfassung die wirtschaftliche Betätigung oder das wirtschaftliche Unternehmen definierte. Erst dann wurden Legaldefinitionen der wirtschaftlichen Betätigung von Kommunen in § 107 GO NW und § 100 GO Bbg eingefügt. Aber auch diese Normen haben das Merkmal der Gewinnerzielungsabsicht aufgegriffen. So definiert § 107 Abs. 1 S. 3 GO NW: „Als wirtschaftliche Betätigung ist der Betrieb von Unternehmen zu verstehen, die als Hersteller, Anbieter oder Verteiler von Gütern oder Dienstleistungen am Markt tätig werden, sofern die Leistung ihrer Art nach auch von einem Privaten mit der Absicht der Gewinnerzielung erbracht werden könnte." Nahezu wortgleich lautet § 100 Abs. 1 GO Bbg: „Wirtschaftliche Betätigung im Sinne dieses Gesetzes ist das Herstellen, Anbieten oder Verteilen von Gütern, Dienstleistungen oder vergleichbaren Leistungen, die ihrer Art nach auch mit der Absicht der Gewinnerzielung erbracht werden könnten."[894]

II. Angelegenheiten der örtlichen Gemeinschaft

Nach § 100 Abs. 2 GO Bbg und § 108 Abs. 1 S. 1 GO Nds dürfen sich Kommunen ausdrücklich nur „zur Erledigung von Angelegenheiten der örtlichen Gemeinschaft" wirtschaftlich betätigen. In anderen Bundesländern regeln die Zuständigkeitsnormen der Gemeinden in der Gemeindeordnung[895] oder in der Landesverfassung[896], daß Kommunen nur örtliche Angelegenheiten wahrnehmen dürfen. Daß Kommunen nur für die Angelegenheiten der örtlichen Gemeinschaft zuständig sind, sofern sie nicht ihnen durch Gesetz übertragene Aufgaben wahrnehmen, gilt gemäß Art. 28 Abs. 2 S. 1 GG außerdem in den Ländern auch

891 Vgl. § 109 Abs. 1, § 108 Abs. 1 GO Nds.
892 Vgl. § 108 Abs. 1 S. 1, § 107 Abs. 2 S. 1 GO NW.
893 Zu dessen Geschichte *Schmidt-Jortzig*, HkWP, S. 53.
894 Identisch definiert *Gern*, Kommunalrecht, Rn. 718 die wirtschaftliche *Betätigung* von Kommunen; zu seiner Definition wirtschaftlicher *Unternehmen* s. Fn. 890.
895 Vgl. nur Art. 1 S. 1 GO Bay; § 2 Abs. 1 GO BW.
896 Vgl. nur Art. 11 Abs. 2 S. 2 Verf Bay; Art. 71 Abs. 1 S. 2 Verf BW.

unmittelbar.[897] Somit hat die Erwähnung der Angelegenheiten der örtlichen Gemeinschaft in gemeindewirtschaftsrechtlichen Zulässigkeitsnormen nur deklaratorische Bedeutung.[898]

Gemäß § 107 Abs. 1 S. 1 GO NW und § 96 Abs. 1, § 97 Abs. 1 S. 1 GO Sachs dürfen sich Gemeinden nur „zur Erfüllung ihrer Aufgaben" wirtschaftlich betätigen. Zu den Aufgaben von Kommunen zählen zunächst die Selbstverwaltungsangelegenheiten des eigenen Wirkungskreises. Diese sind den Gemeinden gemäß §§ 2, 1 Abs. 1 S. 2 GO NW und § 2 Abs. 1 GO Sachs einfachgesetzlich, gemäß Art. 78 Abs. 1 Verf NW und Art. 82 Abs. 2 Verf Sachs landesverfassungsrechtlich sowie gemäß Art. 28 Abs. 2 S. 1 GG grundgesetzlich zugewiesen. Zu den Aufgaben der Gemeinden zählen aber neben den genannten Selbstverwaltungsaufgaben gemäß § 2 Abs. 2 GO NW und § 2 Abs. 2 GO Sachs auch die Aufgaben des übertragenen Wirkungskreises. Durch die Aufnahme des Tatbestandsmerkmals „zur Erfüllung ihrer Aufgaben" hat der sächsische und nordrhein-westfälische Gesetzgeber die Gemeinden berechtigt, nicht nur zur Erledigung von Aufgaben des eigenen, sondern auch zur Erfüllung von Aufgaben des übertragenen Wirkungskreises wirtschaftlich tätig zu werden.[899] Ob diese Ergänzung praktische Bedeutung erlangen wird, dürfte davon abhängen, ob sich unter den vielfältigen Aufgaben, die Bund und Land den Kommunen in Sachsen und Nordrhein-Westfalen übertragen haben, auch solche befinden, die sich dazu eignen, durch wirtschaftliche Unternehmen wahrgenommen zu werden.

Somit kann festgehalten werden, daß Kommunen außerhalb des Kreises der ihnen gesetzlich von Bund und Ländern übertragenen Aufgaben nur berechtigt sind, Angelegenheiten der örtlichen Gemeinschaft wahrzunehmen. Dies gilt letztlich aufgrund von Art. 28 Abs. 2 S. 1 GG auch in den Ländern, deren gemeindewirtschaftsrechtliche Zulässigkeitsnormen das Tatbestandsmerkmal „Angelegenheiten der örtlichen Gemeinschaft" nicht noch einmal ausdrücklich wiederholen.

---

897 *Cronauge*, StuGR 1994, S. 313.

898 *Held*, in: ders. u.a., KVR NW, § 107, Tz. 4.1 zum Tatbestandsmerkmal der Angelegenheiten der örtlichen Gemeinschaft in § 107 Abs. 1 S. 1 GO NW a.F.

899 Der nordrhein-westfälische Gesetzgeber gibt in der amtlichen Begründung des 1. ModernG v. 15.6.1999 (LT NW, Drs. 12/3730, S. 108) keine Erklärung dafür, warum er das bisherige Tatbestandsmerkmal des § 107 Abs. 1 S. 1 GO NW „zur Erledigung von Angelegenheiten der örtlichen Gemeinschaft" durch die Formulierung „zur Erfüllung ihrer [das heißt der gemeindlichen, d.Verf.] Aufgaben" ersetzt hat.

III. Der öffentliche Zweck

Gemeinden dürfen sich wirtschaftlich nur dann betätigen, wenn ein öffentlicher Zweck die Betätigung rechtfertigt oder erfordert.[900] Diese Voraussetzung ist in allen Kommunalverfassungen der Länder enthalten.[901]

1. Definition

Ein öffentlicher Zweck erfordert eine Wirtschaftstätigkeit, wenn diese dem Gemeinwohl der Einwohnerschaft dient.[902] Öffentlicher Zweck im Sinne der Kommunalverfassungen ist damit, das Gemeinwohl der Einwohner einer Gemeinde zu fördern. Dies ergibt sich in den Bundesländern, wo als Aufgabe der Gemeinden festgelegt ist, das Wohl ihrer Einwohner zu fördern,[903] bereits aus dem gesetzessystematischen Zusammenhang.

Häufig wird auch die Formel gebraucht, ein öffentlicher Zweck rechtfertige eine wirtschaftliche Betätigung, wenn die Leistungen des gemeindlichen Unternehmens räumlich und sachlich im Aufgabenbereich der Gemeinde liegen und

---

900 § 102 Abs. 1 Nr. 1 GO BW; Art. 87 Abs. 1 S. 1 Nr. 1 GO Bay; § 100 Abs. 2 Nr. 1 GO Bbg; § 121 Abs. 1 Nr. 1 GO Hess; § 68 Abs. 1 Nr. 1 KV MV; § 108 Abs. 1 S. 2 Nr. 1 GO Nds; § 107 Abs. 1 S. 1 Nr. 1 GO NW; § 85 Abs. 1 Nr. 1 GO RP; § 108 Abs. 1 Nr. 1 KSVG Saarl; § 97 Abs. 1 S. 1 Nr. 1 GO Sachs; § 116 Abs. 1 Nr. 1 GO Sa-Anh; § 101 Abs. 1 Nr. 1 GO SH; § 71 Abs. 1 Nr. 1 KO Thür.

901 Dabei haben die Begriffe „rechtfertigen" und „erfordern" keine abweichende inhaltliche Bedeutung. Deshalb wird im folgenden nur noch das Verb „rechtfertigen" gebraucht, das die Kommunalverfassungen am häufigsten verwenden. Die bisher in Nordrhein-Westfalen gelegentlich gebrauchten leicht abweichenden Formulierungen dürften im wesentlichen darauf zurückgehen, daß es gemäß § 107 Abs. 1 S. 1 Nr. 1 lit. a a.F. ein *dringender* öffentlicher Zweck war, der die Betätigung erfordern mußte. Nach Gern, Kommunalrecht BW, Rn. 392 soll ein öffentlicher Zweck schon gegeben sein, „wenn sich das Unternehmen an den Bedürfnissen der Einwohner in der Gemeinde *orientiert* [Hervorhebung des Verf.]".

902 VerfGH RP, Urt. v. 28.3.2000 – VGH N 12/98 -, DVBl. 2000, S. 994; *Hidien*, Öffentliche Zweckbindung, S. 45; *Erichsen*, Kommunalrecht, S. 280; *Schmidt-Jortzig*, in: HkWP, S. 58; *Ehlers*, DVBl. 1998, S. 498; *Henneke*, NdsVBl. 1999, S. 2.

903 Vgl. § 1 Abs. 1 GO NW: "Die Gemeinden sind die Grundlage des demokratischen Staatsaufbaues. Sie *fördern das Wohl der Einwohner* in freier Selbstverwaltung durch ihre von der Bürgerschaft gewählten Organe [Hervorhebung des Verf.]"; *Katz*, in: Kunze u.a., GO BW, § 102, Rn. 33.

eine im öffentlichen Interesse gebotene Versorgung der Einwohner bezwecken.[904]

Daß die Leistungen im räumlichen und sachlichen Zuständigkeitsbereich der Gemeinde liegen müssen, weist dabei lediglich darauf hin, daß eine Kommune sich auch wirtschaftlich nur dann betätigen darf, wenn sie Angelegenheiten der örtlichen Gemeinschaft im Sinne von Art. 28 Abs. 2 S. 1 GG erledigt. Die Formulierung, die Leistungen des gemeindlichen Unternehmens müßten räumlich und sachlich im Aufgabenbereich der Gemeinde liegen, ist im Rahmen einer Definition des öffentlichen Zwecks überflüssig, weil bereits Art. 28 Abs. 2 S. 1 GG die Gemeinden auf die Wahrnehmung örtlicher Angelegenheiten beschränkt.

Damit bleibt das Tatbestandsmerkmal übrig, daß die wirtschaftliche Betätigung eine im öffentlichen Interesse der Einwohner gebotene Versorgung bezwecken muß. Zwischen dem „öffentlichen Interesse der Einwohner" und dem „Gemeinwohl der Einwohner" besteht kein inhaltlicher Unterschied. Somit ist die Definition, bei einer wirtschaftlichen Betätigung müßten die Leistungen des gemeindlichen Unternehmens räumlich und sachlich im Aufgabenbereich der Gemeinde liegen und eine im öffentlichen Interesse gebotene Versorgung der Einwohner bezwecken, letztlich inhaltsgleich mit der sprachlich wesentlich einfacheren Fassung, die fragliche Betätigung müsse dem Gemeinwohl der Einwohner dienen.

Definitionsbestandteile der Art, eine wirtschaftliche Betätigung müsse „eine Versorgung der Einwohner bezwecken", sind auch deswegen problematisch, weil nicht jedes Produkt und jede Dienstleistung bereits dadurch dem öffentlichen Interesse oder Gemeinwohl dient, daß die Versorgung von Einwohnern bezweckt, also Einwohnern angeboten wird. So könnte eine Gemeinde wohl kaum begründen, die Versorgung der örtlichen Bevölkerung etwa mit Lottoscheinen diene einem öffentlichen Zweck. Daher ist genau zwischen dem Gegenstand einer wirtschaftlichen Betätigung (zum Beispiel Versorgung der Bevölkerung mit Strom, Gas oder Wasser) und dem Zweck dieser Betätigung (zum Beispiel Umweltverträglichkeit oder Krisensicherheit) zu unterscheiden.[905] Demnach besteht für das Angebot eines gemeindlichen Unternehmens ein öffentliches Interesse nicht bereits dann, wenn dieses Unternehmen eine Versorgung von Einwohnern betreibt.

Den Gemeindeeinwohnern sind nach der Definition örtlicher Angelegenheiten im Sinne von Art. 28 Abs. 2 S. 1 GG durch das Bundesverfassungsgericht Interessen gemeinsam, die „das Zusammenleben und -wohnen der Menschen in der

904 *Innenministerkonferenz*, Wirtschaftliche Betätigung, S. 22; *Cronauge*, Kommunale Unternehmen, Rn. 464; *Henneke*, NdsVBl. 1999, S. 2; für eine Begrenzung des öffentlichen Zwecks wirtschaftlicher Betätigungen durch den Gebietsbezug auch *Oebbecke*, ZHR 164 (2000), S. 382.

905 *Püttner*, Öffentliche Unternehmen, S. 52 f.

Gemeinde betreffen".[906] Wenn also der öffentliche Zweck des Gemeindewirtschaftsrechts als Gemeinwohl der Einwohnerschaft oder als öffentliches Interesse der Einwohner definiert wird, so ist er nichts anderes als ein Interesse, welches das Zusammenleben und -wohnen der Menschen in der Gemeinde betrifft. Nach diesen Definitionen stellt also das gemeindewirtschaftsrechtliche Tatbestandsmerkmal des öffentlichen Zwecks keine anderen inhaltlichen Anforderungen an eine wirtschaftliche Betätigung als die verfassungsrechtliche Voraussetzung der Angelegenheiten der örtlichen Gemeinschaft.[907] Für die Prüfung kommunaler Wirtschaftsaktivitäten hat dies die Konsequenz, daß Interessen, die Angelegenheiten der örtlichen Gemeinschaft im Sinne von Art. 28 Abs. 2 S. 1 GG darstellen, gleichzeitig auch den öffentlichen Zweck im Sinne des Gemeindewirtschaftsrechts begründen.[908]

Erforderlich ist außerdem, daß die Lieferungen und Leistungen der Gemeinde dem öffentlichen Zweck unmittelbar und nicht erst mittelbar durch die Einnahmen und Gewinne des Unternehmens dienen muß.[909] Der häufig bemühte Zweck „Bekämpfung der Arbeitslosigkeit" rechtfertigt beispielsweise eine wirtschaftliche Dienstleistung nur dann, wenn diese direkt Arbeitslosigkeit beseitigt. Dies geschieht in kommunalen Beschäftigungsgesellschaften, die den Unternehmenszweck verfolgen, Langzeitarbeitslose oder arbeitslose Jugendliche weiterzubilden, damit sie später einen Arbeitsplatz finden können.[910] Wenn dagegen eine Leistungserbringung nur die wirtschaftliche Situation des öffentlichen Anbieters verbessert und diesem erst dadurch ermöglicht, neue Arbeitskräfte einzustellen, so dient die wirtschaftliche Betätigung nicht unmittelbar der Bekämpfung von Arbeitslosigkeit. So verbessern Telekommunikationsdienstleistungen nicht unmittelbar die Arbeitsmarktlage. Auch rechtfertigt der Erhalt von Arbeitsplätzen in kommunalen Versorgungsunternehmen nicht die Erschließung neuer Geschäftsfelder.

---

906 S. S. 164.

907 Im Ergebnis so auch *Köhler*, VR 2000, S. 48; Der VerfGH RP, Urt. v. 28.3.2000 - VGH N 12/98 -, DVBl. 2000, S. 994 leitet in gleicher Weise den öffentlichen Zweck i.S.v. § 85 GO RP, das gemeinsame Wohl der Einwohner zu fördern, aus der landesverfassungsrechtlichen Selbstverwaltungsgarantie des Art. 49 LVerf RP her, dessen Selbstverwaltungsangelegenheiten es zuvor (S. 992) ebenfalls wie das BVerfG definiert; Vgl. auch *Innenministerkonferenz*, Wirtschaftliche Betätigung, S. 22, wonach bei der Prüfung des öffentlichen Zwecks die Beschränkung der Gemeinden auf den örtlichen Wirkungskreis zu berücksichtigen sei und sich beide Prüfungsbereiche überschnitten.

908 *Held*, in: ders. u.a., KVR NW, § 107, S. 11; *Pielow*, NWVBl. 1999, S. 376.

909 BVerfG, Beschl. v. 8.7.1982 - 2 BvR 1187/80 -, BVerfGE 61, 82/107; *Erichsen*, Kommunalrecht, S. 280; *Innenministerkonferenz*, Wirtschaftliche Betätigung, S. 23.

910 *Henneke*, NdsVBl. 1999, S. 3.

In engem Zusammenhang mit dem Unmittelbarkeitserfordernis steht die in jüngster Zeit wieder verstärkt diskutierte Frage, ob die Einnahmeerzielung als vorrangige[911] oder sogar alleinige[912] Zielsetzung einen gemeindewirtschaftsrechtlichen öffentlichen Zweck darstellt.[913] Darauf wird jedoch nur dann einzugehen sein, falls die zu prüfenden energieeffizienten Dienstleistungen nicht durch andere Zwecke gerechtfertigt sein sollten. Inwieweit gemeindliche Wirtschaftsbetätigungen schließlich durch einen öffentlichen Zweck gerechtfertigt werden, wenn es sich um in der Regel geringfügige Randnutzungen vorhandener Kapazitäten handelt,[914] braucht nachfolgend nicht aufgegriffen zu werden, da Gegenstand dieser Untersuchung die gezielte und dauerhafte Erschließung ganzer neuer Geschäftsfelder ist.

2. *Beispiele öffentlicher Zwecke*

Eine abschließende Positivbestimmung des Kreises öffentlicher Zwecke gemeindewirtschaftlicher Aktivitäten ist nicht möglich. Als Zwecke kommunaler Wirtschaftsaktivitäten werden ebenso wie für wirtschaftliche Betätigungen auch anderer Hoheitsträger jedoch häufig genannt: Wettbewerbsbeeinflussung[915] und Monopolkontrolle[916], Wirtschaftsförderung,[917] Sozialpolitik,[918] Arbeitsplatzsiche-

---

911 *Schmidt-Jortzig*, in: HkWP, S. 58 f. mit umfangreichen Nachweisen.

912 BVerwG, Urt. v. 22.2.1972 - I C 24.69 - (Kommunales Bestattungswesen), BVerwGE 39, 329/334; *Ehlers*, DVBl. 1998, S. 499 f.; *Cronauge*, Kommunale Unternehmen, Rn. 466.

913 Neuerdings wird insbesondere angesichts der kommunalen Finanznot und der Auswirkungen des sogenannten "neuen Steuerungsmodells" vertreten, § 107 GO NW schließe die Einnahmeerzielung als öffentlichen Zweck nicht aus (*Otting*, Neues Steuerungsmodell, S. 112 ff., 218; ähnlich *Moraing*, GemHH 1998, S. 224, der feststellt, die hergebrachte Ablehnung des erwerbswirtschaftlichen Motivs erscheine zumindest fraglich; die Ausgrenzung der Einnahmeerzielung aus dem öffentlichen Zweck ausdrücklich ablehnend *Dickersbach*, WiVerw 1983, S. 199 f.). Für die weit überwiegende Ansicht s. nur *Ehlers*, DVBl. 1998, S. 499 f. und grundlegend Hidien, Gemeindliche Betätigungen rein erwerbswirtschaftlicher Art und „öffentlicher Zweck“ kommunaler wirtschaftlicher Unternehmen, S. 138 ff.

914 *Innenministerkonferenz*, Wirtschaftliche Betätigung, S. 26; *Moraing*, Möglichkeiten und Grenzen, S. 19 ff.; verschiedene Konstellationen der Kapazitätsauslastung und gewinnorientierten Nebentätigkeit unterscheidend *Henneke*, NdsVBl. 1999, S. 3 ff.; hierzu auch *Ehlers*, DVBl. 1998, S. 500 f.

915 *Ehlers*, DVBl. 1998, S. 499; *Moraing*, GemHH 1998, S. 224.

916 *Püttner*, Öffenliche Unternehmen, S. 56.

917 *Innenministerkonferenz*, Wirtschaftliche Betätigung, S. 24; *Püttner*, Öffenliche Unternehmen, S. 53; *Ehlers*, DVBl. 1998, S. 499; *Moraing*, GemHH 1998, S. 224.

rung[919] und Bekämpfung der Arbeitslosigkeit[920], Städtebau und Wohnungsversorgung[921], Verbesserung des Umweltschutzes[922] und andere.

Dabei ist jedoch darauf zu achten, daß die genannten Zwecke im Einzelfall tatsächlich dem Gemeinwohl und nicht nur Individualinteressen einzelner Bürger oder Unternehmen dienen.[923] So ist beispielsweise darauf zu achten, daß mit der Arbeitsplatzsicherung, der Wirtschaftsförderung oder der Verbesserung der Infrastruktur keine Maßnahmen begründet werden, die lediglich einzelnen Unternehmen oder Investoren Vorteile bringen. Insofern können Feststellungen, eine öffentliche Zwecksetzung sei „jedenfalls *immer dann zu bejahen*, wenn einzelne Maßnahmen der Verbesserung der örtlichen Infrastruktur, der Wirtschaftsförderung, der Wettbewerbssicherung, der Arbeitsplatzsicherung ... zu dienen bestimmt sind [Hervorhebung des Verf.]“[924], zu vorschnellen Schlüssen verleiten. Stattdessen bleibt für jede konkrete gemeindliche Wirtschaftsbetätigung darzulegen, ob sie dem Allgemeinwohl gerade der Gemeindeeinwohner dient.

3. *Beurteilungsspielraum*

Für die Bestimmung, welchen öffentlichen Zwecken eine wirtschaftliche Betätigung dienen soll, ist die demokratisch gewählte Gemeindevertretung zuständig. Dabei hat sie den unbestimmten Rechtsbegriff des öffentlichen Zwecks zu konkretisieren. Es handelt sich hierbei um eine Frage sachgerechter Kommunalpolitik, die, wie jedes wirtschaftliche Handeln, in starkem Maße von Zweckmäßigkeitsüberlegungen bestimmt werde.[925] Deshalb verfügt die Kommune bei der Bestimmung des öffentlichen Zwecks über einen Beurteilungsspielraum.[926] Steht

---

918 *Innenministerkonferenz*, Wirtschaftliche Betätigung, S. 24; *Püttner*, Öffenliche Unternehmen, S. 53; *Ehlers*, DVBl. 1998, S. 499.

919 *Moraing*, GemHH 1998, S. 224.

920 *Ehlers*, DVBl. 1998, S. 499.

921 *Innenministerkonferenz*, Wirtschaftliche Betätigung, S. 24.

922 *Ehlers*, DVBl. 1998, S. 499.

923 *Dickersbach*, WiVerw 1983, S. 200 begründet den Umstand, daß sich häufig Sonderinteressen auf das öffentliche Interesse berufen, mit der Weite dieses Begriffs.

924 *Cronauge*, GemHH 1998, S. 133; *Moraing*, GemHH 1998, S. 224.

925 BVerwG, Urt. v. 22.2.1972 - I C 24.69 - (Kommunales Bestattungswesen), BVerwGE 39, 329/334; *Cronauge*, Kommunale Unternehmen, Rn. 467; *Innenministerkonferenz*, Wirtschaftliche Betätigung, S. 23 f.; OVG Münster, Urt. v. 15.12.1994 - 9 A 2251/93 -, StuGR 1995, 191/192 zum Parallelbegriff des "wichtigen Interesses" im Sinne von § 108 I Nr. 2 GO NW.

926 BVerwG, Urt. v. 22.2.1972 - I C 24.69 - (Kommunales Bestattungswesen), BVerwGE 39,329/334; *Innenministerkonferenz*, Wirtschaftliche Betätigung,

der Verwaltung bei der Konkretisierung unbestimmter Rechtsbegriffe ein Beurteilungsspielraum zu, so dürfen Aufsichtsbehörden und Gerichte die Rechtmäßigkeit der gemeindlichen Entscheidung lediglich auf Beurteilungsfehler das heißt letztlich besonders schwerwiegende Fehler überprüfen. Zu diesen zählt, daß die Gemeinde den Sachverhalt fehlerhaft ermittelt oder die Zwecke einer Betätigung überhaupt nicht erwogen hat.[927] Auch grundlegende logische Fehler bei der Beurteilung können beanstandet werden. Nach dem Verfassungsgerichtshof Rheinland-Pfalz dürften die Verwaltungsgerichte lediglich überprüfen, ob Gemeinden den Sachverhalt vollständig ermittelt haben, von einem richtigen Verständnis der anzuwendenden Norm ausgehen und ihre Entscheidung vertretbar darlegen.[928]

Dies führt dazu, daß die Voraussetzung des öffentlichen Zwecks den Gemeinden eine Begründungslast für ihr Vorliegen auferlegt und die Kommunalaufsicht und die Gerichte auf eine Plausibilitätskontrolle dieser Begründung beschränkt.[929] Damit steht den Gemeinden zwar ein weiter Beurteilungsspielraum zu. Dieser enthebt die Kommunen aber nicht der Pflicht, zu beurteilen und zu begründen, welchem öffentlichen Zweck ihre Wirtschaftsbetätigung dient.[930]

4. *Die Subsidiarität der kommunalen Wirtschaftsbetätigung als Bestandteil des öffentlichen Zwecks*

Sowohl § 67 Abs. 1 Nr. 3 DGO als auch dessen Nachfolgeregelungen in den meisten Kommunalverfassungen der Länder enthalten Subsidiaritätsklauseln oder Funktionssperren, deren Anforderungen sich allerdings in den Ländern unterscheiden.[931] Danach dürfen sich Gemeinden nur dann wirtschaftlich betätigen, wenn der mit der Betätigung verfolgte öffentliche Zweck entweder durch andere nicht besser und wirtschaftlicher[932] oder zumindest nicht genauso gut und wirt-

---

S. 23 f.; *Hill*, BB 1997, S. 429; *Schmidt-Jortzig*, in: HkWP, S. 57; *Henneke*, NdsVBl. 1999, S. 3.

927 *Schmidt-Jortzig*, in: HkWP, S. 60; *Moraing*, Möglichkeiten und Grenzen, S. 34.

928 VerfGH RP, Urt. v. 18.3.2000 - VGH N 12/98 -, DVBl. 2000, S. 995 f.

929 *Pünder*, DVBl. 1997, S. 1358; *Katz*, in: Kunze u.a. GO BW, § 102, Rn. 38.

930 *Schmidt-Jortzig*, in: HkWP, S. 57.

931 Zu den Subsidiaritätsklauseln ausführlich S. 286 ff.

932 Art. 87 Abs. 1 S. 1 Nr. 4 GO Bay; § 68 Abs. 1 Nr. 3 KV MV; § 107 Abs. 1 S. 1 Nr. 3 GO NW; § 108 Abs. 1 S. 2 Nr. 3 GO Nds; § 108 Abs. 1 Nr. 3 KSVG Saarl; § 97 Abs. 1 S. 1 Nr. 3 GO Sachs; § 116 Abs. 1 Nr. 3 GO Sa-Anh; § 101 Abs. 1 Nr. 3 GO SH.

schaftlich[933] erfüllt wird oder erfüllt werden kann. Positiv formuliert bedeutet dies, daß sich Kommunen nur dann wirtschaftlich betätigen dürfen, wenn sie den fraglichen Zweck genauso gut und wirtschaftlich oder, in den restlichen Ländern, mindestens besser oder wirtschaftlicher als andere erreichen. „Andere" im Sinne der Subsidiaritätsklauseln sind andere Unternehmen ebenso wie andere Verwaltungsträger. Gleichwohl werden als Vergleichsmaßstab in der Regel nur private Unternehmen herangezogen, so daß gemäß den Subsidiaritätsklauseln regelmäßig nur die Leistungen des fraglichen kommunalen Unternehmens und privater Unternehmen verglichen werden.

Die hessische Gemeindeordnung enthält keine derartige Subsidiaritätsklausel. In Nordrhein-Westfalen fehlte eine solche bis zum 14.7.1999.[934]

Jedoch könnte ein Subsidiaritätsgedanke des Inhalts, daß sich Kommunen nur dann wirtschaftlich betätigen dürfen, wenn sie den Zweck dieser Betätigung mindestens genauso gut und wirtschaftlich wie private Unternehmen erfüllen, zu den Zwecken der gemeindewirtschaftsrechtlichen Zulässigkeitsnormen zählen und im Rahmen des öffentlichen Zwecks zu prüfen sein.[935] Eine solche Auslegung geht davon aus, daß die Subsidiarität ein ungeschriebener Bestandteil des Tatbestandsmerkmals öffentlicher Zweck ist. Entsprechend könnte man davon ausgehen, daß ein Tätigwerden einer Gemeinde nicht dem Gemeinwohl der Einwohner dienen könne, wenn private Unternehmen die fragliche Aufgabe gleich gut und wirtschaftlich wahrnehmen können.[936] In diesem Fall einer Leistungsparität oder -überlegenheit privater Konkurrenten würde eine gemeindliche Wirtschaftsbetätigung nicht durch einen öffentlichen Zweck im Sinne der Gemeindeordnungen gerechtfertigt.[937] Bei einer solchen Auslegung würde letztlich das Tatbestandsmerkmal des öffentlichen Zwecks die fehlenden Subsidiaritätsklauseln ersetzen. Ob eine Auslegung der entsprechenden Normen tatsächlich zu einem solchen Ergebnis führt, ist für die Gemeindeordnungen Hessens [a)] sowie Nordrhein-Westfalens [b)] zu untersuchen.

---

933 § 85 Abs. 1 Nr. 3 GO RP; § 71 Abs. 1 Nr. 3 S. 1 KO Thür; sprachlich abweichend § 100 Abs. 3 S. 1 GO Bbg.

934 Gem. Art. 22 S. 1 Erstes Modernisierungsgesetz NW trat unter anderem auch die in Art. 1 Nr. 8 Erstes ModernG NW enthaltene Subsidiaritätsklausel am Tag nach der Gesetzesverkündung am 13.7.1999 in Kraft.

935 So *Katz*, in: Kunze u.a., GO BW, § 102, Rn. 13, 37.

936 *Schmidt-Jortzig*, in: HkWP, S. 61.

937 *Ehlers*, DVBl. 1998, S. 501; *Schmidt-Jortzig*, in: HkWP, S. 61; *Erichsen*, Kommunalrecht, S. 280; *Pünder*, DVBl. 1997, S. 1359; *Stern/Püttner*, Gemeindewirtschaft, S. 73.

a) Hessen

Der Wortlaut des § 121 Abs. 1 Nr. 1 GO Hess spricht wie auch in den anderen Kommunalverfassungen nur davon, daß sich eine Gemeinde dann wirtschaftlich betätigen darf, „wenn der öffentliche Zweck das Unternehmen rechtfertigt." Auch dem Begriff des öffentlichen Zwecks kann nicht unmittelbar entnommen werden, daß ein solcher nur dann vorliegt, wenn private Unternehmen diesen schlechter oder unwirtschaftlicher erfüllen. Deshalb bietet der Wortlaut der genannten Norm keinen Anhaltspunkt dafür, daß das Tatbestandsmerkmal des öffentlichen Zwecks ein Subsidiaritätsgebot enthält.

In gesetzessystematischer Hinsicht sind keine Normen der hessischen Gemeindeordnung ersichtlich, denen man ein Subsidiaritätsgebot des dargestellten Inhalts entnehmen könnte.

Die gemeindewirtschaftsrechtlichen Zulässigkeitsregelungen in sämtlichen Ländern sind § 67 Abs. 1 DGO nachgebildet. Auch § 121 Abs. 1 GO Hess ist genauso wie § 67 Abs. 1 DGO aufgebaut und entspricht ihm fast vollständig wörtlich, indem dort als erste Voraussetzung die Rechtfertigung durch einen öffentlichen Zweck und als zweite Voraussetzung die Angemessenheit zu Bedarf und Leistungsfähigkeit genannt werden und beide Voraussetzungen schließlich bei der Errichtung oder wesentlichen Erweiterung eines wirtschaftlichen Unternehmens erfüllt werden müssen. Daher ist in entstehungsgeschichtlicher Hinsicht davon auszugehen, daß der hessische Gesetzgeber den Wortlaut des § 67 Abs. 1 DGO und auch die ausdrückliche Subsidiaritätsklausel in § 67 Abs. 1 Nr. 3 DGO kannte. Außerdem dürfte er sich auch darüber im klaren gewesen sein, daß die meisten Kommunalverfassungen in den anderen Ländern Subsidiaritätsklauseln ebenfalls als eigenständige Tatbestandsmerkmale enthielten. Daß er dieses Tatbestandsmerkmal letztlich dann doch nicht übernommen haben, deutet deshalb darauf hin, daß er eine entsprechende Regelung nicht treffen wollte. Entsprechend hat sich der hessische Gesetzgeber in der amtlichen Begründung auch ausdrücklich gegen eine Subsidiaritätsklausel ausgesprochen, weil diese unter anderem detaillierte Leistungsvergleiche erfordere und dadurch die Kommunalaufsichtsbehörden vor große praktische Schwierigkeiten stelle.[938]

Man mag den §§ 67 ff. DGO zugestehen, daß zu ihren Zielsetzungen auch ein wirtschaftspolitischer Normzweck des Inhalts gehörte „durch die Anbindung an einen öffentlichen Zweck soll[e] einer „ungezügelten" Erwerbstätigkeit der öffentlichen Hand vorgebeugt werden"[939]. So entstanden diese Normen als Reaktion auf eine sehr weitreichende und teilweise auch ruinöse Wirtschaftstätigkeit der

938 *Schneider/Dreßler/Lüll*, GO Hess, § 121, S. 11.
939 *Katz*, in: Kunze u.a., GO BW, § 102, Rn. 11 ff.

Kommunen während der Weimarer Republik. Es ist aber auch nicht schwer, aus solchen „wirtschaftspolitischen Zielsetzungen“ des § 67 Abs. 1 DGO ein Subsidiaritätsgebot abzuleiten, da diese Norm ohnehin eine ausdrückliche Subsidiaritätsklausel enthielt. Wenn man aber dann aus Entstehungsgeschichte und Zielsetzungen der §§ 67 DGO folgert, eine solche „wirtschaftspolitische Zielsetzung“ und „der Rechtsgedanke des Subsidiaritätsgrundsatzes“ gehöre auch zu den Zielsetzungen zum Beispiel des §§ 102 ff. GO BW a.F.,[940] ist das methodisch problematisch. Kommunen die wirtschaftliche Betätigung nur dann zu gestatten, wenn sie einen Leistungsvergleich mit privaten Konkurrenten bestehen, mag auch aus wirtschaftlichen Gründen vernünftig und sogar geboten sein. Eine solche wirtschaftliche Plausibilität reicht allerdings nicht aus, um aus der sehr allgemeinen Zielsetzung der gemeindewirtschaftsrechtlichen Zulässigkeitsnormen, die wirtschaftliche Betätigung der Kommunen zu beschränken, die recht konkrete Beschränkung abzuleiten, Kommunen dürften sich nur bei Leistungsgleichheit mit privaten Konkurrenten wirtschaftlich betätigen, und diese damit in Normen wie §121 ff. GO Hess rechtlich normiert zu behaupten.[941]

Daher ergibt die Auslegung nach Wortlaut, Systematik, Entstehungsgeschichte und Normzweck keine Anhaltspunkte dafür, daß die in § 121 GO Hess fehlende Subsidiaritätsklausel mittels des Tatbestandsmerkmals des öffentlichen Zwecks doch Bestandteil dieser Normen ist. Daher ist im Rahmen des öffentlichen Zwecks gemäß § 121 GO Hess nicht zu prüfen, ob eine Gemeinde den öffentlichen Zweck ihrer Wirtschaftsbetätigung mindestens genauso gut und wirtschaftlich wie andere erfüllt.[942]

---

940 *Katz*, in: Kunze u.a., GO BW, § 102, Rn. 9, 13

941 Dabei wird gelegentlich durchaus offen ergebnisorientiert argumentiert: „Wird im hiesigen Sinne die Funktionssperre verstanden als ein umfassender, *objektiv notwendiger Hebel* zur Niedrighaltung wirtschaftlicher Aktivitäten im Interesse der eigentlichen kommunalen Aufgabenerfüllung ... dann *müssen* diese Inhalte dort, wo wie in BaWü und He eine ausdrückliche Kautelisierung fehlt, bereits vom Merkmal der öffentlichen Zweckbindung *erbracht werden* [Hervorhebung des Verf.]“ (*Schmidt-Jortzig*, in: HkWP, S. 61).

942 VGH Mannheim, Beschl. v. 21.7.1982 - 1 S 746/82 -, NJW 1984/251/252; *Schoch*, DÖV 1993, S. 380; *Borchmann/Breithaupt/Viola*, Kommunalrecht in Hessen, S. 149; *Schneider/Dreßler/Lüll*, GO Hess, § 121, S. 11 f.; widersprüchlich *Schmid*, in: Faiss u.a. Kommunales Wirtschaftsrecht, S. 529 f., der eine Verpflichtung zur Subsidiaritätsprüfung annimmt, obwohl er feststellt, daß „die GemO Baden-Württemberg .. die in § 67 DGO enthaltene Bedingung, daß der Zweck des Unternehmens nicht besser und wirtschaftlicher durch einen anderen erfüllt werden kann, aus guten Gründen nicht mehr aufrechterhalten“ hat. Noch widersprüchlicher argumentiert *Henneke*, NdsVBl. 1999, S. 1 f., der bei fehlender Leistungsgleichheit das Kriterium der Zweckerforderlichkeit verneint, obwohl er dies zuvor als unzulässig beurteilt hat: „Manche Länder sehen gar keine ausdrücklich normierte Subsidiari-

b) Nordrhein-Westfalen bis 1999

Auch die Gemeindeordnung NW enthielt keine Subsidiaritätsklausel mehr, seit der Gesetzgeber im Jahr 1994 diese aus dem § 88 Abs. 1 Nr. 1 Nr. 2 GO NW a.F., der Vorgängerregelung des heutigen § 107 Abs. 1 S. 1 GO NW, entfernt hatte. Allerdings wurde im Jahr 1999 wieder eine Subsidiaritätsklausel in § 107 Abs. 1 S. 1 Nr. 3 GO NW eingefügt.[943]

Die damalige Auslegung, das Tatbestandsmerkmal des öffentlichen Zwecks enthalte eine Subsidiaritätsregelung, stützte sich auf die Formulierung dieser Regelung, die verlangte, daß „ein dringender öffentlicher Zweck das Unternehmen erfordert".[944] Daß der öffentliche Zweck ein *dringender* sein und das Unternehmen nicht nur „rechtfertigen", sondern *„erfordern"* mußte, legte erhöhte inhaltliche Anforderungen nahe und erleichterte, diese im Sinne einer Subsidiaritätsklausel auszulegen.[945]

Zur Streichung der bisherigen Subsidiaritätsklausel im Jahr 1994 führte der Gesetzgeber in der amtlichen Begründung des Gesetzes aus: „Die bisher in Absatz 1 Satz [!] Satz 1 Ziffer 2 enthaltene Zulassungsschranke, daß „der öffentliche Zweck durch andere nicht besser erfüllt wird oder erfüllt werden kann", wird aufgehoben. Die Feststellung, ob diese Voraussetzungen vorliegen, konnte von den Aufsichtsbehörden im Rahmen des Anzeigeverfahrens nicht oder nur mit erheblichem Aufwand (Vergleichsberechnungen und so weiter) getroffen werden."[946] Damit brachte der Gesetzgeber nicht nur durch die Abschaffung, sondern auch durch deren Begründung seinen Willen deutlich zum Ausdruck, daß wegen der praktischen Schwierigkeiten keine Subsidiaritätsprüfung mehr vorgenommen werden solle.[947] Entsprechend lehnte der Landtag im Gesetzgebungsverfahren einen Änderungsantrag ab, der die Beibehaltung und Verschärfung der bisher in § 88 Abs. 1 GO NW enthaltenen Subsidiaritätsklausel vorsah.[948] Den-

---

tätsklausel mehr vor. Hier ist der Versuch unternommen worden, diese Klausel über das Kriterium der Zweckerforderlichkeit in das Kommunalverfassungsrecht hineinzuinterpretieren. Auch wenn das in dieser Form unzulässig sein dürfte, ist festzustellen, daß sich in diesen Ländern durch den Wegfall der subsidiaritätsklausel nicht viel geändert hat. Wenn Private die Aufgabe besser und wirtschaftlicher erfüllen, fehlt es an der Erforderlichkeit kommunalwirtschaftlicher Betätigung, was den öfentlichen Zweck entfallen läßt."

943 Erstes Gesetz zur Modernisierung von Regierung und Verwaltung in Nordrhein-Westfalen (1. ModernG NRW) v. 15.6.1999, GVBl. NW, S. 386.

944 *Erichsen*, Kommunalrecht, S. 280; *Ehlers* DVBl. 1999, S. 501.

945 So *Ehlers* DVBl. 1999, S. 501.

946 LT NW, Drs. 11/4983, S. 25.

947 *Schönershofen/Binder-Falcke*, VR 1997, S. 113.

948 *Cronauge*, StuGR 1994, S. 313.

noch wurde diese, wie in Baden-Württemberg und Hessen dargestellt, in das verbliebene Tatbestandsmerkmal des öffentlichen Zwecks hineininterpretiert.[949]

Wenn seit einer Normgebung ein langer Zeitraum verstrichen ist, so verliert das entstehungsgeschichtliche Argument mit den Jahren an Bedeutung, weil sich über lange Zeiträume die zu regelnden Sachverhalte ändern und deshalb die Zwecke, die der Gesetzgeber verfolgte, nun unter veränderten Bedingungen erreicht werden müssen. Auch vermag die Entstehungsgeschichte einer Norm deren Wortlaut keinen neuen Sinn zu geben, sofern dieser eindeutig ist. Von beidem konnte hier keine Rede sein. Angesichts dieser Entstehungsgeschichte ist es kaum möglich, das Subsidiaritätskriterium durch Einbeziehung in das Tatbestandsmerkmals des öffentlichen Zwecks beizubehalten.[950]

Die Auslegung, der dringende öffentliche Zweck enthalte konkludent eine Subsidiarität, hat zumindest in Nordrhein-Westfalen, durchaus praktische Konsequenzen nach sich gezogen. So hat die Landesregierung NRW damit ihr Einschreiten gegen die Innovatio GmbH der Stadtwerke Düsseldorf AG begründet. Die Stadtwerke Düsseldorf AG hatte zusammen mit einem französischen Unternehmen die „Innovatio - Gesellschaft für modernes Gebäudemanagement mbH Düsseldorf" gegründet.[951] Diese Gebäudemanagement-Gesellschaft sollte laut ihrem Gesellschaftsvertrag in den Geschäftsbereichen Sicherheitstechnik, Elektroanlagen, Heizung/Klima, Sanitärtechnik und Aufzüge/Fördertechnik tätig sein. Die Handwerkskammer ging dagegen mit einer kommunalaufsichtsrechtlichen Beschwerde beim Innenministerium und beim Regierungspräsidenten Düsseldorf vor.[952] Auf eine Kleine Anfrage im Landtag antwortete die Landesregierung, aus der Formulierung § 107 Abs. 1 GO NW a.F., der damals keine ausdrückliche Subsidiaritätsklausel enthielt, folge der Vorrang privatwirtschaftlicher vor kommunalwirtschaftlicher Betätigung. Erforderlich sei die gemeindliche wirtschaftliche Betätigung nur dann, wenn das Angebot von privaten Unternehmen quantitativ oder qualitativ unzureichend ist.[953] Dagegen gebe es im Bereich des Gebäudemanagements ein funktionierendes privates Angebot, so daß eine Versor-

---

949 *Erichsen*, Kommunalrecht, S. 280; *Ehlers* DVBl. 1999, S. 501; *Pünder*, DVBl. 1997, S. 1359; abweichend der Ansatz von *Waechter*, Kommunalrecht, Rn. 608, der die allgemeine Geltung der Subsidiaritätsklauseln aus dem Verhältnismäßigkeitsgebot ableitet.

950 *Oebbecke*, StuGR 1995, S. 389; *Heinrichs/Schwabedissen*, StuGR 1998, S. 161; *Schönershofen/Binder-Falcke*, VR 1997, S. 113; *Moraing*, Der Städtetag 1997, S. 287; *Waechter*, Kommunalrecht, Rn. 607 betont, der nordrhein-westfälische Gesetzgeber habe den Kommunen mit der Abschaffung der Subsidiaritätsregelung mehr Raum zur wirtschaftlichen Betätigung schaffen wollen.

951 LT NW, Drs. 12/3161, S. 1.

952 LT NW, Drs. 12/3161, S. 1.

953 LT NW, Drs. 12/3161, S. 4.

gungslücke nicht drohe. Deshalb werde das Gebäudemanagement der Stadt Düsseldorf nicht von einem dringenden öffentlichen Zweck im Sinne von § 107 Abs. 1 S. 1 GO NW a.F. erfordert.[954] Entsprechend forderte das Innenministerium (oberste Kommunalaufsichtsbehörde) die Bezirksregierung Düsseldorf (unmittelbare Aufsichtsbehörde) auf, zu erreichen, daß die Stadtwerke Düsseldorf AG ihre Beteiligung an der Innovatio GmbH aufgebe.[955] Nachdem unter anderem Innungsverbände und Handwerksbetriebe des technischen Gebäudemanagements und des Sanitärhandwerks gegen die Geschäftstätigkeit der Innovatio GmbH geklagt haben, hat das Landgericht Düsseldorf diese verurteilt, ihre Betätigung im Gebäudemanagement zu unterlassen.[956]

Die Regelung des Jahres 1994 war jedoch nur eine begrenzte Zeit in Kraft, weil der Landesgesetzgeber nach harten Auseinandersetzungen, die sie vor allem mit den Handwerksverbänden um die Novellierung des Gemeindewirtschaftsrechts führte, im Jahr 1999 wieder eine Subsidiaritätsklausel in die Gemeindeordnung aufgenommen hat. Seitdem lautet § 107 Abs. 1 S. 1 GO NW: „Die Gemeinde darf sich zur Erfüllung ihrer Aufgaben wirtschaftlich betätigen, wenn ... 3. bei einem Tätigwerden ... außerhalb der Energieversorgung, der Wasserversorgung, des öffentlichen Verkehrs sowie des Betriebs von Telekommunikationsleitungsnetzen einschließlich der Telefondienstleistungen der öffentliche Zweck durch andere Unternehmen nicht besser und wirtschaftlicher erfüllt werden kann.“ Die Einführung dieser Subsidiaritätsklausel belegt das bereits angesprochene systematische Argument, daß bei Annahme einer Subsidiaritätsregelung im Rahmen des öffentlichen Zwecks einer ausdrücklichen Subsidiaritätsregelung innerhalb derselben Norm kein eigenständiger Regelungsgehalt mehr zukommen kann. Würde man an der Auslegung festhalten, innerhalb des Tatbestandsmerkmals des öffentlichen Zwecks sei zu prüfen, ob andere den fraglichen Zweck der Wirtschaftsbetätigung besser und wirtschaftlicher als die Kommune erfüllen, so würden sich sogar Wertungswidersprüche ergeben, weil die neue Subsidiaritätsklausel bestimmte Bereiche ausdrücklich von dieser Prüfung ausnimmt, was bei der bisherigen Auslegung nicht vorgesehen war.

So dürfte sich, vor allem auch angesichts dieser Änderungen, kaum noch begründen lassen, bereits das Tatbestandsmerkmal des öffentlichen Zwecks gemäß § 107 Abs. 1 S. 1 Nr. 1 GO NW habe dazu verpflichtet, zu vergleichen, wie

954 LT NW, Drs. 12/3161, S. 3.

955 LT NW, Drs. 12/3161, S. 3.

956 LG Düsseldorf, Urt. v. 26.7.2000 - 34 O 15/2000 -; Dieses Urteil ist nicht rechtskräftig, weil die Kläger gegen die erfolgreiche Berufung der Beklagten (OLG Düsseldorf, Urt. v. 29.5.2001 - 20 V 152/00, NWVBl. 2001, S. 443 ff.) Revision eingelegt haben.

kommunale und private Unternehmen den Zweck einer bestimmten Wirtschaftsbetätigung erfüllen können.[957]

IV. Angemessenheit der wirtschaftlichen Betätigung zur gemeindlichen Leistungsfähigkeit und zum voraussichtlichen Bedarf

Wirtschaftliche Betätigungen von Gemeinden müssen nicht nur von einem öffentlichen Zweck gerechtfertigt werden. Zusätzlich ist erforderlich, daß die Betätigung nach Art und Umfang in einem angemessenen Verhältnis zur Leistungsfähigkeit der Gemeinde [3.] und zum voraussichtlichen Bedarf [4.] steht.[958] Zuvor ist jedoch kurz auf die Bedeutung, die diesem Tatbestandsmerkmal bisher zugemessen wurde, [1.] sowie seine Abhängigkeit von den konkreten örtlichen Gegebenheiten einzugehen [2.].

1. Bedeutung des Tatbestandsmerkmals

Dem Tatbestandsmerkmal, daß kommunale Wirtschaftsaktivitäten nach Art und Umfang in angemessenem Verhältnis zur Leistungsfähigkeit der jeweiligen Gemeinde und dem voraussichtlichen Bedarf stehen müssen, wird nur wenig Aufmerksamkeit zuteil.[959] Neben dem „öffentlichen Zweck", dessen Unbestimmtheit Rechtswissenschaftler immer wieder zu Präzisierungsversuchen anspornt, und der Subsidiaritätsklausel, die als Demarkationslinie zwischen der öffentlichen und der privaten Wirtschaft von beiden Seiten jeweils argwöhnisch beäugt wird und entsprechend jurisitisch umstritten ist, führt die dritte Voraussetzung der Schrankentrias ein Schattendasein. Dies steht in einem gewissen Gegensatz zum breiten Interesse an den zunehmenden wirtschaftlichen Aktivitäten von Städten und Gemeinden. Eigentlich müßte sich dieses Interesse dann auch gleichmäßig auf die

---

957 Gegen eine Auslegung des öffentlichen Zwecks im Sinne einer Subsidiarität *Oebbecke*, StuGR 1995, S. 389; *Heinrichs/Schwabedissen*, StuGR 1998, S. 161; *Moraing*, Der Städtetag 1997, S. 287 vor Einfügung der Subsidiaritätsklausel in § 107 Abs. 1 S. 1 Nr. 3 GO NW.

958 § 102 Abs. 1 Nr. 2 GO BW; Art. 87 Abs. 1 S. 1 Nr. 2 GO Bay; § 100 Abs. 2 Nr. 2 GO Bbg; § 121 Abs. 1 Nr. 2 GO Hess; § 68 Abs. 1 Nr. 3 KV MV; § 108 Abs. 1 S. 2 Nr. 3 GO Nds; § 107 Abs. 1 S. 1 Nr. 2 GO NW; § 85 Abs. 1 Nr. 2 GO RP; § 108 Abs. 1 Nr. 2 KSVG Saarl; § 97 Abs. 1 S. 1 Nr. 2 GO Sachs; § 116 Abs. 1 Nr. 2 GO Sa-Anh; § 101 Abs. 1 Nr. 2 GO SH; § 71 Abs. 1 Nr. 2 KO Thür; dagegen verzichtet § 107 Abs. 1 S. 1 Nr. 2 GO NW darauf, die Angemessenheit auch zum voraussichtlichen Bedarf zu fordern.

959 *Ehlers*, DVBl. 1998, S. 503.

zentralen Voraussetzungen dieser Betätigung richten. Überraschen aber muß diese geringe Aufmerksamkeit angesichts der angespannten und teilweise sogar dramatischen Haushaltslage der Gemeinden.[960] Schließlich handelt es sich bei der Angemessenheit um eine Betätigungsschranke, die ausdrücklich die Leistungsfähigkeit der Gemeinde in Bezug nimmt. Einerseits entfacht die kommunale Finanznot eine neue Diskussion, ob die Einnahmeerzielung nicht doch als öffentlicher Zweck kommunale Wirtschaftsbetätigungen unmittelbar oder mittelbar rechtfertigen kann.[961] Daß dieselbe Finanznot andererseits für das Tatbestandsmerkmal, das dem öffentlichen Zweck in der Schrankentrias direkt nachfolgt, fast unberücksichtigt bleibt dürfte denn auch eher mit wirtschaftlichen und politischen Interessen als rechtlich zu erklären sein.

2. *Abhängigkeit des Tatbestandsmerkmals von den örtlichen Gegebenheiten*

Um die Angemessenheit einer wirtschaftlichen Betätigung festzustellen, sind nach den Gemeindeordnungen vier Tatbestandsmerkmale zu prüfen: Die Art der wirtschaftlichen Betätigung, der Umfang der wirtschaftlichen Betätigung, die Leistungsfähigkeit der Gemeinde und der voraussichtliche Bedarf. Dabei sind die Art und der Umfang der wirtschaftlichen Betätigung jeweils zur gemeindlichen Leistungsfähigkeit und dem voraussichtlichen Bedarf in ein Verhältnis zu setzen.

Lediglich nach dem Wortlaut des § 107 Abs. 1 S. 1 Nr. 2 GO NW genügt ein angemessenes Verhältnis allein zur gemeindlichen Leistungsfähigkeit. Ohne die Nachfrage nach dem fraglichen Produkt abzuschätzen, läßt sich jedoch eine fundierte Aussage zum voraussichtlichen Erfolg und möglichen Risiko einer Wirtschaftsaktivität nicht treffen. Ohne eine solche Analyse der finanziellen und sonstigen Risiken kann wiederum nicht festgestellt werden, ob die wirtschaftliche Betätigung der gemeindlichen Leistungsfähigkeit angemessen ist. Deswegen dürfte auch gemäß § 107 Abs. 1 S. 1 Nr. 2 GO NW festzustellen sein, ob die geplante wirtschaftliche Betätigung in einem angemessenen Verhältnis zum voraussichtlichen Bedarf steht.

In welchem Umfang eine Kommune sich wirtschaftlich betätigt, entscheidet sie selbst. Auch die Leistungsfähigkeit von Gemeinden unterscheidet sich etwa je nach Ausgaben, Steueraufkommen und Schulden von Kommune zu Kommune erheblich. Schließlich kann auch der Bedarf, den die Einwohner an einer wirtschaftlichen Betätigung haben, gemäß der Einwohnerstruktur und deren Ein-

960 Zur kommunalen Finanzsituation s. S. 85 f.

961 *Otting*, Neues Steuerungsmodell, S. 122 ff.; *Cronauge*, GemHH 1998, S. 133; *Moraing*, GemHH 1998, S. 224 ff.

kommen und Verbrauchsgewohnheiten zwischen verschiedenen Kommunen abweichen. Um endgültig zu bestimmen, ob eine wirtschaftliche Betätigung dem Angemessenheitskriterium genügt, muß man also den Umfang der wirtschaftlichen Betätigung, die Leistungsfähigkeit und den Bedarf einer bestimmten Kommune kennen. Im Gegensatz zum öffentlichen Zweck, der allein anhand der wirtschaftlichen Betätigung bestimmt werden kann, ist es daher nicht möglich, die Angemessenheit einer wirtschaftlichen Betätigung allgemein, also für alle Kommunen gleichermaßen, festzustellen.

3. *Angemessenheit der wirtschaftlichen Betätigung zur gemeindlichen Leistungsfähigkeit*

Eine wirtschaftliche Betätigung muß in einem angemessenen Verhältnis zunächst zur Leistungsfähigkeit der Gemeinde stehen.

a) *Kriterien zur Beurteilung der gemeindlichen Leistungsfähigkeit*

Zur „Leistungsfähigkeit einer Gemeinde" gehört deren Finanzkraft. So steht eine wirtschaftliche Betätigung einer bestimmten Gemeinde nicht mehr in einem angemessenem Verhältnis zur ihrer Leistungsfähigkeit, wenn die Unterhaltung des Unternehmens Zuschüsse erfordert, welche die Finanzkraft der Gemeinde in einem im Vergleich zum öffentlichen Zweck unvertretbaren Maß belastet.[962] Die Leistungsfähigkeit einer Kommune hängt aber nicht nur von ihrer Finanzstärke ab. Auch die personelle Leistungsfähigkeit, also über wieviel Personal eine Gemeinde zur Aufgabenerledigung verfügt, ist zu berücksichtigen.[963] Eine angemessene personelle Leistungsfähigkeit ist erforderlich, damit die Kommune das kommunale Unternehmen in ausreichendem Maße steuern und kontrollieren kann.[964] Ob dagegen die Größe einer Kommune bereits unmittelbar, also unabhängig von Finanzkraft, Organisationsstruktur und ähnlichen Merkmalen, deren Leistungsfähigkeit begründet, erscheint fraglich.

---

962 *Katz*, in: Kunze u.a., GO BW, § 102, Rn. 40; *Innenministerkonferenz*, Wirtschaftliche Betätigung, S. 28.

963 *Schneider/Dreßler/Lüll*, GO Hess, § 121, Rn. 8; *Henneke*, NdsVBl. 1999, S. 2.

964 *Katz*, in: Kunze u.a., GO BW, § 102, Rn. 40.

b) Kriterien für eine fehlende gemeindliche Leistungsfähigkeit: Ergebnisse einer Befragung der obersten Kommunalaufsichtsbehörden der Länder

aa) Befragung der obersten Kommunalaufsichtsbehörden der Länder zur Auslegung gemeindewirtschaftsrechtlicher Tatbestandsmerkmale

Der Verfasser hat im Juli 1998 im Auftrag des Wuppertal Instituts für Klima, Umwelt und Energie eine Befragung der obersten Kommunalaufsichtsbehörden der Länder zur „Auslegung gemeindewirtschaftsrechtlicher Tatbestandsmerkmale" durchgeführt. Oberste Kommunalaufsichtsbehörden sind die Innenministerien der Länder. Die Aufsichtsaufgaben werden dort in Referaten der Kommunalabteilungen wahrgenommen, die für Kommunalwirtschaft und häufig auch Kommunalfinanzen zuständig sind. Diese Behörden wurden für die Befragung ausgewählt, weil wegen ihrer informellen und formellen Aufsichtstätigkeit davon ausgegangen wurde, daß sie Kriterien für die Anwendung der einschlägigen gemeindewirtschaftsrechtlichen Normen entwickelt haben oder zumindest über eine bestimmte Anwendungspraxis verfügen. In Telefoninterviews wurden die zuständigen Referenten/innen beziehungsweise Referatsleiter befragt, die durch telefonische Nachfrage bei den Innenministerien ermittelt wurden. Dabei wurde allen Interviews ein einheitlicher Fragebogen zugrundegelegt, der den Befragten zur Vorbereitung zugesandt worden war. Von den angeschriebenen Innenministerien der 13 Flächenländer beteiligten sich 8 an der Umfrage, so daß die Rücklaufquote bei 62 Prozent liegt.

bb) Kriterien der obersten Kommunalaufsichtsbehörden der Länder

Wenn eine Kommune finanziell nicht über die Mittel verfügt, um die Risiken einer wirtschaftlichen Betätigung zu tragen, so ist kaum vorstellbar, daß allein mit den anderen Elementen, zum Beispiel der Personalstärke, ihre erforderliche Leistungsfähigkeit begründet werden kann.[965] Deshalb dürfte die Finanzkraft das wichtigste Element der gemeindlichen Leistungsfähigkeit darstellen.[966] Da sich diese Finanzkraft leicht in Ziffern darstellen läßt, liegt es nahe, daß es eine bezifferbare Grenze gibt, ab der eine wirtschaftliche Betätigung der gemeindlichen (finanziellen) Leistungsfähigkeit angemessen ist. So könnte eine Betätigung zum Beispiel angemessen sein, wenn der Finanzbedarf des kommunalen Unterneh-

965 *Ehlers*, DVBl. 1998, S. 503 sieht entsprechend bereits bei einer hohen Verschuldung oder einem Haushaltssicherungskonzept einer Kommune, also bei einer geringen finanziellen Leistungsfähigkeit, riskante Wirtschaftsaktivitäten ausgeschlossen.

966 Zur finanziellen Leistungsfähigkeit als Voraussetzung der aufsichtsbehördlichen Genehmigung für die gemeindliche Kreditaufnahme *Krähmer*, VR 1990, S. 118 ff.

mens einen bestimmten Prozentsatz der Haushaltsmittel, über die die Kommune verfügen kann, unterschreitet.

Unter anderem auf Grund dieser Erwägungen wurde die folgende Frage gestellt: „Wann erachten Sie das Verhältnis zwischen Art und Umfang einer wirtschaftlichen Betätigung und der gemeindlichen Leistungsfähigkeit als nicht mehr angemessen?“ Auf diese Frage wurde jedoch dreimal geantwortet, daß es ein feststehendes Zahlenverhältnis, ab dem der finanzielle Aufwand einer Betätigung der gemeindlichen Leistungsfähigkeit nicht mehr angemessen ist, nicht gibt. Stattdessen wurde von den obersten Kommunalaufsichtsbehörden als Kriterium der Angemessenheit unter anderem genannt, aus der Betätigung dürften sich keine Risiken für den gemeindlichen Finanzhaushalt ergeben (drei Nennungen) oder die Gemeinde müsse den möglichen Zuschußbedarf des Unternehmens dauerhaft leisten können (zwei Nennungen). Diese Kriterien entsprechen inhaltlich weitgehend der genannten Forderung, die Unterhaltung des Unternehmens müsse ohne Zuschüsse möglich sein, welche die Finanzkraft der Gemeinde unvertretbar belasten.

c) *Kommunale Finanznot und Konsequenzen fehlender gemeindlicher Leistungsfähigkeit*

Die Angemessenheit einer wirtschaftlichen Betätigung zur gemeindlichen Leistungsfähigkeit kann man sich als ausgeglichenen Stand einer Waage vorstellen, bei dem in der einen Waagschale die Leistungsfähigkeit der Gemeinde und in der anderen Waagschale die wirtschaftliche Betätigung liegt. Ist die eine Schale dieser Waage leer, weil die fragliche Gemeinde nicht mehr leistungsfähig ist und legt man in die andere Waagschale Kosten und vor allem finanzielles Risiko einer wirtschaftlichen Betätigung, so zieht dies unweigerlich die Waagschale mit der wirtschaftlichen Betätigung nieder. Dies deutet daraufhin, daß im Extremfall fehlender wirtschaftlicher Leistungsfähigkeit eine wirtschaftliche Betätigung in einem unausgewogenen und daher unangemessenen Verhältnis zur gemeindlichen Leistungsfähigkeit stehen kann.

Angesichts der kommunalen Finanznot ist deshalb besonders aufschlußreich, daß ein Befragter auch Kriterien nannte, wann eine Kommune nicht mehr leistungsfähig ist. So fehle die Leistungsfähigkeit, wenn die Aufnahme neuer Kredite nicht genehmigungsfähig, der Haushalt dauernd zuschußbedürftig oder die gemeindliche Finanzplanung seit längerem unausgeglichen ist. In Nordrhein-Westfalen konnten 1998 zwei Drittel aller Kommunen keinen strukturell ausgeglichenen Haushalt mehr vorlegen.[967] Entsprechend dürfte bei einem nennens-

---

967 *Cronauge*, GemHH 1998, S. 133.

werten Teil dieser Gemeinden auch die Finanzplanung seit längerem unausgeglichen sein, so daß diese Kommunen als nicht mehr leistungsfähig zu beurteilen wären. Geht das Schrifttum auf die Angemessenheit überhaupt ein, so wird eine geringe gemeindliche Leistungsfähigkeit, mit der Folge der Einschränkung von Wirtschaftsaktivitäten, angenommen, wenn Kommunen hoch verschuldet sind oder Haushaltssicherungskonzepte aufstellen müssen.[968] Danach gäbe es eine nicht geringe Zahl von Kommunen mit nur geringer oder sogar fehlender Leistungsfähigkeit. Die Folge davon könnte sein, daß neue wirtschaftliche Betätigungen nicht in einem angemessenem Verhältnis zu ihrer Leistungsfähigkeit stünden und daher gemeinderechtlich nicht zulässig wären.

d) Prognose der gemeindlichen Leistungsfähigkeit

Weil Kommunen regelmäßig für einen längeren Zeitraum wirtschaftlich tätig werden, reicht es schließlich nicht aus, ihre Leistungsfähigkeit nur im Zeitpunkt der Unternehmensgründung oder -beteiligung festzustellen. Stattdessen muß festgestellt werden, ob die wirtschaftliche Betätigung der gemeindlichen Leistungsfähigkeit voraussichtlich auch in Zukunft noch angemessen sein wird.[969] Deswegen ist die gemeindliche Leistungsfähigkeit mit einer Prognose zu bestimmen. Dabei kann die finanzielle Leistungsfähigkeit anhand des mehrjährigen Finanzplans, zu dessen Erstellung die Gemeinden verpflichtet sind, prognostiziert werden.[970] Auch der Bedarf für eine wirtschaftliche Betätigung kann nur mit einer Prognose bestimmt werden, weshalb die Kommunalverfassungen auch vom „voraussichtlichen Bedarf" sprechen.[971] Wenn die Verwaltung Prognoseentscheidungen zu treffen hat, verfügt sie bei der Konkretisierung unbestimmter Rechtsbegriffe über einen Beurteilungsspielraum. Daher können Aufsichtsbehörden und Gerichte gemeindliche Entscheidungen über die Angemessenheit wirtschaftlicher Betätigungen zu ihrer Leistungsfähigkeit und zum voraussichtlichen Bedarf[972] rechtlich nur auf Beurteilungsfehler hin überprüfen.[973]

---

968 *Ehlers*, DVBl. 1998, S. 503.
969 *Henneke*, NdsVBl. 1999, S. 2.
970 *Schmid*, in: Faiss u.a., Kommunales Wirtschaftsrecht, Rn. 892; *Cronauge*, Kommunale Unternehmen, Rn. 469.
971 *Katz*, in: Kunze u.a., GO BW, § 102, Rn. 35.
972 *Henneke*, NdsVBl. 1999, S. 2; *Schneider/Dreßler/Lüll*, GO Hess, § 121, Rn. 8; *Katz*, in: Kunze u.a., GO BW, § 102, Rn. 35.
973 Einen gemeindlichen Beurteilungsspielraum für alle Tatbestandsmerkmale der gemeindewirtschaftsrechtlichen Schrankentrias bejahen *Henneke*, NdsVBl. 1999, S. 5 und *Pünder*, DVBl. 1997, S. 1359.

4. *Angemessenheit der wirtschaftlichen Betätigung zum voraussichtlichen Bedarf*

Weiterhin muß die wirtschaftliche Betätigung nach Art und Umfang auch zum voraussichtlichen Bedarf in einem angemessenen Verhältnis stehen.[974] Entsprechend ist der voraussichtliche Bedarf für das fragliche Produkt oder die fragliche Dienstleistung neben der gemeindlichen Leistungsfähigkeit das zweite Element, dem eine bestimmte gemeindliche Wirtschaftsaktivität angemessen sein muß.

Eine wirtschaftliche Betätigung steht dann nicht in einem angemessenen Verhältnis zum voraussichtlichen Bedarf, wenn der voraussichtliche Absatzmarkt für einen mindestens kostendeckenden Betrieb des fraglichen Unternehmens zu klein ist.[975] Dabei ist der Absatzmarkt anhand des sachlich und räumlich relevanten Marktes zu bestimmen.[976] Falls es sich um ein Unternehmen handelt, das in verschiedenen Geschäftsfeldern tätig ist, wie die kommunalen Querverbundunternehmen in der Elektrizitäts-, Gas- und Wasserversorgung, dürfte somit der sachliche Markt und damit auch die Kostendeckung jeweils für den einzelnen Geschäftsbereich zu bestimmen sein.

a) *Erweiterung des Bedarfs durch eine Ausdehnung des räumlichen Marktes*

In räumlicher Hinsicht sind die rechtlichen Grenzen kommunaler Unternehmen zu berücksichtigen. Der räumliche Markt eines gemeindlichen Unternehmens kann folglich nicht weiter reichen als das Gebiet, auf dem sich die Gemeinde entsprechend dem Tatbestandsmerkmal der Angelegenheiten der örtlichen Gemeinschaft betätigen darf. Deshalb sind Gebietsüberschreitungen nicht nur bei der Prüfung zu berücksichtigen, ob ein kommunales Unternehmen noch Angelegenheiten der örtlichen Gemeinschaft wahrnimmt und damit auch ein öffentlicher

---

974 § 102 Abs. 1 Nr. 2 GO BW; Art. 87 Abs. 1 S. 1 Nr. 2 GO Bay; § 100 Abs. 2 Nr. 2 GO Bbg; § 121 Abs. 1 Nr. 2 GO Hess; § 68 Abs. 1 Nr. 3 KV MV; § 108 Abs. 1 S. 2 Nr. 3 GO Nds; § 85 Abs. 1 Nr. 2 GO RP; § 108 Abs. 1 Nr. 2 KSVG Saarl; § 97 Abs. 1 S. 1 Nr. 2 GO Sachs; § 116 Abs. 1 Nr. 2 GO Sa-Anh; § 101 Abs. 1 Nr. 2 GO SH; § 71 Abs. 1 Nr. 2 KO Thür. Dagegen verlangt § 107 Abs. 1 S. 1 Nr. 2 GO NW lediglich die Angemessenheit der wirtschaftlichen Betätigung zur gemeindlichen Leistungsfähigkeit.

975 *Katz*, in: Kunze u.a., GO BW, § 102, Rn. 40; *Innenministerkonferenz*, Wirtschaftliche Betätigung, S. 28.

976 Zur Bestimmung des räumlich und sachlich relevanten Marktes eines Unternehmens s. S. 98.

Zweck seine Betätigung rechtfertigt.[977] Auch der Bedarf für eine wirtschaftliche Betätigung und folglich deren Angemessenheit zu diesem Bedarf hängt maßgeblich davon ab, ob das Unternehmen sein Produkt nur innerhalb des Gebietes seiner Trägerkommune oder auch beispielsweise in der umliegenden Region anbietet.

Reicht für ein kommunales Energieversorgungsunternehmen der Absatzmarkt der eigenen Kommune nicht mehr aus, weil etwa durch den Wechsel von Stromkunden zu Wettbewerbern dessen Stromerzeugungsanlagen nicht mehr ausgelastet sind, so könnte die Trägerkommune den Absatzmarkt dieses Unternehmens erweitern, indem im Rahmen der interkommunalen Kooperation weitere Kommunen einbezogen werden. So könnten im Rahmen der Gesetze über die kommunale Gemeinschaftsarbeit mehrere Kommune das Energieversorgungsunternehmen als Gemeinschaftsunternehmen betreiben[978] oder die umliegenden Kommunen könnten eine öffentlich-rechtliche Vereinbarung[979] darüber treffen, daß das Energieversorgungsunternehmen auch ihr Gebiet nun mit Strom versorgt. Damit können Gemeinden im Wege der interkommunalen Kooperation den räumlichen Markt ihrer Unternehmen erweitern, dadurch die Zahl potentieller Kunden erhöhen und die Angemessenheit der wirtschaftlichen Betätigung zum voraussichtlichen Bedarf sicherstellen.

Allerdings setzt auch die kommunale Gemeinschafts- oder Zusammenarbeit voraus, daß die wahrzunehmenden Aufgaben von der Verbandskompetenz der Beteiligten umfaßt sind. Deshalb dürfen Kommunen auch bei der kommunalen Zusammenarbeit nur Angelegenheiten wahrnehmen, die für jede beteiligte Gemeinde eine solche ihrer örtlichen Gemeinschaft darstellt. Selbst wenn dies sichergestellt wäre, also das Angebot des fraglichen Produktes auch außerhalb der Grenzen der eigenen Gemeinde noch eine örtliche Angelegenheit dieser Kommune wäre, so ist zu berücksichtigen, daß auch der neue, größere Absatzmarkt räumlich festgelegt ist. Im Rahmen der interkommunalen Kooperation können Kommunen den Absatzmarkt ihrer Unternehmen damit zwar auf das Gebiet mehrerer Kommunen ausdehnen und damit auch einen angemessenen Bedarf für eine wirtschaftliche Betätigung schaffen. Aber auch dieser Absatzmarkt bleibt räumlich beschränkt, so daß sich kommunale Unternehmen auch im Rahmen der Möglichkeiten, die die Landesgesetze über die kommunale Kooperation bereitstellen, räumlich nicht so flexibel bewegen können wie private Konkurrenten.

977 Nach *Oebbecke*, ZHR 164 (2000), S. 383 übersteigt eine Versorgung Gebietsfremder außerhalb des eigenen Gemeindegebiets regelmäßig den gemeindlichen Bedarf und deutet auf eine Überschreitung auch der Leistungsfähigkeit hin.

978 Vgl. § 1 Abs. 3 GKG NW

979 Vgl. §§ 23 ff. GKG NW.

Bevor Kommunen von dieser Möglichkeit, den rechtlich zulässigen räumlichen Markt interkommunal zu erweitern, Gebrauch machen, ist genau zu prüfen, ob eine Kommune sich wirtschaftlich überhaupt betätigen sollte, wenn der Bedarf innerhalb ihres Gemeindegebiets diese Betätigung voraussichtlich nicht tragen wird. Dabei wäre auch zu berücksichtigen, daß die interkommunale Kooperation auch für wirtschaftliche Betätigungen spezifische Probleme schafft, indem zum Beispiel der Kreis der Beteiligten wächst, Entscheidungsprozesse länger dauern, Organisationsstrukturen möglicherweise angepaßt werden müssen usw. Eine Untersuchung der Frage, ob die rechtlichen Instrumente der interkommunalen Kooperation für wirtschaftliche Betätigungen auf Wettbewerbsmärkten grundsätzlich geeignet sind, wäre für solche kommunalen Entscheidungen, die zum Beispiel angesichts der zunehmenden Kooperationen und Fusionen von Stadtwerken im Elektrizitätsmarkt immer häufiger zu treffen sind, sicherlich sehr hilfreich.

b) Besondere Risiken auf Auslandsmärkten

Unabhängig davon, ob es insbesondere das Grundgesetz überhaupt zuläßt, wenn sich Gemeinden im Ausland betätigen, ist ein solches Auslandsengagement auch für das gemeinderechtliche Tatbestandsmerkmal der Angemessenheit zu Leistungsfähigkeit und Bedarf problematisch.

Diese Voraussetzung dient dazu, Kommunen vor Risiken wirtschaftlicher Betätigungen zu schützen, die sie nicht bewältigen können.[980] Bereits der Schritt in die Region kann für kommunale Unternehmen große Risiken bergen. Kommunale Stromversorger, die ihr Versorgungsgebiet in die Region ausweiten, müssen dort sämtliche Kunden vom bisherigen Versorger abwerben, was unter anderem voraussetzt, daß das Unternehmen erst einmal mit erheblichen Marketingkosten auf dem neuen räumlichen Markt Bekanntheit erlangt. Auf Auslandsmärkten steigt die Zahl der Risiken nochmals erheblich an: Andere rechtliche und wirtschaftliche Rahmenbedingungen, abweichende technische Standards, sprachliche und kulturelle Barrieren, Währungsrisiken und viele andere.[981] Sind bereits die Chancen und Risiken wirtschaftlicher Aktivitäten im Inland für Bürger, Kommunalpolitiker und Verwaltung nur schwer zu beurteilen, so können sie für Aus-

980 *Schmidt-Jortzig*, in: HkWP, S. 59; *Schönershofen/Binder-Falcke*, VR 1997, S. 112.

981 Nach *Hellermann/Wieland*, in: Kommunale Unternehmen, S. 19 sei nicht ersichtlich, warum gerade die kommunale Betätigung im Ausland besonders gefahrenträchtig sein solle und deshalb einer Genehmigung nach § 107 Abs. 4 GO NW bedürfe.

landsmärkte nur noch Kenner der jeweiligen Länder fachgerecht beurteilen.[982] Inzwischen handelt es sich bei den kommunalen Energieversorgungsunternehmen, die auf Auslandsmärkten tätig sind, nicht mehr nur um Einzelfälle.[983] Wegen der Intensivierung des grenzüberschreitenden Energiehandels wird sich diese Entwicklung auch im Rahmen grenznachbarschaftlicher Zusammenarbeit weiter verstärken. Daher sollten Kommunen und Kommunalaufsicht nicht nur beim Schritt kommunaler Unternehmen in die Region, sondern vor allem auch beim Überschreiten von Landesgrenzen besonders aufmerksam prüfen, ob solche wirtschaftliche Betätigungen zur gemeindlichen Leistungsfähigkeit und zum voraussichtlichen Bedarf noch angemessen sind.

5. *Verfahrensrechtliche Sicherung der Angemessenheitsprüfung durch das Markterkundungsverfahren gemäß § 107 Abs. 5 GO NW*

Der voraussichtliche Bedarf und die gemeindliche Leistungsfähigkeit sind im Rahmen einer Prognose für die Zukunft zu bestimmen.[984] Damit diese Prognose nicht nur pro-forma festgestellt wird, schreibt § 107 Abs. 5 S. 1 GO NW ein Markterkundungsverfahren vor: „Vor der Entscheidung über die Gründung von beziehungsweise die unmittelbare oder mittelbare Beteiligung an Unternehmen im Sinne des Absatzes 1 [wirtschaftliche Unternehmen, d.Verf.] ist der Rat auf der Grundlage einer Marktanalyse über die Chancen und Risiken des beabsichtigten wirtschaftlichen Engagements und über die Auswirkungen auf das Handwerk und die mittelständische Wirtschaft zu unterrichten."

---

982 *Oebbecke*, ZHR 164 (2000), S. 383 stellt für das reale Beispiel eines indischen Software-Unternehmens fest, daß das Management eines Unternehmens auf einem anderen Kontinent die Leistungsfähigkeit selbst einer (kleineren) Großstadt übersteige.

983 Das Auslandsgeschäft kommunaler Energieversorger führt die Mannheimer Versorgungs- und Verkehrs AG an, die unter anderem in Polen, Ungarn, Rußland und China vor allem in der Fernwärmeversorgung tätig ist (Kommunalwirtschaft 1996, S. 374). Die Gas-, Elektrizitäts- und Wasserwerke Köln AG sanieren im rumänischen Cluj ein Heizkraftwerk (FAZ v. 28.7.1998, S. 18). Die Stadtwerke Bremen AG betreiben zusammen mit der niederländischen NV EDON Group das Gemeinschaftsunternehmen InfraHanse, das unter anderem auf dem Abfallmarkt der östlichen Provinzen der Niederlande aktiv ist (ASEW Aktuell, Jan./Feb. 1999, S. 10). Daß es sich hierbei zwar um Beispiele, aber nicht um Einzelfälle kommunalen Auslandsengagements handelt, verdeutlicht die Unterstützung, die der VKU-Ausschuß für kommunale Wasserversorgungsfragen kommunalen Wasserversorgern anbietet, die Auslandsmärkte erschließen möchten (VKU-Nachrichtendients, Nr. 606, S. 2).

984 *Henneke*, NdsVBl. 1999, S. 2; *Schneider/Dreßler/Lüll*, GO Hess, § 121, Rn. 8; *Katz*, in: Kunze u.a., GO BW, § 102, Rn. 35.

Gemäß § 107 Abs. 5 S. 1 GO NW ist ein Markterkundungsverfahren vor jeder gemeindlichen Entscheidung über die Gründung von oder Beteiligung an wirtschaftlichen Unternehmen durchzuführen. Damit wurde der Anwendungsbereich dieses Verfahrens gegenüber der Vorgängerregelung des § 41 Abs. 1 S. 3 GO NW a.F. wesentlich erweitert, die seit dem 1.1.1998 Kommunen erstmals zur Markterkundung und Information des Rates verpflichtete, allerdings nur für Telekommunikationsunternehmen galt.[985]

Gegenstand der Marktanalyse sind zunächst die Chancen und Risiken des beabsichtigten wirtschaftlichen Engagements. Um diese Chancen und Risiken festzustellen, ist auch auf den Bedarf beziehungsweise die Nachfrage einzugehen, die das gemeindliche Unternehmen befriedigen soll.[986] Eine Risikoanalyse ist außerdem erforderlich, um mögliche Belastungen der gemeindlichen Leistungsfähigkeit abzuschätzen. Da der Rat auf der Grundlage dieser Marktanalyse unterrichtet werden muß, und die Marktanalyse damit auch kritischen Nachfragen der Oppositionsfraktionen ausgesetzt wird, gibt § 107 Abs. 5 S. 1 GO NW einen starken Anreiz, das wirtschaftliche Umfeld des fraglichen Unternehmens gründlich zu ermitteln. Die Pflichten zur Anfertigung der Marktanalyse und zur Unterrichtung des Rates gemäß § 107 Abs. 5 S. 1 GO NW sichern folglich als Verfahrensregelungen ab, daß das materielle Kriterium der Angemessenheit der wirtschaftlichen Betätigung zur gemeindlichen Leistungsfähigkeit gemäß § 107 Abs. 1 S. 1 Nr. 2 GO NW in ausreichendem Maße geprüft wird.[987] Daß Kommunen die Angemessenheit dazu im Einzelfall sorgfältig prüfen, ist bereits deswegen erforderlich,[988] weil jede wirtschaftliche Betätigung mit erheblichen Risiken verbunden ist.[989]

Gegenstand der Marktanalyse und der Unterrichtungspflicht sind gemäß § 107 Abs. 5 S. 1 GO NW weiterhin die Auswirkungen des beabsichtigten wirtschaftlichen Engagements auf das Handwerk und die mittelständische Wirtschaft. Entsprechend sind in der Marktanalyse auch das Verhältnis der öffentlichen Hand zu ihren privaten Wettbewerbern zu untersuchen, auf das anschließend bei der Darstellung der Subsidiaritätsklauseln noch näher einzugehen sein wird. Auch hier sieht § 107 Abs. 5 S. 2 GO NW eine verfahrensrechtliche Sicherung

---

985 § 41 Abs. 1 S. 3 GO NW a.F.: "Vor der Entscheidung über die Gründung von beziehungsweise die unmittelbare oder mittelbare Beteiligung an Unternehmen der Telekommunikation im Sinne von § 107 Abs. 1 S. 1 Nr. 1 b) ist der Rat auf der Grundlage einer Marktanalyse über die Chancen und Risiken des beabsichtigten wirtschaftlichen Engagements zu unterrichten."

986 *Henneke*, NdsVBl. 1999, S. 2.

987 *Henneke*, NdsVBl. 1999, S. 2.

988 *Katz*, in: Kunze u.a., GO NW, § 102, Rn. 39; *Henneke*, NdsVBl. 1999, S. 2.

989 *Ehlers*, DVBl. 1998, S. 503; *Schneider/Dreßler/Lüll*, GO Hess, § 121, Rn. 8.

vor: „Den örtlichen Selbstverwaltungsorganisationen von Handwerk, Industrie und Handel und der für die Beschäftigten der jeweiligen Branche handelnden Gewerkschaften ist Gelegenheit zur Stellungsnahme zu den Marktanalysen zu geben." Hiermit wird den Konkurrenten kommunaler Unternehmen bundesweit erstmalig ein Stellungnahmerecht bei Entscheidungen über diese Unternehmen eingeräumt. Der bisher eher über Presse und die Verbände, also indirekt, ausgetragene Konflikt zwischen kommunaler und privater örtlicher Wirtschaft wird damit in den Entscheidungsprozeß einbezogen. Das Stellungnahmerecht der Unternehmen und Gewerkschaften verbreitert die Entscheidungsbasis der Gemeinderäte, setzt die von der Gemeindeverwaltung zu erstellende Marktanalyse der Kritik von Betroffenen aus und schafft damit verbesserte Voraussetzungen für eine öffentlich diskutierte und fundierte Entscheidung über Gründungen von und Beteiligungen an kommunalen Unternehmen.

V. Subsidiaritätsklauseln

Die dritte und letzte Voraussetzung der gemeindewirtschaftsrechtlichen Schrankentrias sind die Subsidiaritätsklauseln. Sie erfordern einen Vergleich, ob eine Kommune den fraglichen öffentlichen Zweck mindestens genauso gut und wirtschaftlich erfüllen kann wie Andere, wenn sie sich wirtschaftlich betätigt. Zunächst ist zu klären, ob man diese Regelungen besser als „Funktionssperre" bezeichnen sollte [1.], in welches Verhältnis sie die Qualität und Wirtschaftlichkeit der Zweckerfüllung setzen [2.] und wen sie zu den „Anderen" zählen [3.]. In den Kommunalverfassungen finden sich Subsidiaritätsklauseln in zwei Ausprägungen: sogenannte einfache Subsidiaritätsklauseln [4.] und sogenannte echte Subsidiaritätsklauseln [5.]. Zudem ist auf die Schwierigkeiten bei ihrer Handhabung [6.] sowie auf einen möglichen gemeindlichen Beurteilungsspielraum [7.] einzugehen.

1. „Subsidiaritätsklausel" oder „Funktionssperre"?

Gelegentlich wird als Synonym für den Begriff „einfache Subsidiaritätsklausel" die Bezeichnung „Funktionssperre" verwendet.[990] Wie bei den meisten Rechtsbegriffen, deren Inhalt nicht vom Gesetzgeber als Legaldefinition vorgegeben

---

990 So *Innenministerkonferenz*, Wirtschaftliche Betätigung, S. 41; *Moraing*, GemHH 1998, S. 227. Herlitz, GemHH 1993, S. 126 fordert, auf den Begriff der Subsidiaritätsklausel wegen dessen Inhaltslosigkeit ganz zu verzichten.

wurde, wird aber auch der Terminus „Funktionssperre“ nicht einheitlich gebraucht. Teilweise wird dieser Begriff auch als Synonym für alle Subsidiaritätsklauseln einschließlich der echten benutzt.[991] Die Bezeichnung Subsidiaritätsklausel wecke die Vorstellung einer Nachrangigkeit der öffentlichen Wirtschaftsbetätigung, also eines allgemeinen Vorrangs der privaten vor der kommunalen Wirtschaft.[992] Außerdem sei das Verhältnis zwischen staatlicher und privater Wirtschaftsbetätigung stark umstritten und deshalb auch der Subsidiaritätsbegriff entsprechend ideologisiert.[993]

Auf verfassungsrechtlicher Ebene ist kein allgemeiner Vorrang der privaten Wirtschaft im Sinne eines allgemeinen Subsidiaritätsprinzips normiert. Dennoch ist die Bezeichnung Subsidiaritätsklausel zutreffend, weil diese Normen Voraussetzungen festlegen, unter denen die wirtschaftliche Betätigung einer Kommune gegenüber Anderen zurückzutreten hat, also als subsidiär bezeichnet werden kann. Damit ist zwar kein genereller, das heißt in jedem Fall gültiger Nachrang kommunaler Unternehmen normiert, jedoch besteht eine Subsidiarität gegenüber anderen Mitteln der Zweckerreichung immer dann,[994] wenn die verschiedenen Voraussetzungen der Subsidiaritätsklauseln erfüllt sind. Letztlich besagt auch die Bezeichnung „Funktionssperre“ nur, daß unter bestimmten Voraussetzungen die gemeindliche Funktion „wirtschaftliche Betätigung“ gesperrt wird. Ob man dies als Sperre oder Subsidiarität bezeichnet, macht sachlich keinen Unterschied. Da außerdem der Begriff Subisidiaritätsklausel allgemein bekannt ist und deswegen eine schnelle und präzise Verständigung ermöglicht, wird diese Bezeichnung im folgenden beibehalten.

2. *Das Verhältnis von Qualität und Wirtschaftlichkeit der Zweckerfüllung*

Da zu fragen ist, wer den öffentlichen Zweck mindestens gleich gut *und* wirtschaftlich erfüllt oder erfüllen kann, kommt es nicht nur darauf an, wer Produkte oder Dienstleistungen preisgünstiger anbietet. Vielmehr muß der fragliche öffentliche Zweck, etwa Umweltschutz durch Energieeinsparung, auch besser erreicht werden. Für die Zulässigkeit eines gemeindlichen Produktes oder einer Dienstleistung ist damit vorrangig zu prüfen, in welchem Ausmaß es den fraglichen Zweck erreicht.[995] Es ist also eine Aussage über die Qualität des Produktes

---

991 *Schmidt-Jortzig*, in: HkWP, S. 60 f.; *Waechter*, Kommunalrecht, Rn. 607.
992 *Moraing*, GemHH 1998, S. 501; ähnlich *Schmidt-Jortzig*, in: HkWP, S. 60 f.
993 *Waechter*, Kommunalrecht, Rn. 607.
994 Zur weiten Vergleichsgruppe der „anderen“ im Sinn der Subsidiaritätsklauseln ausführlich S. 288 ff.
995 *Henneke*, NdsVBl. 1999, S. 2; *Hill*, BB 1997, S. 430.

hinsichtlich des verfolgten Zwecks zu treffen. Anschließend ist dann zu ermitteln, wie wirtschaftlich der öffentliche Zweck erreicht wird, ist also die Wirtschaftlichkeit des Produktes festzustellen. Durch diesen zweiten Prüfschritt dienen die Subsidiaritätsklauseln der Wirtschaftlichkeit des Verwaltungshandelns.[996] Gerade in Zeiten leerer kommunaler Kassen sollten die Subsidiaritätsklauseln daher besonders sorgfältig geprüft werden.

Die Zweckerfüllung und deren Wirtschaftlichkeit müssen kumulativ vorliegen und sind entsprechend zu prüfen. Allerdings können die Preise beispielsweise energieeffizienter Dienstleistungen eines kommunalen und eines anderen Anbieters nur dann sinnvoll verglichen werden, wenn feststeht, in welchem Ausmaß sie den öffentlichen Zweck der Energieeinsparung erreichen, also wieviel Prozent Energie sie jeweils einsparen. Denn der Preis zweier Produkte kann nicht das einzige Entscheidungskriterium sein, wenn diese Produkte bereits von unterschiedlicher Qualität sind. Somit ist auch die Wirtschaftlichkeit auf die Qualität der Zweckerfüllung zu beziehen, damit sie sinnvoll verglichen werden kann. Insgesamt ist also zu untersuchen, welche wirtschaftliche Betätigung im Hinblick auf die Zweckerfüllung *preis-wert*-er ist.

3. „Andere" im Sinne der Subsidiaritätsklauseln

„Anderer" oder „dritter"[997] im Sinne der Subsidiaritätsklauseln ist jeder, der den fraglichen öffentlichen Zweck erfüllen kann. Dies eröffnet den Gemeinden die Chance, aus allen Möglichkeiten der Zweckerfüllung auszuwählen. Entsprechend ist nach der schleswig-holsteinischen Subsidiaritätsklausel zu prüfen, ob der Zweck nicht besser und wirtschaftlicher *auf andere Weise* erfüllt werden kann.[998] Dagegen engt § 100 Abs. 3 S. 1 GO Bbg. den Kreis derjenigen, mit denen die Leistungen der Kommune zu vergleichen sind, auf „private Anbieter" ein. Gleiches gilt für § 107 Abs. 1 S. 1 Nr. 3 GO NW, wonach zu prüfen ist, ob „der öffentliche Zweck durch *andere Unternehmen* nicht besser und wirtschaftlicher erfüllt werden kann [Hervorhebung des Verf.]."

Zu den „anderen" im Sinne der Subsidiaritätsklauseln der übrigen Länder zählen wirtschaftliche Unternehmen unabhängig davon, ob sie im Eigentum Privater oder der öffentlichen Hand etwa des Landes oder anderer Kommunen stehen. Wie sich bereits aus dem weiten Wortlaut dieses Begriffs ergibt, umfassen die „anderen" aber auch andere Verwaltungsträger wie die öffentlich-rechtlichen

---

996 *Schmidt-Jortzig*, HkWP, S. 61.
997 § 68 Abs. 1 Nr. 3 KV MV.
998 § 101 Abs. 1 Nr. 3 GO SH.

Zweckverbände.[999] Zu den „anderen“ gehören schließlich auch private Personen und nichtwirtschaftliche Organisationen, also etwa Stiftungen, Vereine und Bürgerinitiativen. Gleichwohl werden in der Praxis meist nur die Leistungen kommunaler und privater Unternehmen verglichen. So wird die Funktion der Subsidiaritätsklauseln von der Auswahl der besten *aller* wirtschaftlichen und nichtwirtschaftlichen Möglichkeiten auf die Auswahl zwischen kommunalen und privaten Unternehmen reduziert. Damit verschwinden auch nicht-wirtschaftliche Alternativen aus dem Blickfeld der Kommunalpolitiker.

Zu den nichtwirtschaftlichen „anderen“ zählen auch Arbeitsgemeinschaften von Lehrern und Schulen, die daran arbeiten, den Energieverbrauch an ihrer Schule zu senken. Bundesweit beteiligen sich bereits mehrere hundert Schulen an Energiesparwettbewerben und -projekten von Kommunen, Umweltschutzorganisationen und inzwischen zehn Bundesländern.[1000] Ehrenamtliche Arbeitsgemeinschaften werden den Zweck „Energieeinsparung“ an einer Schule regelmäßig günstiger erreichen können als wenn sich eine Kommune in diesem Bereich wirtschaftlich betätigt, indem ihr Energieversorgungsunternehmen Dienstleistungen anbietet, die auch die Schüler erledigen könnten. Bei gleicher Zweckerreichung, also Energieeinsparung durch das Energieversorgungsunternehmen und die Arbeitsgemeinschaft der Schule, dürfte die Kommune nach den Subsidiaritätsklauseln ihr Energieversorgungsunternehmen nicht mit solchen neuen Dienstleistungen betrauen. Dies liegt auch im (Kosten-) Interesse der Gemeinde, für die ein kleiner Zuschuß an engagierte Bürger häufig auch finanziell günstiger sein dürfte als eine eigene wirtschaftliche Betätigung.

Deshalb ist bei der Prüfung des Tatbestandsmerkmals „andere“ im Sinne der Subsidiaritätsklauseln immer zunächst zu überlegen, ob der fragliche Zweck der wirtschaftlichen Betätigung nicht auch durch nichtwirtschaftliche „andere“ wie gemeinnützige Vereine, Stiftungen und Bürger erreicht werden kann. Nicht selten dürfte man hierbei auf Alternativen zur wirtschaftlichen Betätigung stoßen, die Bürgerengagement und Kostenersparnis miteinander verbinden.

---

999 *Schmidt-Jortzig*, in: HkWP, S. 60.

1000 *Hutter u.a.*, Energiesparen an Schulen, S. 3 ff., 28 ff. gibt einen Überblick über Energiesparwettbewerbe und –programme in Deutschland und nennt Beispiele anderer europäischer Staaten.

4. *Echte Subsidiaritätsklauseln*

a) *Die Voraussetzungen der echten Subsidiaritätsklausel*

Nach den echten Subsidiaritätsklauseln ist eine wirtschaftliche Betätigung nur zulässig, wenn der Zweck nicht ebenso gut und wirtschaftlich durch einen anderen erfüllt wird oder erfüllt werden kann. Solche Regelungen gelten in Bayern,[1001] Rheinland-Pfalz[1002] und Thüringen[1003]. Eine kommunale Wirtschaftsbetätigung ist danach nicht erst dann unzulässig, wenn andere den öffentlichen Zweck besser und wirtschaftlicher, sondern bereits dann, wenn sie ihn genauso gut und wirtschaftlich erfüllen oder erfüllen können wie die Gemeinde. Im Gegensatz zu den einfachen Subsidiaritätsklauseln dürfen sich Gemeinden demnach bei Leistungsgleichheit nicht wirtschaftlich engagieren. Aus der Perspektive der Kommunen betrachtet, ist also erforderlich, daß diese den öffentlichen Zweck wenigstens besser oder wirtschaftlicher als andere erfüllen.[1004]

Nach § 100 Abs. 3 S. 1 GO Bbg haben Gemeinden „dafür zu sorgen, daß Leistungen, die von privaten Anbietern in mindestens gleicher Qualität ... bei gleichen oder geringeren Kosten erbracht werden können, diesen Anbietern übertragen werden“. Danach darf eine Gemeinde wirtschaftliche Leistungen nur dann erbringen, wenn sie dies mit besserer Qualität als Private kann. Da sich eine Kommune damit bei Leistungsgleichheit gegenüber anderen noch nicht wirtschaftlich betätigen darf, stellt § 100 Abs. 3 S. 1 GO Bbg trotz seines von der üblichen Formulierung abweichenden Wortlauts ebenfalls eine echte Subsidiaritätsklausel dar.

b) *Echte Subsidiaritätsklausel mit Ausnahmebereich gemäß Art. 87 Abs. 1 S. 1 Nr. 4 GO Bay*

Unter den echten Subsidiaritätsklauseln gibt es eine Regelung mit Ausnahmebereich. So gilt gemäß Art. 87 Abs. 1 S. 1 Nr. 4 GO Bay die Voraussetzung, daß der Zweck nicht ebenso gut und wirtschaftlich durch einen anderen erfüllt werden kann, nur bei einem „Tätigwerden außerhalb der kommunalen Daseinsvorsorge“. Diesen Ausnahmebereich fügte der bayerische Gesetzgeber im Jahr 1998 in die bereits zuvor bestehende Subsidiaritätsklausel ein.[1005]

1001 § 87 Abs. 1 S. 1 Nr. 4 GO Bay.

1002 § 85 Abs. 1 Nr. 3 GO RP.

1003 § 71 Abs. 1 Nr. 3 S. 1 KO Thür.

1004 *Moraing*, Kommunalwirtschaftliche Betätigung, S. 35.

1005 Gesetz zur Änderung des kommunalen Wirtschaftsrechts und anderer kommunalrechtlicher Vorschriften vom 24.7.1998 (Bay GVBl. 1998, S. 424 ff.).

Die Ansichten darüber, was die bayerische Gemeindeordnung unter „kommunaler Daseinsvorsorge" versteht, gehen auseinander.

aa) Daseinsvorsorge im Sinne der Entscheidung des bayerischen Verfassungsgerichtshofs vom 23.12.1957

Der bayerische Verfassungsgerichtshof äußerte sich zu dieser Frage bereits in seiner Entscheidung vom 23.12.1957, als er entschied, daß unter wirtschaftlichen Unternehmen im Sinne des damaligen Art. 75 Abs. 1 und Abs. 2 GO Bay Versorgungsbetriebe und örtliche Verkehrsunternehmen nicht zu verstehen seien. Unter ausdrücklicher Nennung von Forsthoffs Definition der Daseinsvorsorge[1006] führte er aus: „Die Versorgung mit Wasser, Gas, Licht und elektrischer Kraft sowie die Bereitstellung von Verkehrsmitteln dienen der Befriedigung lebensnotwendiger Bedürfnisse der Bevölkerung ... darum zählt die Unterhaltung der Versorgungsbetriebe „zu den Verwaltungsaufgaben im engeren Sinne, die durch das Moment der Notwendigkeit ausgezeichnet sind."[1007] Dabei wird offen gelassen, was „Verwaltungsaufgaben im engeren Sinne" sein sollen, wenn dazu sogar die wirtschaftliche Betätigung des Staates zählen soll, obwohl diese keine hoheitliche Verwaltungsaufgabe darstellt. Auch bleibt unklar, was ein „Moment der Notwendigkeit" von einer Notwendigkeit unterscheidet. Kurz danach stellt der Verfassungsgerichtshof unter Bezugnahme auf Köttgen[1008] fest, daß „die Daseinsvorsorge zum „Funktionskern der Gemeindeverwaltung" gehört".[1009] Damit definierte das Gericht die Daseinsvorsorge wie Forsthoff und zählt zu dieser Daseinsvorsorge „die Versorgung mit … Gas, Licht und elektrischer Kraft". Im Gegensatz zur Daseinsvorsorge seien wirtschaftliche Unternehmen solche, „deren Zweck in erster Linie darauf gerichtet ist, an dem vom Wettbewerb beherrschten Wirtschaftsleben teilzunehmen und dabei Gewinn zu erzielen."[1010] Da die Versorgungs- und Verkehrsunternehmen im Rahmen der Daseinsvorsorge vornehmlich wirtschafts- und sozialpolitische Aufgaben zu erfüllen hätten, schieden sie aus dieser Begriffsbestimmung der wirtschaftlichen Unternehmen aus.[1011] Nach

1006 *Forsthoff*, Verwaltungsrecht, 6. Aufl., S. 340.
1007 BayVerfGH, Entsch. v. 23.12.1957 – Vf. 107, 114, 117 – VII – 56, BayVBl. 1957, S. 53.
1008 *Köttgen*, Gemeinde, S. 48.
1009 BayVerfGH, Entsch. v. 23.12.1957 – Vf. 107, 114, 117 – VII – 56, BayVBl. 1957, S. 53.
1010 BayVerfGH, Entsch. v. 23.12.1957 – Vf. 107, 114, 117 – VII – 56, BayVBl. 1957, S. 53.
1011 BayVerfGH, Entsch. v. 23.12.1957 – Vf. 107, 114, 117 – VII – 56, BayVBl. 1957, S. 53.

dem Begriffsverständnis des bayerischen Verfassungsgerichtshofs sollten kommunale Daseinsvorsorgeunternehmen also solche sein, deren Zweck nicht in erster Linie darauf gerichtet ist, Gewinn zu erzielen.

bb) Daseinsvorsorge im Sinne des Schrifttums zu Art. 87 Abs. 1 S. 1 Nr. 4 GO Bay

Der bayerische Gesetzgeber kritisierte 1998 in der Begründung seiner Reform des kommunalen Wirtschaftsrechts[1012] diese gerichtliche Entscheidung lediglich.[1013] Allerdings bestimmte er dabei nicht, was er unter „Daseinsvorsorge" versteht, obwohl er diese damit zu einem gesetzlichen Tatbestandsmerkmal erhob. Teile des bayerischen Schrifttums zu Art. 87 Abs. 1 S. 1 Nr. 4 GO Bay definieren die Daseinsvorsorge ebensowenig positiv, sondern grenzen diese unter Hinweis auf die Entscheidung des bayerischen Verfassungsgerichtshofs nur negativ von den wirtschaftlichen Unternehmen ab, die darauf gerichtet seien, in erster Linie Gewinn zu erzielen.[1014] In einer weiteren juristischen Kommentierung werden Daseinsvorsorgebetriebe wiederum unter Berufung auf die erwähnte Entscheidung dementsprechend ausdrücklich als Betriebe beschrieben, welche „die Gemeinde ohne Gewinnerzielungsabsicht, mithin gemeinnützig betreiben soll, um Bedürfnisse der Bevölkerung zu befriedigen"[1015]. Zu diesen Daseinsvorsorgebetrieben sollen die Versorgungs- und Verkehrsunternehmen zählen,[1016] die anerkanntermaßen neben anderen Zwecken auch Gewinne erzielen wollen, so daß die Voraussetzung „ohne Gewinnerzielungsabsicht" als „ohne vorrangige Gewinnerzielungsabsicht" zu verstehen sein dürfte. Dem entspricht auch, daß sich dieser Autor auf den bayerischen Verfassungsgerichtshof beruft, nach dem die wirtschaftlichen Unternehmen „*in erster Linie* darauf gerichtet" sein sollen, „Gewinn zu erzielen [Hervorhebung des Verf.]", weshalb die Daseinsvorsorgebetriebe der Energieversorgung und des Verkehrs keine wirtschaftlichen Unternehmen seien. [1017]

Reduziert man die Definition der Daseinsvorsorgebetriebe dieses Autors auf die Daseinsvorsorge, so umfaßt diese die Befriedigung von Bedürfnissen der Be-

---

1012 Gesetzentwurf der Staatsregierung zur Änderung des kommunalen Wirtschaftsrechts und anderer kommunalrechtlicher Vorschriften vom 21.4.1998, LT Bay, Drs. 13/10828.

1013 LT Bay, Drs. 13/10828, S. 16 ff.

1014 *Bauer u.a.*, Bayerische Kommunalgesetze, Art. 87 GO, Rn. 27.

1015 *Widtmann/Grasser*, Bayerische Gemeindeordnung, Art. 89, Rn. 2 f.

1016 *Widtmann/Grasser*, Bayerische Gemeindeordnung, Art. 89, Rn. 2.

1017 Vgl. BayVerfGH, Entsch. v. 23.12.1957 – Vf. 107, 114, 117 – VII – 56, BayVBl. 1957, S. 53.

völkerung ohne vorrangige Gewinnerzielungsabsicht.[1018] Ein Teil des Schrifttums greift schließlich nicht auf die Entscheidung des bayerischen Verfassungsgerichtshofs, wohl aber auf Forsthoffs späte Definition der Daseinsvorsorge zurück: „Alles, was von seiten der Verwaltung geschieht, um die Allgemeinheit oder nach objektiven Merkmalen bestimmte Personenkreise in den Genuß nützlicher Leistungen zu versetzen, ist Daseinsvorsorge" (vgl. Fortshoff [!], Allg. Verwaltungsrecht, 10. Aufl. 1973, Vorbemerkung vor § 20)."[1019] Danach wird im Schrifttum zu Art. 87 Abs. 1 S. 1 Nr. 4 GO Bay kein einheitlicher Daseinsvorsorgebegriff verwendet.

Bereits bei der Prüfung, ob die wirtschaftliche Betätigung von Kommunen eine Angelegenheit der örtlichen Gemeinschaft gemäß Art. 28 Abs. 2 S. 1 GG ist, wurde auf schwerwiegende Bedenken gegen die dort verwendete Argumentationsfigur der „Daseinsvorsorge" hingewiesen. Rechtlich entscheidend ist, daß sämtliche Definitionen der „Daseinsvorsorge" inhaltlich so unbestimmt sind, daß die „Daseinsvorsorge" als Rechtsbegriff, der staatliches Handeln begrenzen soll, nicht taugt.[1020] Dies gilt für kommunale Kompetenzen gemäß Art. 28 Abs. 2 S. 1 GG in gleichem Maße wie für kommunale Wirtschaftsaktivitäten nach den Gemeindeordnungen. Daneben weist das Konzept der Daseinsvorsorge, das Forsthoff erstmals 1938 veröffentlichte, starke inhaltliche Bezüge zu nationalsozialistischem Gedankengut auf.[1021]

Gleichwohl ist Art. 87 Abs. 1 S. 1 Nr. 4 GO Bay und damit auch das Tatbestandsmerkmal der „Daseinsvorsorge" in Bayern (noch) geltendes Recht. Auch wenn in der bayerischen Rechtsprechung und Lehre kein einheitlicher „Daseinsvorsorge"-Begriff verwendet wird, wird die „Daseinsvorsorge" doch, wie bereits dargestellt, überwiegend als die Befriedigung von Bedürfnissen der Bevölkerung ohne vorrangige Gewinnerzielungsabsicht definiert.[1022] Auf diese Definition wird daher später zurückgegriffen, wenn zu prüfen ist, ob Energiedienstleistungen und energieeffiziente Dienstleistungen gemäß Art. 87 Abs. 1 S. 1 Nr. 4 GO Bay zulässig sind.

1018 Vgl. *Widtmann/Grasser*, Bayerische Gemeindeordnung, Art. 89, Rn. 3.

1019 *Hölzl/Hien*, Gemeindeordnung, Art. 87 GO, Anm. 2.5.

1020 S. S. 191 ff.

1021 S. S. 191 ff.

1022 So *Widtmann/Grasser*, Bayerische Gemeindeordnung, Art. 89, Rn. 3. Ebenfalls unter Zugrundelegung der fehlenden vorrangigen Gewinnerzielungsabsicht BayVerfGH, Entsch. v. 23.12.1957 – Vf. 107, 114, 117 – VII – 56, BayVBl. 1957, S. 53 und *Bauer u.a.*, Bayerische Kommunalgesetze, Art. 87 GO, Rn. 27.

5. *Einfache Subsidiaritätsklauseln*

a) *Die Voraussetzungen der einfachen Subsidiaritätsklausel*

In Niedersachsen,[1023] dem Saarland,[1024] Sachsen[1025] und Sachsen-Anhalt[1026] darf sich eine Kommune dann wirtschaftlich betätigen, wenn der öffentliche Zweck nicht besser und wirtschaftlicher durch einen anderen erfüllt wird oder erfüllt werden kann. Davon weicht der Wortlaut der schleswig-holsteinischen Subsidiaritätsklausel insofern leicht ab, als dort zu prüfen ist, ob der Zweck nicht besser und wirtschaftlicher *auf andere Weise* erfüllt werden kann.[1027] Formuliert man diese Voraussetzung positiv, indem man ausführt, wie die Gemeinde den Zweck erreichen muß, so ist sie erheblich leichter verständlich. Leider findet sich diese Formulierung nur in der mecklenburg-vorpommerschen Kommunalverfassung. Danach ist ein wirtschaftliches Unternehmen einer Gemeinde zulässig, wenn „die Gemeinde die Aufgabe ebenso gut und wirtschaftlich wie Dritte erfüllen kann."[1028] Damit stellen die einfachen Subsidiaritätsklauseln geringere Anforderungen als die echten Subsidiaritätsklauseln, weil die Kommunen wirtschaftlich bereits tätig werden dürfen, wenn sie den verfolgten Zweck genauso gut und wirtschaftlich erfüllen können.

Nach den negativ formulierten Regelungen, welche die Leistungen der Anderen beschreiben, darf sich eine Kommune dann nicht wirtschaftlich betätigen, wenn andere den öffentlichen Zweck besser und wirtschaftlicher erfüllen. Die Formulierung "besser *und* wirtschaftlicher" verdeutlicht, daß beide Tatbestandsmerkmale kumulativ vorliegen müssen. Wenn also andere den öffentlichen Zweck nur wirtschaftlicher, aber nicht besser erfüllen oder nur besser, aber nicht wirtschaftlicher, so darf eine Kommune nach den einfachen Subsidiaritätsklauseln wirtschaftlich aktiv werden. Formuliert man diese Voraussetzung positiv, also für die Betätigung der Gemeinde, so ist eine gemeindliche Betätigung dann zulässig, wenn die Gemeinde besser und wirtschaftlicher, aber auch, wenn sie nur besser oder wirtschaftlicher arbeitet als andere. Schließlich erfüllen andere den Zweck auch dann nicht „besser und wirtschaftlicher", wenn die Kommune gleich gut und wirtschaftlich anbietet wie diese. Daher dürfen Kommunen nach den ein-

1023 § 108 Abs. 1 S. 2 Nr. 3 GO Nds.
1024 § 108 Abs. 1 Nr. 3 KSVG SL.
1025 § 97 Abs. 1 S. 1 Nr. 3 GO Sachs.
1026 § 116 Abs. 1 Nr. 3 GO Sa-Anh.
1027 § 101 Abs. 1 Nr. 3 GO SH.
1028 § 68 Abs. 1 Nr. 3 KV MV.

fachen Subsidiaritätsklausen bereits bei Leistungsgleichheit aktiv werden.[1029] Entsprechend nennt die einfache Subsidiaritätsklausel in Mecklenburg-Vorpommern nur die Mindestvoraussetzung, daß „die Gemeinde die Aufgabe ebenso gut und wirtschaftlich wie Dritte erfüllen kann."[1030]

b) Einfache Subsidiaritätsklausel mit Ausnahmebereich

aa) § 107 Abs. 1 S. 1 Nr. 3 GO NW

Eine Sonderform der einfachen Subsidiaritätsklauseln besteht in Nordrhein-Westfalen. Hier gilt zwar ebenfalls, daß „der öffentliche Zweck durch andere Unternehmen nicht besser und wirtschaftlicher erfüllt werden kann".[1031] Dies wird aber nur „bei einem Tätigwerden außerhalb der Energieversorgung, der Wasserversorgung, des öffentlichen Verkehrs sowie des Betriebes von Telekommunikationsleitungsnetzen einschließlich der Telefondienstleistungen"[1032] gefordert. Somit ist die nordrhein-westfälische Subsidiaritätsklausel auf alle wirtschaftlichen Betätigungen außer den genannten anwendbar.[1033] Bis auf die Telekommunikation gehören diese zu den traditionellen kommunalen Geschäftsfeldern. Es handelt sich hiernach um eine Subsidiaritätsklausel mit Ausnahmebereich.

1029 *Moraing*, Möglichkeiten und Grenzen, S. 32; so ausdrücklich die Formulierung des § 68 Abs. 1 Nr. 3 KV MV.

1030 § 68 Abs. 1 Nr. 3 KV MV.

1031 § 107 Abs. 1 S. 1 Nr. 3 GO NW.

1032 § 107 Abs. 1 S. 1 Nr. 3 GO NW.

1033 Nach *Ehlers*, NWVBl. 2000, S. 4 f. sei § 107 Abs. 1 S. 1 Nr. 3 GO NW verfassungswidrig, weil die Ausnahmebereiche dieser Norm wirtschaftliche Betätigungen auch dann zulassen, wenn die Gemeinde den fraglichen öffentlichen Zweck schlechter und unwirtschaftlicher als andere erfülle. Dies sei mit der rechtsstaatlichen Anforderung, daß jegliches staatliche Handeln durch einen öffentlichen Zweck gerechtfertigt werden müsse und mit dem verfassungsrechtlichen Gebot der Widerspruchsfreiheit der Rechtsordnung nicht vereinbar. Dagegen hält *Köhler*, VR 2000, S. 46 f. die Ausnahmebereiche des § 107 Abs. 1 S. 1 Nr. 3 GO NW durch den öffentlichen Zweck verfassungsrechtlich gerechtfertigt, die Versorgung aller Gemeindeeinwohner sicherzustellen. Mit ähnlicher Begründung für die Verfassungsmäßigkeit dieser Norm auch *Löwer*, NWVBl. 2000, S. 242 f.

bb) § 102 Abs. 1 Nr. 3 GO BW

Eine einfache Subsidiaritätsklausel mit Ausnahmebereich hat der Gesetzgeber 1999 auch in § 102 Abs. 1 Nr. 3 GO BW eingefügt.[1034] Danach dürfen sich Gemeinden nur wirtschaftlich betätigen, wenn „bei einem Tätigwerden außerhalb der kommunalen Daseinsvorsorge der Zweck nicht besser und wirtschaftlicher durch einen anderen erfüllt wird oder erfüllt werden kann."[1035] Für Tätigkeiten im Bereich der kommunalen Daseinsvorsorge ist also ein Leistungsvergleich nicht erforderlich. Darin entspricht diese Regelung der bayerischen, wonach die Subsidiaritätsprüfung ebenfalls nur für ein „Tätigwerden außerhalb der kommunalen Daseinsvorsorge" durchzuführen ist.[1036]

Eine gesetzliche Regelung oder gerichtliche Entscheidung, vergleichbar mit der Entscheidung des Bayerischen Verfassungsgerichtshofs vom 23.12.1957, die im baden-württembergischen Schrifttum eine Auseinandersetzung mit dem Begriff der Daseinsvorsorge hervorrufen hätte können, ist in Baden-Württemberg nicht ergangen. So hat sich in Baden-Württemberg keine eigene Auslegung des Daseinsvorsorgebegriffs entwickelt. Allerdings wurde das Gesetz zur Änderung gemeindewirtschaftsrechtlicher Vorschriften und anderer Gesetze, das die Subsidiaritätsklausel in die baden-württembergische Gemeindeordnung einfügte, am 19.7.1999 verabschiedet.[1037] Der bayerische Gesetzgeber hatte den Ausnahmebereich der Daseinsvorsorge bereits mit seinem Gesetz zur Änderung des kommunalen Wirtschaftsrechts und anderer kommunalrechtlicher Vorschriften vom 24.7.1998, also ein Jahr früher in Art. 87 Abs. 1 S. 1 Nr. 4 GO Bay eingefügt.[1038] Da damit dem baden-württembergischen Gesetzgeber die neue bayerische Regelung bekannt war und der Daseinsvorsorgebegriff in Baden-Württemberg nicht spezifisch geprägt war, hat er diesen Begriff bewußt aus der bayerischen Regelung übernommmen. Dafür spricht bereits, daß der baden-württembergische Gesetzgeber die gesamte bayerische Formulierung des Ausnahmebereichs „bei einem Tätigwerden außerhalb der kommunalen Daseinsvorsorge" wörtlich in § 102 Abs. 1 Nr. 3 GO BW eingefügt hat. Daher ist die Daseinsvorsorge im Sinne von § 102 Abs. 1 Nr. 3 GO BW ebenso wie im Sinne von Art. 87 Abs. 1 S. 1 Nr. 4 GO Bay als die Befriedigung von Bedürfnissen der Bevölkerung ohne vor-

---

1034 § 102 Abs. 1 Nr. 3 GO BW wurde durch das Gesetz zur Änderung gemeindewirtschaftsrechtlicher Vorschriften und anderer Gesetze vom 19.7.1999, GBl. BW, S. 292 ff. in die baden-württembergische Gemeindeordnung aufgenommen.

1035 § 102 Abs. 1 Nr. 3 GO BW.

1036 Art. 87 Abs. 1 S. 1 Nr. 4 GO Bay.

1037 GBl. BW, S. 292 ff.

1038 Bay GVBl. 1998, S. 424 ff.

rangige Gewinnerzielungsabsicht zu definieren.[1039] Indem der baden-württembergische Gesetzgeber die Anforderungen der weit verbreiteten einfachen Subsidiaritätsklausel mit dem 1998 erstmalig in Bayern geregelten Ausnahmebereich der Daseinsvorsorge kombiniert hat, ist diese neue Subsidiaritätsklausel ein schönes Beispiel für die evolutionäre Kraft des Föderalismus, wo Länder aus bewährten Lösungen anderer Länder neues erschaffen.

6. Die Handhabbarkeit der Subsidiaritätsklauseln

Die Handhabung der Subsidiaritätsklauseln scheint schwerer zu fallen als die der zuvor behandelten Tatbestandsmerkmale.

a) Unmöglichkeit der Subsidiaritätsprüfung wegen der Unterschiede öffentlicher und privater Unternehmen

Zwischen kommunalen und privaten Wirtschaftsunternehmen bestehen grundsätzliche Unterschiede. Zahlreiche dieser Unterschiede sind bereits in den Gemeindeordnungen angelegt und betreffen die Gewinnerzielungsabsicht, Organisationsform, Steuerung und Kontrolle kommunaler Unternehmen. Nach den Kommunalverfassungen der Länder können kommunale Unternehmen als Eigenbetrieb[1040] und in Bayern, Rheinland-Pfalz und Nordrhein-Westfalen zusätzlich als Anstalt des öffentlichen Rechts[1041] organisiert werden. Kommunale Unternehmen sollen ihren öffentlichen Zweck erfüllen und Gewinn nur erzielen, soweit dadurch die Erfüllung dieses Zwecks nicht beeinträchtigt wird.[1042] Wegen der den Gemeinden zustehenden Steuerungs- und Kontrollrechte[1043] werden kommunale Unternehmen direkt von der Kommunalpolitik beeinflußt. In der Praxis bedeutsam ist auch die Anwendung des öffentlichen Dienstrechts in kommunalen Unternehmen, die sich im Vergleich mit privaten Unternehmen unter anderem in höheren Tariflöhnen und eingeschränkten Kündigungsrechten auswirken kann.

Diese zahlreichen Unterschiede zwischen kommunalen und privaten Unternehmen könnten die gemeinderechtliche Subsidiaritätsprüfung unmöglich ma-

1039 So *Widtmann/Grasser*, Bayerische Gemeindeordnung, Art. 89, Rn. 3. Ebenfalls unter Zugrundelegung der fehlenden vorrangigen Gewinnerzielungsabsicht BayVerfGH, Entsch. v. 23.12.1957 – Vf. 107, 114, 117 – VII – 56, BayVBl. 1957, S. 53 und *Bauer u.a.*, Bayerische Kommunalgesetze, Art. 87 GO, Rn. 27.

1040 Z.B. § 114 GO NW.

1041 Art. 89 ff. BayGO; § 114 a GO NW.

1042 Z.B. § 109 Abs. 1 GO NW.

1043 Z.B. § 108 Abs. 1 S. 1 Nr. 6 und § 108 Abs. 2 S. 1 Nr. 1 GO NW chen. So wird gegen die Subsidiaritätsklauseln eingewandt, sie erforderten einen Vergleich zwischen einem optimal wirtschaftenden Unternehmen eines Privaten und einer optimalen wirtschaftlichen Betätigung von Kommunen, der allerdings schon deswegen nicht möglich sei, weil öffentliche Unternehmen nach den Gemeindeordnungen vorrangig den öffentlichen Zweck erfüllen sollen.[1044] Dies würde jedoch voraussetzen, daß sich kommunale und private Unternehmen derart stark unterscheiden, daß nicht mehr festgestellt werden kann, wer den fraglichen öffentlichen Zweck, etwa die Energieeffizienz im Wärmemarkt, besser und wirtschaftlicher erreicht.

Allerdings muß nach den Subsidiaritätsklauseln nur geprüft werden, ob die Kommune beziehungsweise deren Unternehmen, den öffentlichen Zweck mindestens so gut und wirtschaftlich wie andere erreichen. Gegenstand des Vergleichs ist also die Zweckerreichung durch das kommunale und die privaten Unternehmen, nicht jedoch diese Unternehmen selbst. Zwar wird das kommunale Unternehmen bei Aufnahme einer wirtschaftlichen Betätigung diese noch nicht ausgeübt haben, so daß anhand einer Untersuchung des Unternehmens vorherzusagen ist, wie es den öffentlichen Zweck der neuen Betätigung erfüllen könnte. Aber diese Prognose bezieht sich auf die Erfüllung des öffentlichen Zwecks und wird lediglich aus den Angaben über das Unternehmen gewonnen. Mögen sich kommunale und private Unternehmen nach ihrer Art noch so stark unterscheiden, so kann immer noch verglichen werden, wer den öffentlichen Zweck besser und wirtschaftlicher erreicht. Wenn etwa ein kommunales Energieversorgungsunternehmen seine Mitarbeiter nach den Tarifen des öffentlichen Dienstes entlohnt, so beeinflußt dies, wie wirtschaftlich es den Zweck seines Wärmeservice erreicht, macht aber die Subsidiaritätsprüfung nicht unmöglich. Daß Unternehmen sich unterscheiden, hindert also nicht, ihre Leistungen zu vergleichen, um nichts anderes handelt es sich bei der Qualität und Wirtschaftlichkeit der Zweckerreichung.

Schließlich regeln die Landesgesetzgeber in den Subsidiaritätsklauseln, daß Gemeinden sich wirtschaftlich betätigen dürfen, wenn der öffentliche Zweck nicht besser und wirtschaftlicher durch andere erfüllt wird. Dabei dürften sie sich bewußt gewesen sein, daß Gemeinden sich meistens mittels kommunaler Unternehmen wirtschaftlich betätigen und daß „andere" im Sinne der Subsidiaritätsklauseln in der Regel private Unternehmen sind. Damit ging auch der Gesetzgeber davon aus, daß trotz der bekannten Unterschiede zwischen öffentlichen und privaten Unternehmen die Prüfung möglich sei, wer den öffentlichen Zweck besser und wirtschaftlicher erreicht.[1045]

1044 *Cronauge*, in: Rehn/Cronauge/v. Lennep, GO NW, § 107, Tz. 3.

1045 So stellt auch der VerfGH RP, Urt. v. 18.3.2000 - VGH N 12/98 -, DVBl. 2000, S. 997 fest, es sei nicht Zweck des § 85 Abs. 1 Nr. 3 GO RP, „einen Vergleich zwi-

b) Sonstige Zweifel an der Handhabbarkeit der Subsidiaritätsklauseln

In Nordrhein-Westfalen hat der Landtag im Jahr 1994 die bestehende Subsdiaritätsklausel mit der Begründung abgeschafft, daß die Feststellung ihrer Voraussetzungen „von den Aufsichtsbehörden im Rahmen des Anzeigeverfahrens nicht oder nur mit erheblichem Aufwand (Vergleichsberechnungen und so weiter) getroffen werden“[1046] kann. In einigen Innenministerien der Länder geht man sogar davon aus, daß Subsidiaritätsprüfungen in der Praxis überhaupt nicht durchgeführt werden können. So äußerten Vertreter zweier Innenministerien bei der genannten Befragung der obersten Kommunalaufsichtsbehörden der Länder zur Auslegung gemeindewirtschaftsrechtlicher Tatbestandsmerkmale[1047], die Subsidiaritätsklauseln seien nicht praktikabel.[1048] Auch die Aussagen der Bediensteten dreier anderer Innenministerien, bisher sei in ihren Bundesländern noch in keinem Fall eine kommunalwirtschaftliche Betätigung aufgrund der Subsidiaritätsklausel abgelehnt worden,[1049] könnten darauf hindeuten, daß diese Regelungen nicht angewendet werden, weil sie nicht praktikabel sind.

Dennoch hat der Gesetzgeber in Nordrhein-Westfalen nur fünf Jahre nach deren Streichung mit § 107 Abs. 1 S. 1 Nr. 4 GO NW wieder eine Subsidiaritätsklausel in die Gemeindeordnung eingefügt. Man könnte dem Gesetzgeber unterstellen, daß er eine lediglich symbolische Gesetzgebung betreibt, indem er Vorschriften schafft, deren mangelnde Umsetzbarkeit von vornherein feststeht. Geht man davon aber nicht aus, so kann die Begründung, mit der 1994 die Subsidiaritätsklausel gestrichen wurde, zumindest insoweit nicht zutreffen, als dort festgestellt wurde, die Durchführung von Subsidiaritätsprüfungen sei nicht möglich. Auch dem rheinland-pfälzischen Landtag dürfte eine solche symbolische Gesetzgebung nicht zu unterstellen sein, da er es 1998 nicht bei der bestehenden einfachen Subsidiaritätsklausel beließ, sondern diese sogar durch eine echte Subsidiaritätsklausel mit höheren Anforderungen ersetzte. Dementsprechend geht auch der Verfassungsgerichtshof Rheinland-Pfalz davon aus, daß bereits die bisherige einfache Subsidiaritätsklausel des § 85 Abs. 1 Nr. 3 GO RP a.F. in der Praxis

---

schen einem konkret beabsichtigten wirtschaftlichen Unternehmen der Gemeinde und imaginären Privatunternehmen zu verlangen; andernfalls wäre der Vergleich uferlos und die Vorschrift nicht handhabbar.“ Vielmehr seien „unter Berücksichtigung des Normzwecks ... in den Leistungsvergleich nur solche Dritte einzubeziehen, die die von der Kommune beabsichtigte Leistung schon anbieten oder konkret bereit sind, das zu tun.“

1046 LT NW, Drs. 11/4983, S. 25.

1047 Zu dieser empirischen Befragung näher S. 278.

1048 *Schmidt*, Gemeinderechtliche Bewertung, S. 78; so auch *Schneider/Dreßler/Lüll*, GO Hess, § 121, S. 11.

1049 *Schmidt*, Gemeinderechtliche Bewertung, S. 78

handhabbar war.[1050] Deshalb sprechen die genannten Gesetzesänderungen dafür, daß Subsidiaritätsprüfungen überhaupt und auch mit politisch vertretbarem Aufwand durchgeführt werden können.

c) Ursachen der Handhabungsschwierigkeiten

Dennoch bereitet die Prüfung Schwierigkeiten, ob andere den öffentlichen Zweck, den die Kommune mit ihrer wirtschaftlichen Betätigung verfolgt, mindestens ebenso gut und wirtschaftlich erfüllen können.[1051]

aa) Ungenügende Quantifizierbarkeit des öffentlichen Zwecks

Will man feststellen, in welchem Umfang verschiedene Anbieter einen bestimmten Zweck erreichen, so muß dieser Zweck erst einmal festgestellt werden. Die Zwecke kommunaler Energieversorgungsunternehmen werden in deren Gesellschaftsverträgen oder Satzungen, den Ratsbeschlüssen zur ihrer Gründung oder auch den Konzessionsverträgen zwischen Gemeinde und Energieversorger bestimmt.

Schwieriger als den gemeindlichen Zweck einer wirtschaftlichen Betätigung herauszufinden, kann es sein, zu messen, in welchem Umfang die Kommune und andere diesen Zweck erreichen.

Ist der öffentliche Zweck, den die Gemeinde mit der wirtschaftlichen Betätigung erfüllen möchte, präzise bestimmt, so ist weiterhin erforderlich, daß die Erreichung dieses Zwecks meßbar ist. Dann dürfte sich im Regelfall quantifizieren lassen, welches von zwei Unternehmen diesen Zweck besser erreicht. Liegt der öffentliche Zweck etwa darin, möglichst viel Energie einzusparen, so kann die Einsparung von Strom in Kilowattstunden, von Gas in Kubikmetern und von Heizöl in Litern gemessen werden. Um festzustellen, ob das kommunale oder ein privates Energiedienstleistungsunternehmen bisher größere Energieeinsparungen erzielt haben, könnte man grundsätzlich vergleichbare Referenzprojekte auswählen, die diese Unternehmen bisher durchgeführt haben.

bb) Prognostische Unsicherheit über die Zweckerreichung und die Wirtschaftlichkeit einer neuen wirtschaftlichen Betätigung

Allerdings liegt das große Problem bei der Neuaufnahme von wirtschaftlichen Betätigungen darin, daß es das kommunale Unternehmen, das die fragliche Auf-

1050 VerfGH RP, Urt. v. 18.3.2000 - VGH N 12/98 -, DVBl. 2000, S. 997.
1051 *Henneke*, NdsVBl. 1999, S. 2.

gabe erfüllen soll, noch gar nicht gibt. Ein Unternehmen, über dessen Gründung Verwaltung und Gemeindevertretung noch nicht beschlossen haben, hat auch seine Geschäftstätigkeit noch nicht aufgenommen und kann folglich keine Referenzprojekte vorweisen, anhand derer festgestellt werden könnte, in welchem Umfang und zu welchen Preisen es den fraglichen öffentlichen Zweck erreicht. Gleiches wie für die Gründung/Errichtung wirtschaftlicher Unternehmen dürfte auch für die wesentliche Erweiterung eines solchen Unternehmens gelten. Erweitert ein bereits bestehender kommunaler Betrieb seine Tätigkeit auf neue Geschäftsfelder wie die Telekommunikation oder die Energieeinsparung so hat er vor dieser Erweiterung auf diesen Geschäftsfeldern ebenfalls noch keine Projekte durchgeführt, die mit Leistungen anderer verglichen werden könnten. Nur beim letzten der Vorhaben, das Kommunen den Kommunalaufsichtsbehörden anzeigen müssen,[1052] der Übernahme eines Unternehmens einschließlich der Beteiligung daran, ist das fragliche Unternehmen bereits wirtschaftlich tätig geworden, so daß die Kommunalaufsichtsbehörden hier Daten für eine konkrete Subsidiaritätsprüfung heranziehen könnten. Die Subsidiaritätsprüfung für die Errichtung/Gründung und die wesentliche Erweiterung eines wirtschaftlichen Unternehmens kann dagegen nur mittels einer Prognose für die Zukunft durchgeführt werden.

d) Verbesserung der Handhabbarkeit der Subsidiaritätsklauseln

Allerdings bestehen auch Möglichkeiten, um die Handhabbarkeit von Subsidiaritätsklauseln zu verbessern.

aa) Ausdrückliche und genaue Zweckfestlegung

Das einfachste Mittel, damit Gemeinden, Kommunalaufsichtsbehörden und Gerichte die Subsidiaritätsklauseln einfacher handhaben können, ist sicherlich, daß die Kommunen die Zwecke ihrer wirtschaftlichen Betätigung ausdrücklich und genau festlegen. Eine Festlegung an hervorgehobener Stelle im Gesellschaftsvertrag oder der Satzung des Unternehmens ist für alle Beteiligten am deutlichsten. Ist eine Kommune der Erhaltung der natürlichen Lebensgrundlagen ihrer Bürger besonders verpflichtet, so könnte § 1 des Gesellschaftsvertrags der Stadtwerke beispielsweise lauten, Zweck der Gesellschaft sei die nachhaltige und umweltschonende Versorgung der Einwohner mit Strom und Gas.

Kommunen neigen häufig dazu, die Zwecke ihrer Unternehmen möglichst weit und unbestimmt zu fassen, um diesen ein möglichst großes Betätigungsfeld

---

1052 Zu den anzeigepflichtigen Sachverhalten s. zum Beispiel § 115 Abs. 1 S. 1 lit. a – d GO NW.

zu eröffnen und entsprechende Änderungen der Geschäftstätigkeit zu ermöglichen. Nicht selten dürfte auch der Gedanke mitspielen, es der Kommunalaufsicht zu erschweren, Überschreitungen der Unternehmenszwecke festzustellen, was dieser umso leichter fällt, je detaillierter diese beschrieben sind. Allerdings ist eine genaue Benennung des Unternehmenszwecks Voraussetzung dafür, daß das Unternehmen diese Zwecke überhaupt erfüllen kann. Denn nur wenn Management und Mitarbeiter die Zwecke, die ihnen die Kommune vorgegeben hat, kennen und bei ihrer täglichen Arbeit vor Augen haben, besteht Aussicht darauf, daß das kommunale Unternehmen diese Zwecke auch verfolgt und erreicht.

Zudem bindet eine präzise schriftliche Benennung der öffentlichen Zwecke Kommunalaufsichtsbehörden und Gerichte bei ihrer Prüfung der gemeindewirtschaftsrechtlichen Schrankentrias an ebendiese. Im genannten Beispiel gibt die Kommune vor, daß die Kommunalaufsicht im Rahmen der Subsidiaritätsklausel nur vergleichen darf, wie die Kommune und andere mit ihrer Energieversorgung die Ziele Nachhaltigkeit und Umweltverträglichkeit erfüllen. Ziele wie etwa die Unterstützung sozial Bedürftiger oder bestimmter Industriezweige dürfte die Behörde dagegen nicht berücksichtigen. Kommunen haben es also in der Hand, zwar nicht den Maßstab (Zweckerreichung und Wirtschaftlichkeit), wohl aber den Gegenstand (öffentlicher Zweck) der Subsidiaritätsklauseln und damit auch des Vergleichs mit privaten Unternehmen selbst zu bestimmen. Beziehen sie hier Zwecke ein, bei deren Erreichung kommunale Unternehmen Wettbewerbsvorteile gegenüber privaten Unternehmen haben, so wird sich dies auf das Ergebnis der Subsidiaritätsprüfung auswirken. So verfügen kommunale Energieversorgungsunternehmen beispielsweise über eine bessere Ortskenntnis als überörtliche Unternehmen, was es ihnen erleichtert, örtlich vorhandene erneuerbare Energiequellen zu nutzen. Nutzt ein kommunales Energieversorgungsunternehmen konsequent erneuerbare Energiequellen vor Ort, indem es eigene Wind- und Wasserkraftanlagen betreibt und viel Strom aus Photovoltaikanlagen von Bürgern aufkauft, so kann dies leicht dazu führen, daß es etwa den Zweck, Nutzenergie möglichst umweltfreundlich bereitzustellen, besser erfüllt als andere.

bb) Das neue Steuerungsmodell

Zu einer besseren Anwendbarkeit der Subsidiaritätsklauseln könnte auch die zunehmende Einführung neuer Steuerungsmodelle in den Kommunalverwaltungen führen.

Das neue Steuerungsmodell beinhaltet unter anderem, daß kommunale Behörden die Ergebnisse ihrer Arbeit als sogenannte Produkte definieren. Außerdem wird die Ausgabenverantwortung mit der Aufgabenverantwortung zusammengeführt, damit Behörden Finanzmittel verantwortungsvoller verausgaben und ein Interesse haben, Einnahmen zu erzielen. Voraussetzung dafür ist, die Preise der sogenannten Produkte zu ermitteln und soweit möglich zu senken. Diese, zumindest begriffliche, Ökonomisierung der Verwaltungstätigkeit ermöglicht einen Vergleich zwischen Kommune und Privatunternehmen auch in Bereichen, in denen dies bisher nicht möglich war.[1053] Damit wird bezweckt, daß Kommunen Leistungen, die sie unwirtschaftlicher als Private erbringen, an private Unternehmer vergeben. Die Subsidiaritätsklauseln gelten nur für wirtschaftliche Betätigungen. Hier dürften die Kommunen bereits bisher regelmäßig Unternehmen eingesetzt, Produkte angeboten und auch deren Kosten berechnet haben. So wissen Stadtwerke seit eh und je, wieviele Pfennige es sie kostet, eine Kilowattstunde Strom bereitzustellen. Daher dürfte die Einführung des neuen Steuerungsmodells die Anwendung der Subsidiaritätsklauseln nur bei wirtschaftlichen Betätigungen erleichtern, für die Kommunen bisher noch keine Produkte und Preise erfaßt haben.

cc) Verfahrenssicherungen

In einigen Ländern sehen die Kommunalverfassungen Verfahren vor, die Aspekte der Subsidiaritätsklauseln beinhalten.

(1) Markterkundungsverfahren gemäß § 71 Abs. 1 Nr. 3 S. 2 ThürKO

Laut § 71 Abs. 1 Nr. 3 S. 2 ThürKO hat eine Kommune vor der Gründung, Übernahme und Erweiterung eines wirtschaftlichen Unternehmens gegebenenfalls ein Markterkundungsverfahren durchzuführen. Da diese Vorschrift unmittelbar an die Subsidiaritätsklausel in § 71 Abs. 1 Nr. 3 S. 1 ThürKO anschließt und vom Gesetzgeber in dieselbe Regelungsnummer eingefügt wurde, dürfte im angeordneten Markterkundungsverfahren auch zu untersuchen sein, ob der Zweck der fraglichen wirtschaftlichen Betätigung „nicht ebenso gut und wirtschaftlich durch einen anderen erfüllt wird oder erfüllt werden kann.“ Neben diesem regelungssystematischen Zusammenhang spricht auch der Umstand, daß die „betroffenen örtlichen Betriebe in Landwirtschaft, Handel, Gewerbe und Industrie“ in das Markterkundungsverfahren einzubinden sind[1054], dafür, daß thüringische Gemeinden die Subsidiaritätsklausel bereits innerhalb des Markterkundungsverfahrens zu prüfen haben. Nach der thüringischen Kommunalordnung kann die Markterkundung somit als Verfahren verstanden werden, das die Prü-

1053 *Hill*, BB 1997, S. 430.
1054 § 71 Abs. 1 Nr. 3 S. 2 ThürKO.

fung der Subsidiaritätsklausel gewährleistet. Dies gilt allerdings nur, soweit ein solches Markterkundungsverfahren „gegebenenfalls“ durchzuführen ist.

Die nordrhein-westfälischen Gemeindeordnung spricht in § 107 Abs. 5 S. 2 GO NW statt von einem Markterkundungsverfahren von einer „Marktanalyse“. Gegenstand dieser Marktanalyse sind die Chancen und Risiken des beabsichtigten wirtschaftlichen Engagements und die Auswirkungen auf das Handwerk und die mittelständische Wirtschaft. Weder die Chancen und Risiken eines wirtschaftlichen Engagements noch dessen Auswirkungen auf das Handwerk und die mittelständische Wirtschaft lassen sich einschätzen, ohne die Wettbewerbssituation des fraglichen kommunalen Unternehmens zu beurteilen. Spätestens hier dürfte dann auch zu untersuchen sein, wie gut und wirtschaftlich dieses Unternehmen im Vergleich zu anderen arbeitet. Um dabei nicht ins uferlose zu geraten, bietet sich als Maßstab der Qualität und Wirtschaftlichkeit der Zweck dieses Unternehmens an. Damit erweist sich die Marktanalyse nicht nur als Instrument zur Beachtung, daß die wirtschaftliche Betätigung in angemessenem Verhältnis zur gemeindlichen Leistungsfähigkeit steht.[1055] Vielmehr enthält dieses Verfahren zumindest auch wesentliche Elemente der Subsidiaritätsprüfung.[1056]

Auch wenn das thüringische Markterkundungsverfahren und die nordrhein-westfälische Marktanalyse eine umfangreichere Prüfung erfordern als die Subsidiaritätsklauseln dieser Gemeindordnungen, so beinhalten beide zumindest wesentliche Inhalte dieser Klauseln.

(2) Ausschreibung und ausschreibungsähnliche Verfahren

Anstelle von Markterkundungsverfahren sehen manche Gemeindeordnungen vor, daß die Gemeinde vor Aufnahme einer wirtschaftlichen Betätigung eine Ausschreibung oder ein ausschreibungsähnliches Verfahren durchführt.

(a) Einholung von Angeboten gemäß §§ 100 f. GO Bbg.

Nach § 100 Abs. 3 GO Bbg haben Gemeinden „im Interesse einer sparsamen Haushaltsführung dafür zu sorgen, daß Leistungen, die von privaten Anbietern in mindestens gleicher Qualität und Zuverlässigkeit bei gleichen oder geringeren Kosten erbracht werden können, diesen Anbietern übertragen werden, sofern dies mit dem öffentlichen Interesse vereinbar ist. Dazu sind Angebote einzuholen und Vergleichsberechnungen vorzunehmen, die der Gemeindevertretung oder ... dem

1055 S. S. 284.

1056 Nach *Ehlers*, DVBl. 1998, S. 502 bekommen die Subsidiaritätsklauseln durch Markterkundungsverfahren wie das des § 71 Abs. 1 Nr. 3 ThürKO „mehr Zähne“.

Hauptausschuß vorzulegen sind." Da diese Verpflichtung in § 100 GO Bbg enthalten ist, der die wirtschaftliche Betätigung regelt, verpflichtet die brandenburgische Kommunalverfassung die Kommunen, Angebote privater Anbieter einzuholen, bevor sie zumindest wirtschaftliche Leistungen erbringen.

Wenn eine Kommune zur wirtschaftlichen Betätigung zusätzlich ein Unternehmen gründen oder erwerben oder eine Mehrheitsbeteiligung daran erwerben möchte, so ist dies gesondert geregelt.[1057] Hierauf sind die Grundsätze des § 100 Abs. 3 GO Bbg sinngemäß anzuwenden.[1058] Somit finden die Subsidiaritätsklausel sowie die Pflicht, Angebote privater Anbieter einzuholen, Vergleichsberechnungen vorzunehmen und diese den Gemeindegremien vorzulegen, auf die genannten gemeindlichen Entscheidungen über Unternehmen sinngemäße Anwendung. Interessanterweise gilt dies nicht nur für die in § 101 Abs. 1 GO Bbg geregelten wirtschaftlichen, sondern auch für die gemäß § 101 Abs. 2 GO Bbg nichtwirtschaftlichen Unternehmen. Nur für wirtschaftliche Unternehmen ist schließlich ausdrücklich geregelt, daß diese gemäß § 100 Abs. 2 GO Bbg zusätzlich von einem öffentlichen Zwecks gerechtfertigt werden und der gemeindlichen Leistungsfähigkeit und dem voraussichtlichen Bedarf angemessen sein müssen.[1059]

Indem die brandenburgische Gemeindeordnung für die Erbringung von Leistungen und für die Gründung, den Erwerb und den Mehrheitsbeteiligungserwerb hinsichtlich Unternehmen vorschreibt, dem Entscheidungsorgan die Angebote Privater vorzulegen, ist die Gemeinde in beiden Fällen verpflichtet, sich wie bei der Vergabe eines Auftrags zwischen den Angeboten unterschiedlicher Unternehmen zu entscheiden. Vor der Gründung und dem Erwerb von Unternehmen sowie dem Erwerb einer Mehrheitsbeteiligung daran hat die Gemeinde zusätzlich öffentlich bekannt zu machen, daß sie dies vorhat.[1060] Im Gegensatz zur schlichten Leistungserbringung durch die Gemeinde[1061] fehlt hierbei der ausdrückliche Hinweis darauf, daß die Gemeinde nicht nur zur Vorlage, sondern auch zur Einholung der Angebote verpflichtet ist. Entsprechend ging der Gesetzgeber wohl bei der Gründung von Unternehmen davon aus, daß die Privaten auf die öffentliche Bekanntmachung hin selbst aktiv werden und die Leistungen anbieten, für deren Erbringung die Gemeinde sonst ein Unternehmen gründen würde. Damit würde nicht die Gemeinde entscheiden, wessen Angebot sie einholt, sondern die Privaten entscheiden, ob sie sich an dem Verfahren beteiligen. Dies hätte den Vorteil, daß die Gemeindeverwaltung nicht schon durch die Zahl und die Auswahl der angesprochenen Unternehmen wichtige Vorentscheidungen treffen

1057 § 101 GO Bbg.
1058 § 101 Abs. 4 S. 3 GO Bbg.
1059 § 101 Abs. 1 GO Bbg.
1060 § 101 Abs. 4 S. 2 GO Bbg.
1061 § 100 Abs. 3 S. 2 GO Bbg.

könnte. Aber auch bereits durch die öffentliche Bekanntmachung ist das Verfahren bezüglich eines gemeindlichen Unternehmens noch stärker als bei der schlichten Erbringung gemeindlicher Leistungen wie eine Ausschreibung ausgestaltet. Beiden Fällen gemeinsam ist ein ausschreibungsähnliches Verfahren, das sichert, daß die Gemeinde anhand konkurrierender Angebote entscheidet.

Wegen dieser Regelungen ist es innerhalb der Subsidiaritätsprüfung nicht mehr möglich, die Leistungen kommunaler und privater Unternehmen der fraglichen Sparte zu vergleichen, indem man allgemein die Vor- und Nachteile der öffentlichen und der privaten Wirtschaft miteinander vergleicht. Vielmehr sind konkurrierende Angebote einzelner privater Unternehmen mit dem von der Kommune geplanten Angebot zu vergleichen. Dies hat für die Behörden, die über die Zulässigkeit der kommunalen Wirtschaftsbetätigung zu entscheiden haben, weiterhin den Vorteil, daß sie nicht mehr erarbeiten müssen, wie das öffentliche und andere private Unternehmen die Leistungen erbringen würden. Vielmehr brauchen sie aus den detaillierten Angeboten, die ihnen die Unternehmen vorlegen, nur noch das beste herauszusuchen. Dadurch entfällt vor allem die zeitaufwendige Datenbeschaffung. Somit vereinfachen Ausschreibungen und ähnliche Verfahren die Prüfung der Subsidiaritätsklausel erheblich und beseitigen bestehende Anwendungsprobleme.

(b) Ausschreibung öffentlicher Zwecke am Beispiel des Negawatt-Biddings

Eine Vergabe öffentlicher Bau- und Lieferaufträge ist ohne das Instrument der Ausschreibung heute kaum mehr denkbar. Im öffentlichen Personenverkehr werden Buslinien inzwischen europaweit ausgeschrieben. Bei der Liberalisierung des Strommarktes wurde erwogen, die bisherigen geschlossenen Versorgungsgebiete zwar beizubehalten, dafür aber öffentlich auszuschreiben. Wettbewerb hätte dann jeweils im Abstand einiger Jahre um die Versorgungsgebiete stattgefunden, anstatt wie jetzt innerhalb der Versorgungsgebiete.

(aa) Negawatt-Bidding

Inzwischen greift man auf Ausschreibungen auch zurück, um Energie einzusparen. Im Rahmen des sogenannten Negawatt-Bidding wird ausgeschrieben, wer ein bestimmtes Energiesparpotential auf der Nachfrageseite also bei Energieverbrauchern realisieren darf.[1062] Die öffentliche Hand kann damit Energieeinsparungen etwa in ihren Gebäuden (Verwaltungsgebäuden, Schulen, Sporthallen, Schwimmbäder und andere) ausschreiben. Aber auch kommunale Energieversor-

---

1062 *Wuppertal Institut/Öko-Institut*, Handlungsfelder, Anhang, S. 77 f.

gungsunternehmen können Einsparpotentiale bei ihren Verbrauchern ausschreiben, um beispielsweise den Zukauf teueren Spitzenstroms zu vermeiden. Den Zuschlag erhält dann derjenige Anbieter, der zu den geringsten Kosten die höchste jährliche Energieeinsparung erzielt. In den USA haben bereits bis Ende 1993 28 Energieversorgungsunternehmen Negawatt-Bidding-Programme durchgeführt und 170 Einsparprojekte vergeben, wodurch die Stromnachfrage um 425 MW verringert wurde.[1063]

(bb) Negawatt-Bidding am Beispiel von Schulen

Da in Deutschland bereits an mehreren hundert Schulen Energiesparprojekte von Lehrern, Schülern, Eltern, Hausmeistern und anderen durchgeführt werden,[1064] soll im folgenden beispielhaft aufgezeigt werden, wie Kommunen das Instrument des Negawatt-Bidding einsetzen können, um festzustellen, wer den Zweck „Energieeffizienzsteigerung an kommunalen Schulen“ am besten und wirtschaftlichsten erreicht. Damit können sie gleichzeitig den effektivsten und kostengünstigsten Akteur ermitteln und die gemeinderechtliche Subsidiaritätsklausel prüfen.

Da Schulen üblicherweise mit den höchsten Energieverbrauch städtischer Gebäude aufweisen, beschließt der Rat einer Kommune, den Heizenergieverbrauch der Schulen zu senken. Dieser öffentliche Zweck wird ausgeschrieben. Im Rahmen dieses Negawatt-Biddings bewerben sich nun verschiedene Anbieter.

Ein örtlicher Malerbetrieb bietet an, die Außenwände der Schulen bei der ohnehin anstehenden Renovierung zu isolieren. Ein Sanitärfachbetrieb bewirbt sich, die Rohre des Heizungssystems zu isolieren und dadurch die Leitungsverluste zu verringern. Vor allem aber möchte er die veraltete Heizungsanlage modernisieren. Dies schlägt auch das städtische Energieversorgungsunternehmen vor, weil es als örtlicher Gasversorger ein Interesse hat, die alten Ölheizungen durch gasbetriebene Blockheizkraftwerke oder Heizungsanlagen zu ersetzen, um die Schulen als Gaskunden zu gewinnen. Ein Weiterbildungsträger bietet an, sämtliche Hausmeister zu schulen, wie sie in ihren Gebäuden Energie einsparen können, weil damit der gesamte Energieverbrauch eines Gebäudes um bis zu 20 Prozent gesenkt werden kann. Weiterhin gibt es an einer der Schulen eine Ökologie-AG, welche die Lehrer und Schüler dazu bewegen will, Heizenergie etwa dadurch zu sparen, nach Unterrichtsende die Heizungen auszuschalten und Fenster zu schließen. Und schließlich möchte auch das Hochbauamt der Stadt wie in Frankfurt oder anderen deutschen Großstädten eine Abteilung „Energieeinspa-

---

1063 *Wuppertal Institut*, Handlungsfelder, Anhang, S. 77 f.
1064 *Hutter u.a.*, Energiesparen an Schulen, S. 3 ff.

rung“ einrichten, um solche Maßnahmen teilweise selbst durchzuführen oder zu vergeben. Sein Interesse liegt darin, einen Teil der eingesparten Energiekosten als Einnahmen des Amtes zur Verfügung zu haben, was ihm das neue Steuerungsmodell erlaubt.

Sofern die fragliche Kommune in einem Bundesland mit einfacher Subsidiaritätsklausel liegt, wäre diese wirtschaftliche Betätigung ihres Hochbauamtes nur zulässig, wenn der öffentliche Zweck durch andere nicht besser und wirtschaftlicher erreicht wird. Der fragliche öffentliche Zweck liegt hier in der Energieeinsparung in den Schulen. Aufgrund der öffentlichen Ausschreibung liegen der Kommune nun verschiedenen Angebote vor, aus denen sich ergibt, wieviel Prozent Energieeinsparung zu welchem Preis die einzelnen Anbieter erzielen. Die zu gründende Abteilung „Energieeinsparung“ verfügt zwar noch über keine Erfahrungen bei der Durchführung solcher Projekte, ob ihr Angebot dennoch eine realistische Prognose ihrer zukünftigen Arbeit darstellt, kann die Kommune trotzdem anhand etwa der Kosten für das geplante Personal und Material beurteilen. Die Kommunalverwaltung prüft nun, ob der Zweck Energieeinsparung durch andere besser und wirtschaftlicher erreicht wird.

Dabei stellt sie fest, daß die Öko-AG mit ihren Maßnahmen in nur sieben Monaten 16.000 DM Energiekosten und 40 t Kohlendioxid einspart, aber wegen der Eigenarbeit der Lehrer und Schüler fast keine Kosten verursacht.[1065] Hätte die Kommune eine wirtschaftliche Betätigung wie die Modernisierung der schulischen Heizungsanlagen ausgeschrieben, so hätte die Öko-AG keine Vorschläge einreichen können. Ihre Beteiligung wurde erst möglich, weil die Kommune nur den Zweck „Energieeinsparung an Schulen“, nicht jedoch die Art und Weise seiner Erreichung ausgeschrieben hat. Entsprechend geben die in Deutschland durchgeführten Schulwettbewerbe regelmäßig nur die Ziele Energieeinsparung oder Verringerung des Kohlendioxid-Ausstoßes vor, überlassen die Erstellung der Einsparkonzepte aber der Kreativität der Beteiligten.[1066] Ein solches Vorgehen entspricht den Subsidiaritätsklauseln insofern, weil nach deren Wortlaut nicht verschiedene wirtschaftliche Betätigungen zu vergleichen sind, sondern zu fragen ist, wie jeweils der öffentliche Zweck erreicht wird. Wird keine bestimmte wirtschaftliche Dienstleistung ausgeschrieben, so profitiert die Gemeinde auch von

---

1065 Einsparungen in diesem Umfang erzielten die 17 Klassen der Wilhelm-Raabe-Schule in Lüneburg, indem sie nach Unterrichtsende die Heizkörper abdrehten, das Licht löschten sowie Fenster und Türen schlossen. Die „Kosten“ dieses Projektes bestanden in Sachpreisen, die Lüneburger Firmen gestiftet haben (*Hutter u.a.*, Energiesparen an Schulen, S. 4). Die geringen Kosten solcher Schulprojekte können auch in einem Startguthaben von 1000 DM je Schule (a.a.O., S. 3) oder deren prozentualer Beteiligung an den eingesparten Energiekosten liegen (a.a.O., S. 6 ff.).

1066 *Hutter u.a.*, Energiesparen an Schulen, S. 3 ff.

der Kreativität außerhalb ihrer Gemeindeverwaltung, indem alle möglichen Mittel, von der Gebäudeisolierung bis zur Bewußtseinsbildung bei Lehrern und Schülern vorgeschlagen werden können, und die Auswahl nicht von vornherein auf bereits bekannte Mittel wie den Einbau neuer Heizungsanlagen beschränkt ist.

Insgesamt bietet damit das Negawatt-Bidding ein Modell, wie Ausschreibungen nicht nur eine effektive Erfüllung öffentlicher Zwecke sicherstellen, sondern gleichzeitig auch die Subsidiaritätsprüfung wieder handhabbar machen.

(c) Perspektiven der Ausschreibung öffentlicher Zwecke

Wenn man berücksichtigt, daß Ausschreibungsverfahren regelmäßig durchgeführt werden, um einzelne Aufträge wie Bau- oder Lieferleistungen zu vergeben, dann wäre es durchaus angemessen, für wirtschaftliche Betätigungen, die im Regelfall langfristig , das heißt über Jahre und Jahrzehnte erfolgen, ebenfalls Ausschreibungen durchzuführen. Das wirtschaftliche Risiko einer bestimmten wirtschaftlichen Betätigung, die regelmäßig erhebliche Anschubfinanzierungen benötigt, kann dasjenige sonstiger gemeindlicher Vergaben deutlich übersteigen. Deswegen sollten die Gemeindeordnungen der Länder Ausschreibungen für die Aufnahme einer kommunalwirtschaftlichen Betätigung vorschreiben. Damit könnten die wesentlichen Anwendungsprobleme der Subsidiaritätsklauseln beseitigt werden. Die Regelungen der brandenburgischen Gemeindeordnung, die länderübergreifend am weitreichendsten sind, könnten hierfür als Ausgangsbasis dienen.

dd) Kriterien zur Messung des Umweltschutzes durch kommunale Wirtschaftsbetätigungen

Gemäß den Subsidiaritätsklauseln ist zu prüfen, ob eine Kommune mit ihrer wirtschaftlichen Betätigung einen bestimmten öffentlichen Zweck mindestens genauso gut und wirtschaftlich erfüllt wie andere. Liegt der Zweck einer wirtschaftlichen Betätigung nach dem politischen Willen der Kommune im Umweltschutz, so muß festgestellt werden, in welchem Ausmaß die Kommune im Vergleich zu anderen diesen Zweck erfüllt.

(1) Kriterien der Energieeinsparung, Müll- und Verkehrsvermeidung

Zu den wichtigsten umweltschützenden Zielen von Kommunen zählen die Energieeinsparung, Müll- und Verkehrsvermeidung. Wieviel Energie durch energieeffiziente Dienstleistungen eingespart werden, kann in Kilowattstunden Strom,

Kubikmetern Gas und in Litern Heizöl beziffert werden. Ob Müll etwa durch den Einkauf weniger verpackter Produkte vermieden wird, können die Abfallbetriebe daran messen, wieviel Tonnen Restmüll sie weniger beseitigen müssen. Die Verkehrsvermeidung kann damit beziffert werden, ob die Zahl der Fahrzeuge auf bestimmten Strecken sinkt, deren Auslastung zunimmt oder ob Personen und Produkte weniger Kilometer zurücklegen. Da jede Einheit Nutzenergie, jede Tonne Müll und jeder Kilometer Transportleistung die Umwelt belastet, entspricht umgekehrt jede Einsparung einer Umweltentlastung. Somit braucht nicht gemessen zu werden, inwiefern eine kommunalwirtschaftliche Betätigung den Zustand der Umwelt verbessert, wofür man komplizierte Umweltqualitätsmaßstäbe heranziehen müßte. Stattdessen reicht es aus, zu beziffern, wieviel Nutzenergie, Müll oder Transportleistungen vermieden werden. Dies ist immer dann möglich, wenn eine wirtschaftliche Betätigung die Umwelt schont, indem sie den Verbrauch von Energie oder (Roh-) Stoffen verringert. Damit läßt sich also für die Prüfung von Subsidiaritätsklauseln einfach messen, in welchem Ausmaß Kommunen und andere die wichtigsten Ziele des kommunalen Umweltschutzes erreichen, da hierfür maßgebliche Einheiten zur Verfügung stehen.

(2) Kriterien der Erreichung anderer Umweltziele

Sollten bestimmte wirtschaftliche Betätigungen die Umwelt auf andere und damit schwerer meßbare Weise schonen, so ist zu überlegen, ob man deren Umweltschonung mit anderen Verfahren beziffern kann. Besteht die wirtschaftliche Betätigung in der Herstellung eines Produktes, für das bereits Umweltbilanzen existieren, die seine Umweltbelastungen „von der Wiege bis zur Bahre“ erfassen, so kann die Umweltschonung durch einen Vergleich der Umweltbilanzen der verschiedenen Produkte bemessen werden. Beim Öko-Audit wird dagegen die Umweltbelastung eines gesamten Wirtschaftsunternehmens bewertet, indem eine Bilanz unter anderem seines (Energie- und Material) Verbrauchs und seines umweltbelastenden Ausstoßes (Emissionen und Abfall) erstellt wird. Schließlich gehen auch Banken und Finanzdienstleister verstärkt dazu über, Unternehmen ökologisch zu bewerten, um zum Beispiel Öko-Aktienfonds zusammenzustellen oder die umweltbedingten finanziellen Risiken dieser Unternehmen (zum Beispiel Kosten für die Sanierung von Altlasten oder Folgekosten von Betriebsunfällen) abschätzen zu können. So gibt es inzwischen erste Öko-Rating-Agenturen, welche die ökologische Qualität von Unternehmen bewerten, um Finanzanlegern zu helfen. Diese Finanzunternehmen verfügen über Kriterienkataloge, mit denen sie die Umweltverträglichkeit zumindest von Unternehmen beurteilen. Danach unterscheidet zum Beispiel die United Bank of Switzerland in ihren Fonds Öko-Innovatoren und Öko-Leader. Ob diese Kriterien dann jeweils auch geeignet sind, um zu messen, in welchem Ausmaß eine bestimmte kommunale Wirtschaftsbetätigung den öffentlichen Zweck Umweltschutz erreicht, wäre im Einzelfall zu untersuchen.

7. Beurteilungsspielraum

Schließlich steht der Gemeinde auch bezüglich der Subsidiarität ein Beurteilungsspielraum zu.[1067] Wenn eine Gemeinde wirtschaftliche Betätigung aufnimmt, verfügt sie in der Regel noch nicht über Erfahrungen, in welchem Ausmaß und zu welchen Kosten sie den Zweck dieser neuen Betätigung erreichen kann. Der Vergleich mit den anderen, den die Subsidiaritätsklauseln fordern, beruht folglich auf einer Prognose. Daher verfügen die Gemeinden bei der Bestimmung der unbestimmten Rechtsbegriffe der Subsidiaritätsklauseln über einen Beurteilungsspielraum, weil sie hierbei eine prognostische Entscheidung treffen.

Demnach steht den Gemeinden bei der Prüfung aller Tatbestandsmerkmale der gemeindewirtschaftsrechtlichen Schrankentrias ein Beurteilungsspielraum zu, den Aufsichtsbehörden und Gerichte nur eingeschränkt überprüfen dürfen.[1068]

1067 VerfGH RP, Urt. v. 18.3.2000 - VGH N 12/98 -, DVBl. 2000, S. 995 f., *Ehlers*, DVBl. 1998, S. 502; *Hill*, BB 1997, S. 429; *Schmidt-Jortzig*, HkWP Bd. 5, S. 59 f.; *Cronauge*, Kommunale Unternehmen, Rn. 473; *Moraing*, Möglichkeiten, S. 34.

1068 *Henneke*, NdsVBl. 1999, S. 5; *Pünder*, DVBl. 1997, S. 1359 leitet den Beurteilungsspielraum bei der Subsidiaritätsprüfung aus dem engen Zusammenhang mit dem öffentlichen Zweck her.

E. Gemeindewirtschaftsrechtliche Zulässigkeit energieeffizienter Dienstleistungen

Vorstehend wurde untersucht, welche Voraussetzungen die Gemeindeordnungen der Länder für wirtschaftliche Betätigungen von Kommunen enthalten. Daher kann nun geprüft werden, ob es mit diesen Voraussetzungen vereinbar ist, wenn Kommunen energieeffiziente Dienstleistungen anbieten.

Da viele der einschlägigen Tatbestandsmerkmale in den verschiedenen Gemeindeordnungen übereinstimmen, ist es nicht erforderlich, die ausgewählten Dienstleistungen auf ihre Vereinbarkeit mit der jeweiligen Zulässigkeitsnorm aller Kommunalverfassungen der dreizehn Flächenländer zu überprüfen. Weichen die Tatbestandsmerkmale zwischen den verschiedenen Ländern im Einzelfall voneinander ab, so wird die Vereinbarkeit der energiebezogenen Dienstleistung zunächst mit dem Tatbestandsmerkmal geprüft, das die strengsten Voraussetzungen enthält. Ist die Dienstleistung damit vereinbar, so ist sie auch nach den weniger anspruchsvollen Tatbestandsmerkmalen der anderen Gemeindeordnungen zulässig. Nur wenn die Dienstleistung mit dem strengsten Tatbestandsmerkmal der Gemeindeordnungen nicht vereinbar ist, muß noch geprüft zu werden, ob die weniger anspruchsvollen Tatbestandsmerkmale der übrigen Gemeindeordnungen sie zulassen.

Damit können Aussagen über die Zulässigkeit der geprüften Dienstleistungen nicht nur für ein einzelnes oder einzelne Länder getroffen werden. Vielmehr können Kommunen oder deren Energieversorgungsunternehmen, welche die geprüften Dienstleistungen anbieten möchten, nachfolgend feststellen, ob ihre Pläne auch nach der Gemeindeordnung ihres Bundeslandes zulässig sind. Dafür müssen Sie jeweils nur am Ende des Abschnitts zu den einzelnen Tatbestandsmerkmalen nachschauen, ob die Dienstleistung das jeweilige Tatbestandsmerkmal erfüllt, so wie es in der Kommunalverfassung ihres Landes ausgestaltet ist.

I. Auswahl der zu untersuchenden kommunalen Dienstleistungen

Es würde den Rahmen dieser Untersuchung sprengen, auch nur die wichtigsten energiesparenden Dienstleistungen, die von kommunalen Energieversorgungsunternehmen angeboten werden, auf ihre Vereinbarkeit mit den Kommunalverfassungen sämtlicher Flächenländer zu überprüfen. Daher wird nachfolgend je ein Angebot aus den Gruppen „energieeffiziente Dienstleistungen“ und „Energiedienstleistungen“ gemeindewirtschaftlich überprüft, wobei die Energiedienstleistungen eine Teilmenge der energieeffizienten Dienstleistungen bilden.[1069] Diese Angebote wurden aus den elf energieeffizienten Dienstleistungen, die nach der ASEW Umfrage von kommunalen Energieversorgungsunternehmen angeboten werden,[1070] anhand folgender Kriterien ausgewählt: Verbreitung der Dienstleistung,[1071] betriebswirtschaftliche Profitabilität, Erzielung einer möglichst großen Energieeinsparung, Eignung zur Zusammenarbeit mit örtlichen Handwerksbetrieben und Bedeutung der aufgeworfenen gemeindewirtschaftsrechtlichen Probleme. Die Anwendung dieser Kriterien ergab als Prüfungsgegenstand den Wärmeservice und das Energiemanagement.

1. Der Wärmeservice als Energiedienstleistung

Nachfolgend soll der kommunale Wärmeservice beispielhaft für die Gruppe der Energiedienstleistungen auf seine Vereinbarkeit mit dem Gemeindewirtschaftsrecht geprüft werden. In der Energiewirtschaft wird der Wärmeservice allgemein als Energiedienstleistung bezeichnet. Das Ergebnis dieser Prüfung erlaubt jedoch nur dann Rückschlüsse auf die gemeindewirtschaftsrechtliche Zulässigkeit von Energiedienstleistungen, wenn der Wärmeservice auch inhaltlich eine Energiedienstleistung darstellt.

Eine Energiedienstleistung ist der physische Nutzen, der durch einen Energieeinsatz in Anwendungsgeräten entsteht.[1072] Beim Wärmeservice erzeugt ein Energieversorgungsunternehmen Nutzwärme in einer (Heizungs-) Anlage im Gebäude des Verbrauchers.[1073] Diese Wärme ist ein physischer Nutzen, der durch den Einsatz von Energie, überwiegend Gas, in einem Energieumwandlungsgerät entsteht, so daß es sich bei ihrer Herstellung im Rahmen des Wärmeservice um eine Energiedienstleistung handelt.

1069 Zu Energiedienstleistungen als Teilmenge der energieeffizienten Dienstleistungen s. S. 123.

1070 S. S. 154.

1071 Die Verbreitung der jeweiligen energieeffizienten Dienstleistung wurde danach bestimmt, wieviele kommunale Energieversorgungsunternehmen bei der ASEW-Umfrage „Energiedienstleistungen“ angaben, sie anzubieten.

1072 S. S. 122.

1073 S. S. 127.

Auch eine Prüfung des Energiemanagements stellvertretend für die Gruppe der energieeffizienten Dienstleistungen setzt voraus, daß dieses Angebot inhaltlich eine energieeffiziente Dienstleistung darstellt.

Das Energiemanagement hat sich aus dem betrieblichen Material- und Beschaffungswesen entwickelt.[1074] Heute werden zum Energiemanagement die Planung, Steuerung und Kontrolle, also das Management, der Bereitstellung, Verwendung und Entsorgung von Energie gezählt.[1075]

Die Entsorgung von Energie in das Energiemanagement einzubeziehen, mag auf den ersten Blick überflüssig und angesichts des Ziels „Energieeinsparung" sogar widersinnig und unzeitgemäß erscheinen. Allerdings kann etwa die Ableitung zunächst nicht weiter nutzbarer (Prozeß-) Wärme in Produktionsbetrieben ein Problem darstellen. Auch die zunehmende Verbreitung von Anlagen zur Wärmerückgewinnung und kontrollierten Lüftung in Niedrigenergiehäusern zeigt, daß sich selbst in Privathaushalten die Wiederverwendung zunächst überflüssig erscheinender Energie lohnt. Umfaßt Entsorgung wie in der Abfallwirtschaft neben der Beseitigung vorrangig die Wiederverwertung, so kommt auch der Entsorgung von Energie eine wichtige Rolle im energieeffizienten Energiemanagement zu.

Energieeffiziente Dienstleistung sind all jene Dienstleistungen, welche die Energieeffizienz steigern.[1076] Ziel des Energiemanagements ist unter anderem die effiziente,[1077] also wirtschaftliche und umweltschonende[1078] Energieversorgung eines Unternehmens oder einer Organisation. Daher stellt das Energiemanagement eine energieeffiziente Dienstleistung dar. Zu den Energiedienstleistungen zählt es dagegen nicht, weil die Planung, Steuerung und Kontrolle der Energieversorgung selbst noch keinen physischen Nutzen (zum Beispiel Wärme) durch einen Energieeinsatz herbeiführt. Dazu müssen die vom Management beschlossenen Maßnahmen erst konkret umgesetzt, also etwa Heizungsanlagen oder Maschinen betrieben werden.

1074 *Priewasser*, in: Malinsky, Betriebliche Umweltwirtschaft, S. 165.
1075 *Priewasser*, in: Malinsky, Betriebliche Umweltwirtschaft, S. 163.
1076 S. S. 123.
1077 *Borch u.a.*, Energiemanagement, S. 34 f.
1078 *Priewasser*, in: Malinsky, Betriebliche Umweltwirtschaft, S. 166.

II. Die gemeindewirtschaftsrechtliche Zulässigkeit des kommunalen Wärmeservice

Zunächst ist zu prüfen, ob die Energiedienstleistung Wärmeservice mit den Voraussetzungen vereinbar ist, welche die verschiedenen Kommunalverfassungen der Länder an kommunale Wirtschaftsbetätigungen stellen.

1. Wirtschaftliche Betätigung

Die gemeinderechtlichen Voraussetzungen für Wirtschaftsbetätigungen sind auf den Wärmeservice nur dann anzuwenden, wenn es sich bei diesem um eine wirtschaftliche Betätigung von Kommunen handelt.[1079]

Wirtschaftlich sind diejenigen Betätigungen einer Gemeinde, die auch von einem Privaten mit der Absicht der Gewinnerzielung betrieben werden könnten.[1080] Der Wärmeservice ist ein gewinnbringendes Angebot und wird deshalb auch von privaten Energieversorgungsunternehmen mit der Absicht der Gewinnerzielung angeboten. Eine Kommune betätigt sich also wirtschaftlich, wenn ihr Energieversorgungsunternehmen seinen Kunden den Wärmeservice anbietet.

2. Der öffentliche Zweck des kommunalen Wärmeservice

Nach den Gemeindeordnungen darf sich eine Kommune nur dann wirtschaftlich betätigen, wenn ein öffentlicher Zweck diese Betätigung rechtfertigt.[1081] Eine wirtschaftliche Betätigung wird von einem öffentlichen Zweck gerechtfertigt, wenn sie unmittelbar einem Interesse dient, welches das Zusammenleben und -wohnen der Menschen in der Gemeinde betrifft.[1082]

Der Wärmeservice beinhaltet die Erzeugung von Nutzwärme in einer Anlage im Gebäude des Verbrauchers. Während der Verbraucher bisher die Wärme in

1079 Nach der bayerischen Gemeindeordnung, die nicht mehr zwischen wirtschaftlichen und nichtwirtschaftlichen Betätigungen unterscheidet, gelten die gemeinderechtlichen Voraussetzungen auch für die (bisher) nichtwirtschaftlichen Betätigungen.

1080 S. S. 260.

1081 § 102 Abs. 1 Nr. 1 GO BW; Art. 87 Abs. 1 S. 1 Nr. 1 GO Bay; § 100 Abs. 2 Nr. 1 GO Bbg; § 121 Abs. 1 Nr. 1 GO Hess; § 68 Abs. 1 Nr. 1 KV MV; § 108 Abs. 1 S. 2 Nr. 1 GO Nds; § 107 Abs. 1 S. 1 Nr. 1 GO NW; § 85 Abs. 1 Nr. 1 GO RP; § 108 Abs. 1 Nr. 1 KSVG Saarl; § 97 Abs. 1 S. 1 Nr. 1 GO Sachs; § 116 Abs. 1 Nr. 1 GO Sa-Anh; § 101 Abs. 1 Nr. 1 GO SH; § 71 Abs. 1 Nr. 1 KO Thür.

1082 S. S. 265.

einer Zentral- oder Etagenheizung selbst erzeugt hat, übernimmt dies im Rahmen des Wärmeservice nun ein Energieversorgungsunternehmen. Dabei nützen Energieversorgungsunternehmen den Wärmeservice auch, um ihren Gasabsatz zu steigern, indem sie alte Ölheizungen durch neue Gasheizungen ersetzen und dafür das Gas liefern. Um mehr Gas zu verkaufen, bräuchten Energieversorgungsunternehmen jedoch keinen Wärmeservice anzubieten. Dafür würde es ausreichen, die fraglichen Gebäude nur an das Gasnetz anzuschließen und den Verbraucher die Heizung wie bisher selbst betreiben zu lassen.

Stattdessen zielt der Wärmeservice auf Kunden, die sich selbst eine neue Heizungsanlage nicht kaufen würden. Häufig dürfte dies an den typischen Hemmnissen liegen, die Energiesparmaßnahmen behindern etwa fehlenden Informationen über Einsparpotentiale und angebotene Einspartechniken.[1083] Das Energieversorgungsunternehmen überwindet diese Hemmnisse mit dem Wärmeservice, indem es dem Verbraucher die Erneuerung der Heizungsanlage abnimmt. Im Gegenzug vergütet der Verbraucher dem Energieversorgungsunternehmen diese Investition mit einem Anteil seiner monatlichen Zahlung für die gelieferte Nutzwärme. Indem das Energieversorgungsunternehmen die Heizungsanlage vorfinanziert und der Verbraucher diese Investition mit seinen Wärmerechnungen abzahlt, dient der Wärmeservice als Finanzierungsinstrument für Energiesparinvestitionen, die sonst wahrscheinlich erst später oder überhaupt nicht durchgeführt worden wären. Der Wärmeservice finanziert aber nicht nur die Energieeinsparung, sondern spart beim Betrieb der neuen Anlage auch Energie ein, weil das Energieversorgungsunternehmen ein Interesse daran hat, durch den Einsatz energiesparender Anlagen die Bereitstellungskosten seiner Energiedienstleistung zu senken. Dies gilt umso mehr, als Wärmeerzeugungsanlagen häufig sehr lange betrieben werden und dadurch Verbrauchsunterschiede über die Jahre stärker zu Buche schlagen.

Damit dient der Wärmeservice der Einsparung der im Wärmemarkt eingesetzten Energieträger. Indem in den Wärmeerzeugungsanlagen weniger Primärenergieträger eingesetzt werden müssen, um eine bestimmte Wärmemenge zu erzeugen, werden weniger Emissionen freigesetzt, die die nähere Umgebung belasten. Außerdem leistet der Wärmeservice, sofern Öl durch Erdgas ersetzt wird, auch durch Energieträgersubstitution einen Beitrag zum örtlichen Immissionsschutz, weil bei der Verbrennung von Erdgas vergleichsweise weniger Luftschadstoffe als beim Einsatz von Öl freigesetzt werden. Wie bereits dargelegt wurde, haben die Bürger einer Kommune ein gemeinsames Interesse daran, durch eine Steigerung der Energieeffizienz im Wärmemarkt die Schadstoffbelastung auf ihrem Gemeindegebiet zu verringern. Folglich dient der Wärmeservice einem In-

---

1083 Zu den typischen Hemmnissen der Energieeinsparung s. S. 121.

teresse, welches das Zusammenleben und -wohnen der Menschen in der Gemeinde betrifft.

Somit rechtfertigt ein öffentlicher Zweck, daß Kommunen den Wärmeservice anbieten.

3. Angemessenheit des kommunalen Wärmeservice zu Bedarf und Leistungsfähigkeit

Weiterhin darf sich eine Gemeinde nur dann wirtschaftlich betätigen, wenn diese Betätigung nach Art und Umfang in einem angemessenen Verhältnis zur Leistungsfähigkeit der Gemeinde und dem voraussichtlichen Bedarf steht.[1084]

Bei dieser Angemessenheitsprüfung hängt der Umfang der wirtschaftlichen Betätigung, die Leistungsfähigkeit der Gemeinde und der voraussichtliche Bedarf für die Betätigung von den Gegebenheiten in der Gemeinde ab, deren wirtschaftliche Betätigung zur Prüfung steht. Darüber, ob der Wärmeservice nach Art und Umfang der Leistungsfähigkeit und dem voraussichtlichen Bedarf angemessen ist, lassen sich daher abschließende Aussagen jeweils nur für eine bestimmte Kommune treffen. Allerdings werden energieeffiziente Dienstleistungen von kleinen Kommunen und von Großstädten angeboten. Selbst möglicherweise vergleichbare Großstädte unterscheiden sich noch erheblich zum Beispiel nach ihrer finanziellen Leistungskraft. Auch wenn man also eine oder mehrere Kommunen auswählen würde, könnten die Ergebnisse einer solchen Prüfung nicht auf andere Kommunen übertragen werden. Entsprechend wird nachfolgend nur untersucht, ob sich bereits ohne Berücksichtigung der konkreten Verhältnisse in einzelnen Kommunen Aussagen über die Angemessenheit des Wärmeservices zur Leistungsfähigkeit von Kommunen und zum voraussichtlichen Bedarf der Einwohner treffen lassen. Die Art der wirtschaftlichen Betätigung ist als einziges der vier Tatbestandsmerkmale der Angemessenheitsprüfung von den konkreten Verhältnissen vor Ort unabhängig. Daher ist herauszufinden, ob bereits die Art des Wärmeservice, das heißt die Dienstleistung Wärmeservice an sich, Rückschlüsse auf dessen generelle Angemessenheit zur gemeindlichen Leistungsfähigkeit [a)] und zum voraussichtlichen Bedarf [b)] erlaubt.

1084 § 102 Abs. 1 Nr. 2 GO BW; Art. 87 Abs. 1 S. 1 Nr. 2 GO Bay; § 100 Abs. 2 Nr. 2 GO Bbg; § 121 Abs. 1 Nr. 2 GO Hess; § 68 Abs. 1 Nr. 3 KV MV; § 108 Abs. 1 S. 2 Nr. 3 GO Nds; § 107 Abs. 1 S. 1 Nr. 2 GO NW; § 85 Abs. 1 Nr. 2 GO RP; § 108 Abs. 1 Nr. 2 KSVG Saarl; § 97 Abs. 1 S. 1 Nr. 2 GO Sachs; § 116 Abs. 1 Nr. 2 GO Sa-Anh; § 101 Abs. 1 Nr. 2 GO SH; § 71 Abs. 1 Nr. 2 KO Thür; dagegen verzichtet § 107 Abs. 1 S. 1 Nr. 2 GO NW darauf, die Angemessenheit auch zum voraussichtlichen Bedarf zu fordern.

a) Angemessenheit des Wärmeservice zur gemeindlichen Leistungsfähigkeit

Zunächst ist zu prüfen, ob ein kommunaler Wärmeservice bereits allein nach seiner Art der Leistungsfähigkeit von Gemeinden unangemessen sein könnte.

Das Tatbestandmerkmal der Angemessenheit bezweckt, Gemeinden vor den Risiken wirtschaftlicher Betätigungen zu schützen.[1085] Die finanziellen Risiken einer wirtschaftlichen Betätigung realisieren sich vor allem dann, wenn diese Verluste statt Gewinne erwirtschaftet.[1086] Der Gewinn eines Unternehmens errechnet sich aus dessen Umsatz abzüglich der Kosten. Daher wird nachfolgend untersucht, ob sich aus den Umsätzen und Kosten, die allgemein für den Wärmeservice zu erwarten sind, eine (negative) Gewinnlage entwickeln könnte, die der Leistungsfähigkeit von Gemeinden unangemessen ist.

aa) Umsatzerwartungen kommunaler Energieversorgungsunternehmen für den Wärmeservice

Erste Einflußgröße für mögliche Gewinne oder Verluste aus dem Wärmeservicegeschäft ist der Umsatz.

Welche Umsätze kommunale Energieversorgungsunternehmen bereits mit dem Wärmeservice erzielen, wird statistisch nicht erfaßt. Allerdings hat die ASEW bei ihrer Umfrage zum Thema „Energiedienstleistungen“ auch nachgefragt, wie die kommunalen Energieversorger die Umsatzerwartungen für elf energieeffiziente Dienstleistungen beurteilen. Dem Wärmeservice sagten dabei 97 Prozent der Befragten sehr gute oder gute Umsätze voraus.[1087] Damit liegt der Wärmeservice zusammen mit dem Heizungsanlagencontracting an der Spitze der elf erfaßten energieeffizienten Dienstleistungen.[1088] Betrachtet man nur die sehr guten Umsatzerwartungen, so fällt der Abstand des Wärmeservice zu den anderen energieeffizienten Dienstleistungen sogar noch deutlicher aus. Hier liegt der Wärmeservice mit 26 Prozent noch weit vor dem zweitplazierten Heizungsanlagencontracting mit 18 Prozent.[1089] Der Kälteservice rangiert mit 91 Prozent der Befragten auf Rang drei der Angebote, denen gute oder sehr gute Umsätze zuge-

---

1085 *Schmidt-Jortzig*, in: HkWP, S. 59; *Beckhof*, in: Blum u.a., KVR Nds, § 108, Rn. 3; *Schönershofen/Binder-Falcke*, VR 1997, S. 112.
1086 *Beckhof*, in: Blum u.a., KVR Nds, § 108, Rn. 3.
1087 *ASEW*, Energiedienstleistungen, S. 15.
1088 S. S. 153.
1089 *ASEW*, Energiedienstleistungen, S. 15 ff.

schrieben werden.[1090] Auch bei den sehr guten Umsatzerwartungen belegt er mit 10 Prozent einen vorderen Platz.[1091]

Danach erhält der Wärmeservice von den kommunalen Energieversorgungsunternehmen nicht nur die besten Umsatzprognosen aller von der ASEW erfragten energieeffizienten Dienstleistungen. Vielmehr erzielt er mit 97 Prozent guten und sehr guten Umsatzerwartungen auch absolut ein Spitzenergebnis.

bb) Kosten des kommunalen Wärmeservice

Neben dem Umsatz entscheiden die Kosten über den Gewinn eines Unternehmens. Deshalb könnten auch aufgrund der Kosten des Wärmeservice Gewinnbeziehungsweise Verlustlagen kommunaler Energieversorgungsunternehmen entstehen, die der gemeindlichen Leistungsfähigkeit nicht angemessen sind.

Einen entscheidenden Einfluß auf die Kosten, zu denen eine neue Dienstleistung angeboten werden kann, haben die für deren Bereitstellung erforderlichen Investitionen. Muß zuviel Kapital investiert werden, so besteht die Gefahr, daß die wirtschaftliche Betätigung die Gewinnzone zu spät oder gar nicht mehr erreicht. Der Kommune drohen dann Zuschußzahlungen, Verlustübernahmen oder die Haftung.

Der Wärmeservice erfordert in erster Linie Investitionen in die zu installierenden Heizungsanlagen. Diese lassen sich über entsprechend langfristige Wärmelieferungsverträge absichern. Hierfür können Energieversorgungsunternehmen mit ähnlichen Amortisationszeiten rechnen wie bei ihren eigenen Anlagen, die sie regelmäßig auch über lange Zeiträume abschreiben. Wieviel Kapital ein Energieversorgungsunternehmen in die Finanzierung der Heizungsanlagen investieren muß, hängt in erster Linie davon ab, wie stark die neue Dienstleistung nachgefragt wird und wie viele Anlagen installiert werden. Bei der Installation von mehr als 100 Anlagen kann dabei durchaus die Millionengrenze überschritten werden. Selbst dies sind aber noch Summen, die im Rahmen dessen liegen, was kommunale Energieversorgungsunternehmen auch bisher in die Energieversorgung investiert haben.

Hohe Personalinvestitionen dürften beim Wärmeservice, vor allem wenn er zusammen mit örtlichen Handwerksbetrieben angeboten wird, nicht erforderlich werden. Vielmehr bietet er die Gelegenheit, Mitarbeiter von Energieversorgungsunternehmen, die aufgrund des Wettbewerbs im Energiemarkt nicht mehr voll ausgelastet werden können, in neuen Bereichen weiter zu beschäftigen, die ihrer bisherigen Tätigkeit stark ähneln.

1090 S. S. 153.
1091 *ASEW*, Energiedienstleistungen, S. 16.

Wie die Sachinvestitionen hängt auch die Höhe der Personalinvestitionen in erster Linie davon ab, in welchem Umfang die wirtschaftliche Betätigung erbracht wird. Entscheidend ist, daß für den Wärmeservice keine hohen Markteintrittsschranken überwunden werden müssen. Daher können Anbieter zunächst vergleichsweise wenig investieren und die Investitionen dann der steigenden Nachfrage anpassen. So müssen keine überschüssigen Kapazitäten vorgehalten werden. Vor allem bei einem solchen abgestuften Markteintritt erfordert der Wärmeservice nur mäßige Investitionen.

Außerdem erwarten 97 Prozent der von der ASEW befragten kommunalen Energieversorgungsunternehmen, daß mit dem Wärmeservice gute oder sehr gute Umsätze erzielt werden.[1092] Bei fast ausschließlich guten oder sehr guten Umsatzerwartungen und nur mäßigen Kosten ergeben sich daher für den kommunalen Wärmeservice deutlich positive Gewinnaussichten.

Daher ergeben sich keine Anhaltspunkte, daß sich im Wärmeservice-Geschäft kommunaler Energieversorgungsunternehmen eine Gewinnlage ergeben könnte, die der Leistungsfähigkeit von Kommunen nicht mehr angemessen ist.

cc) Kernkompetenz kommunaler Energieversorgungsunternehmen für den Wärmeservice

Über den Erfolg eines Unternehmens in einem neuen Markt entscheidet hauptsächlich, ob das Unternehmen die für diesen Markt erforderliche Kernkompetenz aufweist.[1093] Ob der Wärmeservice nach seiner Art der gemeindlichen Leistungsfähigkeit angemessen ist, beurteilt sich daher unter anderem danach, ob kommunale Energieversorgungsunternehmen, die diese Dienstleistung neu anbieten, über genügend Erfahrung verfügen, um dies wirtschaftlich erfolgreich zu tun.

Der Wärmeservice umfaßt Planung, Finanzierung, Installation, Betrieb und Wartung von Heizungsanlagen. Von Seiten der Kommunen wird der Wärmeservice ausschließlich von Energieversorgungsunternehmen angeboten. Energieversorgungsunternehmen betreiben zumindest Stromnetze und haben von daher Erfahrungen mit Planung, Installation, Betrieb und Wartung technischer Anlagen.

Sofern es sich um ein Energieversorgungsunternehmen handelt, das Strom in Kraft-Wärme-Koppelung erzeugt, beziehen sich diese Erfahrungen auch auf Wärmeerzeugungsanlagen. Kraft-Wärme-Koppelungs-Anlagen sind technisch anspruchsvoller als Heizungsanlagen, weil sie nicht nur Wärme, sondern zusätzlich Strom erzeugen. Außerdem betreiben Energieversorgungsunternehmen überwiegend Kraft-Wärme-Koppelungs-Anlagen im Megawatt-Leistungsbereich,

---

1092 *ASEW*, Energiedienstleistungen, S. 15.
1093 *Hartung*, Energie Spektrum 1995, S. 12.

so daß diese Anlagen also auch größer und stärker als übliche Heizungsanlagen sind. Daher kann davon ausgegangen werden, daß Energieversorgungsunternehmen, die bereits über Kraft-Wärme-Koppelungs-Anlagen verfügen, über das nötige Know-how verfügen, um auch Heizungsanlagen erfolgreich zu betreiben.

Weiterhin handelt es sich bei Heizungsanlagen um Großseriengeräte, die technisch ausgereift, zuverlässig und dafür konzipiert sind, von Nichtfachleuten betrieben zu werden. Daher ist das Risiko für ein Energieversorgungsunternehmen, Heizungsanlagen zu betreiben, gegenüber neuen Techniken etwa der Abfallentsorgung oder der Telekommunikation vergleichsweise gering.

Schließlich bieten kommunale Energieversorgungsunternehmen den Wärmeservice auch häufig in Kooperation mit örtlichen Betrieben des Sanitär-, Heizungs- und Klimagewerbes an. Dabei übernehmen die Heizungsbaubetriebe in der Regel Installation, Betrieb und Wartung. Das Energieversorgungsunternehmen tritt als Generalunternehmer auf, da es zumindest aus dem Stromverkauf bereits Kontakt mit dem jeweiligen Kunden hat, und übernimmt als der finanzkräftigere Partner neben der Finanzierung auch die Werbung für das neue Dienstleistungsangebot. Diese Aufgabenteilung bietet damit insbesondere denjenigen Energieversorgungsunternehmen Vorteile, die als reiner Stromverteiler bisher noch keine Kraft-Wärme-Koppelungs-Anlagen betreiben.

Mit der Finanzierung von Anlagen Dritter sind kommunale Energieversorgungsunternehmen zumindest soweit vertraut, als sie auch bisher Solar-, Photovoltaik-, Windkraft- und andere Anlagen zur Nutzung erneuerbarer Energien gefördert und finanziert haben.

Aufgrund ihrer eigenen Erfahrung und der Möglichkeit der Kooperation mit erfahrenen Heizungsfachbetrieben ist das Risiko vergleichsweise gering, wenn kommunale Energieversorgungsunternehmen ihr neues Produkt im Wärmemarkt anbieten. Damit stehen kommunalen Energieversorgungsunternehmen die erforderlichen Kompetenzen zur Verfügung, um den Wärmeservice erfolgreich anzubieten.

Angesichts dieser Kompetenz sowie den zu erwartenden Umsätzen und Kosten des Wärmeservice, gibt es keine Hinweise darauf, diese neue wirtschaftliche Betätigung sei der Leistungsfähigkeit von Gemeinden nicht angemessen. Daher ist davon auszugehen, daß der Wärmeservice in dem von den Gemeindeordnungen geforderten angemessenen Verhältnis zur gemeindlichen Leistungsfähigkeit steht.

Eine Unangemessenheit dieser wirtschaftlichen Betätigung könnte sich daher hauptsächlich dann ergeben, wenn die fragliche Kommune wegen ihrer finanziellen Lage als nicht mehr leistungsfähig zu beurteilen wäre. Da der Wärmeservice, wie festgestellt, nach seiner Art ein nur geringes wirtschaftliches Risiko für eine Gemeinde begründet, würde eine solche fehlende Leistungsfähigkeit die betroffene Gemeinde dann auch hindern, andere wirtschaftliche Betätigungen neu aufzunehmen. Eine fehlende Leistungsfähigkeit stünde daher nicht nur einem gemeindlichen Wärmeservice, sondern einer Ausdehnung der wirtschaftlichen Betätigung solcher Gemeinden überhaupt entgegen. Wann eine Kommune finanziell so schlecht dasteht, daß wirtschaftliche Betätigungen mit sehr guten Gewinnaussichten und nur mäßigem Risiko wie der Wärmeservice der geringen oder fehlenden Leistungsfähigkeit einer Gemeinde nicht mehr angemessen wäre, kann dann nur anhand des Haushalts der fraglichen Gemeinde festgestellt werden.

b) Angemessenheit des Wärmeservice zum voraussichtlichen Bedarf

Außer der gemeindlichen Leistungsfähigkeit muß eine wirtschaftliche Betätigung auch dem voraussichtlichen Bedarf angemessen sein.[1094]

Der Wärmeservice stellt eine Angelegenheit der örtlichen Gemeinschaft dar,[1095] so daß der voraussichtliche Bedarf, dem der Wärmeservice angemessen sein muß, vorrangig der Bedarf derjenigen ist, die auf dem Gebiet der Gemeinde Heizungsanlagen betreiben. Dies sind die Einwohner der Gemeinde und diejenigen, die zwar nicht in der Gemeinde wohnen, dort aber Heizungsanlagen betreiben, etwa weil sie Eigentümer eines dort gelegenen Gebäudes sind.

Grundsätzlich steht und arbeitet in jedem Gebäude eine Heizungsanlage, die von außen mit Energieträgern versorgt wird. Ausnahmen bilden Gebäude, die mit Fern-/Nahwärme versorgt werden, was aber bundesweit nicht in sehr vielen Städten und dort auch nicht flächendeckend geschieht. Derzeit können auch die wenigen Nullenergiehäuser zahlenmäßig vernachlässigt werden, die ihren Heizenergiebedarf rein solar decken und damit nicht mehr auf die Belieferung mit Energieträgern angewiesen sind. Demgegenüber wird die weit überwiegende Mehrheit von Gebäuden in Deutschland von öl- oder gasbefeuerten Anlagen beheizt. Die große Zahl von Heizungsanlagen, vor allem deren Installation und Wartung, ernährt einen ganzen Handwerkszweig, die Heizungsfachbetriebe. Aufgrund der vielen Anlagen muß deshalb, trotz einer gewissen Langlebigkeit von Heizungen, jedes Jahr eine erhebliche Zahl von Anlagen ausgetauscht werden. Verschärfte Umweltschutzanforderungen und unter anderem wegen der Ökosteu-

1094 § 102 Abs. 1 Nr. 2 GO BW; Art. 87 Abs. 1 S. 1 Nr. 2 GO Bay; § 100 Abs. 2 Nr. 2 GO Bbg; § 121 Abs. 1 Nr. 2 GO Hess; § 68 Abs. 1 Nr. 3 KV MV; § 108 Abs. 1 S. 2 Nr. 3 GO Nds; § 107 Abs. 1 S. 1 Nr. 2 GO NW; § 85 Abs. 1 Nr. 2 GO RP; § 108 Abs. 1 Nr. 2 KSVG Saarl; § 97 Abs. 1 S. 1 Nr. 2 GO Sachs; § 116 Abs. 1 Nr. 2 GO Sa-Anh; § 101 Abs. 1 Nr. 2 GO SH; § 71 Abs. 1 Nr. 2 KO Thür.

1095 S. S. 316 ff.

er steigende Energiepreise werden die Zahl zu erneuernder Heizungen noch zusätzlich erhöhen.

Der Wärmeservice umfaßt Planung, Finanzierung, Installation, Betrieb und Wartung von Heizungsanlagen. Er entspricht damit dem Wunsch der Verbraucher nach Dienstleistungen aus einer Hand, der zu den wichtigsten Veränderungen der Energienachfrage der letzten Jahre zählt. Hinzu kommt, daß allgemein Produkt- und Dienstleistungsfinanzierungen wie Ratenkaufverträge oder Leasing zunehmen.

Faßt man nun die vielen Heizungsanlagen, die jährlich zu erneuern sind, und die steigende Nachfrage der Energieverbraucher nach Dienstleistungen aus einer Hand zusammen, so ergibt sich ein starker Bedarf für den Wärmeservice. Zwar dürfte, wie bei anderen Fragen auch, nur ein Teil der Menschen, die sich Dienstleistungen aus einer Hand wünschen, dann auch tatsächlich zum Beispiel den Wärmeservice in Anspruch nehmen. Aber selbst wenn zunächst nur ein geringer Prozentsatz all derjenigen, die ihre Heizungsanlage erneuern müssen, sich entschließen, einen Wärmeservice-Vertrag abzuschließen, so wären dies wegen der großen Gesamtzahl zu ersetzender Heizungen genügend Anlagen, um einen Geschäftsbereich „Wärmeservice“ rentabel zu betreiben. Lediglich in Kommunen, in denen die Mehrzahl der Gebäude mit Nah-/Fernwärme versorgt wird und deshalb nicht über Heizungsanlagen verfügt, fällt der jährliche Ersatzbedarf von Heizungsanlagen und damit auch die Nachfrage nach dem Wärmeservice geringer aus. In allen anderen, also der weit überwiegenden Mehrheit von Kommunen, besteht daher ein ausreichender Bedarf für den Wärmeservice.

Dieser Bedarf wird derzeit durch andere Unternehmen noch nicht gedeckt. Betriebe des Sanitär-/Heizungs- und Klimahandwerks sind in der Regel zu klein, um den Wärmeservice allein durchführen. Ihnen dürfte es vor allem schwer fallen, das Geld für die langfristige Finanzierung der Heizungsanlagen aufzubringen. Versuche von Handwerkskammern, diesen Markt durch eine Zusammenarbeit vieler kleiner Betriebe zu besetzen, sind bisher noch nicht in die Praxis umgesetzt worden. Gegenüber allen anderen Unternehmen verfügen die kommunalen Energieversorgungsunternehmen als Anbieter des Wärmeservice über den Vorteil, gleichzeitig auch den Energieträger Erdgas zu liefern. Sie profitieren dadurch unter anderem von langfristiger Bezugssicherheit und günstigen Großeinkaufspreisen.

Daß ein Bedarf für den Wärmeservice besteht, wird letztlich auch durch die vielen kommunalen Energieversorgungsunternehmen belegt, welche diese Dienstleistung erbringen. So ergab bereits im Jahr 1997 die Umfrage der ASEW, daß 80 kommunale Energieversorgungsunternehmen den Wärmeservice anbieten.[1096] Dies waren 85 Prozent der befragten Unternehmen.[1097] Der Wärmeservice wurde damit von allen abgefragten energieeffizienten Dienstleistungen am häufigsten angeboten. Dabei sind vor allem die Energieversorgungsunternehmen der Großstädte, beispielsweise die Stadtwerke in Essen und Münster, als Wärmeservice-Dienstleister tätig.

Damit erfüllt der Wärmeservice auch die gemeinderechtliche Voraussetzung, seiner Art nach dem voraussichtlichen Bedarf angemessen zu sein. Mit Ausnahme der wenigen Städte mit hohem Nah-/Fernwärmeanteil dürfte dieser Bedarf in allen deutschen Kommunen im wesentlichen gleich stark ausgeprägt sein. Bei der Angemessenheit des Wärmeservice zum voraussichtlichen Bedarf sind daher zwischen unterschiedlichen Kommunen wesentlich geringere Abweichungen zu erwarten als hinsichtlich seiner Angemessenheit zur gemeindlichen Leistungsfähigkeit.

4. Subsidiarität des kommunalen Wärmeservice

Nach den Subsidiaritätsklauseln darf ein kommunales Energieversorgungsunternehmen den Wärmeservice nur anbieten, wenn es den Zweck Energieersparnis im Wärmemarkt mindestens genauso gut und wirtschaftlich wie andere erreicht.[1098]

a) Schwierigkeiten allgemeiner Subsidiaritätsprüfungen

Wendet eine Kommune, Kommunalaufsichtsbehörde oder ein Gericht die Subsidiaritätsklausel an, so hat sie jeweils einen konkreten Fall zu prüfen. Dies ist im Rahmen dieser länderübergreifenden Untersuchung nicht der Fall. Entsprechend ist anfänglich zu fragen, in welchem Umfang die mögliche Subsidiarität des kommunalen Wärmeservice überhaupt geprüft werden kann.

aa) Fehlen konkreter Angebote und ähnlicher Entscheidungsgrundlagen

In manchen Bundesländern sind vor der Gründung eines kommunalen Unternehmens oder der Aufnahme neuer wirtschaftlicher Betätigungen Ausschreibungen, Markterkundungen oder ähnliche Verfahren durchzuführen und deren Ergebnisse

---

1096 *ASEW*, Energiedienstleistungen, S. 14.

1097 Berechnet nach *ASEW*, Energiedienstleistungen, S. 14.

1098 Zur Vereinbarkeit einer vorrangig umwelt- und ressourcenschonenden Elektrizitätserzeugung und -verteilung von Kommunen mit den Subsidiaritätsklauseln *Hellermann*, Daseinsvorsorge, S. 316 ff.

dem jeweiligen Entscheidungsorgan vorzulegen.[1099] Wurde etwa eine solche Ausschreibung durchgeführt, kann der Stadtrat oder der Hauptausschuß anhand der eingegangenen Angebote feststellen, ob das kommunale Energieversorgungsunternehmen mit seinem Wärmeservice den öffentlichen Zweck „Energieersparnis im Wärmemarkt" mindestens genauso gut und wirtschaftlich wie seine Konkurrenten erreicht. Auf diese Angebote können dann auch die Kommunalaufsichtsbehörden und Gerichte zurückgreifen, falls sie zu kontrollieren haben, ob die Gemeinde dies vor der neuen Betätigung rechtsfehlerfrei geprüft hat. Da in den meisten Ländern Ausschreibungs- und ähnliche Verfahren allerdings noch nicht vorgesehen sind, kann im Rahmen dieser bundesweiten Untersuchung nicht auf konkrete Angebote kommunaler Energieversorgungsunternehmen und ihrer Konkurrenten zurückgegriffen werden, um die mögliche Subsidiarität energieeffizienter Dienstleistungen zu untersuchen.

bb) Fehlen eines konkreten Energieversorgungsunternehmens

In den meisten Ländern können somit Gemeinden, Aufsichtsbehörden und Gerichte nicht anhand von Angeboten, Ergebnissen von Markterkundungsverfahren u.ä. feststellen, ob eine Kommune den Zweck einer bestimmten wirtschaftlichen Betätigung zumindest genauso gut und wirtschaftlich wie andere erfüllt. Da die Subsidiarität nur bei neuen wirtschaftlichen Betätigungen beziehungsweise der Gründung, dem Erwerb oder der wesentlichen Erweiterung eines kommunalen Unternehmens zu prüfen ist, kann das fragliche kommunale Unternehmen dann in der Regel auch noch kein Referenzprojekt durchgeführt haben, mit dem geprüft werden könnte, ob es den Zweck der wirtschaftlichen Betätigung genauso gut und wirtschaftlich erfüllt wie andere.

Diesen Fall erfassen die Subsidiaritätsklauseln mit dem zweiten Teil der Formulierung „erfüllt wird oder erfüllt werden kann". Wenn nicht festgestellt werden kann, ob der fragliche Zweck durch andere bereits besser und wirtschaftlicher „erfüllt *wird*", weil das kommunale Unternehmen noch gar nicht am Wettbewerb teilnimmt, ist zu prüfen, ob er besser und wirtschaftlicher „erfüllt *werden kann*", wenn sich dieses Unternehmen wirtschaftlich betätigen würde. Liegen also für den Vergleich noch keine Ergebnisse der wirtschaftlichen Betätigung vor, so ist die Fähigkeit zu prüfen, diese Ergebnisse zu erzielen. Spätestens hier wird die Subsidiaritätsprüfung in aller Regel kompliziert, weil dann in einer Prognose festzustellen ist, ob das kommunale Unternehmen den Zweck zumindest genauso gut und wirtschaftlich wie andere erreichen kann. Da das Unternehmen zu diesem Zeitpunkt noch keine Ergebnisse der fraglichen wirtschaftlichen Betätigung vor-

1099 S. S. 284 ff., 302 ff.

weisen kann, steht als empirische Grundlage für diese Prognose nur das Unternehmen selbst, zum Beispiel seine Mitarbeiter, Entscheidungsstrukturen und bisherigen Märkte, zur Verfügung. Letztlich muß dann anhand des kommunalen Unternehmens und möglicherweise seiner anderen bisherigen wirtschaftlichen Betätigungen abgeschätzt werden, ob der fragliche Zweck durch andere zumindest genauso gut und wirtschaftlich „erfüllt werden kann." Eine solche Analyse eines bestimmten Unternehmens erfordert einen beträchtlichen Aufwand, worin der Grund dafür liegen könnte, daß im Rahmen der Subsidiaritätsprüfung häufig nur die generellen Vorteile und Nachteile kommunaler und privater Unternehmen gegeneinander abgewogen werden.

Wegen der großen Unterschiede zwischen den kommunalen Energieversorgungsunternehmen könnten Ergebnisse einer Prüfung, ob ein bestimmtes kommunales Energieversorgungsunternehmen den Zweck des Wärmeservice mindestens genauso gut und wirtschaftlich wie andere, also in der Regel private Anbieter, erreichen kann, wohl kaum auf andere Kommunen übertragen werden. Da solche Prüfungen nicht einmal exemplarischen Wert hätten, werden vorliegend keine einzelnen kommunalen Energieversorgungsunternehmen herausgegriffen. Damit kann, im Unterschied zur Subsidiaritätsprüfung, welche zum Beispiel eine bestimmte Gemeinde vornimmt, hier auch nicht auf ein bestimmtes Unternehmen zurückgegriffen werden.

b) Andere Anbieter des Wärmeservice

Zu den „anderen", die einen öffentlichen Zweck im Sinne der Subsidiaritätsklauseln besser und wirtschaftlicher als ein kommunales Unternehmen erfüllen könnten, zählen etwa auch einzelne Bürger und nichtwirtschaftliche Vereinigungen.[1100] So können Gemeinden, um Energieeinsparungen etwa an Schulen oder in anderen öffentlichen Gebäuden zu erzielen, mit engagierten Bürgern oder Umweltschutzgruppen kooperieren. Allerdings sind für die Steigerung der Energieeffizienz bei der Raumwärmebereitstellung in privaten Gebäuden keine entsprechenden Aktionen ersichtlich. Somit ist der Wärmeservice kommunaler Energieversorgungsunternehmen mit dem entsprechenden Angebot anderer Unternehmen zu vergleichen.

Als Anbieter des Wärmeservice kommen Handwerksbetriebe des Heizungsgewerbes, Wohnungsbaugesellschaften, andere Gasversorgungsunternehmen und sonstige Energiedienstleister in Betracht.

Heizungsfachbetriebe verfügen über Erfahrungen in der Installation und der Wartung von Heizungsanlagen. Allerdings fehlt ihnen der Zugang zu den Brenn-

---

1100 Ausführlich hierzu S. 288 f.

stoffen und die Finanzmittel zur Finanzierung der Anlagen, so daß diese Unternehmen den Wärmeservice in der Regel nur in Kooperation mit den Stadtwerken anbieten.

Andere Gasversorgungsunternehmen haben eine ähnliche Wettbewerbsposition wie die kommunalen Energieversorgungsunternehmen. Falls sie, im Gegensatz zu manchen Querverbundstadtwerken, nicht in der Stromversorgung tätig sind, fehlt ihnen zwar die Erfahrung mit gasbetriebenen Anlagen, was sie allerdings durch eine Kooperation mit Heizungsfachbetrieben ausgleichen können.

Unabhängige Energiedienstleister sind zwar nicht als Gasverteiler tätig, könnten sich aber im liberalisierten Gasmarkt den günstigsten Lieferanten aussuchen. Davon, daß sie über Erfahrung mit Installation, Betrieb und Wartung von Energieumwandlungsanlagen verfügen, kann ausgegangen werden, weil sie sonst kaum als Wärmeservice-Anbieter tätig wären. So ist auch denkbar, daß nicht derjenige, der den Brennstoff liefert, also das Energieversorgungsunternehmen, sondern der Hersteller der Anlage sich als Energiedienstleister betätigt, um sein bisheriges Geschäftsfeld zu erweitern und mit Mehrwertdienstleistungen zu verdienen.

Schließlich haben Wohnungsbaugesellschaften eine große gebündelte Nachfrage und ein entsprechendes Interesse, die Betriebskosten ihrer Mieter zu minimieren. Allerdings fehlt ihnen Erfahrung im Gasleitungs- und im Heizungsbetrieb. Dafür sind sie seit langem in der Planung, Finanzierung und Betreuung langfristiger Gebäudeinvestitionen tätig und haben zu ihren Mietern Geschäftsbeziehungen etabliert. Als Bündelkunde könnten sie außerdem für ihre Mieter am liberalisierten Gasmarkt auftreten und bereits wegen ihrer Nachfragemacht eine erheblich billigere Gaslieferung als bisher erreichen.

c) Echte Subsidiaritätsklausel gemäß den Gemeindeordnungen von Brandenburg, Rheinland-Pfalz und Thüringen

Nach der brandenburgischen, thüringischen und rheinland-pfälzischen Gemeindeordnung darf sich eine Kommune dann wirtschaftlich betätigen, wenn der Zweck dieser Betätigung nicht ebenso gut und wirtschaftlich durch einen anderen erfüllt wird oder erfüllt werden kann.[1101] Mit anderen Worten darf eine Kommune nach diesen echten Subsidiaritätsklauseln Waren und Dienstleistungen nur dann anbieten, wenn sie diesen Zweck besser oder wirtschaftlicher als andere erfüllen kann.

1101 Vgl. § 85 Abs. 1 Nr. 3 GO RP; § 71 Abs. 1 Nr. 3 S. 1 KO Thür; § 100 Abs. 3 S. 1 GO Bbg.

Kommunale Energieversorgungsunternehmen bieten den Wärmeservice an, um die Energieeffizienz im Wärmemarkt zu steigern, indem sie den Energieverbrauch von Heizungs- und Warmwasseranlagen verringern.[1102] Nach der brandenburgischen, thüringischen und rheinland-pfälzischen Subsidiaritätsklausel dürfen Kommunen den Wärmeservice also nur dann anbieten, wenn sie den Zweck, die Energieeffizienz im Wärmemarkt zu erhöhen, besser oder wirtschaftlicher als andere erfüllen können.

Im Rahmen der Darstellung energieeffizienter Dienstleistungen als neues Geschäftsfeld kommunaler Energieversorgungsunternehmen wurde auch die Wettbewerbsposition kommunaler Energieversorgungsunternehmen gegenüber ihren Konkurrenten auf diesem neuen Markt bestimmt. Dafür wurde untersucht, welche Wettbewerbsvor- und -nachteile kommunale Energieversorgungsunternehmen im Markt energieeffizienter Dienstleistungen aufweisen.[1103] Insofern diese Wettbewerbsfaktoren auch Auswirkungen auf das Ausmaß und die Wirtschaftlichkeit haben, mit der kommunale Energieversorgungsunternehmen den Zweck des Wärmeservice „Effizienzsteigerung im Raumwärmemarkt" erreichen, kann festgestellt werden, ob kommunale Energieversorgungsunternehmen diesen Zweck besser oder wirtschaftlicher als andere erfüllen können.

aa) Wettbewerbsnachteile kommunaler Energieversorgungsunternehmen als Wärmeservice-Anbieter

Von den Wettbewerbsnachteilen kommunaler Energieversorgungsunternehmen können sich vor allem die geringe Flexibilität, die ungenügende Kundenorientierung und das öffentliche Dienstrecht negativ auf die Qualität und Wirtschaftlichkeit des Wärmeservice auswirken.

(1) Geringe Flexibilität

Da Stadtwerke, ebenso wie die Energieversorgungsunternehmen der Regional- und Verbundebene, fast ausschließlich in Monopolmärkten tätig waren, weisen sowohl ihre Organisationsstrukturen als auch die allgemeine Mentalität ihrer Mitarbeiter im Vergleich zu Unternehmen, die seit jeher im Wettbewerb stehen, eine geringere Flexibilität auf. Dies wirkt sich insbesondere auf Märkten als Nachteil aus, die eine hohe Veränderungsdynamik aufweisen. Dagegen erfordert der Wärmeservice nur die Planung, Finanzierung, Installation, Betrieb und Wartung von Wärmeerzeugungsanlagen. Hierbei handelt es um sich Investitionen mit

---

1102 S. S. 317.
1103 S. S. 131 ff.

ähnlich langen Amortisationszeiten wie auch die bisherigen Investitionen von Energieversorgungsunternehmen in Energieerzeugungsanlagen und Netze. Auch die Planung, der Betrieb und die Wartung der Anlagen ist ein Geschäft, deren Rahmenbedingungen kaum kurzfristigen Veränderungen unterworfen sind. Selbst wenn Stadtwerke in einer Übergangsphase noch eine geringere Flexibilität als ihre Konkurrenten aufweisen, dürfte sich dies für das Angebot des Wärmeservice nicht als Wettbewerbsnachteil auswirken.

(2) Ungenügende Kundenorientierung

Die Kundenorientierung von Energieversorgungsunternehmen ist schwächer ausgeprägt als die von vergleichbaren Unternehmen, da die Verbraucher in den Monopolmärkten für Strom- und Gas nicht zu anderen Versorgern wechseln konnten. Wie die Flexibilität ist auch die Kundenorientierung ein Teil der Unternehmenskultur und ändert sich entsprechend langsam. Daher wird die Kundenorientierung von Stadtwerken voraussichtlich noch wenige Jahre unterdurchschnittlich sein, bis der Wettbewerb und die unternehmensinternen Kundenorientierungsprogramme deutliche Auswirkungen zeigen. Eine zu geringe Kundenorientierung wirkt sich auf jede Dienstleistung negativ aus. Daher stellt auch die noch ungenügende Kundenorientierung kommunaler Energieversorgungsunternehmen für deren Wärmeservice einen Wettbewerbsnachteil dar.

(3) Öffentliches Dienstrecht

In den Energieversorgungsunternehmen, in denen noch das öffentliche Dienstrecht anwendbar ist, liegen einerseits die Personalkosten vergleichsweise hoch und bestehen andererseits geringere Leistungsanreize für die Mitarbeiter. Entsprechend liegt der Lohnkostenanteil der Dienstleistungen höher. Auf die Kosten des Wärmeservice wirkt sich das allerdings nicht stark aus, da er im Vergleich zu den hohen Anlagen- und Brennstoffkosten eher geringe Lohnkosten verursacht. Zusätzlich ist zu erwarten, daß die schwächeren Leistungsanreize für die Mitarbeiter zu einer geringeren Qualität von Dienstleistungen und damit auch des Wärmeservice führen.

(4) Unternehmensgröße

Der Wärmeservice kann außer von kommunalen Energieversorgungsunternehmen von anderen Gasversorgern, Energiedienstleistern, Wohnungsgesellschaften und Betrieben des Sanitär-Heizung-Klima-Handwerks angeboten werden. Deren Unternehmensgröße hängt wesentlich davon ab, ob diese Unternehmen nur örtlich oder auch überregional tätig sind. Weil Stadtwerke die örtlichen Gasversorger sind, kommen als andere Gasversorger nur überregionale Unternehmen in Betracht, die dann regelmäßig auch größer sein dürften. Wohnungsgesellschaften und Energiedienstleister können sowohl örtlich als auch überregional tätig sein, wohingegen Handwerksbetriebe nur auf Ortsebene tätig sind. Demnach verfügen Stadtwerke gegenüber Handwerksbetrieben und örtlichen Energiedienstleistern über Größenvorteile für ihr Wärmeserviceangebot. Dagegen kann für Stadtwerke im Verhältnis zu Wohnungsgesellschaften und überregionalen Energiedienstleistern kein typisches Größenverhältnis bestimmt werden. Somit kann die Unternehmensgröße weder zu den Vorteilen noch zu den Nachteilen der kommunalen Anbieter des Wärmeservice gezählt werden.

bb) Wettbewerbsvorteile kommunaler Energieversorgungsunternehmen als Wärmeservice-Anbieter

(1) Versorgungs-Know-how

Kommunale Unternehmen planen, errichten, betreiben und unterhalten Strom- und Wärmeerzeugungsanlagen sowie Leitungsnetze zur Verteilung von Elektrizität, Gas, Fern-/Nahwärme sowie Wasser und verfügen über die dafür erforderlichen Kenntnisse und Erfahrungen.[1104] Soweit kommunale Energieversorgungsunternehmen Strom oder Wärme produzieren, verfügen sie auch über Erfahrungen mit Energieumwandlungsanlagen. Technisch spezialisierter sind lediglich Handwerksbetriebe des Heizungsfachs und Hersteller von Heizungsanlagen. Diesen Konkurrenten haben die Energieversorgungsunternehmen allerdings die rechtlichen, vertraglichen und rechnungstechnischen Kenntnisse voraus, die erforderlich sind, um die komplizierten Vertragsverhältnisse des Wärmeservice[1105] abzuwickeln.

(2) Kommunaler Querverbund

Neun von zehn kommunalen Energieversorgungsunternehmen betreiben den kommunalen Querverbund.[1106] Sie verfügen deshalb zunächst über ein breiteres Know-how als Anbieter nur einer Sparte. Dieses reicht im Wärmemarkt vom solaren Wärmeservice, den nicht wenige kommunale Energieversorgungsunterneh-

1104 *Hartung*, Energie Spektrum 1995, S. 12.

1105 Zu den verschiedenen Vertragsbeziehungen im Rahmen des Wärmeservice und deren rechtlichen Problemen *Halbach*, Rechtsfragen, in: ASEW, Wärme-Direkt-Service, S. 23 ff.

1106 S. S. 116 f.

men anbieten, bis zur Nahwärmeversorgung ganzer Stadtteile. Stellt ein kommunales Energieversorgungsunternehmen nun fest, daß der Wärmeservice nicht die energieeffizienteste und wirtschaftlichste Wärmeversorgung für ein Gebäude ist, so kann es anbieten, die Wärmeversorgung etwa durch ein Blockheizkraftwerk für den gesamten Stadtteil oder durch Solarkollektoren sicherzustellen. Nur wenige Ingenieurbüros dürften in der Lage sein, aus einer solchen Bandbreite von technischen Lösungen die energieeffizienteste auszuwählen und diese vor allem dann auch selbst zu realisieren. Handwerksbetriebe werden damit regelmäßig überfordert sein.

Zudem können kommunale Energieversorgungsunternehmen Synergievorteile zwischen dem Wärmeservice und ihrer Gassparte erzielen. Für den Wärmeservice werden meist gasbefeuerte Heizungsanlagen eingesetzt. Als örtlicher Gasversorger befriedigen kommunale Energieversorgungsunternehmen eine große Nachfrage und können entsprechend niedrige Einkaufspreise erzielen. Wohnungsbaugesellschaften bündeln nur eine wesentlich geringere Nachfrage, selbst wenn sie mehrere tausend Wohnungen in ihrem Bestand haben. Neben den Kosten für die neue Heizungsanlage sind die Brennstoffkosten der zweite große Kostenfaktor des Wärmeservice, da der Wärmeservicevertrag über mehrere Jahre geschlossen wird und dadurch über die gesamte Laufzeit hohe Brennstoffkosten entstehen. Selbst geringe Preisunterschiede je Kilowattstunde Erdgas summieren sich über die Jahre zu beträchtlichen Summen. Da die kommunalen Energieversorgungsunternehmen als Gasversorger den Brennstoff deutlich günstiger als alle anderen Wettbewerber beziehen können, sind sie in der Lage, den Wärmeservice erheblich billiger als diese anzubieten. Weitere Synergien können Stadtwerke etwa erzielen, wenn sie ihr bestehendes Rechnungssystem auch für den Wärmeservice nutzen. Da kommunale Querverbundunternehmen neben dem Wärmeservice noch weitere Produkte und Dienstleistungen anbieten, können sie den Kundenwunsch nach Problemlösungen aus einer Hand befriedigen, indem sie einem Kunden gleichzeitig verschiedene Produkte und Dienstleistungen liefern.[1107]

(3) Engagement für Ressourcenschonung und Klimaschutz

Die bereits seit langem im Umweltschutz engagierten kommunalen Energieversorgungsunternehmen verfügen im Geschäft mit energieeffizienten Dienstleistungen über einen Bonus an ökologischer Glaubwürdigkeit gegenüber den nicht als Energiesparer profilierten Wärmeservice-Anbietern. So dürften Verbraucher wesentlich leichter davon zu überzeugen sein, daß ihr Stadtwerk mit dem Wärmeservice eine größtmögliche Energieeinsparung und Umweltschonung erzielt,

1107 *Hennicke*, Wa(h)re Energiedienstleistung, S. 115.

wenn sie wissen, daß es sich bereits seit Jahren konsequent für Energieeinsparung und Umweltschutz engagiert. Solche Unternehmen können den Wärmeservice außerdem als ökologisches Markenprodukt gestalten und damit von den Angeboten anderer Anbieter unterscheiden.

(5) Kundennähe

Stadtwerke verfügen mit Kundenbeziehungen zu nahezu allen Energieverbrauchern, Daten über deren Verbrauch und ihren Kundenberatungszentren vor Ort über eine große Kundennähe. Sie können je nach Sparte ihre Daten nutzen, um diejenigen Verbraucher zu identifizieren, die für den Wärmeservice in Frage kommen. Ein Mitarbeiter kann diese dann etwa bei der jährlichen Zählerablesung über den Wärmeservice informieren und beraten. Sofern Stadtwerke Beratungsstellen unterhalten, können sie auch dort Kunden für den Wärmeservice gewinnen. Erkenntnisse, die sie bei der Beratung von Kunden über deren Wünsche an die Raumheizung und Warmwasserbereitung gesammelt haben, können sie für die Ausgestaltung ihres Wärmeservice nutzen. Wenn Stadtwerke zudem ihre besondere Stellung als örtliches Unternehmen genutzt haben, um eine hohe Bürgernähe aufzubauen, können sie als Anbieter des Wärmeservice schließlich auch von einer stärkeren Kundenbindung profitieren.

(6) Dezentralität

Stadtwerken, die den Wärmeservice anbieten, kommt zugute, daß sie die örtlichen Einwohner- und Siedlungsstrukturen sowie den Gebäudebestand kennen. Dies und die Verbindungen zu den Planungsstellen der Verwaltung erleichterten den kommunalen Energieversorgungsunternehmen bereits in den vergangenen Jahrzehnten die Planung der örtlichen Nahwärmeversorgungsnetze und der dazugehörigen Kraft-Wärme-Koppelungsanlagen. Die großflächigen Daten über die städtischen Einwohner- und Siedlungsstrukturen ergänzen in idealer Weise die Informationen über die einzelnen Verbraucher, die bei Stadtwerken bereits vorliegen. Damit ermöglicht die Ortskenntnis den kommunalen Energieversorgungsunternehmen, ihr Wärmeservice-Angebot genau der örtlichen Nachfrage anzupassen. Weil Stadtwerke die Siedlungsstrukturen kennen, können sie auch die Zielgruppen genauer ansprechen, indem sie etwa für den Wärmeservice nur in bestimmten Stadtteilen werben und dadurch Kosten für die Öffentlichkeitsarbeit sparen. Auch verkürzen bereits vorhandene Daten die Angebotserstellung, so daß kommunale Energieversorgungsunternehmen dem Kunden Angebote schneller und günstiger anbieten können als ihre Konkurrenten.

Damit ermöglichen vor allem die mit der Dezentralität verbundenen Ortskenntnisse den kommunalen Energieversorgungsunternehmen, den Wärmeservice besser und günstiger anzubieten als Konkurrenten wie Gasversorger, Energiedienstleister und Wohnungsgesellschaften, die überregional tätig sind.

cc) Ergebnis

Analysiert man die Wettbewerbsposition kommunaler Energieversorgungsunternehmen, so wirkt sich die vergleichsweise geringe Flexibilität kommunaler Energieversorgungsunternehmen auf deren Wärmeservice kaum aus. Auch deren Unternehmensgröße kann im Gegensatz zum Elektrizitätsmarkt nicht allgemein als Wettbewerbsvor- oder -nachteil bezeichnet werden, weil selbst ein typisches Stadtwerk teilweise größer und teilweise kleiner als andere typische Wärmeservice-Anbieter ist. Demgegenüber haben sich die ungenügende Kundenorientierung und das öffentliche Dienstrecht als Nachteile kommunaler Energieversorgungsunternehmen im Wettbewerb mit anderen Wärmeserviceanbietern herausgestellt. Die ungenügende Kundenorientierung kommunaler Energieversorgungsunternehmen wirkt sich auf die Qualität ihres Wärmeservice, das öffentliche Dienstrecht zusätzlich auch auf dessen Wirtschaftlichkeit aus.

Andererseits kommen Stadtwerken für das Angebot des Wärmeservice fünf wichtige Wettbewerbsvorteile zugute.

Zunächst verfügen kommunale Energieversorgungsunternehmen über Betreiber-Know-how in der Steuerung und Überwachung sowie beim Betrieb technischer Anlagen, sowie teilweise auch mit Wärmeerzeugungsanlagen. Damit haben sie einen Erfahrungsvorsprung beim Anlagenbetrieb gegenüber den anderen Anbietern des Wärmeservice ausgenommen die Betriebe des Heizungshandwerks und andere Energieversorgungsunternehmen. Dies ermöglicht ihnen, den Zweck der Energieeffizienzsteigerung im Wärmemarkt besser als diese Konkurrenten zu erfüllen.

Einen Wissens- und Glaubwürdigkeitsvorsprung für den Wärmeservice haben auch diejenigen kommunalen Energieversorgungsunternehmen, die sich bereits seit längerem für die Ressourcenschonung und den Klimaschutz einsetzen, was ebenfalls ihre Fähigkeit steigert, die Energieeffizienzsteigerung im Wärmemarkt besser als Wettbewerber zu erreichen, die nicht auf Energieeinsparung spezialisiert sind.

Der Querverbund ermöglicht den Stadtwerken, den Wunsch der Wärmeservice-Kunden nach Dienstleistungen aus einer Hand zu befriedigen, Synergievorteile zwischen ihren verschiedenen Sparten zu erzielen und vor allem als Gasgroßeinkäufer den Brennstoff sehr kostengünstig zu beziehen. Stadtwerke haben damit gegenüber allen Wärmeservice-Anbietern, die nicht zugleich auch als Gasversorger tätig sind, einen erheblichen Vorteil bei den Brennstoffkosten, die neben den Anlagenkosten der wichtigste Kostenfaktor des Wärmeservice sind. Dadurch verfügen kommunale Energieversorgungsunternehmen über eine zentrale Voraussetzung, um den Zweck des Wärmeservice wirtschaftlicher als die anderen Anbieter zu erreichen.

Ein weiterer wichtiger Wettbewerbsvorteil kommunaler Energieversorgungsunternehmen ist deren Kundennähe, die ihnen Kundenkontakte und -daten sichert und gegenüber allen anderen Konkurrenten als Wirtschaftlichkeitsvorteil wirkt.

Schließlich kennen sich Stadtwerke aufgrund ihrer Dezentralität in den Einwohner-, Siedlungsstrukturen und damit auch den Energiesparpotentialen vor Ort aus, wodurch sie gegenüber überregionalen Konkurrenten Kosten sparen und die Energieeffizienz ihres Wärmeservice erhöhen können.

Zwar wirkt sich nicht jeder der genannten Vorteile jeweils gegenüber allen konkurrierenden Anbietern des Wärmeservice aus. Allerdings hat sich gezeigt, daß kommunale Energieversorgungsunternehmen gegenüber jeder Konkurrentengruppe über mehrere wichtige Wettbewerbsvorteile sowohl hinsichtlich der Qualität als auch der Wirtschaftlichkeit des Wärmeservice verfügen, die insgesamt die ungenügende Kundenorientierung der Stadtwerke und die Nachteile aus dem öffentlichen Dienstrecht überwiegen, das in einem Teil dieser Unternehmen noch anwendbar ist.

Damit genügt der kommunale Wärmeservice den Anforderungen der echten Subsidiaritätsklausel, weil die Kommune den mit dieser wirtschaftlichen Betätigung verfolgten Zweck Effizienzsteigerung im Raumwärmemarkt besser und wirtschaftlicher als andere erfüllen kann.

Nicht zuletzt wird dieses Ergebnis auch durch die konkrete Lage auf dem Wärmeservice-Markt gestützt. So bieten 85 Prozent der ASEW-Mitgliedsunternehmen den Wärmeservice bereits dem Verbraucher an.[1108] Daß viele dieser Stadtwerke damit bereits seit Jahren am Markt sind und entsprechend viele Verbraucher den kommunalen Wärmeservice nachfragen, deutet darauf hin, daß kommunale Wärmeservice-Angebote qualitativ und preislich mit denen anderer Anbieter konkurrieren können.

d) Echte Subsidiaritätsklausel mit Ausnahmebereich gemäß der Gemeindeordnung Bayerns

Da der Wärmeservice, wie soeben festgestellt, mit echten Subsidiaritätsklauseln vereinbar ist und Art. 87 Abs. 1 S. 1 Nr. 4 GO Bay eine solche normiert, steht bereits fest, daß er auch die Voraussetzungen dieser Norm erfüllen würde. Aller-

1108 S. S. 155.

dings muß eine Gemeinde diese Voraussetzungen nur bei einem wirtschaftlichen Tätigwerden außerhalb der „kommunalen Daseinsvorsorge" erfüllen. Da Kommunen für Tätigkeiten der „kommunalen Daseinsvorsorge" die aufwendige Subsidiaritätsprüfung nicht durchführen und deren Erfüllung auch nicht gegenüber den Aufsichtsbehörden nachweisen müssen, wird im folgenden geprüft, ob der Wärmeservice zur „kommunalen Daseinsvorsorge" zählt, auch wenn bereits feststeht, daß er die Zulässigkeitsvoraussetzungen des Art. 87 Abs. 1 S. 1 Nr. 4 GO Bay erfüllt.

In dem Maße, in dem Stadtwerke zunehmend Energiedienstleistungen anbieten, muß außerdem häufiger geprüft werden, ob solche Angebote auch gemäß Art. 87 Abs. 1 S. 1 Nr. 4 GO Bay zulässig sind. Um dies zu erleichtern, wird nachfolgend nicht nur der Wärmeservice, sondern werden Energiedienstleistungen insgesamt geprüft.

Danach wären Energiedienstleistungen unabhängig davon zulässig, ob andere ihren Zweck mindestens genauso gut und wirtschaftlich wie ein kommunales Energieversorgungsunternehmen erfüllen, wenn diese Dienstleistungen zur „kommunalen Daseinsvorsorge" im Sinne von Art. 87 Abs. 1 S. 1 Nr. 4 GO Bay zählen. „Kommunale Daseinsvorsorge" im Sinne dieser Norm ist die Befriedigung von Bedürfnissen der Bevölkerung ohne vorrangige Gewinnerzielungsabsicht.[1109]

aa) Befriedigung von Bedürfnissen der Bevölkerung

Energiedienstleistungen sind der physische Nutzen, der durch Energieeinsatz in Anwendungsgeräten entsteht.[1110] Ziel dieser Dienstleistungen ist, diesen Nutzen mit einem möglichst geringen energetischen Aufwand herbeizuführen. Damit dienen Energiedienstleistungen ebenso wie die anderen energieeffizienten Dienstleistungen der Steigerung der Energieeffizienz.[1111] Indem sie dadurch gleichzeitig die örtliche Umweltbelastung verringern, befriedigen sie auch ein Bedürfnis der örtlichen Bevölkerung.[1112]

1109 So *Widtmann/Grasser*, Bayerische Gemeindeordnung, Art. 89, Rn. 3; ebenfalls unter Zugrundelegung der fehlenden vorrangigen Gewinnerzielungsabsicht BayVerfGH, Entsch. v. 23.12.1957 – Vf. 107, 114, 117 – VII – 56, BayVBl. 1957, S. 53 und *Bauer u.a.*, Bayerische Kommunalgesetze, Art. 87 GO, Rn. 27.

1110 S. S. 121.

1111 S. S. 122.

1112 S. S. 227 ff..

bb) Kein vorrangiges Gewinninteresse

Natürlich möchten Kommunen und kommunale Unternehmen mit ihren Betätigungen nicht nur öffentliche Zwecke erreichen, sondern daneben auch einen Gewinn erzielen.

Auch die Gemeindeordnungen haben dieses Nebeneinander von öffentlichem Zweck und Gewinninteresse erkannt, was Regelungen wie § 109 Abs. 1 S. 2 GO NW verdeutlichen. Danach sollen kommunale Unternehmen einen Ertrag für den Gemeindehaushalt abwerfen, soweit dadurch die Erfüllung des öffentlichen Zwecks nicht beeinträchtigt wird. Mit dieser Aufforderung zur Gewinnerzielung begnügt sich der Gesetzgeber allerdings nicht, sondern verlangt gemäß § 109 Abs. 2 GO NW einen so hohen Jahresgewinn, daß außer den für die technische und wirtschaftliche Entwicklung des Unternehmens notwendigen Rücklagen mindestens eine marktübliche Verzinsung des Eigenkapitals erwirtschaftet wird. Etwas allgemeiner formuliert dies der hier ausschlaggebende bayerische Gesetzgeber in Art. 95 Abs. 1 GO Bay, wonach kommunale Unternehmen „unter Beachtung betriebswirtschaftlicher Grundsätze und des Grundsatzes der Sparsamkeit und Wirtschaftlichkeit so zu führen [sind], daß der öffentliche Zweck erfüllt wird." Im Sinne dieser Regelung dürfte die Erzielung eines Gewinns, der mindestens den Unternehmensfortbestand sichert, bereits zu den betriebswirtschaftlichen Grundsätzen zählen, die Kommunalunternehmen zu beachten haben.

Für das Verhältnis des öffentlichen Zwecks und der Gewinnerzielung besteht bei Energiedienstleistungen die Besonderheit, daß der Anbieter umso geringere Energiekosten hat, umso mehr Energie er einspart. Da die Energiekosten einen der größten Kostenfaktoren von Energiedienstleistungen bilden, steigt der Gewinn von Energiedienstleistern, je weniger Energie sie zur Herstellung des gewünschten Nutzens einsetzen. Dieses Verhältnis ändert sich erst dann, wenn die Energiesparpotentiale bereits so weitgehend ausgeschöpft wurden, daß jede weitere Einsparung erheblich höhere Kosten erfordern würde. Allerdings sind die meisten Energieverbraucher von einem solchen Niveau der Energieeffizienz noch weit entfernt. Damit setzt das Gewinninteresse eines Energiedienstleisters einen starken Anreiz für Energieeinsparungen, so daß die Gewinnerzielungsabsicht letztlich den öffentlichen Zweck sogar fördert.

Dafür, daß Stadtwerke mit Energiedienstleistungen ein vorrangiges Gewinninteresse verfolgen, könnte sprechen, daß es sich hierbei um Energieversorger handelt, die am Verkauf von Energieträgern verdienen. Allerdings wurde bereits herausgearbeitet, daß Versorgungsunternehmen von anderen gelieferte Energie einsparen können, ohne eigene Erlöse zu verlieren, daß im Falle eines Erlösrückgangs auch die durch die Energieeinsparung vermiedenen Kosten zu berücksichtigen sind und daß schließlich entgangene Erlöse auch durch Synergieeffekte des neuen Geschäftsbereichs mit dem Kerngeschäft ausgeglichen werden können.[1113] Entscheidend dürfte jedoch sein, daß Versorger durch Energiedienstleistungen von der Substitutionskonkurrenz unabhängig werden, indem sie an den Energieeinsparungen verdienen, die sonst Konkurrenten vorgenommen hätten.[1114] Daher können sich Energieversorger auf dem Markt für Energieeinsparung nur dann behaupten, wenn sie das Ziel Energieeinsparung konsequent verfolgen. Daher verfolgen auch Stadtwerke kein gegenüber der Energieeinsparung vorrangiges Gewinninteresse, wenn sie Energiedienstleistungen erbringen. Schließlich ist auch nicht ersichtlich, warum das Gewinninteresse einer Kommune, die Energiedienstleistungen erbringt, größer sein sollte als wenn sie mit anderen Betätigungen ihrer wirtschaftlichen Unternehmen öffentliche Zwecke verfolgt.

Nach alldem dienen kommunale Energiedienstleistungen der Befriedigung von Bedürfnissen der Bevölkerung, ohne eine vorrangige Gewinnerzielungsabsicht zu verfolgen.

Energiedienstleistungen sind demnach „Daseinsvorsorge" im Sinne von Art. 87 Abs. 1 S. 1 Nr. 4 GO Bay, so daß nicht zu prüfen ist, ob andere ihren Zweck genauso gut und wirtschaftlich wie eine Kommune erfüllen können. Da es sich bei dem vorliegend zu prüfenden Wärmedirektservice um eine Energiedienstleistung handelt, gilt dies für ihn gleichermaßen.

e) *Einfache Subsidiaritätsklausel gemäß den Gemeindeordnungen Mecklenburg-Vorpommerns, Niedersachsens, Sachsens, Sachsen-Anhalts und des Saarlands*

Die Kommunalverfassungen Mecklenburg-Vorpommerns, Niedersachsens, Sachsens, Sachsen-Anhalts, Schleswig-Holsteins und des Saarlands enthalten einfache Subsidiaritätsklauseln, wonach sich eine Kommune nur dann wirtschaftlich betätigen darf, wenn der öffentliche Zweck nicht besser und wirtschaftlicher durch einen anderen erfüllt wird oder erfüllt werden kann.[1115] Daß der kommunale Wärmeservice mit den echten Subsidiaritätsklauseln vereinbar ist, wurde bereits festgestellt.[1116] Da echte Subsidiaritätsklauseln strengere Voraussetzungen ent-

---

1113 S. S. 139 ff.

1114 S. S. 145 ff.

1115 § 68 Abs. 1 Nr. 3 KV MV; § 108 Abs. 1 S. 2 Nr. 3 GO Nds; § 108 Abs. 1 Nr. 3 KSVG SL; § 97 Abs. 1 S. 1 Nr. 3 GO Sachs; § 116 Abs. 1 Nr. 3 GO Sa-Anh; § 101 Abs. 1 Nr. 3 GO SH.

1116 S. S. 334.

halten als einfache Subsidiaritätsklauseln,[1117] genügt der Wärmeservice somit den einfachen Subsidiaritätsklauseln erst recht.

Folglich ist der Wärmeservice auch mit den Subsidiaritätsklauseln in den Kommunalverfassungen Mecklenburg-Vorpommerns, Niedersachsens, Sachsens, Sachsen-Anhalts und des Saarlands vereinbar.

f) Einfache Subsidiaritätsklausel mit Ausnahmebereich gemäß der Gemeindeordnung Baden-Württembergs

Der kommunale Wärmeservice würde auch den inhaltlichen Anforderungen des § 102 Abs. 1 Nr. 3 GO BW genügen, da es sich bei dieser Regelung ebenfalls um eine einfache Subsidiaritätsklausel handelt. Allerdings sind diese Voraussetzungen nur bei einem Tätigwerden außerhalb der kommunalen Daseinsvorsorge zu prüfen. Kommunale Daseinsvorsorge im Sinne dieser Norm ist die Befriedigung von Bedürfnissen der Bevölkerung ohne vorrangige Gewinnerzielungsabsicht.[1118] Daß kommunale Energiedienstleistungen einschließlich des Wärmeservice diese Voraussetzung erfüllen und folglich zur kommunalen Daseinsvorsorge zählen, wurde bereits festgestellt.[1119] Daher ist für diese Angebote gemäß § 102 Abs. 1 Nr. 3 GO BW nicht zu prüfen, ob andere den Zweck der Energieeffizienzsteigerung genauso gut und wirtschaftlich wie eine Kommune erfüllen können.

g) Einfache Subsidiaritätsklausel mit Ausnahmebereich gemäß der Gemeindeordnung Nordrhein-Westfalens

In Nordrhein-Westfalen darf sich eine Gemeinde nur dann wirtschaftlich betätigen, „wenn bei einem Tätigwerden außerhalb der Energieversorgung ... der öffentliche Zweck durch andere Unternehmen nicht besser und wirtschaftlicher erfüllt werden kann.“ [1120] Wenn eine Betätigung im Bereich der Energiewirtschaft zur „Energieversorgung“ im Sinne dieser Norm und damit zu dem Ausnahmebereich zählt, braucht man daher bereits nicht zu prüfen, ob andere Unternehmen den öffentlichen Zweck dieser Betätigung besser und wirtschaftlicher erfüllen können als die Kommune. Da dies unter anderem für die Gemeinden eine erhebliche Arbeitserleichterung darstellt, wird nachfolgend untersucht, ob der Wärmeservice vom Ausnahmetatbestand der „Energieversorgung“ erfaßt wird, auch

1117 S. S. 294 f.
1118 S. S. 296 f.
1119 S. S. 335 f.
1120 § 107 Abs. 1 S. 1 Nr. 3 GO NW.

wenn bereits festgestellt wurde, daß er mit den einfachen Subsidiaritätsklauseln vereinbar ist, wozu auch die nordrhein-westfälische Regelung zählt.

Der Wärmeservice ist eine Energiedienstleistung. Um in Zukunft auch die Prüfung anderer Energiedienstleistungen zu erleichtern und damit die Anwendung dieser erst 1999 in die nordrhein-westfälische Gemeindeordnung eingefügten Regelung zu erleichtern, ist im folgenden zu untersuchen, ob Energiedienstleistungen zur „Energieversorgung“ im Sinne von § 107 Abs. 1 S. 1 Nr. 3 GO NW zählen. Dafür muß zunächst durch Auslegung ermittelt werden, was Energieversorgung im Sinne von § 107 Abs. 1 S. 1 Nr. 3 GO NW bedeutet (aa). Anschließend kann dann geprüft werden, ob zunächst Energiedienstleistungen (bb) und schließlich die konkrete Energiedienstleistung Wärmeservice (cc) zur Energieversorgung im Sinne dieser Norm zu zählen sind.

aa) Energieversorgung im Sinne von § 107 Abs. 1 S. 1 Nr. 3 GO NW

(1) Wortlaut

Betrachtet man den Wortlaut der Norm, so unterscheidet sich der in § 107 Abs. 1 S. 1 Nr. 3 GO NW verwendete Begriff der „Energieversorgung“ von dem der hier fraglichen „Energiedienstleistung“. Allgemeinsprachlich bezeichnet Versorgung die Belieferung von Verbrauchern, wobei der Gegenstand der Versorgung meist stoffliche Produkte etwa bei der Lebensmittel- oder Treibstoffversorgung sind. Dagegen bezeichnen Dienstleistungen Leistungen, die neben Handlungen häufig auch den Einsatz stofflicher Produkte einschließen. Demnach ist der Begriff der Dienstleistung umfassender als der der Versorgung, weil er stoffliche Produkte enthalten kann, aber nicht auf diese beschränkt ist. Somit legt der Wortlaut des § 107 Abs. 1 S. 1 Nr. 3 GO NW nahe, daß es sich bei „Energiedienstleistungen“ und „Energieversorgung“ um unterschiedliche wirtschaftliche Betätigungen handelt.

(2) Systematik

Die gemeindewirtschaftsrechtlichen Regelungen der nordrhein-westfälischen Gemeindeordnung definieren die Energieversorgung nicht. Um zu bestimmen, was unter Energieversorgung zu verstehen ist, bietet sich daher ein Rückgriff auf das Energiewirtschaftsgesetz an. Zwar erklärt der nordrhein-westfälische Gesetzgeber nicht, daß die Begriffsbestimmungen des Energiewirtschaftsgesetzes auf die Gemeindeordnung anwendbar seien. Jedoch verweist § 107 Abs. 3 S. 2 GO NW für die Frage, ob sich Gemeinden auch außerhalb ihres Gebiets wirtschaftlich betätigen dürfen, ausdrücklich auf Regelungen des Energiewirtschaftsgesetzes. Danach sind bei der Versorgung mit Strom und Gas nur diejenigen Interessen berechtigt und folglich bei einer Gebietsüberschreitung gemäß § 107 Abs. 3 S. 1 GO NW zu wahren, die nach den Vorschriften des Energiewirtschaftsgesetzes eine Einschränkung des Wettbewerbs zulassen. Wenn der nordrhein-westfälische Gesetzgeber bei Einzelproblemen wie dem Vordringen in fremde Gemeinde- und Versorgungsgebiete ausdrücklich auf Lösungen des Energiewirtschaftsgesetzes verweist, kann nicht davon ausgegangen werden, daß er eingeführte Rechtsbegriffe anders definiert als dieses Fachgesetz. Dafür spricht auch bereits der Umstand, daß § 107 Abs. 3 S. 2 GO NW für die „Versorgung mit Strom und Gas“ auf das Energiewirtschaftsgesetz verweist und damit auch die enge Definition von Energie in § 2 Abs. 1 EnWG aufgreift. Obwohl dem Gesetzgeber § 2 EnWG mit seinen Definitionen bekannt war, hat er sich nicht um eine eigene Begriffsbestimmung bemüht, was ebenfalls darauf hinweist, daß er die Energieversorgung wie in § 2 Abs. 1, 3 EnWG definiert wissen wollte.

In den Begriffsbestimmungen des Energiewirtschaftsgesetzes wird zwar die „Energieversorgung“ nicht ausdrücklich definiert, wohl aber der Begriff des „Energieversorgungsunternehmens“. Energieversorgungsunternehmen sind gemäß §§ 2 Abs. 1, 3 EnWG alle Unternehmen und Betriebe, die andere leitungsgebunden mit Elektrizität und Gas versorgen oder ein Netz für die allgemeine Versorgung betreiben.[1121] Energieversorgung im Sinne des Energiewirtschaftsgesetzes ist danach die leitungsgebundene Versorgung anderer mit Elektrizität und Gas oder der Betrieb eines Netzes für die allgemeine Versorgung.[1122]

Demnach legt die systematische Auslegung nahe, daß Energieversorgung auch im Sinne von § 107 Abs. 1 S. 1 Nr. 3 GO NW auf die leitungsgebundene Versorgung anderer mit Strom und Gas oder den Betrieb eines Netzes zur allgemeinen Versorgung beschränkt ist.

(3) Entstehungsgeschichte des Ersten Modernisierungsgesetzes

Die Subsidiaritätsklausel mit dem Ausnahmebereich unter anderem für die Energieversorgung wurde erst 1999 durch das Erste Gesetz zur Modernisierung von Staat und Verwaltung in die nordrhein-westfälische Gemeindeordnung eingefügt. Daher kommt der Entstehungsgeschichte eine besondere Bedeutung für die Auslegung dieser Norm zu.

1121 S. S. 34.
1122 Vgl. *Ehlers/Pünder*, in: Achterberg/Püttner, BesVwr, Rn. 28 f.

(a) Referentenentwurf

Nach dem Referentenentwurf für das Erste Modernisierungsgesetz sollte der Ausnahmebereich der Subsidiaritätsklausel auf die „Kernbereiche der Energieversorgung, Wasserversorgung, öffentlicher Personennahverkehr [!] sowie des Betriebes von Telekommunikationsleitungsnetzen“ beschränkt werden.[1123] Allerdings war in den nachfolgenden Gesetzesberatungen die Begrenzung dieses „Kernbereichs“ umstritten.[1124] Daß die Bestimmung von Kernbereichen schwierig ist, zeigt bereits die jahrzehntelange Diskussion um den Kernbereich der Selbstverwaltungsgarantie des Art. 28 Abs. 2 S. 1 GG. In der Folge sollten nach dem Gesetzentwurf der Landesregierung dann nur noch die „Bereiche“ der Energie- und Wasserversorgung, des öffentlichen Nahverkehrs und der Telekommunikation von der Subsidiaritätsklausel ausgenommen sein.[1125] Im Gesetz wurden dann schließlich die Bezeichnungen „Kernbereich“ oder „Bereich“ nicht mehr verwendet.[1126]

Verfolgt man also die Entstehungsgeschichte des § 107 Abs. 1 S. 1 Nr. 3 GO NW bis zum Referentenentwurf zurück, so entwickelte sich der Ausnahmetatbestand vom „Kernbereich der Energieversorgung“ über den „Bereich der Energieversorgung“ bis hin zur „Energieversorgung“. Welche politischen Auseinandersetzungen[1127] diesen Dreischritt im einzelnen verursacht haben, kann wohl nicht mehr aufgeklärt werden. Sprachlich stellt dies jedoch eine Erweiterung dar, weil nach allgemeinem Sprachgebrauch der Kernbereich einer Materie nur eine Teilmenge dieser Materie umfaßt. Daher deutet die Streichung der Begriffe „Kernbereich“ des Referentenentwurfs und „Bereich“ des Gesetzentwurfs darauf hin, daß der Gesetzgeber damit den Ausnahmetatbestand der Subsidiaritätsklausel erweitern wollte.

(b) Gesetzentwurf der Landesregierung

Nach der Begründung des Gesetzentwurfs der Landesregierung sollte der Ausnahmebereich der Subsidiaritätsklauseln den Gemeinden „die „angestammten“ Felder des Versorgungssektors erhalten“.[1128] Danach würden Energiedienstleistungen zur „Energieversorgung“ i.S. v. § 107 Abs. 1 S. 1 Nr. 3 GO NW gehören, soweit sie zu deren „angestammten“ Feldern zählen. Diese „angestammten“

1123 *Innenministerium NRW*, Ref.-E. 1. ModernG NRW, Art. 1 Nr. 8 a).
1124 *Held*, in: ders. u.a., KVR NW, § 107, Tz. 7.2.
1125 LT NW, Drs. 12/3730, S. 17.
1126 Vgl. 1. ModernG v. 15.6.1999, GVBl. NW, S. 386.
1127 LT NW, Drs. 12/3947, S. 94 f.
1128 LT NW, Drs. 12/3770, S. 108.

Felder könnten den traditionellen Geschäftsfeldern kommunaler Unternehmen entsprechen, also dem öffentlichen Personennahverkehr und der Versorgung mit Strom, Gas und Wasser. Allerdings ist gemäß § 107 Abs. 1 S. 1 Nr. 3 GO NW auch für den „Betrieb von Telekommunikationsleitungsnetzen einschließlich der Telefondienstleistungen" keine Subsidiaritätsprüfung erforderlich. Da die Telekommunikation erst seit wenigen Jahren von kommunalen Unternehmen betrieben wird, zählt sie nicht zu deren traditionellen Geschäftsfeldern und auch nicht zu den „angestammten" Feldern des Versorgungssektors".[1129] Somit scheint die Zugehörigkeit einer Betätigung zu den „angestammten Feldern des Versorgungssektors" letztlich nicht den Ausschlag dafür gegeben zu haben, sie in den Ausnahmebereich der Subsidiaritätsklausel einzubeziehen.

(c) Änderungsantrag der Regierungsfraktionen

Die Fraktionen der Regierungskoalition gingen in ihrer Begründung der Änderungsvorschläge zu § 107 GO NW sogar ausdrücklich auf die Zulässigkeit von neuen Dienstleistungen der Strom- und Gasbranche ein: "Dienstleistungen, die im unmittelbaren Zusammenhang mit der Strom-, Gas- und Wasserversorgung ... erbracht werden, können dabei als zulässig angesehen werden, soweit sie im Verhältnis zum Kerngeschäft selbst eine untergeordnete Rolle spielen. Im Bereich des Stromhandels soll das Handelsvolumen in einem angemessenen Verhältnis zum eigenen Absatz des kommunalen Unternehmens stehen. Insoweit sind von der Neuregelung nicht nur die traditionell mit der Strom-, Gas-, und Wasserversorgung vorhandenen Betätigungen wie Energieberatung erfaßt, sondern zugleich auch alle Formen des Stromhandels mit dem Ziel, die örtliche Bevölkerung mit Energie zu versorgen."[1130]

Diese Gesetzesbegründung geht auf die Zulässigkeit von Dienstleistungen ein, „die im unmittelbaren Zusammenhang mit der Strom-, Gas- und Wasserversorgung ... erbracht werden". Hierunter fallen auch solche Dienstleistungen, die zwar nicht „Energieversorgung" im Sinne von § 107 Abs. 1 S. 1 Nr. 3 GO NW sind, aber zumindest in unmittelbarem Zusammenhang mit der Energieversorgung erbracht werden. Hierfür werden beispielhaft die Energieberatung und den Stromhandel genannt. Bei Energiedienstleistungen könnte es sich ebenso wie bei energieeffizienten und energiebezogenen Dienstleistungen um solche Dienstleistungen handeln, da diese selbst keine Energieversorgung im Sinne von § 2 Abs. 1, 3 EnWG darstellen, aber möglicherweise mit dieser in unmittelbarem Zusammenhang stehen.

1129 *Ehlers*, NWVBl. 2000, S. 4.
1130 LT NW, Drs. 12/3947, S. 94 f.

Zunächst legt sich die Gesetzesbegründung nicht darauf fest, daß Dienstleistungen in unmittelbarem Zusammenhang mit den genannten Bereichen unter bestimmten Voraussetzungen zulässig *sind*. Stattdessen wird nur festgestellt: Sie „*können* dabei als zulässig angesehen werden" [Hervorhebung des Verf.]. Aber selbst dafür ist Voraussetzung, daß sie im Verhältnis zum Kerngeschäft eine untergeordnete Rolle spielen. Für den neuen Bereich des Stromhandels wird dies dahingehend konkretisiert, daß das Handelsvolumen in einem angemessenen Verhältnis zum eigenen Absatz des kommunalen Unternehmens stehen muß. Dienstleistungen in unmittelbarem Zusammenhang mit der Energieversorgung sind möglicherweise zulässig, sofern sie gegenüber dieser eine untergeordnete Rolle spielen. Demnach trägt dies nichts zur Beantwortung der Frage dieser Untersuchung bei, ob energieeffiziente Dienstleistungen als selbständiges, der Energieversorgung nicht untergeordnetes Geschäftsfeld kommunalrechtlich zulässig sind.

Allerdings geht aus der Begründung des Änderungsantrags hervor, daß die Koalitionsfraktionen die Energieberatung zu den „traditionell mit der Strom-, Gas- und Wasserversorgung vorhandenen Betätigungen"[1131] zählt. Da die Energieberatung eine energieeffiziente Dienstleistung darstellt,[1132] werden also auch energieeffiziente Dienstleistungen zu den unmittelbar mit der Energieversorgung zusammenhängenden Dienstleistungen gezählt. Der Stromhandel umfaßt den Kauf und Verkauf von Energie. Indem er im Zusammenhang mit dem Verkauf von Energie steht, ohne der Energieeffizienz zu dienen,[1133] ist er den energiebezogenen Dienstleistung zuzurechnen. An den Stromhandel wird in der Begründung das Kriterium angelegt, er müsse im Verhältnis zum Kerngeschäft eine untergeordnete Rolle spielen, indem das Handelsvolumen in einem angemessenen Verhältnis zum eigenen Absatz stehen soll. Damit rechnet die Begründung des Änderungsantrags auch den Stromhandel zu den Dienstleistungen, die im unmittelbaren Zusammenhang mit der Energieversorgung stehen. Sie bezieht somit in diesen Kreis auch energiebezogene Dienstleistungen mit ein.

Weiterhin hat erst das Erste Mordernisierungsgesetz die Bereiche „Strom-, Gas- und Wasserversorgung" in § 107 Abs. 1 GO NW eingefügt. Indem die Begründung des Änderungsantrags nun feststellt „insoweit sind von der Neuregelung nicht nur die traditionell mit der Strom-, Gas- und Wasserversorgung vorhandenen Betätigungen wie die Energieberatung, ... sondern zugleich auch alle Formen des Stromhandels erfaßt"[1134], zählt sie diese Dienstleistungen zu dem

1131 LT NW, Drs. 12/3947, S. 94 f.
1132 S. S. 122.
1133 Zur Definition energiebezogener Dienstleistungen s. S. 123.
1134 LT NW, Drs. 12/3947, S. 94 f.

neu eingefügten Bereich der Strom-, Gas- und Wasserversorgung. Damit zählen die Fraktionen der Regierungskoalition die Energieberatung und den Stromhandel ausdrücklich zu dem neuen Ausnahmebereich der Strom-, Gas- und Wasserversorgung. Dabei sollen zu diesen Versorgungsbereichen nicht nur traditionell damit erbrachte Dienstleistungen wie die Energieberatung gehören, sondern auch neue Dienstleistungen wie der Stromhandel, den kommunale Energieversorgungsunternehmen erst seit dem Fall der Strommonopole betreiben.

(d) Rede des Innenministers zur Gesetzesverabschiedung

Aber nicht nur die genannten Gesetzgebungsmaterialien belegen, daß der Gesetzgeber zur Energieversorgung und den unmittelbar mit ihr zusammenhängenden Dienstleistungen energieeffiziente und energiebezogene Dienstleistungen zählt. Dies ergibt sich auch aus der Rede des nordrhein-westfälischen Innenministers vor der Verabschiedung des Ersten Modernisierungsgesetzes: „Bei diesem Vorrang [der privaten vor der kommunalen Wirtschaft, d.Verf.] soll es bleiben, ausgenommen sind allein die klassischen Bereiche der kommunalen Daseinsvorsorge sowie die damit unmittelbar verbundenen Annextätigkeiten wie Energiehandel, Energiemanagement, Energieberatung.“[1135] Der Energiehandel stellt wie der Stromhandel eine energiebezogene Dienstleistung dar. Im Änderungsantrag hatten die Regierungskoalitionen bereits ausdrücklich die energieeffiziente Dienstleistung der Energieberatung erwähnt. Der Innenminister zählt mit dem Energiemanagement zusätzlich noch eine weitere energieeffiziente Dienstleistung zu den mit der Energieversorgung unmittelbar zusammenhängenden Dienstleistungen.

(e) Ergebnis

Insgesamt ergibt die entstehungsgeschichtliche Auslegung, daß zur „Energieversorgung“ und den anderen in § 107 Abs. 1 S. 1 Nr. 3 GO NW genannten Märkten auch die damit in unmittelbarem Zusammenhang stehenden Dienstleistungen gehören. Hierfür nennt der Gesetzgeber Beispiele, die traditionell erbrachte und neue Dienstleistungen ebenso wie energiebezogene und energieeffiziente Dienstleistungen umfassen.

1135 Innenminister *Behrens* am 9.6.99 zur Beratung des 1. ModernG im Landtag, S. 2.

(4) Normzweck

Um festzustellen, ob Energiedienstleistungen zur „Energieversorgung" im Sinne von § 107 Abs. 1 S. 1 GO NW gehören, ist diese Norm schließlich auch anhand ihres Zwecks auszulegen.

Nach den einfachen Subsidiaritätsklauseln darf eine Kommune nur dann wirtschaftlich tätig werden, wenn sie den damit verfolgten öffentlichen Zweck mindestens genauso gut und wirtschaftlich wie andere erreicht. Der nordrhein-westfälische Gesetzgeber hat nun in § 107 Abs. 1 S. 1 GO NW bestimmte Ausnahmebereiche wie den der Energieversorgung eingefügt, für die diese Begrenzung nicht gelten soll. Wie die Begründung des Gesetzenwurfes feststellt, sollte hiermit der Betätigungsspielraum der Kommunen und ihrer Unternehmen in sachlicher Hinsicht erweitert[1136] beziehungsweise begrenzt ausgeweitet[1137] werden. So sollten sich „die Kommunen und ihre Unternehmen demnächst in den Bereichen Energieversorgung, Wasserversorgung, öffentlicher Personennahverkehr und Betrieb von Telekommunikationsnetzen gleichberechtigt mit Unternehmen der privaten Wirtschaft betätigen"[1138] können. Mit seinem Gesetzentwurf wollte der Gesetzgeber der Öffnung der traditionellen Geschäftsfelder der kommunalen Ver- und Entsorgungwirtschaft für den Wettbewerb Rechnung tragen.[1139] Den kommunalen Unternehmen sollte eine gleichberechtigte Teilnahme an diesem Wettbewerb ermöglicht werden. Im Energiemarkt wird dieser Wettbewerb nicht mehr nur über den Preis geführt. Die Verbraucher, gerade auch im gewerblichen Bereich, erwarten von ihren Energieversorgern Lösungen aus einer Hand, wobei die Kostensenkung und Ressourcenschonung im Vordergrund steht.[1140] Für die Energieversorger sind Dienstleistungen ein wichtiges Mittel zur Kundenbindung. Konkurrenten der Stadtwerke wie die RWE AG haben bereits ihr Dienstleistungsgeschäft erweitert, um insbesondere Industriekunden Komplettlösungen rund um die Energielieferung anbieten zu können.[1141] „Mit Blick auf diese Kundenorientierung zählen zu diesen von Unternehmen als selbstverständlich erwarteten Angeboten neuer Geschäftsfelder z.B. Energiedienstleistungen im Strombereich wie Netzberechnung und Netzschutz-Engeneering, Be-

1136 Innenminister *Behrens* am 10.3.1999 bei der Einbringung des Entwurfs des 1. ModernG im Landtag, zit. in: LT NW, Plenarprot. 12/109, S. 9021.

1137 Begründung des Entwurfs zum 1. ModernG, LT NW, Drs. 12/3730, S. 106.

1138 Innenminister *Behrens* am 10.3.1999 bei der Einbringung des Entwurfs des 1. ModernG im Landtag, zit. in: LT NW, Plenarprot. 12/109, S. 9021.

1139 Begründung des Entwurfs zum 1. ModernG, LT NW, Drs. 12/3730, S. 105.

1140 Ausführlich hierzu S. 92 ff. m. w. N.

1141 Handelsblatt v. 3.8.1999, S. 14; *Cronauge*, in: Rehn/Cronauge, GO NW, § 107, S. 20.

triebsführung von elektrischen Netzen und Anlagen, Betriebsführung von Straßenbeleuchtung, bei der Wärmeversorgung Betriebsführung von Wärmeerzeugungsanlagen, Netzplanung und Betriebsführung von Wärmenetzen, Kälteerzeugung aus Fernwärme, bei Gas Rehabilitationskonzepte für Gasverteilungsnetze, Wartung für gastechnische Anlagen, und im Rahmen eines Energiemanagements Energiekonzepte für Gebäude, Hallen und Produktionsbetriebe, Lastoptimierungskonzepte und Lastmanagement sowie Energiecontrolling und Energieberichtswesen; hierzu treten etwa Consulting und Energiehandel."[1142] Bei vielen dieser Angebote etwa dem Energiemanagement, der Straßenbeleuchtung und dem Betrieb von Wärme- und Kälteerzeugungsanlagen handelt es sich um energieeffiziente Dienstleistungen im Sinne dieser Untersuchung.[1143]

Der Gesetzgeber hat diese Wettbewerbssituation durchaus gesehen: „Die Novelle zur wirtschaftlichen Betätigung der Kommunen (§ 107 ff.) ist notwendig geworden, um die Stadtwerke von allzu engen Fesseln des kommunalen Wirtschaftsrechts zu befreien. Ihnen soll die Möglichkeit der gleichberechtigten Teilnahme am liberalisierten Energiemarkt eröffnet werden. Dazu soll der Vorrang privatwirtschaftlicher Betätigung vor der Kommunalwirtschaft für die Energieversorgung ... entfallen ... Das neue kommunale Wirtschaftrecht sichert den Stadtwerken auf diesen Geschäftsfeldern volle Wettbewerbsfreiheit mit Unternehmen der Strom-, Gas- und Wasserversorgung wie RWE, VEW, Gelsenwasser, Ruhrgas und Wyngas [!]."[1144] Schließlich wurde im Gesetzgebungsverfahren auch darauf eingegangen, daß die Erweiterung des Handlungsspielraums auch Energiedienstleistungen erfasse: „Die Stadtwerke hätten durchaus Optionen auf einen erweiterten Handlungsspielraum, etwa in solche Bereiche hinein wie „Contracting" und „Energiedienstleistungen". Man „wünsche sich, daß die Stadtwerke bei Energiedienstleistungen ein Vorreiterrolle übernähmen, die „am Haus endeten".[1145]

Der Zweck des § 107 Abs. 1 S. 1 Nr. 3 GO liegt somit in einer begrenzten sachlichen Erweiterung der Geschäftsfelder kommunaler Unternehmen.[1146] Dies spricht dafür, zu dem Ausnahmebereich der Energieversorgung auch diejenigen vom Gesetzgeber genannten Dienstleistungen zu zählen, die mit der Energieversorgung unmittelbar zusammenhängen. Der Zweck einer nur begrenzten Erweiterung wird dabei durch das einschränkende Merkmal der Unmittelbarkeit gewahrt. Als Beispiele einer solchen Erweiterung des Betätigungsfeldes wurden im Ge-

---

1142 *Cronauge*, in: Rehn/Cronauge, GO NW, § 107, S. 18.
1143 Zur Definition energieeffizienter Dienstleistungen s. S. 122.
1144 LT NW, Drs. 12/3947, S. 94.
1145 LT NW, AProt 12/1264, S. 7.
1146 *Cronauge*, in: Rehn/Cronauge, GO NW, § 107, S. 19; a.A. *Held*, in: ders. u.a., KVR NW, § 107, Tz. 7.2.

setzgebungsverfahren Energiedienstleistungen und das Contracting ausdrücklich genannt. Hierbei handelt es sich um energieeffiziente Dienstleistungen, die den Kundenwunsch nach einer kostenoptimierten und ressourcenschonenden Energieversorgung befriedigen. Eine Einbeziehung der unmittelbar mit der Energieversorgung zusammenhängenden Dienstleistungen entspricht auch der gesetzgeberischen Zielsetzung, den kommunalen Energieversorgern eine gleichberechtigte Betätigung unter anderem gegenüber privatwirtschaftlichen Verbundunternehmen zu ermöglich, die im Wettbewerb auf dem Energiemarkt ebenfalls solche Dienstleistungen einsetzen.[1147]

(5) Ergebnis

Nach der systematischen Auslegung ist Energieversorgung im Sinne von § 107 Abs. 1 S. 1 Nr. 3 GO NW ebenso wie im Sinne von § 2 Abs. 3 EnWG nur die leitungsgebundene Versorgung anderer mit Strom und Gas oder der Betrieb eines Netzes zur allgemeinen Versorgung. Allerdings ergab die Entstehungsgeschichte dieser Norm, daß der Ausnahmebereich der Energieversorgung zusätzlich die unmittelbar mit ihr zusammenhängenden Dienstleistungen umfassen soll. Als Beispiele für unmittelbar mit der Energieversorgung zusammenhängende Dienstleistungen nennt der Gesetzgeber ausdrücklich die Energieberatung, das Energiemanagement und den Energiehandel. Schließlich liegt der Normzweck des § 107 Abs. 1 S. 1 Nr. 3 GO NW auch darin, das sachliche Betätigungsfeld von Stadtwerken begrenzt zu erweitern. Dies spricht ebenfalls für eine Einbeziehung von Dienstleistungen, die aber unmittelbar mit der Energieversorgung zusammenhängen müssen.

Insgesamt umfaßt die von der Subsidiaritätsprüfung gemäß § 107 Abs. 1 S. 1 Nr. 3 GO NW ausgenommene Energieversorgung folglich die leitungsgebundene Versorgung anderer mit Strom und Gas, den Betrieb eines Netzes zur allgemeinen Versorgung und die damit unmittelbar zusammenhängenden Dienstleistungen. Indem der Begriff der Energieversorgung gemäß § 107 Abs. 1 S. 1 Nr. 3 GO NW auch die unmittelbar mit der Energieversorgung zusammenhängenden Dienstleistungen erfaßt, geht er über den Begriff des § 2 Abs. 1, 3 EnWG hinaus.

Schließlich ist im Rahmen dieser Untersuchung auf die übrigen Ausnahmebereiche des § 107 Abs. 1 S. 1 Nr. 3 GO NW nicht näher einzugehen. Jedoch legt insbesondere die Entstehungsgeschichte dieser Norm nahe, daß der Betrieb von Telekommunikationsleitungsnetzen, die Wasserversorgung und der öffentliche

---

1147 *Cronauge*, in: Rehn/Cronauge, GO NW, § 107, S. 19 f.

Verkehr jeweils auch die damit „unmittelbar zusammenhängenden Dienstleistungen“ umfaßt.

bb) Energiedienstleistungen als Energieversorgung im Sinne von § 107 Abs. 1 S. 1 Nr. 3 GO NW

Die ASEW-Umfrage hat ergeben, daß bereits 1997 mindestens 11,6 Prozent aller kommunalen Energieversorgungsunternehmen Energiedienstleistungen angeboten haben.[1148] Viele dieser Unternehmen sind in Nordrhein-Westfalen tätig. Daher ist von großem Interesse, ob Energiedienstleistungen zu der gemäß § 107 Abs. 1 S. 1 Nr. 3 GO NW von der Subsidiaritätsprüfung ausgenommenen Energieversorgung gehören.

(1) Energiedienstleistungen als Versorgung anderer mit Strom und Gas

Energieversorgung gemäß § 107 Abs. 1 S. 1 Nr. 3 GO NW ist die leitungsgebundene Versorgung anderer mit Strom und Gas, der Betrieb eines Netzes zur allgemeinen Versorgung und die damit unmittelbar zusammenhängenden Dienstleistungen. Unter Energiedienstleistungen versteht man den physischen Nutzen, der durch Energieeinsatz in Anwendungsgeräten entsteht.[1149]

Die Herstellung eines Nutzens durch Energieanwendungsgeräte wie eines warmen Raumes durch ein Blockheizkraftwerk hat mit dem Betrieb des (Gas-) Versorgungsnetzes nur sehr mittelbar zu tun, so daß es sich bei Energiedienstleistungen nur um eine Form der leitungsgebundenen Versorgung anderer mit Strom und Gas im Sinne von § 107 Abs. 1 S. 1 Nr. 3 GO NW handeln könnte.

Viele Energiedienstleistungen werden erbracht, indem die Energieträger Strom oder Gas in Anwendungsgeräten eingesetzt werden. So wird der Raum beim Wärmeservice meist durch einen Erdgaseinsatz erwärmt und die beleuchtete Straße oder der helle Raum im Rahmen des Nutzlichtcontractings durch Strom. Allerdings kann für den Wärmeservice auch Biogas eingesetzt werden, das beispielsweise ein Landwirt auf seinem Hof erzeugt oder der Strom für die Beleuchtung kann in Photovoltaikzellen auf dem Dach erzeugt werden. Dann werden die eingesetzten Energieträger nicht leitungsgebunden im Strom und Gasnetz angeliefert. Beim solaren Wärmeservice ist dies sogar immer so, weil die gewünschte Wärme mit Solarkollektoren meistens auf dem Gebäudedach von der Sonne eingefangen wird. Der solare Wärmeservice wird also ganz ohne Strom- oder Gaseinsatz erbracht.

1148 S. S. 157.
1149 S. S. 121.

Weiterhin beinhaltet eine Energiedienstleistung außer einer möglichen Zufuhr von Energie immer auch noch deren Einsatz in dem jeweiligen Anwendungsgerät. So muß, wer den Wärmeservice anbietet, den Energieträger zumindest noch in einer Heizung oder einem Blockheizkraftwerk einsetzen und also auch dieses Energieanwendungsgerät betreiben. Beim Heizungsanlagencontracting oder sonstigen Contractingleistungen tritt zum Anlagenbetriebe dann meistens noch die Planung, Finanzierung und Wartung. Energiedienstleistungen sind also meistens Dienstleistungspakete. Schnürt man diese Pakete auf, so können einzelne Dienstleistungen auch an andere Anbieter vergeben werden. So kann auch eine Wohnungsbaugesellschaft den Wärmeservice anbieten, wenn sie das Gas für den Betrieb etwa eines Blockheizkraftwerks von einem Gasversorger bezieht. Selbst wenn für eine Energiedienstleistung leitungsgebunden Strom und Gas eingesetzt werden, so muß diese Energieversorgung also nicht der Energiedienstleister übernehmen. Ein Energiedienstleister kann also beispielsweise den Wärmeservice anbieten, ohne daß er gleichzeitig den Kunden leitungsgebunden mit Gas versorgt.

Daher handelt es sich bei Energiedienstleistungen nicht bloß um eine Spielart der leitungsgebundenen Versorgung anderer mit Strom oder Gas.

(2) Energiedienstleistungen als Dienstleistungen, die mit der Strom- und Gasversorgung anderer unmittelbar zusammenhängen

Allerdings zählen zur Energieversorgung im Sinne von § 107 Abs. 1 S. 1 GO NW auch Dienstleistungen, die mit der leitungsgebundenen Versorgung anderer mit Strom und Gas unmittelbar zusammenhängen.

Ein solcher unmittelbarer Zusammenhang besteht zunächst offensichtlich bei denjenigen Energiedienstleistungen, bei denen der Anbieter den Kunden im Rahmen der Dienstleistung unter anderem leitungsgebunden mit Strom oder Gas versorgt. Daß eine Energiedienstleistung eine solche Energieversorgung mitumfaßt, ist, wie soeben dargestellt, zwar regelmäßig, aber nicht immer der Fall.

Hingegen ist allen Energiedienstleistungen gemeinsam, daß sie die Herbeiführung eines Nutzens bezwecken.[1150] Auch die Energieträger sind letztlich nur Mittel zu dem Zweck, bestimmte Kundenbedürfnisse zu befriedigen, indem sie den gewünschten Nutzen liefern. Daher umfaßt die Energieversorgung zwar nur die Lieferung von Energieträgern, dient aber letztlich dem Zweck, daß der Verbraucher diese in Anwendungsgeräten einsetzt, um den vom ihm gewünschten Nutzen zu erzielen. Damit dienen die Energieversorgung und die Energiedienstleistung beide dem Nutzen beim Verbraucher. Energieversorgung im Sinne von

---

1150 S. S. 122.

§ 2 EnWG ist unter anderem die leitungsgebundene Versorgung anderer mit Strom und Gas. Daher stehen diejenigen Energiedienstleistungen, die beim Verbraucher einen Nutzen herbeiführen, dem auch die leitungsgebundene Versorgung mit Strom oder Gas dient, kraft desselben Endzwecks in einem unmittelbaren Zusammenhang zur Energieversorgung.

Nach der ASEW Umfrage bieten Energieversorgungsunternehmen derzeit die Energiedienstleistungen Wärmeservice, solarer Wärmeservice, Kälteservice, Heizungsanlagencontracting, Straßenbeleuchtung und Nutzlichtcontracting an.[1151] Diese Dienstleistungen schaffen den Verbrauchern die Nutzen Wärme, Kälte und Beleuchtung. Um Wärme und Kälte zu erzeugen, kann Gas und Strom eingesetzt werden, für Beleuchtung wird heute fast nur noch Strom eingesetzt. Daher dienen die am Markt etablierten Energiedienstleistungen demselben Nutzen wie letztlich auch die Strom- und Gasversorgung von Verbrauchern. Indem Energiedienstleistungen damit denselben Zwecken dienen wie auch die Energieversorgung stehen sie in einem unmittelbaren Zusammenhang zu dieser.

In einem unmittelbaren Zusammenhang zur Energieversorgung gemäß § 107 Abs. 1 S. 1 Nr. 3 GO NW stehen daher nicht nur die Energiedienstleistungen, die eine Energielieferung beinhalten. Vielmehr zählen alle Energiedienstleistungen zur „Energieversorgung“ im Sinne dieser Norm und unterliegen daher nicht der Subsidiaritätsprüfung.

cc) Wärmeservice als Energieversorgung im Sinne von § 107 Abs. 1 S. 1 Nr. 3 GO NW

Energieversorgung im Sinne von § 107 Abs. 1 S. 1 Nr. 3 GO NW umfaßt die leitungsgebundene Versorgung anderer mit Strom und Gas, den Betrieb eines Netzes zur allgemeinen Versorgung und die damit unmittelbar zusammenhängenden Dienstleistungen. Wie soeben dargestellt, sind Energiedienstleistungen zwar keine Form der leitungsgebundenen Versorgung anderer mit Strom und Gas, aber damit unmittelbar zusammenhängende Dienstleistungen.

Was diesen unmittelbaren Zusammenhang zur Versorgung anderer mit Strom und Gas begründet, hängt von der konkreten Ausgestaltung des Wärmeservice ab. Wie schon für die Energiedienstleistungen allgemein festgestellt, besteht der geforderte unmittelbare Zusammenhang, wenn die Energiedienstleistung eine leitungsgebundene Strom- oder Gaslieferung beinhaltet. Der Wärmeservice wird meistens von Gasversorgern angeboten, die zusätzlich zur Lieferung von Erdgas in ihrem Leitungsnetz auch den Betrieb und die Wartung der Heizungsanlagen oder Blockheizkraftwerke übernommen haben. Bei solchen Wärmeservice-

---

1151 S. S. 154 f.

Angeboten begründet die Teildienstleistung „leitungsgebundene Versorgung des Verbrauchers mit Gas“ den unmittelbaren Zusammenhang. Dieser besteht, wie dargestellt, aber auch bei Formen des Wärmeservice, bei denen kein Gas oder dieses zumindest nicht im Rahmen der leitungsgebunden Versorgung eingesetzt wird. Diese derzeit noch kaum angebotenen Formen des Wärmeservice könnten sich möglicherweise im Zuge einer zunehmenden Dezentralisierung der Energieversorgung etwa durch den verstärkten Einsatz von Gas aus Biomasse statt Erdgas ausbreiten. Hier besteht ein unmittelbarer Zusammenhang, weil diese Dienstleistungen demselben Verbrauchernutzen dienen wie die leitungsgebundene Gasversorgung.

Als Dienstleistung, die unmittelbar mit der leitungsgebundenen Versorgung anderer mit Gas zusammenhängt, zählt der Wärmeservice zur Energieversorgung im Sinne des § 107 Abs. 1 S. 1 Nr. 3 GO NW.[1152] Ob andere Unternehmen den Zweck des Wärmeservice besser und wirtschaftlicher erfüllen als die Kommune mit ihrem Energieversorgungsunternehmen, muß folglich gemäß § 107 Abs. 1 S. 1 Nr. 3 GO NW nicht geprüft werden.

h) Ergebnis

Was die Vereinbarkeit des Wärmeservice mit den gemeindewirtschaftsrechtlichen Subsidiaritätsklauseln betrifft, kann zunächst festgehalten werden, daß Kommunen, die den Wärmeservice in Bayern anbieten, im Rahmen der „Daseinsvorsorge“ im Sinne von Art. 87 Abs. 1 S. 1 Nr. 4 GO Bay tätig werden, so daß nicht mehr zu prüfen ist, ob der Zweck dieser Dienstleistung ebenso gut und wirtschaftlich durch einen anderen erfüllt werden kann. In Nordrhein-Westfalen zählt der kommunale Wärmeservice zur Energieversorgung im Sinne von 107 Abs. 1 S. 1 Nr. 3 GO NW und damit ebenfalls zu einem Ausnahmebereich der Subsidiaritätsklausel.

Im übrigen ergab eine Untersuchung der Wettbewerbssituation kommunaler Energieversorgungsunternehmen, daß sie den Zweck des Wärmeservice „Effizienzsteigerung im Wärmemarkt“ besser und wirtschaftlicher als andere erreichen können. Damit genügt der kommunale Wärmeservice den Anforderungen der echten Subsidiaritätsklauseln in Brandenburg, Rheinland-Pfalz und Thüringen. Da eine Kommune nach den einfachen Subsidiaritätsklauseln in Mecklenburg-Vorpommern, Niedersachsen, Sachsen, Sachsen-Anhalt, Schleswig-Holstein und im Saarland den Zweck ihrer wirtschaftlichen Betätigung nur mindestens genauso

---

1152 Vgl. *Moraing*, GemHH 1998, S. 223, der den Wärme-Direkt-Service als Dienstleistung einordnet, die das bisherige Kerngeschäft von Stadtwerken und damit auch die Energieversorgung ergänzt.

gut und wirtschaftlich wie andere erreichen muß, erfüllt der kommunale Wärmeservice damit gleichzeitig auch diese Voraussetzungen.

Nur der Vollständigkeit halber sei schließlich nochmals darauf hingewiesen, daß die hessische Gemeindeordnung weder eine geschriebene noch eine ungeschriebene Subsidiaritätsklausel enthält,[1153] an welcher der Wärmeservice zu überprüfen sein könnte.

5. Gesamtergebnis

Der Wärmeservice erfüllt die gemeinderechtlichen Voraussetzungen des öffentlichen Zwecks, der Angemessenheit zum voraussichtlichen Bedarf und zur gemeindlichen Leistungsfähigkeit sowie schließlich die Subsidiaritätsklauseln. Da jedes dieser Tatbestandsmerkmale in der Ausprägung geprüft wurde, das es in den verschiedenen Kommunalverfassungen der Flächenländer gefunden hat, ist die wirtschaftliche Betätigung „Wärmeservice" somit nach den Kommunalverfassungen aller deutschen Länder gemeinderechtlich zulässig.

III. Die gemeindewirtschaftsrechtliche Zulässigkeit des kommunalen Energiemanagements

1. Kommunales Energiemanagement als wirtschaftliche Betätigung

Auch auf ein kommunales Angebot des Energiemanagements sind die Vorschriften der Gemeindeordnungen über die wirtschaftliche Betätigung nur dann anwendbar, wenn es sich beim Energiemanagement um eine wirtschaftliche Betätigung handelt.

Das Energiemanagement hat sich seit den achtziger Jahren zunehmend in privaten Wirtschaftsbetrieben durchgesetzt, wobei die Energiekostenersparnis im Vordergrund stand. Daher könnte das Energiemanagement in Unternehmen und Verwaltungen auch von externen Dienstleistern mit der Absicht der Gewinnerzielung durchgeführt werden, so daß es sich hierbei um eine wirtschaftliche Betätigung handelt.[1154]

1153 S. S. 270 f.

1154 Zur Definition wirtschaftlicher Betätigungen der Gemeinden s. S. 260.

2. *Der öffentliche Zweck des kommunalen Energiemanagements*

Wirtschaftliche Betätigungen von Kommunen werden durch einen öffentlichen Zweck gerechtfertigt, wenn sie unmittelbar einem Interesse dienen, welches das Zusammenleben und -wohnen der Menschen in der Gemeinde betrifft.[1155] Entsprechend müßte das Energiemanagement einem Interesse dienen, welches das Zusammenleben der Menschen in der Gemeinde betrifft.

Das Energiemanagement umfaßt die Planung, Steuerung und Kontrolle der Bereitstellung, Verwendung und Entsorgung von Energie.[1156] Ziel dieses Prozesses ist, ein Unternehmen oder eine Organisation effizient mit Energie zu versorgen.[1157] Davon versprechen sich die Kunden eine Senkung ihrer Energierechnung. Gleichzeitig möchten sie die schädlichen Umweltauswirkungen ihrer Tätigkeit verringern, um etwa die Vorgaben des Öko-Audits zu erfüllen, das sich gerade bei großen Unternehmen bereits etabliert hat. Als Management, das die gesamte Organisation einschließlich aller Produktionsabläufe erfaßt, betrifft das Energiemanagement alle eingesetzten Energiearten. Die Einwohner einer Kommune haben ein gemeinsames Interesse an der Einsparung von Energie sowohl im Strom- als auch im Wärmemarkt, um die Emissionen zu verringern, die ihr Zusammenwohnen beeinträchtigen.[1158] Damit dient das Energiemanegement insgesamt, also unabhängig, ob es Elektrizität oder Wärme betrifft, einem Interesse, welches das Zusammenleben der Menschen in der Gemeinde betrifft.

Folglich wird das kommunale Energiemanagement durch den öffentlichen Zweck gerechtfertigt, mittels einer Energieeinsparung die Emissionen zu verringern, welche die Gemeindeeinwohner beeinträchtigen.[1159]

3. *Angemessenheit des kommunalen Energiemanagements zu Bedarf und Leistungsfähigkeit*

Zusätzlich verlangt das Gemeinderecht, daß jede wirtschaftliche Betätigung nach Art und Umfang der Leistungsfähigkeit der Gemeinde und dem voraussichtlichen Bedarf angemessen ist.[1160]

1155 S. S. 264.

1156 *Priewasser*, in: Malinsky, Betriebliche Umweltwirtschaft, S. 163.

1157 *Borch u.a*, Energiemanagement, S. 34 f.

1158 S. S. 227 ff.

1159 Ebenfalls aus Gründen des Umweltschutzes bejaht *Moraing*, GemHH 1998, S. 225 den öffentlichen Zweck des kommunalen Energiemanagements.

1160 § 102 Abs. 1 Nr. 2 GO BW; Art. 87 Abs. 1 S. 1 Nr. 2 GO Bay; § 100 Abs. 2 Nr. 2 GO Bbg; § 121 Abs. 1 Nr. 2 GO Hess; § 68 Abs. 1 Nr. 3 KV MV; § 108

Für die dabei zu prüfenden Tatbestandsmerkmale des Umfangs der wirtschaftlichen Betätigung, der Leistungsfähigkeit der Gemeinde und des voraussichtlichen Bedarfs für die Betätigung kommt es auf die Gegebenheiten in der Gemeinde ab, deren wirtschaftliche Betätigung zur Prüfung steht. Ob der Wärmeservice dem Angemessenheitskriterium genügt, kann daher endgültig jeweils nur für eine bestimmte Kommune festgestellt werden. Demgegenüber ist zumindest die Art der wirtschaftlichen Betätigung von den konkreten Verhältnissen einzelner Kommunen unabhängig. Daher kann auch ohne Berücksichtigung bestimmter Kommunen untersucht werden, ob das Energiemanagement an sich Rückschlüsse auf seine Angemessenheit zur gemeindlichen Leistungsfähigkeit [a)] und zum voraussichtlichen Bedarf [b)] erlaubt.

a) Angemessenheit des Energiemanagements zur gemeindlichen Leistungsfähigkeit

Zunächst ist zu prüfen, ob das Energiemanagement bereits allein wegen seiner Art der Leistungsfähigkeit von Gemeinden möglicherweise nicht angemessen ist.

Dies wäre der Fall, wenn das Energiemanagement eine möglicherweise sogar negative Gewinnlage verursacht, die der Leistungsfähigkeit von Gemeinden unangemessen ist. Dafür sind in einer Vorausschau die Kosten des Energiemanagements mit den zu erwartenden Umsätzen in Beziehung zu setzen.

aa) Umsatzerwartungen kommunaler Energieversorgungsunternehmen für das Energiemanagement

Ob Anbieter mit dem Energiemanagement Gewinne erwirtschaften können, hängt zunächst von den Umsätzen ab, die mit dieser Dienstleistung zu erwirtschaften sind.

Ebenso wie beim Wärmeservice sind keine Zahlen darüber zugänglich, welche Umsätze diejenigen kommunalen Energieversorgungsunternehmen mit dem Energiemanagement erzielen, die diese energieeffiziente Dienstleistung bereits anbieten. Allerdings hat die ASEW in ihrer Umfrage „Energiedienstleistungen" die kommunalen Energieversorgungsunternehmen nach den Umsätzen gefragt, die sie vom Energiemanagement erwarten. Dabei bescheinigten 53 Prozent der Befragten dem Energiemanagement gute oder sehr gute Umsatzerwartungen.[1161]

Abs. 1 S. 2 Nr. 3 GO Nds; § 107 Abs. 1 S. 1 Nr. 2 GO NW; § 85 Abs. 1 Nr. 2 GO RP; § 108 Abs. 1 Nr. 2 KSVG Saarl; § 97 Abs. 1 S. 1 Nr. 2 GO Sachs; § 116 Abs. 1 Nr. 2 GO Sa-Anh; § 101 Abs. 1 Nr. 2 GO SH; § 71 Abs. 1 Nr. 2 KO Thür.

1161 Berechnet nach *ASEW*, Energiedienstleistungen, S. 22.

Unter den elf von der Umfrage erfaßten energieeffizienten Dienstleistungen belegt das Energiemanagement damit den sechsten Rang gemessen an den guten und sehr guten Umsatzerwartungen.[1162] Damit liegt das Energiemanagement im Mittelfeld dieser Tabelle, die der Wärmeservice mit 97 Prozent anführt und der solare Wärmeservice mit 19 Prozent abschließt.[1163] Neben den 53 Prozent der Befragten, die dem Energiemanagement gute oder sehr gute Umsätze voraussagen, gehen 36 Prozent davon aus, daß das Energiemanagement ihre Umsätze weder positiv noch negativ beeinflußt, während lediglich 11 Prozent Umsatzeinbußen befürchten.[1164] Damit geht nicht nur eine absolute Mehrheit der Befragten davon aus, daß das Energiemanagement ihnen gute oder sehr gute Umsätze beschert. Vielmehr liegt die Zahl der kommunalen Energieversorgungsunternehmen, welche dem Energiemanagement gute oder sehr gute Umsätze vorhersagen, fünfmal so hoch wie die Zahl derjenigen, die von einer negativen Umsatzentwicklung ausgehen.

bb) Kosten des kommunalen Energiemanagements

Die zweite Einflußgröße des Unternehmensgewinns sind dessen Kosten. Entsprechend könnten auch die generellen Kosten des Energiemanagements (negative) Gewinnlagen hervorrufen, die der gemeindlichen Leistungsfähigkeit möglicherweise nicht mehr angemessen wären. Hierfür sollen insbesondere die erforderlichen Investitionen betrachtet werden.

Das Energiemanagement umfaßt die Planung, Steuerung und Kontrolle der Bereitstellung, Verwendung und Entsorgung von Energie.[1165]

(1) Sachkosten

Dabei ergibt sich bereits aus den Managementfunktionen Planung, Steuerung und Kontrolle, daß das Energiemanagement eine Dienstleistung ohne Produktanteil ist. Während der Anbieter des Wärmeservice einen Energienutzen liefert, indem er Energieträger einsetzt und Heizungsanlagen betreibt, schuldet der Energiemanager nur die Planung, Steuerung und Kontrolle, also Handlungen ohne stofflichen Anteil, das heißt ohne physisches Produkt. So umfaßt das Energiemanagement zum Beispiel weder die Energiebereitstellung noch den Betrieb energieverbrauchender Maschinen. Entsprechend muß der Energiemanager auch nicht in

---

1162 S. S. 153.
1163 S. S. 153.
1164 *ASEW*, Energiedienstleistungen, S. 22.
1165 *Priewasser*, in: Malinsky, Betriebliche Umweltwirtschaft, S. 163.

Energieanlagen, gleich ob zur Umwandlung oder Nutzung, investieren. Stattdessen braucht er lediglich Hard- und Software, um die für die Planung, Steuerung und Kontrolle von Energieflüssen erforderlichen Datenmengen zu verarbeiten. Selbst wenn für das Energiemanagement Spezialsoftware eingesetzt wird, die wegen der geringen Stückzahlen vergleichsweise teuer ist, dürften die Gesamtkosten für Hard- und Software insgesamt noch weit unter denen des Wärmeservice liegen. Damit dürften die für das Energiemanagement erforderlichen Sachinvestitionen im Rahmen dessen liegen, was auch andere Beratungsdienstleister regelmäßig für Hard- und Software ausgeben müssen.

(2) Personalkosten

Hauptgegenstände des Energiemanagements sind die Bereitstellung und Verwendung von Energie.

Abgesehen von ihrer Stromeigenerzeugung beziehen Energieversorgungsunternehmen die von ihnen verkauften Energieträger Gas und/oder Strom von anderen Lieferanten. Die Einkaufspreise dafür sind ein zentraler Kostenfaktor für kommunale Energieversorgungsunternehmen, die hauptsächlich fremdbezogene Energie weiterverteilen. Daher kann davon ausgegangen werden, daß kommunale Energieversorgungsunternehmen seit der Liberalisierung der Energiemärkte auch über Erfahrung verfügen, wie sie ihre Energiebezugskosten unter Nutzung der Konkurrenz ihrer Lieferanten reduzieren. Kommunale Energieversorgungsunternehmen sind somit erfahren, um auch den Energiebezug Dritter zu optimieren.

Auch in der Energieberatung sind kommunale Energieversorgungsunternehmen seit langem tätig. So gaben 76 Prozent der von der ASEW befragten Unternehmen an, in der Energieberatung tätig zu sein.[1166] Zielgruppe dieser Beratungsdienstleistungen sind zu annähernd gleichen Anteilen Haushalte, Gewerbe, Industrie und öffentliche Einrichtungen.[1167] Als Kunden des Energiemanagements kommen in erster Linie Verbraucher mit höheren Energierechnungen aus Gewerbe, Industrie und öffentlicher Verwaltung in Betracht, so daß die Energieversorgungsunternehmen bereits über spezifische Beratungserfahrung für diese Zielgruppen verfügen. Gegenstand der bisherigen Beratung war meist, wie die Verbraucher ihren Energiebedarf senken können. Auch beim Energiemanagement ist die Energieeinsparung der zentrale Beratungsinhalt, weil die Verbraucher mit Hilfe dieser Dienstleistung in erster Linie ihre Energierechnung senken wollen. Daher verfügen die Mitarbeiter kommunaler Energieversorgungsunternehmen über die erforderliche Kompetenz, um Dritten das Energiemanagement

1166 Berechnet nach *ASEW*, Energiedienstleistungen, S. 14.
1167 *ASEW*, Energiedienstleistungen, S. 23.

anzubieten. Somit können die Stadtwerke für ihr Energiemanagement-Angebot auf ihre bisherigen Mitarbeiter zurückgreifen. Im Zuge der Rationalisierungsprogramme, welche die Stadtwerke eingeleitet haben, um im Wettbewerb ihre Kosten zu senken, werden üblicherweise Mitarbeiter entlassen. Das Energiemanagement bietet die Möglichkeit, eine Entlassung von Mitarbeitern verschiedener Bereiche, zum Beispiel der Energiebeschaffung, Anlagensteuerung oder Energieberatung zu vermeiden und mit deren Einsatz neue Umsätze zu erschließen. Aber auch wenn ein Energieversorgungsunternehmen neue Mitarbeiter einstellt, entstehen Personalkosten. Diese Personalkosten dürften die Sachinvestitionen, die das Energiemanagement erfordert, deutlich übersteigen.

Wenn ein kommunales Energieversorgungsunternehmen das Energiemanagement erstmals anbietet, entstehen ihm Personalkosten in dem für Beratungsdienstleistungen üblichen Rahmen und Sachkosten unter anderem für Soft- und Hardware. Insgesamt verursacht das Energiemanagement damit nur moderate Kosten, denen überwiegend gute und sehr gute Umsatzerwartungen der kommunalen Energieversorgungsunternehmen gegenüberstehen. Für eine dauerhaft erfolgreiche Tätigkeit kommunaler Energieversorgungsunternehmen im Energiemanagement spricht außerdem, daß deren Mitarbeiter, wie dargestellt, in weitem Umfang über die erforderlichen Erfahrungen verfügen. Damit läßt das Energiemanagement kein Betriebsergebnis erwarten, das der Leistungsfähigkeit von Gemeinden nicht angemessen wäre.

Daher steht das Energiemanagement seiner Art nach in einem angemessenen Verhältnis zur Leistungsfähigkeit von Kommunen.

Vergleicht man das Energiemanagement mit dem Wärmeservice, so weist der Wärmeservice voraussichtlich zwar höhere Kosten auf, vor allem durch die Finanzierung der Heizungsanlagen, aber gleichzeitig auch deutlich bessere Umsatzerwartungen. Bei Abzug der Kosten vom Umsatz läßt das Energiemanagement, soweit dies hier grob abgeschätzt werden kann, ein ähnliches Ergebnis erwarten wie das Energiemanagement. Damit sind beide energieeffiziente Dienstleistungen, bei Prüfung allein nach ihrer Art, der Leistungsfähigkeit von Gemeinden in annähernd gleichem Umfang angemessen.

b) Angemessenheit des Energiemanagements zum voraussichtlichen Bedarf

Das Gemeinderecht fordert, daß eine wirtschaftliche Betätigung neben der gemeindlichen Leistungsfähigkeit auch dem voraussichtlichen Bedarf angemessen ist.[1168]

1168 § 102 Abs. 1 Nr. 2 GO BW; Art. 87 Abs. 1 S. 1 Nr. 2 GO Bay; § 100 Abs. 2 Nr. 2 GO Bbg; § 121 Abs. 1 Nr. 2 GO Hess; § 68 Abs. 1 Nr. 3 KV MV; § 108

Durch die Planung, Steuerung und Kontrolle vor allem der Energieverwendung dient das Energiemanagement der Einsparung von Strom und Öl/Gas. Die Einwohner einer Kommune haben ein gemeinsames Interesse an der Einsparung von Elektrizität und anderen Energieformen, deren bei der Umwandlung entstehende Emissionen ihr Zusammenwohnen in der Gemeinde beeinträchtigen.[1169] Der Kernbedarf für ein von Kommunen angebotenes Energiemanagement liegt also darin, bei Verbrauchern auf dem Gebiet der jeweiligen Gemeinde Energie einzusparen. Das Energiemanagement ist in Gewerbe und Industrie seit den achtziger Jahren etabliert. Auch bei der öffentlichen Hand besteht ein wachsendes Interesse, die hohen Energierechnungen zu senken, weshalb etwa die Zahl der kommunalen Energiebeauftragten steigt. Daß es einen Bedarf bei Gewerbe, Industrie und öffentlicher Hand für das Energiemanagement gibt, steht damit außer Frage.

Somit ist das kommunale Energiemanagement auch dem voraussichtlichen Bedarf angemessen und erfüllt die gemeinderechtliche Voraussetzungen, nach seiner Art in angemessenem Verhältnis zur Leistungsfähigkeit der Gemeinden und zum voraussichtlichen Bedarf zu stehen.

4. *Subsidiarität des kommunalen Energiemanagements*

Weiterhin müßte das Energiemanagement in den Ländern, deren Gemeindeordnungen Subsidiaritätsklauseln enthalten,[1170] mit diesen vereinbar sein. Im Gegensatz zu den Einzelfallentscheidungen von Kommunen, Aufsichtsbehörden und Gerichten können dieser Prüfung, wie schon beim Wärmeservice, im Rahmen dieser Untersuchung weder bestimmte Energiemanagement-Angebote noch einzelne Unternehmen zugrunde gelegt werden.[1171]

Abs. 1 S. 2 Nr. 3 GO Nds; § 107 Abs. 1 S. 1 Nr. 2 GO NW; § 85 Abs. 1 Nr. 2 GO RP; § 108 Abs. 1 Nr. 2 KSVG Saarl; § 97 Abs. 1 S. 1 Nr. 2 GO Sachs; § 116 Abs. 1 Nr. 2 GO Sa-Anh; § 101 Abs. 1 Nr. 2 GO SH; § 71 Abs. 1 Nr. 2 KO Thür; § 107 Abs. 1 S. 1 Nr. 2 GO NW verlangt ausdrücklich keine Angemessenheit zum voraussichtlichen Bedarf.

1169 S. S. 227 ff.

1170 Nach der hessischen Gemeindeordnung unterliegen wirtschaftliche Betätigungen von Kommunen keiner Subsidiaritätsprüfung.

1171 Zu den Möglichkeiten und Schwierigkeiten einer solchen abstrakten Subsidiaritätsprüfung s. ausführlich S. 325 ff.

a) *Andere Anbieter des Energiemanagements*

Das Energiemanagement umfaßt die Planung, Steuerung und Kontrolle der Bereitstellung, Verwendung und Entsorgung von Energie.[1172]

aa) *Umwelt- und Energiebeauftragte*

Diese Aufgaben nehmen nicht selten Umweltbeauftragte wahr, die es inzwischen in Großbetrieben aber auch bei einigen Großstädten gibt. Allerdings handelt es sich bei Umwelt- oder Energiebeauftragten, gleich ob sie in Betrieben oder Verwaltungen beschäftigt sind, nicht um andere Unternehmen, deren Leistungen zum Beispiel nach den Gemeindeordnungen Brandenburgs und Nordrhein-Westfalens als Vergleichsmaßstab vorgeschrieben sind.[1173] Vor allem aber spielen Energiebeauftragte außerhalb von Großunternehmen und Großstädten derzeit (noch) keine nennenswerte Rolle. Damit stellen sie, allein aufgrund ihrer fehlenden Verbreitung, für die überwiegende Zahl sowohl der Wirtschaftsbetriebe als auch der öffentlichen Verwaltungen keine Alternative zu kommerziellen Dienstleistern dar. Da Energiebeauftragte somit in weiten Bereichen des Marktes für Energieeinsparung (noch) nicht tätig sind, erübrigt sich im folgenden die Untersuchung, ob Energiebeauftragte den Zweck des Energiemanagements besser und wirtschaftlicher erbringen als Kommunen oder deren Unternehmen.

bb) *Energiedienstleister*

Die zweite Gruppe von Personen, die sich beruflich mit dem Energiemanagement befaßt, sind Energiedienstleister. Im Gegensatz zu den (Betriebs-) Beauftragten sind sie von dem jeweiligen Kunden nicht fest angestellt, sondern werden als externe Dienstleister tätig. Auf diese Art und Weise arbeiten vor allem Energieversorgungsunternehmen und unabhängige Energiedienstleister, meistens Beratungs- oder Ingenieurbüros.

Von diesen beiden Anbietergruppen unterscheiden sich kommunale Energieversorgungsunternehmen in zweierlei Hinsicht. Ein struktureller Unterschied besteht zunächst gegenüber Energieversorgern, die nicht in kommunalem Eigentum stehen. Dagegen unterscheiden sich Stadtwerke von Beratungs-/Ingenieurbüros dadurch, daß sie kommunale Unternehmen und Energieversorger sind.

1172 *Priewasser*, in: Malinsky, Betriebliche Umweltwirtschaft, S. 163.

1173 Gem. § 100 Abs. 3 S. 1 GO Bbg. sind kommunale Leistungen mit denen „privater Anbieter" zu vergleichen, gemäß § 107 Abs. 1 S. 1 Nr. 3 GO NW mit denen „andere[r] Unternehmen".

b) *Echte Subsidiaritätsklausel gemäß den Gemeindeordnungen von Brandenburg, Rheinland-Pfalz und Thüringen*

Nach den brandenburgischen, thüringischen und rheinland-pfälzischen Gemeindeordnungen darf sich eine Kommune dann wirtschaftlich betätigen, wenn der Zweck dieser Betätigung nicht ebenso gut und wirtschaftlich durch einen anderen erfüllt wird oder erfüllt werden kann.[1174] Formuliert man, wie die Kommune ihre Leistung erbringen muß, so darf eine Kommune Waren und Dienstleistungen nur dann anbieten, wenn sie den verfolgten Zweck besser oder wirtschaftlicher als andere erfüllen kann.

Der öffentliche Zweck des Energiemanagements liegt darin, die Energieeffizienz zu erhöhen, um die Umweltbelastungen zu verringern, welche die Gemeindeeinwohner beeinträchtigen.[1175] Nach der brandenburgischen, thüringischen und rheinland-pfälzischen Subsidiaritätsklausel ist das Energiemanagement von Kommunen also dann zulässig, wenn sie den Zweck, die Energieeffizienz beim Kunden zu erhöhen, besser oder wirtschaftlicher als andere erfüllen können.

Im folgenden wird daher untersucht, inwieweit die wichtigsten Wettbewerbsvor- und -nachteile kommunaler Energieversorgungsunternehmen gegenüber den beiden Anbietergruppen „Energieversorgungsunternehmen" sowie „sonstige Energiedienstleister" wirken. Dafür ist der Frage nachzugehen, inwiefern die Wettbewerbsvor- und -nachteile kommunaler Energieversorgungsunternehmen im Markt energieeffizienter Dienstleistungen Auswirkungen auf das Ausmaß und die Wirtschaftlichkeit haben, mit der sie den Zweck Energieeffizienzsteigerung erreichen können. Zwar verfolgt eine Kommune damit denselben Zweck, wenn sie das Energiemanagement wie wenn sie den Wärmeservice anbietet. Allerdings unterscheiden sich die Subsidiaritätsprüfungen des Energiemanagements und des Wärmeservice dadurch, daß zu untersuchen ist, wie gut und wirtschaftlich kommunale Energieversorgungsunternehmen den Zweck „Energieeffizienzsteigerung" jeweils mit der konkreten Dienstleistung und gegenüber den unterschiedlichen Konkurrenten erreichen können. Daher ist im folgenden danach zu fragen, wie sich die Wettbewerbsvor- und nachteile kommunaler Energieversorgungsunternehmen gerade für deren Energiemanagement auswirken. Daraus kann dann geschlossen werden, ob kommunale Energieversorgungsunternehmen mit diesem Angebot die Energieeffizienzsteigerung besser und/oder wirtschaftlicher als die genannten Konkurrenten erfüllen können.

1174 Vgl. § 100 Abs. 3 S. 1 GO Bbg; § 85 Abs. 1 Nr. 3 GO RP; § 71 Abs. 1 Nr. 3 S. 1 KO Thür.

1175 S. S. 354.

aa) Wettbewerbsnachteile kommunaler Energieversorgungsunternehmen als Anbieter des Energiemanagements

(1) Geringe Flexibilität

Monopolbedingt weisen Stadtwerke, wie die anderen Energieversorgungsunternehmen auch, noch Defizite an unternehmerischer Flexibilität auf. Das Energiemanagement umfaßt die Planung, Steuerung und Kontrolle der Energiebereitstellung, -verwendung und -entsorgung. Hierfür ist der Dienstleister auf einen dauernden Austausch mit dem Kunden angewiesen. Außerdem hat der Energiemanager so viele Daten und Bereiche der Energieflüsse zu erfassen, daß er ständig mit Änderungen konfrontiert ist. Bei einer derartigen Dienstleistung ohne stoffliche Anteile wirkt sich eine geringe Flexibilität des Dienstleisters negativ auf die Qualität aus. Dagegen sind Energiedienstleister auf Dienstleistungen spezialisiert, so daß die derzeit noch geringe Flexibilität kommunaler Energieversorgungsunternehmen einen Wettbewerbsnachteil gegenüber ihnen darstellt.

(2) Ungenügende Kundenorientierung

Energiedienstleister weisen eine stärkere Kundenorientierung auf als Energieversorgungsunternehmen, bei denen diese noch entwicklungsbedürftig ist. Unter einer zu schwach ausgeprägten Kundenorientierung leidet die Qualität des Energiemanagements wie die anderer Dienstleistungen auch.

(3) Öffentliches Dienstrecht

Sofern Stadtwerke noch das öffentliche Dienstrecht anwenden, führt dies zu höheren Lohnkosten als bei anderen Anbietern und wirkt sich wegen der geringeren Leistungsanreize für die Mitarbeiter voraussichtlich auch leicht negativ auf deren Dienstleistungsqualität aus. Da die Löhne und Gehälter in den regionalen und überregionalen Energieversorgungsunternehmen noch über denen der Stadtwerke liegen, dürfte sich im Vergleich zu diesen Unternehmen kein Kostennachteil für das kommunale Energiemanagement ergeben. Allerdings stellt die Anwendung des öffentlichen Dienstrechts gegenüber anderen Energiedienstleistern einen Wettbewerbsnachteil dar.

bb) *Wettbewerbsvorteile kommunaler Energieversorgungsunternehmen als Anbieter des Energiemanagements*

(1) Versorgungs-Know-how

Kommunale Energieversorgungsunternehmen könnten zunächst über ein größeres Know-how als ihre Wettbewerber im Energiemanagement verfügen. Hierfür sind die einzelnen Bestandteile des Energiemanagements, also die Planung, Steuerung und Kontrolle der Bereitstellung, Verwendung und Entsorgung von Energie zu überprüfen.

Die Kompetenz von Energieversorgern in der Bereitstellung von Energie dürfte nicht zu überbieten sein, da ihre Kernkompetenz im Bezug, der Erzeugung und der Lieferung von Energie liegt. Was die Energieverwendung betrifft, kennen sich Gasversorger, die eine Energieberatung unterhalten, auch mit Heizungs- und Wärmeerzeugungsanlagen aus. Wo Kunden eine Eigenversorgung erwägen, können diejenigen Stadtwerke ihre Erfahrung einbringen, die selbst in Blockheizkraftwerken Strom- und Wärme erzeugen. Mit typischen gewerblichen und industriellen Energieanwendungsgeräten wie Pumpen und Motoren haben Stadtwerke zwar wohl eher wenig Erfahrung. Jedoch dürften auch anderen Beratungsunternehmen hier spezielle Kenntnisse fehlen, sofern sie sich nicht gerade auf diese Techniken spezialisiert haben, da diese übliche Energieberatung übersteigen. Zusätzlich steuern Energieversorger sowohl Netze als auch Anlagen, was ihnen den Umgang mit industriellen Produktionsprozessen sehr erleichtert. So decken sich die Aufgaben der Energieversorgung in weiten Bereichen mit denen des Energiemanagements: Energie muß selbst erzeugt oder eingekauft, anschließend verteilt und teilweise selbst genutzt werden, wobei die Verluste in den Energieflüssen stets zu minimieren sind. Schließlich verfügen Stadtwerke auch über eigene Management-Erfahrungen, da es sich regelmäßig um mindestens mittelständische Unternehmen handelt, die ihre eigene Geschäftstätigkeit planen, steuern und kontrollieren müssen.

Sofern andere Energieversorger als Energiemanager für Kunden auftreten, können sie auf ähnliche Kenntnisse und Erfahrungen wie die Stadtwerke zurückgreifen. Auch andere (Nur-) Energieberater wie Ingenieurbüros können über gleichwertige technische Kenntnisse im Management der Energiebereitstellung, Verwendung und Entsorgung verfügen. Allerdings sind im Energiemanagement das energietechnische Betreiber-Know-how und die Managementerfahrung im eigenen Unternehmen die zentralen Wettbewerbsvorteile von Energieversorgungsunternehmen gegenüber Anderen,[1176] insbesondere reinen Beratungsbüros.

(2) Kommunaler Querverbund

Auch als Energiemanager können kommunale Energieversorgungsunternehmen im Querverbund Synergievorteile erzielen und Dienstleistungen aus einer Hand anbieten. So kann etwa die energetische Untersuchung einer Produktionskette preiswerter durchgeführt werden, wenn man gleichzeitig noch die Bereiche Wasser und Abfall untersucht, als wenn man alle drei Bereich isoliert verbessert. Gleiches gilt für die anschließende Umsetzung von Maßnahmen, seien es technische Maßnahmen oder auch Mitarbeiterschulungen. Damit senkt die integrierte Planung und Optimierung die Transaktionskosten und Risiken beim Kunden.[1177]

Solche Synergieeffekte verschaffen Querverbundunternehmen Kostenvorteile, die es ermöglichen, das Energiemanagement günstiger anzubieten als Wettbewerber ohne Querverbund. Dazu zählen sowohl Beratungsunternehmen, die nur Energieberatung betreiben, als auch solche, die zwar in mehreren Sparten beraten, aber keine zusätzlichen Leistungen etwa Versorgungsleistungen anbieten.

(3) Engagement für Ressourcenschonung und Klimaschutz

Da auch das Energiemanagement der Energieeffizienzsteigerung dient, verfügen Stadtwerke, die sich bereits bisher für Ressourcenschonung und Klimaschutz engagiert haben, in diesem Bereich über Wissen, Erfahrung und Glaubwürdigkeit. Gegenüber weniger aktiven Energieversorgern bedeutet dies einen wesentlichen Wettbewerbsvorteil. Dagegen haben sich seit längerem viele Beratungsbüros auf die Energieberatung, Energieeinsparung und Förderung erneuerbarer Energiequellen spezialisiert und eine entsprechende Glaubwürdigkeit erworben. Daher dürften Stadtwerke, die seit langem Energieeinsparung betreiben, gegenüber Beratungs- und Ingenieurbüros in der Regel keinen Erfahrungs- und Glaubwürdigkeitsvorsprung aufweisen.

1176 Nach *Hennicke/Seifried*, Einsparkraftwerk, S. 198 stellt das spezifische Know-how sowie die integrierte Planung und Optimierung nicht nur beim Energiemanagement sondern auch beim Consulting einen wichtigen Wettbewerbsvorteil von Stadtwerken dar.

1177 *Hennicke/Seifried*, Einsparkraftwerk, S. 198.

(4) Kundennähe

Die Kundennähe kommunaler Energieversorgungsunternehmen stellt einen Wettbewerbsvorteil gegenüber allen Energiemanagern dar, die im Gebiet der fraglichen Gemeinde bisher noch nicht tätig waren wie andere Energieversorger und überregionale Beratungsunternehmen. Aber selbst örtliche Beratungsunternehmen verfügen nicht über Geschäftskontakte zu allen Strom- und Gasverbrauchern im Stadtgebiet, deren Daten und über Kundenberatungszentren. Mit ihrer Kundennähe haben kommunale Energieversorger also einen wichtigen Wettbewerbsvorteil gegenüber allen anderen Anbietern des Energiemanagements, der hauptsächlich die Kosten des Energiemanagements senkt.

(5) Bürgernähe und Demokratiefähigkeit

Die aus Bürgernähe und Demokratiefähigkeit folgenden Wettbewerbsvorteile von Stadtwerken wie die Kundenbindung wirken gegenüber allen anderen Energiemanagern, da es sich bei ihnen nicht um kommunale Unternehmen handelt.

(6) Örtlichkeit

Daß sich die mit der Örtlichkeit von Stadtwerken vor allem verbundene bessere Kenntnis lokaler Gegebenheiten auf die Qualität oder Wirtschaftlichkeit des Energiemanagements auswirken könnte, ist nicht ersichtlich.

(7) Ergebnis

Vergleicht man die Wettbewerbsposition kommunaler Energieversorgungsunternehmen mit der ihrer Hauptkonkurrenten beim Energiemanagement, den Ingenieurbüros und anderen Energieversorgungsunternehmen, so wird die Qualität und die Wirtschaftlichkeit des kommunalen Energiemanagements jeweils von unterschiedlichen Wettbewerbsfaktoren beeinflußt.

Hinsichtlich der Qualität wirkt sich die ungenügende Flexibilität und Kundenorientierung von Stadtwerken gegenüber reinen Beratungsunternehmen als Wettbewerbsnachteil aus. In derselben Konkurrenzbeziehung haben sich allerdings das Betreiber-Know-how und die eigene Managementerfahrung als wichtige Wettbewerbsvorteile kommunaler Energieversorgungsunternehmen erwiesen. Diese größere Fachkompetenz von Stadtwerken gegen ihre geringere Flexibilität und Kundenorientierung in ihren Auswirkungen auf die Qualität des Energiemanagements zu gewichten, ist kaum möglich. So kann schon bei Einzelpersonen kaum beurteilt werden, wie eine hohe Fachkompetenz und eine geringe Methoden-/Sozialkompetenz letztlich die Qualität der Arbeitsergebnisse beeinflussen. Allerdings ist zu berücksichtigen, daß die ungenügende Flexibilität und Kundenorientierung Spätfolgen der bisherigen Monopoltätigkeit sind, die sowohl die Energieversorgungsunternehmen mit unternehmensinternen Reformen als auch der Anpassungsdruck des Wettbewerbs zunehmend verbessern. Während sich also die Flexibilität und Kundenorientierung der Stadtwerke verbessert, werden reine Beratungsunternehmen auch in Zukunft nicht über eigenes Betreiber-Knowhow und eigene Managementerfahrung verfügen. Da die Frage, ob Stadtwerke oder Ingenieurbüros als Energiemanager den Zweck der Energieeffizienzsteigerung besser erreichen können, mit einer Prognose für die Zukunft zu bestimmen ist, verfügen die Stadtwerke über einen leichten Wettbewerbsvorteil. Dies gilt auch gegenüber anderen Energieversorgungsunternehmen, die zwar als ehemalige Monopolunternehmen und Energieversorger die aufgezählten Vor- und Nachteile der Stadtwerke teilen, jedoch in der Regel nicht über entsprechende Erfahrungen in den Gebieten Energieeinsparung, Ressourcenschonung und Klimaschutz verfügen.

Bei denjenigen Stadtwerken, die noch das öffentliche Dienstrecht anwenden, dürften die Lohnkosten höher liegen als die der Beratungsunternehmen. Hingegen können alle kommunalen Energieversorgungsunternehmen aus ihrer Kundennähe Kostenvorteile gegenüber anderen Energiemanagern ziehen. In geringerem Umfang senken auch der Querverbund und die Bürgernähe kommunaler Energieversorger die Kosten ihres Energiemanagements. Dabei wirken die Kunden- und Bürgernähe als Wettbewerbsvorteile gegenüber Ingenieurbüros und anderen Energieversorgern, der Querverbund noch zusätzlich gegenüber den Ingenieurbüros.

Damit verfügen Stadtwerke als Energiemanager über Wettbewerbsvorteile gegenüber ihren beiden Hauptkonkurrenten, den Beratungsunternehmen und den nicht kommunalen Energieversorgern. Diese Vorteile ermöglichen Stadtwerken den öffentlichen Zweck der Energieeffizienzsteigerung sowohl besser als auch wirtschaftlicher als andere zu erreichen.

Dadurch ist das kommunale Energiemanagement mit den Subsidiaritätsklauseln der brandenburgischen, thüringischen und rheinland-pfälzischen Kommunalverfassungen[1178] vereinbar.

1178 § 100 Abs. 3 S. 1 GO Bbg; § 71 Abs. 1 Nr. 3 S. 1 KO Thür; § 85 Abs. 1 Nr. 3 GO RP.

c) *Echte Subsidiaritätsklausel mit Ausnahmebereich gemäß der Gemeindeordnung Bayerns*

Gemäß Art. 87 Abs. 1 S. 1 Nr. 4 GO Bay ist eine mögliche Subsidiarität des kommunalen Energiemanagements nur dann zu prüfen, wenn die Kommune hierbei außerhalb der „kommunalen Daseinsvorsorge“ tätig wird. Danach ist „kommunale Daseinsvorsorge“ die Befriedigung von Bedürfnissen der Bevölkerung ohne vorrangige Gewinnerzielungsabsicht.[1179]

Das Energiemanagement dient der Steigerung der Energieeffizienz und ist daher eine energieeffiziente Dienstleistung.[1180] Zweck des Energiemanagements von Kommunen ist es, dadurch die Umweltbelastungen für die Gemeindeeinwohner zu senken. Damit befriedigt das kommunale Energiemanagement Bedürfnisse der örtlichen Bevölkerung. Auch ist das Gewinninteresse der Kommunen nicht gegenüber ihrem Interesse an der Energieeffizienzsteigerung vorrangig.[1181]

Somit handelt es sich beim Energiemanagement von Stadtwerken um „kommunale Daseinsvorsorge“, so daß gemäß Art. 87 Abs. 1 S. 1 Nr. 4 GO Bay nicht zu prüfen ist, ob andere den Zweck der Effizienzsteigerung mindestens genauso gut und wirtschaftlich erfüllen. Dies gilt gleichermaßen auch für andere energieeffiziente Dienstleistungen, weil diese denselben Zweck verfolgen und dieser auch in demselben Verhältnis zur gemeindlichen Gewinnerzielungsabsicht steht.

d) *Einfache Subsidiaritätsklausel gemäß den Gemeindeordnungen Mecklenburg-Vorpommerns, Niedersachsens, Sachsens, Sachsen-Anhalts und des Saarlands*

Das Energiemanagement kommunaler Energieversorgungsunternehmen müßte auch in den Bundesländern, deren Kommunalverfassungen einfache Subsidiaritätsklauseln enthalten, mit diesen Regelungen vereinbar sein.

In Mecklenburg-Vorpommern, Niedersachsen, Sachsen, Sachsen-Anhalt, Schleswig-Holstein und dem Saarland darf sich eine Kommune wirtschaftlich nur dann betätigen, wenn der öffentliche Zweck nicht besser und wirtschaftlicher

1179 So *Widtmann/Grasser*, Bayerische Gemeindeordnung, Art. 89, Rn. 3; ebenfalls unter Zugrundelegung der fehlenden vorrangigen Gewinnerzielungsabsicht BayVerfGH, Entsch. v. 23.12.1957 – Vf. 107, 114, 117 – VII – 56, BayVBl. 1957, S. 53 und *Bauer u.a.*, Bayerische Kommunalgesetze, Art. 87 GO, Rn. 27.

1180 S. S. 354.

1181 S. S. 296.

durch einen anderen erfüllt wird oder erfüllt werden kann.[1182] Soeben konnte festgestellt werden, daß Stadtwerke den Zweck des Energiemanagements, die Energieeffizienz zu erhöhen, aufgrund zahlreicher Wettbewerbsvorteile besser und wirtschaftlicher erfüllen können als andere Anbieter. Da somit der Zweck „Steigerung der Energieeffizienz" nicht besser und wirtschaftlicher durch einen anderen erfüllt werden kann, genügt das kommunale Energiemanagement auch den in Mecklenburg-Vorpommern, Niedersachsen, Sachsen, Sachsen-Anhalt, Schleswig-Holstein und dem Saarland geltenden einfachen Subsidiaritätsklauseln.

e) *Einfache Subsidiaritätsklausel mit Ausnahmebereich gemäß der Gemeindeordnung Baden-Württembergs*

Das kommunale Energiemanagement würde die inhaltlichen Voraussetzungen des § 102 Abs. 1 Nr. 3 GO BW auch erfüllen, da es sich bei dieser Regelung ebenfalls um eine einfache Subsidiaritätsklausel handelt. Allerdings sind diese gemäß § 102 Abs. 1 Nr. 3 GO BW nur bei einem Tätigwerden außerhalb der kommunalen Daseinsvorsorge zu prüfen. Kommunale Daseinsvorsorge im Sinne dieser Norm ist die Befriedigung von Bedürfnissen der Bevölkerung ohne vorrangige Gewinnerzielungsabsicht.[1183] Daß das Energiemanagement und die sonstigen energieeffizienten Dienstleistungen diese Voraussetzung erfüllen und folglich zur kommunalen Daseinsvorsorge zählen, wurde bereits festgestellt.[1184] Daher ist für diese Dienstleistungen gemäß § 102 Abs. 1 Nr. 3 GO BW nicht zu prüfen, ob andere den Zweck der Energieeffizienzsteigerung genauso gut und wirtschaftlich wie eine Kommune erfüllen können.

f) *Einfache Subsidiaritätsklausel mit Ausnahmebereich gemäß der Gemeindeordnung Nordrhein-Westfalens*

Schließlich müßte das kommunale Energiemanagement auch mit der bundesweit letzten Spielart, der in Nordrhein-Westfalen geltenden einfachen Subsidiaritätsklausel mit Ausnahmebereich vereinbar sein.

Auch nach dieser Norm darf sich eine Kommune bereits wirtschaftlich betätigen, wenn der öffentliche Zweck durch andere Unternehmen nicht besser und wirtschaftlicher erfüllt werden kann, aber zusätzlich gilt dies auch nur bei einem

---

1182 § 68 Abs. 1 Nr. 3 KV MV; § 108 Abs. 1 S. 2 Nr. 3 GO Nds; § 108 Abs. 1 Nr. 3 KSVG SL; § 97 Abs. 1 S. 1 Nr. 3 GO Sachs; § 116 Abs. 1 Nr. 3 GO Sa-Anh; § 101 Abs. 1 Nr. 3 GO SH.

1183 S. S. 296 f.

1184 S. S. 367.

Tätigwerden unter anderem außerhalb der Energieversorgung.[1185] Zwar konnte gerade festgestellt werden, daß das kommunale Energiemanagement die Voraussetzungen der einfachen Subsidiaritätsklauseln erfüllt. Dennoch soll anschließend geprüft werden, ob das Energiemanagement zur „Energieversorgung“ im Sinne des § 107 Abs. 1 S. 1 Nr. 3 GO NW und damit zu einem der Ausnahmebereiche gehört, in dem gemeindliche Tätigkeiten die Voraussetzungen der Subsidiaritätsklausel gar nicht zu erfüllen brauchen. Dann könnten nordrhein-westfälische Stadtwerke das Energiemanagement anbieten, ohne sich vorher einem rechtlichen Leistungsvergleich mit anderen Unternehmen unterziehen zu müssen.

Energieversorgung im Sinne von § 107 Abs. 1 S. 1 Nr. 3 GO ist die leitungsgebundene Versorgung anderer mit Strom und Gas, der Betrieb eines Netzes zur allgemeinen Versorgung und die damit unmittelbar zusammenhängenden Dienstleistungen.[1186]

Bereits im Gesetzgebungsverfahren hat der Gesetzgeber das Energiemanagement ausdrücklich erwähnt. So hob der nordrhein-westfälische Innenminister in seiner Rede zur Verabschiedung des Ersten Modernisierungsgesetzes das Energiemanagement ausdrücklich hervor: „Bei diesem Vorrang [der privaten gegenüber der kommunalen Wirtschaft beim Angebot von Waren und Dienstleistungen, d.Verf.] soll es bleiben, ausgenommen sind allein die klassischen Bereiche der kommunalen Daseinsvorsorge sowie die damit unmittelbar verbundenenen Annextätigkeiten wie Energiehandel, *Energiemanagement*, Energieberatung [Hervorhebung des Verf.].“[1187] Folglich sah der Gesetzgeber das Energiemanagement als Beispiel für Tätigkeiten an, die mit der Energieversorgung der Einwohner unmittelbar zusammenhängen.

Überdies nennt der Gesetzgeber das Energiemanagement bereits an dieser Stelle unmittelbar vor der Energieberatung, mit der es sachlich eng verwandt ist. Entsprechend sind dann bereits die Regierungsfraktionen in ihrem vorangegangenen Änderungsantrag zum Entwurf des Ersten Modernisierungsgesetzes auf die Energieberatung eingegangen: „Dienstleistungen, die im unmittelbaren Zusammenhang mit der Strom-, Gas- und Wasserversorgung sowie des öffentlichen Verkehrs und des Betriebs von Telekommunikationsleitungsnetzen erbracht werden, können dabei als zulässig angesehen werden ... Insoweit sind von der Neuregelung nicht nur die traditionell mit der Strom-, Gas-und Wasserversorgung vorhandenen Betätigungen wie *Energieberatung* erfaßt [Hervorhebung des Verf.]“.[1188] Demnach zählt der Gesetzgeber die Energieberatung nochmals aus-

---

1185 Vgl. § 107 Abs. 1 S. 1 Nr. 3 GO NW.
1186 S. S. 348.
1187 Innenminister *Behrens* am 9.6.99 zur Beratung des 1. ModernG im Landtag, S. 2.
1188 LT NW, Drs. 12/3947, S. 94 f.

drücklich zu den „Dienstleistungen, die im unmittelbaren Zusammenhang mit der Strom-, Gas- und Wasserversorgung ... erbracht werden".[1189] Auch wenn die Energieberatung und das Energiemanagement mit unterschiedlichen Begriffen benannt werden, sind beide Dienstleistungen doch eng miteinander verwandt: Beide Dienstleistungen beinhalten die Beratung eines Energieverbrauchers, bezwecken vorrangig eine Steigerung der Energieeffizienz, verlangen Kenntnisse von Energieanwendungsgeräten und werden schließlich seit längerem schon von Stadtwerken angeboten. Der Unterschied liegt also nicht in der Struktur dieser Dienstleistungen, sondern in ihrem Umfang: Während die Energieberatung eine einzelne Frage zur Energieanwendung beantwortet, umfaßt das Energiemanagement sämtliche Fragen der Energiebereitstellung, -verwendung und -entsorgung eines Kunden. Somit kann das Energiemanagement als umfassende und dauerhafte Energieberatung verstanden werden. Selbst wenn das Energiemanagement im Gesetzgebungsverfahren nicht bereits ausdrücklich zu den unmittelbar mit der Energieversorgung zusammenhängenden Dienstleistungen gezählt worden wäre, muß man es schon wegen seiner engen Verwandtschaft zur mehrfach ausdrücklich genannten Energieberatung zu diesen Dienstleistungen zählen.

Insgesamt ergibt damit die Entstehungsgeschichte, daß der Gesetzgeber das Energiemanagement zu den unmittelbar mit der Energieversorgung zusammenhängenden Dienstleistungen zählt. Als solche ist es Teil der Energieversorgung im Sinne von § 107 Abs. 1 S. 1 Nr. 3 GO NW und wird folglich von einem der Ausnahmebereiche dieser Subsidiaritätsklausel erfaßt.

Indem das Energiemanagement zur „Energieversorgung" im Sinne von § 107 Abs. 1 S. 1 Nr. 3 GO NW gehört, können sich nordrhein-westfälische Kommunen als Energiemanager betätigen, unabhängig davon, ob sie den Zweck dieser Dienstleistung besser und wirtschaftlicher erfüllen können als andere. Daß das Energiemanagement von Stadtwerken gleichwohl ein konkurrenzfähiges Angebot ist, hat bereits die vorangegangene Prüfung gezeigt, wonach sie den Zweck Energieeffizienzsteigerung besser und wirtschaftlicher als andere Anbieter erfüllen können.

g) Ergebnis

Insgesamt läßt sich also feststellen, daß das Energiemanagement in Bayern von der Daseinsvorsorge im Sinne von Art. 87 Abs. 1 S. 1 Nr. 4 GO Bay und in Nordrhein-Westfalen von der Energieversorgung im Sinne von 107 Abs. 1 S. 1 Nr. 3 GO NW erfaßt wird. Wegen der Zugehörigkeit zu diesen Ausnahmeberei-

1189 LT NW, Drs. 12/3947, S. 94 f.

chen, ist jeweils nicht zu prüfen, ob Kommunen oder andere den Zweck des Energiemanagements besser und wirtschaftlicher erfüllen können.

Den Anforderungen der echten Subsidiaritätsklauseln in Brandenburg, Rheinland-Pfalz und Thüringen genügt das Energiemanagement, da kommunale Energieversorgungsunternehmen den Zweck „Steigerung der Energieeffizienz" aufgrund zahlreicher Wettbewerbsvorteile besser und wirtschaftlicher als die anderen Anbieter erreichen können. Dadurch erfüllt der kommunale Wärmeservice gleichzeitig die niedrigeren Anforderungen der einfachen Subsidiaritätsklauseln in Mecklenburg-Vorpommern, Niedersachsen, Sachsen, Sachsen-Anhalt, Schleswig-Holstein und im Saarland.

Die hessische Gemeindeordnung enthält schließlich keine ausdrückliche und auch keine ungeschriebene Subsidiaritätsklausel.[1190]

5. *Gesamtergebnis*

Zusammenfassend ist festzustellen, daß das Energiemanagement den gemeinderechtlichen Voraussetzungen des öffentlichen Zwecks, der Angemessenheit zum voraussichtlichen Bedarf und zur gemeindlichen Leistungsfähigkeit sowie schließlich den Subsidiaritätsklauseln genügt. Dabei wurden diese Tatbestandsmerkmale so geprüft, wie sie in den verschiedenen Kommunalverfassungen der Länder normiert sind. Ebenso wie bei der Prüfung der Energiedienstleistung „kommunaler Wärmeservice" fanden dabei die Kommunalverfassungen aller deutschen Flächenländer Berücksichtigung. Damit dürfen Kommunen und kommunale Unternehmen auch die energieeffiziente Dienstleistung Energiemanagement nach den Kommunalverfassungen aller Länder anbieten.

1190 S. S. 270.

F. Ergebnis der Untersuchung

I. Zusammenfassung

Die vorliegende Untersuchung hat energiewirtschaftlich gezeigt, daß der Wettbewerb auf dem Strommarkt so tiefgreifende Auswirkungen auf den Kundenstamm, die Erlöse, Gewinne und Mitarbeiterzahlen von Stadtwerken hat, daß diese sich strategisch neu ausrichten müssen, um weiterbestehen zu können. Sofern sie sich für eine Diversifikationsstrategie entscheiden, bietet sich das Geschäftsfeld energieeffizienter Dienstleistungen an, das Energiedienstleistungen einschließt. 61 Prozent der von der ASEW befragten Stadtwerke erwarten von energieeffizienten Dienstleistungen gute bis sehr gute Umsätze. Dabei berücksichtigen Energieversorgungsunternehmen im Unterschied zu anderen Anbietern bereits die Erlöse, die ihnen durch ihren sinkenden Energieverkauf entgehen. Zusätzlich können kommunale Energieversorger ihre Kunden stärker an sich binden und durch die Kerngeschäftsnähe dieses Geschäftsfeldes bei nur geringem Risiko an Energieeinsparungen verdienen, bevor andere Anbieter dies tun. Umfragen zeigen, daß entsprechend viele Stadtwerke energieeffiziente Dienstleistungen anbieten, so daß bereits von einem neuen kommunalen Geschäftsfeld gesprochen werden kann.

Aus verfassungsrechtlicher Sicht sind energieeffiziente Dienstleistungen als Angelegenheiten der örtlichen Gemeinschaft mit Art. 28 Abs. 2 S. 1 GG vereinbar. So dienen diese Dienstleistungen im Sinne des Bundesverfassungsgerichts einem Interesse, welches das Zusammenleben und -wohnen der Menschen in der Gemeinde betrifft, da sie örtlich entstehende und wirkende Umweltbelastungen verringern, indem sie die Energieeffizienz im Strom- und Wärmemarkt steigern. Gleichzeitig haben sich die weitverbreiteten Argumentationsmuster „Daseinsvorsorge" und „traditionelle Wahrnehmung durch Kommunen" als ungeeignet erwiesen, um zu prüfen, ob eine wirtschaftliche Betätigung eine Angelegenheit der örtlichen Gemeinschaft darstellt.

Gemeindewirtschaftsrechtlich ist der öffentliche Zweck in den Kommunalverfassungen der Länder mit den Angelegenheiten der örtlichen Gemeinschaft im Sinne von Art. 28 Abs. 2 S. 1 GG identisch, so daß energieeffiziente Dienstleistungen auch diese Voraussetzung erfüllen. Nach einer Analyse der wettbewerblichen Vor- und Nachteile von Stadtwerken beim Angebot des Wärmeservice und des Energiemanagements können sie die Energieeffizienz besser und wirtschaftlicher steigern als ihre jeweiligen Konkurrenten, so daß beide Dienstleistungen auch mit den gemeinderechtlichen Subsidiaritätsklauseln vereinbar sind. Im Vergleich zum öffentlichen Zweck und den Subsidiaritätsklauseln wurde das Tatbestandsmerkmal, daß eine wirtschaftliche Betätigung zum voraussichtlichen Bedarf und zur gemeindlichen Leistungsfähigkeit angemessen sein muß, bisher kaum beachtet. Dies überrascht angesichts der seit langem bestehenden kommunalen Finanznot und der gleichzeitigen Ausweitung gemeindlicher Wirtschaftsaktivitäten. Das Angemessenheitserfordernis kann dazu führen, daß bei fehlender gemeindlicher Leistungsfähigkeit Kommunen keine neuen wirtschaftlichen Betätigungen aufnehmen dürfen. Da die exemplarisch geprüften Dienstleistungen Wärmeservice und Energiemanagement für Kommunen nur ein geringes Risiko darstellen, dürften sie allerdings nur in Extremfällen wegen Unangemessenheit unzulässig sein. Damit ist sowohl die Energiedienstleistung Wärmeservice als auch die energieeffiziente Dienstleistung Energiemanagement nach den Kommunalverfassungen aller deutschen Flächenländer auch dann zulässig, wenn sie von Kommunen erbracht wird.

Insgesamt zeigt die Untersuchung dieser energieeffizienten Dienstleistungen zunächst, daß es möglich ist, die verfassungs- und gemeinderechtliche Zulässigkeit auch neuer, noch nicht ausdiskutierter Wirtschaftsbetätigungen von Kommunen zu prüfen. Vor allem wurde deutlich, daß die von gemeindlicher Seite häufig als zu streng kritisierten Voraussetzungen der Kommunalverfassungen es durchaus zulassen, daß Kommunen neue Geschäftsfelder erschließen. Dies gilt selbst dann, wenn diese Voraussetzungen vergleichsweise einschränkend definiert werden wie in der vorliegenden Untersuchung. Etwa könnte die Voraussetzung der Angemessenheit zum voraussichtlichen Bedarf und zur gemeindlichen Leistungsfähigkeit bei einer konsequenten Anwendung den wirtschaftlichen Betätigungen mancher Gemeinden entgegenstehen. Dies zeigt, daß die festgestellte Zulässigkeit der geprüften energieeffizienten Dienstleistungen nicht darauf beruht, daß sämtliche gemeindewirtschaftsrechtlichen Tatbestandsmerkmale, wie teilweise bemängelt, „zahnlos“ sind. Der Markt für energieeffiziente Dienstleistungen steht den Stadtwerken jedenfalls sowohl wirtschaftlich als auch rechtlich offen.

II. Ergebnisse in Leitsätzen

Die Untersuchung hat sich mit der Diversifikation kommunaler Energieversorgungsunternehmen befaßt, die beispielhaft an neuen Energiedienstleistungen erforscht wurde. Aus energiewirtschaftlicher Sicht wurde aufgezeigt, wie sich die Rahmenbedingungen kommunaler Energieversorgungsunternehmen geändert haben und welche Bedeutung der Erschließung des neuen Geschäftsfeldes energieeffizienter Dienstleistungen angesichts dieser Veränderungen zukommt. Verfassungs- und gemeinderechtlich war zu prüfen, ob kommunale Unternehmen berechtigt sind, diese neuen Dienstleistungen am Markt zu erbringen.

Die Ergebnisse dieser Untersuchung werden im folgenden in Leitsätzen zusammengefaßt, deren Reihenfolge dem Gang der Untersuchung folgt. Einzelne Kapitel, die eher allgemeine Fragestellungen behandelten oder zu keinem juristisch beziehungsweise energiewirtschaftlich bemerkenswerten Ergebnis führten, finden dabei keine Erwähnung mehr. Jeder Ergebnissatz wird von dem Gliederungszeichen des zugehörigen Textabschnitts abgeschlossen, um dessen Auffinden zu erleichtern.

1. Ein Unternehmen ist ein kommunales, wenn Kommunen aufgrund der Höhe ihrer Beteiligung oder besonderer rechtlicher Regelungen über die Direktionsgewalt verfügen. Die Direktionsgewalt aufgrund der Höhe der kommunalen Beteiligung haben Kommunen, wenn sie eine Kapital- oder Stimmrechtsmehrheit von mindestens 50 Prozent halten. [B.I.1.b)]
2. Ein kommunales Energieversorgungsunternehmen ist ein Unternehmen, das gemäß § 2 EnWG andere leitungsgebunden mit Elektrizität oder Gas versorgt oder ein Netz für die allgemeine Versorgung betreibt und an dem Kommunen unmittelbar oder mittelbar mit mehr als 50 Prozent des Nennkapitals oder des Stimmrechts beteiligt sind oder in dem sie aufgrund besonderer rechtlicher Regelungen über die Direktionsgewalt verfügen. [B.I.1.c)]
3. In Deutschland gab es 1994 mindestens 937 kommunale Energieversorgungsunternehmen. Diese erwirtschafteten einen Umsatz von 42,7 Mrd. DM, investierten 5,2 Mrd. DM und beschäftigten 43.166 Mitarbeiter. Diese kommunalen Energieversorgungsunternehmen erwirtschafteten in ihren Strom- und Gassparten 80 Prozent des Umsatzes ihrer traditionellen Geschäftsbereiche Strom, Gas, Wärme und Wasser. Weiterhin betreiben 92 Prozent der kommunalen Energieversorgungsunternehmen einen kommunalen Querverbund, indem sie zusätzlich zur Energieversorgung auch in den Geschäftsfeldern Wärme oder Wasser tätig sind. [B.I.2., 3.]
4. In neuen Geschäftsfeldern sind zahlreiche kommunale Energieversorgungsunternehmen tätig: Entsorgung (15 Prozent), Telekommunikation (23 Prozent), Unternehmensberatung (17 Prozent) und Finanzdienstleistungen (10 Prozent aller Energieversorgungsunternehmen). Neben einer Vielzahl sonstiger Dienstleistungen und den Energiedienstleistungen, auf die gesondert eingegangen wurde, bieten kommunale Energieversorgungsunternehmen vor allem kaufmännische Dienstleistungen (38 Prozent) und graphische Datenverarbeitung (12 Prozent) an. [B.I.4.]
5. Die wirtschaftlichen Rahmenbedingungen kommunaler Energieversorgungsunternehmen sind von einem nur noch schwachen Wachstum des Strom- und

Gasverbrauchs gekennzeichnet. Bei einer im wesentlichen unveränderten wirtschaftlichen und politischen Ausgangslage wird der jährliche Verbrauchsanstieg bis 2020 um 1,1 Prozent für Strom und 0,6 Prozent für Gas unter den tatsächlichen Verbrauchszuwächsen zwischen 1980 und 1990 liegen. [B.II.1.]

6. Die Liberalisierung der Energiemärkte wurde anhand des Strommarktes untersucht, da die Marktöffnung dort einen deutlichen zeitlichen Vorsprung gegenüber der des Gasmarktes aufweist. [B.II.2.]
7. Den rechtlichen Rahmen des Strommarktes hat die Elektrizitätsbinnenmarkt-Richtlinie RL 96/92 EG mit dem Ziel grundlegend neugeordnet, einen wettbewerbsorientierten Elektrizitätsbinnenmarkt zu schaffen. Deshalb sind Netzbetreiber verpflichtet, ihr Stromnetz anderen diskriminierungsfrei für Durchleitungen zur Verfügung zu stellen (Art. 7, 8, 11). Energieversorger müssen weiterhin ihre Geschäftsbereiche Erzeugung, Netzbetrieb und Verteilung rechnungsmäßig und organisatorisch trennen (Art. 7 Abs. 6, 14 Abs. 3, 15 Abs. 1). Die Mitgliedsstaaten der Europäischen Union haben die Wahl zwischen den Wettbewerbsmodellen des verhandelten Netzzugangs (Art. 17) und des Alleinabnehmersystems (Art. 18). Zusätzlich soll Wettbewerb durch den Bau von parallelen Leitungen ermöglicht werden (Art. 21). Indirekt vorgegeben ist auch der Grad der Marktöffnung, der stufenweise bis zu mindestens 33 Prozent im Jahr 2003 steigen soll. [B.II.2.a)aa)]
8. Zur Umsetzung der Elektrizitätsbinnenmarkt-Richtlinie hat der deutsche Gesetzgeber zunächst das Gesetz gegen Wettbewerbsbeschränkungen geändert. Er hob die Bereichsausnahmen für die Strom- und Gasversorgung in den §§ 103 und 103a GWB a.F. auf, wodurch ausschließliche Konzessionsverträge unzulässig wurden. [B.II.2.a)bb)(1)]
9. Die Elektrizitätsbinnenmarkt-Richtlinie wurde in Deutschland weiterhin umgesetzt, indem am 28.4.1998 ein neues Energiewirtschaftsgesetz in Kraft trat. Danach ist ein Netzbetreiber verpflichtet, sein Netz diskriminierungsfrei zur Verfügung zu stellen, damit andere Elektrizität durchleiten können (§ 6 Abs. 1 EnWG). Der Zugang erfolgt nach dem System des verhandelten Netzzugangs (§ 5 EnWG), das Alleinabnehmersystem (§ 7 EnWG) ist als Alternative zunächst nur bis zum 31.12.2005 vorgesehen (§ 8 S. 3 EnWG). Weiterhin sind Energieversorgungsunternehmen verpflichtet, ihre Erzeugung, Übertragung und Verteilung rechnungsmäßig zu entflechten (§ 9 Abs. 2 EnWG). Während die Elektrizitätsbinnenmarkt-Richtlinie eine stufenweise Mindest-Marktöffnung vorsieht, wurde der deutsche Strommarkt sofort vollständig für den Wettbewerb geöffnet. [B.II.2.a)bb)(2)]
10. Eine detaillierte Analyse hat ergeben, daß die Abschaffung der bisherigen Stromversorgungsmonopole für Energieversorgungsunternehmen weitreichende Folgen hat. Unter anderem werden die Strompreise bis zu 30 Prozent

sinken. 20 Prozent der bisherigen Kunden könnten sich einen neuen Anbieter suchen, wobei Energieversorgungsunternehmen vor allem industrielle und gewerbliche Kunden mit hohen Stromrechnungen verlieren könnten. Beides wird zu drastischen Gewinneinbußen vor allem bei der Stromerzeugung und zu einem Personalabbau von wahrscheinlich 20 Prozent führen. [B.II.2.a), b)]

11. Kommunale Energieversorgungsunternehmen werden von diesen Veränderungen wesentlich stärker betroffen als Unternehmen der Regional- und Verbundstufe. Sie erzeugen Elektrizität häufig in teurer Kraft-Wärme-Koppelung, bilden das letzte Glied in der Elektrizitätshandelskette und verfügen über nur geringe Kapitalreserven, um Niedrigpreisphasen im Wettbewerb durchzustehen. Dementsprechend schließen sich bereits jetzt zahlreiche der kleinen kommunalen Energieversorgungsunternehmen zusammen, um Größenvorteile zu erzielen, oder die Kommunen verkaufen Anteile an große Unternehmen. Langfristig wird damit gerechnet, daß von den knapp 700 kommunalen Energieversorgungsunternehmen nur 50 bis 150 Unternehmen überleben werden. [B.II.2.b)dd)]

12. Energiepolitisch wird der Rahmen kommunaler Energieversorgungsunternehmen durch verstärkte Anstrengungen im Klimaschutz, kommunalpolitisch durch eine angespannte Haushaltslage mit entsprechenden finanziellen Vorgaben geprägt. Die Kunden erwarten von Energieversorgungsunternehmen weiterhin Maßnahmen für Energieeinsparung und Umweltschutz sowie zunehmend umfassende Dienstleistungen aus einer Hand. [B.II.3., 4., 5.]

13. Um sinkende Umsätze, Gewinne und Beschäftigtenzahlen auszugleichen, können kommunale Energieversorgungsunternehmen Wachstumsstrategien einschlagen. Nach Ansoffs Produkt-Markt-Matrix stehen Unternehmen die Wachstumsstrategien der Marktdurchdringung, Markterweiterung, Produktentwicklung und Diversifikation zur Verfügung. Ob diese Strategien sich als Reaktion kommunaler Energieversorgungsunternehmen auf deren grundlegend geändertes Umfeld eignen, wurde untersucht. Im Sinne dieser Strategien ist ein Produkt die Zusammenfassung von Eigenschaften, die dem potentiellen Verwender einen bestimmten Nutzen schafft. Weiterhin kann der Markt eines Unternehmens nach den wettbewerbsrechtlichen Kriterien des sachlich und räumlich relevanten Marktes bestimmt werden. [B.III.1., 2.]

14. Die Marktdurchdringung, also die Absatzsteigerung derzeitiger Produkte auf gegenwärtig bedienten Märkten, trifft auf gesättigte Strom- und Wärmemärkte und auf die Grenzen der Kohlendioxid-Belastbarkeit der Atmosphäre. [B.III.3.a)]

15. Marktentwicklung ist die Absatzsteigerung bisheriger Produkte auf neuen Märkten. Daß kommunale Energieversorgungsunternehmen neue Verwendungszwecke für Strom finden werden, ist nicht absehbar. Eine räumliche

Erweiterung ihres Marktes wäre inzwischen zwar wettbewerbs-, energiewirtschafts- und teilweise auch gemeinderechtlich, aber wohl kaum verfassungsrechtlich möglich. So ergab die verfassungsrechtliche Prüfung, daß Kommunen auch bei ihrer wirtschaftlichen Betätigung gemäß Art. 28 Abs. 2 S. 1 GG grundsätzlich auf die Wahrnehmung von Angelegenheiten der örtlichen Gemeinschaft und damit zumindest auf einen mittelbaren Gebietsbezug beschränkt sind. [B.III.3.b)]

16. Die Produktentwicklung, also die Absatzsteigerung mit neuen Produkten auf gegenwärtig bedienten Märkten, erscheint für kommunale Energieversorgungsunternehmen grundsätzlich unbeschränkt, da sie für ihre bisherigen Märkte Wärme, Kraft, Licht und Kommunikation neue Produkte entwickeln können. [B.III.3.c)]
17. Diversifikation umfaßt die Absatzsteigerung mit neuen Produkten auf neuen Märkten. Dabei zeigen Entsorgung, Telekommunikation, Consulting und kaufmännische Dienstleistungen, daß kommunale Energieversorgungsunternehmen neue sachliche Märkte mit neuen Produkten bereits erschlossen haben. [B.III.3.d)]
18. Die Diversifikation kommunaler Energieversorgungsunternehmen wurde eingehend untersucht. Diese Strategie dient vor allem den Zielen Wachstum, Risikosenkung, Synergienutzung, Wettbewerbsfähigkeit, Gewinnsteigerung, privaten Managementinteressen und der Beschäftigungssicherung. Wegen ihres Querverbunds sind 92 Prozent der kommunalen Energieversorgungsunternehmen diversifiziert. Allerdings waren vor 1998 die Geschäftsfelder des Querverbunds (Strom, Gas, Fern-/Nahwärme und Wasser) sämtlich monopolistisch organisiert, so daß es Stadtwerken an Wettbewerbserfahrung fehlt. Stellt man dem die neuen (Wettbewerbs-) Märkte gegenüber, so liegt die Zahl aktiver kommunaler Energieversorgungsunternehmen mit 15 Prozent in der Entsorgung zwar am höchsten, aber dennoch weit vom Diversifiziertheitsgrad in Höhe von 92 Prozent entfernt, den sie wegen des kommunalen Querverbunds aufweisen. Somit taugt die Diversifiziertheit kommunaler Energieversorgungsunternehmen nicht als Indikator für deren aktuelles Diversifikationsverhalten. [B.IV.]
19. Eine Energiedienstleistung ist der physische Nutzen, der durch Energieeinsatz in Anwendungsgeräten entsteht (zum Beispiel temperierter Raum). Die Energieversorgung umfaßt die Herstellung dieses Nutzens nicht, so daß die Energieanwendung in den Händen der Endverbraucher liegt. Die Ausdehnung der Energiedienstleistung auf die Energieanwendung schafft für den Energiedienstleister den wirtschaftlichen Anreiz, Energie und Kosten einzusparen, die der Energieanwender wegen verschiedener energiewirtschaftlicher Hemmnisse nicht eingespart hätte. Somit ermöglichen Energiedienstlei-

stungen, den gesamten Prozess der Energieerzeugung, -umwandlung und -nutzung volkswirtschaftlich und ökologisch zu optimieren. [B.V.1.a)]

20. Energieeffizienz ist die Verringerung der benötigten Energiemenge, um eine bestimmte Menge Energiedienstleistung herzustellen. Energieeffiziente Dienstleistungen sind damit alle Dienstleistungen, welche die Energieeffizienz steigern. Energiedienstleistungen bilden eine Teilmenge der energieeffizienten Dienstleistungen, weil sie die Energieeffizienz bei der Energieanwendung erhöhen. [B.V.1.b)]
21. Energiebezogene Dienstleistungen sind alle sonstigen Leistungen, die im Zusammenhang mit Erzeugung, Verteilung, Verkauf und Nutzung von Energie stehen, ohne der Energieeffizienz zu dienen. Diese Dienstleistungen werden andernorts häufig als Energiedienstleistungen bezeichnet [B.V.1.c)].
22. Im Gegensatz zum verbreiteten Sprachgebrauch sind Energiedienstleistungsunternehmen nur solche Unternehmen, die Energiedienstleistungen erbringen. Sofern Unternehmen energieeffiziente Dienstleistungen erbringen, im Privateigentum stehen und nicht staatlich reguliert sind, werden diese als Energy Service Companies bezeichnet, da sich diese Unternehmen im Gegensatz zu den USA in Deutschland noch nicht etabliert haben. [B.V.1.d)]
23. Zu den energieeffizienten Dienstleistungen zählen Contracting und Nutzenergieservice. Contracting umfaßt die Planung, Vorfinanzierung und Durchführung von Energiesparmaßnahmen durch ein externes Unternehmen. Der Nutzenergieservice liefert dem Verbraucher Nutzenergie (zum Beispiel Licht) statt Energieträgern und stellt daher eine Energiedienstleistung dar. Contracting und Nutzenergieservice unterscheiden sich durch ihren Vertragsgegenstand: Beim Contracting ist dies die Einspartechnik, beim Nutzenergieservice die gelieferte Nutzenergie. Außerdem geht beim Contracting die Einspartechnik nach Vertragsablauf in das Eigentum des Energieverbrauchers über, beim Nutzenergieservice dagegen nicht. [B.V.1.e)]
24. Empirische Daten über energieeffiziente Dienstleistungen als neues Geschäftsfeld kommunaler Energieversorgungsunternehmen lieferte erstmals eine Umfrage, welche die ASEW 1997 bei ihren 214 Mitgliedsunternehmen durchgeführt hat. Dabei verstand die ASEW „Energiedienstleistungen“ in einem weiteren Sinne als die vorliegende Untersuchung. Ihre Motive für das Angebot von „Energiedienstleistungen“ wählten die kommunalen Energieversorgungsunternehmen aus einer vorgegebenen Aufzählung aus und bewerteten deren Wichtigkeit. Als mit Abstand am wichtigsten stellten sich die Erhaltung und Erweiterung des Marktes sowie die langfristige Kundenbindung heraus. Als wichtig beurteilten die Befragten die Image-Verbesserung, Anforderungen der Kunden, den gewachsenen Wettbewerbsdruck, Umwelt- und Ressourcenschutz sowie die Erwirtschaftung zusätzlicher Deckungsbei-

träge. Die geringste Bedeutung hatten für die Befragten politische Vorgaben. [B.V.2.]

25. Die Wettbewerbssituation kommunaler Energieversorgungsunternehmen im Markt energieeffizienter Dienstleistungen wird durch spezifische Vor- und Nachteile gegenüber anderen Anbietern gekennzeichnet. Zu den Wettbewerbsnachteilen zählt die Kostenstruktur, die ungenügende Flexibilität und Kundenorientierung der Stadtwerke sowie die Anwendung des öffentlichen Dienstrechts in vielen dieser Unternehmen. Andererseits weisen Stadtwerke mit ihrem Betreiber-Know-how, Querverbund und bisherigen Engagement für Klimaschutz und Ressourcenschonung, ihrer Kundennähe, Bürgernähe/Demokratiefähigkeit und Dezentralität zahlreiche Wettbewerbsvorteile auf. [B.V.3.]
26. Was die Rentabilität energieeffizienter Dienstleistungen angeht, unterscheiden sich Energieversorgungsunternehmen von anderen Anbietern dadurch, daß sie traditionell am Verkauf von Energie verdienen und ihnen durch die Energieeinsparung Erlöse entgehen können. Den Energieversorgungsunternehmen, die Energie einsparen, die von anderen geliefert wird, entgehen zwar keine Erlöse, jedoch sind solche Einsparungen für kommunale Energieversorgungsunternehmen nur beschränkt möglich. Entgehen Energieversorgungsunternehmen Erlöse, so sind energieeffiziente Dienstleistungen für sie dennoch rentabel, wenn die vermiedenen Kosten die entgangenen Erlöse übersteigen oder wenn der Deckungsbeitrag aus der Einspardienstleistung den aus dem Energieverkauf übersteigt. Ist dies nicht der Fall, so müssen Energieversorgungsunternehmen berücksichtigen, daß wenn nicht sie die Energiesparmaßnahmen durchführen, daran die zahlreichen anderen Anbieter verdienen, die auf diesem Markt bereits aktiv sind. Schließlich ist bei der Wirtschaftlichkeitsberechnung energieeffizienter Dienstleistungen auch zu berücksichtigen, daß sie die Kundenbindung erheblich vertiefen und das Unternehmensimage deutlich verbessern. [B.V.4.]
27. Gute und sehr gute Umsätze erwarten nach der ASEW-Umfrage über 80 Prozent der kommunalen Energieversorgungsunternehmen für ein Drittel der „Energiedienstleistungen". Für alle elf abgefragten „Energiedienstleistungen" erwarten durchschnittlich 61 Prozent der Energieversorgungsunternehmen gute und sehr gute Umsätze. [B.V.4.c)]
28. Die guten Umsatzerwartungen für energieeffiziente Dienstleistungen werden dadurch bestätigt, daß bereits viele kommunale Energieversorgungsunternehmen diese anbieten. Angeboten werden die energieeffizienten Dienstleistungen Wärmeservice, Beratung, Heizungsanlagencontracting, Straßenbeleuchtung, solarer Wärmeservice, Kälteservice, Energiemanagement, allgemeine Contractingleistungen, Nutzlichtcontracting, Wärmedämmcontracting

und Thermografie gemäß der ASEW-Umfrage von 85 bis 12 Prozent der Befragten. Bezieht man dieses Ergebnis auf die Gesamtzahl aller kommunalen Energieversorgungsunternehmen, so bieten bereits zwischen 11,6 Prozent und 14 Prozent dieser Unternehmen energieeffiziente Dienstleistungen an. [B.V.5.]

29. Den verfassungsrechtlichen Rahmen für kommunales Handeln bildet die Selbstverwaltungsgarantie des Art. 28 Abs. 2 S. 1 GG. Danach darf eine Kommune auch bei ihrer wirtschaftlichen Betätigung außerhalb der ihr gesetzlich zugewiesenen Aufgaben alle Angelegenheiten der örtlichen Gemeinschaft wahrnehmen (Allzuständigkeit). Dagegen bedarf eine Gemeinde für wirtschaftliche Betätigungen keiner besonderen, sie gegenüber den Bürgern berechtigenden Rechtsgrundlage außerhalb des Art. 28 Abs. 2 S. 1 GG. [C.I.1.]
30. Ob die wirtschaftliche Betätigung einer Kommune Angelegenheiten der örtlichen Gemeinschaft gemäß Art. 28 Abs. 2 S. 1 GG wahrnimmt, wird in Rechtsprechung und Schrifttum mit drei klassischen Argumentationsmustern festgestellt: Der geschichtlichen Entwicklung kommunaler Aufgaben, der „Daseinsvorsorge" und einer Definition des Bundesverfassungsgerichts. [C.I.2.]
31. Das Bundesverfassungsgericht definiert die Angelegenheiten der örtlichen Gemeinschaft im Sinne von Art. 28 Abs. 2 S. 1 GG seit seiner Rastede-Entscheidung als „diejenigen Bedürfnisse und Interessen, die in der örtlichen Gemeinschaft wurzeln oder auf sie einen spezifischen Bezug haben, die also den Gemeindeeinwohnern gerade als solchen gemeinsam sind, indem sie das Zusammenleben und -wohnen der Menschen in der Gemeinde betreffen." Sprachlich vereinfacht, aber inhaltlich gleichbedeutend sind das „diejenigen ... Interessen, die ... das Zusammenleben und -wohnen der Menschen in der Gemeinde betreffen". [C.I.2.a), c)]
32. Zur Bestimmung von Angelegenheiten der örtlichen Gemeinschaft im Sinne von Art. 28 Abs. 2 S. 1 GG wird weiterhin die geschichtliche Entwicklung herangezogen, wobei allerdings unklar bleibt, welche Bedeutung sie vor allem im Verhältnis zur Definition des Bundesverfassungsgerichts haben soll. Gegen dieses Kriterium spricht methodisch, daß je nach untersuchtem geschichtlichen Zeitraum unterschiedliche Ergebnisse gefunden werden und daß eine geschichtliche Untersuchung einen großen Aufwand erfordert. Weiterhin fördert das Kriterium der geschichtlichen Entwicklung die Ausbildung eines feststehenden Kreises gemeindlicher Aufgaben. Vor allem ist es für die Beurteilung neu entstehender gemeindlicher Aufgaben ungeeignet. [C.I.2.c)bb)]
33. Sofern die „Daseinsvorsorge" von denjenigen, die damit begründen, kommunalwirtschaftliche Betätigungen seien eine Angelegenheit der örtlichen Gemeinschaft im Sinne der Selbstverwaltungsgarantie, überhaupt definiert wird,

erfolgt dies überwiegend in Anlehnung an *Forsthoff*: „Alles, was von seiten der Verwaltung geschieht, um die Allgemeinheit oder nach objektiven Merkmalen bestimmte Personenkreise in den Genuß nützlicher Leistungen zu versetzen, ist Daseinsvorsorge." [C.I.2.b)cc)] Allerdings basiert *Forsthoffs* 1938 erstmals veröffentlichtes Konzept der Daseinsvorsorge auf nationalsozialistischem Gedankengut. Zudem ist dieses Kriterium inhaltlich so unbestimmt, daß es als Rechtsbegriff nicht taugt und nicht mehr verwendet werden sollte. [C.I.2.c)cc)]

34. Die im neueren Schrifttum vor allem zur sogenannten kommunalen Außenpolitik vertretene Auffassung, Angelegenheiten würden bereits durch das Engagement der Bürger zu solchen der örtlichen Gemeinschaft im Sinne von Art. 28 Abs. 2 S. 1 GG, bedeutet, daß Kommunen allein durch die Wahrnehmung einer Aufgabe ihre verfassungsrechtliche Zuständigkeit für diese Aufgabe begründen und vor allem im Verhältnis zu Bund und Ländern erweitern könnten. Weiterhin versagt das Kriterium des Bürgerengagements bei der Beurteilung wirtschaftlicher Betätigungen. [C.I.3.]
35. Von den drei klassischen und dem neueren Argumentationsmuster eignet sich daher allein die Definition des Bundesverfassungsgerichts, um festzustellen, ob eine wirtschaftliche Betätigung eine Angelegenheit der örtlichen Gemeinschaft im Sinne von Art. 28 Abs. 2 S. 1 GG darstellt. [C.I.2.d), 3.]
36. Die wirtschaftliche Betätigung von Kommunen setzt sich nicht aus einem Selbstverwaltungszweck und einer rein privatwirtschaftlichen Betätigung zusammen, die nicht an die Kompetenzgrenzen des Art. 28 Abs. 2 S. 1 GG gebunden ist. Vielmehr handelt es sich bei der wirtschaftlichen Betätigung nur um ein Mittel zur Erfüllung von Angelegenheiten der örtlichen Gemeinschaft, so daß sie auch räumlich nur soweit zulässig ist, soweit sie Angelegenheiten der örtlichen Gemeinschaft erfüllt. [C.I.4.]
37. Die Feststellung, wann es sich bei Aufgaben des Umweltschutzes nach der Definition des Bundesverfassungsgerichts um Angelegenheiten der örtlichen Gemeinschaft im Sinne von Art. 28 Abs. 2 S. 1 GG handelt, bereitet besondere Probleme, weil Umweltprobleme in besonderem Maße sowohl örtliche als auch überörtliche Ursachen und Auswirkungen aufweisen. Gleichwohl ist wegen der bundesstaatlichen Kompetenzverteilung eine Trennung der örtlichen und überörtlichen Angelegenheiten erforderlich. Danach ist die Definition des Bundesverfassungsgerichts, Angelegenheiten der örtlichen Gemeinschaft seien diejenigen Interessen, die das Zusammenleben und -wohnen der Menschen betreffen, dahingehend zu ergänzen, daß „das Problem, an dessen Lösung das Interesse besteht, auf dem Gebiet der fraglichen Gemeinde entstanden ist und deren Einwohner anders als die Einwohner anderer Gemeinden betrifft." Eine Gemeinde ist somit gemäß Art. 28 Abs. 2 S. 1 GG berech-

tigt, eine Angelegenheit des Umweltschutzes wahrzunehmen, wenn diese mit einer örtlichen Ursache und besonderen örtlichen Auswirkungen einen doppelten Ortsbezug aufweist. [C.I.5.]

38. Aus der Staatszielbestimmung des Art. 20 a GG läßt sich nichts für die Frage ableiten, ob der Umweltschutz eine Angelegenheit der örtlichen Gemeinschaft im Sinne von Art. 28 Abs. 2 S. 1 GG darstellt. [C.I.6.a)]
39. Die Umweltschutzziele Klimaschutz und Ressourcenschonung stellen keine Angelegenheiten der örtlichen Gemeinschaft einer bestimmten Gemeinde dar, da diese Probleme durch deren Einwohner weder anders verursacht werden noch diese anders betreffen als Einwohner anderer Gemeinden. [C.I.6.b)aa)]
40. Bei der Steigerung der Energieeffizienz im Wärme- und Strommarkt handelt es sich nach der Definition des Bundesverfassungsgerichts um Angelegenheiten der örtlichen Gemeinschaft einer bestimmten Gemeinde, da das Interesse, örtliche Immissionen zu verringern, das Zusammenleben und -wohnen der Menschen in der Gemeinde betrifft. Die Steigerung der Energieeffizienz betrifft das Zusammenleben der Menschen in einer bestimmten Gemeinde, da diese den Emissionen ihrer örtlichen Wärme- und Stromerzeugung stärker ausgesetzt sind als die Einwohner anderer Kommunen. [C.I.6.b)aa)(3)]
41. Auch nach traditioneller Argumentation handelt es sich bei der Energieeffizienzsteigerung im Wärme- und Strommarkt um eine Angelegenheit der örtlichen Gemeinschaft gemäß Art. 28 Abs. 2 S. 1 GG, da sich die Energieeffizienz inzwischen als Bestandteil der traditionell zu den örtlichen Aufgaben gezählten Energieversorgung etabliert hat. [C.I.6.b)bb)]
42. Wegen der Steigerung der Energieeffizienz handelt es sich auch bei den energieeffizienten Dienstleistungen um eine Betätigung, die eine Angelegenheit der örtlichen Gemeinschaft gemäß Art. 28 Abs. 2 S. 1 GG wahrnimmt. Demnach berechtigt das Selbstverwaltungsrecht aus Art. 28 Abs. 2 S. 1 GG Kommunen, energieeffiziente Dienstleistungen im Strom- und Wärmemarkt zu erbringen. [C.I.6.b)bb)(3)]
43. Der Bundesgesetzgeber hat den Kommunen die örtliche Angelegenheit „Steigerung der Energieeffizienz“ nicht durch das Energieeinsparungsgesetz vom 22.7.1976 entzogen. [C.I.7.]
44. Im Hinblick auf die Grundrechte ist es mit der Berufsfreiheit konkurrierender Privater aus Art. 12 Abs. 1 GG und deren Eigentumsfreiheit aus Art. 14 Abs. 1 S. 1 GG vereinbar, wenn Kommunen energieeffiziente Dienstleistungen erbringen. [C.II.]
45. Der gemeindewirtschaftsrechtliche Rahmen neuer Dienstleistungen der Kommunen wurde anhand der Kommunalverfassungen aller deutschen Flächenländer untersucht. Die Stadtstaaten wurden in die gemeindewirtschafts-

rechtliche Untersuchung nicht einbezogen, weil es sich bei HEW AG und der BEWAG traditionell um Verbundunternehmen handelt. [D.]

46. Betätigen Kommunen sich wirtschaftlich, so muß dies nach allen Kommunalverfassungen einem „öffentlichen Zweck" dienen. Dies wird angenommen, wenn eine wirtschaftliche Betätigung dem Gemeinwohl der Einwohner dient oder eine im öffentlichen Interesse gebotene Versorgung der Einwohner bezweckt. Beides ist der Fall, wenn die wirtschaftliche Betätigung ein Interesse verfolgt, welches das Zusammenleben und -wohnen der Menschen in der Gemeinde betrifft. Daher dient eine wirtschaftliche Betätigung einem öffentlichen Zweck im Sinne des Gemeinderechts, wenn sie Angelegenheiten der örtlichen Gemeinschaft im Sinne von Art. 28 Abs. 2 S. 1 GG wahrnimmt. [D.III.]
47. Nur die hessische Kommunalverfassung enthält keine ausdrückliche Subsidiaritätsklausel, wonach sich Kommunen nur dann wirtschaftlich betätigen dürfen, wenn sie den öffentlichen Zweck mindestens genauso gut und wirtschaftlich wie andere erfüllen. In Hessen ist die Subsidiarität auch nicht in dem Tatbestandsmerkmal mitgeregelt, ein öffentlicher Zweck müsse die wirtschaftliche Betätigung rechtfertigen. [D.III.4.]
48. Alle Kommunalverfassungen verlangen, daß eine wirtschaftliche Betätigung nach Art und Umfang in einem angemessenen Verhältnis zur Leistungsfähigkeit der Gemeinde und, mit Ausnahme der nordrhein-westfälischen, auch zum voraussichtlichen Bedarf steht. Dabei hängt sowohl die gemeindliche Leistungsfähigkeit als auch der voraussichtliche Bedarf von den örtlichen Gegebenheiten ab [D.IV.]
49. Rechtswissenschaft und Rechtsprechung beachten das Tatbestandsmerkmal der Angemessenheit zur gemeindlichen Leistungsfähigkeit im Vergleich zum öffentlichen Zweck und den Subsidiaritätsklauseln kaum. Dies erstaunt, da Kommunen seit einigen Jahren verstärkt neue wirtschaftliche Betätigungen aufnehmen, obwohl seit langem ihre finanzielle Lage häufig sehr angespannt ist. Wenn Gemeinden über Jahre hinweg keinen strukturell ausgeglichenen Haushalt mehr vorlegen können und Haushaltssicherungskonzepte aufstellen müssen, ist ihre finanzielle Leistungsfähigkeit gering oder fehlt ganz. Auch nach den Kriterien, die die obersten Kommunalaufsichtsbehörden der Länder in einer empirischen Befragung nannten, dürfte solchen Kommunen die Begründung schwerfallen, die Aufnahme neuer wirtschaftlicher Betätigungen stehe zu ihrer Leistungsfähigkeit in einem angemessenen Verhältnis. [D.IV.1., 3.]
50. Zum voraussichtlichen Bedarf steht eine wirtschaftliche Betätigung in keinem angemessenen Verhältnis, wenn der voraussichtliche Absatzmarkt für einen mindestens kostendeckenden Betrieb des fraglichen Unternehmens zu klein

ist, wobei der Absatzmarkt nach den wettbewerbsrechtlichen Kriterien des sachlich und räumlich relevanten Marktes bestimmt werden kann. [D.IV.4.]

51. Unabhängig von der Frage, ob eine wirtschaftliche Betätigung von Kommunen im Ausland mit dem Örtlichkeitsprinzip des Art. 28 Abs. 2 S. 1 GG vereinbar ist, müßte wegen der zusätzlichen wirtschaftlichen Risiken auf Auslandsmärkten besonders aufmerksam geprüft werden, ob eine solche Betätigung zur gemeindlichen Leistungsfähigkeit und zum voraussichtlichen Bedarf noch in einem angemessenen Verhältnis steht. [D.IV.4.b)]
52. Die Pflicht zur Anfertigung einer Marktanalyse und das Stellungnahmerecht Betroffener gemäß § 107 Abs. 5 GO NW sichert verfahrensrechtlich ab, daß Kommunen sich damit auseinandersetzen, ob ihre geplante Wirtschaftsbetätigung zur gemeindlichen Leistungsfähigkeit und zum voraussichtlichen Bedarf in einem angemessenen Verhältnis steht. [D.IV.5.]
53. Nach der nordrhein-westfälischen Subsidiaritätsklausel ist die wirtschaftliche Betätigung der Kommunen mit anderen Unternehmen, nach der brandenburgischen Subsidiaritätsklausel nur mit privaten Anbietern zu vergleichen. Zu den „anderen" im Sinne der übrigen Kommunalverfassungen zählen neben den regelmäßig beachteten privaten Unternehmen auch öffentliche Unternehmen, sonstige Verwaltungsträger, private Personen und nichtwirtschaftliche Organisationen. Somit verlangen die Subsidiaritätsklauseln, daß Kommunen ihre Zweckerreichung wie die Energieeffizienzsteigerung nicht nur mit der privater Unternehmen, sondern mit der unter anderem von Vereinen und Bürgerinitiativen vergleichen, die wegen ihres ehrenamtlichen Engagements öffentliche Zwecke häufig kostengünstiger als die Kommune erreichen können. [D.V.1.]
54. Die echten Subsidiaritätsklauseln der bayerischen, thüringischen und rheinland-pfälzischen Kommunalverfassungen verlangen, daß sich eine Kommune nur wirtschaftlich betätigen darf, wenn sie den öffentlichen Zweck mindestens besser oder wirtschaftlicher als andere erreicht. In Bayern ist dieser Vergleich nur bei einem Tätigwerden außerhalb der kommunalen Daseinsvorsorge erforderlich, wobei die Daseinsvorsorge als Befriedigung von Bedürfnissen der Bevölkerung ohne vorrangige Gewinnerzielungsabsicht definiert wird. [D.V.4.]
55. Nach den einfachen Subsidiaritätsklauseln der baden-württembergischen, mecklenburgischen, nordrhein-westfälischen, niedersächsischem, saarländischen, sächsischen, sachsen-anhaltinischen und schleswig-holsteinischen Kommunalverfassungen dürfen sich Gemeinden nur dann wirtschaftlich betätigen, wenn sie den öffentlichen Zweck genauso gut und wirtschaftlich wie andere erreichen oder erreichen können. Gemäß der nordrhein-westfälischen Kommunalverfassung gilt dies nur bei einem Tätigwerden außerhalb der

Energie- und Wasserversorgung, des öffentlichen Verkehrs und bestimmter Bereiche der Telekommunikation. Die baden-württembergische Subsidiaritätsklausel verlangt einen Leistungsvergleich ebenso wie die bayerische nur bei einem Tätigwerden außerhalb der kommunalen Daseinsvorsorge. [D.V.5.]

56. Probleme mit der Handhabbarkeit von Subsidiaritätsklauseln haben unter anderem dazu geführt, daß die nordrhein-westfälische zwischenzeitlich aus der Gemeindeordnung entfernt worden war. Solche Handhabungsschwierigkeiten können der Vergleich öffentlicher und privater Unternehmen, unbestimmte oder schwer zu quantifizierende öffentliche Zwecke und der Prognosecharakter der Subsidiaritätsprüfung bereiten. [D.V.6.a)-c)]
57. Die Anwendbarkeit der Subsidiaritätsklauseln kann deutlich verbessert werden durch möglichst präzise Zweckfestlegungen in den Verträgen oder Satzungen kommunaler Unternehmen, durch Markterkundungsverfahren, wie sie die thüringische und nordrhein-westfälische Kommunalverfassung vorsehen, und vor allem durch die Ausschreibung des öffentlichen Zwecks und ähnliche Verfahren wie die Einholung von Angeboten, welche die brandenburgische Gemeindeordnung vorsieht. [D.V.6.d)aa)-cc)]
58. Um die Anwendung der Subsidiaritätsklauseln auf umweltschützende und insbesondere energieeffiziente Dienstleistungen zu erleichtern, wurde untersucht, wie gemessen werden kann, ob kommunale Unternehmen öffentliche Umweltschutzzwecke mindestens genauso gut erfüllen wie andere. Dies kann immer dann einfach festgestellt werden, wenn die wirtschaftliche Betätigung die Umwelt schont, indem sie unmittelbar den Verbrauch von Energie oder (Roh-) Stoffen verringert. [D.V.6.d)dd)]
59. Ein Beurteilungsspielraum steht den Kommunen für sämtliche gemeinderechtlichen Voraussetzungen wirtschaftlicher Betätigung zu: den öffentlichen Zweck [D.III.3.], die Angemessenheit zur Leistungsfähigkeit und zum Bedarf [D.IV.3.d)] und die Subsidiaritätsklauseln [D.V.7.].
60. Die gemeindewirtschaftsrechtliche Zulässigkeit energieeffizienter Dienstleistungen wurde exemplarisch anhand des Wärmeservice und des Energiemanagements geprüft. [E.I.]
61. Kommunen, deren Energieversorgungsunternehmen die Energiedienstleistung Wärmeservice anbieten, betätigen sich wirtschaftlich und müssen die entsprechenden gemeinderechtlichen Voraussetzungen erfüllen. [E.II.1.]
62. Der Wärmeservice kommunaler Energieversorgungsunternehmen wird von dem öffentlichen Zweck gerechtfertigt, die Energieeffizienz im Wärmemarkt zu steigern und dadurch die Imissionen im Gemeindegebiet zu verringern. [E.II.2.]

63. Ob der kommunale Wärmeservice nach seiner Art zur Leistungsfähigkeit einer Gemeinde in einem angemessenen Verhältnis steht, ist anhand der Gewinnlage aus den zu erwartenden Umsätzen und Kosten zu bestimmen. Bei mäßigen Kosten hauptsächlich für die Heizungsanlagen sowie guten und sehr guten Umsatzerwartungen von 97 Prozent der kommunalen Energieversorgungsunternehmen, läßt der Wärmeservice seiner Art nach keine Gewinnlage erwarten, die der Leistungsfähigkeit von Kommunen nicht angemessen wäre. [E.II.3.a)]
64. Für die Prüfung der Angemessenheit des Wärmeservice zum voraussichtlichen Bedarf ist wegen des Ortsbezugs gemäß Art. 28 Abs. 2 S. 1 GG vom Bedarf im Gemeindegebiet auszugehen. Wegen des hohen jährlichen Ersatzbedarfs an Heizungsanlagen und des zunehmenden Kundenwunsches nach Dienstleistungen aus einer Hand besteht ein hoher Bedarf für den Wärmeservice, so daß dieser nach seiner Art auch dem voraussichtlichen Bedarf angemessen ist. [E.II.3.b)]
65. „Andere“ im Sinne der Subsidiaritätsklauseln, an deren Energieeffizienzsteigerung im Wärmemarkt sich der kommunale Wärmeservice messen lassen muß, sind Handwerksbetriebe des Heizungsfachs, Wohnungsbaugesellschaften, andere Gasversorgungsunternehmen und sonstige Energiedienstleister. [E.II.4.b)]
66. Nach den echten Subsidiaritätsklauseln in der brandenburgischen, rheinland-pfälzischen und thüringischen Kommunalverfassung müssen kommunale Energieversorgungsunternehmen den Zweck des Wärmeservice, die Energieeffizienz im Wärmemarkt zu steigern, mindestens besser oder wirtschaftlicher als andere erfüllen können. Negativ auf den kommunalen Wärmeservice wirkt sich die ungenügende Kundenorientierung und die Anwendung des öffentlichen Dienstrechts in Stadtwerken aus. Allerdings weisen kommunale Energieversorgungsunternehmen gegenüber jedem der anderen Anbieter mehrere der Wettbewerbsvorteile Versorgungs-Know-how, kommunaler Querverbund, Engagement für Ressourcenschonung und Klimaschutz, Kundennähe und Dezentralität auf. Daher können Stadtwerke den Zweck, die Energieeffizienz im Wärmemarkt zu steigern, besser und wirtschaftlicher als andere Anbieter des Wärmeservice erfüllen. [E.II.4.c)]
67. Im Sinne der Subsidiaritätsklausel des Art. 87 Abs. 1 S. 1 Nr. 4 GO Bay wird unter kommunaler Daseinsvorsorge die Erfüllung von Bedürfnissen der Bevölkerung ohne vorrangige Gewinnerzielungsabsicht verstanden. Energiedienstleistungen befriedigen das Bedürfnis der Bevölkerung an einer Steigerung der Energieeffizienz im Wärmemarkt. Indem der Gewinn von Energiedienstleistern zunimmt, je mehr sie die Energieeffizienz steigern, verfolgen diese keine Gewinnerzielungsabsicht, die gegenüber der Energieeffizienz-

steigerung vorrangig ist. Daher zählen Energiedienstleistungen und mithin auch der Wärmeservice zur kommunalen Daseinsvorsorge, so daß in Bayern nicht geprüft werden muß, ob kommunale Energieversorgungsunternehmen den verfolgten Zweck mindestens besser oder wirtschaftlicher als andere erfüllen können, auch wenn bereits gezeigt wurde, daß sie dies tun. [E.II.4.d)]

68. Indem Stadtwerke den Zweck des Wärmeservice besser und wirtschaftlicher als andere Anbieter erfüllen können, erfüllen sie nicht nur die genannten echten sondern auch die einfachen Subsidiaritätsklauseln der Gemeindeordnungen von Mecklenburg-Vorpommern, Niedersachsen, Sachsen, Sachsen-Anhalt und des Saarland, wonach sie diesen Zweck nur genauso gut und wirtschaftlich wie andere erfüllen müssen. [E.II.4.e)]

69. Die Voraussetzungen der einfachen Subsidiaritätsklausel in § 102 Abs. 1 Nr. 3 GO BW brauchen kommunale Energiedienstleistungen einschließlich des Wärmeservice nicht zu erfüllen, da Stadtwerke, die solche Dienstleistungen anbieten, innerhalb des Ausnahmebereichs der kommunalen Daseinsvorsorge tätig werden. [E.II.4.f)]

70. Der Ausnahmebereich Energieversorgung der Subsidiaritätsklausel des § 107 Abs. 1 S. 1 Nr. 3 GO NW ist weiter zu definieren als die Energieversorgung im Sinne von § 2 EnWG. So ergibt sich aus der Entstehungsgeschichte des § 107 Abs. 1 S. 1 Nr. 3 GO NW, daß der Gesetzgeber mit der Energieversorgung außer der leitungsgebundenen Versorgung anderer mit Strom und Gas sowie dem Betrieb eines Netzes auch die unmittelbar damit zusammenhängenden Dienstleistungen erfassen wollte. [E.II.4.g)aa)]

71. Energiedienstleistungen hängen mit der leitungsgebundenen Versorgung anderer mit Strom und Gas unmittelbar zusammen, weil sie denselben Nutzen herbeiführen wie diese Versorgung. Überdies beinhalten fast alle Energiedienstleistungen neben anderen Dienstleistungen auch eine leitungsgebundene Strom- oder Gasversorgung des Kunden. Folglich zählen Energiedienstleistungen einschließlich des Wärmeservice zur Energieversorgung im Sinne von § 107 Abs. 1 S. 1 Nr. 3 GO NW, für die nicht zu prüfen ist, ob die Kommune den verfolgten Zweck genauso gut und wirtschaftlich wie andere erfüllen kann. [E.II.4.g)bb), cc)]

72. Indem der Wärmeservice von einem öffentlichen Zweck gerechtfertigt wird, zur gemeindlichen Leistungsfähigkeit und dem voraussichtlichen Bedarf in einem angemessenen Verhältnis steht und den jeweiligen Subsidiaritätsklauseln genügt, ist diese Energiedienstleistung kommunaler Energieversorgungsunternehmen nach den Kommunalverfassungen aller deutschen Flächenländer zulässig. [E.II.5.]

73. Beim Energiemanagement handelt es sich um eine energieeffiziente Dienstleistung. Kommunen, die das Energiemanagement anbieten, haben die ge-

meinderechtlichen Voraussetzungen wirtschaftlicher Betätigungen zu erfüllen. [E.III.1.]

74. Das kommunale Energiemanagement wird durch den öffentlichen Zweck gerechtfertigt, die Energieeffizienz zu steigern. [E.III.2.]

75. Das Energiemanagement kommunaler Energieversorgungsunternehmen ist nach seiner Art der Leistungsfähigkeit von Kommunen angemessen, da es nur moderate Kosten verursacht und 53 Prozent der kommunalen Energieversorgungsunternehmen von dieser Dienstleistung gute und sehr gute Umsätze erwarten. Da das Energiemanagement bereits seit den achtziger Jahren angeboten wird und die Energiebeschaffung seit der Liberalisierung der Energiemärkte zunehmend an Spezialisten vergeben wird, steht das Energiemanagement auch zum voraussichtlichen Bedarf in einem angemessenen Verhältnis. [E.III.3.]

76. Zu den anderen im Sinne der Subsidiaritätsklauseln, mit deren Energieeffizienz das kommunale Energiemanagement zu vergleichen ist, zählen Energiedienstleistungs- und andere Energieversorgungsunternehmen. [E.III.4.a)]

77. Gemäß den echten Subsidiaritätsklauseln der brandenburgischen, rheinland-pfälzischen und thüringischen Kommunalverfassungen müssen kommunale Energieversorgungsunternehmen die Energieeffizienzsteigerung mindestens besser oder wirtschaftlicher als andere Energiedienstleister und Energieversorger erfüllen können. Als Wettbewerbsnachteile für das Energiemanagement wirken sich die unzureichende Flexibilität und Kundenorientierung sowie das öffentliche Dienstrecht in den Stadtwerken aus. Bis auf das öffentliche Dienstrecht teilen Stadtwerke diese Nachteile mit anderen Energieversorgungsunternehmen, gegenüber denen sie aber über eine größere Kundennähe verfügen. Im Vergleich mit anderen Energiedienstleistern verfügen sie zusätzlich vor allem über eigenes Betreiber-Know-how und eigene Managementerfahrung. Damit können kommunale Energieversorgungsunternehmen insgesamt höhere und wirtschaftlichere Energieeffizienzsteigerungen als die anderen Anbieter erzielen. [E.III.4b)bb)]

78. Das Energiemanagement zählt zur kommunalen Daseinsvorsorge und damit zum Ausnahmebereich des Art. 87 Abs. 1 S. 1 Nr. 4 GO Bay. Deshalb braucht das Energiemanagement von Kommunen nicht mit der Zweckerreichung anderer verglichen zu werden, auch wenn schon herausgefunden wurde, daß es mit echten Subsidiaritätsklauseln vereinbar ist. [E.III.4.c)]

79. Indem kommunale Energieversorgungsunternehmen den Zweck des Energiemanagements besser und wirtschaftlicher als andere anbieten können, sind sie außer mit den genannten echten auch mit den einfachen Subsidiaritätsklauseln der Kommunalverfassungen von Mecklenburg-Vorpommern, Nie-

dersachsen, Sachsen, Sachsen-Anhalt und des Saarlands vereinbar. [E.III.4.d)]

80. Die Voraussetzungen der einfachen Subsidiaritätsklausel in § 102 Abs. 1 Nr. 3 GO BW würden das Energiemanagement und die sonstigen energieeffizienten Dienstleistungen zwar erfüllen, allerdings muß diese Voraussetzung nicht geprüft werden, weil energieeffiziente Dienstleistungen der kommunalen Daseinsvorsorge und damit dem Ausnahmebereich dieser Regelung zuzurechnen sind. [E.III.4.e)]
81. Auch gemäß § 107 Abs. 1 S. 1 Nr. 3 GO NW zählt das Energiemanagement zum Ausnahmebereich der Subsidiaritätsklausel, weil es im Gesetzgebungsverfahren ausdrücklich als eine der Dienstleistungen genannt wurde, die mit der Versorgung anderer mit Strom und Gas unmittelbar zusammenhängen. [E.III.4.f)]
82. Das Energiemanagement wird von einem öffentlichen Zweck gerechtfertigt, steht zur gemeindlichen Leistungsfähigkeit und dem voraussichtlichen Bedarf in einem angemessenen Verhältnis und ist mit den jeweiligen Subsidiaritätsklauseln vereinbar. Folglich ist diese energieeffiziente Dienstleistung mit den Kommunalverfassungen aller deutschen Flächenländer vereinbar und gemeinderechtlich zulässig. [E.III.5.]
83. Da sämtliche energieeffizienten Dienstleistungen durch den öffentlichen Zweck der Energieeffizienzsteigerung gerechtfertigt werden, deutet die Zulässigkeit des Wärmeservice und des Energiemanagements darauf hin, daß es auch gemeinderechtlich zulässig ist, wenn Stadtwerke andere energieeffiziente Dienstleistungen erbringen. [E.IV.]

Literaturverzeichnis

Albers, Marion, Faktische Grundrechtsbeeinträchtigungen als Schutzbereichsproblem, DVBl. 1996, S. 233-242.

Albrecht, Matthias, Die Stellung der Gemeinden in der Energieversorgung; Der verfassungsrechtlich geschützte Wirkungskreis der Gemeinden in der Elektrizitätsversorgung, ZUR 1995, S. 233-241.

Ansoff, Harry Igor, Management-Strategie, München 1966.

ders., Strategies for Diversification, Harvard Business Review, Vol. 35 (1957), S. 113-124.

Arzt, Clemens/*Apfelstedt*, Gert, Energierechtsnovelle – Mit Umweltschutz vereinbar?, ZUR 1997, S. 136-144.

ASEW (Hrsg.), Energiedienstleistungen; Ergebnisse der ASEW-Umfrage 1997, Köln 1997.

dies., Wärmedirektservice; Ein Angebot der kommunalen Versorgungswirtschaft, Dokumentation des Fachseminars in Kassel 1993, Bochum 1994.

Badura, Peter, Wirtschaftsverwaltungsrecht, in: Schmidt-Aßmann, Eberhard (Hrsg.), Besonderes Verwaltungsrecht, 11. Aufl., Berlin u.a. 1999.

Bartels, Gerhard, Diversifizierung, Stuttgart 1966.

Bauer, Martin/*Böhle*, Thomas, Bayerische Kommunalgesetze; Gemeindeordnung, Landkreisordnung, Bezirksordnung, Verwaltungsgemeinschaftsordnung, Kommentar, Fortführung des von Christoph Masson und Rudolf Samper begründeten Werkes, Loseblattslg., München, Stand: 1999.

Bauknecht, Dierk, Strom in Europa `99, et 1999, S. 563.

Baur, Jürgen F./*Matthey*, Philip, Rechtliche Anforderungen an die Vergabe von Energiespar-Contracting-Aufträgen, Baden-Baden 1998.

Bechtold, Rainer, Kartellgesetz, Gesetz gegen Wettbewerbsbeschränkungen, München 1993.

Becker, Peter/*Herppich*, Wolfram, Energiesparaktivitäten deutscher Energieversorgungsunternehmen; Gestaltungsformen und Umsetzungsprobleme gegenwärtiger Maßnahmen, ZfE 1992, S. 33-44.

Bender, Bernd/*Sparwasser*, Reinhard/*Engel*, Rüdiger, Umweltrecht, Grundzüge des öffentlichen Umweltschutzrechts, 4. Aufl., Heidelberg 2000.

Berlo, Kurt/*Murschall*, Hartmut, Kommunale Einflußmöglichkeiten auf die Gestaltung der Energieversorgungswirtschaft; Eine Untersuchung zur Rekommunalisierung und Entkommunalisierung der Energieversorgung am Beispiel der Städte und Gemeinden im Versorgungsgebiet der Vereinigten Elektrizitätswerke Westfalen AG (VEW), Bremen 1994, zugl. Dortmund, Univ., Diss. K. Berlo, H. Murschall 1993.

Bierter, Willy, Öko-effiziente Dienstleistungen und zukunftsfähige Produkte, in: Bullinger, Hans-Jörg (Hrsg.), Dienstleistungen für das 21. Jahrhundert, Stuttgart 1997, S. 557-585.

BINE-Informationsdienst, Blockheizkraftwerke mit Verbrennungsmotorantrieb, Bonn 1998.

BINE-Informationsdienst, Klima und Energie, Bonn 1998.

Bleckmann, Albert/*Eckhoff*, Rolf, Der mittelbare Grundrechtseingriff, DVBl. 1988, S. 373-382.

Blum, Peter/*Beckhof*, Heiner/*Behrens*, Ingo u.a., Niedersächsische Gemeindeordnung (NGO), Kommentar, in: Kommunalverfassungsrecht Niedersachsen, Loseblattslg., Wiesbaden, Stand: 1999.

Bomhard, Verena von, Immissionsschutz durch gemeindliches Verwaltungshandeln, München 1996, zugl. München, Univ., Diss., 1995.

Bohr, Stefan, Facility Management; Ein neues Geschäftsfeld für Energieversorgungsunternehmen, Diplomarbeit, Trier, Univ., 1997, unveröffentlicht.

Bonner Kommentar zum Grundgesetz, hrsg. von Rudolf Dolzer, Bd. 4, Loseblattslg., Heidelberg, Stand: 1999.

Borch, Günther/*Fürböck*, Martin/*Mansfeld*, Ludger B. u.a., Energiemanagement, Berlin 1986.

Borchert, Hartmut/*Buschmann*, Wolfgang/*Galette*, Alfons, Gemeindeordnung für Schleswig-Holstein; Kommentar, in: Kommunalverfassungsrecht Schleswig-Holstein, Loseblattslg., Wiesbaden, Stand: 1999.

Borchmann, Michael/*Breithaupt*, Dankwart/*Kaiser*, Gerrit, Kommunalrecht in Hessen, 2. Aufl., Köln 1997.

Bozem, Karlheinz/*Schulz*, Rolf, Dynamischer Wandel in der Versorgungswirtschaft, et 1996, S. 124-133.

Bräuer, Wolfgang/*Egeln*, Jürgen/*Werner*, Andreas, Wettbewerb in der Versorgungswirtschaft und seine Auswirkungen auf kommunale Querverbundunternehmen, Baden-Baden 1997.

Britz, Gabriele, Örtliche Energieversorgung nach nationalem und europäischem Recht; Unter besonderer Berücksichtigung kommunaler Gestaltungsmöglichkeiten, Baden-Baden 1994, zugl. Frankfurt/M., Univ., Diss., 1993/94.

Brück, Wolfgang, Mit Energiedienstleistungen zu einer erfolgreichen Unternehmensentwicklung, in: Brandenburgische Energiespar-Agentur (Hrsg.), Weichenstellung für eine umweltgerechte kommunale Energieversorgung; Dokumentation der Fachtagung am 7./8.12.1994 in Potsdam, Potsdam 1995, S. 26-35.

Bühner, Rolf, Strategie und Organisation; Analyse und Planung der Unternehmensdiversifikation mit Fallbeispielen, 2. Aufl., Wiesbaden 1993.

Bündnis 90/Die Grünen im Landtag NRW, Weiterentwicklung des Gemeindewirtschaftsrechts unter den Bedingungen des neuen Energiewirtschaftsgesetzes; Beschluß der Fraktion vom 8.12.1998, unveröffentlicht.

Bundesministerium für Wirtschaft, Energiedaten 1999; Nationale und internationale Entwicklung, Bonn 1999.

Burmeister, Joachim, Selbstverwaltungsgarantie und wirtschaftliche Betätigung der Kommunen, in: Püttner, Günter (Hrsg.), Handbuch der kommunalen Wissenschaft und Praxis, Bd. 5, 2. Aufl., Berlin u.a. 1984, S. 3-49.

Cadosch, Walter, Marktstrategien für öffentliche Energieversorgungsunternehmen; Ein Ansatz auf der Basis einer empirischen Untersuchung im Kanton Zürich, Bern 1982.

Corsten, Hans, Produktionswirtschaft; Einführung in das industrielle Produktionsmanagement, 6. Aufl., München 1996.

Cronauge, Ulrich, Kommunale Unternehmen: Eigenbetriebe, Kapitalgesellschaften, Zweckverbände, 3. Aufl., Berlin 1997.

ders., Konzessionsabgabe – Quo vadis?; Auswirkungen der vom BMWi beabsichtigten Energierechtsreform auf die Konzessionsabgaben der Städte und Gemeinden, GemHH 1996, S. 197-200.

ders., Die Neufassung des Gemeindewirtschaftsrechts, StuGR 1994, S. 310-316.

ders., Welchen rechtlichen Rahmen braucht die kommunale Wirtschaft von morgen?, GemHH 1998, S. 131-137.

ders., Wasserversorgung als Bestandteil gemeindlicher Daseinsvorsorge, StuGR 1990, S. 344-349.

Cronenberg, Martin, Das neue Energiewirtschaftsrecht, RdE 1998, S. 85-91.

Darsow, Thomas u.a., Schweriner Kommentierung der Kommunalverfassung des Landes Mecklenburg-Vorpommern, 2. Aufl., Schwerin 1999.

Denny, Petra/*Spangenberger*, Volker, Rechtliche Umsetzung energiebezogener Planungsinhalte, UPR 1999, S. 331-335.

Dickersbach, Alfred, Die wirtschaftliche Betätigung der öffentlichen Hand im Verhältnis zur Privatwirtschaft aus öffentlich-rechtlicher Sicht, WiVerw 1983, S. 187-211.

Döring, Thomas/*Wohltmann*, Matthias, Ausweitung kommunaler Wirtschaftstätigkeit aus finanzwissenschaftlicher Sicht, AfK 1999, S. 45-64.

Dreier, Horst, Grundgesetz-Kommentar, Bd. 1, Tübingen 1996; Bd. 2, Tübingen 1998.

Duden Fremdwörterbuch, hrsg. vom Wissenschaftlichen Rat der Dudenredaktion, 4. Aufl., Mannheim u.a. 1982.

Ebel, Hans-Rudolf, Kartellrecht, Gesetz gegen Wettbewerbsbeschränkungen und EG-Vertrag, Kommentar, Neuwied, Loseblattslg., Stand: 1997.

Ebel, Witta/*Eicke*, Werner/*Feist*, Wolfgang u.a., Altbaumodernisierung und -sanierung bei Wohngebäuden, Studie A.1.2.b des Instituts Wohnen und Umwelt, Darmstadt, in: Enquete-Kommission „Vorsorge zum Schutz der Erdatmosphäre" des Deutschen Bundestages (Hrsg.), Energie und Klima; Studienprogramm, Bd. 2, Bonn u.a. 1990.

Ehlers, Dirk, Die Entscheidung der Kommunen für eine öffentlich-rechtliche oder privatrechtliche Organisation ihrer Einrichtungen und Unternehmen, DÖV 1986, S. 897-905.

ders., Das neue Kommunalwirtschaftsrecht in Nordrhein-Westfalen, NWVBl. 2000, S. 1-7.

ders., Interkommunale Kooperation in Gesellschaftsform, DVBl. 1997, S. 137-145.

ders., Rechtsprobleme der Kommunalwirtschaft, DVBl. 1998, S. 497-508.

ders., Verwaltung in Privatrechtsform, Berlin 1984, zugl. Erlangen-Nürnberg, Univ., Habilitationsschrift 1981.

ders./Pünder, Hermann, Energiewirtschaftsrecht, in: Achterberg, Norbert/ Püttner, Günter/Würtenberger, Thomas, Besonderes Verwaltungsrecht, Bd. 1, S. 239-306, 2. Aufl., Heidelberg 2000.

Energiestiftung Schleswig-Holstein (Hrsg.), Grüner Tarif; Klimaschutz durch freiwillige Kundenbeiträge zum Stromtarif; Akzeptanz, Umsetzung und Verwendung, Studie der Forschungsgesellschaft für umweltschonende Energieumwandlung und –nutzung mbH, Kiel 1996.

dies. (Hrsg.), Liberalisierung der Strommärkte in Skandinavien und ihre Auswirkungen, Studie der Forschungsgesellschaft für umweltschonende Energieumwandlung und –nutzung mbH, Kiel 1997.

Enquete-Kommission „Schutz der Erdatmosphäre" des Deutschen Bundestags (Hrsg.), Studienprogramm, Bd. 3: Energie, Teilband 1: Integrierte Gesamtstrategien der Minderung energiebedingter Treibhausgasemissionen, Bonn u.a. 1995.

Enquete-Kommission „Schutz der Erdatmosphäre" des Deutschen Bundestags (Hrsg.), Mehr Zukunft für die Erde; Nachhaltige Energiepolitik für dauerhaften Klimaschutz, Schlußbericht, Bonn u.a. 1995.

Erichsen, Hans-Uwe, Kommunalrecht NRW, 2. Aufl., Siegburg 1997.

Eumann, Marc, Organisationsrechtliche Probleme kommunaler Daseinsvorsorge in den Vereinigten Staaten von Amerika, Berlin 1999.

Fischedick, Manfred/*Stein*, Jörg vom, Analyse ausgewählter Zukunftsmärkt für die ABB Kraftwerke AG; 1. Teilprojekt: Kraftwerk mit Fernwärme, Studie des Wuppertal Instituts für Klima, Umwelt, Energie im Auftrag der ABB Kraftwerke AG, Wuppertal 1998.

Forsthoff, Ernst, Die Daseinsvorsorge und die Kommunen; Ein Vortrag, Köln 1958.

ders., Rechtsfragen der leistenden Verwaltung, Stuttgart u.a. 1959.

ders., Die Verwaltung als Leistungsträger, Stuttgart u.a. 1938.

ders., Lehrbuch des Verwaltungsrechts, Bd. 1, 10. Aufl., München 1973.

Franke, Peter, Vollzugsprobleme des neuen Energiewirtschaftsrechts, Vortragsmanuskript, Institut für Energierecht an der Universität zu Köln, Praktische Auswirkungen der Liberalisierung der Energiemärkte, Seminar am 25.3.1999 in Köln.

Frankfurter Kommentar zum Gesetz gegen Wettbewerbsbeschränkungen, hrsg. von Helmut *Glasse*, Loseblattslg., Köln, Stand: 1997.

Frenz, Walter, Freiwillige Selbstverpflichtungen/Umweltvereinbarungen zur Reduzierung des Energieverbrauchs im Kontext des Gemeinschaftsrecht, Europarecht 1999, S. 27-48.

Freund, Robert, Einspar-Contracting für den Klimaschutz, Abschlußarbeit im Aufbaustudiengang Energiewirtschaft der Fachhochschule Darmstadt 1997, unveröffentlicht.

Frey, Günther, Energiedienstleistungen; Ein neuer Geschäftszweig für Rendite und Energieeinsparuung, in: ASEW (Hrsg.), Integrierte Ressourcen-Planung: Eine Strategie für Europa?, Dokumentation der Tagung in Hannover 1995, Bochum 1997, S. 228-236.

Friauf, Karl-Heinrich, Kommunale Energieversorgung und Energierechtsreform; Zum Gesetzentwurf zur Neuregelung des Energiewirtschaftsrechts, et 1997, S. 765-772.

Gallwas, Hans-Ullrich, Faktische Beeinträchtigungen im Bereich der Grundrechte, Ein Beitrag zum Begriff der Nebenwirkungen, Berlin 1970.

Gas-, Elektrizitäts- und Wasserwerke Köln AG, Geschäftsbericht 1996, Köln 1997.

Gern, Alfons, Deutsches Kommunalrecht, 2. Aufl., Baden-Baden 1997.

ders., Kommunalrecht Baden-Württemberg, 6. Aufl., Baden-Baden 1996.

Glauben, Paul J., Wirtschaftliche Betätigung der Kommunen in Privatrechtsform; Zulässigkeit und gesetzliche Einrichtung einer Rechnungsprüfung, ZG 1997, S. 149-165.

Grawe, Joachim/*Schulz*, Eckhard, Energieversorgung bei wachsender Energieeffizienz; Die Energieversorgungsunternehmen als Motor rationeller Energieverwendung?, Elektrizitätswirtschaft 1996, S. 1291-1296.

Grawert, Rolf, Zuständigkeitsgrenzen der Kommunalwirtschaft, in: Grupp, Klaus/Ronellenfitsch, Michael (Hrsg.), Planung, Recht, Rechtsschutz; Festschrift für Willi Blümel zum 70. Geburtstag, Berlin 1999, S. 117-138.

Gröner, Helmut, Die Ordnung der deutschen Elektrizitätswirtschaft, Baden-Baden 1975.

Haaß, Bernhard, Handlungsspielräume gemeindlicher Umweltpolitik am Beispiel des Abfallrechts, Berlin 1992, zugl. Berlin, Freie Universität, Diss., 1992.

Haedrich, Günther/*Tomczak*, Torsten, Produktpolitik, Stuttgart u.a. 1996.

Hagenberg, Bernd, Sechs Pilotprojekte bei Sondervertragskunden; Ergänzende Bemerkungen aus Sicht des Energieversorgungsunternehmens, in: ASEW (Hrsg.), Integrierte Ressourcenplanung: Eine Strategie für Europa?, Dokumentation der Tagung in Hannover 1995, Bochum 1997, S. 148-154.

ders., Integrierte Ressourcenplanung als Wettbewerbsvorteil für die Stadtwerke?, Vortragsmanuskript, in: Öko-Institut (Hrsg.), Wettbewerb auf deutschen Energiemärkten, Materialien zur Tagung am 23.6.1998 in Hannover.

Hahn, Oswald, Allgemeine Betriebswirtschaftslehre, 2. Aufl., München 1994.

Halbach, Wulf-W., Ausgewählte Rechtsfragen des Wärme-Direkt-Service, in: ASEW (Hrsg.), Wärme-Direkt-Service; Ein Angebot der kommunalen Energie-Dienstleistungsunternehmen, 2. Aufl., Bochum, 1998.

Hartung, Roland, Anwendungsbeispiele von IRP in der kommunalen Versorgung in Deutschland und Osteuropa, in: ASEW (Hrsg.), Integrierte Ressourcenplanung: Eine Strategie für Europa?, Dokumentation der Tagung in Hannover 1995, Bochum 1997, S. 263-273.

ders., Zukunftsstrategien kommunaler EVU; Entwicklung neuer Produkte und Dienstleistungen, Energie Spektrum 1995, S. 10-17.

Hauser, Werner, Die Wahl der Organisationsform öffentlicher Einrichtungen; Kriterien für die Wahl privatrechtlicher und öffentlich-rechtlicher Organisationsformen, Köln u.a. 1987, zugl. Münster, Univ., Diss. 1986.

Heberlein, Horst, Kommunale Außenpolitik als Rechtsproblem, Köln 1989.

ders., Aktuelle Rechtsprobleme "Kommunaler Außenpolitik", Die Verwaltung 26 (1993), S. 211-234.

Heinrichs, Friedrich-Wilhelm/*Schwabedissen*, Annette, Gemeindeordnung: Wirtschaftliche Betätigung - Möglichkeiten und Grenzen, StuGR 1998, S. 160-163.

Held, Friedrich-Wilhelm, Die Neufassung des NRW-Gemeindewirtschaftsrechts; Ziele und Wege, NWVBl. 1995, S. 325-329.

ders., Die Zukunft der Kommunalwirtschaft im Wettbewerb mit der privaten Wirtschaft; Änderungen des Gemeindewirtschaftsrechts in Nordrhein-Westfalen, NWVBl. 2000, S. 201-206.

ders./Becker, Ernst/*Decker*, Heinrich u.a., Gemeindeordnung für das Land Nordrhein-Westfalen, Kommentar, in: Kommunalverfassungsrecht Nodrhein-Westfalen, Loseblattslg., Wiesbaden, Stand: 1999.

Helle, Christoph, Rationelle Energieverwendung und Gasversorgungsunternehmen; Eine ökonomische Analyse von Energieeffizienzstrategien auf dem Raumwärmemarkt, Baden-Baden 1994, zugl. Heidelberg, Univ., Diss., 1994 unter dem Titel: Förderung der rationellen Energieverwendung auf dem Raumwärmemarkt durch Gasversorgungsunternehmen.

Hellermann, Johannes, Örtliche Daseinsvorsorge und gemeindliche Selbstverwaltung; Zum kommunalen Betätigungs- und Gestaltungsspielraum unter den Bedingungen europäischer und staatlicher Privatisierungs- und Deregulierungspolitik, Tübingen 2000, zugl. Bielefeld, Univ., Habilitationsschrift, 1998.

ders./Wieland, Joachim, Die Ausweitung der Geschäftsfelder kommunaler Unternehmen aus verfassungsrechtlicher Perspektive, in: Schiller-Dickhut, Reiner/Murawski, Klaus-Peter (Hrsg.), Kommunale Unternehmen auf der Flucht nach vorn, Bielefeld 1999.

Henneke, Hans-Günter, Das Recht der Kommunalwirtschaft in Gegenwart und Zukunft, NdsVBl. 1999, S. 1-10.

Hennerkes, Jörg, Die Zukunft der Stadtwerke; Eine Betrachtung aus Sicht der Kommunalpolitik und der Kommunalwirtschaft, Der Städtetag 1997, S. 499-503.

Hennicke, Peter, Rahmenbedingungen und alternative Konzepte kommunaler Energiewirtschaft, in: Feser/Hauff (Hrsg.), Kommunale Umweltpolitik, Regensburg 1996, S. 67-92.

ders., Wa(h)re Energiedienstleistung; Ein Wettbewerbskonzept für die Energieeffizienz- und Solarenergiewirtschaft, Berlin u.a. 1999.

ders./Kohler, Stefan/*Seifried*, Dieter u.a., Die Energiewende ist möglich; Für eine neue Energiepolitik der Kommunen, Strategien für eine Rekommunalisierung, 3. Aufl., Frankfurt/M. 1985.

ders./Seifried, Dieter, Das Einsparkraftwerk; Eingesparte Energie neu nutzen, Berlin u.a. 1996.

Hensing, Ingo/*Pfaffenberger*, Wolfgang/*Ströbele*, Wolfgang, Energiewirtschaft; Einführung in Theorie und Politik, München u.a. 1998.

Herlitz, Rainer, Die „gemeindewirtschaftsrechtliche Subsidiaritätsklausel"; Eine leere Worthülse, GemHH 1993, S. 125-127.

Hermes, Georg, Kommunale Energieversorgung zwischen hoheitlicher Aufgabenwahrnehmung und wirtschaftlicher Betätigung Privater, Der Staat 31 (1992), S. 281-304.

Hidien, Jürgen W., Die positive Konkretisierung der öffentlichen Zweckbindung kommunaler Wirtschaftsunternehmen; Zugleich ein Beitrag zu Inhalt und Grenzen der unternehmenswirtschaftlichen Betätigung der Kommunen, Frankfurt/M. u.a. 1984.

ders., Gemeindliche Betätigungen rein erwerbswirtschaftlicher Art und „öffentlicher Zweck" kommunaler wirtschaftlicher Unternehmen, Berlin 1981, zugl. Münster, Univ., Diss., 1981.

Hill, Hermann, In welchen Grenzen ist kommunalwirtschaftliche Betätigung Daseinsvorsorge?, BB 1997, S. 425-431.

Hölzl, Josef/*Hien*, Eckart, Gemeindeordnung mit Verwaltungsgemeinschaftsordnung, Landkreisordnung und Bezirksordnung für den Freistaat Bayern; Kommentar, Loseblattslg., Stand: 1998.

Hofmann, Walter/*Beth*, Alfred/*Dreibus*, Heinz u.a., Die Kommunalgesetze für Rheinland-Pfalz, Kommentar, Loseblattslg., Siegburg.

Hoffmann-Becking, Michael, Die Begrenzung der wirtschaftlichen Betätigung der öffentlichen Hand durch Subsidiaritätsprinzip und Übermaßverbot, in: Menger, Christian (Hrsg.), Fortschritte des Verwaltungsrechts, Festschrift für Hans J. Wolff zum 75. Geburtstag, München 1973, S. 445-462.

Hoppe, Werner/*Beckmann*, Martin/*Kauch*, Petra, Umweltrecht, 2. Aufl., München 2000.

Hutter, Sabrina/*Jördens*, Judith/*Müller*, Peter u.a., Energiesparen an Schulen; Beispiele aus verschiedenen Städten, Studie des Klima-Bündnisses, 4. Aufl., Frankfurt/M. 2000.

Immenga, Ulrich (Hrsg.), Gesetz gegen Wettbewerbsbeschränkungen, Kommentar, 2. Aufl., München 1992.

Innenministerkonferenz, Unterausschuß Kommunale Wirtschaft des Arbeitskreises 3 der Arbeitsgemeinschaft der Innenministerien der Länder (Hrsg.), Gemeindewirtschaftsrechtliche Beurteilung kommunaler Betätigung im Bereich der Telekommunikation; Bericht an den AK 3, erarbeitet von den Innenministerien der Länder Baden-Württemberg, Bayern, Brandenburg und Nordrhein-Westfalen, Manuskript.

dies. (Hrsg.), Wirtschaftliche Betätigung der Kommunen in neuen Geschäftsfeldern; Bericht erarbeitet von den Innenministerien der Länder Baden-Württemberg, Bayern, Brandenburg und Nordrhein-Westfalen unter Mitarbeit des Deutschen Städte- und Gemeindebundes sowie des Verbandes kommunaler Unternehmen, verabschiedet in der Sitzung des Unterausschusses Kommunale Wirtschaft am 5./6. März 1998.

Intat, Jens Uwe, Vergleich horizontaler und vertikaler Diversifizierung aus der Sicht deutscher und schweizerischer Reiseveranstalter, Bern 1993, zugl. St. Gallen, Univ., Diss., 1993.

International Panel on Climate Change, Zweiter umfassender IPCC-Bericht; Zusammenfassungen für politische Entscheidungsträger und Synthesebericht, hrsg. von ProClim (Forum für Klima und Global Change, Schweizerische Akademie der Naturwissenschaften), Bern 1996.

Ipsen, Hans-Peter, 50 Jahre deutsche Staatswissenschaft im Spiegel der Verhandlungen der Vereinigung der Deutschen Staatsrechtslehrer, AöR 97 (1972), S. 375-417.

Iro, Stephan Philipp, Öffentliche Interessen bei den Genehmigungen von Stromerzeugungsanlagen, Baden-Baden 1997, zugl. Berlin, Freie Universität, Diss., 1997.

Irrek, Wolfgang, Volkswirtschaftliche Vorteile und höhere Finanzierungssicherheit durch einen Stillegungs- und Entsorgungsfonds; Eine Untersuchung der Bildung und Verwendung von Rückstellungen für Stillegung, Rückbau und Entsorgung im Kernenergiebereich, Wuppertal 1996.

Jacobs, Siegfried, Strategische Erfolgsfaktoren der Diversifikation, Wiesbaden 1992, zugl. Mannheim, Univ., Diss., 1991.

Jänig, Christian, Was bietet das ökologisch orientierte Energiedienstleistungsunternehmen?, Vortragsmanuskript, in: Öko-Institut (Hrsg.), Wettbewerb auf deutschen Energiemärkten, Materialien zur Tagung am 23.6.1998 in Hannover.

Jarras, Hans. D., Wirtschaftsverwaltungsrecht mit Wirtschaftsverfassungsrecht, 3. Aufl., Neuwied 1997.

ders./Pieroth, Bodo, Grundgesetz für die Bundesrepublik Deutschland, Kommentar, 5. Aufl., München 2000.

Jochem, Eberhard/*Bradke*, Harald, Industrie; Erreichtes, bestehende Hemmnisse und Perspektiven, et 1996, S. 478-482.

Jung, Hans, Allgemeine Betriebswirtschaftslehre, München u.a. 1994.

Kermel, Cornelia, Steuerungsmöglichkeiten der öffentlichen Hand bei Beteiligung an Aktiengesellschaften der Energieversorgung, Baden-Baden 1994, zugl. Berlin, Freie Universität, Diss., 1993.

Kimminich, Otto/*Lersner*, Heinrich Freiherr von/*Storm*, Peter-Christoph (Hrsg.), Handwörterbuch des Umweltrechts, Bd. 2, 2. Aufl., Berlin 1986.

Kirschner, Ulrich, Die Neufassung des Marktbeherrschungstatbestandes im Rahmen der 5. GWB-Novelle, WRP 1989, S. 73-77.

Kitching, John, Why do mergers miscarry?, Harvard Business Review, vol. 45 (1967), S. 84-101.

Klima-Bündnis (Hrsg.), Kommunale Beiträge zum Klimaschutz; Statusbericht des Klima-Bündnisses, Frankfurt/M. 1997.

Kloepfer, Michael, Umweltrecht, 2. Auflage, München 1998.

Kluth, Winfried, Grenzen kommunaler Wettbewerbsteilnahme; Grenzen wirtschaftlicher Betätigung von Gemeinden und Gemeindeverbänden im Wettbewerb mit Privaten im Bereich der Sozialwirtschaft, Zur Dogmatik der wirtschaftlichen Betätigung des Staates, Köln u.a. 1988, zugl. Münster, Univ., Diss., 1987.

Knemeyer, Franz-Ludwig, Vom kommunalen Wirtschaftsrecht zum kommunalen Unternehmensrecht; Beispielhafte Fortentwicklung eines überalterten Rechtsbereichs, BayVBl. 1999, S. 1-5.

Knoll, Clemens, Die Bewertung des öffentlichen Auftrags kommunaler Versorgungsunternehmen, ZögU 1983, S. 176-181.

Koch, Hans-Joachim/Caspar, Johannes (Hrsg.), Klimaschutz im Recht, Baden-Baden 1997.

ders./Mengel, Konstanze, Gemeindliche Kompetenzen für Maßnahmen des Klimaschutzes am Beispiel der Kraft-Wärme-Kopplung, DVBl. 2000, S. 953-963.

Köhler, Helmut, Das neue kommunale Unternehmensrecht in Bayern, BayVBl. 2000, S. 1-12.

Köhler, Matthias, Die Reform des Gemeindewirtschaftsrechts in Nordrhein-Westfalen; Zu Inhalt und Verfassungsmäßigkeit des § 107 GO NW n.F., VR 2000, S. 44-49.

Köttgen, Arnold, Die Gemeinde und der Bundesgesetzgeber, Stuttgart 1957.

Korndörfer, Wolfgang, Allgemeine Betriebswirtschaftslehre, 11. Aufl., Wiesbaden 1996.

Kotler, Philip/*Bliemel*, Friedhelm, Marketing Management; Analyse, Planung, Umsetzung und Steuerung, 8. Aufl., Stuttgart 1995.

Krähmer, Rolf, Die Prüfung der finanziellen Leistungsfähigkeit der Gemeinden durch die Kommunalaufsicht, VR 1990, S. 118-122.

Kraft, Ingo, Aktuelle Fragen immissionsschutzrechtlicher Festsetzungen in Bebauungsplänen, DVBl. 1998, S. 1048-1058.

Krebs, Andrea, Rechtliche Grundlagen und Grenzen kommunaler Elektrizitätsversorgung, Köln 1996, zugl. Münster, Univ., Diss., 1996.

Kristof, Kora, Contracting und rationelle Energienutzung, StuGR 1994, S. 297-302.

dies./Merten, Frank/*Nanning*, Susanne, Kommunales Intracting; Auszug aus dem Endbericht zu Projektteil B der Studie „Pilotprojekte Einsparcontracting und Intracting in NRW“ des Wuppertal Instituts für Klima, Umwelt und Energie im Auftrag des Ministeriums für Bauen und Wohnen des Landes NRW, Wuppertal 1998.

Kruse, Michael, Ein Debakel für Umwelt und Stadtsäckel; Der Stadtwerke-Verkauf in Bremen, Wechselwirkung 1996, S. 46-51.

Kuhnt, Dietmar, Energie und Umweltschutz in europäischer Perspektive, DVBl. 1996, S. 1082-1094.

Kunze, Richard/*Bronner*, Otto/*Katz*, Alfred u.a., Gemeindeordnung für Baden-Württemberg, Kommentar, Loselblattslg., Stuttgart u.a., Stand: 1999.

Kumanoff, Anton/*Schwarzkopf*, Anett, Erfüllung von Aufgaben der kommunalen Daseinsvorsorge durch sogenannte Kooperationsgesellschaften, SächsVBl. 1994, S. 249-256.

Kusche, Hans Christian, Gesetzgebungs- und Verwaltungskompetenzen der Bundesländer für die Umsetzung einer klimaschutzorientierten Energiepolitik, Heidelberg 1998.

Landesinitiative Zukunftsenergien NRW (Hrsg.), Protokoll der dritten Sitzung der Arbeitsgruppe Energiedienstleistungen am 12.12.1996, Düsseldorf 1997.

Lehmann, Ralph, Kann Diversifikation Wert schaffen?, Bern 1993, zugl. Zürich, Univ., Diss., 1992.

Lecheler, Die Bedeutung des öffentlichen Rechts für das Energierecht, NVwZ 1995, S. 8-12.

Lindemann, Hans-Heinrich/*Köster*, Christina, Energiewirtschaft auf dem Weg zu mehr Wettbewerb; Zum Regierungsentwurf für ein neues Energiewirtschaftsgesetz, DVBl. 1997, S. 527-534.

Löbbe, Sabine, Marktdynamik und Dienstleistungsstrategien für Energieversorgungsunternehmen, Saarbrücken 1993, zugl. Saarbrücken, Univ., Diss., 1993.

dies./Braun, Michael, Kundenorientierte Versorgungsunternehmen, et 1995, S. 365-372.

dies./Kalny, Gerald, Achtung der Kunde kommt; Herausforderungen für die Elektrizitätsversorgungsunternehmen im liberalisierten Markt, Ergebnisse der Arthur D. Little-Befragung industrieller Stromkunden im Kooperation mit dem VIK, VIK-Mitteilungen 1997, S. 31-36.

Löbler, Helge, Diversifikation und Unternehmenserfolg; Diversifikationserfolge und –risiken bei unterschiedlichen Marktstrukturen, Wiesbaden 1988.

Loesch, Achim von, Die öffentlichen Unternehmen Deutschlands, in: König, Klaus (Hrsg.), Öffentliche Verwaltung in Deutschland, Baden-Baden 1997, S. 285-300.

Löwer, Wolfgang, Energieversorgung zwischen Staat, Gemeinde und Wirtschaft, Studie im Auftrag der Arbeitsgemeinschaft Regionaler Energieversorgungsunternehmen und der Deutschen Verbundgesellschaft, Köln 1989.

ders., Die Stellung der Kommunen im liberalisierten Strommarkt, NWVBl. 2000, S. 241-245.

Loske, Reinhard u.a., Zukunftsfähiges Deutschland; Ein Beitrag zu einer global nachhaltigen Entwicklung, Studie des Wuppertal Instituts für Klima, Umwelt und Energie im Auftrag von BUND und Misereor, Basel u.a. 1996.

Lübking, Uwe/*Vogelsang*, Klaus, Die Kommunalaufsicht; Aufgaben, Rechtsgrundlagen, Organisation, Berlin 1998.

Mann, Ernst Werner/*Laker*, Michael, Kundenorientierung eines Energieversorgungsunternehmens, in: Simon/Homburg (Hrsg.), Kundenzufriedenheit, Wiesbaden 1995, S. 429-454.

Maunz, Theodor/*Dürig*, Günter/*Herzog*, Roman, u.a. (Hrsg.), Grundgesetz-Kommentar, Loseblattslg., München, Stand: 1998.

Meisner, Hans-Joachim, Statement, in: Forum für Zukunftsenergien (Hrsg.), Innovationen für den Energiebereich, Dokumentation der Tagung am 28./29.8.1996 in Düsseldorf, Bonn 1996, S. 264-265.

Meyer, Hubert, Energieversorgung als Kreisaufgabe, Der Landkreis 1993, S. 123-127.

Ministerium für Wirtschaft und Mittelstand, Technologie und Verkehr des Landes NRW (Hrsg.), Evaluation der „Aktion Helles NRW“, Studie des Wuppertal Instituts für Klima, Umwelt und Energie, der ASEW sowie der Forschungsgesellschaft für umweltschonende Energieumwandlung und –nutzung im Auftrag der Verbraucher-Zentrale NRW, Duisburg 1998.

dass., Energieland Nordrhein-Westfalen; Daten, Fakten – 1997, Düsseldorf 1997.

Minter, Hubert, Kooperationen zur Beschäftigungssicherung und Erschließung neuer Dienstleistungsbereiche im SHK-Handwerk am Beispiel der Wärmelieferung, in: Bullinger, Hans-Jörg (Hrsg.), Dienstleistungen für das 21. Jahrhundert, Stuttgart 1997, S. 635-644.

Mombaur, Peter M., Energiewirtschaft im Wettbewerb; Vom Vormund zum Treuhänder, DÖV 1997, S. 571-578.

Moraing, Markus, Möglichkeiten und Grenzen kommunalwirtschaftlicher Betätigung unter besonderer Berücksichtigung der Telekommunikation, Köln 1995.

ders., Kommunale Wirtschaft zwischen Wettbewerb und Gemeindewirtschaftsrecht, GemHH 1998, S. 223-229.

ders., Kommunales Wirtschaftsrecht vor dem Hintergrund der Liberalisierung der Märkte; Handlungsbedarf und Handlungsmöglichkeiten aus der Sicht der Kommunalwirtschaft, WuV 1998, S. 233-263.

ders., Konkurrentenabwehrklagen; Wirtschaftliche Betätigung der Gemeinden und Subsidiaritätsprinzip, Der Städtetag 1997, S. 285-288.

Müller, Heiner/*Seidel*, Michael, Freiwillige Selbstverpflichtungen der kommunalen Wirtschaft in der Energieversorgung, ZögU 1997, S. 109-117.

Müller, Leonhard, Handbuch der Elektrizitätswirtschaft; Technische, wirtschaftliche und rechtliche Grundlagen, Berlin u.a. 1998.

Münch, Ingo von/*Kunig*, Philip, Grundgesetz-Kommentar, Bd. 1 (Präambel – Art. 19), 4. Aufl., München 1992; Bd. 2 (Art. 20-69), 3. Aufl., München 1995.

Murschall, Hartmut, Klimaschutz in der Kommunalplanung, Stadt und Gemeinde 1995, S. 119-125.

Mutius, Albert von, Örtliche Aufgabenerfüllung; Traditionelles, funktionales oder neues Selbstverwaltungsverständnis, in: ders. (Hrsg.), Selbstverwaltung im Staat der Industriegesellschaft, Festgabe zum 70. Geburtstag von Georg Christian von Unruh, Heidelberg 1983, S. 227-263.

Nieschlag, Robert/*Dichtl*, Erwin/*Hörschgen*, Hans, Marketing, 18. Aufl., Berlin 1997.

Notthoff, Martin, Energieversorgung als öffentlich-rechtliche oder privatrechtliche Aufgabe?, DZWir 1995, S. 147-155.

ders., Zur Zuständigkeit von Kommunen und Landkreisen im Bereich der Energieversorgung, DZWir 1995, S. 461-464.

Oebbecke, Janbernd, Die örtliche Begrenzung kommunaler Wirtschaftstätigkeit, ZHR 164 (2000), S. 375-393.

ders., Die kommunale Beteiligung nach der Reform des nordrhein-westfälischen Kommunalrechts; Umsetzung wird die Kommunalpolitik spürbar verändern, StuGR 1995, S. 387-393.

ders., Föderalismus und Kommunalverfassung, in: Huhn, Jochen/Witt, Peter Christian (Hrsg.), Föderalismus in Deutschland; Tagung an der Universität Kassel 10.-12.4.1991, Baden-Baden 1992, S. 185-215.

ders., Gemeindeverbandsrecht Nordrhein-Westfalen; Eine systematische Darstellung, Köln u.a. 1984.

ders., Die neue Kommunalverfassung in Nordrhein-Westfalen, DÖV 1995, S. 701-709.

ders., Die unterfinanzierte Kommunalverwaltung, Die Verwaltung 1996, S. 323-329.

ders., Mehrfachzuständigkeiten in der Verwaltung als Verfassungsproblem, in: Küper, Wilfried/Welp, Jürgen (Hrsg.), Beiträge zur Rechtswissenschaft; Festschrift für Walter Stree und Johannes Wessels zum 70. Geburtstag, Heidelberg 1993, S. 1119-1134.

ders., Die verfassungsrechtlich gewährleistete Planungshoheit der Gemeinden, in: Erbguth, Wilfried (Hrsg.), Planung, Festschrift für Werner Hoppe zum 70. Geburtstag, München 2000, S. 239-252.

ders., Kommunale Selbstverwaltung am Ende dieses Jahrhunderts; Ist das politische Konzept noch tragfähig?, Ein Cappenberger Gespräch, veranstaltet am 2. Oktober 1997 in Dortmund, Köln 1998.

Oesterwind, Dieter/*Pfaffenberger*, Wolfgang/*Hasse*, Dirk, Energieversorgung für eine offene Gesellschaft; Auf der Suche nach der besseren Lösung, Essen 1996.

Ossenbühl, Fritz, Rechtliche Aspekte der Elektrizitätsversorgung in den neuen Bundesländern, DÖV 1992, S. 1-10.

ders., Energierechtsreform und kommunale Selbstverwaltung, et 1997, S. 773-777.

ders., Energierechtsreform und kommunale Selbstverwaltung, Studie im Auftrag der Arbeitsgemeinschaft regionaler Energieversorgungsunternehmen, der Deutschen Verbundgesellschaft e.V. und der RWE Energie AG, Köln u.a. 1998.

Otting, Olaf, Neues Steuerungsmodell und rechtliche Betätigungsspielräume der Kommunen, Köln 1997, zugl. Münster, Univ., Diss., 1997.

Pepels, Werner, Marketing, München u.a. 1996.

Pfaffenberger, Wolfgang/*Oesterwind*, Dieter, Mehr Wettbewerb in der deutschen Elektrizitätswirtschaft; Neue Chancen für kommunale Energieversorgungsunternehmen, et 1993, S. 72-76.

Pielow, Johann Christian, Gemeindewirtschaft im Gegenwind?, Zu den rechtlichen Grenzen kommunaler Wettbewerbsteilnahme am Beispiel der Telekommunikation, NWVBl. 1999, S. 369-380.

Pieroth, Bodo, Die Grundrechtsberechtigung gemischt-wirtschaftlicher Unternehmen, NWVBl. 1992, S. 85-88.

ders.,/*Schlink*, Bernhard, Staatsrecht II; Grundrechte, 15. Aufl., Heidelberg 1999.

Preißner, Andreas/*Engel*, Stefan, Marketing, 2. Aufl., München u.a. 1995.

Priewasser, Reinhold, Betriebliches Energiemanagement; Ansatzpunkte und umweltwirtschaftliche Optionen, in: Malinsky, Adolf Heinz (Hrsg.), Betriebliche Umweltwirtschaft, Wiesbaden 1996, S. 59-190.

Probst, Jörg, Energieversorgungsunternehmen im Spannungsfeld neuer Anforderungen; Zukunftssicherung durch konsequente Marktausrichtung, in: Forum für Zukunftsenergien (Hrsg.), Innovationen für den Energiebereich, Dokumentation der Tagung am 28./29.8.1996 in Düsseldorf, Bonn 1996, S. 161-170.

Prognos AG (Hrsg.), Energiereport II; Die Energiemärkte Deutschlands im zusammenwachsenden Europa, Perspektiven bis zum Jahr 2020, Studie im Auftrag des Bundesministeriums für Wirtschaft, Stuttgart 1996.

Pünder, Hermann, Die kommunale Betätigung auf dem Telekommunikationssektor, DVBl. 1997, S. 1353-1360.

Püttner, Günter, Energieversorgung als kommunale Aufgabe, RdE 1992, S. 92-96.

ders., Die öffentlichen Unternehmen; Ein Handbuch zu Verfassungs- und Rechtsfragen der öffentlichen Wirtschaft, 2. Aufl., Stuttgart 1985.

Reh, Peter te, Die City Carrier kommen; Kommunale Unternehmen im Telekommunikationsbereich, Der Städtetag 1997, S. 361-367.

Rehn, Erich/*Cronauge*, Ulrich/*Lennep*, Hans Gerd von, Gemeindeordnung für das Land Nordrhein-Westfalen, Kommentar, Loseblattslg., Siegburg, Stand: 2000.

Röper, Erich, Parlamentarische Kontrolle privatisierter öffentlicher Daseinsvorsorge, Der Staat 1998, S. 249-274.

Ronellenfitsch, Michael, Wirtschaftliche Betätigung des Staates, in: Isensee, Josef/Kirchhof, Paul (Hrsg.), Handbuch des Staatsrechts, Bd. 3, Heidelberg 1988.

Roth, Wolfgang, Faktische Eingriffe in Freiheit und Eigentum; Struktur und Dogmatik des Grundrechtstatbestandes und der Eingriffsrechtfertigung, Berlin 1994, zugl. Mannheim, Univ., Habilitationsschrift, 1993.

Sachs, Michael, Grundgesetz-Kommentar, 2. Aufl., München 1999.

Schäfer, Kurt, Zur effizienten Verwendung von Energie nach der IVU-Richtlinie, in: *Czaijka*, Dieter (Hrsg.), Immissionsschutz in der Bewährung; Festschrift für Gerhard Feldhaus zum 70. Geburtstag, Heidelberg 1999, S. 327-340.

Scheuch, Fritz, Marketing, 5. Aufl., München 1996.

Schladebach, Marcus, Landesgesetzgebung im Recht der Energieeinsparung, RdE 1998, S. 138-141.

Schlusche, Kai-Hendrik, Statement, in: Forum für Zukunftsenergien (Hrsg.), Innovationen für den Energiebereich, Dokumentation der Tagung am 28./29.8.1996 in Düsseldorf, Bonn 1996, S. 268-269.

Schmid, Hansdieter, Wirtschaftliche Betätigung der Gemeinden und Beteiligungen, in: *Faiss,* Friedrich u.a. (Hrsg.), Kommunales Wirtschaftsrecht in Baden-Württemberg; Systematische Darstellung, 6. Aufl., Stuttgart u.a. 1995.

Schmid, Viola, Strom- und Energiesparmarketing in ihrer Bedeutung für das Umweltrecht, Baden-Baden 1997.

Schmidt, Andreas, Gemeinderechtliche Bewertung neuer Geschäftsfelder im Rahmen einer Fusion der Stadtwerke des „Bergischen Städtedreiecks", Rechtsgutachten im Auftrag des Wuppertal Instituts für Klima, Umwelt und Energie, Münster 1998, unveröffentlicht.

Schmidt-Aßmann, Eberhard, Kommunalrecht, in: ders., Besonderes Verwaltungsrecht, 11. Aufl., Berlin u.a. 1999.

ders., Kommunen und örtliche Energieversorgung, in: Hüffer, Uwe/Ipsen, Knut/Tettinger, Peter J. (Hrsg.), Berg- und Energierecht vor den Fragen der Gegenwart, Festschrift für Fritz Fabricius, Stuttgart u.a. 1989, S. 251-269.

ders., Kommunale Selbstverwaltung "nach Rastede"; Funktion und Dogmatik des Art. 28 Abs. 2 GG in der neueren Rechtsprechung, in: Franßen, Everhardt u.a. (Hrsg.), Bürger-Richter-Staat, Festschrift für Horst Sendler, München 1991, S. 121-138.

Schmidt-Jortzig, Eberhard, Gemeinde- und Kreisaufgaben; Funktionsordnung des Kommunalbereiches nach "Rastede", DÖV 1993, S. 973-984.

ders., Kommunalrecht, Stuttgart u.a. 1982.

ders., Die Zulässigkeit kommunaler wirtschaftlicher Unternehmen im einzelnen, in: Püttner, Günter (Hrsg.), Handbuch kommunaler Wissenschaft und Praxis, Bd. 5, 2. Aufl., Berlin u.a. 1984, S. 50-70.

Schnaudigel, Der Betrieb nichtwirtschaftlicher kommunaler Unternehmen in Rechtsformen des Privatrechts, Stuttgart u.a. 1995, zugl. Konstanz, Univ., Diss., 1994.

Schneider, Bernd Jürgen, Die Energierechtsreform: Fortschritt oder Rückschritt?, StuGR 1996, S. 442-448.

ders., Kommunen in Not, StuGR 1996, S. 324-329, 367-374.

Schneider, Dieter, Betriebswirtschaftslehre, Band 3: Theorie der Unternehmung, München u.a. 1997.

Schneider, Gerhard/*Dreßler*, Ulrich/*Lüll*, Jürgen, Hessische Gemeindeordnung, Kommentar, Loselblattslg., Mainz, Stand: 1999.

Schoch, Friedrich, Der Beitrag des kommunalen Wirtschaftsrechts zur Privatisierung öffentlicher Aufgaben, DÖV 1993, S. 377-383.

ders., Zur Situation der kommunalen Selbstverwaltung nach der Rastede-Entscheidung des Bundesverfassungsgerichts, VerwArch 81 (1990), S. 18-54.

Schönershofen, Peter/*Binder-Falcke*, Doris, Zur wirtschaftlichen Betätigung der Gemeinden, VR 1997, S. 109-117.

Scholtka, Boris, Das Konzessionsabgabenrecht in der Elektrizitäts- und Gaswirtschaft, Rechtliche Grundlagen und Anwendungsprobleme der Konzessionsabgabenverordnung (KAV) unter Berücksichtigung der Energierechtsreform, Baden-Baden 1999, zugl. Göttinger, Univ., Diss., 1998.

Schröer, Andreas, Kommunaler Umweltschutz in Europa, Frankfurt/M. 1992, zugl. Münster, Univ., Diss., 1992.

Schüle, Fritz M., Diversifikation und Unternehmenserfolg; Eine Analyse empirischer Forschungsergebnisse, Wiesbaden 1992, zugl. München, Univ., Diss. 1991.

Schulz, Norbert, Anmerkungen zur Tätigkeit gemeindlicher Unternehmen außerhalb des Gemeindegebiets, BayVBl. 1998, S. 449-452.

ders., Wirtschaftliche, nichtwirtschaftliche und nichtnichtwirtschaftliche Unternehmen, BayVBl. 1997, S. 518-520.

Schwalbach, Joachim, Geschichte der Unternehmensdiversifizierung, Zeitschrift für Unternehmensgeschichte 1990, S. 23-31.

Schwanenflügel, Matthias von, Entwicklungszusammenarbeit als Aufgabe der Gemeinden und Kreise, Berlin 1993, zugl. Bremen, Univ., Diss., 1991.

Seifried, Dieter/*Stark*, Nobert, Energiedienstleistungen; Strategien und Marketingansätze für eine ökologische Energieversorgung, Freiburg/Br. 1994.

Spannowsky, Willy, Öffentlich-rechtliche Bindungen für gemischt-wirtschaftliche Unternehmen, ZHR 160 (1996), S. 560-592.

Statistisches Bundesamt (Hrsg.), Warenverzeichnis für die Außenhandelsstatistik; Ausgabe 1997, Stuttgart 1996.

Stern, Klaus/*Püttner*, Günter, Die Gemeindewirtschaft; Recht und Realität, Studie im Auftrag der Wibera AG, Stuttgart u.a. 1965.

Stober, Rolf, Kommunalrecht in der Bundesrepublik Deutschland, 3. Aufl., Stuttgart 1996.

Swisher, Joel N./*Jannuzzi*, Gilberto de Martino/*Redlinger*, Robert Y., Tools and Methods for Integrated Resource Planning; Improving Energy Efficiency and Protecting the Environment, Working Paper for the United Nations Environment Programme Collaborating Centre on Energy an Environment, Roskilde/Denmark 1997.

Tettinger, Peter J., Maastricht II; Vertragsergänzung zur Sicherung der Daseinsvorsorge in Europa, DVBl. 1997, S. 341-346.

ders., Rechtliche Markierungen für kommunale Energiepolitik; Zur Stromversorgung auf kommunaler Ebene, NWVBl. 1989, S. 1-8.

ders., Besonderes Verwaltungsrecht, Bd. 1: Kommunalrecht, Polizei- und Ordnungsrecht, 5. Aufl., Heidelberg 1999.

Theobald, Christian, Rechtliche Steuerung von Wettbewerb und Umweltverträglichkeit in der Elektrizitätswirtschaft, AöR 122 (1997), S. 372-403.

Thode, Bernd/*Peres*, Holger, Die Rechtsform Anstalt nach dem kommunalen Wirtschaftsrecht des Freistaates Bayern, BayVBl. 1999, S. 6-11.

Thomas, Stefan/*Adnot*, Jerôme/*Alari*, Pierluigi et al., Completing the Market for Least-Cost Energy Services; Strengthening Energy Efficiency in the Changing European Electricity and Gas Markets, Project Final Report, Wuppertal Institute for Climate Environment Energy, Germany, Inter-Regies, Belgium, Danisch Energy Agency, Denmark et. al., Report to the European Commission, Wuppertal 2000.

Thomas, Stefan/*Barthel*, Claus, Energy Services of Electric Utilities in different national regulatory contexts, The present situation in Germany and the possible changes, Wuppertal Institute for Climate Environment Energy, Report to Rogaland Research and to the Norwegian Energy Research Council, Wuppertal 1997.

Thomas, Stefan et. al, Energy Services of Electric Utilities in different national regulatory contexts, Germany Case Study No. 1: Stadtwerke Hannover AG, Wuppertal Institute for Climate Environment Energy, Report to Rogaland Research and to the Norwegian Energy Research Council, Wuppertal 1999.

Traube, Klaus/*Münch*, Dagmar, Zur Struktur der deutschen Elektrizitätswirtschaft; Ein Beitrag zur Debatte um die Reform des Energierechts, Bremen 1997.

Treziak, Ralf, Rechtsformen und Grenzen kommunalen Handelns bei der Energieversorgung, Köln 1990.

Ulrich, Peter/*Fluri*, Edgar, Management, Bern u.a. 1988.

VDEW (Hrsg.), Contracting; Grundlagenpapier, Frankfurt/M. 1995.

dies., Dienstleistungen und DSM-Projekte der deutschen Stromversorger; Ergebnisse der VDEW-Umfragen 1995 und 1996, 2. Aufl., Frankfurt/M. 1997.

dies., Dienstleistungen der Stromversorger; Ergebnisse der VDEW-Umfrage 1991, Frankfurt/M. 1992.

dies., Die Elektrizitätswirtschaft in der BRD im Jahre 1996; Statistischer Bericht des Referats Elektrizitätswirtschaft im BMWi, Frankfurt/M. 1998.

dies., Strategie-Optionen deutscher Elektrizitätsunternehmen im wettbewerblichen Umfeld, Frankfurt/M. 1997.

dies., Strompreisentwicklung für Haushaltskunden 1.1.1998 bis 1.5.2000, Auszug aus der Strompreisstatistik, Frankfurt/M. 2000, unveröffentlicht.

dies./Vereinigung der Energieabnehmer, Strompreise für die hochspannungsseitig versorgte Industrie, Jan. 1998 bis Mai 2000, Auszug aus der Strompreisstatistik, Frankfurt/M. 2000, unveröffentlicht.

Vest, Peter, Die formelle Privatisierung öffentlicher Unternehmen; Eine Effizienzanalyse anhand betriebswirtschaftlicher Kriterien der Rechtsformwahl, ZögU 1998, S. 189-202.

VKU, Kommunale Ver- und Entsorgungsunternehmen in Zahlen; Geschäftsjahr 1998, Köln 1999.

ders., Querverbund der Mitgliedsunternehmen nach Bundesländern; Auszug aus dem Mitgliederverzeichnis, Köln, Stand: November 1999, unveröffentlicht.

Waechter, Kay, Kommunalrecht, 3. Aufl., Köln 1997.

Weber, Helmut Kurt, Industriebetriebslehre, 2. Aufl., Berlin u.a. 1996.

Weber, Wolfgang, Energieversorgungsunternehmen; Dienstleistungsorientierung als Voraussetzung eines erfolgreichen BHKW-Marketings, et 1996, S. 411-414.

Weidmann, Regina, Stromversorger engagieren sich für das Energiesparen beim Kunden, Elektrizitätswirtschaft 1996, S. 382-384.

Weinberger, Marius, Energy Services Companies in den Vereinigten Staaten, et 1996, S. 576-577.

Weise, Jochen, Der sachlich relevante Markt für Energieversorgungsunternehmen; Eine Untersuchung zur Abgrenzung verwendungs- und abnehmergruppenspezifischer Teilmärkte, Köln 1987, zugl. Bonn, Univ., Diss., 1986.

Wenzl, Heinz, Neue Dienstleistungen im liberalisierten Markt; Tendenzen in der amerikanischen Stromwirtschaft, in: et 1997, S. 114-116.

ders./Winckler-Ruß, Barbara, Der deutsche Strommarkt nach der Deregulierung; Szenarien zur Elektrizitätswirtschaft 2010, et 1998, S. 150-153.

Werbeck, Thomas, Öffentliche Energieversorgungsunternehmen und Umweltschutz, ZögU 1995, S. 42-62.

Widtmann, Julius/*Grasser*, Walter, Bayerische Gemeindeordnung, Kommentar, Loseblattslg., München, Stand: 1999.

Wieland, Joachim, Die Stellung der nordrhein-westfälischen Kommunen im liberalisierten Strommarkt, NWVBl. 2000, S. 246-248.

ders./Hellermann, Johannes, Der Schutz des Selbstverwaltungsrechts der Kommunen gegenüber Einschränkungen ihrer wirtschaftlichen Betätigung im nationalen und europäischen Recht, Gutachten im Auftrag des VKU, Köln 1995.

dies., Das Verbot ausschließlicher Konzessionsverträge und die kommunale Selbstverwaltung, DVBl. 1996, S. 401-409.

Wirl, Franz, Sind Energiesparmaßnahmen von Versorgungsunternehmen wirtschaftlich?, Wien u.a. 1993.

Wirtschaftsministerkonferenz (Hrsg.), Energierechtsreform und wirtschaftliche Betätigung, Niederschrift der Tagung der Konferenz der Wirtschaftsminister der Länder am 8./9.6.1999, unveröffentlicht.

Kommunalwirtschaftliche Forschung und Praxis

Herausgegeben von Prof. Dr. Wolf Gottschalk

Band 1 Ulf Klostermann: Controlling zur Unterstützung von Least-Cost Planning im Elektrizitätsunternehmen. 1998.

Band 2 Heinz Bolsenkötter: Rechnungslegung nach der Elektrizitätsbinnenmarkt-Richtlinie und nach § 9 EnWG. Unter Mitarbeit von Torsten Hauert, Michael Poullie und Klaus Windloff. 2000.

Band 3 Klaus Traube / Wolfgang Schulz: Aktuelle Bewertung der Kraft-Wärme-Kopplung. Ökologische und ökonomische Wirkung eines mittelfristigen Ausbaus der Kraft-Wärme-Kopplung zur Nah-/Fernwärmeversorgung in Deutschland. 2001.

Band 4 Axel Thomas: Unternehmensinternes Kostenmanagement in Energieversorgungsunternehmen. Grundlagen effektiver Kostenrechnungsverfahren auf der Basis der SAP-Software. 2001.

Band 5 Georg Raffetseder: Erfolgs- und Mißerfolgsfaktoren der Verwaltungsmodernisierung. Zur Steuerung von Reformprozessen. 2001.

Band 6 Andreas Schmidt: Stadtwerke auf neuen Märkten. Gemeinderechtliche Chancen umweltschonender Energiedienstleistungen. 2002.

Peter Lang · Europäischer Verlag der Wissenschaften

Jörg Jasper / Torsten Sundmacher (Hrsg.)

Ökologische Kompatibilität und technologischer Wandel

Frankfurt/M., Berlin, Bern, Bruxelles, New York, Oxford, Wien, 2000.
361 S., zahlr. Tab. u. Graf.
Schriften zur Politischen Ökonomie.
Evolutorische und ökologische Aspekte. Bd. 1
Verantwortlicher Herausgeber: Jörg Jasper
ISBN 3-631-37054-7 · br. € 50.10*

Die Auswirkungen des technolgischen Wandels auf die menschliche und aussermenschliche Natur stellen ein Urproblem aller Gesellschaften dar. Der vorliegende Sammelband befasst sich mit dem Spannungsverhältnis zwischen natürlicher Umwelt und technologischem Wandel und versucht mit Hilfe von unterschiedlichen Konzeptionen und Zugangsweisen eine Systematisierung dieses Verhältnisses. Dies geschieht in drei thematischen Blöcken:
1. Theoriegeleitete Zugangsweisen zum Umweltproblem in der Ökonomik;
2. Politische und technische Lösungsansätze; 3. Ausgewählte Fallstudien.
Hiermit versuchen die Autoren, einen Beitrag zur Etablierung eines neuen Forschungsfeldes zu leisten, das das Spannungsverhältnis zwischem technologischem Wandel und Ökologie in den Mittelpunkt rückt.

Aus dem Inhalt: Zugangsweisen zum Umweltproblem in der Ökonomik: natürliche Umwelt und ökonomische Theorie, Umweltkonzeptionierung der Ökonomik in der Dogmengeschichte, soziale Konstruktion von Wirklichkeit · Politische und technische Lösungsansätze, ökologische Steuerreform und Beschäftigung, internationale Umweltverhandlungen, Technologiewahl der Stromerzeugung · Fallstudien: Biotechnologie, Verkehr, Länderstudien Russland und China

FSC
www.fsc.org
MIX
Papier | Fördert gute Waldnutzung
FSC® C083411

Kolibri 360 GmbH
Ferdinand-Jühlke-Straße 7
99095 Erfurt, Deutschland
produktsicherheit@kolibri360.de

Druck:
CPI Druckdienstleistungen GmbH
im Auftrag der
Kolibri 360 GmbH
Ferdinand-Jühlke-Str. 7
99095 Erfurt